普通高等教育"十一五"国家级规划教材

证据法学

（第四版）

主　编　卞建林　谭世贵

撰稿人　（以撰写章节先后为序）

卞建林　谭世贵　姚莉
郭志媛　宋英辉　张建伟
王　娣　肖建国　高家伟
罗海敏

中国政法大学出版社

2019·北京

图书在版编目（ＣＩＰ）数据

证据法学/卞建林，谭世贵主编. —4版. —北京：中国政法大学出版社,2019.8（2020.12重印）

ISBN 978-7-5620-9121-9

Ⅰ.①证…　Ⅱ.①卞…②谭…　Ⅲ.①证据-法学-中国　Ⅳ.①D925.113.1

中国版本图书馆CIP数据核字(2019)第162776号

出　版　者　　中国政法大学出版社

地　　　址　　北京市海淀区西土城路 25 号

邮　　　箱　　fadapress@163.com

网　　　址　　http://www.cuplpress.com (网络实名：中国政法大学出版社)

电　　　话　　010-58908435(第一编辑部) 58908334(邮购部)

承　　　印　　固安华明印业有限公司

开　　　本　　720mm×960mm　1/16

印　　　张　　36.25

字　　　数　　711 千字

版　　　次　　2019 年 8 月第 4 版

印　　　次　　2020 年 12 月第 2 次印刷

印　　　数　　5001～15100 册

定　　　价　　79.00 元

作 者 简 介

卞建林　中国政法大学教授、博士生导师，国家司法文明协同创新中心副主任，教育部人文社会科学重点研究基地中国政法大学诉讼法学研究院院长；兼任中国刑事诉讼法学研究会会长。主要著作有《刑事起诉制度的理论与实践》《刑事诉讼的现代化》《刑事证明理论》《联合国刑事司法准则与中国刑事法制》《〈中华人民共和国人民检察院组织法〉修改专家意见稿》《中国刑事司法改革探索——以联合国刑事司法准则为参照》《刑事正当程序研究：法理与案例》等，主编《刑事诉讼法学》《证据法学》《外国刑事诉讼法》等全国统编教材。

谭世贵　华南师范大学教授、博士生导师，兼任中国刑事诉讼法学研究会副会长。主要著作有《中国司法改革研究》《中国司法改革理论与制度创新》《司法改革的理论探索》《中国司法原理》《司法独立问题研究》《刑事诉讼原理与改革》《国际人权公约与中国法制建设》《法院管理模式研究》《法律职业良性互动研究》等，主编《中国司法制度》《律师法学》《刑事诉讼法学》等全国统编教材。

宋英辉　北京师范大学教授、博士生导师，北京师范大学刑事法律科学研究院副院长，兼任中国刑事诉讼法学研究会副会长。主要著作有《刑事诉讼目的论》《刑事审判前程序研究》《刑事程序法功能研究》《刑事诉讼原理导读》《我国证据制度的理论与实践》《我国刑事和解的理论与实践》《法律实证研究方法》《外国刑事诉讼法》等，主编《刑事诉讼法学》等全国统编教材。

姚　莉　中南财经政法大学教授、博士生导师，中南财经政法大学副校长，兼任中国刑事诉讼法学研究会副会长。主要著作有《反思与重构：中国法制现代化进程中的审判组织改革研究》，主编和参编著作及教育部、司法部统编教材十多部。

张建伟 清华大学教授、博士生导师，兼任中国刑事诉讼法学研究会常务理事。主要著作有《司法竞技主义——英美诉讼传统与中国庭审方式》《刑事司法体制原理》《刑事司法：多元价值与制度配置》等，学术随笔结集《法律皇帝的新衣》，并著有教材《刑事诉讼法通义》《证据法要义》等。

王　娣 中国政法大学教授、硕士生导师，兼任中国民事诉讼法学研究会理事。主要著作有《我国民事审级制度之重构与优化》《关于民事诉讼二审程序问题的思考》《论无独立请求权第三人的确定》《民事诉讼标的理论的再构筑》《论强制执行竞合及其解决》《论既判力的时间范围》《强制执行竞合研究》等。

肖建国 中国人民大学法学院教授、博士生导师，中国人民大学纠纷解决研究中心主任，兼中国民事诉讼法学研究会副会长，中国行为法学会执行行为研究会副会长。主要从事民事诉讼法、证据法、仲裁法、民事执行法等研究，主要著作有《民事诉讼法（第七版）》《仲裁法（第三版）》《民事诉讼程序价值论》《证明责任》《民事执行法》等，在《中国法学》《法学研究》等刊物发表学术论文多篇。

高家伟 中国政法大学教授、博士生导师，兼任中国行政法学研究会理事、中国人民大学宪政与行政法治研究中心中国行政法研究所研究员、北京大学软法研究中心兼职研究员。主要著作有《行政诉讼证据的理论与实践》《欧洲环境法》《国家赔偿法》等。

郭志媛 中国政法大学教授、博士生导师。主要著作有《刑事证据可采性研究》《中国经验：以刑事司法改革试点项目为蓝本的考察》等。

罗海敏 中国政法大学副教授，法学博士，硕士生导师。主要著作有《刑事诉讼严格证明探究》《反恐怖主义犯罪诉讼程序研究》等。

出 版 说 明

　　中国政法大学出版社是国家教育部主管的，我国高校中唯一的法律专业出版机构。多年来，中国政法大学出版社始终把法学教材建设放在首位，出版了研究生、本科、专科、高职高专、中专等不同层次、多种系列的法学教材，曾多次荣获"国家新闻出版总署良好出版社""国家教育部先进高校出版社"等荣誉称号。

　　自 2007 年起，我社有幸承担了教育部普通高等教育"十一五"国家级规划教材的出版任务，本套教材将在今后陆续与读者见面。

　　本套普通高等教育"十一五"国家级规划教材的出版，凝结了我社二十年法学教材出版经验和众多知名学者的理论成果。在江平、张晋藩、陈光中、应松年等法学界泰斗级教授的鼎力支持下，在许多中青年法学家的积极参与下，我们相信，本套教材一定会给读者带来惊喜。我们的出版思路是坚持教材内容必须与教学大纲紧密结合的原则。各学科以教育部规定的教学大纲为蓝本，紧贴课堂教学实际，力求达到以"基本概念、基本原理、基础知识"为主要内容，并体现最新的学术动向和研究成果。在形式设置上，坚持形式服务于内容、教材服务于学生的理念。采取灵活多样的体例形式，根据不同学科的特点，通过学习目的与要求、思考题、资料链接、案例精选等多种形式阐释教材内容，争取使教材功能在最大程度上得到优化，便于在校生掌握理论知识。概括而言，本套教材是中国政法大学出版社多年来对法学教材深入研究与探索的集中体现。

　　中国政法大学出版社始终秉承锐意进取、勇于实践的精神，积极探索打造精品教材之路，相信倾注全社之力的普通高等教育"十一五"国家级规划教材定能以独具特色的品质满足广大师生的教材需求，成为当代中国法学教材品质保证的指向标。

中国政法大学出版社

2007 年 7 月

第四版说明

　　本教材于 2005 年出版发行，先后于 2010 年与 2014 年两次修订。随着司法体制改革的不断深入推进，以及人工智能等现代科学技术的发展运用，我国证据立法与研究取得了新的进展。2017 年 6 月 27 日第十二届全国人民代表大会常务委员会第二十八次会议通过的《关于修改〈中华人民共和国民事诉讼法〉和〈中华人民共和国行政诉讼法〉的决定》以及 2018 年 10 月 26 日第十三届全国人民代表大会常务委员会第六次会议审议通过的《关于修改〈中华人民共和国刑事诉讼法〉的决定》分别对民事、行政以及刑事证据制度作了较大的修改完善。最高人民法院、最高人民检察院、公安部、国家安全部、司法部以及全国人民代表大会常务委员会法工委等机关分别或者联合制定的解释文件对证据制度的适用作了具体阐释。为了适应教学、理论研究和司法实践的需要，本书编写组对该书再次进行了修订。第四版在保持基本框架不变的基础上，根据修改后的三大诉讼法和相关解释文件对具体内容进行了相应的修订。本书编写组还结合 2018 年颁布的《中华人民共和国监察法》以及 2018 年修订的《中华人民共和国人民法院组织法》《中华人民共和国人民检察院组织法》的内容，对该书的相关内容进行了补充完善。书中不足之处在所难免，诚请各位专家与读者提出宝贵的批评意见。

本书编写组

2019 年 3 月

本书总码

第三版说明

　　本教材于 2005 年出版发行，2010 年做过一次修订。第二版出版后，我国证据立法取得了重大进展。2012 年 3 月 14 日第十一届全国人民代表大会第五次会议通过的《关于修改〈中华人民共和国刑事诉讼法〉的决定》及 2012 年 8 月 31 日第十一届全国人民代表大会常务委员会第二十八次会议通过的《关于修改〈中华人民共和国民事诉讼法〉的决定》分别对刑事、民事证据制度作了较大的修改完善。最高人民法院、最高人民检察院、公安部、国家安全部、司法部以及全国人民代表大会常务委员会法工委等机关分别或者联合制定的解释文件对证据制度的适用作了具体阐释。为了适应教学、理论研究和司法实践的需要，本书编写组对该书再次进行了修订。第三版在保持第二版基本框架不变的基础上，根据修改后的两大诉讼法和相关解释文件对具体内容进行了相应的修订，并适当反映了证据理论研究的最新成果；统一了全书中法律文件的称谓，并制作了法律文件全称简称对照表附于书前，以便读者使用。

　　书中不足之处在所难免，诚请各位专家与读者提出宝贵的批评意见。

　　本书由卞建林、谭世贵主编，具体撰写分工如下（以撰写章节先后为序）：

卞建林　第一、三、十九、二十三章；

谭世贵　第十七、十八、二十五章；

姚　莉　第二、七章；

郭志媛　第三、五、二十、二十二章；

宋英辉　第四、八、十一章；

张建伟　第六、十三、十六章；

王　娣　第九、十、十二章；

肖建国　第十四、十五、二十一章、二十四章（第三节）；

高家伟　第二十一章、二十四章（第一、二节）。

　　全书由卞建林教授统稿审定。此外，中国政法大学诉讼法学研究院王贞会副教授参与了第四、八、十一章的修订工作，中国政法大学刑事司法学院2013 级诉讼法学博士研究生白思敏同学参与了全书的修订统稿工作。

本书编写组

2014 年 5 月

编 写 说 明

　　本书原版为普通高等教育"十五"国家级规划教材，自 2005 年 12 月出版发行以来，使用范围广泛，市场需求量较大。为了跟上立法修改、司法改革以及理论研究发展的步伐，本书编写组对本书进行了修订，修订版将升级为普通高等教育"十一五"国家级规划教材。修订版在保持原版基本框架和基本内容不变的基础上，补充了本书原版出版后新增加的相关法律法规和司法解释，如最近出台的《关于办理死刑案件审查判断证据若干问题的规定》和《关于办理刑事案件排除非法证据若干问题的规定》，并适当反映了证据理论研究的最新成果。修订版对原版中的技术性错误也作了更正。

　　书中不足之处在所难免，诚请各位读者提出宝贵的批评意见。

　　本书由卞建林、谭世贵主编，具体撰写分工如下（按撰写章节先后为序）：

　　卞建林　第一、三、十九、二十三章；
　　谭世贵　第十七、十八、二十五章；
　　姚　莉　第二、七章；
　　郭志媛　第三、五、二十、二十二章；
　　宋英辉　第四、八、十一章；
　　张建伟　第六、十三、十六章；
　　王　娣　第九、十、十二章；
　　肖建国　第十四、十五、二十一、二十四章（第三节）；
　　高家伟　第二十一章、二十四章（第一、二节）。

　　全书由卞建林教授审定，郭志媛参加了统稿、编辑工作。

作　者
2010 年 7 月 10 日

本书法律文件全称简称对照表

中国法律文件

序号	全　称	简　称
1	《中华人民共和国宪法》	《宪法》
2	《中华人民共和国刑法》	《刑法》
3	《中华人民共和国刑事诉讼法》（1979 年）	1979 年《刑事诉讼法》
4	《中华人民共和国刑事诉讼法》（1996 年）	1996 年《刑事诉讼法》
5	《中华人民共和国刑事诉讼法》（2012 年）	2012 年《刑事诉讼法》
6	《中华人民共和国刑事诉讼法》（2018 年）	《刑事诉讼法》
7	《中华人民共和国民法通则》	《民法通则》
8	《中华人民共和国民事诉讼法》（2007 年）	2007 年《民事诉讼法》
9	《中华人民共和国民事诉讼法》（2012 年）	2012 年《民事诉讼法》
10	《中华人民共和国民事诉讼法》（2017 年）	《民事诉讼法》
11	《中华人民共和国监察法》	《监察法》
12	《中华人民共和国合同法》	《合同法》
13	《中华人民共和国继承法》	《继承法》
14	《中华人民共和国侵权责任法》	《侵权责任法》
15	《中华人民共和国婚姻法》	《婚姻法》
16	《中华人民共和国公证法》	《公证法》
17	《中华人民共和国仲裁法》	《仲裁法》
18	《中华人民共和国行政诉讼法》（1989 年）	1989 年《行政诉讼法》
19	《中华人民共和国行政诉讼法》（2014 年）	2014 年《行政诉讼法》
20	《中华人民共和国行政诉讼法》（2017 年）	《行政诉讼法》
21	《中华人民共和国行政处罚法》	《行政处罚法》

序号	全　称	简　称
22	《中华人民共和国治安管理处罚法》	《治安管理处罚法》
23	《中华人民共和国律师法》	《律师法》
24	《中华人民共和国人民警察法》	《人民警察法》
25	《中华人民共和国国家安全法》	《国家安全法》
26	《中华人民共和国人民法院组织法》	《人民法院组织法》
27	《中华人民共和国人民检察院组织法》	《人民检察院组织法》
28	全国人大常委会《关于司法鉴定管理问题的决定》	人大常委会《司法鉴定管理决定》
29	《最高人民法院、最高人民检察院、公安部、国家安全部、司法部、全国人大常委会法制工作委员会关于实施刑事诉讼法若干问题的规定》（2012）	六机关《规定》
30	《最高人民法院、最高人民检察院、公安部、国家安全部、司法部关于办理死刑案件审查判断证据若干问题的规定》（2010）	两院三部《办理死刑案件证据规定》
31	《最高人民法院、最高人民检察院、公安部、国家安全部、司法部关于办理刑事案件排除非法证据若干问题的规定》（2010）	两院三部《非法证据排除规定》
32	《最高人民法院关于适用〈中华人民共和国刑事诉讼法〉的解释》（2012）	最高法《刑诉法解释》
33	最高人民检察院《人民检察院刑事诉讼规则（试行）》（2012）	最高检《刑诉法规则》
34	公安部《公安机关办理刑事案件程序规定》（2012）	公安部《规定》
35	《最高人民法院关于适用〈中华人民共和国民事诉讼法〉若干问题的意见》（2008）	最高法《民诉意见》
36	《最高人民法院关于适用〈中华人民共和国民事诉讼法〉的解释》（2015）	最高法《民诉法解释》
37	《最高人民法院关于适用〈中华人民共和国行政诉讼法〉的解释》（2018）	最高法《行诉法解释》

序号	全　　称	简　　称
38	《最高人民法院关于民事诉讼证据的若干规定》（2008）	最高法《民诉证据规定》
39	《最高人民法院关于行政诉讼证据若干问题的规定》（2002）	最高法《行诉证据规定》
40	《最高人民法院关于关于贯彻执行〈中华人民共和国继承法〉若干问题的意见》（1985）	最高法《继承法意见》
41	《最高人民法院关于适用〈中华人民共和国婚姻法〉若干问题的解释（三）》（2011）	最高法《婚姻法解释（三）》
42	《最高人民法院、最高人民检察院、公安部、国家安全部、司法部关于办理刑事案件严格排除非法证据若干问题的规定》（2017）	两院三部《严格排除非法证据规定》
43	《最高人民法院、最高人民检察院、公安部关于办理刑事案件收集提取和审查判断电子数据若干问题的规定》（2016）	最高法、最高检、公安部《电子数据规定》
44	最高人民检察院《人民检察院讯问职务犯罪嫌疑人实行全程同步录音录像的规定（试行）》（2014）	最高检《同步录音录像规定》
45	最高人民检察院《人民检察院讯问职务犯罪嫌疑人实行全程同步录音录像系统建设规范（试行）》	最高检《同步录音录像规范》
46	最高人民检察院《人民检察院讯问职务犯罪嫌疑人实行全程同步录音录像技术工作流程（试行）》（2016）	最高检《同步录音录像流程》
47	最高人民法院《人民法院办理刑事案件排除非法证据规程（试行）》（2017）	《排除非法证据规程》

联合国法律文件

序号	全　　称	简　　称
1	联合国《公民权利和政治权利国际公约》	联合国《两权公约》

序号	全　称	简　称
2	联合国《关于保护死刑犯的权利的保障措施》	联合国《死刑犯权利保障措施》
3	联合国《保护人人不受酷刑和其他残忍、不人道或有辱人格待遇或处罚宣言》	联合国《不受酷刑宣言》
4	联合国《禁止酷刑和其他残忍、不人道或有辱人格的待遇或处罚公约》	联合国《禁止酷刑公约》
5	联合国《囚犯待遇最低限度标准规则》	联合国《囚犯待遇规则》
6	联合国《打击跨国有组织犯罪公约》	联合国《打击跨国犯罪公约》

| 目 录 |

第一编 总 论

第三编　证　明　论

第一编　总　论

第一章

证据法学概述

■ 第一节　证据法学的研究对象

证据法学，是研究关于证据的法律规范和在诉讼或非诉讼法律事务处理过程中运用证据证明和认定[1]案件事实或其他法律事实的规律、方法和规则的学科，是现代法学体系中的一个重要组成部分。

证据法学可分为狭义的证据法学和广义的证据法学。所谓狭义的证据法学，又称诉讼证据法学，是专门研究诉讼法律中有关证据的规定和诉讼过程中证据运用实践的学科。广义的证据法学，是指除研究诉讼证据外，还研究在处理其他法律事务如行政执法、仲裁、公证、监察等活动中如何运用证据的问题。

由于证据在诉讼活动中的运用最为广泛，要求最为严格，各种有关证据运用的规则也大多都产生于诉讼程序的发展演进中，而且有关诉讼证据的法律规范和司法实践对处理其他非诉讼法律事务中的证据运用也有重要的参照和借鉴作用，因此，诉讼证据法学应当是证据法学的核心部分，本教材在章节安排和行文释义上也以诉讼证据法学为基本内容。诉讼证据法学，根据现代程序法的分类和不同诉讼中证据运用的特点，还可以进一步细分为刑事证据法学、民事

---

[1] 传统证据理论对"证明"和"认定"一般不作区分，但本书所确立的证明概念则专指"国家公诉机关和诉讼当事人在法庭审理中依照法律规定的程序和要求向审判机关提出证据，运用证据阐明所争议的事实，论证诉讼主张的活动"。这种"阐明与论证"的活动显然与"认定"活动不同，因此本节中的"证据运用"均包括"运用证据证明"和"运用证据认定"这两种情况。

第一章

证据法学和行政证据法学。

作为现代法学体系中的一个重要分支，证据法学有其特定的研究对象。具体而言，证据法学的研究对象包括以下几个方面：

一、与证据和证据运用有关的法律规范

既然名为"证据法学"，与证据和证据运用有关的法律规范显然应当成为证据法学首要的研究对象。我国台湾地区著名的证据法学者李学灯先生曾经指出："惟在法治社会之定分止争，首以证据为正义之基础，既需寻求事实，又需顾及法律上其他政策。认定事实，每为适用法律之前提。因而产生各种证据法则，遂为认事用法之所本。"[1] 研究证据法则即研究与证据和证据运用有关的法律规范的重要性，尽在其中。

诉讼中的证据和证据运用，相较于自然科学或其他社会事务中的证据和证据运用而言，一个最为显著的特点就是，法律对前者有着明确的规定和限制。本书定名为"证据法学"，以区别于一般意义上的"证据学"，就是要强调本学科以证据法则为首要研究对象。尽管我国迄今尚无独立的证据法典，证据法也未成为我国法律体系中一个单独的法律部门，但绝不能因此就认为我国目前没有证据法。我国先后制定的《刑事诉讼法》《民事诉讼法》《行政诉讼法》均以专章对诉讼中的证据和证据运用作出了规定。在《监察法》《人民法院组织法》《人民检察院组织法》《律师法》《仲裁法》《行政处罚法》《治安管理处罚法》等法律法规中，也有关于证据的规定。这些规定总结了长期以来司法、执法工作中的正反经验，明确界定了证据特别是诉讼证据的表现形式，初步确立了不同诉讼中证据运用的方法与程序，为司法实践中证据的运用提供了基本的法律依据。此外，最高人民法院、最高人民检察院作出的与证据有关的司法解释，也构成了现行证据法的重要内容。证据法学作为主要研究诉讼证据和证据运用的专门学科，应当研究一切有关证据和证据运用的法律规范和司法解释，准确领会立法之要义，释明其内容。

应当指出，在全面推进依法治国的时代背景下，随着司法体制改革的不断深入推进，我国现行的关于证据的法律规定，已远远不能适应建设现代法治国家的需要，也远远不能适应司法实践中证据运用的需要。抓紧制定专门的证据法律，是时代的要求、实践的呼唤。至于是制定一部统一的证据法典，还是针对不同诉讼的特点和发展状况，先分别制定刑事证据法、民事证据法、行政证据法，待条件成熟时再制定统一的证据法，这些都是我国证据法学目前迫切需

---

[1] 李学灯：《证据法比较研究》，五南图书出版公司1992年版，序。

要加强研究的重要课题。

二、与证据和证据运用有关的司法实践

如果说与证据和证据运用有关的法律规范是证据法学相对静止的研究对象，那么，司法和执法活动中关于证据和证据运用的成功经验和存在的问题，则是证据法学动态的、更加多姿多彩的研究对象。这些与证据和证据运用有关的司法和执法实践，既为证据立法和证据理论研究提供了丰富的素材，也对证据立法和证据理论研究提出了要求，更是检验证据立法是否完善、证据理论研究是否科学的标准。

司法实践中运用的证据生动具体、复杂多样，出现的问题也各有不同，有的是证据立法已经规定的，但规定过于原则和粗疏，在实践中难以把握和操作，如2012年修正后的《刑事诉讼法》关于非法证据排除规则的具体运用问题；有的在证据理论上已有所概括、有所总结，但却远远不敷司法实践之所需，如对测谎技术、DNA鉴定等科学技术在司法实践中的规范和作为证据的效力问题；更多存在的是司法实践中出现的新情况、新问题，其迫切需要在理论上加以研究，如刑事法人被告人之代表人的陈述是否属于被告人供述和辩解等这种证据问题。总之，脱离了证据运用的实践，证据立法很可能沦为一纸空文，证据理论研究也只能是空中楼阁。

三、证据运用的方法、规律和规则

证据运用必须采取一定的方法，遵循一定的规律，其中相对成熟而由法律作出规定或由判例予以确认的，便上升为规则。探索这些证据运用的方法，揭示这些证据运用的规律，提炼相应的证据规则，是证据法学研究的重要内容。

关于证据运用的方法，可以从不同角度、不同层面进行研究和探索。例如，从证据运用的过程，可以分别研究证据的收集、保全、出示、审查判断的方法等；从证据运用的主体，可以分别研究取证的方法、举证的方法、质证的方法、认证的方法等；从逻辑证明的角度，可以研究演绎与归纳、直接证明与间接推理方法等；此外，司法认知、法律推定等也属于证据运用方法的研究范围。

证据运用的规律，同样是多方面、多层次的，既包括诉讼中运用证据的一般规律，也包括在诉讼的不同阶段运用证据的特殊规律，还包括不同形式的证据，如物证、书证、人证，或不同分类的证据，如直接证据、间接证据、原始证据、传来证据等各自的运用规律等。

运用证据还必须遵守一定的规则。总的来说，证据规则主要包含两大部分的内容：一部分是人类基于长期司法实践的经验积累而总结提炼出来的，主要

用于保障对案件事实的认识尽量符合或接近客观事实真相的规则，如证据关联性规则、传闻证据规则、最佳证据规则等；另一部分则是为了保护其他法律利益或顾及法律上其他政策而确立起来的规则，如非法证据排除规则、反对强迫自证其罪规则、证人拒绝作证特权规则等。

当今世界，证据规则以英美法系国家最为发达。英美法系国家在诉讼上奉行当事人主义并采取陪审团制度，证据的收集、提出、质证均由当事人自己负责。为了规范当事人的举证、质证活动，防止对由非职业法官组成的事实裁判者——陪审团产生误导，英美法系国家在长期的司法实践中通过判例形成了一套相对完备、系统的证据规则。而大陆法系国家则实行职权主义诉讼，法官对程序进行和证据调查起主导作用，证据的取舍及其证明力的大小均由法官凭其良心、知识、经验而判断，因此对证据的证明能力一般不作过多的限制。尽管如此，有些大陆法系国家，如德国，在借鉴英美证据规则合理因素的基础上，亦确立了一些证据规则以对证据的范围和运用予以规范，并在诉讼理论上形成了所谓程序禁止和证据禁止的学说。

我国现代证据制度秉承大陆法系传统，虽在各诉讼法内设有关于证据的专章规定，但显然不存在系统的证据规则体系。总的来说，立法上关于证据和证据运用的规定失之粗疏、抽象，难以操作，实践中基于职权主义和客观真实的要求，对司法人员调查证据的权力一般也不予太多限制。因此，关于证据的可采性以及证据的出示、质证、认证等，均缺乏明确的证据规则指南。此种状况已远远不能适应我国诉讼法制发展的需要，不能适应审判方式改革实践的需要。因此，证据法学必须加强对证据规则的研究，不仅要研究外国各种证据规则的内容和要求，分析其利弊得失，探索其合理性、科学性，更要研究在我国建立证据规则的必要性和可行性，为尽快建立我国的证据规则体系提供立法建议和理论论证。

四、古今中外的证据制度和证据理论

证据制度是一个国家法律制度的重要组成部分。在人类历史的不同时期，不同的国家形态曾经建立了不同类型的证据制度，例如，欧洲古代实行的神示证据制度、中世纪实行的法定证据制度、近现代实行的自由心证制度等。证据法学应当对历史上诸证据制度的产生、发展和特点进行研究，公允评析其优劣，客观探讨其得失，以便从中吸取经验和教训。

证据法学的另一研究对象是古今中外关于证据和证据运用的理论。证据法学理论是关于证据立法、司法和执法实践经验的概括和总结，尽管与人类历史上最早出现的证据制度相比，证据法学还相对年轻，但由于古今中外学者的辛

勤耕耘，在此领域已积累起了丰富的理论成果并形成了一些学说和流派。这些都是证据法学的重要研究内容，是繁荣和发展我国证据法学的宝贵财富。

应当指出，在举国重视法制建设的大环境下，我国的证据理论研究近年来取得了长足的进步，例如，有关证据法学的教材得到了修订更新，一些国外的证据法律或证据法学著作被翻译介绍到国内，还陆续出版了相当数量证据法学领域的专著，等等。但其总的发展状况尚未尽如人意，证据理论研究从总体上来讲仍不能适应司法实践和司法改革的需要，对一些重大问题的研究仍然处于低迷徘徊的状态，缺乏突破与创新。而且，就证据法学本身的地位而言，其也未能摆脱作为程序法学附庸的尴尬境地。因此，我们必须要加强证据法学的学科建设，加强证据法学理论的研究。这不仅要立足于我国证据的立法和司法实践，还要对外国一切证据制度和证据法学理论进行比较和借鉴，去其糟粕，取其精华，以奏"他山之石，可以攻玉"之效。

五、自然科学和其他社会科学中对证据和证据运用有影响的重要成果

自然科学和其他社会科学中的一些重要成果也会对证据和证据运用产生重大影响，如 DNA 技术、秘密监听技术、测谎技术以及人工智能等技术应用的出现与推广都迫切要求证据法学对其进行研究，并在研究相对成熟的时候，由证据立法对其作出规范，以适应司法实践的需要。证据法学是一门开放的、与时俱进的科学，这不仅表现在对其他国家证据制度和证据理论的借鉴上，更表现在对最新科学成果的及时采纳和吸收上。只有把这些科学成果纳入证据法学的研究对象中，证据法学才能成为一门适应时代发展的、具有永久生命力的科学。

■ 第二节　证据法学的体系

证据法学的体系，是指针对证据法学研究对象之间的内在规律和相互关联进行研究和阐述的理论系统。如何科学地构建我国证据法学的体系，是证据法学界所面临的重要课题。有人认为，建立证据法学的科学体系，应当使其具有系统性、完整性、逻辑性，科学地反映所研究内容的内在联系，体现证据法学的核心和实质，并有利于人们学习领会，自觉运用。[1] 也有人主张，应当区分学科体系与教材体系。学科体系是指本学科的基本内容构成及其内部的关系，必须具有科学性、完整性、严密性和开放性，不仅能容纳本学科的既有成果，而且要容纳新的科研成果和符合本学科发展方向的新课题；教材体系则是根据

---

[1] 参见刘金友主编：《证据理论与实务》，法律出版社 1992 年版。

教学的需要，对本学科的内容进行选择和编撰，根据适用的对象可浅可深、可详可略、可繁可简。

我们认为，我国目前尚不具备上述科学、完整、严密、开放的证据法学体系，能否建立这样的一个体系，在很大程度上取决于我们对证据法学研究对象的认识和对证据法学研究成果的积累。虽然教材体系不能等同于学科体系，但编撰证据法学教材、合理安排证据法学教材的体系，可以为构建和完善证据法学学科体系奠定基础和提供经验。

本书的体系分为三编：第一编"总论"、第二编"证据论"、第三编"证明论"。由于本书提出了不同于传统教材的诉讼证明概念，因此，为了与该证明概念相协调，本书将证据的收集与保全和审查判断从证明论中抽出，而放入了证据论中。事实上，在教学实践中，这部分内容往往也是被放在证据论中讲授的，这是本书体系上的一个特色。具体说来，本书的体系安排如下：

第一编"总论"包括5章，即第一章至第五章。第一章是"证据法学概述"，简要阐述证据法学的研究对象、体系和研究方法；第二章是"证据制度概述"，简要介绍中外证据制度的历史沿革；第三章是"证据制度的理论基础"，该章首先介绍了关于证据制度理论基础的争鸣，而后对证据制度的认识论基础和价值论基础分别进行了较为深入的探讨；第四章是"证据法的基本原则"，分别介绍和探讨了真实发现原则、证据裁判原则和自由评价原则；第五章是"证据规则概述"，对国外的各类证据规则进行了简要的介绍，并分析了我国证据规则的现状。

第二编"证据论"包括13章，即第六章至第十八章。第六章是"证据概述"，探讨了证据的概念、基本特征和意义；第七章至第十五章分别介绍了我国《刑事诉讼法》《民事诉讼法》《行政诉讼法》规定的证据种类，即物证，书证，证人证言，被害人陈述，犯罪嫌疑人、被告人供述和辩解，当事人陈述，视听资料、电子数据，鉴定意见，勘验、检查、辨认笔录和现场笔录，对其概念、特点和意义作了分析和探讨，并对相应的外国立法和理论作了扼要的介绍；第十六章是"证据的收集与保全"，对在各种证据的收集、保全过程中所涉及的一般问题和所需注意的特殊问题均作了介绍与探讨；第十七章是"证据的审查判断"，探讨了证据审查判断的概念、特征、意义、方法等；第十八章是"证据的分类"，介绍了证据分类的概念和几种常见的证据分类。

第三编"证明论"包括7章，即第十九章至第二十五章。第十九章是"证明概述"，着重对我国诉讼证明的概念和特点进行了探讨，提出了不同于传统理论的诉讼证明概念，同时也对证明的体系、环节与意义进行了探讨；第二十章至第二十五章分别对证明主体、证明对象、证明责任、证明标准、证明方法、证据在审判中的运用等一系列构成诉讼证明体系的问题进行了颇具新意的探讨。

■ 第三节　证据法学的研究方法

研究方法是否正确、有效对任何学科的发展都具有重大的意义。我们认为，在证据法学研究中，应当重点注意掌握以下几点：

一、把对证据法学的研究与对相关学科的研究结合起来

证据法学是一个交叉性的学科。

1. 与多部门诉讼法学的交叉。证据法学处于刑事诉讼法学、民事诉讼法学和行政诉讼法学相关证据制度研究的结合部，证据法学不仅要对各类诉讼中的证据制度进行研究，还要在更高层次上概括提炼出对诉讼中的证据运用具有普遍指导意义的存在共性的原理与规则。

2. 与哲学的交叉。如何运用证据认定案件事实是证据法学研究的重要内容，因此，证据法学必然要研究主观与客观、存在与意识的关系，要研究辩证唯物主义认识论与证据运用的关系，要研究认识论与价值论的关系，等等。

3. 与自然科学的交叉。进行证据法学研究，不仅需要坚实的哲学和法学基础，同时还要具备丰富的自然科学知识。一方面，作为研究对象的证据本身有些就是自然现象，不具备相当的自然科学知识就不可能深入地对其进行了解和研究；另一方面，随着科学技术的日新月异，高新技术的迅猛发展势必将对证据和证据运用的方方面面，例如证据的形式、证明的对象、证明的手段等，产生难以预料的冲击与影响，如果不注意加深对自然科学的了解，证据法学的研究就会陷入困境，会滞后于时代发展的要求。

二、密切联系证据立法与司法实践

证据法学的学习和研究要紧密联系证据的立法与司法实践。

1. 要正确领会现行证据立法之要旨，准确释明其内容，发现其不足，促进其完善。对于法律规定得比较原则、抽象的，要掌握相关的司法解释，了解司法运用的实践；对于法律规定得比较粗疏、模糊的，要了解立法的前因后果，剖析立法过程中可能存在的不同意见，力求准确阐释立法的本意，切忌片面地、机械地、形而上学地看问题。对于现行的法律规定，必须以法律为准绳，坚持有法必依，执法必严。但对于现行立法中可能存在的问题或不足，可以从学术上进行讨论，开展争鸣，以便为修正和完善立法提供理论论证。

2. 证据法学研究还必须紧密结合司法实践。证据法学是一门应用性很强的

学科，证据立法就是在总结诉讼实践经验的基础上制定的，而其在贯彻实施中还会出现很多新情况、新问题，需要从理论上去研究和解决。诉讼实践就是证据立法与证据法学发展的动力源泉，离开了诉讼实践，证据法学便成了无源之水、无本之木，谈不上繁荣与发展。特别是在我国证据立法尚不够完善，各项司法改革正在进行的形势下，证据理论研究更要密切结合有关证据的司法实践，了解情况、掌握动态，及时研究解决证据制度运作中的新情况、新问题，及时总结司法改革经验并升华为理论，以促进证据立法，指导司法实践，同时在实践中接受检验，不断地进行修正与完善。

三、加强理论思辨与实证研究

证据法的学习和研究，离不开理论思辨。所谓思辨，实际上是指人们作为认识主体、研究主体的抽象思维活动，主要表现为逻辑推理，即从反映某客观事物的概念、原理或定律出发，通过事物之间存在的相互关联，经过严谨的逻辑分析和推理而得出认识结论的活动。这种认识活动具有很强的思辨性。我们在探讨证据的概念，分析证据的特性，寻求证明的方法，乃至于研究一切与证据和证据运用相关的问题时，都需要运用逻辑的分析与推理。

同时，证据法学也具有很强的实践性、应用性，因此同样需要运用实证研究的方法，也就是运用实证的调查。例如抽样调查、个案剖析，通过对收集到的各种实证资料、数据的分析处理等得出认识结论。这种研究的基础，是对客观事物和实际经验的具体分析。只有进行大量的实证分析研究，才能真正了解证据运用的司法实践，才能研究制定出切合实际并具有可操作性的证据规则。

应当指出，目前我们进行证据法学学习和研究时，往往比较习惯思辨的研究方法，比较重视逻辑的推理，而忽略了实证的研究方法，不愿做艰苦细致的调查研究，而缺乏准确、翔实的数据资料。这是一种应予警惕并需加以克服的倾向。我们应当重视实证调查方法在证据法学研究中的作用，加强与司法实务部门的联系。搞研究、写文章，要充分占有资料，不仅要"言之有理"，而且要"言之有据"。

四、注意比较与借鉴

一切事物，只有互相比较才能见差别短长，只有互相借鉴才能促发展进步，证据法学的研究也同样如此。通过比较研究，可以帮助我们更好地理解和评价现行证据法律制度，更好地发现现行证据制度可能存在的不足或问题，更好地找出解决问题的途径或办法。

证据法学中的比较研究，有以下几层含义：

1. 不同类型的诉讼中证据制度的比较研究。如刑事证据制度、民事证据制度、行政证据制度、仲裁证据制度等。通过比较，可以认识这些证据制度之间的共性，发现差异，从而促进不同诉讼证据制度的自身完善，也可以更好地总结提炼证据法学的一般原理与共同规律。

2. 不同国家的证据制度、证据理论的比较研究。证据法学要搞开放型的研究，对当今不同国家，特别是不同法系典型国家的证据立法、证据制度、证据理论进行比较，对于我国的证据法律制度建设和证据理论建设，将大有裨益。在对外国的证据制度和证据理论进行研究时，首先，要全面、准确地了解某项制度或理论的内容，这是我们开展比较研究的前提和基础；其次，要研究该项制度或理论产生的特定历史背景和社会环境；最后，要把该项制度或理论放到该国整个社会制度、法律制度的大环境中来考察，不能脱离该国的实际。

3. 不同历史时期证据制度的比较研究。在人类发展史上，不同的社会时期、不同的国家形态曾经产生或出现过众多各具特色的证据制度。一方面，这些证据制度受到当时各国政治法律制度和经济文化环境的影响，具有鲜明的阶级烙印和地域特色；另一方面，这些证据制度也不同程度地反映了人类随着司法经验的积累和认识客观世界能力的提高，对证据运用规律的探索和总结。其中某些成功的经验和发达的制度，实际上已属于人类共同的法律文化遗产。

五、注意继承与创新

事物总是不断发展、不断更新的，证据制度的历史更替是如此，证据法学的繁荣发展也是如此。我们在进行对证据法学的学习和研究时，特别要处理好继承与创新的关系。任何一种理论、一个流派，都有它产生的背景，有它发展的由来。例如，刑事诉讼中关于沉默权问题的争鸣，证据法学界关于证据特性的探讨，都是如此。一方面，我们要虚心好学，努力掌握前人的研究成果，全面了解其发展演变的过程，不能任意阻断历史的联系，不能随随便便否定某项既有的理论；另一方面，我们要与时俱进、推陈出新。创新是一切学科发展的生命力所在，没有创新就没有发展。只有勤于思索，勇于创新，敢于向传统证据理论、主流证据学说挑战，才能营造证据法学百家争鸣的氛围，才能迎来证据法学百花齐放的春天。

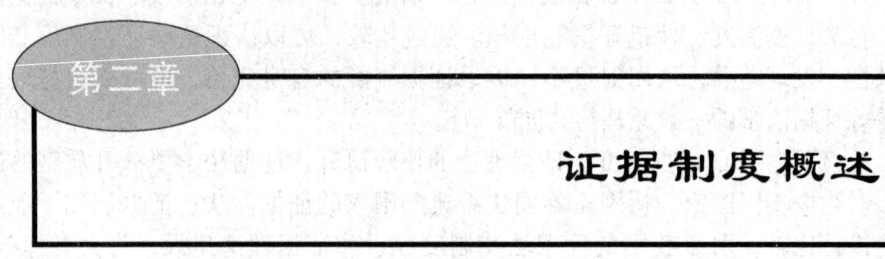

第二章

证据制度概述

■ 第一节　外国证据制度的历史沿革

证据制度是司法制度的重要部分，其又与当时的社会、经济制度密不可分。如果以阶级性为依据，可以将证据制度划分为奴隶制的、封建制的、资本主义的和社会主义的几种类型。但在不同的审判模式下，即使是阶级性相同的国家，其证据法律制度的发展方向和轨迹也会有所不同。在人类历史上，不仅不同类型的国家采用的证据制度有所不同，即使是同一类型的国家，其证据制度也各有特色。英美法系的证据制度事实上是从神示证据制度直接过渡到了事实裁判者自由心证的证据制度，为保证裁判的准确，设立了大量的证据规则。而欧洲的大陆法系的证据制度发展与之显然不同，其发展脉络也相对清晰。在欧洲大陆的证据理论中，通常是以审查判断证据的原则作为划分证据制度的依据。可以说，诉讼是围绕着证据问题展开的，证据是诉讼的基础，如果没有证据，诉讼也就无从谈起。证据只有在运用中才能成为实际审判的基础，证据是否是真实的，是否具有证明力，是否足以证明案件情况，需要司法人员遵循一定的原则加以审查判断之后，才能得到确认。审查判断证据的原则是证据的一个关键性问题，其所要解决的主要问题是根据什么来辨别证据的真伪，如何确认证据的证明力并据以认定案情。鉴此，审查判断证据的原则，也就成为证据理论中划分证据制度的依据。以审查判断证据的原则为依据，参照欧洲大陆证据制度的发展模式，对外国的证据制度划分为以下几种：神示证据制度、法定证据制度、自由心证证据制度。

一、神示证据制度

（一）神示证据制度的概念

神示证据制度，也称神明裁判或神证，就是用一定形式邀请神灵帮助裁断案情，并且用一定方式把神灵的旨意表现出来，根据神意的启示来判断诉讼中的是非曲直的一种证据制度。"神证"的方法通常包括"神誓法"和"神判法"。神示证据制度比神明裁判所含的内容要宽泛得多，神明裁判只是神示的内容之一，只是神示证据制度的最初形态。神示证据制度是证据制度发展史上最原始的一种证据制度，它是凭借神的各种启示来判断案件是非曲直的一种证据制度。神示证据制度曾普遍存在于亚欧各国的奴隶社会，甚至在欧洲封建社会早期还保留有神示证据制度的残余。

在奴隶社会时期，诉讼采取控告式诉讼程序，起诉权由私人掌握，原、被告双方的利害关系是直接对立的，在案件审理过程中，双方当事人往往争执不下。在当时的历史条件下，出于维护奴隶主阶级统治的需要，加之生产力发展水平十分低下，人们不可能通过科学的方式来正确认识人类的社会现象和自然现象。那时人们信奉神灵，认为神是人类的主宰，是无所不知的，也是最公正的。因此，对于难以查明的案情、难以决断的争议，便求助于神意来判明是非和解决争议，并以此为基础对案件作出判决。换言之，神示证据制度的基础是人们对神灵的信仰和崇拜。[1] 由于神本身是一个虚拟的抽象物，其事实上根本不存在，所以神意只能通过人所确定的方式表现出来。对神宣誓、水审、火审、决斗、十字形证明以及卜筮等，是神示证据制度中具有代表性的显示神意的方式。"在野蛮的古代法制中，烈火和沸水的考验以及其他一些捉摸不定的械斗曾被称作神明裁判，似乎上帝手中永恒链条的环节在任何时候都会被人类轻率的手段所瓦解和脱节。"[2]

（二）神示证据制度的证明方法

1. 对神宣誓。对神宣誓又称"神誓法"，即当控告人、被告人以及证人之间的陈述相互矛盾、冲突时，裁判者便要求双方分别对神灵发誓，以证明自己的陈述是真实的。他们相信神的力量，确认宣誓具有法律效力。对神宣誓的方法，在许多奴隶制国家以及欧洲封建制国家早期的法典中都有明确规定。如《汉谟拉比法典》第20条规定："倘奴隶从拘捕者之手逃脱，则此自由民应对奴隶主指神为誓，不负责任。"《汉谟拉比法典》第131条规定："倘若自由民之妻被其夫发誓诬陷，而她并未破获有与同其他男人同寝之事，则她应对神宣誓，并得回其家。"西欧中世纪初期的《萨利克法典》第58条也有宣誓的规定："如果有人杀了人，而交出他所有的财产，但还不够偿付依法所应交纳的罚金，那么他必须提供12个共同宣誓人，他们将宣誓说：在地上、在地下，除已交出的

---

〔1〕　参见何家弘主编：《外国证据法》，法律出版社2003年版，第23页。
〔2〕　[意] 贝卡里亚：《论犯罪与刑罚》，黄风译，中国法制出版社2005年版，第38页。

东西以外，并没有其他任何财产了……"采用这种辅助宣誓的原因，是考虑到当事人的亲友对案件事实有一定的了解，或者了解当事人的品德，相信他不会作出虚伪的陈述。否则，这些亲友因惧怕神的惩罚而不敢作辅助宣誓。

对神宣誓的方式、方法因宗教信仰不同而不同，如信奉神灵的，在宣誓前向所信奉的神灵祈祷，而后凭圣物起誓，请求神灵证实其陈述真实或主张合理。有的部族视武器为圣物，则向武器进行宣誓。有的部族甚至向某种动物或家畜进行宣誓。在当时，由于人们普遍认为神灵是最公正的，欺骗了神就必定会遭受神的惩罚，因此，对神宣誓就成为法官判断宣誓者所作的案情陈述真实性或虚假性的依据。如果谁不敢进行宣誓，或者在宣誓过程中表现慌乱，或者在宣誓后显出某种受报应的现象，则可据此判断他所说的是假话，或者是理屈，或者有罪，从而引起相应的法律后果。如果没有出现上述情况，对神的宣誓就成为法官确认宣誓者所作的案情陈述真实性的依据。

近现代西方国家也有证前宣誓制度，即证人出庭作证时，应当首先对上帝宣誓，他将如实陈述。但这同神示证据制度中宣誓的法律意义有原则的区别。近现代的证前宣誓是证人出庭作证的一项法律程序，其目的在于以宗教信仰的力量来保证证人如实陈述，证人证言的真伪及其证明力要由法官根据自由心证原则来判定。而神示证据制度中的宣誓，则是法官确认当事人陈述和证人陈述真实性的根据。

2. 水审。水审是指通过一定的方式使当事人接受水的考验，显示神意，并以此判定当事人对案情的陈述是否真实或者刑事被控人是否有罪。水审分为冷水审和沸水审两种方式。

冷水审一般是将原、被告双方当事人或被告人一方投入河水，看其是否沉没或浮起，以此作为检验其陈述的真伪及其是否有罪的判断标准。由于各民族传统不同，在具体的判断标准上也存在一定的区别。在古巴比伦王国，被告人被投入河中，如果沉没则表明神要对他进行惩罚，因而其陈述是虚伪的，或者被认定有罪；如果被告人浮出水面，则认为他是诚实的、无罪的。《汉谟拉比法典》（以下简称《法典》）中也有类似的认定标准，《法典》第2条规定："倘自由民控自由民犯巫蛊之罪而不能证实，则被控犯巫蛊之罪者应行至于河而投入之。倘彼为河所占有，则控告者可以占领其房屋；倘河为之洗白而彼仍无恙，则控彼巫蛊者应处死，投河者取得控告者之房屋。"《法典》第132条还规定："倘自由民之妻因其他男人而受指摘，而她并未被破获有与其他男人同寝之事，则她因其夫故，应投于河。"这里的"应投于河"是指由河神来证明其清白。古日耳曼民族的判断标准恰恰与古巴比伦王国相反，古日耳曼民族认为水是世界上最纯洁的，不接纳任何污秽的东西，被告人入水而不沉，则认为他受到水神的唾弃，从而说明他的陈述是虚假的，或者他是有罪的；相反，如果他沉入水中，则认为纯洁的水神接纳了他，他的陈述是真实的，或者他是无罪的，在这种情况下，亲友必须立即捞救，以免无罪的人反遭溺死。

沸水审是指令受审人用手从沸水或沸油锅中取出放置水底的某种物品，然后包扎好其烫伤手臂，同时向神祈祷。经过一段时间后，再根据其烫伤处是否愈合来判定其陈述是否真实或是否有罪。如果烫伤处已日有起色，渐趋痊愈，法官则认为是神意所致，因而他是诚实的、无辜的；反之，如果伤口日渐脓肿溃烂，无法愈合，则可以此判断他的陈述是虚假的，或者他是有罪的。

3. 火审。火审就是通过一定的方式让被告人接受火或烧红的铁器的考验，显示神意，借以判定当事人的陈述是否真实或刑事被控人是否有罪。火审与水审一样，都是比较重大的考验方法，一般用在大案、要案中，如公元 9 世纪法兰克的《麦玛威法》规定："凡犯盗窃罪，必须交付审判。如在审判中为火所灼伤，即认为不能经受火的考验，处以死刑。反之，如果不为火所灼伤则可允许其主人代付罚款，免除死刑。"14 世纪的古塞尔维亚的《都商法典》第 152 条也规定，被告人想证明自己的清白，就应该接受烧红的铁的考验，即他必须从教堂门口燃起的火堆中，取出烧红的铁，用手拿到祭坛上去。如果经过一段时间，他手上的灼伤愈合了，则被认为是无罪的；如果伤口溃烂，不能愈合，则他是有罪的。

4. 决斗。将决斗的方法用于诉讼中，以判断当事人的陈述是否真实，被告人是否有罪。对此，在许多国家的习惯法中都有明确的规定，并且决斗的证明方法也盛行于中世纪欧洲各国的诉讼中，它以双方当事人在决斗中的胜败作为判断是非的标准。凡是在决斗中获胜的一方，便认为是神使得他取胜，因而他的陈述是真实的，或者他本人是无罪的；如果一方不敢决斗或者在决斗中失败，则认定他败诉，或者他是有罪的。

关于决斗的具体规则，许多国家的习惯法也有明确的规定。比如，在决斗前，双方必须对神宣读誓词，如果一方在宣誓时神情恍惚，读错了誓词，则被认为是神显示了旨意，不必进行决斗，法官就可以根据神意确定他是有罪的；在决斗时只允许休息三次，每次一小时；决斗要进行到一方被杀死为止，而活着的一方就是胜诉者；凡是对胜诉一方进行报复的，则被认为是对神意的抗拒，要处以死刑；等等。在古代捷克法律中也有明确规定，决斗只是在同属一个阶级或者一个等级的当事人之间进行，如当事人均是绅士或领主，则让他们穿着长外衣和下装，带着剑和盾进行厮杀；如果当事人是农民或市民，则无权带剑，其只能够拿着交给他们的棍子进行厮打。

除以上几种证明方法以外，十字形证明、卜筮等也是各民族经常采用的判定当事人陈述是否真实、被告人是否有罪的证明方法。以十字形证明为例，在信仰基督教的民族中，令双方当事人对面站立，各自将手臂左右伸直，使身体呈十字形，以接受上帝的考验。谁的身体能维持十字形站得久，谁就被法官判定为胜诉的一方。

（三）对神示证据制度的评价

在奴隶社会，奴隶主阶级是社会的统治阶级，为维护其统治地位，便将自己的意志上升为国家意志，对奴隶进行残酷、野蛮的镇压和统治。在法律面前，奴隶没有任何权利，对奴隶生杀予夺也无须任何诉讼证据。对于奴隶的反抗，主要通过军事镇压的方法解决；需要通过诉讼程序审判的，只是奴隶主和自由民的民事违法行为和犯罪行为。

神示证据制度是当时整个司法制度的组成部分，是为维护当时剥削阶级的统治服务的。神示证据制度以宗教迷信为思想基础，法律把审查判断证据的权力，不是赋予法官，而是赋予神灵，它所采用的各种证明方法都是唯心主义的。法律把神意的显示作为确认证据真伪的标准，当然难以查明案件事实真相，难以对案件事实作出正确结论。但是，神示证据制度的产生不是偶然的，而是与当时的历史条件相适应的。在生产力水平低下，科学文化技术落后的奴隶社会，人们愚昧无知，在人们的头脑中，神灵是万能的，是无所不知的。当时的统治阶级正是巧妙地利用了人们这种信奉神灵的心理，运用神示证据制度来断狱息讼，以维护和巩固自己的统治地位。"在现代人的眼中，各种'神明裁判'的方法是荒唐、荒谬的。但在古代人的眼中，那些方法是神圣的，不容置疑的。"[1]

第一，神示证据制度提高了人类司法判决的权威性，因而有助于维护社会秩序的稳定。它的基础是当时人们对神的无可争议的信仰和崇拜。这些早期的司法证明手段实际上比现代人所理解的更有效力。在当时的社会条件下，诉讼被视为私人之间的争斗，国家对司法活动的控制主要表现为防止当事人把法律握在个人手中并以此作为复仇的工具。因此，权威性的判决显然比合理性的判决更为重要。

第二，神示证据制度在某些情况下也确实能够查明案件的真实情况。从概率论的角度看，相当一部分显示神意的方式（如决斗、卜筮、十字形证明）具有得到50%的准确结论的可能性。当时广泛采用的对神宣誓的方式，在一个把神奉为最高主宰者的社会中，在神灵面前人们心理受到很大的强制，唯恐作不真实的陈述会遭到神的惩罚，从而如实陈述案件事实真相。可见，神示证据制度在当时对于确认证据的真实性、判断证据的证明力还是起到了实际意义。

---

[1]　何家弘主编：《外国证据法》，法律出版社2003年版，第23页。

第三，神示证据制度的作用不仅表现为对违法者和犯罪人的惩罚，而且表现为在适用过程中对社会上一般人行为的引导和规范作用。神意本身是一个虚构的抽象物，它必须通过人所确定的方式来实现，正如恩格斯所指出的："一切宗教都不过是支配着人们日常生活的外部力量在人们头脑中的幻想的反映，在这种反映中，人间的力量采取了超人间力量的形式。"[1] 在把神意作为公正和正义的情况下，根据神意确认证据的证明力，并据以认定事实，适用法律，也就当然具有了被社会普遍接受的公正性和正义性。虽然这种公正和正义是一个历史的范畴，但是其具有相当的盲目性。

二、法定证据制度

（一）法定证据制度的概念

法定证据制度，或称形式证据制度，是指法律根据各种证据的不同形式，预先规定了各种证据的证明力和判断证据的规则，法官审理案件必须据此作出判决，而不得自由评断和取舍的一种证据制度。在这种证据制度中，法官无权按照自己的见解自由地判断证据，而只能机械地适用法律有关证据证明力和判断规则的规定，并据此认定案情。

法定证据制度理论认为，每一种具有一定特征的证据，其证明力在一切案件中都是永恒不变的，因此，可以用法律预先规定各种具有不同特点的证据的证明力。法官在办理各类案件时，只要严格按照法律的规定运用证据，就能够准确地查明案情和正确地裁断案件，这样做有利于防止法官主观擅断。在这种证据制度下，法官在审理案件的过程中，不必分析和判断本案中各种证据的真实程度和它的证明力大小，他们唯一的职责就是按照法律预先规定的各种证据可靠性的百分比，机械地计算和评价本案的各种证据，并且据此认定案件事实。

论述法定证据制度的理论分为积极理论和消极理论两种。积极理论一直支配法定证据制度至 18 世纪后期，这种理论认为，当刑事案件具备了法律规定的"完全的"或"完善的"证据时，无论法官个人对案件的看法如何，都必须作出有罪判决。18 世纪后期，出现了法定证据制度的消极理论，这种理论认为，当缺乏法律所规定的证据时，即使法官个人认为被告人有罪，也不得作出有罪判决。这两种理论都是以是否具备法律预先规定的证据作为认定案件事实的根据，即使法官对案情仍有怀疑，也必须依法认定。两种理论的不同在于"消极理论不同于积极理论的，是大大减轻了形式证据理论的畸形弊害，反映了人道主义

---

[1]　《马克思恩格斯文集（第 9 卷）》，人民出版社 2009 年版，第 333 页。

的影响，也反映了自然法学派和百科全书学派对当时法官的专横提出抗议的影响"。[1]

（二）法定证据制度产生的历史条件

法定证据制度是对神示证据制度的否定，是历史上的一大进步。欧洲的历史在进入封建君主专制时期之后，一种新的适应当时政治需要的证据制度，即法定证据制度取代了神示证据制度。法定证据制度盛行于欧洲16世纪至18世纪的君主专制时代。在德国、奥地利、俄国等国家，直至19世纪后期仍然实行法定证据制度。最早规定这种证据制度的代表性法典是1532年神圣罗马帝国的《加洛林纳法典》，具有代表性的法典还有1853年的《奥地利刑事诉讼法》以及1857年的《俄罗斯帝国法规全书》等。同时期的英国，由于其民族历史传统的特殊性，尽管其证据制度中也具有许多形式主义的因素，但并没有形成严格意义上的法定证据制度。

法定证据制度是封建君主专制政治体制与纠问式（又称审问式）诉讼形式的产物。君主专制政治的一个特点就是中央集权，强化国家权力对社会的控制。与这个政治特点相适应，在欧洲大陆君主专制时期，纠问式诉讼形式取代了弹劾式诉讼形式。所谓纠问式诉讼形式，是指司法机关对于犯罪案件，不待有人告发，即可进行追诉、审理，被追究的犯罪嫌疑人只是被拷问的对象，不是诉讼主体，不享有反驳控诉的辩护权利，而且诉讼不公开进行。在纠问式诉讼形式下，无论是否有被害人控告，司法机关都有权主动追究犯罪，法官集起诉权和审判权于一身。被告人负有招供的义务，对被告人刑讯逼供是法定的程序。很显然，这种诉讼形式大大强化了国家的司法权，因为传统的神示证据制度不能满足统治阶级的需要，就必须有一种新型的证据制度来取代神示证据制度。同时，法定证据制度要求法官必须绝对依照法律对证据证明力的规定来认定案情、适用法律，扼制了法官的自由裁量权，"法官的形象就是立法者所设计和建造的机械操作者，法官本身的作用也是机械的"。[2] 这就使得封建君主得以通过这种证据制度来强有力地控制司法权，以适应君主专制中央集权的需要。

（三）法定证据制度的特点

1. 法定证据制度具有形式主义特征。法律预先规定了各种证据的证明力和判断证据的规则，法律对于证据证明力和判断证据规则的规定，主要是根据证据的形式，而不是根据证据的具体内容。这是法定证据制度的一个最主要的特

---

〔1〕　［苏］安·扬·维辛斯基：《苏维埃法律上的诉讼证据理论》，王之相译，法律出版社1957年版，第90页。

〔2〕　［美］约翰·亨利·梅利曼：《大陆法系》，顾培东、禄正平译，法律出版社2004年版，第37页。

点。根据当时的法典和证据理论，各种证据被划分为完善的和不完善的，或完全的和不完全的。完全或完善的证据是指法律规定能够据以认定案件事实的充分确实的证据；不完全或不完善的证据是法律所规定的其证明力还不充分，不足以认定案情的证据。如 1857 年的《俄罗斯帝国法规全书》把下列几种证据列入完全或完善的证据之内：受审人的坦白（其是全部证据中最好的证据）；书面证据；亲自的勘验；具有专门知识的人的证明；与案件无关的人的证明。同时，把下列几种证据列为不完全或不完善的证据之内：受审人相互间的攀供；询问四邻所得知的关于犯罪嫌疑人的个人情况和行为；实施犯罪行为的要件；表白自己的宣誓。对于不完全或不完善证据的证明力，又有更具体的划分。两个或两个以上的不完全证据可构成一个完全证据。例如，两个善意证人在宣誓后提供的证言是完全证据，一个证人证言则是不完全证据。

关于证人证言的证明力的规定，法定证据制度认为，两个典型的证人证言，应当认作是完全和完善的证据。所谓典型证人，是指两人之间彼此无关，具有完全的信用和良好的品质，两人对案件事实所作的陈述一致。一个可靠证人的证言，算作半个证据。当几个可靠证人的证言相互矛盾时，则按多数证人证言来判断案情。同时，当时几乎所有的法典都认为被告人的自白是所有证据中最有价值和最完善的证据，而不管被告人自白的具体内容如何。关于书证证明力的规定，也体现了法定证据制度的形式主义特征。比如，只有公文书、原本等书证才具有较大的证明力。

2. 刑讯逼供是取得证据所普遍采用的合法方式。刑讯逼供是纠问式诉讼和法定证据制度的重要特征。由于被告人的自白被认为是所有证据中最具有价值的完全证据，对案件的判决和被告人的命运起着决定性的作用，所以在司法实践中侦查人员和法官就会千方百计、不择手段地获取被告人的自白，"而在诉讼中对犯人进行刑讯，由于为多数国家所采用，已经成了一种合法的暴行"[1]。当时的许多法典，对于讯问被告人的内容、步骤、方式等，都有明确的规定。如《加洛林纳法典》第 31 条规定："假如某人被怀疑对他人有损害行为，而嫌疑犯被发觉在被害人面前躲躲闪闪、形迹可疑，同时嫌疑犯又可能是犯这类罪的人时，那么这就是足以适用刑讯的证据。"当时的法律还规定，不完全的证据虽然不能成为认定被告人有罪的根据，但却可以成为对被告人进行刑讯的根据。如果经过刑讯，仍然不能取得被告人的自白，则可以根据不完全证据作出"存疑判决"，这体现了有罪推定思想对法定证据制度的影响。

刑讯逼供体现了法定证据制度的野蛮性和落后性。将通过刑讯所取得的证

---

〔1〕　［意］贝卡里亚：《论犯罪与刑罚》，黄风译，中国法制出版社 2005 年版，第 37 页。

据作为定案的主要依据，直接导致了中世纪的欧洲冤狱遍地，大量的无辜者蒙冤受罚，司法以黑暗与专横而著称，刑讯逼供由此成为以后资产阶级革命在司法领域指向的对象。许多资产阶级法学家对此曾进行过猛烈的抨击，例如，法国的资产阶级启蒙思想家孟德斯鸠将刑讯逼供与封建专制政体联系起来，指出："拷问可能适合专制国家，因为凡是能够引起恐怖的任何东西都是专制政体最好的动力。"[1]

3. 法定证据制度具有封建等级性特点。在法定证据制度下，封建等级特权极为盛行。在有关证人证言的证明力的规定中，这个特点表现得尤其突出。比如，1857 年的《俄罗斯帝国法规全书》规定，当几个地位或性别不同的证人的证言发生矛盾时，要依照下列原则处理：①男人的证言优于妇女的证言；②学者的证言优于非学者的证言；③显贵者的证言优于普通人的证言；④僧侣的证言优于世俗人的证言。

4. 限制法官自由裁量权。法律对证据证明力和判断证据规则的规定是审查判断证据绝对性的依据。法定证据制度对证据的证明力有绝对性的规定，法官在判断证据证明力时，没有任何主观能动性，只能机械地按照法律规定对证据证明力进行计算，或者将几个不完善的证据相加成一个完善的证据。这种做法的荒谬之处在于用定量分析的数学方法解决属于定性分析领域的审查判断证据问题，这显然也是强烈的形而上学的思维方式的体现。但是，这在历史上是一个进步，使法官在运用证据上摆脱了宗教迷信，服从了法律。

（四）法定证据制度的基本规则

法定证据制度认为，每一种证据证明力的大小，在所有的案件中都是相同的。因此，可以不考虑各个具体案件本身和各个证据材料的特点，只是根据证据的形式，按照证据材料的外部特征，预先在法律上规定各种证据的证明力和判断证据的规则，法官只需机械地依照法律规定认定案情，处理案件。在当时欧洲各封建专制国家的诉讼法典中，对于司法实践中经常运用的几种主要证据的证明力以及审查判断证据的规则都作了具体的明文规定：

1. 被告人的自白。对于被告人的自白，不管是被告人自己主动供认的，还是由刑讯逼供而来的，几乎所有国家的法典都认为其是最完全的证据，是所有证据中的"证据之王"，而从不考虑被告人口供是否符合案件的客观实际。由于将被告人的口供视为法定证据制度的基础，因此，关于如何运用这种证据，法律作了许多具体的、形式上的要求和规定。如 1853 年的《奥地利刑事诉讼法》和 1857 年的《俄罗斯帝国法规全书》对被告人的自白，都规定了必须具备的条

---

〔1〕 ［法］孟德斯鸠：《论法的精神（上册）》，张雁深译，商务印书馆 1961 年版，第 93 页。

件，这些条件是：①必须是确定的、明晰的、表达透彻的，不是出于含糊不明的手势和符号；②必须是在健全的理智下自动作出的陈述；③必须在法庭上向法官当面作出明确陈述；④陈述的内容和过去的行为完全相符；⑤必须是独立的、详尽的陈述，而不是只根据所提问题作出的肯定答复。只有符合以上条件，被告人的自白才能被认为是完全的证据。另外，被告人在法庭外所作的自白，如经具有信用的证人加以证明，可以成为有一半效力的证据。同时，为获取被告人口供这个"证据之王"，许多国家的法典都确认刑讯逼供为合法方法。为适应刑讯逼供的需要，制造了种种野蛮、残酷的刑具。当时，刑讯逼供已成为各国审判程序的一个组成部分，它是纠问式诉讼和法定证据制度的重要特征。法定证据制度的产生，导致了刑讯逼供的泛滥，也不可避免地产生了大量的冤假错案。

2. 证人证言。关于证人证言的证明力，法律作了形式主义的规定，主要是：两个典型证人的证言可以认作是完全可靠的证据，一个可靠证人的证言，只能算半个完全的证据。如《奥地利刑事诉讼法》明文规定：必须有两个相同的证人证言对某种事实加以证实，某种事实才能得到完全的证明；这两个证人还必须具备一定的条件，即证人的陈述是其亲自感受到的；证人是完全善意的，证言是证人宣誓后陈述的。在关于证人证言的规定中，法定证据制度充分体现了封建等级特权观念，如关于男子的证言优于女子的证言，学者的证言优于非学者的证言，显贵、僧侣的证言优于普通人、世俗人的证言，等等。

3. 书证。法律对书证证明力的大小也作了具体的规定，例如，认为书证的副本没有原本的证明力大，公文书的证明力大于私人写作的文书的证明力，等等。

法定证据制度不仅规定了各种证据的证明力，也具体规定了某类案件如何运用证据定案。《俄罗斯帝国法规全书》第 312 条规定："审理强奸案件按照法律所定的刑罚量刑时，必须具备下列情况：①切实证明确有强暴行为；②证人证明被强奸人曾呼喊旁人救助；③她的身上或被告人身上或者两人身上，显出血迹、青斑或衣服被撕破，能够证明有过抗拒；④立刻或在当日报告。"可见，法定证据制度的形式主义发展到了登峰造极的地步。法定证据制度在规定证据和证据的证明力的同时，还规定了法官在审查判断证据问题上的职责。法律限制法官分析研究证据证明力的权力，也不要求其判断证据是否能够证明案件的真实性，只要求法官机械地按照法律的规定，识别各种证据的证明力，计算证据证明力的大小或证据数量的多少，而不能按照自己的见解来审查判断证据。在审查判断证据的过程中，法官毫无主观能动性。

（五）对法定证据制度的评价

从政治上讲，法定证据制度是适应封建君主中央集权的政治需要而建立的，适应了社会发展趋势，具有一定的历史进步性。在封建社会初期，各地封建主政权处于割据、闭关自守的状态，各地封建主政权都有自己的司法机关和诉讼制度，在全国范围内没有统一的司法组织和诉讼制度。为了结束这种状况，并加强中央集权统治，封建主阶级在建立封建集权制国家的同时，也逐步统一了全国的司法组织和诉讼制度，法定证据制度作为诉讼制度的重要组成部分，适应当时社会的历史发展，将审查判断证据的权力不是赋予法官，而是赋予法律，即用法律明确规定各种证据的证明力和运用规则，从而结束了各封建主控制的运用证据的混乱状态。

与具有浓厚宗教迷信色彩的神明裁判和司法决斗相比，法定证据制度虽然本身并不科学，但它毕竟更多地体现了人类的理性，这是人类社会进步的结果。这种进步性主要体现在两方面：一方面，法定证据制度要求法官必须按照法律对证据证明力、判断证据规则的预先规定来审理案件，有利于消除在运用证据的过程中出现的混乱状态，从而有力地限制了法官的司法专横；另一方面，法定证据制度是对神示证据制度的否定，它的产生是人类文化科学发展的结果，是人们运用证据的经验在法律上的反映。法定证据制度的有些规定，如关于书证的原本、副本证明力的规定，在一定程度上反映了书证的某些特征和运用书证的经验。与神示证据制度相比，法定证据制度在运用证据上摆脱宗教迷信、信服法律，是社会的一大进步。

实际上，法定证据制度是建立在唯心主义和形而上学理论基础之上的。它把证据材料的外部特征视为内在的普遍性规律，并且脱离案件的具体情况，忽视法官在审查判断证据中的主观能动性，以法律的形式详细、具体地规定了法官必须遵守的运用证据的规则，从而束缚了法官的手脚，使他们难以从客观实际出发，揭露和查明案件事实真相。"法官酷似一种专业书记官，除很特殊的案件外，他出席法庭仅是为解决各种争讼事实，从现存的法律规定中寻觅显而易见的法律后果。他的作用也仅仅在于找到这个正确的法律条款，把条款与事实联系起来，从法律条款与事实的结合中会自动产生解决办法，法官赋予其法律意义。"[1] 在法定证据制度的具体内容中，虽然也包含了一些有价值的实践经验，其具有一定的合理性，然而法定证据制度却把这些具体的经验无条件地奉为一般性准则并运用于一切情况，这就使得真理在形而上学的思维方式中转化为谬论了。从本质上讲，法定证据制度是反科学的，是具有浓厚的封建性、残酷性和反动性的一种证据制度。为了维护封建地主阶级的统治，打击危害统治阶级利益的犯罪行为，从有罪推定出发，将被告人的口供视为最好的证据，从

---

[1] [美] 约翰·亨利·梅利曼：《大陆法系》，顾培东、禄正平译，法律出版社2004年版，第36页。

而导致了刑讯逼供的盛行。在随后的反封建、反专制的资产阶级革命过程中，资产阶级法学家尖锐地批判了法定证据制度，认为它束缚了法官的理性，扼杀了他们的良心，毁灭了他们的意识。因此，法定证据制度具有落后性、封建性和非科学性。

三、自由心证证据制度

（一）自由心证证据制度概述

在资产阶级反对封建专制统治的斗争中，代表新兴资产阶级利益和要求的思想家、法学家，对封建专横的司法制度进行了猛烈的抨击，并提出了一系列反映资产阶级意志的诉讼原则和制度。这些理论和主张中的主要原则，在资产阶级掌握政权以后，便陆续规定在宪法和法律之中。资产阶级的思想和意志体现在证据制度方面，就是要废除封建法定证据制度，代之以资产阶级自由心证制度。

1. 自由心证证据制度的概念和特点。自由心证证据制度，主要是指对一切证据证明力的大小和证据的取舍，以及案件事实的认定，法律不预先作出规定，均由法官根据自己的良心、理性自由判断，并根据其形成的内心确信来认定案件事实的一种证据制度。

自由心证制度的主要特征有两点：①审查判断证据的权力在于法官，即法官凭借自己的良心、理性自由判断证据和运用证据；②法官必须根据自己的内心确信以认定案件事实。

在资产阶级法学家看来，法定证据制度将审查判断证据的权力不是赋予法官，而是赋予法律。法官只能机械地按照法律预先对证据所作的各种规定来判断和运用证据，认定案情，其结果只能达到法律规定的形式真实，而难以符合案件的客观真实，而只有采用自由心证制度才能为法官提供有利条件，使其有最大可能去查明案情，公正地处理案件。同时，为了防止法官权力的绝对自由化，资产阶级统治者又在立法上、理论上对法官运用证据裁判案件作出一定的限制。如《日本刑事诉讼法》规定法官有权自由判断证据证明力，但是，当被告人的自白成为对他不利的唯一证据时，法官又不能认定其有罪。又如，某些资产阶级法学家认为，自由心证的形成必须具备以下条件，才能认为是合法的：①内心确信必须是从本案情况中得出的结论；②确信必须是基于一切情况的酌量和判断；③考虑判断这些情况的时候，必须不是孤立的，而是它们的全部总和；④内心确信的形成必须是依据证据的固有性质和它与案件的关联性加以判断的结果。

2. 自由心证证据制度的内容。通常认为，自由心证证据制度的主要内容有两点：一是自由判断；二是内心确信。所谓"自由判断"，是指除法律另有规定的以外，证据及其证明力由法官自由判断，法律不作预先规定。法官判断证据证明力时，不受外部的任何影响或法律上关于证据证明力的约束。所谓"内心确信"，是指法官通过对证据的判断所形成的内心信念，并且应达到深信不疑的程度，由此判定事实。"内心确信"禁止法官根据似是而非、尚有疑虑的主观感受判定事实。需要注意的是，自由心证并非完全的自由，只是"相对"的自由，它要受到整个法律体系中的一系列法律制度和规定的制约，法官应当在适用各种证据规则并慎重考虑庭审证据调查与辩论的全部过程的基础上，依据自由心证对案件事实做出判断。

3. 自由心证证据制度的产生。17世纪至18世纪，以英国洛克和法国卢梭为代表的资产阶级启蒙思想家，提出了"天赋人权论"。他们主张人生而具有生存、自由、平等的权利，他们倡导"理性"和"良心"，并提出了法律面前人人平等的口号。然而法定证据制度只追求符合法律的形式真实，严重压抑了法官审查判断证据的主观能动性，在这种证据制度下，运用证据认定案情，不论法官内心是否确信他所作的判断，而只要求他遵守法律预先规定的各项证据规则，这不利于资产阶级追究和惩罚犯罪。与之相反，自由心证制度给予法官审查判断证据极大的自由权，法官完全可以凭借自己的理性、良心，根据自己的内心确信灵活有效地运用证据和认定案情，追究危害其统治的犯罪。而且，在法定证据制度中体现的封建等级特权，如不同身份的证人所提供的证言具有不同的证明力，被告人只是被追究刑事责任的对象，没有任何的诉讼权利等，与资产阶级的主张也是相矛盾的。特别是法定证据制度所公开确认的不尊重人格、不尊重人权、不人道的刑讯逼供与资产阶级宣扬的"人道主义""人权"思想更是直接对立的。因此，资产阶级革命的结果，必然要废除封建的法定证据制度，建立起符合资本主义时代精神的，适应资产阶级政治、经济需要的，维护资产阶级统治利益的自由心证证据制度。

在18世纪末19世纪初，欧洲资产阶级革命战胜封建社会以后，在确立资本主义制度的同时，包括各种法律制度在内的上层建筑领域也相应地发生了变革。在诉讼制度方面，以诉讼主义诉讼制度否定了封建社会的纠问主义诉讼制度；在证据制度方面，以自由心证制度取代了法定证据制度。最早提出"自由心证"原则的是法国的资产阶级代表杜波尔。1790年12月26日，他向法国宪法会议提出了一项革新草案，他认为，在法定证据制度下，不顾法官内心是否确信，而强迫其根据法律预先对证据所作的各项规定来认定案件事实并作出判决是荒谬的，对被告人以及社会都是有危害的。只有采取自由心证制度，赋予法官自由判断证据的权力，才能保证法官最大可能地去查清案情。杜波尔的草案经过辩论之后，于 1791 年 1 月 18 日得到法国宪法会议的通过，并于同年 9 月 29 日发布训令正式宣布：法官必须以自己的内心确信作为裁判的唯一根据。

1808 年法国颁布的世界上第一部刑事诉讼法典——《法国刑事诉讼法典》第 342 条对自由心证制度作了较详尽的规定："在自由心证的制度下，法官以完全的自由来评判向其提出的证据的价值。法官按照其意识自行作出决定，依据其内心确信来判断被告有罪还是无罪，决定对被告是判刑还是无罪释放，无须对其认定的证据所赋予的证明力作出任何说明。"[1] 继法国之后，欧洲大陆各国的诉讼立法，如 1877 年《德国刑事诉讼法典》、1892 年《沙皇俄国刑事诉讼条例》等，也都将自由心证制度确立下来。由法国最先提出的自由心证制度，对欧洲各资产阶级国家有深刻的影响，其后这一制度也传到了亚洲。日本明治初年还实行"断定有罪应根据口供定案"的法定证据制度，明治九年以后则改为自由心证制度。现行《日本刑事诉讼法》第 318 条规定："证据的证明力，由法官自由判断。"总之，自由心证制度的确立和运用，使资产阶级的司法机关披上了公正、平等、自由的外衣，成为维护资产阶级统治的有力工具。

4. 对自由心证证据制度的评价。自由心证是对法定证据制度进行批判的产物，其基点就是信赖人的理性，尊重法官本着理性与良心所做的判断。[2] 较之于法定证据制度从法律上预先规定证据证明力的做法，自由心证证据制度可以使法官根据证据的具体情况认定案情，符合人类认识的本性，所以，自由心证在提出后陆续为世界各国所确立。

资产阶级在反对封建专制主义的斗争中，以自由心证制度代替了法定证据制度，体现了资产阶级改革封建证据制度的时代要求，并且在政治上适应资产阶级自由民主的思想，具有一定的历史进步意义。首先，自由心证制度的确立，推动了诉讼制度的民主化，引起了诉讼结构的变革。它从法律上废除了封建法定证据制度中的刑讯逼供和封建等级特权，宣扬人道主义、人权主义，并依此原则改革政治制度和法律制度。其次，对于诉讼参与人来讲，自由心证制度代替法定证据制度，使被告人获得辩护权，确定了当事人的诉讼权利平等，使公民的基本权利在法律上得到一定程度的尊重，这无疑是证据制度史上的一大进步。最后，自由心证制度的确立，对于法官、陪审官来讲，也使其从法定证据制度的束缚下获得解放。对于证据的审查判断、案件事实的认定，完全听凭法官根据自己的理性和良心自由判断，从而为法官查明案件事实真相提供了某种

---

[1] ［法］卡斯东·斯特法尼等：《法国刑事诉讼法精义（上册）》，罗结珍译，中国政法大学出版社 1998 年版，第 46~47 页。
[2] 宋英辉等：《外国刑事诉讼法》，法律出版社 2006 年版，第 50 页。

可能性。

　　客观地评价自由心证制度，在了解其历史进步意义的同时认识它的局限性，自由心证同法定证据制度一样，存在一定的局限性。由于自由心证的主体是法官，所以自由心证制度的核心，是以法官通过对证据事实的自由判断形成的"内心确信"，作为认定案件事实的根据。但是，法官是社会中具体的人而不是抽象的人，若对其执法行为不加约束，尤其是当把法官职位授予品质不佳之人的时候，是无法保证实现社会正义的。唯物辩证法认为，只有当法官的内心确信符合证据与案件事实之间的客观联系，法官对证据的判断才具有真理性。因此，当今凡奉行自由心证证据制度的国家，都出台了许多证据规则，以制约法官的"心证"。

　　（二）英美法系国家的证据制度

　　英美法系国家的证据制度与欧洲大陆法系国家的证据制度相比，由于民族传统和历史渊源的不同，具有各自的突出特点。英美法系国家在长期的司法实践中对证据的运用逐步产生了一套详细、完备的规则，如在自由心证证据制度方面，至今仍然保留一些形式主义的规则。[1] 从英美法系国家法律发展历史来看，虽然这些国家也制定了一些单行法规，但主要依靠习惯法和判例。在封建时期，英美法系国家证据制度虽然受到法定证据制度理论的影响，但是一直没有形成像欧洲大陆法系国家那样的典型的法定证据制度。因此，英美法系国家的证据法并没有预先规定各种证据的证明力和证据的运用，而只有根据长期审判经验的积累，制定了一系列繁琐、复杂的采用证据和判断证据的规则，如证据关联性的规则、证明责任的规则、传闻证据的规则、证人能力的规则等。当然，《英国证据法》在规定这些基本规则的同时，又具体规定了一系列的例外情况以及各种附带条件。由于这种证据制度的一些基本规则是建立在实际判例的基础上的，而有的规则本身就是审判经验的总结，因此与欧洲法定证据制度相比有其进步性。但是其规则繁琐、复杂，在司法实践中难以理解和运用，并且在某些规则中，存在严重的主观唯心主义和形而上学思想。对于英国封建时期的证据制度中的这些形式主义证据规则，由于英国资产阶级革命的妥协性和不彻底性，在资产阶级革命取得政权以后，并没有像法国资产阶级那样彻底抛弃封建的法定证据制度，而是将其中的许多规则保留至今，只是注入了资产阶级的法律意识。因此，英美法系国家的自由心证制度存在独自的特点，总体上表

---

〔1〕　当然，有些证据规则处在不断发展变化之中，如证据排除规则。参见姚莉 "美国证据排除规则的衰变及其启示——以 *Herring v. United States* 案为主线的考察"，载《法律科学（西北政法大学学报）》2012 年第 1 期。

现为采证上的法定证据制度，证据判断上的自由心证主义。

（三）大陆法系国家的证据制度

大陆法系国家是自由心证证据制度的发源地，在诉讼结构上实行职权主义，对证据的证明力、取舍和运用等限制很少，即关于证据的运用规则很少有限制性的规定。但也有少数的运用证据的规则，例如，实行直接言词原则，证据非经审判员合法调查，并赋予当事人辩论的机会，不得作为自由心证的资料；法院依职权调查证据；法律对证据能力不加限制，凡是有论理的证据能力者，都可作为形成自由心证的资料；被告人的自白不得作为形成自由心证的唯一基础；法律上推定原因事实之认定，除有反对证明外，不论法官之心证如何，均得依此事实而认定其所推定原因之事实，唯事实上推定，仍运用自由心证主义。[1]但是无论如何，大陆法系国家都没有形成英美法系国家繁琐、复杂的证据规则体系，甚至连英美法系国家基本的证据排除规则都没有确立。

日本在"二战"以前实行自由心证制度，"二战"后受英美法系的影响，在采用自由心证制度的同时，也规定了一些证据规则：贯彻直接言词原则，证人应当亲自到庭陈述，排斥传闻证据及书证；起诉状一本主义规则；被告自白是不利于自己的唯一证据时不得采用的规则；自白任意性规则（由于强制、拷问或胁迫的自白，或经不当之长期拘禁后的自白，不得作为证据，其他有非任意性疑义的自白也不得作为证据）；等等。因此，有人将日本的证据制度称为法定与自由的折中，是二者的混合体。

由于英美法系与大陆法系存在相互融合、相互借鉴、共同发展的趋势，可以说，当今的大陆法系国家，基本上实行的是一种半自由心证的证据制度，只不过各国"自由"的程度、限制的宽严程度不尽相同而已。但这个现状与最初建立的自由心证制度也相去甚远、变化较大。如许多国家的实践证明，自由心证制度的主观随意性太大，难以达到案件的客观真实，于是各国不断通过改革，对自由心证作出新的解释，增加具体限制"心证"的条件。法国 1959 年《法国刑事诉讼法典》关于自由心证的规定与 1808 年《法国刑事诉讼法典》的规定就有所不同。《德国刑事诉讼法典》第 267 条也规定，对公诉被告人定罪判刑或宣布无罪都要说明判决的理由。日本的诉讼法理论也一直强调法官自由心证的形成不得违反伦理及经验的法则。也就是说，"自由心证主义当然不允许法官肆意判断。自由心证要求根据经验法则、逻辑法则进行合理的心证。自由心证主义必须是合理的心证主义"[2]。

---

[1] 刁荣华主编：《比较刑事证据法各论》，汉林出版社 1984 年版，第 17、28 页。
[2] ［日］田口守一：《刑事诉讼法》，刘迪等译，法律出版社 2000 年版，第 225 页。

■ 第二节 中国证据制度的历史发展

一、中国古代的证据制度

（一）奴隶制时期的证据制度

公元前 21 世纪，随着原始公社的解体，社会分裂为阶级，中国历史上出现第一个奴隶制国家——夏王朝。在奴隶制国家，奴隶主阶级是统治阶级，国家和法律成为奴隶主镇压奴隶的反抗、维护其阶级统治的工具。在奴隶社会初期，统治阶级处理犯罪案件和财产纠纷只依靠习惯法，后来才逐渐出现了成文法，如西周时期的《周礼》《吕刑》等。在这些法律中，都有某些关于诉讼制度和证据制度的规定和记载。我国古代奴隶社会证据制度特点如下：

1. 神判方法适用较少，消失较早。根据我国古代文献记载，在国家和诉讼出现的早期，由于生产力发展水平低下，科学文化落后，宗教迷信盛行，曾经实行过某些神判方法。但由于中国古代文明发达较早，神判的方法始终未形成像古罗马等其他奴隶制国家那样的神示证据制度，并且神判的方法在当时的诉讼中适用较少，消失得也较早，在周朝时就已基本上不实行了。

《说文解字》解释古代"灋"字说："'灋'，刑也，平之如水，从水；廌，所以触不直者去之，从去。"又释"廌，兽也，似山牛，一角；古者决讼，令触不直"。后东汉王充在《论衡·是应》篇中也讲过："儒者说云：獬豸者，一角之羊也，性知有罪，皋陶治狱，其罪疑者，令羊触之，有罪则触，无罪则不触。"并指责儒者的说法是"神奇瑞应之类也"，"盖有虚名，无其实效也。人畏怪奇，故空褒增"。这种以兽触罪者的传说，可能就是古代神明裁判的反映。关于夏、商时代的证据制度，在保留下来的史料中无法考据，而从记载了周朝的法律制度的《周礼》中，可以看到当时进行刑事、民事诉讼，有要求当事人进行盟誓、盟诅之类的规定。如《周礼·秋官·司盟》中说："有狱讼者，则使之盟诅。""凡盟诅，各以其他地域之众庶，共其牲而致焉，既盟，则为司盟共祈酒脯。"这主要是奴隶主阶级利用宗教迷信，利用人们敬畏神灵的心理，促使当事人如实陈述，至于案件最后如何认定，谁是谁非，并不是仅仅依靠对神宣誓就能决定的，即并不是依靠神的意志来决定。因此，根据我国古代的传说，在奴隶社会早期可能实行过某些神判的方法，但它绝不是我国古代奴隶制国家盛行的一种证据制度。

2. 法官判断证据和认定案情，主要根据审判实践中形成的经验，以察听五辞的方法进行。《尚书·吕刑》中说："两造具备，师听五辞；五辞简孚，正于五刑。"即当时的司法机关"断狱息讼"时，都要求原、被告双方当事人到齐后进行陈述，由司法官以察听五辞的方法，审查判断其陈述的真伪，并以其供词作为定罪判刑的主要根据。所谓"五辞"，也就是"五听"，《周礼·秋官·小司寇》中有以"五听"断狱的说法："以五声听狱讼，求民情。一曰辞听，二曰色听，三曰气听，四曰耳听，五曰目听。"即司法官吏在审理案件时，要注意受审人讲话是否合理，讲话时神色是否从容，气息是否平和，精神是否恍惚，眼睛是否有神，从而断定其陈述的真伪和案件的是非曲直。因此可以说，当时司法官吏审理刑、民事案件，就已经比较注意和重视听取当事人的陈述和获取口供。这种审案方法，是统治阶级在长期审判实践中积累的经验总结，与原始的神判相比，当然具有进步意义。但是其案件事实的认定是根据受审人的表情确定的，因而难以避免法官的主观臆断。这种以"五听"断狱讼的主观唯心主义的审判方法，直到封建社会仍然受到推崇。

至于当时是否存在刑讯逼供的问题，由于审判重口供，即认为当事人的陈述是最有力的证据，如果当事人不招认，就得实行刑讯。刑讯逼供在我国起源很早，《礼记·月令》记载："仲春之月……毋肆掠，止狱讼。"肆掠就是刑讯，仲春之月禁止肆掠，而其他时节无疑是允许刑讯的。

3. 司法官认定案情，除"以五声听狱讼、求民情"外，还需参照其他证据。也就是说，当时司法官吏在审判过程中，在认定当事人的供词为最好证据的同时，并不排除证人证言、物证、书证等其他证据的运用。《周礼》载："凡民讼，以地比正之；地讼，以图正之。"民间发生诉讼，是非难辨，以地方了解案情的邻里作证解决；凡是为争土地疆界而涉讼，则以官府所藏地图为证解决。又说："凡以财狱讼者，正之以傅别、约剂。"凡是以财货争讼的，应以契约合同与券书为证来作出裁判；凡是因受委托向债务人讨取债务发生争讼的，应由居住在附近的知情人来证明。由此可见，定案不仅凭其所获供词，而且注意到与案件有关的其他证据材料，这与单纯依靠神意裁决案件的神示证据制度相比，无疑也是我国古代司法制度进步性的表现。

4. 实行有罪推定，主张"疑罪惟轻"。在诉讼中常常会遇到定罪有一定根据，但对其不定罪也有一定理由的"疑罪"案件。对这类案件的处理，早在夏朝时就有人提出过一条为后人所传诵的"与其杀不辜，宁失不经"的处理原则。唐代颜师古对此注解说："虞书大禹谟载咎之言。辜，罪也，经，常也，言人命至重，治狱宜慎，宁失不常之过，不滥无罪之人，所以宽恕也。"其意思是为防止错杀无辜，疑罪不应定罪处刑。在奴隶主残暴、野蛮的专制统治下，颜师古对疑罪的处理能够提出这样的观点，是具有进步意义的。但是，到了周朝，统治阶级权衡利弊，认为疑罪不如按有罪论，但只是对其予以从轻处罚，这样更有利于维护奴隶主阶级的统治。据《尚书·吕刑》记载，周穆王时"墨辟疑赦，其罚百锾"。即犯了墨刑之罪而有可疑，难以断定是否有罪时，可以采取以铜赎罪的办法处理。因此，从实质上讲，"疑罪惟轻"原则的基础是疑罪从有、有罪推定。

总之，由于我国的古代文明发达较早，生产力水平较高，我国古代奴隶制国家的证据制度与古巴比伦、古罗马等其他奴隶制国家所盛行的神示证据制度相比，不仅具有自己的特点，而且具有一定的进步意义。但是，从本质上讲这种证据制度也同样是维护奴隶主阶级统治的工具。随着生产力的发展和新的生产关系的出现，随着奴隶和人民群众同奴隶主阶级矛盾的不断尖锐化，必将加深包括奴隶制证据制度在内的整个法律制度的危机，最终由新的保护土地私有权的法律制度所取代。

（二）封建时期的证据制度

随着我国历史由春秋进入战国时代，封建制逐渐取代了奴隶制，从此中国经历了漫长的封建王朝时期。伴随着封建经济的发展，地主阶级的阶级力量逐渐强大起来，经过一系列的改革措施，进一步完成了地主阶级的政治革命，奠定了封建制国家的基础，并逐步建立了封建社会的经济、政治和法律制度。我国封建时期的证据制度与中世纪欧洲各国的证据制度有所不同。尽管在一定程度上受法定证据制度的影响，我国在法律上出现个别法定证据制度的规则，如"断罪必取输服供词"、被告人不合拷讯时"据众证定罪"，但在整个封建时代并未形成法定证据制度。在我国二千多年的封建证据制度中，占主要地位的是司法官个人决断。并且，历代的法律都将讯囚和刑讯规定为主要内容。具体来讲，我国封建时期的证据制度主要有以下几个方面的特点：

1. 口供至上。在各封建制国家中，都把嫌疑人的认罪口供作为定罪的最好证据。封建法律规定"断罪必取输服供词"，"罪从供定，犯供最关紧"。据《资治通鉴》解释，"狱辞之于囚口为款，款，诚也。言所吐者皆实也"。即狱因在受审时供述的犯罪供词是真实可信的，是最好的证据，因此，除了少数案件法律规定可以"据众证定罪""据状科断"以外，一般的案件都必须有囚犯的供词才能定罪判刑。这种"罪从供定"的论断是建立在唯心主义思想的基础之上的，从而也是违背客观实际的。由于受审人在审讯中没有任何诉讼权利，只是被拷讯的对象，因此，其供认犯罪的动机也是各种各样的。由于刑讯的盛行，在"棍棒""枷法"威胁下而冤屈"招供"的被告人比比皆是。南宋的胡太初在《昼帘绪论·治狱篇》中就曾说过："世固有畏惧监系觊欲早出而妄自诬服者矣；又有吏务速了强加拷讯逼令招认者矣；亦有长官自持己见，妄行臆度，吏辈承顺旨意，不容不以为然者矣；不知监系最不可泛，及拷讯最不可妄加，而臆度之见最不可持以为是也。史传所载，耳目所知，以疑似受枉而死而流而伏辜者，何可胜数！"因此，他主张："凡罪囚供款，必须事事著实，方可凭信。"这种思想由于与封建专制统治相抵触，封建法律理所当然不会采纳。

2. 依法刑讯和法外用刑相互交织。封建法律崇尚口供，"无供不录案""无供不定罪"，从而导致司法官吏为获取口供而不择手段，刑讯逼供也就应运而生。刑讯逼供是中国封建社会证据制度的一大特点，从秦汉到明清的历代封建法律都将刑讯逼供明确规定在法律中，刑讯成为合法程序。封建法律是诸法合体，民刑不分，因此，法律关于刑讯的规定，不仅适用于刑事被告人、控告人、证人，还可以适用于民事当事人。尽管各代封建王朝的法律对于拷讯的条件、方法、使用的刑具、拷打的部位、刑讯的次数和程度等规定不尽相同，但一般都规定得比较详细和具体，已形成条文化和规范化。除此之外，还有许多名目繁多、手段残酷的法外用刑，以致司法实践中依法刑讯和法外用刑相互交织，使嫌疑人在严刑拷打之下，只得屈招乱供，从而造成了无数的冤假错案。

在封建专制制度确立初期的秦代，就已从法律上确立了刑讯逼供。《睡虎地秦墓竹简》的《封诊式》中的《治狱》一节规定："治狱，能以书从迹其言，毋治掠而得人情为上，治掠为下，有恐为败。"同时，对于审讯中的受审人受诘问至辞穷，多次欺骗，还改变口供而拒不服罪的，又规定了"其律当笞掠者，乃笞掠。治笞掠之必书曰：爰书，以某数更言，毋解辞，笞讯某"。这说明当时的统治者虽然认为通过拷打取得真相是下策，但毕竟从法律上赋予了司法官吏刑讯逼供的特权。"汉承秦制"，即汉朝的法律制度一方面继承了秦朝法律制度的某些内容，另一方面又随着新政权的建立而有所发展。由于汉代法律早已散佚，当时证据制度的具体情况已无从了解。南北朝时范泉引述《汉律》时说："死罪及除名，罪证明白，考掠已至，而抵隐不服者，处当列上。"据此可以看出，对于犯重罪的被告人进行拷打，是汉代法律所允许的，只不过应当把已得到的证明情况和抵隐情况在上报的材料中全部写清楚。

秦汉时期，虽然法律已确认了刑讯制度，但是由于刑讯的方法、刑讯的工具以及刑讯程度缺乏具体规定，从而为司法官吏滥施淫威，随意采取野蛮的酷刑逼供而大开方便之门。《文献通考刑考》有记载："上下相胥，以苛酷为能，而拷囚之际，尤极残忍。"这些刑讯手段导致无辜者含冤屈招、受罚，甚至不肯诬服而惨死杖下。统治阶级也意识到，如果不对刑讯的方法、刑具和用刑限度加以规范，是不利于维护封建统治秩序的。因此，从南北朝开始，法律便对刑讯的方法、刑具等加以具体规定。如南朝的《梁律》对刑讯所用刑具的规定是："其问事诸罚，皆用熟皮鞭、小杖；凡系狱者，不即答款，应加测罚。"北朝的《魏律》规定："理官鞫囚，杖限五十。"尽管法律对刑讯作了某些限制，以约束

第二章

司法官吏滥施酷刑，但是这些规定并未能付诸实施。在司法实践中，不仅法外刑讯仍然普遍存在，即使"依法"拷讯，也是往往不顾法律规定的限制而随意用刑。到了我国的封建社会政治、经济高度发展的唐朝，法律制度有了很大发展。《唐律疏议》是我国保留下来的最古老、最完备的一部封建法典，它也是唐代以后各封建王朝制定法律的蓝本。在《唐律》中，有关刑讯的规定有一个重要发展，就是明确规定违法拷讯者应负刑事责任，并且视其违律的情况和所造成的后果而承担不同的刑事责任。在《唐律》的《断狱律》中，关于刑讯的条件、方法、适用对象和违律刑讯者的责任，有以下重要规定：①"诸应讯囚者，必先以情审查辞理，反复参验，犹未能决，事须讯问者，立案同判，然后拷讯。违者杖六十。"这是刑讯的一条原则。刑讯不能用在"以五声听狱讼、求民情"的反复核对证言之前，而只能在此之后，并且仍然难以作出决断时，才能进行刑讯。违者要受"杖六十"的处罚。②"诸拷囚不得过三度，总数不得过二百，杖罪以下不得过所犯之数。拷满不承，取保放之。"这是刑讯方法和用刑限度的规定。"三度"即三次，如果受审人经过三次拷讯而仍不招供，就只能取保释放。同时规定，司法官吏"若拷过三度，及杖外以他法拷掠者，杖一百；杖过数者，反坐所剩；以故致死者，徒二年"。这是根据违反刑讯的不同情况和造成的后果所规定的不同的处罚方法。③"即有疮病，不待差而拷者，亦杖一百；若决杖笞者，笞五十；以故致死者，徒一年半；若依法拷决而邂逅致死者，勿论。"即因犯患有疮病，不等病愈就进行拷打，因而致死的，司法官吏应负刑事责任；但是依法拷讯，由于意外造成囚犯死亡的，法律则免除其刑事责任。④法律在规定依法不得反拷者外，还规定"诸拷囚限满而不首者，反拷告人"。即刑讯逼不出囚犯供词，便对原告人进行反拷。如果对原告人应反拷而不反拷，或者不应反拷而反拷者，还应以故意或过失罪论处，可见运用刑讯的程度已到了极其荒谬的地步。

　　除此以外，《唐律》对于缓拷、免拷的对象，以及拷打身体的部位，刑讯工具的长短、宽窄等都有具体的规定。并且，对司法官吏违反规定而应承担的刑事责任也规定了相应的处理方法。唐朝以后，各封建王朝的法律，基本上都是仿效《唐律》制定的，因此，元、明、清时代的法律同样确认刑讯制度为合法制度。直到清朝末年，封建统治者改革司法制度，抄袭资本主义国家的法律，刑讯制度在经过激烈的争论后，才得以废除。但是，新法尚未施行，清王朝就被推翻了。

　　综上所述，可以看出，历代封建王朝的法律都视刑讯制度为合法制度。因此，刑讯逼供十分盛行。虽然从唐代开始，法律明文禁止法外用刑，违法者应负刑事责任，将刑讯限定在一定范围和程度之内，但是在司法实践中，法外用刑却恶性发展和泛滥，并且所用的方法、刑具十分野蛮残酷。在历史文献中，有关法外刑讯的记载很多，而因法外刑讯被追究刑事责任遭到惩罚的司法官吏却不多见。可见，只要法律不消除刑讯逼供，其禁止法外用刑的规定就会成为一纸空文。历史上也曾经有过不少有见识的法学家和司法官吏，对这些野蛮残酷、造成无数冤假错案的刑讯制度提出过批评、指责，甚至有的朝代还有过改革的讨论。但是，从司法制度上讲，由于实行"罪从供定"，无供不定案，因此刑讯制度就难以废除，从而使依法刑讯和法外用刑的现象长期并存、互相交织，并成为我国封建时期证据制度贯彻始终、历代相传的最典型的特征。

3. 以五声听狱讼，察言观色，主观臆断。奴隶制度时期"以五声听狱讼，求民情"这种主观唯心主义的审判方法，被历代封建王朝奉为断案的金科玉律，在法律上和理论上给予充分肯定。《唐律疏议》注释"讯囚察辞理"条说："依狱官令，察狱之官，先备五听，又验诸证信。"法律规定在审讯时除了必须根据情理审查供词的内容，还要参照其他根据进行比较和检验。较之过去，这无疑是对以五听断狱的发展，具有进步意义。《明会典》中也规定，法官断案只需观看颜色，察听情词："惠帝为太孙时，逻者获盗七。太孙目之，言于帝曰：'六人者盗其一非是'。讯之，果然。帝问何以知之？对曰：'《周礼》听获，色听为上，此人眸子了然，顾视端详，必非盗也。'帝喜曰：'治狱贵通经，信然'。""以五声听狱讼"虽然在一定程度上反映了古代司法官吏注意到被讯问人的心理和表情，但是，仅凭察言观色来猜测、推断案件事实，实际上就是主观臆断。

4. 疑罪惟轻和有罪推定。尽管在封建王朝时期，对"疑罪"的处理究竟是"从去"，还是"惟轻"，存在过不同的见解，但是，从有利于维护封建专制统治出发，最终封建法律还是继承了奴隶制法律中"罪疑从铜赎"（《尚书·吕刑》）的精神。即疑罪以有罪论，但处罪从轻。《唐律》规定："诸疑罪各依所犯以赎论。"该条疏议："疑罪，谓事有疑似，处断难明。各依所犯以赎论，谓依所疑之罪用赎法收赎。"就是说，对疑罪，不处其所控之罪的真刑，而改处该罪的赎刑。元朝的《大元通制》则规定："诸疑狱在禁五年以上不能明者，遇赦释免。""遇赦释免"较之"各依所犯以赎论"有所进步和发展，但"释免"的条件是监禁 5 年以上，且有皇帝诏赦，这在司法实践中是难以实现的。到明、清时期，为进一步加强封建专制主义的统治，甚至从法律上取消了疑罪从轻处理的规定。疑罪从轻，实行有罪推定，既赋予了封建司法官吏不以事实为根据而能够主观擅断的权力，又给达官贵人提供了以钱赎罪的保障，而贫苦百姓却只能含冤受罚。

5. 诬告反坐和伪证者罚。我国历代封建法律对诬告都严加禁止，法律要求控告他人犯罪的人必须指陈实事，不得称疑，禁止捏造事实进行陷害。如《唐律》的《断狱律》规定："诸鞫狱者，皆须依所告状鞫之。若于本状之外别求他罪者，以故入人罪论。"到了明、清时期，法律对诬告的处罚规定得更加严重，其法律明确规定，对诬告者按所诬告之罪加重处罚，以达到"省刑息讼"之目的。

证人证言是司法官吏认定案情的主要根据，特别是对于"据众证定罪"的案件，证言的意义更为重大。因此，法律规定对伪证者也要处罚。证人作证故意不言实情，造成罪有出入的，按被证人所出入之罪减等处刑。

鉴于诬告、伪证不仅使受害人遭受危害，而且会破坏封建统治秩序，因此法律对此严加禁止，这在我国历史上曾起过积极作用。但是，诬告、伪证作为封建社会不可避免的社会现象，在司法实践中仍然不断发生。从法律上禁止诬告、伪证也并不能保证封建司法官吏获得真实的证据和使案件得到正确的处理。

6. 封建等级特权和形式主义。在封建法律关于证据制度的规定中，也充分体现了封建等级特权。《唐律》明确规定了免拷对象，即"诸应议、请、减，若年七十以上，十五以下，及废疾者，并不合拷讯，皆据众证定罪，违者以故失论"。其中，"应议、请、减"者，据《唐律疏议》解释，是指属于"八议"等贵族官僚及其亲属，并且《唐律》在规定什么人不得作证人时规定，"其于律得相容隐"，即有法定亲属关系，部曲、奴隶对于主人，不得起诉。这说明，封建统治阶级的皇亲国戚，达官贵人在受审时享有特权，受到法律的特殊保护。关于我国封建法律对"据众证定罪"的规定，《唐律疏议》解释："称众者，三人以上明证其实，始合定罪。"即在某种情况下，法官认定案情，只取决于证人的人数，而不要求依靠充分的证据，这表明在我国封建时期的证据制度中，也存在某些法定证据制度的因素。但这只是个别情况，在证据制度中占主导地位的仍然是司法官吏的自由决断。

总之，中国封建社会的证据制度，虽然与欧洲封建社会的证据制度不尽相同，但在阶级本质上是一致的，都是维护封建专制统治的工具。中国封建社会的证据制度，尽管在证据理论方面，积累、概括了一些司法实践经验，反映了某些诉讼规律，如宋朝的《洗冤集录》，在许多关于如何检验、取证和审查判断证据等方面提出了有见识的意见，在今天看来，其仍然有一定的参考价值。但是，从总体上讲，它是十分野蛮、残酷的证据制度。这种证据制度的产生和存在也是封建地主阶级实行统治的需要。统治阶级一方面在法律上把各种危害封建统治秩序的思想、言论和行为，都规定为犯罪，用极其野蛮、残忍的方法对罪犯的身体加以残害；另一方面，在断狱息讼时，又要披上"推理求情""公正执法"的外衣，以蒙骗群众。而且，由于统治阶级的认识能力受当时生产力发展水平和文化科学技术不发达的局限，唯心主义世界观在地主阶级中占据统治地位，他们不懂得只有通过深入实际，调查研究，收集确实充分的证据，才能查清案情，而总是从本阶级利益出发，受唯心主义和形而上学世界观支配，视狱囚的口供为"证据之王"，视刑讯逼供为合法方法，从而导致了司法实践中的无数冤狱。由此也可以看出，刑讯逼供的产生和发展是有其深远的政治、思想和认识根源的。

二、中国近代的证据制度

（一）辛亥革命和北洋军阀时期的证据制度

1911 年 10 月，孙中山领导的资产阶级民主主义革命，推翻了清王朝，结束了我国延续二千多年封建君主专制制度，建立起中华民国，揭开了资产阶级民主法制的新篇章。南京临时政府于 1912 年 3 月 2 日颁布了《大总统令内务、司法两部通饬所属禁止刑讯文》，其中明确规定："不论行政司法官署，及何种案件，一概不准刑讯。鞫狱当视证据之充实与否，不当偏重口供。"并命令各级官府将"从前不法刑具，悉令焚毁"。为保证上述规定的执行，令文宣布，上级官府"不时派员巡视，如有不肖官司，日久故智复萌，重煽亡清遗毒者，除褫夺官职外，付所司治以应得之罪"。在封建专制统治中苛政酷刑的旧中国，提出废除刑讯和体罚，虽然未能完全付诸实施，但是它反映了资产阶级的法律观点和资产阶级人道主义的司法制度，是证据制度史上的一大进步。

辛亥革命并没有改变旧中国半殖民地半封建社会的性质。1912 年 4 月至 1928 年 6 月，我国历史进入北洋政府的黑暗统治时期。北洋政府是代表地主买办阶级利益的封建军阀独裁政权。为维护其统治地位，北洋政府一方面援用清末制定的但未颁行的法律；另一方面又颁布一些新的章程、条例，其中涉及证据制度方面的有 1914 年公布施行的《县知事审理诉讼暂行章程》第 27 条，该条规定县知事办理刑事、民事案件的"审判方法，由县知或承审员相机为之，但不得非法凌辱"。1922 年颁行的《刑事诉讼条例》第 305、306 条规定，"犯罪事实，应依证据认定之"，而"证据，由法院判断之"。这表明，受资产阶级法律观点的影响，此时在我国已开始实行自由心证制度。

继北洋军阀政府之后，占据统治地位的是实行封建买办法西斯独裁专制的国民党政府，国民党的法律也是地主、买办、官僚资产阶级意志的集中体现，是维护半封建半殖民地的经济制度和政治统治的重要工具。国民党政府在制定、颁布和施行刑事诉讼法、民事诉讼法时，极力仿效德、日等资本主义国家的诉讼法典，推行自由心证制度。1945 年修正公布施行的《刑事诉讼法》第 268、269 条规定："犯罪事实，应依证据认定之，证据之证明力，由法院自由判断之。"同年修正公布施行的《民事诉讼法》第 222 条也规定："法院为判决时，应斟酌全辩论意旨及调查证据之结果，依自由心证，判断事实之真伪。"按此原则认定案件，只不过赋予了司法机关以主观擅断之权，并非有益于查明案件事实真相。在对于被告人的讯问及其供词效力问题上，该《刑事诉讼法》第98、270条规定："讯问被告，应出以恳切之态度，不得用强暴、胁迫、利诱、诈骗及其他不正之方法。""被告之自白，非出于强暴、胁迫、利诱、诈欺或其他不正之方法且与事实相符者，得为证据。被告经自白，仍应调查其他必要之证据，以察其是否与事实相符。"这与封建法律可以"依法"刑讯、不察口供是否属实的规定相比，在形式上有原则区别。国民党政府虽然在法律上否定了刑讯，规定了受审人自白作为证据和据以定罪的条件，但在司法实践中，却肆意践踏法律，疯狂推行法外制裁，对广大人民实行残酷的法西斯统治，遍及全国各地的国民党特务组织不需要任何法律手续就可以任意搜查、殴打、绑架、逮捕和暗杀共产党人和民主人士。为了逼取受审人的口供，往往用尽各种灭绝人性的酷刑。因此，国民党政府时期的证据制度是形式上的自由心证与实质上的口供主义及刑讯逼供相结合的混合体。

（二）新民主主义革命时期证据制度

1. 新民主主义革命时期的证据制度。中华人民共和国的证据制度创立于新民主主义革命时期。1927年第一次国内革命战争失败以后，中国共产党领导人民展开了艰苦卓绝的武装斗争，在全国创建了十几个革命根据地和工农民主政权。工农民主政权在废除压迫人民的旧司法制度的同时，建立了人民司法制度。证据制度，作为人民司法制度的重要组成部分也随之产生。人民政权关于诉讼制度最早的一些成文规定，对于在诉讼活动中坚持实事求是、一切从实际出发的科学态度，广泛深入开展调查研究工作，防止错捕错判起到了重要作用。1931年12月13日中央执行委员会非常会议通过的《中华苏维埃共和国中央执行委员会训令》规定："在审讯方法上，为彻底肃清反革命组织及正确地判决反革命案件，必须坚决废除肉刑，而采用收集确实证据及各种有效方法。"并且，该训令在严禁肉刑的同时，还规定不得仅凭口供捉人，要求"收集确实证据""充分的证据"等。在工农民主政权时期，尽管有关证据的法律规范并不系统，但是它所确立的证据制度的基本原则，为我国证据制度的形成和发展奠定了基础。

到抗日战争时期，我国的证据制度又有了进一步发展。这时期颁布的一系列法令和决定中，始终强调办案必须坚持实事求是、调查研究、重证据不轻信口供、严禁刑讯逼供的原则。1940年8月13日公布的《晋察冀边区目前施政纲领》第17条规定："对汉奸审判须依确实证据。"1940年12月毛泽东同志在《论政策》一文中首次明确提出，对任何犯人都要"重证据而不轻信口供"。之后，1941 年 5 月 1 日公布的《陕甘宁边区施政纲领》规定："改进司法制度，坚决废止肉刑，重证据不重口供。"1942 年 2 月公布的《陕甘宁边区保障人权财权条例》规定："逮捕人犯不准施以侮辱、殴打及刑讯逼供、强迫自首，审判采取证据主义，不重口供。"这些规定都要求司法机关办理案件必须彻底废除刑讯逼供，认定案情、处理案件必须依靠确实、充分的证据，而不能轻信被告人的口供。"重证据而不轻信口供"原则的提出，在司法实践中具有十分重要的意义，至今，它仍然是我们在诉讼中所必须遵循的一项运用证据的基本原则。此外，抗日时期所颁布的《苏中区处理诉讼案件暂行办法》《晋冀鲁豫边区太岳区暂行司法制度》，对于当事人等提供证据的责任，各种证据的收集与审查判断程序也作了明确规定。不仅如此，当时还十分强调调查研究、实事求是的工作作风，将"调查研究，分清是非轻重"作为审判的方针之一，因此这两个法律都设专章具体规定了调查研究的方法和程序。并且，马锡五同志所创造的携卷下乡、深入群众进行调查研究、实事求是了解案情、就地审判的司法民主的审判方式在各根据地得到提倡和推广，解决了积压多时的大量疑难案件，减少了讼争，促进了团结，保证了抗战，为新民主主义司法制度增添了宝贵的内容，为新中国证据制度的创立提供了宝贵的经验。

解放战争时期，人民民主政权除了沿用抗战时期有关证据制度的规定外，又颁布了一系列的法律和文件，进一步丰富和充实了我国证据制度的内容。1948 年 11 月 30 日华北人民政府在《关于县市公安机关与司法机关处理刑事案件权责的规定》中指出，刑事案件"侦查的责任，在于公安机关"，"侦查的主要任务是：收集罪犯的犯罪事实及证据，拟以起诉"。案件"经公安机关向司法机关起诉后，司法机关即有权责审判该案，对于被告的犯罪事实和证据，加以审理研究"。"若被告仅有嫌疑，没有积极的证据可以证明被告确系犯罪时，即不能论罪判刑。"关于如何解决民事纠纷，在《东北行政委员会关于建设司法工作的几项具体指示》中强调，解决"民事纠纷应本着实事求是之精神"。这些规定，再次强调了办案依靠证据、实事求是、调查研究的审判工作作风。而且，1949 年 1 月 13 日华北人民政府在《为清理已决及未决案犯的训令》中，还具体规定了由于证据失实、不充分等原因，造成判决缺乏客观依据而应予改判的各种情况。总之，在新民主主义革命时期，我国的证据制度尽管还存在许多亟待改进之处，但人民民主政权的证据制度已成雏形，并且其为中华人民共和国证据制度的创建与发展奠定了坚实的基础。

三、中国现代证据制度

（一）中国现代证据的发展历程

从中华人民共和国成立到"文革"前的 17 年间，是我国证据制度进一步发展和完善时期。中华人民共和国成立初期，为了保障革命秩序和土地改革政策法令的实施，1950 年 7 月 14 日政务院通过的《人民法庭组织通则》规定，法庭"受理案件后，应认真地进行调查证据，研究案情，严禁刑讯"。1951 年 12 月 25 日，最高人民法院、司法部和内务部曾经联合发布指示，针对《婚姻法》颁布实行以后发生的几种错误指出：有些区法院在处理妇女离婚案件时，对区、村干部的反映，不经调查就信以为真，把妇女正当的离婚要求予以驳回，这种官僚主义作风"必须彻底加以改正"。1952 年，我国开展了司法改革运动，批判了旧法观点和坐堂问案，不依靠群众，不调查研究，不从实际出发的旧的审判作风，进一步清算了旧法残余。1954 年诞生的我国第一部社会主义《宪法》，以及《人民法院组织法》《人民检察院组织法》，其中关于证据制度的一系列规定，是我国证据制度发展和健全的重要标志，它标志着我国社会主义法制进入了崭新的历史阶段。1956 年最高人民法院根据《宪法》《人民法院组织法》的规定，结合司法实践经验所作的《各级人民法院刑、民事案件审判程序总结》，系统地总结了调查证据的原则、方法和程序，这对于健全我国的证据制度、树立实事求是的审判作风发挥了重要作用。直到今天，它对于司法机关运用证据、认定案情仍然具有十分重要的指导意义。在 20 世纪 50 年代后期，我国的司法制度受到了"左"的思潮的干扰，已经确立的证据制度遭到破坏，本已被法律所否定的不注重调查研究、轻视证据、轻信口供、非法逼供的主观主义思想方法和工作作风又有所抬头。党和国家发现这种错误以后，及时指出并很快加以纠正，以保证人民司法工作继续沿着社会主义道路向前发展。

十一届三中全会以来，我国社会主义民主和社会主义法制建设进入了全面发展的新阶段。1979 年 7 月至 1991 年 4 月，先后修改和制定颁布了《人民法院组织法》《人民检察院组织法》《刑事诉讼法》《行政诉讼法》《民事诉讼法》等许多重要法律、法令，刑事、民事、行政诉讼法对"证据"都用专章加以规定。随着依法治国方略的实施和司法改革推进的需要，我国的证据立法得到进一步完善。[1] 在刑事证据领域，最高人民检察院于 2001 年颁行《关于严禁将刑讯逼供获取的犯罪嫌疑人供述作为定案依据的通知》，确立了非法证据排除规则。同年，司法部颁布《司法鉴定程序通则（试行）》。2010 年，最高人民法院、最

---

[1] 参见卞建林、姚莉："关于建立和完善我国证据规则的思考"，载《法商研究》1999 年第 5 期。

高人民检察院、公安部、国家安全部和司法部联合出台了《关于办理死刑案件审查判断证据若干问题的规定》和《关于办理刑事案件排除非法证据若干问题的规定》（以下简称《两个刑事证据规定》），对证据裁判原则、证据种类、证据审查、非法证据排除等方面作出明确规定，是我国刑事证据立法领域的重大突破。2012 年修订的《刑事诉讼法》，将"证据"一章由 1996 年《刑事诉讼法》的 8 条增加到 14 条，吸收了两院三部《两个刑事证据规定》的大部分内容，再加上相关配套的司法解释、相关规定，刑事证据法条文总数达到 86 条。2017 年，两院三部《严格排除非法证据规定》，对 2010 年颁布的《两个刑事证据规定》在实施中出现的问题进行回应，进一步完善了中国特色的非法证据排除规则体系。在民事诉讼证据领域，2001 年最高人民法院颁布《关于民事诉讼证据的若干规定》，为规范证据的收集、运用和审查提供了重要的法律依据。2012 年《民事诉讼法》进行修改，对证据规则部分作了较大改革和丰富，特别是增加了电子数据等证据种类，细化了举证时限，明确了证人、鉴定人和有专门知识的人的出庭制度，这对民事诉讼法适应我国市场经济和现代科学技术的发展、保护当事人的合法权益具有重要意义。2017 年《民事诉讼法》修改时完善了证据制度，这是保证民事诉讼案件处理公正高效的前提，对节约审判资源、提高诉讼效率，具有较大裨益。在行政诉讼证据领域，2002 年《最高人民法院关于行政诉讼证据若干问题的规定》颁布。2004 年全国人大常委会通过《中华人民共和国电子签名法》对电子取证、电子证据的审查判断具有重要影响。相对于抽象的证据规则，实体法中确立了一些具有可操作性的证据规则。例如，在《食品安全法》《邮政法》《统计法》中，证据调查措施得到细化；在《人民武装警察法》中，对非法搜查的范围及特殊情况下的例外均作了详细规定；在《侵权责任法》中，在产品责任、医疗损害责任、环境污染责任、高度危险责任、饲养动物损害责任、物件损害责任中，对特殊侵权行为的证明责任及其转移和倒置的情形，均分别作了具体规定。此外，《职业病防治法》创设了强制性说服责任推定，国务院《防治船舶污染海洋环境管理条例》、公安部《火灾事故调查规定》、国家工商行政管理总局《查处垄断协议、滥用市场支配地位案规定》、国家质量监督检验检疫总局《特种设备事故报告和调查处理规定》，都对取证主体的合法性作出了明确规定。2014 年《行政诉讼法》修订时强化了被告方的举证责任，确立了原告提供证据的权利，明确了法院调查取证权及其限制，特别是将原第 32 条改为第 34 条，增加一款作为第 2 款："被告不提供或者无正当理由逾期提供证据，视为没有相应证据。但是，被诉行政行为涉及第三人合法权益，第三人提供证据的除外。"这一规定改变了过去被告提供证据的随意性，具有重要法治意义。2017 年修订的《行政诉讼法》，继续贯彻和完善了证据制度，适应了新时代的发展需要。在监察体制改革的背景下，2018 年《中华人民共和国监察法》颁布，该法第 33 条对证据制度有较为细致的规定："监察机关依照本法规定收集的物证、书证、证人证言、被调查人供述和辩解、视听资料、电子数据等证据材料，在刑事诉讼中可以作为证据使用。监察机关在收集、固定、审查、运用证据时，应当与刑事审判关于证据的要求和标准相一致。以非法方法收集的证据应当依法予以排除，不得作为案件处置的依据。"这对于规范监察程序和推进监察调查案件诉讼程序具有重要意义。

（二）中国现代证据制度的特点

由于种种原因，目前我国尚无统一的证据法典及单行的证据规则，证据规则的有关内容散存于三大诉讼法及有关法律和司法解释之中，根据现行三大诉讼法的规定，一般认为，证据制度是指法律规定的关于在诉讼中如何收集证据、如何审查判断证据、如何运用证据认定案情的规则体系。与此相对应，证据制度所要解决的核心问题就是，如何保证司法人员能够正确认识案件事实，亦即如何保证其主观认识符合客观事实。基于此，刑事诉讼、民事诉讼、行政诉讼的实质就是一种运用证据以查明案件客观真相的认识活动，辩证唯物主义的认识论就被视为是诉讼制度的重要指导思想，也被视为是证据制度的重要理论基础。[1] 关于我国的证据制度应当如何命名，法学界曾展开过广泛的讨论，并提出了各种不同的见解。其中有代表性的主张有以下几种：①实事求是的证据制度。以"实事求是"作为我国证据制度的名称，是法学界多数学者的主张。他们认为以此命名，简练、明确、通俗易懂，反映了我国证据制度的根本特点。②法定确信的证据制度。这种观点认为，法定确信是对证据的概念、种类、证明力、证据的收集判断和应用，用法律加以原则性规定，并将证据的审查判断权、综合运用权赋予司法工作人员，使其依法取舍证据，据以形成内心确信，从而客观、全面、科学地认定案件事实。因此，我国的证据制度应当定名为"法定确信"的证据制度。③以证求实的证据制度。这种观点认为，从我国的法律规定中可以看出我国证据制度的明显特征和基本内容是：重证据，并突出证据必须经过查证属实；重调查研究，并强调必须依照法定程序全面客观收集和调查证据；不轻信口供，并严禁刑讯逼供；必须忠于案件事实真相。因此，从这个角度出发，可以将我国的证据制度定名为"以证求实"。除此以外，还有综合证据制度、循法求实证据制度等主张。从总体上讲，我国现行的证据制度坚持以追求客观真实作为立法的指导思想；在实践中的证明模式上，由于立法没

---

[1] 参见陈瑞华：《刑事诉讼的前沿问题》，中国人民大学出版社 2000 年版，第 191 页。对证据制度理论基础的进一步分析详见本书第三章。

有建构过多的证据规则，司法人员在运用证据认定案件事实时享有很大的自由裁量权。具体而言，我国现行证据制度的特点主要体现以下几个方面：

1. 国家专门机关运用证据的目的是查明案件的事实真相。如上所述，我国证据制度的建构以辩证唯物主义认识论作为理论基础，它要求国家专门机关在处理刑事、民事、行政案件时必须以事实为依据，公安司法人员所认定的案件事实必须准确反映案件的客观情况。尽管现行的三大诉讼法关于证据的条文并不多，但综观这些条文，无不能得出这样的结论：那就是强调公安司法机关运用证据的目的就是要追求案件的实质真实。2012 年修正的《刑事诉讼法》第 50、55 条规定"可以用于证明案件事实的材料，都是证据"，"证据确实、充分，应当符合以下条件：①定罪量刑的事实都有证据证明；②据以定案的证据均经法定程序查证属实；③综合全案证据，对所认定事实已排除合理怀疑"。

2. 在刑事诉讼中贯彻"疑罪从无"的人权理念。1996 年修正后的《刑事诉讼法》吸收了国际上通行的无罪推定原则的合理内核，规定"未经人民法院依法判决，对任何人都不得确定有罪"。为此，立法明确由控诉方负举证责任，在审查起诉阶段，对于经过两次补充侦查的案件，检察机关仍然认为证据不足不符合起诉条件的，应当作不起诉的处理；在审判阶段，对于证据不足、不能认定被告人有罪的，人民法院应当作出证据不足、指控罪名不能成立的无罪判决。

3. 为查明案情，国家专门机关有权收集证据。在刑事诉讼中，公安机关、人民检察院、人民法院有责任收集证据以查明案情。《刑事诉讼法》第 52 条规定："审判人员、检察人员、侦查人员必须依照法定程序，收集能够证实犯罪嫌疑人、被告人有罪或者无罪、犯罪情节轻重的各种证据。……"《刑事诉讼法》第 196 条规定："法庭审理过程中，合议庭对证据有疑问的，可以宣布休庭，对证据进行调查核实。人民法院调查核实证据，可以进行勘验、检查、查封、扣押、鉴定和查询、冻结。"《律师法》第 35 条第 1 款规定："受委托的律师根据案情的需要，可以申请人民检察院、人民法院收集、调取证据或者申请人民法院通知证人出庭作证。"《民事诉讼法》第 64 条第 2 款规定："当事人及其诉讼代理人因客观原因不能自行收集的证据，或者人民法院认为审理案件需要的证据，人民法院应当调查收集。"2017 年修正的《行政诉讼法》第 40 条规定："人民法院有权向有关行政机关以及其他组织、公民调取证据。"[1] 可见，收集证据是法律赋予专门机关的职权。

---

[1] 当然，为真正落实举证责任的分配原则，改变传统审判中的法院过于主动的做法，最高人民法院的相关司法解释对法院收集或调取证据的范围进行了明确的限定。具体可见最高法《民诉证据规定》第 15、17 条，最高法《行讼证据规定》第 22、23 条。

第二章

4. 重证据、不轻信口供和严禁以非法方法收集证据是证据运用中的一项重要原则。《刑事诉讼法》第55条规定："对一切案件的判处都要重证据，重调查研究，不轻信口供。只有被告人供述，没有其他证据的，不能认定被告人有罪和处以刑罚；没有被告人供述，证据确实、充分的，可以认定被告人有罪和处以刑罚。"两院三部《办理死刑案件证据规定》第2条强调，"认定案件事实，必须以证据为根据"。不过，法律在否定"口供至上"的同时并没有完全排除口供对于查清案情的作用，其将犯罪嫌疑人、被告人的供述和辩解规定为证据的一个种类，强调"犯罪嫌疑人对侦查人员的提问，应当如实回答"。与此相适应，《刑事诉讼法》第52条明确规定："……严禁刑讯逼供和以威胁、引诱、欺骗以及其他非法的方法收集证据，不得强迫任何人证实自己有罪。……"同时，第56条规定："采用刑讯逼供等非法方法收集的犯罪嫌疑人、被告人供述和采用暴力、威胁等非法方法收集的证人证言、被害人陈述，应当予以排除。……"有关的司法解释在此基础上还更进一步确立了非法证据的排除规则。[1]两院三部《非法证据排除规定》也进一步明确，"采用刑讯逼供等非法方法取得的犯罪嫌疑人、被告人供述和采用暴力、威胁等非法方法取得的证人证言、被害人陈述，属于非法言词证据"，同时还对非法证据排除的程序作出了详细规定。

5. 证明标准是"案件事实清楚，证据确实、充分"。《刑事诉讼法》第162、171、176、200条对证明标准进行了明确的规定，即"犯罪事实清楚，证据确实、充分"。也就是说，侦查机关对侦查终结移送人民检察院审查起诉，人民检察院对犯罪嫌疑人提起公诉，人民法院对被告人作出有罪判决，都必须做到犯罪事实清楚，证据确实、充分。[2]2017年《民事诉讼法》没有像《刑事诉讼法》那样对证明标准进行明确规定，只是在第63条第2款规定："证据必须查

---

〔1〕　最高检《刑诉法规则》第65条第1款规定："对采取刑讯逼供等非法方法收集的犯罪嫌疑人供述和采用暴力、威胁等非法方法收集的证人证言、被害人陈述，应当依法排除，不得作为报请逮捕、批准或者决定逮捕、移送审查起诉以及提起公诉的依据。"最高法《刑诉法解释》第102条第1款规定，经审理，确认或者不能排除存在《刑事诉讼法》第56条规定的以非法方法收集证据情形的，对有关证据应当排除。2010年5月，最高人民法院等五部门联合起草了《非法证据排除规定》，该规定对非法言词证据的界定，证据合法性调查启动程序、举证责任、证明标准，侦查讯问人员出庭作证以及非法物证、书证等实物证据的排除问题作出了重大改革和完善。民事诉讼、行政诉讼的相关解释中也有与此类似的规定：最高法《民诉证据规定》第68条规定："以侵害他人合法权益或者违反法律禁止性规定的方法取得的证据，不能作为认定案件事实的依据。"最高法《行诉证据规定》第57条也明确禁止将以偷拍、偷录、窃听等手段获取侵害他人合法权益的证据材料和以利诱、欺诈、胁迫、暴力等不正当手段获取的证据材料作为定案的依据。

〔2〕　《刑事诉讼法》第55条第2款将"证据确实、充分"细化为三个具体标准：①定罪量刑的事实都有证据证明；②据以定案的证据均经法定程序查证属实；③综合全案证据，对所认定事实已排除合理怀疑。

证属实，才能作为认定事实的根据。"第 64 条第 3 款规定："人民法院应当按照法定程序，全面地、客观地审查核实证据。"并在第 170 条规定，二审法院对一审法院所作的判决进行审查时，如果"原判决认定基本事实不清的，裁定撤销原判决，发回原审人民法院重审，或者查清事实后改判"。据此反推，我国民事诉讼中适用的证明标准是"事实清楚、证据确实充分"。可见，我国民事诉讼中的证明标准虽然在表达上略低于刑事标准，但基本上是"客观真实"证明标准的表述。2017 年《行政诉讼法》同样没有明确规定证明标准问题，但根据第 5 条"以事实为根据，以法律为准绳"的诉讼原则和第 69 条规定的当"证据确凿"时"判决驳回"、第 70 条规定的当"主要证据不足"时"判决撤销或者部分撤销，并可以判决被告重新作出具体行政行为"的立法精神，可以看出，我国行政诉讼证明标准的法律表述是"证据确凿"，这与刑事诉讼中的"证据确实充分"相当近似。[1] 当然，值得注意的是，随着相关司法解释的出台，有关民事诉讼、行政诉讼证明标准的表述已经与《刑事诉讼法》的规定有了明显的差别。[2]

四、我国港澳台地区的证据制度

（一）我国香港特别行政区的证据制度

1. 我国香港特别行政区的证据制度产生的历史背景及其内容。在英国殖民者占领香港地区之前，香港地区一直是中国法域的一部分，同样地适用清代法律。自 1841 年 1 月 26 日英军占领香港地区，香港地区被逐步纳入英帝国的法律体系之中，其法律基本上是对英国有关法律制度的沿袭，英美法的特征十分明显。在证据制度方面，由于香港地区长期处于英国的殖民统治之下，其证据制度和证据理论完全接受了英美法系证据制度的精神，继承了英美法系证据制度的特点。

在我国香港特别行政区的刑事、民事诉讼中，实行自由心证原则，法律对于证据的证明力不预先加以规定，而是由法官或陪审员依靠自己的"良知"去进行自由判断，并且判断过程不受外界的影响。法律并不要求判断者说明理由和根据，其所关心的仅仅是法官或陪审员在定罪或判刑时是否形成了内心确信。

---

〔1〕 参见陈光中等："刑事证据制度与认识论——兼与误区论、法律真实论、相对真实论商榷"，载《中国法学》2001 年第 1 期。

〔2〕 最高法《民诉证据规定》第 73 条规定："双方当事人对同一事实分别举出相反的证据，但都没有足够的依据否定对方证据的，人民法院应当结合案件情况，判断一方提供证据的证明力是否明显大于另一方提供证据的证明力，并对证明力较大的证据予以确认。"最高法《行诉证据规定》第 67 条也有类似的规定。

例如，在我国香港特别行政区的刑事诉讼中，对案件的审理和裁判由法官和陪审团共同承担，对于一些重罪案件，则要由陪审团在听取了控、辩双方的举证和辩论后，凭借自己的良知对案件事实和证据作出判断。法官在陪审团进行评议时，可以给予必要的提示和指导，但这种提示和指导绝不是将法官的个人意志强加于陪审团。

我国香港特别行政区并没有一部囊括所有证据规则的证据法典，其证据规则十分繁琐、复杂，体现我国香港特别行政区证据制度主要内容的是其成文法中的《证据条例》。证据条例的内容涉及民事与刑事证据，篇幅较广，在体例上分为十个部分：第一部分是"导言"，对重要词汇加以诠释；第二部分是"可接纳的证人及证据"；第三部分是"可接纳的文件"；第四部分是"民事法律程序中的传闻证据"；第五部分是"意见证据及专家证据"；第六部分是"定罪及特权"；第七部分是"书面供词"；第八部分是"其他司法管辖区内法律程序的证据"；第九部分是"在其他司法管辖区内取得证据供香港的刑事法律程序中使用"；第十部分是"杂项"。但是，证据条例还远不能满足我国香港特别行政区证据制度发展的需要，在我国香港特别行政区还有许多的单行法规、条例对证据问题作了大量的补充规定。除此之外，还有大量的不成文的判例和习惯规则。可以说，我国香港特别行政区的证据法不仅形式多样，而且内容庞杂，其成文法和不成文法、证据条例和其他单行法规之间相互补充，共同形成了一个严密的体系。[1]

2. 我国香港特别行政区证据制度的主要证据规则。由于我国香港特别行政区的证据规则体系极其繁琐而庞杂，我们只简单地介绍一些具有典型性的证据规则。

（1）关于证据相关性问题的规则。我国香港特别行政区的证据理论认为，在法庭上可以提及的事实很多，但并不是所有事实都可以成为证据，只有与案件有关联的事实才能被接纳为证据。在我国香港特别行政区的证据制度中，以下一些事实可以认定为与案件无关，不能作为证据采用：

第一，类似行为。即被告人在其他场合所做的与本案被控行为相类似的行为。这种类似行为的证据不得在本案中被提出作为被告人有罪的证据。但是，对于类似行为证据的可采性也有一些例外规定，如一方的类似行为反复为之，已成其习惯之一，可作为证据采用。被告人的类似行为是本案所指控行为本身或其组成部分，则这种类似行为也可以作为证据提出。

第二，品格证据。基于与类似行为证据的相同考虑，品格证据在原则上也

---

〔1〕　参见甄贞主编：《香港刑事诉讼法》，河南人民出版社 1997 年版，第 113 页。

是不可接纳为证据的。但在一些案件中，被告人的品格与案情有关，或为保证案件审理中的公平，品格证据也可以被接纳。

第三，意见证据。意见证据实质上是证人凭自我意识对事实作出的评价。而在刑事案件的审理中，对事实的评价应由陪审团或法官作出，因此，意见证据不宜被接纳为证据。但以下几类意见是可以被接纳的：专家意见；普通证人在观察事物时觉察的事实或留下的印象，尤其是就另外一人的身份、年龄、有关物件及其性质留下的印象；任何证人对于某人品格良好的意见；如果证人被法官或律师询问其个人意见，应该直接说出，但回答律师的询问之前，必须征得法庭同意。

（2）关于证明方法的规则。

第一，关于证人证言的证据规则。根据我国香港特别行政区证据法的规定，原则上，除了精神不健全者和 7 岁以下的儿童，任何人都有资格出庭作证。但考虑到证人的机能和身份方面的特殊情况，关于证人资格问题，有以下特殊规定：儿童、精神病人、聋哑人可能会因生理机能原因而没有证人资格。同时，根据我国香港特别行政区的证据法，以下情况中证人享有拒绝作证权：拒绝自我负罪的特权；拒绝使自己配偶负罪的特权；职业特权；公务特权。

第二，关于书面证据和实物证据的规则。我国香港特别行政区的书面证据包括文件、证明书和书面证供三种。我国香港特别行政区的证据法中有大量的关于书面证据的可采性规则的条例，如文件的正本是最佳证据等规定。而对于实物证据，只需保证其真实可靠和合法取得，其关联程度往往毋庸多言，因此其可采性也是优先考虑的。

第三，不可采用的证明方法的规则。不可采用的证明方法的规则主要有两个大的方面：①不能强迫被告人证明自己有罪，被告人关于自己的行为有保持沉默的权利；②对执法人员取证的大量法律规则，如果执法人员不按这些法律规则活动，则有可能导致所获的证据不被采纳。

（3）关于举证责任规则。

第一，举证上的当事人主义。在我国香港特别行政区的刑事诉讼中，控辩双方被视作平等的诉讼主体，双方的地位是相等的，法院并不主动调查证据，任何一方想要取胜，必须为自己的主张提出相应的证据。所以，我国香港特别行政区的证据规则多以控、辩双方为制约对象，法院仅在证据可采性的判断上发挥作用。

第二，控方承担举证责任。在刑事诉讼中，基于无罪推定原则，被告人在被法院依法判决有罪之前，应被假定为无罪。在我国香港特别行政区证据法中，除了少数例外情况，一律由控方承担举证责任，并且证据应足以让审裁者排除

"合理怀疑"，如果所举的证据有可疑之处，则判决将有利于被告人。在民事诉讼中，一般由提出诉讼请求的原告举证，民事案件的证明程度只要求"占优势的盖然性"即可。

（二）我国台湾地区的证据制度

1. 我国台湾地区证据制度的历史渊源与特征。清朝末年，清政府迫于内忧外患的压力，在保持君主专制政体的前提下，开始引进或移植西方（主要是德国、日本）近代意义上的法律制度，从而对其旧有的制度进行历史性改革。1906 年清政府制定了中国历史上第一部诉讼法典《大清刑事民事诉讼法》（暂缓施行）。1910 年又制定了《大清刑事诉讼律草案》《大清民事诉讼律草案》，但都没有来得及正式颁布实施。这两部法律草案对以后北洋政府与国民党政府的诉讼立法产生了深刻的影响。在沿袭或参考这两部法律草案的基础上，国民党政府于 1935 年制定颁布了《中华民国刑事诉讼法》与《中华民国民事诉讼法》。至今我国台湾地区仍适用 1935 年的诉讼制度，只是对其进行了一些修订与补充。可以看出，我国台湾地区的诉讼法从溯源到现行，都深受德国、日本的影响，一直采用大陆法系的职权主义模式，其改革的趋势是吸收英美法系国家当事人主义的长处，以改进现行的诉讼法。因此，在证据制度方面，我国台湾地区采用的也是典型的大陆法系的自由心证制度，现在受英美法系国家的影响，对于被告人之自白以及各种证据的采用，也有一些法定的证据规则。

2. 我国台湾地区证据制度的内容。我国台湾地区没有单独的证据规定，有关证据的规定，主要见于各"诉讼法"中的"证据"专章，其他各章也有相关的证据规定。[1] 我国台湾地区的证据制度则实行自由心证主义和直接审理主义。我国台湾地区的诉讼制度明确规定了自由心证原则，即法律对于证据证明力之评断，不作条文列举式的规定，而仅作原则性的提示规定，然后由法院根据其调查和直接、公开的审理及言词辩论程序，从而形成确信，自由地判断认定证据的证明力。如我国台湾地区"刑事诉讼法"第 155 条第 1 项规定："证据之证明力，由法院本于确信自由判断。"当然，自由判断并非任意擅断，或是凭空臆断，而是就法官调查和审理的结果，依据法官的经验、良知、职责意识作出公正的判断。自由心证也存在例外情形，对于以下两类情况法官不能自由判断：①自然科学业已证实的知识，法官唯有采信，而不能依伦理逻辑和经验法则进行评价，以决定取舍；②被告拒不供述，不可作为对其不利的证据进行评价。

为防止法官主观擅断，现在我国台湾地区也陆续地制定了一些证据规则。如我国台湾地区"刑事诉讼法"中关于判断证据的规则包括：①所有证据，须

─────────

[1] 参见林钰雄：《刑事诉讼法（上册 总论编）》，中国人民大学出版社 2005 年版，第 344 页。

合法调查之程序，否则不得采为证据，如证人以书状陈述或使人代为到场陈述，均不能作为证据使用；②无证据力者不得作为判断之依据，如证人个人意见或推测之词不能作为证据使用；③证据不得与事理有违，即证据不得违背基本的经验法则，同时证据必须与案件事实有关联；④证据不得与所要认定的事实不符；⑤以强暴、胁迫、利诱、欺诈、违法羁押，或其他不正当方法所取得的被告之自白，不能作为证据使用；⑥被告的自白，不得作为有罪判决的唯一证据；⑦不得仅仅因为被告拒绝陈述或保持缄默而推断其有罪；⑧证人于审判外之陈述，除法定情形外，不得作为证据。

在民事诉讼中，我国台湾地区"民事诉讼法"规定，一般由当事人对于主张有利于自己的事实负举证责任。但在下列情况下，当事人不负有举证责任：法院已显著知道的事实；对方当事人承认的事实；对方当事人不争执的事实；法律上推定的事实；法院通过已明知的事实而推定的事实；等等。关于证据的调查，我国台湾地区"民事诉讼法"又规定，对于当事人声明的证据，法院应当进行调查，但如果法院认为事实已经明确而无调查必要的，则不在此限。对于没有当事人声明的证据，法院认为必要时，可以依职权进行调查。在我国台湾地区，证人除有法律特别规定的情形之外，都有作证的义务，如证人受到合法通知而无正当理由拒不到场者，法院可以裁定处以罚款或对之进行拘提。但证人在下列情形下可以拒绝提供证言，享有拒绝作证权：①证人为当事人配偶、前配偶、未婚配偶或四亲等内的血亲、三亲等内的姻亲或曾有此亲属关系的；②证人所作证言将对自己或亲属造成财产上直接损害的；③证人所作证言将导致自己或亲属受到刑事追诉或受到耻辱的；④证人就其职务上或业务上有保守秘密义务的事项；⑤证人作证将泄露其技术或职业上秘密的。关于书证，我国台湾地区"民事诉讼法"规定，对于机关保管或公务员执掌的文书，不管其有无提出的义务，法院均可以调取。公文书应提出原本或经认证的缮本，私文书应提出原本；但仅对文书的效力或解释有争议的，可以提出缮本。

（三）澳门特别行政区的证据制度

我国澳门特别行政区作为葡萄牙的殖民地，其法律制度来源于葡萄牙，而葡萄牙的法律体制属于大陆法系，因而我国澳门特别行政区的法律体制具有欧洲大陆法系的基本特点，其诉讼证据制度也不例外。

我国澳门特别行政区实行的也是自由心证证据制度，在整个诉讼活动中，法官的采证应当遵循以下一些基本原则：

1. 证据的合法性原则。一切以非法形式所取得的证据，法官不得采纳。根据适用于我国澳门地区的 1976 年《葡萄牙共和国宪法》第 32 条第 6 款之规定，以酷刑、胁迫、侵犯人之身心完整性、不正当干涉他人私生活、侵入住所、干涉函件、通讯电讯等手段而获得的证据一律无效。《宪法》也禁止公共当局干涉函件及电讯，但法律规定涉及刑事诉讼程序的情况不在此限。对此原则，葡萄牙1929年《刑事诉讼法典》（1929年《刑事诉讼法典》在葡萄牙已被废除，但在澳门继续沿用至现行《刑事诉讼法典》实施为止，其基本原则也为现行法所吸收）第261条规定，法律所禁止获取证据的非法手段包括：用虐待、伤害、催眠及其他残酷、欺骗的手段扰乱嫌疑犯或被告人的自由意志；破坏犯罪嫌疑人或被告人的记忆力及判断力；利用超过法律允许范围的武力对抗被告；利用法律不允许的方式威胁被告或向被告作出无法律根据的许诺。即使犯罪嫌疑人或被告人同意的情况下，上述手段也是绝对禁止的。

2. 自由提出证据原则。法律并没有明确地规定哪些证据提出方法是合法的，相反，只是规定了通过哪些非法手段、方法所取得的证据不得提出。这一原则意味着证据的提出不受法定原则的约束，法官应接受任何不受法律禁止的证据，只要证据是以合法途径获取，无论其形式如何，只要有助于查明案件事实，法官都应采纳。

3. 自由审核证据原则。法律并不预先规定各种证据的形式与证明力，而是由法官自由审核、评估。法官凭借其内心确信，根据逻辑推理、精神分析及其生活经验、工作经验来认定证据。但自由心证原则也并不是绝对的，在某些情况，法官也必须受相关证据规则的约束，比如，关于鉴定性文件，法律规定具有完全的证明效力，在这种情况下，法官就必须接受该证据的证明效力。

4. 罪疑惟轻原则。在刑事诉讼中，由控方承担举证责任，控方所提出的证据对案件事实的证明必须达到这样一个程度，即能够使陪审员或法官对于被告人的犯罪行为的存在不存有任何合理的怀疑。如果法官或陪审员面对一些不可确定的、模糊不清的事实，即使凭其内心确信也无法确定，因而存有疑问时，则对案件事实的认定应作有利于被告人的解释，即疑义的利益归于被告人。当然，罪疑惟轻原则仅适用于案件事实的调查和认定，而不适用于刑事实体法。

5. 直接采证原则。法官对于证据的调查和认定，应以直接的方式进行，亲自为之。法官不可仅就案件的书面材料间接采证，而是应与证人、被告人、其他诉讼参与人及相关的证据有直接的接触。同时，作为判决依据的，也应是法官以直接采证方式获得的证据。

第三章

证据制度的理论基础

第
三
章

■ 第一节　关于证据制度理论基础的争鸣

证据制度的理论基础，就是作为证据法制、证据运用以及证据法学研究的理论支持和指导力量。关于证据制度的理论基础，近年来学界展开了热烈讨论，形成争鸣之势。由于这些探讨大多建立在对传统证据制度理论基础的反思和质疑之上，在此仅对几种主要观点加以简要概括。

一、传统观点：实事求是的证据制度

传统证据理论认为，证据制度"所要解决的核心问题"是"如何保证司法人员能够正确认识案件事实，亦即如何保证其主观符合客观"。[1] 基于这一点，传统证据理论将诉讼活动视为一种旨在运用证据、查明案件事实的客观真相的认识活动，并因此将辩证唯物主义认识论视为证据制度的唯一指导思想和重要理论基础。不少学者更因实事求是是辩证唯物主义认识论的灵魂而将我国证据制度直接定名为"实事求是"的证据制度。[2] 按照辩证唯物主义认识论的基本思想，通常认为只要办案人员发挥主观能动性，全面正确地收集和审查判断证据，就应当可以发现案件的事实真相，使自己的主观认识完全符合案件事实的客观实际情况。我国现行证据制度对"实事求是"的追求，体现在如下几个方面：①根据《刑事诉讼法》的规定，公安机关提请批准逮捕书、人民检察院起诉书和人民法院判决书，都必须忠实于事实真相；审判人员、检察人员、侦查人员必须依照法定程序，收集能够证实犯罪嫌疑人、被告人有罪或无罪、犯罪情节轻重的各种证据，必须保证一切与案件有关或者了解案情的公民有客观地、

---

[1]　陈一云主编：《证据学》，中国人民大学出版社 1991 年版，第 96 页。
[2]　陈一云主编：《证据学》，中国人民大学出版社 1991 年版，第 93 页。

充分地提供证据的条件。这些规则都体现了实事求是、尊重案件客观真实情况的精神。②我国《刑事诉讼法》对犯罪嫌疑人、被告人口供表现出极其慎重的态度。一方面，实行"被告人口供补强法则"：只有被告人供述，没有其他证据的，不能认定被告人有罪；没有被告人供述，证据确实充分的，可以认定被告人有罪。另一方面，《刑事诉讼法》要求犯罪嫌疑人在侦查人员对其进行讯问时，应当"如实陈述"，而不享有保持沉默或者作虚假供述的自由，否则将承受一定的消极法律后果。这些规定都是建立在实事求是、尊重案件客观事实真相这一认识论原理的基础之上的。③根据现行法律规定，所有能够证明案件事实的材料都是证据，凡是知道案件情况的人，都可以作为证人。这种对证据和证人法律资格所作的极为宽泛的规定，显然都与查明案件事实真相这一认识论目标有着直接联系。在我国证据法制度中，证人拒绝作证特权规则的缺失，在某种程度上也与实事求是的追求有关。④我国三大诉讼法都将证明标准规定为"案件事实清楚、证据确实充分"，这一标准实际上就是对"查明案件客观事实真相"的要求。

二、程序正义与形式理性[1]

有学者认为，由于诉讼是以解决利益争端和纠纷为目的，并且是在程序法的限制和规范下进行的活动，因此，诉讼中的证据运用活动并不是一种单纯的认识活动，而是一种极为特殊并受到程序法严格限制的认识活动。而完全站在认识论的立场上看待证据制度，极易在价值观上掉入程序工具主义的陷阱，使得认识论意义上的"客观事实"受到过多的强调和重视，而诉讼的正当过程则受到不应有的忽视。该学者认为，诉讼领域中的调查活动不仅仅要达到恢复事实真相这一目标，而且还包含着其他重要的目标和价值。例如，为实现某种特定的价值，保护特定的利益，证据法有时会为某一诉讼当事人提供一些特殊的便利，如在取得证据手段方面的司法保障，刑事被告人所享有的不被强迫自证其罪的特权等。证据法为了防止控辩双方在对抗方面出现不公平现象，也会设计出一种确保双方公平分担诉讼风险的程序机制。事实上，证据法所要考虑的首要问题不应仅仅是案件事实真相能否得到准确揭示的问题，而更重要的应当是事实真相应通过什么样的途径和手段得到揭示，也就是发现事实真相所采用的手段和方式如何具备正当性、合理性、人道性和公正性的问题。由此，可以为证据制度确立两个方面的理论基础：一是形式理性观念；二是程序正义理论。

---

[1] 有关该观点，详见陈瑞华：《刑事诉讼的前沿问题》，中国人民大学出版社 2000 年版，第 212~218 页。

现代证据法学的建立以及证据规则体系的完善，都必须建立在形式理性观念的基础上。根据形式理性观念，所有法律原则、规则或制度一旦建立并具有实际的效力，就必须得到遵守；所有对这些原则、规则或制度的违反，不论出于什么样的动机和意图，都必须承受消极的法律后果，或者受到相应的法律制裁。具体到证据制度上，所有旨在规范证据资格、证据收集、证据审查和司法证明活动的法律程序规范，都必须得到遵守，而不论这种遵守会带来什么样的后果。此外，在严格的法律形式主义限制下，裁判者所认定的事实显然不等于社会或经验层面上的所谓"客观事实"，而只能是法律上的事实。实际上，"客观事实"的完全发现既是不可能的，有时也是不必要的。"事实真相"的揭示过程处处受到法律程序的限制，它不再是绝对客观的事实真相，而只能是服务于诉讼的解决争端目标的"法律事实"。

现代证据法学的核心问题应当是发现事实真相的方式和手段的正当性问题，因此它必须建立在程序正义理论的基础之上。根据程序正义理论，法律程序是为保障一些独立于判决结果的程序价值而设计的，这些价值包括参与、公平以及保障个人的人格尊严等；符合这些价值的法律程序或者法律实施过程固然会形成正确的结果，但是这种程序和过程的正当性并不因此得到证明，而是取决于程序或过程本身是否符合独立的程序正义标准。法律程序自身的公正、公平、合理都被视为与程序所要产生的结果无关的独立价值，只有这些价值得到保障，那些利益会受到程序结果直接影响的人才能受到基本的公正对待，即享有作为一个人而非动物或物品所必需的尊严和人格自治。

证据法主要是一种程序法，因此也应具有其独立的内在价值：它本身必须具有内在的优秀品质和公正标准。在诉讼实践中，为规范控辩双方的对抗活动，证据法确实应当发挥其"公平竞赛"或"公平游戏"规则的作用，以维护双方对抗的公平性和法律程序的正当性。例如，从程序正义理论的角度来看，诉讼的最终目标应当是以符合正义要求的方式解决争端，求得诉讼过程的公正性。因此，证据不仅应具有客观性和关联性，更要具备法律严格限定的资格和条件。非法证据排除规则更是直接体现了法律对程序的尊重以及对公民自由、隐私权的维护，只不过这种规则所带来的是为维护法律程序的公正性而使那些非法诉讼活动的实体法律后果遭到否定的局面等。由此可见，将程序正义理论奉为证据法学的理论基础，能够为一系列证据规则的确立提供新的理论解释。

三、认识论与程序正义[1]

还有学者认为，在证据制度理论基础问题的重新整合和建构过程中，一个基本的趋向是，在不摒弃辩证唯物主义认识论的同时，引入程序正义理论，丰富和充实证据制度的理论基础。

该观点虽然承认辩证唯物主义认识论在证据制度中的重要指导作用，但是认为传统理论对辩证唯物主义认识论存在误读或误用，因而亟待匡正。辩证唯物主义认识论主要包括三点内容：可知论、反映论和实践论。传统证据理论对这三者均有不同程度的误读：①可知论与诉讼认识的具体性和相对性。世界的可知性应当在总体上来把握，而一旦在诉讼证明领域中加以运用，就必须结合诉讼证明活动本身的特点来重新考虑。一是诉讼证明活动是认识世界目的的一种个别和局部实现，与整体意义上的探寻客观真理不尽相同，在具体的、个别的案件中，并不一定总能真相大白，把事实查得水落石出。正因如此，刑事诉讼制度中才会有"证据不足、指控的犯罪不能成立"的无罪判决。二是诉讼证明活动是认识世界的目的在法律世界中的一种相对实现，可知论并不意味着人类可以如己所愿地查明一切案件事实。受到众多主客观因素的限制，人们在具体案件中只能追求"相对真理"而非"绝对真理"。②反映论与诉讼主体的角色划分。控辩双方由于处于直接抗辩的对立地位，其对案件事实的反映往往掺杂了其他因素，因此证据制度就不能简单地依靠其中任何一方的"反映"作为认定事实的基础。此外法官也不能过于强调其主观能动性的发挥，而应在很大程度上保持中立和消极被动的立场。在必要情况下，宁可置发现实体真实的目标于不顾，也不能舍弃其他利益考虑而单纯求得"反映"客观世界。③实践论与诉讼活动的有限性。在一般意义上说"实践是检验真理的唯一标准"是适当的，但在诉讼证明活动中这一理论同样需要仔细参详：一是具体的案件事实并非所谓具有逻辑性的"真理"，因而无法在将来的社会实践中重新体味这已经永远消逝的历史。二是实践论与诉讼程序的基本规律并不协调。一方面，实践检验具有无限性；另一方面，人类出于更大利益考虑而设置的判决终局性、安定性、权威性的制度，要求诉讼证明制度必须遵循有限性规律，不能无休止地迁徙和变更。

作为程序法的重要组成部分，证据制度也遵循着根本的程序正义理念，这是其另外一个理论基础。诉讼证明之所以不同于一般的认识活动，就在于它是在法定程序的框架之内进行的，因此常常在法律的规制之下，不得不放弃了对

---

[1] 有关该观点，详见卞建林：《刑事诉讼的现代化》，中国法制出版社 2003 年版，第 520~526 页。

真相的探求。程序正义对证据制度的影响，既表现在抽象的法律价值的配置上，也表现在具体的诉讼程序模式对证据法的直接影响上。

综上可见，学者们对于证据法学的理论基础可谓仁者见仁、智者见智。我们认为，证据制度的主要理论基础是认识论和价值论。兹分述如下。

■ 第二节　证据制度的认识论基础

一、诉讼证明与认识活动

认识活动就是在感官知觉与理智的共同参与下的对一定的事物明白了解的过程。诉讼中的认识活动，就是公安司法机关的人员和诉讼参与人依感官知觉与理智的作用而对与案件有关的事实进行感知、判断从而达到了解的过程。

认识活动贯穿于刑事诉讼的始终。案件事实发生前和发生时，与诉讼有关的认识就已经发生了，犯罪行为人在为犯罪活动进行准备时，就可能被他人所感知；被害人在受害过程中对于自己被侵害的性质、过程和结果以及侵害人的情况存在感知和判断；犯罪人对于犯罪过程、结果和被害人的情况也存在感知和判断。对犯罪嫌疑人的抓捕、扭送，是将被抓捕、扭送的人确认为有犯罪嫌疑的人的结果，这种确认是建立在一定的感知和判断基础上的。鉴定人对所要检验、判别的事物，运用专门知识和技能进行检验、判别，更是少不了感官感知和理性判断的参与。此外，公安机关进行立案和侦查、检察机关进行审查批准逮捕和审查起诉、法院进行立案和法庭审理等活动，对于立案条件所包含的事实，侦查对象事实、逮捕条件、起诉和不起诉条件所包含的事实，法院进行裁决所依据的事实，都必须通过感官感知、理性判断加以认识，然后才能作出推进、中止、终结诉讼进程或者进行实体处理等决定或者裁判。没有认识活动的参与，刑事诉讼就无法进行。

刑事证明活动主要是一个认识过程，这种认识活动在诉讼中具有根本的决定性意义。就控诉方而言，可以说主要的认识活动（是在侦查和审查起诉中完成的）在审判阶段已经完成，有关的结论和论题已经产生和加以明确，但这并不意味着认识活动已经结束，控诉方在法庭上不仅要对审判活动（如对于法官审理活动的合法性）进行感知和判断，而且需要调动感官和理智对对方当事人提出的事实、申辩进行认识，新的认识可能会强化、补充或者动摇甚至从根本上摧毁已有的认识，所以控诉方可能会基于新的认识而撤回、变更或者追加控诉。证明活动中的这些内容仍然属于认识活动。

就法院而言，它恰恰需要通过当事人（以及检察官）的证明活动来探求自己所未知的事物。各种过去发生的事实（其中也包括在每一个刑事案件中必须加以确认的主要事实，即被告人实施犯罪这个事实），并不是经审判员直接感受得到的。过去的事实乃是间接认识的对象，即我们运用思维活动而取得的知识。法官的判决通常要建立在一定的事实基础之上，是通过证据对一定的事实存在与否、这些事实的性质、意义和法律与这些事实的契合性进行感知、判断所形成的结论。但是在诉讼证明中，法官的认识活动同时还要受到法律制度的调整。例如，法官在审读起诉书甚至阅读案卷后进行开庭，起诉书和案卷材料为其提供了认识案件事实的基础。但无罪推定原则和排除预断等的制度设计，要求法官不能未经审理而对案件事实作出预断，特别是不能作不利于被告人的假定。他应当忽略起诉书和案卷材料给他实际上造成的印象，坚持法律所认可的一种假定，即被告人无罪的假定，"头脑一片空白"地开始审判活动。对于审判方来说，一切结论必须等到法庭举证、辩论结束后，根据举证、辩论给法官的感官和理智所带来的认识而确定。

无论审判阶段要求查明实质真实还是形式真实，无论查明事实真相的重心是在审前阶段还是在审判阶段，都不影响证明活动是认识活动这一命题的成立。因为无论是对实质真实还是形式真实的查明和确认，都离不开认识的参与，都属于认识活动；查明事实真相的重心是在审前阶段还是审判阶段，也不影响认识活动在审判阶段的性质。此外，法官在查明事实真相方面的作用是消极的还是积极的，也不影响其在审理案件中的认识活动。不论法官主动调查取证并在此基础上得出结论，还是不主动调查取证而在当事人举证的基础上得出结论，都要通过认识活动来完成。

当然，没有人会否认诉讼活动不尽是认识活动，有些活动如邮寄送达、宣告判决等不是或者不一定是认识活动。但从整个诉讼过程考察，在不是严格的逻辑意义上来说诉讼活动（当然包括证明活动）是认识活动或者主要是认识活动，这个说法并没有错。综上所述，我们完全可以得出结论：认识活动是判决的基础，其构成了诉讼活动和审判阶段证明活动的主要内容；证明活动的目的就是达成特定的认识，认识是通过证明活动并在证明过程中形成的。认识活动在诉讼活动和审判阶段的证明活动中具有根本性意义，并在其基础上最终形成了对案件的各种处理决定和诉讼的最终结果。

二、辩证唯物主义认识论的客观性原理

由于诉讼证明主要是一种认识活动，因此，证据立法、证明活动和证据法学研究均需遵循认识活动的基本规律。各种证据制度所依据的认识论基础各不相同，其对诉讼证明的要求也不尽一致。如神示证据制度以独断论为其理论基

础，神灵的存在是不能得到切实证明的，它被认为是"能想象的最伟大存在体"，存在于人们的信仰之中。在人们的信仰中"这个实在体是必然存在的，因为它若不存在，它就不是能想象的最伟大存在体了"[1]，实际上等于对未经切实证明的事物的存在坚信不疑，而神明的启示被认为是神向人的晓谕，是神通过一定的方式把真理（真相）告诉人们，否则单靠个人的力量可能永远不能获知真理和事物的真相。法定证据制度也带有独断论的影响，中世纪欧洲大陆法定证据制度盛行之时，经院哲学大行于世。中世纪欧洲大陆的哲学屈服在神学之下，但人类的理性也有所发展，产生了经验与归纳的研究法——寻求观察正确的条件，从个别的经验事实寻求普遍适用的结论或原则。法定证据制度中对证据证明力所作的若干预先规定，目的在于防止缺乏经验的法官在认定证据和确认案件事实中发生错误，将来源于司法实践中的经验与等级观念相结合，总结、概括为一系列客观标准，并对这些客观标准采取了教条的、独断的态度。近现代诉讼中的盖然性理论，则是与认识不可能精确描摹客观事物的观念互为表里的。

我国的证据法学以马克思主义的辩证唯物主义认识论为理论基础，它是一种实在论和批评论相结合的认识论。按照实在论的观点，我们由思虑和知觉所了解的事物，是脱离我们独立存在的。例如，绿色的树叶，不因我们不去感觉它就不绿，不因黑夜、没有光线就不绿，即使无光、不去看，树叶仍然具有发生绿色的性质，也就是说，其存在发生绿色视觉的条件，这种条件是客观地属于树叶的。但单纯的实在论观念很难持久，因为就我们的日常经验来说，感觉所发生的错误也使我们不敢相信感觉的可靠性。例如，将棍棒入水，其状如曲折，单靠感觉就不一定靠得住。除了感觉以外，还需要依靠悟性加以判断，以便发现感觉间的联系与本质，完成从感性到理性的过程。但人的理性判断也会发生错误，不能将我们的观念与判断不加检验地认为这就是事实真相，例如，患病时看见、听见或者感觉到许多与客观事实不一致的景象、声音或者其他情况，幻想许多与客观不同的东西等。所以，实在论还需要批评论加以限定。

辩证唯物主义认识论的基本内容包括：①认为存在是在思维之外，而且不依赖于思维而客观地存在的。用马克思自己的话说，就是"意识在任何时候都只能是被意识到了的存在"[2]。②对于人和人的实践活动来说，认识客观世界的现象、本质及其运动规律是必要的。③对于整体的、延续的人类的认识能力抱有乐观的态度，认为整体的、延续的人类能够认识客观世界的现象、本质及

---

〔1〕　［美］罗宾·凯利编：《当代信仰手册》，杨牧谷译，校园书房出版社 1990 年版，第 19 页。
〔2〕　《马克思恩格斯全集（第 3 卷）》，人民出版社 1972 年版，第 29 页。

其运动规律。唯物主义认识论相信认识世界的可能性。与这种信念不同的，是被称为不可知论的认识论观点，它否认认识世界的可能性。④就具体的个人或者人群来说，由于主观和客观因素的限制，其认识能力是有限的。

可见，辩证唯物主义认识论要求认识必须具有客观性，即主体对客体的反映应当符合客观世界的本来面目，换言之，正确的认识应当是主观与客观的统一。既然诉讼证明主要是一种认识活动，它也同其他认识活动一样，必须具有客观性。

笼统地讲，证明的客观性要求公安司法人员必须按照事物的本来面目去认识案件事实，尽量查明案件的事实真相。具体而言，刑事证明的客观性要求：一方面，据以定案的证据必须是客观存在的事实，"而不是主观性推测、主观想象或者是人们捏造的东西"；[1] 另一方面，法律事实必须与客观事实相符合。[2] 在这里，法律事实是指裁判者基于查证属实的证据从而在判决书中用法律语言重构和再现的案件事实；客观事实则是指实际上发生的案件事实。当然，无论从哲学还是实践的角度考察，法律事实与客观事实都不可能达到完全一致的程度，但是根据诉讼证明的客观性要求，运用证据再现的法律事实应当尽可能接近客观事实，直至与客观事实相重合。至于法律事实与客观事实的符合程度，属于证明标准的范畴，由于认识论的不同，各种证据制度的要求也不尽一致。辩证唯物主义认识论对人的认识能力持有乐观的态度，认为只要公安司法人员发挥其主观能动性，是可以认识客观事实的。但是从现实的角度来看，在绝大多数情况下，诉讼中通过证明活动重构和再现的案件事实只能最大限度地接近客观事实。因此，诉讼证明的客观性并非要求证明结果具有绝对的真理性，而只要求确保证明手段和过程的客观性，至于证明结果是否客观，需要通过实践来进行检验。有人认为，只要在"犯罪人是谁"这个问题上，法律事实是符合客观事实的，整个证明活动就可以称得上是客观的。我们同意这种观点。

三、辩证唯物主义认识论的相对性原理

客观性是诉讼证明的首要要求和基本属性，但是对于客观性应当辩证地理解，不能将其绝对化。从哲学上讲，客观性相当于认识的真确性或真理性。正如真理也存在绝对真理和相对真理之别，对诉讼证明的客观性要求也有绝对和

---

〔1〕　程荣斌主编：《中国刑事诉讼法教程》，中国人民大学出版社 1993 年版，第 168 页。

〔2〕　对于诉讼中的案件事实，可以从三层意义上予以划分：①客观事实，即实际上发生的案件事实；②证据事实，即诉讼中证据表明或建构的案件事实；③法律事实，即判决认定的案件事实。参见〔德〕卡尔·拉伦茨（Karl Larenz）：《法学方法论》，陈爱娥译，五南图书出版公司 1999 年版，第四章。

相对之分。我们认为，鉴于认识本身具有相对性，而诉讼证明又是一种特殊的认识活动，其证明程度只能达到相对的客观真实。

（一）认识的相对性

辩证唯物主义认识论由三个基本的理论要素构成：①反映论，即认为物质（或存在）是第一性的，意识（或思维）是第二性的，物质决定意识，意识是物质的反映。唯物主义反映论坚持从物质到意识、从客观到主观的认识路线，从而同唯心主义区别开来。②可知论，即认为思维与存在之间具有同一性。[1] 物质世界虽然客观存在于人之外，但人的认识可以提供客观世界的正确图景，也就是承认意识能够正确地反映物质。辩证唯物主义的可知论是以科学的实践论为基础的，认为认识来源于实践，实践又是检验真理的唯一标准。③坚持认识论的辩证法。首先，从主观与客观、认识与实践的对立统一运动中考察人对客观世界的认识，把认识看作在实践基础上能动地把感性材料加工为理性知识，能动地从个别性的认识上升到规律性的理解，又能动地用理论去指导实践的过程。其次，把人类的认识看作一个无限发展的过程，认为人对事物的终极认识有无限接近客观真理的可能性。由此可见，以能动的反映论和可知论为基础的辩证唯物主义认识论，既坚持认识论的唯物论，又坚持认识论的辩证法，从而科学地揭示了认识的本质。

我国传统证据理论在对辩证唯物主义认识原理的理解上的不足，在于片面强调了认识论的唯物论，即反映论、可知论，却忽略了认识论的辩证法，曲解了绝对真理与相对真理的辩证关系。如果我们认真地解读辩证唯物主义认识论，并且怀有尊重事实的态度的话，则应当承认，如果正确理解和正确运用辩证唯物主义认识论，是不会无节制地夸大人的认识能力的。苏联以及深受苏联影响的我国证据法学确有夸大人的认识能力的缺陷，如苏联学者过于乐观地认为："法院虽然在解决个别案件上可能发生错误，但无论如何不能否认苏维埃法院必然能寻求到客观真实。""我们在使用马克思列宁主义认识论原理时就可以断定说，正像其他各种调查研究工作一样，诉讼上的调查研究工作是可以认识到客观真实的，这就是说是可以认识到正确的、与现实的事实相符合的实施犯罪的情况的。"这显然低估了人的认识能力在主客观条件的制约下的局限性，夸大了马克思列宁主义认识论原理和社会主义法律意识在认识具体案件中的实际作用。我国较早的法学教材也常常有此种过于乐观的表述，实际上，不应忽视的是，

[1] 恩格斯曾着重指出："我们的主观思维与客观世界都是服从于同一的规律的。"其又说："因此，它们在结果方面不能相互对立而应该是一致的。"参见［德］恩格斯：《自然辩证法》，曹葆华等译，人民出版社1957年版，第223~224页。

这种低估和夸大并非不能为辩证唯物主义认识论所匡正。

　　辩证唯物主义认识论坚持可知论，认为人的思维是至上的，是能够认识现实世界的，在此意义上说，认识是绝对的。但是这里所说的"人的思维"，不是指个人的思维，而是"作为无数亿过去、现在和未来的人的个人思维而存在"[1]，而且承认人的思维具有至上性的前提是"只要人类足够长久地延续下去，只要在认识器官和认识对象中没有给这种认识规定出界限"[2]。正如恩格斯在《反杜林论》中所指出的："思维的至上性是在一系列非常不至上地思维着的人们中实现的；拥有无条件的真理权的那种认识是在一系列相对的谬误中实现的；二者都只有通过人类生活的无限延续才能完全实现。"[3] 也就是说，辩证唯物主义的可知论是从人类整体上在永无止境的世代更迭中所具有的对客观世界的无限认识能力或所能实现的终极认识目标的角度上来说的，而不是说我们的每一次具体的认识活动都能发现或达到绝对真理。相反，从人对具体事物的认识这一意义上看，认识又是相对的。这种相对性首先表现为认识能力的相对性、不至上性，也反映在认识结果的相对性、不确定性，并且还具有阶段性的特点。这就涉及绝对真理与相对真理的关系问题。

　　辩证唯物主义认为，绝对真理与相对真理之间是相互渗透、相互转化的关系。一方面，绝对真理与相对真理是辩证统一的，任何相对真理之中都包含绝对真理的颗粒，绝对真理总是通过相对真理表现出来。因此，绝对真理并不是在认识发展的某个地方、某个时刻孤立存在和突然出现的，它的成分、它的萌芽、它的基础就在现实的真理及其发展之中。另一方面，人类的认识是一个从相对真理走向绝对真理、接近绝对真理的动态的、无限的过程。换言之，真理是一个过程，它永远处在由相对到绝对的转化和发展的过程当中。[4] 人类的认识，总是要经过一个从不知到知，从不完全、不确切的认识到比较完全、比较确切的认识从而不断深化、不断丰富、不断发展的过程。

　　关于人类认识能力的无限性与有限性的关系问题，或绝对真理与相对真理的相互关系问题，在马克思主义哲学的经典著作中早就有过精辟的论述，恩格斯在《反杜林论》中就明确指出："一方面，人的思维的性质必然被看做是绝对的，另一方面，人的思维又是在完全有限地思维着的个人中实现的。这个矛盾只有在无限的前进过程中，在至少对我们来说实际上是无止境的人类世代更迭

---

[1]　[德] 恩格斯："反杜林论"，载《马列著作选读·哲学》，人民出版社 1988 年版，第 96 页。
[2]　[德] 恩格斯："反杜林论"，载《马列著作选读·哲学》，人民出版社 1988 年版，第 96 页。
[3]　[德] 恩格斯："反杜林论"，载《马列著作选读·哲学》，人民出版社 1988 年版，第 97 页。
[4]　以上内容参见肖前、李秀林、汪永祥主编：《辩证唯物主义原理》，人民出版社 1991 年版。

中才能得到解决。从这个意义上来讲，人的思维是至上的，同样又是不至上的。它的认识能力是无限的，同时又是有限的。按它的本性、使命、可能和历史的终极目的来说，是至上的和无限的；按它的个别实现和每次的现实来说，又是不至上的和有限的。"[1] 列宁在《唯物主义和经验批判主义》一文中也对绝对真理与相对真理的关系问题进行了论述，其认为："人类思维按其本性是能够给我们提供并且正在提供由相对真理的总和所构成的绝对真理的。科学发展的每一阶段，都在给这个绝对真理的总和增添新的一粒，可是每一科学原理的真理的界限都是相对的，它随着知识的增加时而扩张、时而缩小。"[2] 在该文中，列宁还引用了约·狄慈根的话形象地说明了绝对真理与相对真理的关系，"约·狄慈根在《漫游》中说：'我们可以看到、听到、嗅到、触到绝对真理，无疑地也可以认识绝对真理，但它并不全部进入认识中。'……'不言而喻，图画不包括对象的全部，画家落后于他的模特儿……图画怎么能够和它的模特儿一致呢？只是近似地一致'"。[3]

先哲们的上述精辟论述，真如醍醐灌顶，令人茅塞顿开。原来，人们对案件事实的认识都属于认识的"个别实现"，都是"在完全有限地思维着的个人中实现的"，都是不可能无止境、无限期地进行下去的。而且，人们对案件事实的认识还要受到众多主客观因素和条件的限制。因此，人们在具体案件中对案件事实的认识，在能力上只能是不至上的和有限的，在目标上只能是追求"相对真理"，而不是"绝对真理"。认识到这一点，并不意味着否定绝对真理，也不否认对案件事实求得的相对真理中包含有绝对真理的因素。因为，绝对真理是一条历史发展的"长河"，相对真理则是这条"长河"中的"水滴"或"河段"。绝对真理的长河由每一颗这样的水滴或河段组成，每一相对真理之中都包含有绝对真理的颗粒。[4] 正如列宁在《唯物主义和经验批判主义》中指出的："马克思和恩格斯的唯物主义辩证法无疑地包含着相对主义，可是它并不归结为相对主义，这就是说，它不是在否定客观真理的意义上，而是在我们的知识向客观真理接近的界限受历史条件制约的意义上，承认我们一切知识的相对性。"[5] 显然，若以人类在整体上、在永无止境的世代更迭中所具有的对客观

第三章

---

〔1〕〔德〕恩格斯："反杜林论"，载《马列著作选读·哲学》，人民出版社 1988 年版，第 97 页。

〔2〕〔苏〕列宁：《唯物主义和经验批判主义》，人民出版社 2015 年版，第 132 页。

〔3〕〔苏〕列宁：《唯物主义和经验批判主义》，人民出版社 2015 年版，第 132~133 页。

〔4〕毛泽东在阐述这一思想时说："马克思主义者承认，在绝对的总的宇宙发展过程中，各个具体过程的发展都是相对的，因而在绝对真理的长河中，人们对于在各个一定发展阶段上的具体过程的认识只具有相对的真理性。无数相对的真理之总和，就是绝对的真理。"

〔5〕〔苏〕列宁：《唯物主义和经验批判主义》，人民出版社 2015 年版，第 135 页。

世界的无限认识能力或所能实现的终极目标，作为具体诉讼中所要达到的证明标准，其中的谬误无需言说也可想见。

（二）诉讼证明的相对性

众所周知，诉讼活动是一个复杂的对案件事实的历史性回溯，由于具体的个人在认识上存在的局限性和诉讼活动本身的时空条件限制，这种回溯的真实性和准确性只能得以相对实现。有时即使全案的事实有无、犯罪人的认定等基本事实的认定得到了正确认识，但是案件中的某些局部事实也可能存在偏差甚至谬误。诉讼证明的这种相对性是由诉讼证明的特殊性所决定的。

以证明对象为划分标准，可以把人类的证明活动粗略地划分为以自然界为对象的自然证明和以社会为对象的社会证明两大部分。诉讼证明作为社会证明活动的一种，首先必须遵循辩证唯物主义认识论的一般原理，受认识普遍规律的规范和制约。但诉讼证明作为一种特殊的社会证明，又具有不同于自然证明和一般社会证明的特点。

1. 从性质上看，诉讼证明是一种回溯性的证明，或曰"历史证明"[1]。诉讼证明的对象是已经发生过的具体事件，而非事物的规律性。[2] 这种回溯性的历史证明有以下两个特点：①作为证明对象的案件事实不可能通过科学实验来证明，司法人员只能通过运用证据，以推论的方式对诉讼中的争议事实加以"追溯"或"再现"，这就不可避免地要受到各种主客观因素的影响，难以达成绝对性的认识；②对案件事实的结论也不能通过科学实验来检验。诉讼证明是司法人员依靠经验法则与伦理法则对既往事实进行的主观推导，由于不可能以科学实验或其他实证方法进行验证，因此，其结论是否与案件的客观事实完全相符具有不确定性。

2. 从证明目的来看，诉讼证明与自然证明和其他社会证明也存在很大差异。自然科学证明和一般社会证明的目的是揭示、解释、概括自然领域、社会领域中客观存在的各种现象和规律，或者说是追求客观真理。而诉讼证明的目的则在于论证诉讼中的争议事实以维护己方的诉讼主张。无论何种诉讼，其实质都是通过诉诸法律而定分止争，正如有学者指出的，"诉讼的重要功能之一是鼓励诉讼当事人恢复安宁，案件一旦结束就把争执置之脑后"[3]。"1924 年，查菲（Chafee）说过：'审理不是抽象的寻求真情，而是试图在两个人之间不经过武

---

〔1〕 ［日］田口守一：《刑事诉讼法》，刘迪等译，法律出版社 2000 年版，第 223 页。"根据诉讼上的证明的特征，首先可以把证明分为论理证明和历史证明。前者是自然科学使用的概念；后者是法律学使用的概念。"

〔2〕 陈一云主编：《证据学》，中国人民大学出版社 1991 年版，第 113 页。

〔3〕 参见沈达明编著：《英美证据法》，中信出版社 1996 年版，第 6 页。

斗解决争端.'"〔1〕换言之，诉讼是以确认法律权益、解决利益争端为目的的法律实施活动。在诉讼证明中，诉讼各方必须努力提出确实充分的证据来证明自己所主张的案件事实，以实现己方的法律诉求。尽管诉讼中争议事项的解决通常以查明争议事实为基础，但当事人对争议事实的证明和司法机关对争议事实的认定只要达到法律规定的可以解决争议的程度即可。这就是说，此种对事实的认识，实际上是法律认可的真实，即诉讼中的真实。由于不同种类的诉讼解决的争议性质不同，法律在确定证明标准时应当有所不同，而且同一诉讼中因证明事项的不同在证明标准上也应区别对待。

3. 诉讼证明是一种具体的诉讼行为，直接受诉讼法律和证据法则规范和调整。这区别于一般的抽象思维活动。诉讼证明除了必须遵循辩证唯物主义认识论原理，符合逻辑和经验的法则外，还涉及对一系列法律价值的选择和权衡，必须体现程序正义的理念。例如，在证据的收集上，司法人员必须严格按照法律要求，遵循法律程序。如果司法人员违反法律规定，采取刑讯逼供或以威胁、引诱、欺骗及其他非法方法收集证据，即使这些证据从内容上看能够起到证明案件真实情况的作用，由于其取证手段违法，也不能用来作为定案的根据。

概而言之，无论从认识活动的属性，还是从诉讼行为的属性来看，诉讼证明都只能达到相对真实，而非绝对真实。〔2〕这不仅是由认识的相对性决定的，也是由诉讼证明自身的特殊性所决定的。具体地说，影响诉讼证明的因素主要有：

1. 证明主体的局限性。这主要表现在两个方面：

（1）证明主体主观能力的限制。无论是国家公诉人员，还是普通的诉讼当事人，都是基于其对案件事实的主观认识来从事证明活动的，都必然受到其自身主观能力，如感受能力、记忆能力、理解能力、表述能力的限制，这些都必然对证明活动的履行和效果产生一定的影响。关于诉讼主体主观能力的限制，我国台湾学者曾有精辟论述："人性固然有情绪或其他的弱点，同时人的能力也有一定的限制。任何人的观察，都可能发生偏差，在心理学上已成为公认的事实。人类之记忆，每与时俱逝。时日愈久，记忆愈淡。所谓'记忆犹新'，有时亦只不过是零碎的片段而已。……就是通常有陈述能力的人，其陈述亦可能有所欠缺。陈述纵无欠缺，语义是否确实，有否误解，亦可能发生问题。"〔3〕例

---

〔1〕　参见沈达明编著：《英美证据法》，中信出版社 1996 年版，第 6 页。

〔2〕　在哲学上，绝对真理与相对真理是在两种意义上使用的：①指真理的绝对性与相对性两种普遍特征；②指完全的、最终的真理和近似的、具体的真理两种类型。本文系从宏观上探讨诉讼证明，因此是在第二种意义上使用绝对真理（绝对真实）与相对真理（相对真实）这一对概念。

〔3〕　李学灯：《证据法比较研究》，五南图书出版公司 1992 年版，第 689~690 页。

如，法庭审判对目击证人十分重视，"这种重视植根于如下假设的基础之上，即认为人能够精确地看和听——而且，更有甚之，认为他们能够清晰地记住他们看到和听到的，即使该事件发生在审判的一年甚至更长时间以前"。但心理学家指出，这些假设是虚妄的，证人证言并不像人们普遍相信的那样完整和精确，人们经常赋予他们所感知的片断事实以结构和意义，这种现象被巴特莱特（Bartlett）称为"想象的再创造"（imaginative reconstruction）。在司法实践中，证人证言受提问者措辞的影响很大，而且发生的指认错误十分常见。所以，对于人的感知能力、记忆能力和表达能力不能抱有过分夸大的态度。在诉讼中，一方面应当承认发生过的案件事实是客观存在的，我们对于案件事实的正确认识是对客观存在的事实的反映；另一方面也应当承认在一些案件（不是所有案件）的诉讼调查研究工作中会得出错误的结论。诉讼活动可以采取一系列办法，诸如选任适格的司法人员、维护法定的正当程序等手段来减少错误认识的发生，将审判的重心置于防错和纠错，反对一口断定"我国法院所作的判决，永远都反映真实情况"，这种断定"乃是把主观愿望的东西认作是现实存在的东西"[1]。

（2）诉讼利益对证明主体的影响。由于证明主体（特别是诉讼当事人）与案件处理存在法律上的利害关系。在证明活动中，当事人基于趋利避害的本能，有可能只陈述对自己有利或对对方当事人不利的案件事实，甚至凭空捏造所谓的"案件事实"，而对那些对自己不利或对对方有利的案件事实则不予以陈述甚至加以隐瞒。在刑事诉讼中，尽管检察机关作为国家专门法律监督机关或社会公益的代表负有全面收集证据的义务，但在司法实践中，公诉人员大多都倾向于证明被告人有罪，真正保持客观公正态度的实属难得。斯人有言："寻求真实的，争执其为真实或不真实的，以及第三人参与活动的，都是人。人类的行为，每受情绪或其他影响而不自制，有时受其影响而不自知。无论是出于有意或无意，都可能对于过去的事实，加以或多或少的歪曲。在东方，古人早已说过'人心惟危'；在西方，近代的学者亦多归之于人性。"[2]

2. 证明客体的局限性。诉讼证明并非科学原理或自然定律的证明，而是一种社会性证明，其证明对象不是外在的、唯一的客观规律，而是特定主体实施某一具有法律意义的行为所形成的事实。这一事实是人为的事实，不可避免地掺夹了行为主体的心理因素和主观意识，从而使得案件事实成为外在特征与内

---

〔1〕　［苏］列宁：《唯物论与经验批判论》，人民出版社 1953 年版，第 115 页。转引自［苏］M. A. 切里佐夫：《苏维埃刑事诉讼》，中国人民大学刑法教研室译，法律出版社 1955 年版，第 200 页。

〔2〕　李学灯：《证据法比较研究》，五南图书出版公司 1992 年版，第 689~690 页。

在特征的统一体，而这个统一体便是诉讼证明的对象。[1] 如果证明的目的是把已成历史的这种事实统一化为原原本本复现的事实，这在哲学上是不可能实现的。因为尽管案件事实的外在部分可以通过证据加以认识，但其内在部分则需要认识主体与认识客体的完全契合才能获得一致认识。但是，这种作为认识客体的主体意识在其发展历程上是转瞬即逝的，而且是一去不复返的。即使是相同的主体，也不可能重现其曾有过的主观意识。渗透于案件事实中的主观因素既然不能再现，那么证明必然是相对的。[2] 此外，作为证明根据的材料来源因提供者主观因素的影响也可能带有很大的不确定性，如证人、被害人、被告人会按照自己的理解，受自身动机的支配提供证明材料。真实的证明材料有可能无法进入诉讼，虚假的证明材料却可能在证明结论中被加以肯定。换句话说，证明对象中所含的案件事实，与案件的客观事实相比较，有可能"增加"，也有可能"减少"，而这些被"增加"或"减少"的案件事实的存在，对证明结论与案件客观事实之间的一致性显然有很大影响。对此，美国著名的证据法学家摩根曾论证道："法律工作者认识到诉讼不是，也不可能是发现真情的科学调查研究。诉讼中应调查的事项是诉讼当事人决定的。当事人可能排除科学家会坚持考虑的许多因素。法院没有发现当事人不知道的或未经他们披露的信息渊源的手段。法院必须主要依赖利害关系人提供的信息资料。"[3]

3. 证明时空和资源的局限性。在自然科学的证明中，人们为发现某一科学原理或定律，可以不受时空限制地将证明进行下去，有时甚至汇多国之精英，集数代人之努力，直到发现客观真理。而诉讼证明却不可能那么做，诉讼证明的特点之一就是证明受到法定期限和特定地域的限制。首先是时间不等人，诚如我国台湾地区有学者论道："古往今来的审判，虽有时因求真之不易，以致经年累月而难于终结，但终究不能为无限度之延长。否则不独当事人有俟河之清，人生几何之感；并且时日愈远，困难愈多。有时还可使人感于正义的迟延，每为正义的否定。"西方也有所谓"迟来的正义非正义"的法谚。而且司法是有严格的地域限制的，"纵有司法上的协助，亦不能如自然科学方面的寻求资料，容易打破时空的障碍"[4]。这就可能产生这样的现象，即证明主体在法律规定的

---

〔1〕 林山田：《刑事程序法》，五南图书出版公司 1998 年版，第 207 页。"证明之主要目的乃在于认定犯罪事实，故证明之客体即为事实，包括外在事实与内在事实。前者系指构成犯罪行为之客观事实，后者即指被告主观之不法意图。犯罪事实之认定必须兼就外在事实与内在事实而为综合判断，不得仅以犯罪之客观外在事实而推断内在事实以作为认定犯罪之依据。"

〔2〕 参见江伟主编：《证据法学》，法律出版社 1999 年版，第 51 页。

〔3〕 参见沈达明编著：《英美证据法》，中信出版社 1996 年版，第 1 页。

〔4〕 李学灯：《证据法比较研究》，五南图书出版公司 1992 年版，第 691 页。

诉讼期限内，由于某种原因未能完成证明活动或根据已有的证据无法得出明确的证明结论，但案件不能无限地拖延下去，犯罪嫌疑人、被告人也不能无限期地处于羁押或被调查的状态，必须对案件作出处理。这时对案件的解决，更多的是出于人权保障、诉讼效率、社会正义等法律价值和其他政策的考虑，而不是基于争议事实已经查明的前提。此外，诉讼证明还要受到有限资源的制约，需要考虑人力、财力的因素。不可想象，为寻求某一案件的绝对真实而要求司法机关穷尽全部之资源，不惜成本，不计代价。因此，从时空和资源限制的角度，对诉讼证明结论的相对性要求也是不难理解的。

4. 证明程序和证明规则的制约。现代诉讼为追求诉讼的公正、民主与文明，加强对个人权益的保障，对证明责任的分担，对证明的方法、手段、过程均有明确的法律要求和严密的程序保障。具体表现在：证明的活动必须严格依据确定的证明程序和规则来进行，即证据的取得、提出和质证等活动均须遵循相应的程序，证据的使用和采信必须符合一定的证据规则。例如，证据的收集程序必须合法，司法人员违反法律规定，采取刑讯逼供或威胁、引诱、欺骗及其他非法方法收集的证据，即使具有真实性和关联性，也不能用来作为定案的根据。再如，虽然犯罪嫌疑人、被告人最清楚自己是否实施了犯罪行为，如果他们能够如实陈述，对查明案件事实真相将十分有益；但是，为了保护犯罪嫌疑人、被告人利益，防止侦查人员滥用权力，杜绝和减少刑讯逼供，联合国人权公约和许多国家的法律授予犯罪嫌疑人、被告人以沉默权，规定不得强迫犯罪嫌疑人、被告人自证其罪。应当承认，无论是"非法证据排除规则"，还是"反对被迫自我归罪的特权"，从是否有助于查明案件事实真相的角度，显然都是弊大于利的。有时可能因犯罪嫌疑人、被告人保持沉默或者因关键证据的排除而影响对案件事实的认定，甚至使某些案件事实不可能被查明，这些显然也影响到诉讼证明的真实性和确定性。

综上所述，诉讼证明因其自身的特殊性，即证明主体的局限性、证明客体的局限性、证明时空和资源的局限性，以及证明程序和证据规则的制约，决定了诉讼证明在大多数情况下达不到证明结果与案件客观事实完全一致的程度，因此，承认诉讼证明的相对性原理才是实事求是的态度。近年来，理论界和实务部门的许多同志已经认识到了这个问题。有人就坦率地指出："如果说实体公正等于实体裁决绝对正确，那么我可以说永远都做不到，谁也没有本事说自己做到了。""在司法裁判中，法官对诉讼事实的认定，是受到多种因素制约的，是有很大局限性的，是与案件的客观事实有一定差距的。可以说，任何高明的法官、任何准确的裁判都不可能完全再现案件的客观事实。"[1]

四、辩证唯物主义认识论的层次性原理

诉讼证明是一个认识过程，根据马克思主义的认识论，人们对客观世界的认识须建立在实践的基础上，经历实践、认识、再实践、再认识的过程。换言之，认识活动是一种由表及里、由浅入深、由量变到质变、由感性到理性的渐进的过程。因此，对认识的要求也具有由低及高、由宽及严的层次性特点，这是认识活动的基本规律，诉讼证明也不例外，对案件事实的证明必须遵循认识论的一般规律，逐步地、渐进地由感性认识上升到理性认识。

认识论的层次性原理在诉讼证明中集中体现于证明标准体系的有序设计上。其具体表现有三：

1. 在刑事诉讼中，不同的诉讼阶段适用不同的证明标准。从广义刑事诉讼观之，自侦查至执行的整个过程，无不涉及实体法事实或程序法事实的证明及相应证明标准的适用。因此，刑事诉讼自身的证明标准也并不是唯一的，而是具有一定的层次性。这是因为，不同诉讼阶段的直接任务集中反映了立法者对该诉讼阶段的作用与功能的期待，而证明标准往往是与此相适应的。侦查阶段的直接任务主要是收集证据、抓获犯罪嫌疑人。因此，在该阶段只需对案件事实进行初步的证明，足以查获犯罪嫌疑人并对其采取相应的强制措施即可。起诉阶段的主要任务是对侦查终结移送起诉的案件进行审查，确定是否将犯罪嫌疑人交付审判的问题。在此阶段，只需公诉机关认为具有定罪的较大可能性即可提起公诉。审判阶段是整个刑事诉讼的中心阶段，在此阶段，应力求对有关被告人刑事责任的案件事实进行全面而充分的证明，并达到较高的证明标准。倘若不及于此，则应作出对被告人有利的裁决。

证明标准的阶段性在各国的立法、司法和理论研究中都有所体现。例如，在英美证据法上，依证明所需的确定性程度划分，证明标准由高到低共有以下几个层次：①绝对的确定性——任何法律目的均不作此要求；②排除合理怀疑——刑事案件中为有罪认定所必需；③明晰且有说服力的证明——适用于某些民事案件以及某些管辖法院对死刑案件中保释请求的驳回；④优势证明——适用于多数民事案件以及刑事诉讼中被告人的肯定性抗辩；⑤可成立的理由——适用于逮捕令状的签发、无证逮捕、搜查及扣留、控诉书和起诉书的发

---

[1] 时任最高人民法院副院长沈德咏在中国法学会诉讼法学研究会 1999 年年会上的讲话，参见陈光中主编：《依法治国司法公正——诉讼法理论与实践（1999 年卷·上海）》，上海社会科学出版社 2000 年版，第 3 页。

布、缓刑及假释的撤销以及对公民逮捕的执行；⑥合理相信——适用于"拦截和搜身"；⑦有合理怀疑——无罪释放被告人的充足理由；⑧怀疑——适用于调查的开始；⑨没有消息——对任何法律目的均不充分。[1] 德国对不同诉讼阶段证明标准的设置集中体现在《德国刑事诉讼法典》中。根据《德国刑事诉讼法典》第112条的规定，逮捕须具有"重大行为嫌疑"且"根据一定事实"可以确定被指控人有逃跑或隐藏、逃亡之虞以及干扰作证等行为。对于起诉，《德国刑事诉讼法典》第152条第2款规定："在有足够的事实根据时，检察院鱼有对所有可予以追究的犯罪行为作出行动的义务"。《德国刑事诉讼法典》第203条规定，享有管辖权的法院须"认为被诉人有足够的犯罪行为嫌疑"，方可裁定开始审判。对于有罪判决，适用"自由心证"的证明标准，对此《德国刑事诉讼法典》第261条作出了相应规定。

我国《刑事诉讼法》中对各诉讼阶段和诉讼环节的证明标准的规定充分体现了层次性的特点。例如，我国《刑事诉讼法》第112条规定："……认为有犯罪事实需要追究刑事责任的时候，应当立案；……"这是立案阶段的证明标准，也是我国刑事诉讼中适用的最低证明标准。此外，我国《刑事诉讼法》第81条第1款规定："对有证据证明有犯罪事实，可能判处徒刑以上刑罚的犯罪嫌疑人、被告人……应当予以逮捕。"第162条规定："公安机关侦查终结的案件，应当做到犯罪事实清楚，证据确实、充分，……移送同级人民检察院审查决定；……"第176条规定："人民检察院认为犯罪嫌疑人的犯罪事实已经查清，证据确实、充分，依法应当追究刑事责任的，应当作出起诉决定，……"第200条规定："……案件事实清楚，证据确实、充分，依据法律认定被告人有罪的，应当作出有罪判决；……"虽然我国《刑事诉讼法》对移送起诉、提起公诉和有罪判决的证明标准都规定了犯罪事实清楚，证据确实、充分，但是由于各证明标准的裁判主体不同，也体现了对证明标准的由低到高的要求。

2. 不同的证明责任承担主体适用不同的证明标准。在刑事证明活动中，控辩双方都分别承担一定的证明责任，但是由于承担主体的不同，其证明标准也各异。这是证明标准层次性的又一重要表现。

在英美证据法上，控方承担证明责任需要达到"排除合理怀疑"的程度。尽管"排除合理怀疑"本身是一个抽象而含糊的标准，但是它仍然是英美证据法中最高的证明要求。被告人在某些法定情形下，也要承担相应的证明标准。但与控方承担的证明责任相比，其证明标准大大降低。被告人负担证明责任时，其证明需达到盖然性占优势的程度。按照摩根的解释，这种证明标准是指："凡

---

[1] 汤维建、陈开欣："试论英美证据法上的刑事证明标准"，载《政法论坛》1993年第4期。

于特定事实之存在有说服负担之当事人，必须以证据之优势确立其存在。法官通常解说所谓证据之优势与证人之多寡或证据之数量无关，证据之优势乃在其使人信服的力量。有时并建议陪审团，其心如秤，以双方当事人之证据分置于其左右之秤盘，并从而权衡何者具有较大之重量。"[1] 显然，盖然性占优势的证明标准比"排除合理怀疑"的证明标准要低得多。

目前，我国《刑事诉讼法》中仅就控方承担证明责任应达到的标准作出了规定，并未涉及被告人一方承担相应责任所达到的标准。我们认为，控辩双方在分别承担证明责任时，应当适用差别证明标准。理由如下：

（1）控辩双方在举证能力上的差异，要求他们适用差别证明标准。在刑事诉讼中，控方作为与犯罪作斗争的专门国家机关，掌握着广泛的权力和取证手段。无论从人、财、物的配备上，还是从法律知识和诉讼经验上，控方都比辩方具有明显的优势。被告人不仅调查取证的权利和手段不足，而且缺乏相应的法律知识和诉讼经验。同时，被告人因受经济所限，与控方的举证能力差距更为悬殊。在这种情况下，如果强调控辩双方在证明标准问题上一视同仁，无疑是不具有可行性的。这只会增加事实上的不平等，进一步恶化被告方的诉讼地位。

（2）控辩双方所承担的证明"责任"性质的不同也要求适用差别证明标准。控方举证的目的和功能是要推翻保护被告人的无罪推定原则，因此其证明必须达到较高标准。而被告方在例外情形下承担证明责任的目的只是推翻或者部分推翻控方的指控，因此其证明只要使事实裁判者对控方主张产生"合理怀疑"即可。

3. 不同的证明对象适用不同的证明标准。这是诉讼证明标准层次性的第三个表现。在德国、日本等国家，还存在对不同证明对象适用差别证明标准的理论与实践，其中也不乏积极意义。德国刑事证据理论中将"证明"与"说明"相区别，"凡使法官确信某一案件事实的，用'证明'这个概念"。而"'说明'意味着对这些诉讼事实只要一定程度的可信性"[2]。日本则根据法律要求法官达到的心证程度的不同，将证明分为狭义的证明和释明两种。狭义的证明要求法官对某一事实必须达到"无合理怀疑"的确信程度；释明一般适用于法律有明文规定的程序法事实。德国和日本的共同点在于将实体法事实与程序法事实进行区别对待，对程序法事实适用较低的证明标准，这样既能保证实体法事实的准确性，又有利于刑事诉讼顺利而有效地进行。我国立法中虽然没有明确规

第三章

---

〔1〕　李浩：《民事举证责任研究》，中国政法大学出版社 1993 年版，第 127 页。
〔2〕　王以真主编：《外国刑事诉讼法学》，北京大学出版社 1990 年版，第 164、339 页。

定对不同证明对象适用差别证明标准，但在司法实践中却有相应的做法。我们认为，应进一步完善这方面的立法，在法律中对实体法事实和程序法事实的证明标准进行明确规定，以保证诉讼证明实践的统一性。

■ 第三节　证据制度的价值论基础

证据制度的设计和在此基础上进行的调整，通常意味着要经过在一定价值规范的支配下进行选择的过程，司法运作则是特定的机关和个人将选定能够体现于制度本身的价值规范应用于具体案件的处理活动。在这一过程中，由于法律粗疏或者立法者有意识地赋予专事司法的国家机关及其人员以一定的自由裁量权，则这些机关和人员所遵循的价值规范便会发挥帮助其选择和行动的作用。不同的价值取向可能导致制度设计及其运作状况的差异。

一、证据制度的多元价值理论

价值是经济学和伦理学中的基础概念，是指值得追求的或者美好的事物。这里的价值反映的是每个人所追求的东西：目标、爱好、地位，或者反映的是人们心中关于美好的、正确事物的观念，以及人们"应当"做什么而不是"想要"做什么的观念。价值是内在的、主观的概念，它所提出的是道德的、伦理的、美学的和个人喜好的标准。一个人或者一个团体所持的一组相关价值，称为价值系统。任何价值判断都是将价值运用于一定的事物或者状态。价值为人们的行为或者不行为提供了某种动机。[1]

对于这一含义下的诉讼价值，可以列出如下价值清单：秩序、自由、公平和效率。

（一）秩序

秩序在诉讼价值序列中位于最高一级，是诉讼所追求的首要价值。格劳秀斯（Hugo Grotius）曾说过，秩序即所谓自然法。在近现代社会，人们认识到社会秩序是法治的基础，社会秩序若陷入崩溃，法治也就无从谈起。因此，美国学者彼得·斯坦等人在《西方社会的法律价值》一书中指出，"与法律永相伴随的基本价值，便是社会秩序"，"法律规则的首要目的，便是使社会中各个成员的人身和财产得到保障，使他们的精力不必因操心自我保护而消耗殆尽"。这是因为，"维持社会和平是实现其他法律价值的先决条件"，"必须先有社会秩序，

---

〔1〕　以上分析取材于［美］杰克·普拉诺等：《政治学分析辞典》，胡杰译，中国社会科学出版社1986
　　　年版，第187页。

才谈得上社会公平。社会秩序要靠一整套普遍性的法律规则来建立，而法律规则又需要整个社会系统地、正式地使用其力量加以维持"。[1]

当格劳秀斯意义上的"秩序"发生紊乱，需要司法权主动或者被动地介入予以干预之时，体现自然公正的干预的结果（"善恶有报，各得其所"）必须通过发现案件真相并公正地适用法律加以实现。发现案件真相之所以重要，是因为刑事司法的目的在于确认犯罪事实的发生和犯罪人的身份，并在此基础上落实国家的刑罚权。行使国家刑罚权以惩治和预防犯罪、维护社会秩序是刑事司法赖以存在的基础。偏离这一基本功能，刑事诉讼便成为一场单纯的游戏，也就失去了维护秩序这一立足之地。因此，刑事证据制度的建构不能不考虑如何才能有利于发现案件的实质真实，并为将实体法律正确应用于具体案件积极地创造条件。值得注意的是，在刑事证据制度中设定某些证据规则的有说服力的理由之一，恰恰是它们具备发现案件真实和正确适用法律的能力。无论是在程序立法还是在司法运作中，只有考虑到或者实际遇到证据不足以确认被告人有罪的情况，亦即事实上的正义无法实现，才退而求其次，实现法律所确认的"正义"——在一些案件中将实际上实施了犯罪而没有得到证明的被告人释放——这是人工的"正义"，而不是自然的正义。

（二）自由

对人及其存在的价值和尊严的尊重是法治的最高价值追求，自由是人及其存在的价值和尊严的重要体现和保障，因而也是现代社会最重要的法律价值之一。德国学者考夫曼（Arthur Kanfmann）曾经说过："社会正义、人权、人类尊严甚至责任及罪责皆根源于人类自由。"[2] 自由的重要性由此可见一斑。

概括地讲，自由可以分为两类：①消极的自由，就是"免于……的自由"；②积极的自由，就是"去做……的自由"。就其具体内容而言，密尔提出，人类自由的适当领域包括：①"意识的内向境地，要求着广义的良心的自由；要求着思想和感想的自由；要求着在不论是实践的或思考的、是科学的、道德的或神学的等一切题目上的意见和情操的绝对自由。"②"这个原则还要求趣味和志趣的自由；要求有自由制订自己的生活计划以顺应自己的性格；要求有自由照自己所喜欢的去做，当然也不规避会随之而来的后果。"③个人之间相互联合的自由。"这就是说，人们有自由为着任何无害于他人的目的而彼此联合，只要参加联合的人们是成年的，又不是出于被迫或受骗。"密尔强调："任何一个社会，

---

[1]　[美]彼得·斯坦、约翰·香德：《西方社会的法律价值》，王献平译，中国人民公安大学出版社1990年版，第38页。

[2]　[德]亚图·考夫曼：《法律哲学》，刘幸义等译，五南图书出版有限公司2000年版，第235页。

若是上述这些自由整个说来在那里不受尊重，那就不算自由，不论其政府形式怎样；任何一个社会，若是上述这些自由在那里的存在不是绝对的和没有规限的，那就不算完全自由。"[1]

美国学者 M. J. 阿德勒则认为，我们拥有这样一些自由，诸如一种是选择的自由，有了自由选择这种内在能力，每个人都能够决定自己应该做什么和应该发展成什么样子，从而创造性地改变自己的性格，我们都拥有帮助自己改造成我们所选择的那种人的自由；一种是拥有某种意志的自由，这种意志因美德而习惯地成为它应该成为的那种意志，这种自由意味着挣脱了我们自身的低级人性的束缚、能够理性地控制感情和自主选择进行正当行为的自由；一种是"为所欲为"的自由，是根据我们自己的意愿而行事的自由，即能够在公开场合实现我们所做的决定的自由。这里所谓"为所欲为"的自由，是需要由正义加以制约的，"我们能够要求于社会的唯一自由，是在正义的限制之下做自己想做的事的自由"[2]。

对个人自由的尊重在诉讼中主要表现为符合公正标准的程序被严格遵循，诉讼参与人的权利受到保障，当事人能够通过亲身参与和自由选择的权利而对诉讼程序与诉讼结果产生实质性的影响。由此可见，自由与人权保障这一价值追求相联系，后者又与程序公正的实现互为表里。

（三）公平

此处所说的"公正"是指平等，主要体现为法律的平等适用，即要求法律无偏倚地适用于每一个人，做到使人们不感到自己所受到的对待与和自己地位相似的人不同。法律本身具有公正性的一个基本要求是在法律中确立平等适用的原则。这里需要防止因性别、民族、种族等造成法律适用中的偏袒和歧视现象，特别需要防止权力因素造成法律适用中的不平等现象。在诉讼中，公平体现在"公平对待"（fair treatment）、"公平游戏"（fair play）等人们所喜爱的简短格言中。它是法律程序正当性的重要表现，它意味着不偏不倚，意味着按照适宜的标准分配某些司法资源（如刑事证据制度的权利配置）。

（四）效率

通过诉讼渠道解决法律纠纷意味着司法资源的投入，如何以较少的投入取得最大的收益，是立法、司法机关和诉讼参与人乃至一般民众都关心的问题。当代诉讼越来越关注诉讼效率问题，其结果是促成了简易、速决程序的确立，即对于情节较轻或者被告人自愿供述有罪的案件等采取相对于普通程序更为简

---

〔1〕［英］约翰·密尔：《论自由》，程宗华译，商务印书馆1959年版，第12～13页。
〔2〕［美］摩狄曼·J. 阿德勒：《六大观念》，陈珠泉、杨建国译，团结出版社1989年版，第146页。

洁、明快的程序，以减少司法资源的不必要浪费。当然，只有在公正得到有效保障的条件下才能广泛推行简易、速决程序。因为在法律的诸价值中，公正是首要的价值，为效率而牺牲公正显然是得不偿失的。

在刑事司法中，存在着偏重效率的诉讼模式。这种诉讼模式在根本上注重的是秩序，因为效率无非是为保持秩序而提出的要求。但是正像自由取向的诉讼模式并非不顾及效率一样，效率取向的模式也并非不顾及自由，两者的区别实际在于：当出现价值冲突的时候，何者被置于优先考虑的地位——前者将自由置于效率之上，反对为追求效率而损害个人自由，其在刑事证明活动中的表现是注重通过法律的正当程序达到实质真实发现，将法律的正当程序和实质真实发现置于同等重要的地位，甚至为维护法律的正当程序不惜牺牲实质真实发现；后者则反之，将效率置于自由之上，为发现实质真实不惜牺牲法律的正当程序，在刑事证明活动中主要表现为对非法取得的证据不予排除。

除上述几种主要价值外，刑事证明制度还有其他一些价值，有的价值甚至超越了诉讼本身而具有更为深远的意义，这种意义不是"实体正义（发现案件实质真实）"或者"程序正义（正当程序）"所能尽数涵盖的。

例如，许多国家的法律规定律师有权拒绝披露他从履行辩护职责中获知的当事人的情况，除非其当事人同意他这样做（但该当事人不能被强迫作出这种同意）。1901 年，豪斯伯里（Halsbury L. C.）指出："为了完美的司法和保护律师与其当事人之间存在的信任关系，基于信任而提供的信息不作为提供的对象被确立为一项公共政策原则。"[1] 法国学者色何勒-皮埃尔·拉格特等人也曾指出："法律保护当事人对于他的律师的信任。各个成员国这样做的目的是相同的，即保护每一个需要借助法律实现他的权利和维护他的自由的人能够求助于律师的指点和帮助，并保证法律的正确实施。只有在律师和当事人相互信任的情况下，这些目的才能实现。因此也就产生并且形成了律师的权利和义务，这与其说是为了律师个人的利益，倒不如说是为了社会和社会的利益。因为在这个问题上，律师以及律师的法律服务成了自由社会里保护个人自由的一个必不可少的因素。"[2] 在这里，"信任"是法律所保护的价值，通过对它的保护，防止辩护制度的大厦倾颓并进而对辩护权乃至实体权利提供保护。医师与病人、宗教活动者与信徒之间的信任关系也受到同样的保护，通过保护隐私权不受侵犯，最终保护医疗中的信赖性和安全性或者宗教制度的存续和发展。

---

[1]　William Shaw, *Evidence in Criminal Cases*, Butterworth & Co. Lid. 1954. p. 224.
[2]　［法］色何勒-皮埃尔·拉格特、［英］帕特里克·拉登：《西欧国家的律师制度》，陈庚生等译，吉林人民出版社 1991 年版，第 178 页。

有些证据规则保护的是国家重大利益。例如，《意大利刑事诉讼法典》第202条第1项规定："公务员、公共职员和受委托从事公共服务的人员有义务不就属于国家秘密的事实作证。"又如，《日本刑事诉讼法》第144条规定："对公务员或者曾任公务员的人得知的事实，本人或者该管公务机关声明是有关公务秘密的事项时，非经该管监督官厅的承诺，不得作为证人进行询问。但该管监督官厅，除有妨碍国家重大利益的情形以外，不得拒绝承诺。"这一类规定，既不是为了发现案件的实质真实，也不是为了维护所谓的程序正义，而是将"国家重大利益"作为法律所保护的价值而在具体制度设计中加以保护。

因此，证据制度的价值既不是单一的，也不是绝对的，而是多元的。

二、证据制度中多元价值的选择与平衡理论

在证据制度当中，价值取向的对象是人们在诉讼中确定什么是值得追求的、应当维护的事物，它隐含着进行自觉或者不自觉的选择过程。在人们心目中，美好和正确的事物通常也存在孰轻孰重的排列次序，当存在"鱼与熊掌不可兼得"这种价值冲突时，如何进行取舍反映了人们根本观念上的差异或者现实因素的影响。

罗斯科·庞德（Roscoe Pound）曾说："价值问题虽然是一个困难的问题，它是法律科学所不能回避的。即使是最粗糙、最草率的或最反复无常的关系调整或行为安排，在其背后总有对各种互相冲突和互相重叠的利益进行评价的某种准则。"[1] 在刑事证据制度的设计和刑事证明活动中，当然也需要对各种互相冲突和互相重叠的利益进行评价。

在理想类型的诉讼中，案件所涉及的多元价值都能得到协调一致的体现；在现实类型的诉讼中，虽然也有不少案件能够使上述价值得到较为完美的体现，但也有相当数量的案件中的诸价值间存在此消彼长的矛盾关系，这便存在着如何进行价值选择的问题。价值的选择取决于选择者心目中各种价值的分量，因此具有一定的主观和相对的特性。

在刑事诉讼法的制度、程序和规则的设计中，刑事诉讼中的多元价值应当得到兼顾，力求达成平衡。美国学者卓尔·萨马哈指出，平衡乃刑事诉讼程序的核心问题，刑事诉讼程序是按照平衡相互冲突的利益的中心议题而组织的。詹姆斯·麦迪逊（James Madison）在《联邦党人文集》中清楚地表达了在宪政民主的国家中，刑事诉讼法的基本特征就是平衡，主要是国家权力与个人隐私、

〔1〕［美］罗·庞德：《通过法律的社会控制 法律的任务》，沈宗灵译，商务印书馆1984年版，第55页。

自由和财产之间的平衡。卓尔·萨马哈（Joel Samaha）提出，刑事诉讼程序中包含如下平衡关系：①社会与个人；②目的与手段；③法律、社会与意识形态；④联邦、州和地方政府；⑤政府的行政、立法与司法部门；⑥正式的规则与自由裁量权。

卓尔·萨马哈承认保持这些关系的平衡是困难的，他引述美国联邦最高法院首席大法官威廉·哈布斯·伦奎斯特的话："在我们国家，贯穿政治理论长期历史和宪法发展历程的，最难以裁决的案件是存在两种相互冲突的价值的案件，每一价值都能够得到应有的尊重，但它们却相遇在此消彼长的竞争当中。"[1]

在刑事诉讼中，最容易产生价值冲突的是实体正义与程序正义。理想的司法状态是程序正义与实体正义同时获得实现。在刑事诉讼中，多数案件能够通过正当程序达到发现实质真实的目的，从而实现正当程序与实质真实发现的统一；但也有不少案件，正当程序与实质真实发现之间存在矛盾，形成鱼与熊掌不可兼得的局面，这就需要在两者间进行权衡和作出选择。

注重自由的选择者更倾向于维护法律的正当程序，卓尔·萨马哈指出："刑事诉讼程序是按照在相互冲突的价值间保持平衡的中心主题而建构的。首先，刑事诉讼法在特定案件中取得正确结果所包含的利益和与之相对的在所有案件中保持程序公正所包含的利益取得平衡。平衡结果与过程就是目的调整手段的永远困惑（timeless puzzle）的例子。在刑事程序中，目的是承办的案件的正确结果，手段是取得结果所依赖的程序。刑事诉讼法认识到取得正确结果的重要性，那就是使无辜者自由，使有罪者受罚；但刑事诉讼法也抬高了按照公平程序实施法律的价值。换句话说，在刑事诉讼法中，目的并不能总是使手段正当化。实际上，当被迫进行选择时，我们的宪法制度要求依照公平程序的手段必须优先于取得正确结果这一目的。易言之，人人得享公平程序比以不公平程序认定一个即使是有罪的人更为重要。"[2]

在实质真实与正当程序存在冲突时，取正当程序而舍实质真实的选择建立在认为国家起源于极恶、国家权力对公民自由权利的威胁极大、它被滥用之害大于个别犯罪人被放纵之害的基本理念之上。这一选择并不意味着对实质真实的重要性的贬低。在多数情况下，是可以通过法律的正当程序达到发现实质真实的目的的。例如，为禁止非法取证而设置的非法证据排除规则，禁止的是非法取证行为，对于证明被告人有罪的证据，人们往往可以通过理性的替代行为——依法取证——来获取，进而达到发现实质真实的目的。虽然在个别案件

第三章

---

[1]　Joel Samaha, *Criminal Procedure*, West/Wadsworth Publishing Company, 1999, p. xxii.
[2]　Joel Samaha, *Criminal Procedure*, West/Wadsworth Publishing Company, 1999, p. xxii.

中这类程序规定或者证据规则会导致实质真实失落的后果，但唯有这一选择才能够促使国家官员依法律的正当程序去发现实质真实，并有希望最终促成正当程序与实质真实同时得到实现的前景。美国马普案件的裁决就体现了这样一种信念："可供选择的诸方法——诸如对于执法人员进行刑事控诉、对执法人员进行行政纪律约束或者对执法人员提起民事诉讼——均不是实施宪法第四修正案[1]的足够有效的方法，只有排除规则才是唯一有效的方法。"[2]相反的选择——舍弃正当程序——却容易造成正当程序与实质真实双双失落的境况。也就是说，对于个别案件，取正当程序而舍实质真实的选择，会导致实质真实失落；但对于整个司法活动而言，这一选择对于发现案件的实质真实和对犯罪的惩罚的损害只是局部的，而且可以通过提高侦查能力等理性的替代方法在一定程度上弥补这一缺陷。从全局来说，发现案件的真相始终是人们追求的主要目标，不能将实体正义置于可有可无、无足轻重的地位。

事实上，美国在不同历史阶段对刑事政策的调整均体现了其试图在各项刑事司法价值之间保持平衡的努力。正如美国联邦最高法院法官威利斯·V.德万特所云："……审判人员……是整个审判体系的平衡轮，起着维持个人权利与政府权力之间的调节作用。"[3]司法的宗旨有两项：①通过司法程序的进行以防止犯罪，立法机构制定法律，然后由法院承担起解释和实施这些法律的责任，这一制度的目的是保障全体公民的生命权、自由权和追求幸福的权利，与此同时保护他们免受他人刑事犯罪活动的侵害；②保护个人反对暴政，法院充当的是"个人自由的保护人"[4]的角色，"法院必须保护个人的自由，因为'自由的历史基本上曾经是遵守保护性程序的历史'[5]。法院应当坚持个人对自己的行为负责，而同时还必须努力保护被告人不受暴政的迫害，在这两方面衡量得失，作出裁断"[6]。

美国刑事诉讼中的排除规则，突出体现了法院在个人权利保障与政府权力运作之间的平衡作用，体现了法官在实质真实发现与正当程序这一对诉讼价值

〔1〕《美国联邦宪法第四修正案》规定："人民保护其人身、住房、文件和财物不受无理搜查、扣押的权利不得侵犯；除非有合理的根据认为有罪，以宣誓或郑重声明保证，并详细开列应予搜查的地点、应予扣押的人或物，不得颁发搜查和扣押证。"

〔2〕John N. Ferdico, J. D., *Criminal Procedure*, West Publishing Co., 1989, p. 48.

〔3〕见于1920年埃文斯诉戈尔一案的判决，载《联邦报告》第243卷，第245页。

〔4〕《法国宪法》第66条的规定体现了这一精神，该引语来自该条的规定。

〔5〕美国联邦最高法院大法官费利克斯·富兰克福特在麦克纳布诉美国一案赞同多数的发言，载《联邦报告》第318卷，第332页，及《最高法院报告》第63卷，609页。

〔6〕[美]小查尔斯·F.亨普希尔：《美国刑事诉讼——司法审判（第二册）》，中国政法大学研究生院教务处1984年印制，第7页。

之间进行的利害权衡——这意味着在理想的诉讼状态与现实的诉讼状态间谨慎地调整着距离。排除规则是在正当程序与实质真实出现矛盾的时候，将正当程序置于实质真实发现之上的选择模式的产物。这种舍实质真实取正当程序的做法当然不是刻意贬低实质真实发现的法律价值，而是试图通过消除违法取证行为的利益性达到遏制该行为的目的。司法实践表明，不彻底消除违法行为的利益性，就难以解决违法行为泛滥的问题，就难以实现正当程序与实质真实的和谐状态。在保护个人权利方面，美国联邦最高法院的许多案例在美国司法乃至政治中起到了举足轻重的作用，有的著名案例甚至保持着里程碑意义。故而美国学者约瑟夫、R. 费茨曼等人指出："美国联邦最高法院的判例构成了美国政治高超文化的核心内容。"

　　如果将排除规则等证据规则的出现当作现代西方国家特别是英美法系国家程序至上、轻视实质真实的证据，就可能无法理解沃伦·伯格主持以及伦奎斯特主持的美国联邦最高法院对厄尔·沃伦主持的联邦最高法院所确立的非法证据排除规则所作出的种种限制，以及美国国内迄今为止对于非法证据排除规则、米兰达规则提出的种种质疑与批评，以及美国判例法所确立的"法庭将不会排除由于违宪行为而发现的证人提供的证词"[1]、"不禁止大陪审团使用那些非法获取的证据"[2]、"在美国提起的民事案件的审判中并不禁止大陪审团使用那些非法获取的证据"[3] 以及排除规则适用的对象是执法人员及其代理人而不是普通公民。通过对排除规则的进一步了解，我们可以看到，该规则要求在刑事控诉中排除那些由警察以侵犯一个人宪法权利的方法获取并用以控诉该人的任何证据。本来，依据普通法，为获取证据而采取非法手段并不影响法庭采纳该证据。任何证据——不管它是如何取得的——只要满足证据可采性的其他标准，诸如证据的相关性和可信性，就能够为法庭所容许。我们应当注意到，在美国，排除规则自始及今一直是人们批评并试图加以改革的对象。对排除规则的批评和改革的尝试导致对这一规则的限制和拒绝进一步扩大对该规则的适用。由于公共机构同最高法院首席法官一样抱怨排除规则在达成遏制警察违法行为的目标方面缺乏实效。沃伦·伯格主持的最高法院对厄尔·沃伦主持的最高法院作出的若干保障被告人权利的判例附加了多项例外规定。[4] 这些批评和例外规定，不正是基于发现案件实质真实、有效地惩罚犯罪的价值追求而产生和设定

〔1〕　*United States v. Ceccolini* (1978).

〔2〕　*United States v. Calandra* (1971).

〔3〕　*United States v. Sanis* (1976).

〔4〕　John N. Frerdilo, *Criminal Procedure*, West Publishing Co., 1989, Chapter 3.

的吗?

综上所述,刑事证明活动(包括立法与司法)实质上是一个对刑事司法的多元价值不断进行选择、调整和平衡的动态过程。严格地说,任何价值都不可能绝对地优先于其他价值,不同诉讼模式在不同的历史时期所作的价值选择可能存在差异,但是只要这种选择在特定背景下是适当的,它就具有历史的合理性。

人权保障价值的优先性——钱伯斯诉密西西比州案

三、我国刑事证据制度的价值取向和价值平衡

美国哈佛大学法学院教授德肖微茨在参加中美审判实务高级研讨班时指出:中国学者不断呼吁,应切实加强犯罪嫌疑人和被告人的诉讼权利。而在美国,犯罪分子正因为获得了法律赋予的广泛权利,已经越来越不把警察和检察官放在眼里了。法律强调充分保障罪犯人权的代价,便是当今美国犯罪率的上升。例如,引起我国法学界激烈争论的犯罪嫌疑人能否享有"沉默权"的问题,赞成派明显占了上风。美国是在法律中明文规定"沉默权"的国家,德肖微茨先生却说:"这是一项糟糕的制度。"一个极端的例子是,他的一位当事人在法庭上傲慢地呵斥检察官:"我有权拒绝告诉你我的姓名。"所以,德肖微茨教授认为美国司法改革的方向是要减少对犯罪嫌疑人的法律保护,而中国却应在原先的起点上,逐步增加刑事诉讼过程中犯罪嫌疑人和被告人的正当权利。

在我国,刑事证据制度在确立以及实施后的较长时间的运作中,惩罚犯罪几乎是唯一的法律价值;作为这一价值的天然伴侣的是对无辜者的保护,防止错捕、错诉和错罚无辜者,这也是人们普遍关心的问题。随着刑事诉讼法学研究的发展,人们对于刑事诉讼法律价值的认识也发生了变化,现在人们不仅认识到惩罚犯罪是刑事诉讼追求的目标,还认识到保障人权和诉讼效率也是刑事诉讼追求的目标。由于刑事证明中的价值是多元的,我们在刑事证据制度设计和司法运作中,应认清需要维护的价值(包括中国传统法律价值中有无值得当代中国人珍视的内容)有哪些。当这些价值存在冲突时,应在它们之间寻求一种平衡;需要有所取舍时,应当在综合权衡的基础上作出妥适的选择。

(一)在秩序—自由关系中建立起均衡模式

人们很早就对秩序与自由的关系问题充满兴趣。例如,在英国早期的政党中,辉格党人注重自由;托利党人注重秩序;持折中观点的人(如柏克)则认为秩序是自由的条件,没有秩序就谈不到自由,而只能招致强暴和混乱。[1] 秩序是自由前提的命题,为人们广为接受,美国联邦最高法院时常提到的"有秩

---

〔1〕 〔英〕柏克:《法国革命论》,何兆武等译,商务印书馆1998年版,第3页。

序的自由的概念"（the concept of ordered liberty）就含有对这一命题的认同。但是这一命题不能被夸大成为以秩序为由压制自由的理由，法国《人权宣言》特别强调："各人的自然权利的行使，只以保证社会上其他成员能享有同样权利为限制。此等限制仅得由法律规定之。"按照联合国人权约法所确立的标准，只有当一个国家处于其本身的存在受到威胁的社会紧急状态并经正式宣布时才能克减自己所承担的在保障公民权利和自由方面的义务，但这种克减有着严格的实体和程序限制，并且生命权、思想、良心和宗教自由等权利不得克减。[1]

在刑事司法活动中，秩序与自由常常存在冲突。例如，以限制甚至侵犯个人自由的手段往往有利于高效率地发现案件实体真实，以稳定和维护秩序，但这种做法同时又损害了个人权利和程序正义，并且往往妨碍实体正义的实现，有时反而破坏了社会秩序，特别是损害了人们对法制的尊重。因此，应当反对以侵犯个人自由的方式实现和维护秩序。

从自由原则出发，刑事司法体制的功能是在个人权利与政府权力之间起着调节作用。注重自由的社会时时警惕着权威对自由的威胁，注重对国家权力的限制，因此，其刑事证据制度提供的是防止暴政的机制。主要表现为：对于严重侵犯个人自由权利而取得的证据予以排除；遵行消极的实体真实主义，"'积极地'对被起诉的犯罪事实进行周密的批评"，力图做到无罪者不予处罚。

我国刑事诉讼在秩序与自由之间的关系上曾一度存在"秩序优先"的一边倒的倾向，认为刑事诉讼最主要的价值即在于正确实施刑法，恢复被犯罪所破坏的宪法所保护的社会秩序。在刑事证明中遵行的是积极的实体真实主义，"力图做到必定发现犯罪、处罚无一漏网"，往往"承认非法侦查取得的证据能力，或者承认诉因变更命令的形成能力"[2]。当前我国理论界已经认识到自由价值的重要性，并开始由秩序—效率模式向自由模式转变。在此转型过程中，秩序与自由的兼顾与平衡应当成为立法和司法机关的指导思想。

（二）在惩罚犯罪与保障人权之间建立起均衡模式

惩罚犯罪与保障人权之间的冲突也是刑事证据制度的主要矛盾。犯罪是对国家和社会危害最大的违法行为，它侵犯公民的人身权利、财产权利和其他权利，危害国家安全，破坏社会秩序，严重损害国家、人民的根本利益和眼前利益。为了有效地追究犯罪、惩罚犯罪，国家不仅要制定刑事实体法，对罪与罚作出明确规定，还要制定刑事程序法和证据法，以保证准确有效地惩治和遏止犯罪。

国家具有特殊组织和特殊权力，其基本职能包括抵御外部侵略、维护内部

---

〔1〕　参见联合国《两权公约》第4条。

〔2〕　[日] 田口守一：《刑事诉讼法》，刘迪等译，法律出版社2000年版，第10页。

秩序和防御自然灾害等。惩罚犯罪是国家维护内部秩序这一职能的具体表现，它是保护人民的人身权利、财产权利和其他合法权利，使之不受犯罪侵害并且在受到侵害后能够取得相应救济的有效方法。但需要指出的是，通过及时惩处犯罪人来保护公民的人身、财产、生命等合法权利，以及在打击犯罪的同时保障无罪的人不受刑事追究，只是保护人民的一个重要方面；公民的财产乃至生命等权利不仅可能受到犯罪行为的侵害，也可能因为国家权力的滥用而遭受损害，因此刑事诉讼中"保护人民"的内涵还应当包括：保障包括犯罪嫌疑人、被告人、被害人在内的所有诉讼参与人的诉讼权利，使之得到充分行使；保障有罪的人受到公正的惩罚，即做到程序合法、事实准确、定罪正确、量刑适当。一部刑事诉讼法不仅是赋予国家机关一定权力的法律，也是限制国家权力以防止公民个人权利受到政府侵害的法律。现代法治社会要求社会生活的各个方面都应当纳入法治的轨道，并由法律予以规范。在国家权力与个人权益的关系上，要求国家对个人权益的任何剥夺均需具备正当的法律根据和法律程序，这就是"法律的正当程序"的理念。这体现在刑事诉讼中，则要求通过程序设置赋予被追诉者与国家追诉机构相抗衡的能力和机会，使其有效抵御国家权力的非法侵犯。刑事诉讼法承担着在法律上对此加以保障的职责。具体而言，刑事诉讼法通过对刑事诉讼主体及其职权的配置与范围界定，或者其诉讼权利的赋予、诉讼义务的设定，以及刑事诉讼活动原则、规则、程序等内容规定，发挥着两大功能：①保障发现案件的客观真实，使犯罪人受到应有的惩罚，并保障无罪的人不受刑事追究，它体现了国家维护安全和秩序的意志；②保障涉讼的公民个人（包括事实上有罪的被刑事追究的人）的人身权利、财产权利以及其他权利不受国家权力的恣意侵犯，保证对上述权利的限制和剥夺应维持在程序正当的范围内，它所体现的是对人及其尊严的尊重。

　　作为刑事诉讼的基本制度之一，刑事证据制度也不限于维护秩序、惩罚犯罪这一单一功能，它还发挥着保障人权的独立作用。我国刑事证据制度要纠正过去偏重于打击犯罪这一单一价值、对人权保障不够的问题，在刑事诉讼中切实加强对犯罪嫌疑人和被告人的权利保障，防止以不正当手段实现维护秩序和惩罚犯罪的目的。在立法和司法中，可以采取绝对主义和相对主义相结合的办法，赋予犯罪嫌疑人、被告人不被强迫自证其罪的特权，确立自白法则，对于长期以来严重存在的以暴力、胁迫、利诱、欺骗等非法的方法获取言词证据（甚至包括由此类证据引出的"毒树之果"）无条件加以排除。对于以非法手段获取的其他证据，是否排除，应取决于法官的自由裁量，由法官根据案件性质、取证行为的严重程度和该证据在认定案件事实方面具有的意义进行综合判断，经权衡后决定是否予以取舍，并在判决书中对这种取舍作出说明。

（三）在实体公正与程序公正关系中建立起均衡模式

实体正义与程序正义的关系在实质上就是伦理学中所谓"目的善"与"手段善"之间的关系。[1] 对此，汤因比（Arndd Joseph Toynbee）曾经指出："目的不能使手段正当化。目的和手段在伦理上必须有一贯性。这是从经验中产生的原理。在第一阶段做坏事，而在第二阶段想要做好事，这从心理上说，也是不可能的。就是说，出发点错了，就绝不会达到正确的终点。"[2] 一般地说，程序正义是实体正义的保障，但程序正义并不是实现实体正义的充分条件，即通过它不能必然实现实体正义的结果。但是，如果离开程序正义，往往使程序正义和实体正义两败俱伤。因此，在刑事诉讼领域，为达目的不择手段的马基雅维利式的信条已遭摒弃，正当程序的理念产生了前所未有的影响力，手段的正当性得到极大尊重。

就我国来说，长期以来存在偏重客观真实发现而忽视程序正当性的倾向，因此我国司法改革的一项重要内容是要解决"重实体，轻程序"的问题。不过，纠偏的同时要特别注意价值的平衡，如果矫枉过正，又罹"重程序，轻实体"之新恙，则仍然与改革之初衷背道而驰。正如有的学者所担心的那样，它会造成以程序公正掩盖实体不公正的现象的发生。换言之，"重程序，轻实体"，其为祸必不亚于对客观真实过分倚重而忽视程序合法之害。

总之，通过正当程序发现案件真实，把程序公正与实体公正结合起来，两者并重，使两者之间保持平衡，这是我们在立法和司法中应追求的目标和寻求的方向。

（四）在现代价值与传统价值关系中建立起均衡模式

我国传统法律文化中的价值，有些仍然是现代刑事诉讼中应予珍视、维护的。例如，"中国的立法既大受儒家的影响，政治上又标榜以孝治天下，宁可为孝而屈法，所以历代的法律都承认亲属相容隐的原则"[3]。《唐律》名例律规定："诸同居，若大功以上亲及外祖父母、外孙，若孙之妇、夫之兄弟及兄弟妻，有罪相为隐；部曲、奴婢为主隐；皆勿论。即漏露其事及语消息亦不坐。

第三章

---

[1]　英国著名学者乔治·爱德华·穆尔（George Edward Moore）提出，"善"（good）是伦理学的核心概念，"善"有三层意思：①善性质是什么，即人们用"善"这一观念所表示的那种性质是什么；②什么是目的善，即哪些事物本身就具有善性质，或者说，哪些事物是因其本身缘故就值得追求的；③什么是手段善，即哪些事物可以作为使善事物本身产生或者存在的工具、原因，或者说哪些事情是应该做的。穆尔指出，凡是能够产生最大的善结果的行为就是应该做的。因此，在"善"这一概念下，结果的善和行为的善是两个相对应的属概念，它们的区别在于是行为还是行为的结果构成判断行为正当的唯一基础。

[2]　[英] 阿·汤因比、[日] 池田大作：《展望21世纪——汤因比与池田大作对话录》，荀春生等译，国际文化出版公司1997年版，第250～252页。

[3]　瞿同祖：《中国法律与中国社会》，中华书局1981年版，第56页。

其小功以下相隐，减凡人三等。"同时规定其例外："若犯谋叛以上者，不用此律。"《大清律例》名例律也规定："凡同居，若大功以上亲及外祖父母、外孙、妻之父母、女婿，若孙之父、夫之兄弟及兄弟妻，有罪相为容忍。奴婢、雇工人为家长隐者，皆勿论。若泄露其事及通报消息，致令罪人隐匿逃避者，亦不坐。"这表明，在我国古代长期的刑事诉讼中，亲属之间不承担互相揭发其罪的义务。这种法律制度的设定不是因为该证言有极大的虚假可能性从而可能误导法官作出错误的裁决，也不是为了限制国家权力使之不被滥用，而是基于维护儒家理想的伦理秩序、培养或鼓励忠孝的品格或行为的理由。按照中国的传统观点，亲属关系的和谐和稳定是整个社会和谐和稳定的基础，亲属、主奴间的相隐，或因恩重或因义重，所以这种制度的设置所要保障的是恩义孝忠这样的法律价值。不过，亲属相容隐的规定不适用于谋反、谋大逆、谋叛大罪，"于此可见家族与国，忠与孝，在并行不悖或相成时，两皆维持，但在两者互相冲突而不能两全时，则国为重，君为重，而忠重于孝，所以普通的罪许子孙容隐，不许告讦，而危及社稷背叛君国的重罪，则为例外"。[1]

现代刑事诉讼确立这一权利的主要目的在于保护亲属间的相互信任关系，这种信任关系是连接家庭的重要纽带。英美法系国家的刑事诉讼理论认为亲属间存在"特权关系"，是从信任关系原理发展而来的，并且基于保护秘密通讯的特权的目的而设定。[2] "盖此等之人，因具有人的关系，使之为证言，不特有背人情，且与良心抵触"[3]。对于姻亲关系，这种信任显然尤为重要。美国证据学家摩根（Edmurd M. Morgan）在谈及这一问题时使用了"信任之必要"，他指出："普通法上夫妻无为相互间有利或不利作证之能力，所包含之拒绝权，其范围显系及于一切信任或不信任之消息。若干晚近之判例即采此一观点，而实际上各该判例，均假定配偶间彼此告知之消息，除其情况有相反之表示外，均有信任之用意。"[4] 另外，亲属间由于存在亲情，强迫其履行作证义务则会导致其所作证言有着很大的虚假可能性。为保障案件客观真实的发现，免除其作证义务。

总之，在我国刑事证据法制、证明活动以及证据制度的理论研究中要做到多元价值的平衡，必须处理好上述几个方面的关系，即秩序与自由并重、惩罚犯罪与保障人权并重、实体公正与程序公正并重、现代价值与传统价值并重。惟有如此，我国的刑事证据制度才能逐步趋于合理和完善。

---

[1] 瞿同祖：《中国法律与中国社会》，中华书局 1981 年版，第 59 页。
[2] 参见蔡墩铭：《刑事证据法论》，五南图书出版公司 1997 年版。
[3] 参见蔡墩铭：《刑事证据法论》，五南图书出版公司 1997 年版。
[4] ［美］埃德蒙德·M. 摩根：《证据法之基本问题》，李学灯译，世界书局 1982 年版，第 123 页。

第四章

证据法的基本原则

■ 第一节　真实发现原则[1]

一、"真实"概念辨析

审判的理想状态是发现案件的实质真实并在此基础上正确适用法律，但对于实践中实际取得的审判结果，也可以在一定认识论的基础上或者在一定价值取向的支配下人为地设定标准，包括以下一些相互对称的标准：①实质真实与形式真实；②客观真实与主观真实；③事实真实与法律真实；④绝对真实与相对真实。

实质真实、客观真实、事实真实、绝对真实是一组相似的概念，往往被当作同一概念使用。[2] 它们都建立在存在论的认识论基础之上，认为事物是客观存在的，其独立于人的认识之外，人们可以通过感觉和理智去认识它。一切认识都通过判断的形式完成，无论何人判断其确已得到某一认识，都意味着他相信所认识的对象真实存在，而且相信不管人们认识它与不认识它，它仍然存在。实质真实强调的是真实的实质性，客观真实强调的是外在于人的认识的客观存在的真实，事实真实强调的是真实的本原性，绝对真实强调的是非比较意义上的真实。上述这些概念强调的侧重点虽然有微妙差别，但说它们属于同一概念，并无不妥。客观真实被苏联学者切里佐夫确立为一项刑事诉讼原则，他认为"这一原则首先是决定了苏维埃刑事诉讼中全部证明行为的目的"。这里所谓的"真实"，"是说我们对于某一事实的概念与离开我们意识而确实存在于外界的事实相符合。因此，刑事诉讼中的客观真实原则，就是意味着立法者要求审判员

---

[1]　本节参阅卞建林主编：《刑事证明理论》，中国人民公安大学出版社 2004 年版，第 92~97 页。

[2]　参见蔡墩铭：《刑事诉讼法论》，五南图书出版公司 1997 年版，第 22 页。

所制作的判决完全符合于实际的事实"。[1] 从理论来源看，客观真实原则的理论来源是辩证唯物主义的认识论，如列宁所说："……感觉，即外间世界的映象，是存在于我们之内，是物在我们感觉器官上的作用所产生的。"[2]

形式真实、主观真实、法律真实、相对真实也颇为相似，但有时也因使用者指称的对象不尽相同而具有明显的差别。形式真实以满足一定形式上的要求为真实的标准，一般只要符合法律规定的形式，即视为真实。主观真实往往以主观上认为其真实为满足，尽管人在确认实质真实的时候其主观状态也表现为主观上相信其为真实，但主观真实往往不是指这种情况，而是认为世界是人的感觉的组合，人只能就自己的感觉依据经验进行判断，当自己相信其为真实则确认其真实，至于是否与实际情况相符则因不可获知而不必考虑。苏联学者曾经指出："19 世纪末期，尤其是 20 世纪初期，受哲学上主观主义影响的诉讼法学者，把法院裁判的全部任务归结为法官主观相信自己判决的正确。"[3] 这就是主观真实。法律真实则以法律所设定的真实标准为依据，符合法律设定的真实是法律真实论者追求的目标。人们在使用"法律真实"的概念时，往往是指与实质性的、客观存在的、本原性的、绝对意义上的真实相区别的，为法律剪裁、框定下来的范围较为狭窄的真实。有学者认为，法律真实是具有现实正当性的诉讼真实观，它不仅符合现阶段人类关于"事实""真实"的一般认识，也是诉讼认识活动的现实结果和程序本位诉讼价值观的客观要求，因而是评判案件事实真实与否应当遵循的标准。[4] 但是，法律真实的概念本身有些模糊，因此有学者指出，如果法律真实就是法律规定的真实，则"法律真实是放之四海、用于古今而皆准的标准"，因为从神明裁判制度的神示真实、法定证据制度的形式真实到我国刑事诉讼法所确立的客观真实，无一不是"法律真实"。[5] 相对真实是比较意义上的真实，不要求寻根溯源、达到绝对真实的程度。

二、真实发现原则在不同诉讼中的体现

民事诉讼所涉及的主要是个人权利问题，包括财产权、人身权等实体权利，

---

〔1〕 [苏] M. A. 切里佐夫：《苏维埃刑事诉讼》，中国人民大学刑法教研室译，法律出版社 1955 年版，第 118 页。

〔2〕 [苏] 列宁：《唯物论与经验批判论》，人民出版社 1953 年版，第 115 页。转引自 [苏] M. A. 切里佐夫：《苏维埃刑事诉讼》，中国人民大学刑法教研室译，法律出版社 1955 年版，第 200 页。

〔3〕 [苏] 安·扬·维辛斯基：《苏维埃法律上的诉讼证据理论》，王之相译，法律出版社 1957 年版，第 175 页。

〔4〕 樊崇义、赵培显："法律真实哲理思维"，载《中国刑事法杂志》2017 年第 3 期。

〔5〕 参见陈光中、陈海光、魏晓娜："刑事证据制度与认识论——兼与误区论、法律真实论、相对真实论商榷"，载《中国法学》2001 年第 1 期。

还涉及诉讼程序的公正性以及诉讼效率问题。刑事诉讼涉及的主要是公共权利问题，判决结果直接以被告人的人身自由甚至生命的予夺为内容，"定罪的后果是非常可怕的，在人们的眼里，一个无辜的人被定罪，无论如何都是一场巨大的灾难"。[1] 在英美法系国家，刑事诉讼与民事诉讼在某些环节上以相同的原则运作，如刑事被告人的自愿承认有罪与民事被告人的自认具有相似的法律效力，但刑事诉讼中支持控诉所需达到的证明标准比民事诉讼要高，刑事诉讼需要达到"排除一切合理怀疑"的程度，民事诉讼只要有占优势的证据就可以胜诉。在大陆法系国家，刑事诉讼实行实质真实发现原则，民事诉讼实行形式真实发现原则。

　　实质真实与形式真实的主要区别，是法院对事实的认定是否受当事人意思表示的拘束。法院对事实的认定不受当事人意思表示的拘束，务求发现客观真实，为实质真实发现原则。法院对事实的认定受当事人意思表示的拘束，仅需发现形式真实，为形式真实发现原则。在英美法系国家，对刑事被告人的自愿承认有罪，可以不进行法庭调查遂认定其有罪，便是形式真实发现原则，但对被告人不承认有罪或者保持沉默的，则需要通过控诉方举证达到说服法官或陪审团确信被告人有罪的程度。在大陆法系国家，刑事诉讼实行实质真实发现原则，法院作出裁判不受被告人认罪的约束，即使被告人已经认罪，法院仍需调查必要的证据，确认被告人供述的真实性。譬如，《法国刑事诉讼法典》第310条第1款规定："审判长享有自行决定的权力，依此权力，审判长本着荣誉和良心，可以采取自己认为有利于查明事实真相的一切措施。"《德国刑事诉讼法典》第244条第2款规定："为了调查事实真相，法院应当依职权将证据调查延伸到所有对裁判具有意义的事实、证据上。"

　　以实质真实为追求目标的诉讼理论，被称为实体真实主义。通常认为，实体真实的概念来源于德国法学并一直在德国刑事法领域占据支配地位，其后对日本及我国台湾地区的刑事诉讼目的理论中也有较大影响。如德国学者许乃曼认为："事实上，尽管人类的认识能力是有限的，而且事后再来澄清历史事实有着特殊困难，但是这并不妨碍对客观事实的追求。与此相反，不以客观真实为目标会导致刑事诉讼与实体法的基本要求脱节。"[2] 日本学者团藤重光认为《日本刑事诉讼法》第1条关于"查明事实真相"的规定就采用了实体真实主义。他指出："刑事诉讼在本质上当然必须是实体的真实主义，但有人提出疑问

---

〔1〕　［英］J. W. 塞西尔·特纳：《肯尼刑法原理》，王国庆、李启家等译，华夏出版社1989年版，第484页。
〔2〕　［德］许乃曼："论刑事诉讼的北美模式"，茹艳红译，载《国家检察官学院学报》2008年第5期。

认为新法比旧法更强调当事人主义，满足于某种程度的形式上真实，为了打消这种疑虑在立法上特别明确了这一点。"[1] 我国台湾地区学者陈朴生写道："刑事诉讼法，系以适用刑法，确定国家具体的刑罚权为其任务。故刑事诉讼之目的，在发现实体的真实，使刑法得以正确适用。"[2] 在英美法系国家，也有学者强调实体真实在刑事诉讼中的重要性。如英国学者塞西尔·特纳指出："我们的证据规则大多都是在多年经验的基础上建立起来的，其宗旨只有一条，就是保证求得案件的客观真实，防止发生冤枉无辜的现象。"[3]

三、我国证据法中的真实发现原则

我国刑事诉讼法要求以事实为根据，准确查明犯罪事实、保障无罪的人不受刑事追究，"只有被告人供述，没有其他证据的，不能认定被告人有罪和处以刑罚"，体现了实质真实（我国理论上一般称为"客观真实"）发现原则。第二审程序实行全面审理原则和审判监督程序的设置，也体现了这一原则。此外，十八届四中全会《决定》提出，"推进严格司法。坚持以事实为根据、以法律为准绳，健全事实认定符合客观真相、办案结果符合实体公正、办案过程符合程序公正的法律制度"，确认刑事诉讼应当坚持客观真实发现原则。我国民事诉讼立法和证明理论主张优势证明标准，主要关注形式真实；行政诉讼法学理论一般认为，应当根据案件具体情形适用不同的证明标准和真实标准。

我国证据法的完善，在真实发现方面，尚需克服价值选择的单一化、片面化倾向，应通过推进以审判为中心的诉讼制度改革，实现案件繁简分流、价值选择多元化的诉讼程序和证据制度。

■ 第二节　证据裁判原则

一、证据裁判原则的概念和意义

证据裁判原则，也称证据裁判主义，是指对案件争议事项的认定，应当依据证据。证据裁判原则要求裁判的形成必须以证据为依据；没有证据，不得认定案件事实；据以作出裁判的证据必须达到法律规定的要求。

---

〔1〕　［日］团藤重光：《新刑事诉讼法纲要》，创文社 1972 年版，第 32 页。转引自［日］松尾浩也：《刑事诉讼的目的》，张凌、于秀峰译，中国政法大学出版社 2010 年版，第 46 页。

〔2〕　陈朴生：《刑事诉讼法实务》，海天印刷厂有限公司 1981 年版，第 8 页。

〔3〕　［英］J. W. 塞西尔·特纳：《肯尼刑法原理》，王国庆、李启家等译，华夏出版社 1989 年版，第 484 页。

在注重发现案件事实真相的刑事诉讼中强调证据裁判原则，这是由刑事诉讼所涉及的法益的重大性决定的。相比较而言，在民事法领域，由于存在较多的法律推定和承认当事人的处分权，所以，其不像刑事法领域那样强调严格意义上的证据裁判原则。当然，民事诉讼通常也需要依据证据认定事实，只是民事诉讼有关证据资格、证明方式、证明范围及证明标准等，与刑事诉讼中证据裁判原则的要求不同。

在大陆法系国家，法律大多都明文规定了证据裁判原则。在强调法官依职权调查证据的同时，一般都规定了严格的证据调查程序，强调对于法官裁判的约束，要求裁判必须依靠证据，以规范法官权力的行使，并最终达到发现事实真相的要求。譬如，《法国刑事诉讼法典》第427条规定，在轻罪审判中，"除法律另有规定外，犯罪得以任何证据形式认定，法官根据其内心确信判决案件。法官只能以在法庭审理过程中向其提出的并且在其当面经过对席辩论的证据作为其判决的依据"；第536条规定，对违警罪案件中证据的处理，同样适用第427条的规定；第537条规定，违警罪由笔录或报告证明，或在无报告和笔录时由证人证明，或由其他事实予以证明。《德国刑事诉讼法典》第244条第2款规定："为了调查事实真相，法院应当依职权将证据调查延伸到所有对裁判具有意义的事实、证据上。"第261条规定："对证据调查的结果，由法庭根据它在审理的全过程中建立起来的自由内心确信而决定。"《日本刑事诉讼法》第317条规定："认定事实应当依据证据。"该条规定被认为是证据裁判原则在立法上的经典表述。在英美法系国家，当事人主义的诉讼构造决定了法官在诉讼中处于相对消极的诉讼地位，其更加强调当事人的主体地位和主动作用，法官一般不会主动调查证据，也就无需约束法官调查证据的规定。虽然英美法系国家的法律和诉讼理论中没有直接明确证据裁判原则，但其刑事诉讼中存在大量的规范证据关联性、可采性的规则以及在刑事程序中关于证据出示、认定等规定，都是证据裁判原则的体现。同时，应当看到的是，英美法系国家大量存在的有罪答辩及辩诉交易现象在一定程度上弱化了证据裁判原则的作用，使证据裁判的精神只在少数经过严格的正式庭审程序的案件中得以充分体现。不过，正是这种法律规定的正式审判的可能性以一种预见的结果制约着控辩双方辩诉交易的过程，加之辩诉交易的进行需要法官在审查有无事实根据的基础上予以认可，因此，可以说辩诉交易的进行，也有赖于证据裁判原则的保障。

证据裁判原则具有重要意义：

1. 是诉讼进步与司法文明的表现。日本学者田口守一将证据裁判原则概括

第四章

为历史意义和规范意义两个层面的含义。[1] 其中，在历史意义上，证据裁判是对神明裁判和口供证据制度的批判。相对于神示证据制度下的水审、火审等形式通过神的意志发现事实真相，以及中世纪专制制度下通过刑讯逼供获取口供认定案情的做法，证据裁判无疑是诉讼历史上的巨大进步，彰显了司法趋于文明的程度。

2. 是无罪推定原则的体现。在刑事诉讼中，"'无证据不得推定其犯罪事实'，从反面来看，既然有证据始能推定被告之犯罪事实，则亦表示被告受到无罪推定之保护，在确认能够推定其犯罪事实的证据之前，被告应受无罪之推定，此即无罪推定原则之展现。"[2]

3. 可以防止法官裁判时的恣意擅断。"证据裁判主义不仅要求法官必须依证据而为事实之认定，而且对于一定之证据限制法官为自由心证，如无证据能力、未经合法调查，显与事理有违或与认定事实不符之证据，不得作为自由心证之依据。除此之外，补强证据之有无，及科学证据之取舍，法官亦无自由判断之余地。"[3] 法官形成裁判时应当依其内心确信，但内心确信的形成不是任意的，而应有所约束，以防法官恣意擅断，保障诉讼公正。证据裁判就是对法官恣意擅断最为有效的约束机制。

4. 是增强司法裁判确定性和权威性的保障。证据裁判原则能够增强司法的确定性。而且，法官根据证据作出裁判，可以减少裁判形成过程中的争议，限定裁判者自由裁量的范围，从而增强裁判结果的信服力，维护司法权威。

二、证据裁判原则的主要内容

证据裁判，在于认定实体法事实。各国关于证据裁判原则的规定，主要体现在三个方面：①据以作出裁判的证据的资格；②需要运用证据证明的事实的范围；③关于运用证据进行证明的方式。

1. 据以作出裁判的证据，应当是具有证据资格的证据。在大陆法系国家，证据资格由证据能力规则调整；在英美法系国家，则为可采性规则调整。在大陆法系国家，证据能力包括两个方面的要求：①证据材料不被法律禁止；②证据应当经过法定的调查程序。只有满足了上述两个方面的要求，才能作为证据使用。在英美法系国家，存在诸如传闻证据规则、品格证据规则、自白规则、意见证据规则、最佳证据规则等规则，以规范证据的可采性，可以进入法庭调

[1] ［日］田口守一：《刑事诉讼法》，张凌、于秀峰译，中国政法大学出版社 2010 年版，第 267 页。
[2] 林钰雄：《刑事诉讼法（上册 总论编）》，中国人民大学出版社 2005 年版，第 345 页。
[3] 蔡墩铭：《刑事证据法论》，五南图书出版公司 1997 年版，第 428 页。

查程序而对法官（陪审团）形成心证发挥作用的证据，应当是不被证据规则禁止的材料。

2. 关于需要运用证据证明的事实的范围。《德国刑事诉讼法典》第 244 条第 2 项规定："为了调查事实真相，法院应当依职权将证据调查延伸到所有对于裁判具有意义的事实、证据上。"根据职权调查原则，所有对法院之裁判有重要影响的事实均需加以证明。在此具有需被证明之重要性的事实下，又可区分为直接重要的事实、间接事实及证据之辅助事实。其中，直接重要的事实是指所有本身均可对可罚性产生不利或有利影响的事项。间接事实是指能对一直接重要的事实导出一结论的事项，如一保险诈欺罪的嫌疑犯在作案之前曾购机油，并且提高了保险额。证据之辅助事实是能对证据的性质作出判断的事项，如一证人对真理之热爱或其记忆之能力。[1] 作为证据裁判原则的例外，《德国刑事诉讼法典》第 244 条第 3 款规定，因为事实明显，无收集证据的必要时，允许拒绝查证申请。在德国的刑事诉讼法教科书中，对此例外作了具体解释，该情形即为一般大众均知之事实，及其他所有能为有理解力之人通常获取之知识，或者对此其得有可靠之来源（如字典、地图等）获取者。众所周知的事实包括法院已知的事实，也就是"法院因职务关系可靠地获取之经验"。对于众所周知的事实无须证明，但为了保障法定审判的进行，也需要使此众所周知的事实成为审判程序中的议题。[2] 可见，在德国，证据裁判原则所要求的事实也仅指为裁判的形成所必需的事实，而不包括程序法的事实。在日本，需要证实的事实由实体法上的事实和诉讼法上的事实组成。实体法上的事实包括：犯罪事实（构成要件该当性事实、处罚条件事实）；犯罪事实以外的事实（作为影响法律上成立犯罪的事实、作为法律上量刑的加重减免理由的事实、酌情减轻刑罚或缓期执行条件的事实）。诉讼法上的事实包括：作为诉讼条件的事实；诉讼行为的要件事实；证明证据能力和证明力的事实；其他诉讼法上的事实。[3] 证据裁判原则所要求的事实，包括以被告人的罪责为基础的实体法上的事实和倾向于加重被告人刑罚的量刑情节的事实。[4] 根据日本学术界的通说，证据裁判原则要求的事实，是需要运用证据加以证明的实体法事实，不包括众所周知的免证事实和诉讼法上的事实。

3. 关于运用证据进行证明的方式。在大陆法系国家的证据法理论中，通常

〔1〕 ［德］克劳思·罗科信：《德国刑事诉讼法》，吴丽琪译，法律出版社 2003 年版，第 209 页。
〔2〕 ［德］克劳思·罗科信：《德国刑事诉讼法》，吴丽琪译，法律出版社 2003 年版，第 209~210 页。
〔3〕 ［日］田口守一：《刑事诉讼法》，张凌、于秀峰译，中国政法大学出版社 2010 年版，第 269 页。
〔4〕 ［日］田口守一：《刑事诉讼法》，张凌、于秀峰译，中国政法大学出版社 2010 年版，第 269~270 页。

将证明分为严格证明和自由证明两类。所谓严格证明，是指运用诉讼法中规定的法定证据方法，经过法律规定的证据调查程序进行的证明；所谓自由证明，是指运用除此以外的证据方法，不受法律规定的约束而进行的证明。对于实体法事实，主要是与定罪量刑有关的事实，一般要求采用严格证明的方式；对于程序法事实，包括某些辅助证明的事项，或者被告人否认其罪行的证明，可采用自由证明的方式。

三、我国证据法中的证据裁判原则

我国证据法也贯彻了证据裁判原则的要求。2018 年《刑事诉讼法》第 55 条第 1 款规定："对一切案件的判处都要重证据，重调查研究，不轻信口供。只有被告人供述，没有其他证据的，不能认定被告人有罪和处以刑罚；没有被告人供述，证据充分、确实的，可以认定被告人有罪和处以刑罚。"第 200 条规定，在被告人最后陈述后，审判长宣布休庭，合议庭进行评议，根据已经查明的事实、证据和有关的法律规定，分别作出判决。两院三部《办理死刑案件证据规定》第 2 条强调："认定案件事实，必须以证据为根据。"最高法《刑诉法解释》第 61 条也规定："认定案件事实，必须以证据为根据。"最高检《刑诉法规则》第 61 条第 1 款规定："人民检察院在立案侦查、审查逮捕、审查起诉等办案活动中认定案件事实，应当以证据为根据。"十八届四中全会《决定》指出，"全面贯彻证据裁判规则，严格依法收集、固定、保存、审查、运用证据，完善证人、鉴定人出庭制度，保证庭审在查明事实、认定证据、保护诉权、公正裁判中发挥决定性作用。"两院三部《关于推进以审判为中心的刑事诉讼制度改革的意见》第 2 条规定，"严格按照法律规定的证据裁判要求，没有证据不得认定犯罪事实。"这是现代刑事诉讼普遍奉行的证据裁判原则在我国法律和有关文件中的明文确认。在民事诉讼和行政诉讼中，虽然我国《民事诉讼法》与《行政诉讼法》没有对证据裁判原则作出直接规定，但最高人民法院的司法解释鲜明地体现了证据裁判原则的要求。最高法《民诉证据规定》第 63 条规定："人民法院应当以证据能够证明的案件事实为依据依法作出裁判。"最高法《行诉证据规定》第 53 条规定："人民法院裁判行政案件，应当以证据证明的案件事实为依据。"

坚持证据裁判原则，必须做到认定案件事实应有相应的证据予以证明，没有证据不得认定案件事实；坚持证据裁判原则，必须做到对存疑的证据不能采信，确保判决认定的事实清楚、证据确实充分；坚持证据裁判原则，必须做到用合法的证据来证明案件事实，非法取得的证据应当排除，其不能作为定案的根据。为了进一步贯彻证据裁判原则的要求，我国证据法理论应给予证据裁判原则充分关注；在立法方面，关于证据能力、待证事实、证明方式等，也需要予以完善。

■ 第三节　自由评价原则

一、自由评价原则的含义

自由评价，亦即自由心证，是指证据的取舍及证明力的大小及其如何运用，法律不作预先规定，而由法官秉诸"良心""理性"自由判断，形成内心确信，从而对案件事实作出认定。

自由心证原则是关于法官如何评价证据之证据价值（证明力）的原则。证明力是指证据资料对于法官形成心证是否有作用，又称为证据价值，判断结果可高可低。因此，证据能力是自由心证的前提，若无证据能力的证据，法官根本不得采为裁判的基础，遑论评价其证据价值。[1]"易言之，法官必须在现有证据提出之情况下为自由心证，不能离开现有证据而为自由心证，因此在严格采证体系之下，法律未对法官之心证形成任何限制，但法官之心证形成自然受此严格采证体系之影响。"[2] 通常认为，自由心证原则包含两个方面的内容：一是自由判断；二是内心确信。所谓"自由判断"，是指除法律另有规定的以外，证据及其证明力大小均由法官自由判断，法律不作预先规定。不仅每个证据能够证明何种事实以及证明程度如何由法官自由判断，而且所有证据综合起来能否证明起诉的犯罪事实或其他有关事实以及证明程度如何，也由法官自由判断。在相互矛盾的证据中，确定何者更为可信，如何进行取舍，同样由法官自由判断。所谓"内心确信"，是指法官通过对证据的自由判断所形成的内心信念，并且应达到深信不疑的程度，由此判定事实。"内心确信"禁止法官根据似是而非、尚有疑虑的主观感受判定事实。"内心确信"必须符合以下条件：①法官必须直接接触证据；②法官必须站在客观、中立的立场上；③内心确信必须从本案的情况中得出；④法官必须斟酌本案的全部证据、辩论的全部意旨认定事实。[3]

〔1〕　林钰雄：《刑事诉讼法（上册 总论编）》，中国人民大学出版社2005年版，第354页。

〔2〕　蔡墩铭：《刑事证据法论》，五南图书出版公司1997年版，第424~425页。

〔3〕　宋英辉、汤维建主编：《证据法学研究述评》，中国人民公安大学出版社2006年版，第108页。

二、自由评价原则在各国的适用

大陆法系国家通常都采用了自由评价原则。例如，《法国刑事诉讼法典》第353 条、第 427 条和第 536 条规定了自由心证的内容。"法官可以完全自由地来判断向其提出的证据的价值。法官按照其良知意识自行作出决定，依据其内心确信被告人有罪还是无罪，决定对被告人是判刑或者宣告无罪，法官无须受强制对其认定的证据所赋予的证明力作出任何说明"，自由心证"适用于所有的刑事法院，既适用预审法庭，也适用审判法庭，而在刑事审判法庭中，自由心证制度不仅适用于重罪法庭，同样也适用于轻罪法庭与违警罪法庭"。[1]《德国刑事诉讼法典》第 261 条规定，对证据调查的结果，由法庭根据它在审理的全过程中建立起来的内心确信而决定。自由心证原则要求法官根据他个人的自由确信而确定证据。这种确信，必须依据明智推理，建立在对证据结果之完全、充分、无相互矛盾的使用之上。[2] 德国刑事诉讼中的自由心证原则主要是针对经由审判程序所形成的判决而设，但其亦适用于整个诉讼程序及所有的司法机关，如检察机关和警察机关。[3]《日本刑事诉讼法》第 318 条规定，证据的证明力，由法官自由判断。日本诉讼理论认为，法官自由心证的作用，是针对证据证明力的。由于有关证据能力已由法律规定，所以，无需自由心证。因为自由心证是根据发现实体真实为目的而确立的，所以，不允许法官恣意判断。尽管证据评价在性质上包含着直感的要素，但在总体上，必须符合经验法则和逻辑法则。从此观点来说，自由心证主义必须是合理的心证主义和科学的心证主义。[4] 俄罗斯刑事诉讼制度也确立了自由心证原则。《俄罗斯联邦刑事诉讼法典》第 17条规定，法官、陪审员以及检察官、侦查官、调查官应当遵从法律与良知的引导，依据自己在汇总刑事案件所有证据时取得的内心确信对证据予以评价。任何证据均不具有预先确定的效力。

在英美法系国家，关于证据资格，设置了诸多证据规则，以防止不当材料对法官裁判造成误导。而关于证据的证明力，同样由法官（陪审团）自由评价。不同的是，大陆法系国家的自由心证与证据裁判原则紧密联系，共同发挥对事实的认定作用，目的在于更有效地查明案件事实真相。而英美法系国家的证据

---

〔1〕 ［法］贝尔纳·布洛克：《法国刑事诉讼法》，罗结珍译，中国政法大学出版社 2009 年版，第 80 页。

〔2〕 ［德］约阿希姆·赫尔曼："《德国刑事诉讼法典》中译本引言"，载李昌珂译：《德国刑事诉讼法典》，中国政法大学出版社 1995 年版，第 17 页。

〔3〕 ［德］克劳思·罗科信：《德国刑事诉讼法》，吴丽琪译，法律出版社 2003 年版，第 117 页。

〔4〕 ［日］土本武司：《日本刑事诉讼法要义》，董璠舆、宋英辉译，五南图书出版公司 1997 年版，第 314~315 页。

规则大多是规范证据的证据能力，少有限制证据的证明力。"鉴于陪审员对于证据之评价，不甚熟悉，自应由经验丰富的裁判官加以说示，而其说示，又不能无一定之标准，乃设有排除规则限制无关联性之证据、偏颇之证言、虚伪之证言或足致陪审员因本身之感情与同情之偏见、易与发生错误之证据，提出于法庭，使陪审员，仅得凭其合理性且富有安全性证明力之证据，而为合理之判断。"[1] 可见，英美法系国家通过一系列证据规则规范证据的准入性问题，类似于大陆法系国家证据裁判原则所起的作用；对于证明力问题，由裁判者自行判断，类似于大陆法系国家的自由心证原则。

三、法官自由评价证据的制约

与其他证据制度一样，自由心证也有其缺陷。这种缺陷源于自由心证可能带来的危险。在自由心证下，危险可能来自以下方面：①证据材料。譬如，证据材料发生变化、证人作伪证等。②认识能力。由于当事人举证和法官认识的局限性，可能导致错误认定。③偏见和枉法。为避免自由心证可能带来的危险，对法官评判证据进行适当约束，便具有必要性。

1. 事先制约。事先制约包括法官回避制度、合议制或陪审团制度、控方向审判方移送材料范围的限制以及对法官素质的要求等。

（1）法官回避制度。法官回避制度的要义就是要保持法官的客观公正，若法官与案件或案件当事人有利益关系或者其他特殊关系，就有可能妨碍其保持中立，从而可能影响公正评判证据。因此，当法官与案件或案件当事人有利益关系或者其他特殊关系时，应当回避，不得参与审理活动。

（2）合议制或陪审团制度。合议制是由法官数人组成合议庭进行审判的制度；陪审团是由一定数量的陪审员共同评价证据、认定事实的审判组织方式。由于都是由数人共同组成，可以阻却单个法官决策时可能出现的主观擅断。

（3）限制控方向审判方移送材料的范围。其主要目的在于防止法官庭审前过多接触案卷材料，避免法官事先形成对被告人不利之预断和偏见，实现公平审判。

（4）法官具备良好素养，是公正、准确评判证据的前提，也是其正确行使自由裁量权的保证。正如我国台湾地区学者所言："法院于事实之真伪，虽有判断之自由，然亦非可率尔以从事，法律之所期待者，审判官恒为富于学识经验之人，其判断事实必能依经验定则而为之，如依经验定则而行，自无专横之弊，故敢舍法定证据主义而采自由心证主义者。"[1]　拥有自由裁量权的法官，必须具备较高的职业素质，德才兼备，在评判证据中能保持独立、中立、公正的态度，精通事理，具有对事理的综合分析与判断能力。为此，各国对法官任职资格都予以严格限制，并建立完善的法官培训制度。

2. 法官形成心证过程中的制约。法官形成心证过程中的制约包括限制传闻证据和供述证据的证据能力、补强证据规则、关联性规则以及证明标准的制约等。

（1）限制传闻证据和供述证据的证据能力。目的在于将有可能导致法官误判的证据材料排除在诉讼之外，以此制约法官心证的形成。

（2）来自补强证据规则的约束。补强证据规则是指为了防止法官对证据的评判发生错误，对于某些自身证明力较为薄弱或者有经验证明运用该证据材料有较大危险的证据，要求有其他证据加以补强，才可以作为定案的根据。譬如，《日本刑事诉讼法》第 319 条第 2 款规定："不论是否被告人在公审庭上的自白，当该自白是对其本人不利的惟一证据时，不得认定被告人有罪。"补强规则作为自由心证原则的例外，理由有二：①为了防止偏重供述的倾向；②担保供述的真实性。我国《刑事诉讼法》第 55 条第 1 款规定，只有被告人供述，没有其他证据的，不能认定被告人有罪和处以刑罚。此即我国规定的口供补强规则。

（3）关联性规则的约束。关联性规则是指证据必须具有关联性。在英美证据法中，存在品格证据和类似事件证据的规则。品格证据的一般规则是，一个人的品格或者一种特定品格（如暴力倾向）的证据，在证明该人在特定环境下实施了与此品格相一致的行为上不具有关联性，但在例外情况下，被告人、被害人和证人的品格也可以成为评判的对象。类似事件的一般规则是：被告人在其他场合的行为与当前场合的类似行为不具有关联性，但当类似行为是本案所控罪行本身或其组成部分，或者所控罪行只是一系列类似行为之一，而被告人提出自己的行为是意外事故或事实错误等并将其作为辩护理由时，或者本案罪行已经得到证实而在证明其犯罪意图、明知故犯或其他心理状态时，则具有关联性。此外，未履行的有罪答辩要约、有罪答辩的收回、不争辩等，也禁止用来证明被告人实施了答辩所涉及的犯罪行为。

（4）证明标准的限制。证明标准是指证明应当达到何种程度才可以确定待证事实。西方国家对于刑事证明标准的规定有两种，一种是大陆法系的"内心确信"，另一种是英美法系的排除合理怀疑。虽然二者表述不同，但本质上具有同一性，内心确信即为排除合理怀疑的结果。英国学者塞西尔·特纳指出："所谓合理的怀疑，指的是陪审员在对控告的事实缺乏道德上的确信，对有罪判断

---

[1]　石志泉：《民事诉讼法释义》，三民书局股份有限公司 1987 年版，第 244 页。

的可靠性没有把握时所存在的心理状态。因为，控诉一方只证明一种有罪的可能性（即使是根据或然性的原则提出的一种很强的可能性）是不够的，而必须将事实证明到道德上的确信程度。"[1] 可见，如果负举证责任的控诉一方不能达到定罪的证明标准，法官（陪审团）就不能作出有罪认定。

3. 事后制约。事后制约包括救济程序和判决书对法官心证形成过程的详尽展示。

由于人类理性能力的有限性，要求法官如神一般明察秋毫是不现实的。在评判证据过程中，由于法官的经验、认识能力、个人的情感、当事人主张事实及提供证据的限制等因素的影响，法官在认识案件事实上难免存在疏漏。设立救济程序的目的，就在于纠正法官在评判证据时所出现的错误。由于救济程序的存在，法官也会在评判证据时尽可能避免自由裁量造成的事实误认，努力做到全面细致审查，谨慎小心判断。

判决书详尽展示法官心证的形成过程，对于约束法官评判证据时的自由裁量的作用是显而易见的。法官在撰写详尽披露其心证过程的判决书时，可以促使法官对自己的判断进行再次审查和反省，查看判断过程中有无不符合逻辑法则及经验法则之处；详尽披露法官裁量证据的心证，还可以使人们对法官所采信的证据及认定的事实一目了然。法官的心证最终会昭示天下，使其在裁量证据时，为避免受到非议，只能谨慎从事。[2] 在英美法系国家，"法官不只是作判决而已，他们还必须解释其判决，解释的目的是在说明判决的正确理由如何……以证明它不是武断的看法，能使当事人心服口服于法官的权威或威信，因为法官的判决是一个合理的陈述，它有充分的理由，而且显示出判决理由的相关的或逻辑的结构"。在大陆法系国家，判决书注重反映法官对案件事实的认定，分析、论证各种证据，阐明法官形成内心确信的理由。判决书的大多数文字用来阐述法官对事实的看法，直接论证法官基于什么证据形成自己的观点，并具体分析当事人双方提出的证据和主张，指出对其采纳与否的原因。[3]

四、自由评价原则与我国证据制度

我国的证据制度建立在辩证唯物主义认识论基础之上。为了认识案件事实真相，必须充分发挥审判人员的主观能动性，使其能够根据案件具体情况评判证据的证据能力和证明力。从自由心证制度的核心——证据的证明力之有无及

---

[1]　[英] J. W. 塞西尔·特纳：《肯尼刑法原理》，王国庆、李启家等译，华夏出版社 1989 年版，第549 页。
[2]　周斌："判决书应展开法官心证形成过程"，载《中国律师》2000 年第 6 期。
[3]　龚德培、张坤世："判决书的法理分析"，载《中国律师》2000 年第 6 期。

强弱由法官自由判断的角度来讲，我国证据制度也是如此。我国审判人员评判证据，同样赋予自由心证制度下法官所具有的自由裁量权，同样存在法官通过判断证据而形成心证的事实。

尽管我国诉讼法在原则、制度和程序上对法官自由评价证据作出了规范和约束，但由于我国诉讼程序尚存在诸多不完备之处，尤其是法律在运用证据的规则方面的欠缺，使得我国法官在评判证据时受到的来自法律程序和证据规则的约束并不明显，从这个意义上讲，我国法官在评判证据方面拥有更大的自由裁量权。因此，我国应当在确立自由心证原则的同时，从事先制约、形成心证过程中的制约和事后制约等方面建立配套的制约机制。

第四章

第五章

证据规则概述

■ 第一节　概　　述

诉讼活动以认定事实、适用法律为其基本内容，其中，认定事实是适用法律的前提和基础。基于证据裁判主义的要求，认定事实是一种凭借诉讼中可资运用的证据资料来推求过去发生的事实的回溯性证明活动，其必须依据证据进行。由于证明活动直接关系着事实的认定，进而决定着诉讼的最终结果，因此，如何规范裁判者（法官或陪审团）对事实的认识的形成过程，便显得尤其重要。

在规范诉讼证明活动的方式中，证据规则是最重要也是最直接的一种。诉讼证明包括证据的收集、证据的审查和证据的评价等活动。因此，从广义上讲，证据规则是指规范证据的收集、审查和评价等诉讼证明活动的准则。根据不同标准，证据规则可以进行以下分类：

1. 规范证据收集的规则、规范证据审查的规则和规范证据评价的规则。这是依据证据规则规范的证明活动的不同所作的分类。

规范证据收集的规则，比较典型的是排除非任意自白规则。根据该排除规则，追诉一方向嫌疑人收集口供时，必须保障其陈述的自由意志。《日本刑事诉讼法》第 319 条规定，由于强制、拷问或者胁迫的自白，在经过不适当的长期扣留或者拘禁后的自白，以及其他可以怀疑为并非出于自由意志的自白，都不得作为证据。规范证据审查和评价的规则，例如，在纠问式诉讼模式下，为了规范证明活动，法律设立了严格的规则，即所谓法定证据制度。《俄罗斯帝国法规全书》第 312 条规定，审判强奸案，必须具有下列法定证据才能定罪：①切实证明确实有强暴行为；②证人证明被强奸人曾呼喊旁人救助；③她的身上或被告人身上，或者两个人身上，显出血迹、青斑或衣服被撕破，能够证明有过推拉；④立刻或当日报告。在法定证据制度下，法律剥夺了法官对证据的审查和评价权，防止法官主观臆断。

2. 规范证明力的规则和规范证据能力的规则。这是依据证据规则调整内容的不同所作的分类。规范证据证明力的规则，其典型表现形式是法定证据制度中关于证据证明力的规定。现在各国的证据制度虽然不再采取极端的法定证据制度，但有些国家仍保留有规范证据证明力的规则，尤其是大陆法系国家。如在法国民事诉讼中，书证证明力高于其他证据的证明力，即实行书证优先的法定证据原则。《法国民法典》第 1341 条规定："一切物件的金额或价额超过 150 法郎者，即使为自愿的寄托，均须于公证人前作成证书，或双方签名作成私证书，证书作成后，当事人不得另行主张与证书内容不同或超出证书记载的事项而以证人证之，虽争执的金额或价额不及 150 法郎者，亦同。"该条规定体现了书证优于人证的原则，即在此情况下，书证排斥了对同一案件事实以证人证言加以证明的任何可能性。在刑事诉讼中，大陆法系国家一般规定，只有被告人口供时不得认定被告人有罪，即使单凭被告人口供就足以使法官形成有罪确信时，法官也不得仅据此而裁决被告人有罪。显然，该规定作为自由心证原则的例外，限制了在被告人口供是唯一不利于被告人的证据的情况下，法官对该口供证明力的评价。

规范证据能力的证据规则有很多，如关联性规则、传闻证据规则、自白任意性规则、意见规则、非法证据排除规则等。规范证据能力的证据规则是英美证据法的重要内容，其目的是限制陪审团据以作出裁判的证据范围，防止陪审团受到不适当的证据的误导。日本在第二次世界大战后，随着庭审方式向当事人主义模式转变，也确立了规范证据能力的证据规则。

3. 以规范审查判断证据的程序为内容的规则和以规范审查判断证据的范围为内容的规则。这是根据证据规则规范对象的不同所作的分类。规范审查判断证据的程序的规则，其调整对象是审查判断证据的法定程序。依据此类证据规则，审查判断证据必须依法定程序进行，未经法定程序审查的材料不得采纳为定案的根据，其强调的重点不是证据，而是审查的程序。一般而言，大陆法系的证据规则多属于此类，如直接原则、言词原则、公开原则等。在英美证据法中，交叉询问规则也属于此类规则。

规范审查判断证据的范围的规则，其调整对象是审查判断证据的法定范围。依据此类证据规则，只有对法律允许的证据才得予以审查判断，对于法律禁止的证据不但不得作为认定事实的依据，而且一般情况下也不允许在法庭上予以出示或进行调查，其强调的是证据本身而非程序。规范证据能力的规则即属于此类规则。

英美法系国家奉行当事人主义，并实行陪审团制度，为了防止当事人和陪审团成员因缺乏法律常识而提出或采纳有碍于查明案件真相的事实和材料，排

第五章

除那些经验上弊大于利的证据，保障实现诉讼公正，法律（历史上主要是判例法，现在则主要是成文法）设置了完备而细密的证据规则，对证据的证据能力予以规范。

在大陆法系国家，实行职业法官裁判制度，即基于职权主义原则，法官对程序的进行和证据的调查起主导作用，证据的取舍及其证明力的大小由法官依其人格、能力、知识及经验作出评价。因此，为了充分发挥法官的主观能动性，查明案件事实，法律对证据能力基本上不予限制，但对审查判断证据的程序规定得较为严格，建立了诸如直接审查、言词审查等原则。

我国证据法学理论一般认为，英美法系国家的证据规则复杂且严格，而大陆法系国家的证据规则简略且灵活。但是，应当指出的是，两大法系的证据规则属于两种不同的类型。前者主要强调证据能力问题，客观上限制了裁判者审查判断证据的范围；后者则强调审查判断证据的程序，目的是充分发挥法官审查判断证据的主观能动性，以探明事实真相。具体而言，两大法系证据规则的差别，主要表现在以下几个方面：①在规范调整的对象上，英美法系证据规则着重于规范当事人双方的举证活动，而大陆法系证据规则则着重于调整法官的"心证"形成过程；②就证据规则的内容而言，英美法系侧重于规定所调查证据的容许性条件，即证据能力问题，而大陆法系则侧重于规定调查证据应遵从的程序性条件，即未经法定程序调查的证据不得作为定案的依据；③在适用证据规则的时间上，英美法系的证据规则主要适用于证据提交至裁判者审查判断之前，其目的是防止裁判者接触不适当的证据材料，而大陆法系的证据规则适用于裁判者评价判断证据的心证形成过程，其目的是防止裁判者在评判过程中将未经法庭公开查证属实的证据作为认定事实的根据。

大陆法系与英美法系证据规则不同的原因，一般认为与英美法系实行陪审团制度有关。陪审团是从普通民众中挑选组织而成，并且是一次性地参与案件的审理。与职业法官审理案件相比，它往往缺少应有的鉴别能力和沉着冷静。由于陪审员对于证据的评价不甚熟悉，自应由经验丰富的裁判官加以说明，而其说明又不能无一定的标准，所以，设有排除规则限制无关联性的证据、偏颇的证言、虚伪的证言或足以导致陪审员因本身的感情与同情的偏见而易发生错误之证据提出于法庭，使陪审员仅得凭其合理性且富有安全性的证明力的证据来进行合理判断。英美法系证据规则的产生虽然与陪审团制度有关，但是陪审团制度却并非英美法系证据规则存在的充要条件。法国大革命后，欧洲大陆国家普遍引进了英国的陪审团制度，由民众组成陪审团对事实问题作出裁判，但英美法系的证据规则并未因此引进或形成。二战后，日本的刑事诉讼法由职权主义急速转向当事人主义，虽未实行陪审团制度，却建立了一定的规范证据能力问题的证据规则。可见，两大法系证据规则存在重大区别的根本原因不在于其是否实行陪审团制度，而是与其诉讼模式有一定的关联。

英美法系采取当事人主义，提出证据并揭示证明价值是当事人的责任，裁判者只能依据当事人提出的证据来认定事实。因此，当事人的举证活动对诉讼结果有着决定性意义。大陆法系采取职权主义，一方面，调查证据是法官的职责之一，当事人虽然有权提出证据并要求调查质证，但是否允许的决定权属于法官；另一方面，为了查明事实真相，法官可以在当事人所举证据之外另行调查，所以当事人的举证活动并不直接决定裁判的结果，真正对诉讼结局起决定作用的是法官的证明活动。正是基于此种原因，两大法系在证据规则的构建上，分别选取了不同的调整对象和规制模式，但其目的都是抑制评判证据过程中不正当的心证的形成，以保证诉讼结果的公正性。

迄今为止，英美法系国家证明规则已经蔚为大观，大陆法系国家自20世纪中期以来也确立了不少证明规则。现代诉讼中的证据规则，大多都源自当事人主义诉讼模式，如关联性规则、非法证据排除规则、自白任意和传闻排除原则、意见证据规则等。

■ 第二节　关联性规则

一、关联性规则概述

关联性是指"任何两项事实是如此互相联系，以至于按照事物的通常发展进程，其中一项事实本身或与其他事实相联系，能够大体证明另一事实在过去、现在或将来的存在或不存在"[1]。按照正常逻辑进行推断可以得出，只有那些在正常推理过程中被视为能够证明某一争议事实的证据才允许在审判中提交，这就是所谓的关联性规则。

关联性规则是关于证据可采性的基础性规则，其设立目的有二：①为防止当事人将没有关联性的证据提供给陪审团考虑，导致陪审团错误地认定案件事实；②为了限定调查证据的范围。英美法实行当事人主义，证据的提出是当事人的责任，提出何种证据完全由当事人决定，如不加以限制，会使案件证据的

---

[1] *Digest of the Law of Evidence*，12th ed，1948（revised），London：Macmillan，art l. 另见李学灯：《证据法比较研究》，五南图书出版公司1992年版，第470页。"依事件发生之通常过程，某一事实之单独存在，或结合其他事实之存在，可致另一事实之存在为可能或实在，亦即互有因果关系者，即可谓某一事实与另一事实相关联。"

调查没有终结，导致审判旷日持久，影响诉讼的顺利进行。

许多国家的证据法都明确规定了关联性规则，例如，《美国联邦证据规则》第 402 条规定，所有具有相关性的证据均可采纳，但美国宪法、国会立法、联邦证据规则以及联邦最高法院根据立法授权确立的其他规则另有规定的除外。没有相关性的证据不能采纳。1995 年《澳大利亚联邦证据法》第 56 条也规定，除本法另有规定外，诉讼程序中有关联的证据在诉讼中应予采纳。在诉讼程序中不相关的证据不得采纳。《英国证据法》虽无此规定，但其证据理论也承认这一规则。[1]

在英美证据法中，关联性规则被视为规范证据可采性的 "黄金规则" （the golden rule）。美国学者格雷厄姆·利利 （Graham C. Lily） 认为："证据的关联性，是融会于证据规则中带有根本性和一贯性的原则……由于关联性这一含义适用于所有举出的证据，因此，也渗透于庭审的全部过程。所有具备可采性的证据首先与要证事实具有关联性，至少当对方举证或就证据的关联性质疑时，必须首先证实其具有关联性。"[2] 关联性规则的基础性地位体现于以下两个方面：①关联性规则涉及的是证据的内容或实体，而不是该证据的形式或方式，因此，关联性规则适用于所有证据形式，在适用范围上具有广泛性；②尽管具有关联性的证据并不必然具有可采性，但是没有关联性的证据必然没有可采性。所以，关联性规则是关于可采性的一般规则或基础规则，除非证据具有关联性，否则不产生可采性问题。

塞耶曾将关联性规则总结为两条著名的原则：①消极原则，即除非具有关联性，否则证据不可采纳；②积极原则，即一切有关联性的证据都可采纳，除非按照可采性规则被排除。[3] 这一概括充分体现了关联性与可采性之间的关系：可采性以关联性为前提，凡是可以采纳的证据，首先都必须具有关联性。但是该命题反过来却不能成立，具有关联性的证据不一定都可以采纳，而仍有可能被其他特殊规则所排除。

在正式审判中，由法官来决定证据是否具有关联性和可采性，如有必要，法官可以通过 "审中之审" （trials within trials），或者称为 "预先审查" （voire dire） 程序来解决证据的可采性问题。但是，在诉讼实务中，法官没有主动排除

---

〔1〕 沈达明编著：《英美证据法》，中信出版社 1996 年版，第 87~88 页。

〔2〕 Graham C. Lily, *An Introduction to the Law of Evidence*, West Publishing Co., 1978, p. 17.

〔3〕 Witliam Twining and Alex Stein, *Evidence and Proof：Basic Concepts of the Law of Evidence*, New York University Press, 1992, p. 552. 这两条原则还可表述为：①在逻辑上对需要证明的事项不具有证明价值的证据均不得采纳；②具有关联性的证据都应当准许在法庭上提出，除非由于某一明确的政策或者法律而排除了该证据。

第五章

不具有关联性的证据的义务。只有在一方当事人对证据的可采性提出"异议"或"反对"时，法官才会就该证据是否具有可采性作出裁判。

法官在判断证据是否具有关联性和可采性时，在理论上通常应当先考虑关联性的问题。如果证据不具有关联性，就是不可采纳的，没有必要再探讨其可采性问题。但是，在实践中，有时候可能直接考虑排除规则会更加容易。有人可能会说："该证据在逻辑上是否具有关联性还可以进行讨论，但是无论如何它作为传闻显然是不可采纳的。"

二、品格证据规则与类似事实证据规则

在英美证据法中，与可采性密切相关的关联性规则主要有品格证据规则和类似事实证据规则。也有人把这两种规则合称为倾向性证据规则，即关于一个人具有某种倾向性的证据，特别是关于被告人犯罪倾向的证据通常是不可采的。起诉方通常不得提出被告人过去行为不端的证据，来证明案件中的争议事实。兹分述如下：

（一）品格证据规则

"品格"一词至少有三层含义：①它可以指代一个人在社区中的整体声誉；②它可以指一个人有以某种特定方式行事的嗜好；③它还可以指某人个人历史中的特殊事件，例如先前的有罪判决。品格证据是指有关一个人品格优劣及是否具有特定品格（如暴力倾向）的证据。

在多数案件中，品格不是争议事实，与争议事实也没有证据上的关联性，因此作为一般规则，有关某人品格或品格特征的证据，不能用以证明该人在特定场合的行为与其品格或品格特征相一致，即不具有关联性。"一次做贼，永远是贼"的说法在法律上并不成立。但是由于品格又分为良好品格和不良品格，英美证据法对于证明当事人良好品格的证据和证明当事人不良品格的证据的可采性分别制定了不同的规则。刑事被告人可以选择通过辩护、交叉询问控方证人以及自己举证的方式来提出他的良好品格。但是对于不良品格证据的可采性则区别不同情况来加以严格限制。在品格不是争议事实的案件中，控方不得以先前记录表明他存在犯罪的可能性为目的而出示被告人的不良品格证据。但是如果品格与有罪证明直接相关，也不能仅仅因为它碰巧揭露对被告人不利的方面而认为它不可采纳。

品格证据的关联性取决于它的证明目的。在刑事诉讼中，品格证据主要在两个方面具有关联性：①可能与争议事实，即被告人是否实施了犯罪有关；②与被告人或证人的诚信度（可信性）有关。当提交品格证据的目的是证明被告人或者其他证人的可信性时，其可采性规则表现为"采纳为原则，排除为例

外"，而当提交品格证据的目的是证明被告人犯有所指控的罪名时，其可采性原则表现为"排除为原则，采纳为例外"。

品格证据的排除规则存在如下例外情况：

1. 被告人的品格。由被告人提供的证明其有关品格特征的证据，或者由起诉方提供的反驳被告人品格的证据（被告人如果提出自己品格良好，则起诉方可以提出其不良品格的证据加以反驳）；被告人过去曾被定罪的事实为控告的组成部分；被告人提出无罪证据而被交叉询问时，询问人在发问时可以询问其过去的罪行及品格；在被告人定罪之后，法院在判刑之前，可以查询和采纳有关其前科和品格的证据，以便作出恰当的判决。

2. 被害人的品格。由被告人提供的关于被害人品格的证据，或者由起诉方提供来反驳被告人所举的关于被害人品格的证据，或者在杀人案件中起诉方为反驳证明被害人先动手的证据而提供的证明被害人一贯性格平和的证据。

在过去很长一段时期里，美国关于性犯罪案件中被害人过去的性行为方面的名声或评价的证据是可以被采纳的。因而，被害人在诉讼中往往被迫回答来自辩护律师的令人窘迫的贬低性盘问。随着美国女权运动的开展，国会和各州的立法机关开始限制在性犯罪案件中使用以前性行为的证据。1978 年美国国会通过了所谓的"强奸盾牌条款"，即《美国联邦证据规则》第 412 条。根据该规定，有关受害人过去性行为方面的名声或评价的证据，一律不予采纳；不论其他法律有何规定，在某人被指控有强奸或者为强奸而侵害之行为的刑事案件中，关于被害人过去具体性行为方面的证据，尽管不是涉及名声或评价的证据，除以下情况以外，一般也不能采纳：①有关过去性行为的证据是"宪法规定应采用的"。这是刑事被告人尽可能提出合法辩护意见的正当程序权利。例如，在一起强奸案中，就控告人是否同意问题，不允许被告方提出证明该控告人为妓女的证据就可能违背了正当程序的观念，而阻止被告方证明该控告人因过去的不正当行为而具有虚假指控该被告人的特殊动机的，这也可能是宪法所不允许的。②允许使用在侦查或审查过程中发现的该被告人不是该精液主人的证据，或者该被告人并没有造成控告人所受伤害的证据。③该被告人可以提出他自己过去与控告人的性关系的证据。尽管该证据不是决定性的，但它会导致发生性行为是双方同意的问题。[1]

3. 证人的品格。证人的品格，主要是证人的诚信，为了表明证人的品格不良而不应受到信任，在询问对方证人的可信性时，可以通过提供名声证据和评

---

〔1〕　〔美〕乔恩·R. 华尔兹：《刑事证据大全》，何家弘等译，中国人民公安大学出版社 1993 年版，第 70~75 页。

价证据来进行抨击。[1] 无论是被告人还是其他证人作证，当仅就诚信问题进行审查时，不作为被告或证人放弃反对自我归罪的特权来运作。可见，为了动摇证人的可信性，可以就其不良品格（尤其是以前的犯罪记录）进行交叉询问，是一条一般原则。

（二）类似事实证据[2]规则

类似事实证据是指一方当事人为反对另一方当事人而提出的，表明另一方当事人犯有其他不法行为或者具有某种不良嗜好或兴趣的证据。[3] 之所以采用这种表述，是因为当某一犯罪是以某种怪异的方式实施时，或者当被告人以前的行为表明了一种从事相同行为的倾向时，通常会产生可采性的问题。因此有人提出，类似事实证据系指由于它的显著的相似性，提出证据者试图暗示在该事实所指的事态与法院正在考虑的事态之间存在"超出表面"的联系。

按照一般规则，类似事实证据将因与证明争执中的事实无关联性而被排除。[4] 只有在如下例外情形下，才有可能采纳类似事实证据：①当先前的不端行为与当前指控的犯罪具有显著的相似性或独特性时，可能采纳类似事实证据。萨蒙勋爵说："如果当前指控的犯罪是以同被告人实施的其他犯罪显著相似的方式而实施的，其他犯罪的方式可以作为陪审团据以合理推论被告人犯有指控犯罪的证据。相似性必须如此独特或显著，以至于常识认为无法用巧合来解释。"但是显著的相似性必须与某些犯罪的惯常做法加以区别。②当两个或者两个以上的事件单独看起来可能是无辜或偶然的，但是作为一个整体来看却只能解释为一系列的故意犯罪时，可以使用类似事实证据来证明这些事件之间存在联系或者相似性，以此反驳被告人的辩解。③与任何阴谋计划都无关的以前特定犯罪行为的证据可以用来揭示该现行犯罪行为的动机、机会和预备。④类似事实证据的另一功能是为那些存有疑问的证词提供佐证或者支持。⑤控方可以通过表明该被告人的相似行为来证明其当前受审的行为不是意外或者非故意的。

第五章

---

[1]　例如《加拿大证据法》规定，证人可以被询问是否曾经犯罪，如果证人否认或拒绝回答，对方当事人可以证明其曾经犯罪。可以用来证明曾经犯罪的证据有身份证明、简易定罪判决书等。

[2]　在英国，"类似事实证据"是指证明过去的犯罪及不端行为的证据，即不利于被告人的证据。而在美国用语则不那么统一：通常称其为"其他犯罪的证据""作为犯罪证据的不良品格""类似事件"等。

[3]　See Evidence in Criminal Proceedings: Previous Misconduct of a Defendant, Law Commission, No. 141 (1996), pp. 162 ~ 193; Sir Richard Eggleston, Evidence, Proof and Probability, 2nd ed, London (1983), Chapter 7; Stone (1932) 46 Harv LR 954; Hoffmann (1975) 91 LQR 193; Williams (1979) 5 Dalhousie LJ 281, etc.

[4]　沈达明编著：《英美证据法》，中信出版社 1996 年版，第 90 页。

■ 第三节　非法证据排除规则

一、非法证据排除规则的含义

非法证据排除规则，是指违反法定程序，以非法方法获取的证据，不具有证据能力，不能为法庭所采纳。按照美国学者施乐辛格的解释，非法证据排除规则是指法律实施官员（警察）以非法手段取得的证据在刑事诉讼中将被排除或者导致证据不可采纳的证据规则。从证据的形式上看，非法获取的证据，大体上可以分为两大类型：一类是以非法方法获取的言词证据；另一类是以非法方法获取的实物证据。关于非法证据的证据能力，历来是困扰刑事诉讼理论和实践的一个争议问题，"非法证据排除规则是刑事证据领域最有争议的证据规则之一"[1]，因为它集中体现了刑事诉讼惩罚犯罪和保障人权这两大价值目标之间的冲突与协调。一方面，从惩罚犯罪的角度来说，由于国家机关往往是在没有其他途径查获证据的情况下才会违背法定程序、通过非法方法获取证据。因此，非法证据的采用对于国家机关查明案件事实，追究、惩罚犯罪具有不可替代的重要作用。基于惩罚犯罪的目标，非法证据应当作为指控被告人的呈堂证供。但是另一方面，由于近现代法治国理论强调国家权力行使的合法性，主张国家权力的行使应当以保障公民的个人权利为宗旨，为防止国家权力过度扩张给公民权利造成侵害，国家权力只能在法律授权的范围内行使。国家权力机关违反法定程序、通过非法手段获取证据是违背近现代法治国家的政治伦理的，是对公民个人权利的侵犯。因此，基于保障人权的目的，非法证据又不应当作为法院定罪量刑的依据。可见，非法证据是否具有证据能力以及非法证据排除规则是否应当确立的问题，实际上就是在刑事诉讼中对惩罚犯罪和保障人权这相互冲突的两大价值目标之间如何进行选择、协调的问题。

从近现代刑事诉讼制度的发展趋势来看，人权保障与世界各国在政治领域的民主进程相适应，在司法领域，刑事诉讼保障人权的价值目标也越来越受到广泛的关注和重视，日渐成为一种优位价值理念。当惩罚犯罪的价值目标与人权保障的价值目标之间发生冲突的时候，各国越来越趋向于选择人权保障的价值目标。正是在这种人权保障思潮高涨的时代背景下，各国立法基于维护人权的需要，都在一定程度上确立了非法证据排除规则。联合国及其下属机构更是

第
五
章

---

[1] Rolando V. Del Carmen, *Criminal Procedure: Law and Practice*, Wadsworth Publishing Company Belmont, California, p. 56.

通过一系列国际法律文书的制定，将非法证据排除规则确立为一项刑事诉讼国际标准。

二、非法证据排除规则在美国的确立与发展

从历史上看，非法证据排除规则是美国首先倡导并确立起来的。《美国联邦宪法第四修正案》规定，"人们保护自己的人身、房屋、文件及财产不受任何无理搜查和扣押的权利不容侵犯；除非是由于某种正当理由，并且要求有宣誓或誓言的支持并明确描述要搜查的地点和要扣押的人和物，否则均不得签发搜查证"。人们普遍认为这一宪法修正案是要求政府在强制性处分公民的人身和财产等权益时，必须经过正当、合法的程序，未经法定的程序，政府不得强制性侵犯公民权益，而侦查机关违背法定程序、以非法手段获取证据正是对《美国联邦宪法第四修正案》的违背。但是，根据对历史的考察，由于价值选择的艰难性，非法证据排除规则在美国的确立也经历了曲折的历程。

美国法院关于非法证据排除规则的第一项判决是在 1886 年作出的，在博德诉合众国[1]一案的判决中，法庭指出：强制性地将有关刑事证据的文书曝光是侵犯了嫌疑人不受不合理搜查、扣押的宪法权利。因此，这种证据是不能为法庭所采信的。但是，直到 1914 年维克斯诉合众国[2]一案的判决作出以前，联邦官员通过非法手段获取的证据依然在联邦刑事诉讼程序中不被排除。大法官本杰明·卡迪佐认为这种现象出现的原因是：法庭不愿意仅仅由于警察不自觉所犯的错误而使罪犯逍遥法外，而且法官们也不愿意冒险去解决那些间接的、有时又非常复杂的有关警察对证据收集方法的司法问题，而宁愿解决刑事犯罪这个主要问题。[3] 但实际上，最根本的原因是当时人权保障思潮方兴未艾，整个刑事司法制度价值取向的重心仍然停留在传统的惩罚犯罪观上。1914 年以后，随着人权保障观念的兴起，刑事司法价值取向的重心逐渐转移，这种一边倒的状况开始有所改变。在 1914 年的维克斯诉合众国一案的判决中，联邦最高法院认为该案证据是在违背《美国联邦宪法第四修正案》的情况下获得的，所以在联邦刑事诉讼程序中不得采用。但当时，非法证据排除规则并不能适用于各州的诉讼程序之中。只要非法证据是由州执法部门所获取的，联邦法庭仍然会承认该证据的效力，此即"银盘理论"。此后，直到 1960 年的埃尔金斯诉合众

---

[1] *Byrd v. United State* (1886).

[2] *Weeks v. United State* (1914).

[3] [美] 乔恩·R. 华尔兹：《刑事证据大全》，何家弘等译，中国人民公安大学出版社 1993 年版，第 196~197 页。

国[1]一案中，法庭才推翻了"银盘理论"，主张《美国联邦宪法第四修正案》禁止非法获取的证据在联邦刑事控诉程序中使用，无论该证据是联邦执法官员还是州执法官员所获得的。在 1961 年的马普诉俄亥俄州[2]一案之后，非法证据排除规则被正式适用于各州的刑事诉讼之中。与非法证据排除规则在纵向上的扩张相适应，非法证据排除规则在横向上即排除对象的范围上也在不断扩大，不再局限于非法搜查或扣押得来的证据，而且扩及任何直接或间接产生于非法搜查行为的其他证据，包括言词证据和实物证据，这就是"毒树之果"规则。"毒树之果"的规则，起源于王森毒品犯罪案，但最终是在 1920 年的西尔夫索恩诉合众国一案中确立的，在该案的判决中，法庭指出，非法获取的证据不应当被用来获取其他证据，因为最初非法获取的证据已经腐蚀、污染了所有随后获取的其他证据。[3]"毒树之果"规则的确立使得非法证据排除规则的适用范围大为扩张。

　　但是，一个国家的刑事诉讼价值目标体系并非一成不变，国家会根据社会形势的发展、变化对刑事诉讼的价值目标体系适时作出调整。20 世纪 80 年代以来，在新一轮犯罪浪潮的冲击下，加强刑事诉讼惩罚犯罪功能的呼声越来越强烈，人们纷纷提出了限制非法证据排除规则适用的要求。为此，美国联邦最高法院针对非法排除规则制定了一系列例外原则，从而使得法官在非法证据的采用上拥有了更大的灵活性。这些例外原则包括：①稀释原则。如果因为被告人后来的自愿行为的介入而有效地打破了受污染的证据与警察机关最初的非法取证行为之间的因果链条，那么就会稀释证据本身的违法性，从而使证据变得可以被采纳。②"必然发现"原则。即警察通过违宪所获得的证据，如果能够证明即使通过合法的侦查行为也必然能够发现，则该事实仍然能够为法庭所采纳。③"独立来源"原则。即警察通过违宪手段所获得的证据，如果并不是必然无法得到的，而且警察能够证明该事实还可以通过与违法搜查、扣押行为不相联系的独立来源得到，那么这一事实仍然可以被法庭所采信。④善意原则。即如果警察是善意地侵犯被告人权利的，则其所获证据可以在法庭上采用。

"必然发现"
原　则——尼
克斯诉威廉姆
斯案

〔1〕　*Elkins v. United State* (1960).

〔2〕　*Mapp v. Ohio* (1961).

〔3〕　Rolando V. Del Carmen, *Criminal Procedure：Law and Practice*, Wadswonh Publishing Company Belmont, California, pp. 60~61.

三、我国非法证据排除规则的确立及发展

我国《刑事诉讼法》对非法证据排除规则作了系统的规定，包括非法证据排除规定的排除范围（第56条）、排除程序（第55条、第56条第1款）、证明责任（第56条第2款）、检察院的证据合法性证明责任（第57条）、证明标准（第58条）和排除方法（第54条）。

两院三部《严格排除非法证据规定》进一步完善非法证据排除规则。2017年两院三部《严格排除非法证据规定》对于"非法证据"的范围作出了更为具体的规定：①采取殴打、违法使用戒具等暴力方法或者变相肉刑的恶劣手段，使犯罪嫌疑人、被告人遭受难以忍受的痛苦而违背意愿作出的供述；②以暴力或者严重损害本人及其近亲属合法权益等进行威胁的方法获取的犯罪嫌疑人、被告人供述；③采用非法拘禁等非法限制人身自由的方法获取犯罪嫌疑人、被告人供述。同时，对于过去未作出明确规定的"重复自白"，两院三部《严格排除非法证据规定》第5条首次确立了重复性供述的排除规则，并设定了两种例外情形：一是侦查阶段主体变更的例外；二是诉讼阶段变更的例外。

四、其他国家对非法证据排除规则的态度

虽然同为英美法系国家，且作为英美法系的发源地，但是英国和美国对于非法证据的证据能力的态度却存在很大差别。在英国普通法中，非法获取的言词证据与实物证据被区别对待。对于言词证据，由于其真实性值得质疑，因而主张绝对予以排除。早在18世纪的英国普通法就确立了非任意性供述的排除规则，对于执法官员通过引诱、威胁获取的言词证据予以排除；但是对于实物证据（即物证），因为其真实性无可置疑，因此并不会因（取证时）被告的权利受到侵害就被排除。在英国早期的一个判例即1861年的利萨姆案中，法官曾经指出："问题的关键不在于你如何获取它：即使是你偷来的，它也将被作为证据采用。"[1] 在1979年的英国诉桑案中，英国上议院指出，法院无权排除起诉方提出的由一个坐探所促成的犯罪的证据，因为这种证据实际上是同样有效的。[2] 据此，在英国，非法获取的实物证据是不能被排除的。采用这一规则的基本法理在于，事实的审判者在其最初裁决之前，应该获知所有与事实相关的信息。

---

[1] [加]琼·布鲁克曼、V. 戈登·罗斯："被禁止的非法的和错误的证据"，载江礼华、[加]杨诚主编：《外国刑事诉讼制度探微》，法律出版社2000年版，第387页。

[2] [英]鲁珀特·克罗斯、菲利普·A. 琼斯：《英国刑法导论》，赵秉志等译，中国人民大学出版社1991年版，第413页。

此外，非法收集的证据在证明事实真相上的价值，并不因收集手段的非法性而有所降低或导致证据无法被采用。因此，非法收集的证据是否排除，应当交由法官根据审判的公正性而自由加以裁量。[1]

在法国，非法证据的证据能力问题是被纳入证据方法中加以讨论的，是作为证据自由原则的对立面，即证据自由的限制出现的。在法国，理论上认为："尽管查明事实真相是刑事诉讼的根本目标，但却不能为查明事实真相而采取任何手段（方法）。就司法的尊严及其应当得到的尊重而言，最为重要的是，不可为了寻找证据而采用任何有损于文明之基本价值的手段。"[2] 正是基于这一原因，"酷刑拷打"已经受到限制，法院判例在原则上对警察或司法官"使用不正当手段"的情形要进行惩处。对于那些以非法方式取得的证据材料，法国最高法院各法庭都认定应排除在法庭辩论之外。但是，最高法院刑事庭后来也表现出某种松动的态度，承认民事当事人向预审法官转送的以刑事犯罪为代价而获得的录制材料（录制品），并且承认审判法官能够以在当事人不知情的情况下拍制的录像材料为判决依据。最高法院刑事庭就此宣布，没有任何法律条文允许刑事法官以当事人提出的证据形式系采用非法的或不正当的方法所获得为理由而排除这些证据形式。[3] 可见，在法国，对于通过刑讯逼供和其他非法手段获取的言词证据，立法和判例均持否定态度，但是对于非法获取的实物证据，法院并不能加以排除。

美国联邦最高法院于 20 世纪初期开始着手建立非法证据排除规则的同时，德国学者就提出了"证据禁止"的概念，但是由于德国学者之间意见不一致，不同的术语和标准推陈出新，致使"证据禁止"的实质性内涵与范畴难以确定，司法机关对此也持怀疑态度，因而在司法实践中，违法获取的证据，仍不影响其证据能力，可为法院正式采用。二战后，1950 年修订的《德国刑事诉讼法典》第 136 条 a 款明文规定禁止以不正当方式讯问被告人，对被告人适用非法折磨、疲劳战术、妨害身体、服用药品、拷问、诈欺或催眠方法、威胁、许诺以及使用损害被告人记忆和理解力的方法所得到的陈述，即使被告人同意，也不允许使用。这就明确规定了对于非法获取的供述证据，绝对地予以排除。但是对于非法获取的实物证据是否应当予以排除，仍无明文规定。从司法实践来

---

〔1〕　[加] 琼·布鲁克曼、V. 戈登·罗斯："被禁止的非法的和错误的证据"，载江礼华、[加] 杨诚主编：《外国刑事诉讼制度探微》，法律出版社 2000 年版，第 387 页。

〔2〕　[法] 卡斯东·斯特法尼等：《法国刑事诉讼法精义》，罗结珍译，中国政法大学出版社 1999 年版，第 43 页。

〔3〕　[法] 卡斯东·斯特法尼等：《法国刑事诉讼法精义》，罗结珍译，中国政法大学出版社 1999 年版，第 43~44 页。

看，德国最高法院根据其宪法——《德国基本法》中保障人权的指导思想，于1960年的录音案和1964年的日记案中，直接援引《德国基本法》第1条"人之尊严不可侵犯"，第2条"人人均有谋求自由发展其人格的权利"，第10条"书信秘密及有鉴于电讯秘密不可侵犯"，判决违法窃听所获得的录音及非依法定方式取得的书证也应予以排除。[1] 这说明德国司法实务中对于某些种类的物证也是趋向于排除的态度。

日本在战前受德国影响较深，因此关于违法搜集证据的证据能力问题，学说上一直是援引证据禁止理论予以解释，司法实务上则持肯定态度。战后，由于受美国影响，理论上转向美国的"正当程序"理论，对于违背正当程序收集的证据主张予以排除。《日本宪法》第38条规定，由于强制、拷问或胁迫的自白，在经过不适当的长期扣留或拘禁后的自白，不得作为证据。其后《日本刑事诉讼法》第319条再次重申了这一规定。但是，由于日本在历史上曾经继受大陆职权主义诉讼模式，因此，在观念上比较重视对犯罪的惩罚，对于美国非法证据排除规则并未全盘接受，而是采取了较为严厉的限制态度，1978年最高裁判所虽然采取了在理论上肯定这个法则的态度，却为排除规则的适用规定了严格的条件：①有不符合令状主义精神的重大违法；②如允许这种证据则不益于今后对违法搜查的控制。根据日本学者的观点，"对这两个必要条件的解释如何，这个法则既可以生，也可以死"[2]。

五、非法证据排除规则的国际标准

由于各国基于不同的价值取向，对非法获取的实物证据的证据能力作出了不同的规定，如美国主张非法证据排除规则适用的范围包括言词证据和通过违法搜查、扣押获得的物证、书证，而法、日等国则主张言词证据应绝对予以排除，至于物证和书证是否排除则应加以具体权衡。非法证据排除规则的国际标准作为一种最低限度的正义要求，仅将证据排除的范围限于言词证据，并未包括违法搜查、扣押获得的物证、书证等实物证据，是否排除非法获取的实物证据则交由各国根据本国具体情况自行斟酌决定。

非法证据排除规则国际标准的产生与反对强迫自证其罪特权规则的确立密不可分。基于保障被告人反对强迫自证其罪的特权，有必要确立相应的程序制

[1] 法治斌："论违法搜索扣押证据之排除"，载陈朴生主编：《刑事诉讼法论文选辑》，五南图书出版公司1984年版，第211页。

[2] [日] 铃木茂嗣："日本刑事诉讼法的特色及解释上的诸问题"，载 [日] 西原春夫主编：《日本刑事法的形成与特色——日本法学家论日本刑事法》，李海东等译，法律出版社、成文堂1997年版，第48页。

约机制，这就是非法证据排除规则确立的最初动因。联合国人权委员会在对联合国《两权公约》中确立的反对强迫自证其罪规则进行评论时指出：贯彻反对强迫自证其罪规则要求缔约国法律必须规定通过强迫或其他强制方法获得的证据不得被采纳。在《关于公正审判和补救权利的宣言（草案）》中，联合国人权委员会将反对强迫自证其罪规则的内容规定为：①任何供认或其他通过强迫或暴力获取的材料都不得被采纳为定罪判刑的证据或被视为提供证据的事实。任何在拘禁期间被禁止与外界接触的情况下作出的自白或供认，都应被视为是通过强迫获取的。②被告人的沉默不应被用作指控被告人有罪的证据。

随着法治观念的进步，人们逐渐将非法证据排除规则视为是法治国家限制公共权威机关权力的一项基本要求，从而使非法证据排除规则获得了相对独立的地位。1975 年 12 月 9 日通过的联合国《不受酷刑宣言》正式将非法证据排除规则确立为一项刑事诉讼国际标准。联合国《不受酷刑宣言》第 12 条规定："如经证实是因为受酷刑或其他残忍、不人道或有辱人格的待遇或处罚而作的供词，不得在任何诉讼中援引为指控有关的人或其他人的证据。" 1984 年 12 月 10 日通过并开放供签署的联合国《禁止酷刑公约》进一步完善了前述规定，该公约第 15 条规定，每一缔约国应确保在任何诉讼程序中不得援引任何确属酷刑逼供作出的陈述为证据，但这类陈述可引作对被控施用酷刑逼供者起诉的证据。这就明确规定了对于非法获取的口供应当绝对地予以排除，法庭不得采纳。上述联合国文书的规定，是对有关国家禁止违法取证和排除违法所获证据的肯定，同时也为各缔约国提供了处理这一问题应遵守的基本行为准则。

■ 第四节　非法自白排除规则

一、非法自白排除规则概述

自白是刑事犯罪嫌疑人或被告人对自己的犯罪事实的陈述，又称被告人口供。自白必须是当事人的自愿供述，违背当事人意愿或强制作出的供述不是自白，而是逼供。逼供不能作为证据。因为它既违背了自白自愿的法则，也不符合违法证据排除规则的基本要求。如果当事人自愿供述，但该项自白取得的程序违法，那么自白因违背当事人不得自证其罪的宪法原则而被排除。

非法自白排除规则最早诞生于英国，即著名的"考门罗原则"[1]。该原则规定，基于不当的自白或不自由的自白，必须从证据中排除出去，不得作为定

---

[1]　李心鉴：《刑事诉讼构造论》，中国政法大学出版社 1992 年版，第 271 页。

案的根据予以使用。美国对这一原则予以继承，以最高法律的形式予以肯定下来。1791 年《美国联邦宪法第五修正案》规定："任何人……在刑事案件中，都不得被迫成为不利于己的证人。"这便是美国宪法中著名的"不得强迫自证其罪"的宪法原则，该宪法原则经过多次判例的确认，最终司法化为非法自白排除规则。该规则最先的标准为自白是否为自愿，即与违法证据排除标准有异；而后发展成虽自白为自愿，但若程序上存在不当，便要排除其作为证据的可能，即其标准与违法证据排除规则趋于一致。

在普通法上，自白排除规则最初即是以虚伪排除说为基础的。然而，随着人权观念的兴起并日渐受到强调，国家权力应当守法成为法治的第一要义。在法治观念的影响下，其基本理论依据转向人权维护说，进而到违法排除说或兼顾其他学说的混合说。[1]

二、非法自白排除规则的适用标准

美国非法自白排除规则的法律依据主要是美国联邦宪法第五、第六和第十四修正案，因此违反不同修正案所取得的自白应否排除的标准也各不相同。简要介绍如下：

1. 任意性规则。在 1897 年布拉姆诉合众国（*Bram v. United States*）案件中，[2] 美国联邦最高法院指出，排除规则不仅仅是一个自白是否可靠或者是否使用了禁止的引诱措施的问题，而是自白"在事实上是否是自愿地作出"的问题。[3] 经过这样的扩充解释，普通法的标准逐渐与美国联邦最高法院所确立的正当程序任意性标准相融合。

任意性规则的目的在于防止采纳以下自白：①由于用来获取它们的做法的缘故使其可靠性值得怀疑；②即使可靠性不存在问题（如存在强有力的证实证据），但系通过引起痛苦的警察行为所获得；③即使警察没有使用引起痛苦的方法，但自白是在被告人的自由选择受到极大损害的情况下取得的。

任意性规则要求审查与每一自白有关的"总体情形"，即有必要评价作出自白的被告人的性格、地位以及警察在取得该自白时所采取的行为。按照美国联邦最高法院的判例，任何"本身具有强迫性"的警察讯问所导致的自白，"任何依靠直接或者间接承诺（无论其有多么轻微）而取得"的自白都不是自愿的。此外，如果自白是依靠其他"不适当的影响"（如欺骗）而取得的，那么它也是

---

〔1〕　宋英辉：《刑事诉讼目的论》，中国人民公安大学出版社 1995 年版，第 224 页以下。

〔2〕　168 U. S. 532, 18 S. Ct. 183, 42L Ed, 568（1897）.

〔3〕　*Ziang Sung Wan v. United States*，266 U. S. 1, 45 S. CI. 1, 69 L Ed. 131（1924）.

非任意性的。

2. 麦克纳布—马洛里规则。从 1943 年起，美国联邦最高法院发展了另一套理论，后来称为麦克纳布—马洛里规则，该规则要求排除任何拘禁期间取得的自白，因为这种自白未能保障被告人在逮捕后被迅速带见司法官的权利，因而是非法的。

3. 马修规则。马修规则是指被告人在不知道自己处于警察讯问中的情况下所作出的自白不得采纳。但是这一规则若想发挥效力，其必须既适用于在监狱中进行的讯问，又适用于那些间接的秘密进行的讯问。

马修案之后的埃斯科多诉伊利诺伊州案[1]排除了没有律师参加的讯问中作出的自白，该案似乎正要宣布一条广义的"在警察局获得律师帮助的权利"规则。

4. 米兰达规则。被称为"自白规则的宪法性法典"的"米兰达规则"包括如下要求：①这些规则是为了保障反对强迫自我归罪之特权，因此如果没有"其他在告知被告人沉默权和确保被告人享有持续行使该沉默权的机会方面至少与其同样有效的程序"，则必须遵循这些规则。②该规则适用于"公民个人被羁押于警察局期间初次接受讯问或者被以某种显著方式剥夺了行动自由"的情况，不适用于"在犯罪现场就与犯罪有关的事实进行的一般询问或者在事实发现程序中对公民的一般询问"，也不适用于"任何形式的自愿陈述"。③不论他以前是否知道他的权利，要讯问一个被羁押的人，"必须首先以清楚、明确的语言告知他有权保持沉默"，这样以前不知道的人可能由此获知该权利，那些以前知道该权利的人也能由此克服讯问气氛所形成的压力。④上述警告"必须伴之以如下解释，即一个人所说的任何话可能并且将在法庭上用来指控他"，以便确保嫌疑人全面了解放弃该特权的后果。⑤由于它对于保护反对强迫自我归罪之特权必不可少，因此嫌疑人还"必须被清楚地告知"，不论他是否已经知道了该权利，"他有权与律师商谈并在接受讯问期间使律师在场"。⑥嫌疑人还必须被警告"如果他经济困难，可以为其指定律师作为代理人"，否则的话，上述警告就可以理解为，只有那些有钱聘请律师的人才可以与其律师商谈。⑦嫌疑人有权随时行使该特权，因此如果他"在讯问前或讯问进行过程中的任何时间以任何方式表示他希望保持沉默，讯问必须停止"；同样，如果他"声明他想要一名律师，那么在律师到场之前讯问必须停止"。⑧如果陈述是在没有律师在场的情况下取得的，"国家承担证明被告人明知且明智地放弃其反对强迫作为归罪之特权以及获得聘请或指定律师权的沉重负担"，并且不能从嫌疑人接受警告后保持沉

---

〔1〕　387 U. S. 4887, 84 S. Ct. 1758, 12 L Ed. 2d977（1964）.

默或者从最终获得自白的事实中假定其放弃该特权。⑨任何违反米兰达规则所取得的陈述都不能采纳为证据，不管该陈述是有罪供述还是对于犯罪的部分承认，也不管该陈述是有罪陈述还是无罪辩解。⑩同样，行使该特权不发生不利后果，因此控方不得"在审判中使用被告人保持沉默或者在指控面前主张特权的事实"。

三、其他国家对非法自白排除规则的态度

大陆法中的口供与英美证据法上的自白具有不同的意义和功能。由于在刑事诉讼中追求实质真实原则，法院不受诉讼参与人主张的拘束，尤其不受被告人自白的拘束，大陆法系传统上实行几乎不受限制的自由心证制度，不仅是证据的证明力，而且在许多情况下，证据能否进入法庭成为法官的判断对象，也属于法官自由裁量权的范围。因此，大陆法传统上并不实行自白排除规则。

但是，由于受国际上人权保障潮流的影响，传统大陆法系国家逐渐开始重视通过排除非法取得的口供来维护人权。尤其是在《欧洲人权公约》签署以后，成员国公民有权以违反其人权或侵犯其基本自由为由，向欧洲人权法院提出申诉，这对各签约国的刑事诉讼产生了重大影响。现在，大陆法系各国均注重通过排除以非法手段获得的口供来消除警察逼取口供的诱因。

《德国刑事诉讼法典》第 136 条 a（禁止的讯问方法）规定：①对被指控人决定和确认自己意志的自由，不允许用虐待、疲劳战术、伤害身体、服用药物、折磨、欺诈或者催眠等方法予以侵犯。只允许在刑事诉讼法准许的范围内实施强制。禁止以刑事诉讼法的不准许的措施相威胁，禁止以法律没有规定的利益相许诺。②有损被指控人记忆力、理解力的措施，禁止使用。③第 1、2 款的禁止规定，不顾及被指控人承诺，必须适用。对违反这些禁令所获得的陈述，即使被指控人同意，也不允许使用。

《德国刑事诉讼法典》第 136 条 a 的规定的依据是"个人尊严不可侵犯"以及"人人有权发展其个性"的宪法原则。根据该条规定，德国刑事诉讼中禁止使用测谎仪，[1] 还禁止采纳通过违反《德国刑事诉讼法典》第 136 条 a 的方法从证人处获得的对被告人不利的证据。但是，如果被告人或者证人自愿重复起初违法取得的陈述，其第二次陈述可以被用作证据。[2] 但是如果被告人重复其陈述时显然还受到先前陈述的影响时，第二次陈述不得被用作证据。

---

[1] See Judgment of Feb. 16, 1954, BGH, 5 BGHSt at 333~334. 该判决称使用测谎仪抑制了被告人的自由意志。

[2] Judgment of Apr. 30, 1968, BGH, 22 BGHSt at p. 129, p. 134.

　　由于《德国刑事诉讼法典》第 136 条 a 是一个自动排除规则，因此法官不得按照比例性原则并根据各种因素进行权衡。任何违反该条规定的证据都必须排除，不论其证明力如何，也不论指控犯罪严重与否。目前为止，关于《德国刑事诉讼法典》第 136 条 a 的运用还没有适用有关"毒树之果"的理论，因此非法取得的线索可以用来发现可采的证据。[1] 除非第三人受警察委托，否则被告人向第三人作出的陈述或者承认不适用《德国刑事诉讼法典》第 136 条 a。

　　《德国刑事诉讼法典》第 136 条 a 在德国理论界和实践中均得到普遍接受，但是类似于美国"米兰达规则"的第 136 条的适用却存在很大争议。法院不愿执行该规则的一个最令人瞠目结舌的例子是 1968 年 4 月 30 日作出的一个判决。在该案中，被告人涉嫌杀人，但是由于下巴受伤而无法讲话。事故发生后警察在医院里讯问了他并在未告知其有关《德国刑事诉讼法典》第 136 条权利的情况下得到了他的书面有罪陈述。该书面陈述没有在法庭上使用，但是警察作证证明被告人承认犯罪。联邦上诉法院认为立法本意并没有试图将《德国刑事诉讼法典》第 136 条 a 的绝对排除规则适用于《德国刑事诉讼法典》第 136 条，因此，警察违反后者并不会导致证据的排除。该判决遭到了学者的强烈批评，后来法庭在另一个案例中重新审视了该问题。在 1974 年 5 月 14 日的判决中，德国联邦上诉法院裁定，法官因未能告知被告人在审判中享有保持沉默的权利（《德国刑事诉讼法典》第 243 条第 4 项要求的告知）而构成不可挽救的错误。但是，法院让被告人来证明他本来不想说话，而且他是由于不知道自己享有沉默权才讲话的。法院认为该判决与以前的判决是有区别的，因为这里涉及的是审判阶段沉默权的告知，而不扩大适用于审前阶段。因此，以前的判决仍然是正确的。但是有学者认为法院作出的该判决实际上将《德国刑事诉讼法典》第 136 条也纳入绝对排除规则范围内。然而，法院并不这么认为，警察在讯问时也仍旧不告知被告人其享有沉默权。

　　日本在传统上属于大陆法系国家，但其刑事诉讼制度在二战后发生了诉讼模式的根本性转变，关于自白的规定深受美国法的影响。《日本宪法》第 38 条第 2 款规定，出于强制、拷问或胁迫的自白，在经过不适当的长期扣留或拘禁后的自白，不得作为证据；《日本刑事诉讼法》第 319 条第 1 款在此基础上增加了"以及其他可以怀疑为并非出于自由意志的自白"，不得作为证据。这是自白排除法则的法律依据。在日本，自白采广义说，其中包括自认。依照诉讼法理论的解释，之所以确立自白排除法则，是为了防止虚假自白、保障人权和排除

―――――――――

〔1〕　See Judgment of Apr. 18, 1980, BGH, 29 BGHSt 244. 该判决将"毒树之果"理论适用于违反监听规定取得的证据。

违法。关于排除自白的基点，在法学界，违法排除说得到了有力的倡导。不过，在诉讼实务中，自白排除标准的重心却是放在了以虚假排除说或确保任意性为基点的混合说上面。依照判例，否定自白任意性的要件有二：①自白的获得程序违法或不适当；②该违法或不适当的程序和自白之间存在因果关系。判例针对夜间讯问、没有取下手铐进行的讯问、在代用监狱中的强迫性讯问，以及出于承诺和诡计的自白，阐明了以下观点：①夜间调查的自白。判例认为，夜间调查本身并不一概使自白丧失证据能力，除非夜间调查与自白的非任意性之间有因果关系。②没有取下手铐进行的调查。判例认为，正确的解释是，正在受羁押的犯罪嫌疑人接受讯问时，如果是在施加手铐的情况下进行的，推定其身心受到一定的压迫，不能期待任意的供述。只要没有反证，应当对该供述的任意性抱有怀疑。③出于承诺的自白。判例曾否认以下承诺下作出的自白的证据能力：一是如果自白将不起诉；二是如果自白即处以罚金；三是如果自白就不逮捕并以罚金结案；四是如果自白将尽快释放；五是若自白将得到恩赦；六是即使自白也不将其作为证据；七是若自白将给提供兴奋剂；八是若自白将允许与亲属联系等。总之，对出于承诺的自白，判例否认其证据能力的情形较多。④出于诡计的自白。判例确定的标准为，诡计是否使嫌疑人受到心理强制，从而是否有诱导虚假自白的可能性。如有的判例认为，专门局官员诈称私人侦探虽然不是希望的方法，但却不会伴随诱发虚假自白的危险，因而确认了自白的证据能力。⑤当自白笔录是唯一的直接证据时，若该自白是侦查当局将被告人拘禁在代用监狱中强迫取得的，则该自白不具有任意性，因而也不具有证据能力。

■ 第五节　传闻排除规则

所谓传闻规则，即任何证人所提供的包含他人先前陈述（不论是以口头、书面还是以其他任何诸如手势之类的方法）的证据，如果提出该证据的目的是证明某人以前所说的事实为真，则该证据是不可采纳的；但是，当该陈述为除此之外的其他证明目的而提出时，则具有可采性。

一、传闻排除规则的形成及其理论基础

传闻排除规则形成于英国普通法时代，其形成过程实际上是英国法在发展过程中对许多传闻证据在例外情形下可以作为定案根据的归纳、总结过程。在这一过程中，通过列举法和排除法，法律确认了许多传闻证据的例外情况，规定凡出现这些情况便不作为传闻证据予以排除。传闻排除原则的发展主要依赖

于美国证据法律制度的完善。《美国联邦证据规则》第 801 条 c 规定，传闻证据是指不是由陈述者在审判或听证中作出的陈述，被诉讼当事人作为证明待证事实或案件真相的证据。传闻证据通常被认为是陈述的一种情形，一种不能被质证的陈述。

在英美证据法中，排除规则可以基于以下两种原因之一排除证据：缺少证明价值或者基于证明力以外的政策。笼统地讲，传闻之所以被排除，是因为在口头陈述的情况下，证人复述他所听到的话时存在着不准确报告的危险。也就是说，由于传闻一般来说是不可靠的，因此将其排除对于确保定罪的准确性以及防止对无辜者定罪来说是必要的。政策原因经常是"微妙而复杂的"，而且涉及程序价值理论。其中最主要的理由就是，采纳传闻陈述将通过不让被告人交叉询问陈述者而剥夺他有效参与对其提起的诉讼的机会。有人认为，即使交叉询问无法有效地检验证人的可靠性，剥夺被告人交叉询问的机会也是不对的。但是传闻排除规则主要是基于证明力的考虑。

检验供述的真实性的方法有两种：①英美法系的观点，根据当事人的反询问来验证；②大陆法系的观点，由法官直接检验。因此，英美证据法中排除传闻是因为当事人被剥夺了反询问的机会；而在大陆法系，与传闻规则具有类似功能的制度是直接言词原则，因此也可以说，大陆法系传闻规则的理论基础是直接言词原则。

传闻规则与直接言词原则的功能是相同的，只是二者的程序不同，导致其保护的侧重点也有所不同。我国台湾地区学者黄东雄指出："在程序方面，直接审理主义与传闻法则有不同。因直接审理主义乃属职权主义下之原理，故其所着重者，乃审判官与证据之关系。亦即，为避免误判起见，直接审理主义乃要求审判时，原证人必须到庭在审判官面前作供述，而不得以传闻作为证据。而传闻法则因属当事人主义下之原理，故其所着重者，乃当事人与证据之关系。亦即，因证人的证据未经过推敲，其可靠性无保障，故为避免误判起见，传闻法则乃要求审判时，原证人必须到庭并在审判官面前由当事人来对其做反对询问。凡是未给予对方反对询问机会之供述证据，原则上，不得作为证据……于实体方面，直接审理主义与传闻法则系相同；此两者只不过在程序方面有差异而已。亦即，在程序方面，传闻法则多了当事人之反对询问权，而直接审理主义则无当事人之反对询问权之问题。此以另一种表述言之，则直接审理主义加反对询问权即变成传闻法则。"[1]

第
五
章

---

〔1〕　参见黄东雄："谈传闻法则"，载《军法专刊》第 35 卷第 1 期。转引自黄朝义："论刑事证据法上之传闻法则"，载《东海大学法学研究》1998 年第 13 期。

二、传闻排除规则的例外

传闻排除规则适用于三种情形：①口头陈述，即转述他人告知的事项不能作为证据；②书面陈述，即诉讼中的任何一方如果依靠文书所表述的事实内容，则必须传唤文书的制作者；③用行为表明的暗示，即在诉讼中重复、模仿的知情者的行为也不得作为证据。但是只有当举出该证据的目的是证明所称事实的真实性时，传闻规则才排除这项证据。

判断陈述证据可采性的原则为，首先审查陈述证据属于传闻还是非传闻。如果属于非传闻，则可以采纳；如果属于传闻，则需进一步审查它是否属于传闻排除规则的例外情形；如果属于例外情形，则仍然可以采纳。

由于"书面的传闻证据和供述的传闻证据的结构相同，也不能对原供述者（记录者）提出反询问"，因此，原则上传闻排除规则也适用于书面传闻证据。但是与供述证据相比，书面传闻的可靠性较高，因此，书面传闻经常作为传闻排除规则的例外情形而被采纳。

尽管传闻规则的基本原则是排除而不是采纳，但是从各国的立法和司法实践来看，传闻证据有些情况下也可以为一定目的而予以采纳。这是因为传闻证据在特定情况下仍然具有一定的证据价值和程序价值，因此有必要为传闻排除规则设置某些例外：①虽然传闻证据在多数情况下不可靠，但是特定情况下也具有可信性；此外，一些庭外陈述可能比当庭证言更加可信，因为证人在进行庭前陈述时记忆更加清晰，受外界因素的影响更为稀少。与之相反，当庭证言距离事件的发生已久远，且受干扰众多，其可信性自然有所降低。②采纳某些传闻证据也具有一定的程序意义。在控辩双方对证人陈述所涉及的问题不存在争议的情况下，可以采纳其为证据，而无须非要传唤证人出庭作证不可。如果对同一问题有若干证人可以证明，且这些证人的证言内容基本一致，则没有必要传唤每个证人出庭作证。这是为了兼顾真实发现与诉讼效率的双重目标。③使用某些传闻证据也是发现实体真实的需要。当证人因死亡、疾病或其他原因无法出庭作证时，采纳一定的庭前陈述，更有利于发现案件的事实真相。

英国传闻规则的例外按照其法律渊源可以分为普通法的例外和制定法规定

的例外。[1]

（一）普通法的例外

普通法曾为传闻规则发展了许多例外，但其中有一些规定已经过时不用了，而且自从 1995 年民事证据法废除了民事诉讼中的传闻规则之后，普通法的例外现在只在刑事诉讼中还有意义。随着时代的发展、传闻规则的适用趋于宽松，普通法上传闻规则的例外的重要性已经逐渐被制定法的例外规则所取代。在此仅介绍几种主要的普通法例外：附属事项原则、死者的陈述、公共文件记录的事实，以及承认与自白。其中，第三种例外在某种程度上已经被制定法所取代。

1. 附属事项原则。"附属事项"来自拉丁词"resgestae"，是指在许多事实或者事件中，伴随陈述或同步陈述是其必不可少的组成部分，以致如果不提到这些陈述，对事实或事件的叙述就会含糊不清、没有意义或者容易产生歧义。虽然必不可少的伴随陈述可能会表述为证明其内容的证据，但是关键因素是其自发性和同时性，没有该陈述，就无法完整地描述某一待证事实或事件。

适用该原则的情形包括：①伴随并解释有关行为的陈述。当需要证明某一相关行为的真正含义时，假设其行为人的陈述非经预谋，并且该陈述实际上说出或者提到需要解释的内容，那么行为人的陈述可能是最好的证据。②事件参与人或者见证人的自发陈述。该规则在美国称为"激动表述规则"。在这种情况下显然应当防止陈述者有利于己的编造，该目的可以通过要求严格证明自发性的规则获得实现。③对陈述者身体或者精神状态的同时陈述。对于陈述者说话时的身体或精神状态（包括其情绪或感觉）的陈述，因其内在的自发性可以作为附属事项的一部分予以采纳。该规则只允许采纳对陈述者说话时的状态进行的陈述，而不允许采纳对其过去状态进行的陈述，但是如果所描述的状态过去就已发生，但是一直持续到陈述时，该陈述也是可采的。

2. 死者的陈述。如果在陈述与审判之间有死亡发生，适用传闻排除规则显然不合适。普通法中发展起来的与死者陈述有关的规则反映了如下真理，即如果没有这种例外，将无法证明许多非常重要的事实，这些事实发生在较长时间

第五章

[1]　英国传闻规则的例外情形主要有：①临终遗言。在对杀人罪的控诉中，死者临终遗言中关于死亡原因的陈述，可以采纳为证据。②证人的作证书。证人在治安法官面前制作了作证书，待刑事案件移送审判之后，证人因为死亡、病重等原因无法到庭作证时，可以在审判时宣读这一作证书。③承认。被告人在审判之前作出的、而在审判中对其不利的陈述或行为，可以采纳为证据。④公文中的陈述。当其作为证明文书所述事实的手段而被采纳时，构成传闻规则的例外。⑤有关公共或一般权益的陈述。此类陈述要构成传闻规则的例外，须是陈述者对该权益有足够的认识，而且是发生争执前作出的。传闻规则还有许多其他例外情形，如商业记载、有损利益的陈述、结婚证书、洗礼证书等。

以前，而且没有任何可采的记录供参考。在现代，至少有一条制定法的例外是专门解决类似困难的。普通法规则认为，可以采纳死者陈述以证明其陈述中的事实。但是，并非所有的死者陈述都可以成为传闻规则的例外。要想具有可采性，死者陈述必须属于如下几种情况之一：①公众关心的事务。如果死者陈述是为了证明习俗、约定俗成的权利、公共权利、血统等事项，则是可采的。[1] ②不利陈述。当采纳的陈述不利于陈述者的利益时，普通法对传闻证据可能伪造的担心就会减弱。因此，该陈述就可以作为证明其所陈述事实的证据予以采纳。适用该情形的条件为：陈述必须在作出时就对陈述者不利；陈述者在作出陈述时必须知道对己不利；而且陈述者本身必须对陈述的事实有所了解。这些条件都是为了尽可能确保陈述的可靠性。③在履行职责过程中所作的陈述。死者陈述中如果含有陈述者对之具有特定记录职责的行为，而且该行为确实是由其记录的，则这种陈述是可采的。④谋杀案中的陈述。在涉及谋杀或者过失杀人的指控中，被害人临死前的陈述对于证明死亡原因和当时的情况是可采的。

3. 公共文件记录的事实。在普通法中，公共文件记录的陈述作为证明其中所包含事实的表面证据（尽管不是决定性证据）可以采纳。采纳公共文件的条件为：①文件必须是为了供公众使用而制作并保存，并且必须包含公共利益的事项；②文件必须对公众开放，并可随时查询；③要证明的内容必须是在事件发生后立即记录的；④要证明的内容必须是由本身具有调查职责并且确信所记录的事实为真的人记录的。

4. 承认与自白。在普通法中，不利于陈述者一方的陈述作为传闻排除规则的一项例外，可以采纳并用以证明他所承认的事实为真。该例外的理论基础是一方当事人不可能承认对其不利的事实，除非该事实是真的。实际上，美国的一些司法区现在将"为对立当事人承认的陈述"作为非传闻陈述。[2] 而在英国普通法中，承认是作为传闻排除规则的例外而加以采纳的。

（二）制定法的例外

由于普通法上发展起来的传闻规则例外无法满足现代诉讼的需要，制定法规定某些书面传闻具有可采性。

在英国的刑事诉讼中，治安法院使用书面证言和庭外陈述的做法早已得到

---

[1] 在普通法中，这些事项还可以通过一般名声和家庭传统的证据来加以证明。

[2]《美国联邦证据规则》第801条第4款"非传闻陈述"第2项规定，为对立当事人承认。该陈述被用来反对一方当事人，而且具有下列情况：①是该当事人自己的陈述，以个人身份或代表人资格作出；②该当事人已表明接受或相信其真实性的一种陈述；③是由当事人授权的人所作的一项关于主题的陈述；④由该当事人的代理人或雇员在代理或受雇期间对代理或受雇范围内事项所作的一项陈述；⑤由当事人的同谋者在同谋期间所作的一项陈述。

承认。1967 年《英国刑事审判法》允许在移送审判程序和庭审中更多地使用证人陈述，但其前提必须是没有人提出异议。直到 1984 年《英国警察与刑事证据法》生效，学者们才试图将书面传闻引入刑事诉讼。该法第 68 条规定，记录中的陈述可以采纳，而不再受 1965 年《英国刑事证据法》中有关"商业记录"的限制。

1988 年《英国刑事审判法》为刑事诉讼中传闻证据的可采性作了迄今为止最广泛的规定。其中，第 23 条首次引入一条一般规则，即在有确实保障的情况下，如果书面传闻制作者无法提供证言或者传唤其出庭作证毫无意义，则第一手书面传闻在刑事诉讼中是可采的。第 24 条通过允许采纳商业、贸易、其他职业活动或者办公过程中产生的文书而扩充了书面传闻的可采性。

1984 年《英国警察与刑事证据法》第 69 条规定：①在任何诉讼中，由计算机制作的文书中的陈述，不得采纳为该陈述中所宣称的任何事实的证据，除非该陈述表明：一是没有合理理由相信因为计算机使用不当而使陈述不准确；二是在所有重要时刻均能正确操作计算机，或者即使未能如此，但不论是操作不当，还是计算机停止运行，在任何方面均未因此影响文书的制作或者文书内容的准确性；三是满足依照第 2 款在法庭规则中规定的任何相关条件。②法庭规则可以制定条文，要求在任何根据本条需要提供陈述证据的诉讼中，按照要求的形式和时间提供规则可能要求的与陈述有关的信息。

在美国，传闻是一种被认为非常不可靠的证据类型，因此整套证据规则都与传闻有关。美国证据制度吸收了普通法上确立的许多传闻规则的例外情况，并通过立法加以明确。根据《美国联邦证据规则》的规定，传闻规则的例外主要分为两大类：一类例外是陈述者能否作证无关紧要；另一类例外是陈述者不能出庭作证。

第一类例外，是指凡出现这类情况之一，不受传闻规则排除，即使陈述者可以作证。《美国联邦证据规则》具体列举了二十四种，包括：①表达感觉印象；②刺激的发泄；③当时存在的精神、感情或身体状态；④出于医疗诊断或治疗目的的陈述；⑤被记录的回忆；⑥关于日常行为、活动的记录；⑦在关于日常行为、活动的记录中没有记载；⑧公共记录或报告；⑨重要统计资料；⑩缺乏公共记录或没有记载；⑪宗教组织的记录；⑫婚姻、洗礼和类似证明；⑬家庭记录；⑭能够反映财产利益的文件记录；⑮文件中反映财产利益的陈述；⑯在陈年文件中的陈述；⑰市场报告，商业出版物；⑱学术论文；⑲关于个人或家庭历史的名声；⑳关于边界和一般历史的名声；㉑性格方面的名声；㉒先前定罪的判决；㉓关于个人、家庭、一般历史、边界的判决；㉔其他例外（第803 条）。

　　第二类例外又可分为两种情况：①在陈述者不能作为证人出庭的情况下，不属于适用传闻规则排除的情况。《美国联邦证据规则》列举了五种：一是先前证词；二是临终陈述；三是对己不利的陈述；四是关于个人或家史的陈述；五是其他例外（《美国联邦证据规则》第 804 条）。②在直接感知案件事实的人不能出庭作证时，方可采用的传闻证据。此类传闻证据的证据能力是有条件的，取决于直接感知案件事实的人是否出庭作证。如果直接感知案件事实的人能够出庭作证，传闻证据就不具有可采性，如果直接感知案件事实的人不能出庭作证，该项传闻证据则具有可采性。所谓不能出庭作证，包括以下几种情况：陈述人享有免于作证的特权并拒绝作证的；陈述人虽然没有免于作证特权，但宁愿受处罚也不作证的；陈述人由于死亡，患有身体上或精神上的疾病，或健康状况不佳不能出庭或者不能作证的；陈述人声称对自己所作陈述的内容已经记不清的；通过传票或其他合理手段无法通知陈述者出庭作证的。

　　《德国刑事诉讼法典》第 250 条"询问本人原则"规定，对事实的证明如果是建立在个人的感觉[1]之上的时候，要在审判中对他询问，询问不允许以宣读以前的询问笔录或者书面证言而代替。该规定是德国法中直接审理原则的要求，其功能类似于英美法系的传闻证据排除规则。德国法不仅有排除传闻证据的原则性规定，而且还设置了若干可以宣读证言笔录的例外情形。《德国刑事诉讼法典》第 251 条"宣读笔录"规定：①有下述情形之一时，允许以宣读以前的法官讯（询）问笔录代替讯（询）问证人、鉴定人或者共同被指控人：一是证人、鉴定人或者共同被指控人已经死亡、发生精神病或者居所不能查明；二是因患病、虚弱或者其他不能排除的障碍，证人、鉴定人或者共同被指控人在较长时间或者不定时间内不能参加法庭审判；三是因路途十分遥远，考虑到其证词意义，认为不能要求证人、鉴定人到庭；四是检察官、辩护人和被告人同意宣读。②被告人有辩护人的时候，如果检察官、辩护人和被告人对此同意，可以以宣读另一次讯（询）问或者宣读包含被指控人书面陈述的证书来替代讯（询）问证人、鉴定人或者共同被指控人。除此之外，只有在证人、鉴定人或者共同被指控人已经死亡，或者出于其他原因在近期内法院不能对他予以讯（询）问的情况中，才准许宣读。③如果不直接与作出判决有关，而是为了其他目的，特别是为了对是否传唤、询问某人的裁定做准备的时候，也允许宣读讯（询）问笔录、证书及其他作为证据的文书。④在第 1、2 款情形中，由法庭决定是否命令宣读。对宣读理由要宣布。宣读法官讯（询）问笔录时，要确定是否曾要求被讯（询）问人宣誓。法院认为有宣誓必要并可以实施的时候，可以补行宣誓。

---

[1]　个人感觉是指人的五官感觉，即他看见、听见或者嗅到了什么。

前述规定说明德国的直接审理原则也允许有例外存在。

■ 第六节　意见证据规则

一、意见证据规则概述

意见证据并非事实本身，而是由此作出的推断或评价，而推断则是从被证明的事实中得出的合理联系。判断证人的陈述是否是"意见"，并不看证人是否使用了"我认为""我相信"这类表述，而是根据该证词的内容来确定，看其属于证人个人的观察还是从中作出的推断或结论。

英美法系对外行证人（lay witness）与专家证人（expert witness）加以区分。普通法要求，外行证人只能陈述他们所知道的第一手资料，并且只能就事实提供证言，而不得提供意见、推论或者结论。但是专家证人则可以提供意见证据。

大陆法系把证人和鉴定人（相当于英美法系的"专家证人"）明确予以区别。对于证人，要求其根据自己所了解的事实提供证言自属应当，对于其根据自己所体验的事实进行一些必要的分析、判断或者推测一般并无明确的禁止。鉴定人的意见则是一种独立的证据种类，不属于证人证言。因此，就普通证人的意见是否可以作为证据的问题，存在不同的观点。

外行证人的意见证据在原则上不具有可采性，其法理依据有三：

1. 证人职能与裁判职能的区分。英美证据法理论将证人视为一种证据方法，其职能在于将亲身体验的事实如实提供于法庭。而依据一定的证据材料作出推断或结论，则属于裁判职能，应当由陪审团或者法官负责。虽然在理论上事实裁判者可以自由地排斥、抵制意见证言，但是事实上其仍然难免受到影响。当证人将其运用感官观察到的信息告知事实裁判者之后，后者便不再需要前者用推理结论方式予以协助。

2. 外行证人的意见陈述存在影响公正认定事实的危险。意见并非证人所亲身体验，如果允许证人提供意见，其陈述的客观事实中混杂有个人见解，则有误导事实裁判者的危险，以致可能错误地认定案件事实。

3. 证人的意见往往依据的是不具有可采性的证据，排除意见证据有利于防止不具有可采性的证据进入诉讼。

意见排除规则之所以又规定了若干例外情形，其理论基础在于证人的意见和证人感验的事实之间很难截然分开。事实与意见的区别是意见证据规则的核心。在此，"事实"实际上是"对事实的陈述"（statement of facts）的简称，同理，"意见"也是"对意见的陈述"的简称。虽然事实与意见之间确实存在鲜明的界限，但对事实的陈述与对意见的陈述之间往往没有确定的界限。有些情况下，某一陈述的内容是意见还是事实是个相对的概念。例如，相对于"某人不具有订立遗嘱的行为能力"而言，"某人精神不正常"是对事实的陈述；而相对于"某人精神不正常"而言，"某人行为怪异"又是对其所依据的事实的陈述。依此类推，有些场合下属于对事实的陈述，在另一些场合中就变成了对意见的陈述。

之所以会出现这种现象，是因为"人的感知并不仅仅是客观的接受，它还包含感知者的主观作用，在这种主观因素的作用下，感知者对由感官所得的材料进行了加工和解释"[1]。如果意见是指从事实中所得的推论，那么很难找到不包含任何意见因素的"事实"。

虽然事实与意见在理论上很难区分，但在实践中这倒不是一个很大的难题。英美法系通过判例确定了一些常见的应予排除的意见证据：①对"何方当事人应当胜诉"的陈述显然属于意见，应予以排除；②一证人对另一证人的证词发表的意见一般也不具有可采性。此外，加拿大上诉法院在其判例中还明确了，证人不得对法律事项，例如某人是否有过失，发表意见证言，[2]如果陈述中既有法律问题又有事实问题，一般也不可采，除非二者无法截然分开。

实践中更关心的是意见证据排除规则的例外——专家证言。该例外使法庭能够在某些事项超出法官和陪审团的经验范围时，从专家的专业知识（包括其意见）中受益。但是即使在允许专家提供意见证据的案件中，是否采纳证据也必须由法官决定：①某一事项是否需要专家意见；②专家是否具备提供这种证据的专业知识。[3]关于专家的资格，一般来说，在一个各种专家泛滥的时代，几乎不可想象传唤业余人士作为专家证人，但是这种可能性仍然存在。当涉及专业领域的知识足够深奥时，可能就有必要依赖业余人士。在希尔弗洛克一案[4]中，刑事法院不得不考虑如下问题，即就笔迹提供意见的人是否必须是职业专家，或者至少是那种日常业务使其对笔迹问题具有特殊经验的人，或者只对笔迹研究了几年的人是否符合条件。法院裁定，尽管提供该种证据的证人应当在这个问题上有所专长，但是对于该专长的取得方式并没有任何限制。只要法官认为证人具有足够的技术，不具备职业资格的人提供的专家意见也可以采纳。由此，在日常工作中取得某种专长的人，即使没有书面资格，也可以提供

---

[1] Charles Landesman, *An Introduction to Epistemology*, Cambridge, MA：Blackwell Publishers, 1997, pp. 6~7。

[2] (1982) 2 S. C. R. at 839, 144 D. I R. (3d) at 284.

[3] R. V. Stockwell (1993) 97 Cr, App. R 260, per Lord Taylor Cj.

[4] (1894) 2 QB 766.

专家证言。此外，当不具有特殊专长的证人通过研究相关材料（例如录像带或照片）对某一事项获得特定了解时，他也可能成为个案的专家。

二、英美法系的意见证据规则

按照英国法，证人必须说出他曾经察觉到的事实，但不应该表示意见（opinion）。虽然在许多情形下接受证人的证言，但不让他就到某些事项发表意见是很难做到的事，甚至是不可能的事。因此，英国法承认下述例外的存在：①专家证人就其具有专门知识或技能的事项作证的意见；②极难分开意见和事实，而且证人的意见对法院有所帮助的外行证人的意见；③证人对非主要争执点事项表示的意见。

按照英国的判例，在下述情形下，非专家证人可以提出他的意见：①意见所根据的事实疾逝而过，而没有来得及注意或记忆；②指出事实会打断他的叙述的流畅性；③用提出意见的方式把所察觉到的事实作简单扼要的报告。例如，当人们看到一个老年人时并不会有意识地注意到他的白发或身材，即使注意到这些，也不能记起所有形状特点。除认定人、物、笔迹外，尚有其他的例子，例如年龄、速度、温度、物的状态等。

在美国法中，外行证人的意见供述，原则上是不可采的，但有时其意见陈述的内容，或者与事实陈述无异，或者其对某种特别事项的意见陈述与专家证人的意见无异，则可以采用。美国学者摩根教授指出，根据《美国法学会模范法典》第401条有关意见证据的规定，证人在论证其感受时，无论是否为专家，均得以含有推论之语意而为之，并可不问是否包含应有审理事实者所决定的主要争执点，均得陈述其一切有关联的推论。但法官认为有下列情形的不在此限：①作为此种推论，需有特殊知识、技巧、经验或训练而为该证人所不具备的。②证人能以同样正确而适当的程度向审理事实者陈述其感受，毋庸以推论的言词为陈述，或陈述其推论，且其以推论为证述时，凡误导事实审理者，似有对于他方当事人发生偏见的，法官应于证人以推论为陈述之前，先行调查其推论所根据的有关资料。应当注意的是，该条仅规定容许证人就其个人感受的事实向事实审理者报告的一种陈述方式，法条内并无意见之用语。[1]

《美国联邦证据规则》第701条规定："如果证人不属于专家，则他以意见或者推理形式作出证词仅限于以下情况：①合理建立在证人的感觉之上；和②对清楚理解该证人的证词或确定争议中的事实有益。"根据咨询委员会的注

[1] 参见［美］埃德蒙德·M.摩根：《证据法之基本问题》，李学灯译，世界书局1982年版，第229页。

释，该条第 1 款提出了一项熟悉的要求，即证言应以第一手知情或观察所得为基础；第 2 款要求外行证人的意见陈述应有助于解决争议。

美国的意见证据排除规则主要有如下例外情形：

1. 同时察觉的事实。即从外观、情况、人或动物的身体状况及其他同时呈现于感觉上的不同事实，一经观察就产生的结论而言。这样的事实，可以视为对事实的感知，所以允许作为证据。据此，像"喝醉了""气愤""沮丧"之类的描述，都可以采纳。

2. 连续察觉的事实。即对于人或事的状态所得的结合而产生的心理印象，这种心理印象，是从一连串的物理现象而来，可以视为事实的陈述，所以可以采纳。

3. 总括式的陈述。有时证人在陈述各项待证事实后，如果未能作出综合的结论，对陪审团认定事实仍没有帮助时，法院为使陪审团了解证言的真实意思，对其总括式的结论，也能够予以采纳。

4. 印象之陈述。证人对其记忆已经模糊时，法院可以允许就其记忆所涉及的印象而作陈述，但证人不得以非基于其本人观察事实的结果所得的印象，或本于其他事实所作的推测而进行陈述。

5. 视同专家的意见陈述。外行证人对某一事实了解真相时，法院也可以允许其陈述意见，因为此时的意见陈述与专家作出的意见陈述并无区别。

6. 品格的意见陈述。证人对某人的性格，陈述自己的意见的，一般法院都认为其有可采性。

7. 外形描述。如果外行证人能够对之形成合理可靠的描述，则此意见一般而言可以采纳。例如，关于汽车速度的意见，关于人的外形和重量的意见，关于颜色、声音、气味、距离的意见等。

8. 个人身份。个人身份一般总是通过意见证言来确认。证人可以作证他辨认出某人的面貌或声音，或者他可以根据某人的外形特征或记号或脚步声来辨认出某人。

9. 精神正常。在许多司法区，允许外行证人对他十分熟悉的人的精神正常状况陈述意见。

10. 笔迹。如果证人对所谓作者的笔迹有个人了解，可以允许外行证人简述关于笔迹的意见。

11. 专家证人的意见陈述，又称专家意见（expert opinion）或者专家证言（expert testimony），其形成意见证据排除规则的重要例外。《美国联邦证据规则》第 702 条规定，如果科学、技术或其他专业知识将有助于事实审判者理解证据或确定争议事实，凭其知识、技能、经验、训练或教育够格为专家的证人可以用意见或其他方式作证。

1985 年《加拿大证据法》第四节"专家证人"中的判例法注释第 2 项对专家意见的可采性分两款作了专门规定。第 1 款是专家意见可采性的一般规则，即采纳专家意见作为证据的唯一条件是该专家具备事实审理者所不具备的知识和经验。专长不足将影响证明力，而不影响其可采性。第 2 款对某种特殊专家意见的可采性作了规定，即当专家关于证人最终可信性的意见被采纳时，专家关于人的行为，包括精神或身体的行为，对人的行为产生影响从而与证人可信性具备关联性的意见，可以作为证据予以采纳，但它必须是超出了事实审理者的普通经验的判断范围。有关儿童的证据尤其如此。

从加拿大的有关判例来看，关于专家意见有如下两项规则：①除非某人是某一需要特殊技能和专业知识的事项的专家，否则不得就该事项发表意见；如果不属于他的专业领域，则不允许他提供意见。②对于常识事项无需提供专家证据。根据这些规则可以推出，专家意见只有在有助于陪审团评议时才可以采纳，如果陪审团无须专家意见也能够轻易得出必要的推论，则无须采纳专家意见。

三、大陆法系的意见证据规则

大多数大陆法系国家并没有限制证人意见的证据能力的规则。如德国、奥地利刑事诉讼法对证人的意见陈述并没有禁止的规定，也不禁止证人进行推测或提供意见，允许由审判官自由裁量。大陆法系认定事实、适用法律都属于审判官的职权，所谓意见陈述侵犯陪审团职权的现象自然不存在；至于误导事实审理者，影响公正认定事实的危险，也因为法官是审判的专家，其容易防止和避免这种危险。不仅如此，证人的意见陈述，还有助于真实情况的查明。

但是，深受英美法系影响的日本对意见证据作了限制性的规定，《日本刑事诉讼规则》第 199 条第 13 项规定，原则上禁止对证人进行要求其提供意见的询问，也允许对方当事人对该证人提供的不必要的意见声明异议。但是根据《日本刑事诉讼法》第 156 条（推测事项的供述）之规定，对证人可以使其供述根据实际经历过的事实推测的事项。前款的供述，即使属于鉴定的事项，也不妨碍作为证言的效力。推测事实属于意见，所以该条规定实际上等于从正面列举了可采的意见证据。因为推测的事实，有的与经验的事实不相关联，有的与经验的事实相关联。与经验的事实不相关联的单纯推测事项，或者由其他事实推测形成的意见，当然不承认其证据能力。但是与经验事实相关联的推测事项，或者其推测是依据特别的知识经验，并具有鉴定的性质的，都应当具有证据能力。普通经验的事实，常含有推测的因素，证人依据经验的事实所作的推测，根据该规定也承认其有作为证言的效力，根据经验的事实所推测的事项的内容效力如何，日本现行法并无明文规定，其具体内容有待于法官自由裁量。

除日本外，《俄罗斯联邦刑事诉讼法典》第75条（不允许采信的证据）第2款第2项规定，不允许采信的证据包括：被害人、证人基于猜测、假设、传闻所作的陈述以及证人不能指出其信息来源的证言。该项规定具有意见排除规则和传闻排除规则的基本精神。

关于专家意见，大陆法系将英美法系的专家证人作为一种独立的诉讼参与人——鉴定人，对鉴定人提供的鉴定意见也作为独立的证据种类来对待。但是鉴定意见在原则上具有证据能力的规定却与英美法系异曲同工，只是鉴定意见不作为意见证据排除规则的例外而已。

■ 第七节 最佳证据规则

一、最佳证据规则的起源与演变

最佳证据规则是指只有可获得的最好的证据才可以采纳。如果可以取得更好的证据（例如实物与证人对该物品的口头描述），那么非最好的证据将被排除。

最佳证据规则起源于英国古代司法证明中的"文书审"（Trial by Charters）。所谓"文书审"，就是由诉讼提起人把与争议事实有关的、一般由被告人制作的文书提交给法官，以便裁定原告人的主张是否在该文书中有足够的依据。按照当时的法律规定，只要原告人把一件文书用作证明其权利的依据，法官就不能忽视该文书的存在，必须对该文书进行审查，以便确定其是否为被告人所制作以及上面有没有被告人的印章，而且判决一般都要以被告人印章的比对结果为依据。后来，法律规定在契约纠纷等类案件中，必须采用"文书审"。由于"文书审"的核心是文书，因此这种审判必须向法庭提交文书，而且必须传唤文书制作过程中的目击证人到庭证明其可靠性，法庭的调查也要受到文书内容的严格限制，不得以口头证言改变或者增加文书中已经确定的内容。由此可见，"文书审"仍然带有"神明裁判"的痕迹。它的上述特征构成英国早期文书证据规则的三条基本原则：①必须提供原始文书；②必须由辅助证人证明文书的制作过程；③不能用口头证言修正或变更文书的内容。虽然现代英国的文书证据规则与昔日相去甚远，但其发展历程一直以这三条基本原则为主线。

就其中第一个原则而言，其发展经历了三个阶段：①法律扩大了必须提供原始文书规则的适用范围，它不仅适用于狭义的"文书审"案件，而且适用于一切审判中的文书证据，这就是后来所谓的"最佳证据规则"。然而，这一严格的要求极大地增加了审判的难度，影响了审判的效率。在那些无法提供原始文书的案件中，法官近乎束手无策。于是法律相继认可了一些不必提供原始文书的"例外"情况。②这一原则的法定"例外"越来越多，甚至在一定程度上动摇了"文书审"的根基，即"文书本身蕴含判决"的基本观念。在这一发展过程中，英国的衡平法院发挥了重要的作用。例如，在文书遗失、损坏或因其他理由无法将文书提交法庭的情况下，衡平法院首先向当事人提供救济，允许他们在没有原始文书的情况下提起诉讼。后来，普通法院也开始效仿。一般来说，只要当事人向法庭证明其具有无法提供原始文书的正当理由，他既没有故意隐藏原始文书也没有导致原始文书丧失的过错，法官就会允许他依据复制文书提起诉讼。③随着社会生活和经济交往中公共档案的数量和重要性日益增长，必须提供原始文书的原则进一步受到削弱。18世纪后期，由于私人很难拿出公共档案的原件，所以法院普遍允许当事人根据公共档案的副本提起诉讼，而不必提交原始文书。随着现代社会中各种注册、登记、报告和记录的迅速增长，这种变通的做法显得越来越重要。虽然现代英美证据法仍然规定诉讼当事人一般都必须提供原始文书作为证据，但是在实践中法庭采用当事人提供的复印或者复制文书作为证据的情况屡见不鲜。所谓的"最佳证据规则"，已经丧失了昔日在证据规则体系中的重要地位。

人们一般认为该规则现在仅在"原始文书规则"中得到复活，即当我们需要依靠文件的内容作为证据时，原件通常优先于复印件或者对其内容的口头陈述。美国1945年的一个判例就曾指出："最佳证据规则在现代的应用中仅指这样一条规则，即一份文字材料的内容必须通过引入文书本身来证明，除非对原始文字的缺失提出令人信服的理由。"[1]但是该规则偶尔也会出于排除证据的目的而复活。

二、最佳证据规则的适用范围

由于现代最佳证据规则只是一项关于文书证据的可采性规则，因此通常认为该规则仅适用于文字材料，如信件、电文等。根据《美国法学会法典》第1条对"文书"的定义，凡是"手写、打字、印刷、影印、照相及每一种其他记录之方法，如记录于任何可触知之事物，任何通信或表示之方法，包括信函、文字、图画、声音或符号或其他结合物"，都属于文书。然而，并非所有文字材

〔1〕　转引自［美］乔恩·R.华尔兹：《刑事证据大全》，何家弘等译，中国人民公安大学出版社1993年版，第335~336页。

料都是写在纸上的，从这项规则的意义上而言，它所涉及的范围将超过一份文件所包含的内容范畴，比如带编号的警官徽章、刻有碑文的墓碑或刻字的订婚戒指等；同时它还可能是带有序号的发动机的主要部分。但是这条规则毕竟只适用于文字材料，比如一张粉末显现的指纹照片可以作为证据使用，但是举证人不必向法庭提供指纹所在的客体。[1]

虽然录音带和录影带等也属于"文书"，但是法院一直不愿将原始文书规则扩大适用于这些文书证据。他们认为，没有理由对这些种类的文书证据适用一种早在这些信息存储技术出现之前就已经适用的严格规则。

1984年《英国警察与刑事证据法》第71条规定："在任何诉讼中，一份文书的内容（不论该文书是否仍然存在），可以用提供该文书或者该文书重要部分的缩微影片的放大件证明，以法庭许可的方式鉴识。"

从证据排除的意义上而言，最佳证据规则不适用于那些仅具有附属或表面意义的文字材料，即该规则仅适用于与案件中重大问题相关的文字材料。决定一份文字材料是否为附属证据，法庭通常需要考虑的因素有：①它从表面上看起来是否为案件中重大问题的核心；②与它相关部分的复杂状况；③有关的内容是否真正存在争议。[2]

从证明目的上看，最佳证据规则仅适用于将文书内容作为直接证据或者证明文书本身内容为真的情况。反之，当举证方无意把文书内容作为直接证据加以证明，而是用于其他证明目的时，并不适用必须提供原始文书的证据规则。

此外，文书包含可以采纳的传闻陈述的，也不适用原始文书规则。

三、最佳证据规则的例外

设置最佳证据规则的理由，按照美国证据法学者摩根的说法，"盖文字或其他符号，如差之毫厘，其意义则可能失之千里；观察时之错误危险甚大，尤以当其在实质上对于视觉有所近似时为然。因此之故，除提出文书之原本以供检阅外，于证明文书之内容时，诈伪及类似错误之机会自必甚多"。[3] 因此，该规则的目的也相对简单，根据加拿大法律改革委员会的意见，"最佳证据规则并非是一个排他的唯一证据规则，它不过是作为可供人们选择的其中一个证据规则而已。它旨在要求那些试图证实书面文件、录音或图像的真实内容的人必须

---

〔1〕　转引自［美］乔恩·R.华尔兹：《刑事证据大全》，何家弘等译，中国人民公安大学出版社1993年版，第336页。

〔2〕　转引自［美］乔恩·R.华尔兹：《刑事证据大全》，何家弘等译，中国人民公安大学出版社1993年版，第336页。

〔3〕　［美］埃德蒙德·M.摩根：《证据法之基本问题》，李学灯译，世界书局1982年版，第385页。

提交原本，除非他能够就为何不能提交作出令人满意的解释。该规则的意旨在于，防止欺诈和确保这类证据不会受到由于搜集过程中的过失行为和复制上的不甚精确所造成的窜改或者变动"。因此，从最佳证据规则的目的来看，只要能够保证文书副本的准确性，副本也应具有可采性，特别当文书原本已经无法取得时，副本实际上就是可以获得的最佳证据。正是基于上述考虑，英美法近年来的审判实践发展出了许多最佳证据规则的例外情况。

1. 对方当事人拒绝提供原始文书。若文书为对方当事人所控制，经合理通知其在审判中提出原本而未提出的，则关于文书内容的二手证据可予以采纳。

2. 第三人的合法拒绝。凡文书正本为第三人所占有，而该第三人有理由拒绝出示时，法庭可以采纳副本。第三人拒绝出示文书正本的正当理由包括：他享有保存该正本的特权，[1] 或者他不在法庭的司法管辖区内。但是，如果第三人的拒绝是不合法的，则副本不可采，因为出示正本的要求是必须执行的。在这种情况下第三人可能因藐视法庭罪或者承担由此造成的任何损失[2]而承担责任。

3. 文书正本毁损或者丢失。当原始文书丢失或者毁损时，允许采纳二手证据来证明文书的内容。这种二手证据极有可能不如原件的证明力那么强，在某些情况下使用代替品对被告人而言可能被视为不那么公平，但是一般均承认在这种情况下可以免于提交文书正本。但是在适用该例外之前，举证者必须证明他已经进行了仔细的寻找，法庭必须合理地相信举证者已经尽了应有的注意。

4. 不可能出示正本。当出示正本不具有现实的可能性，例如，当文书是铭刻在墓碑或墙上的铭文，或者由国外的法院保管的文件，或者法定必须永久固定于某处的告示，此时允许采纳二手证据。又如，由于文书的数量过大，或是由于与公共利益有关的业务的连续作业而循序进行，否则将产生不当的妨碍，在这些情况下出示文书正本也是不可能的，因此可以通过出示二手证据的方式来证明有关文书的内容。

5. 公共记录。当举证人所要出示的是公共记录时，可以用经证明或者盖有印鉴的副本来证明文书内容。实际上，现在大多数公共文书的证明均由制定法调整，在许多情况下，出示经证明或者盖有印鉴的副本就符合条件。

需要注意的是：①采用二手证据的必要基础包括以下三个方面：一是证明原件在某个时候确实曾经存在；二是证明原件是真实的；三是提出不能提供原件的理由，也就是证明属于原始文书规则的例外情形。②如果二手证据具有可

---

〔1〕　因此，证明书证内容的二手证据可能因为证人拒绝作证特权而取得可采性。
〔2〕　*R. v. Inhabitants of Llanfaethly* (1853)，2 E & B 940.

采性，则其可以采用任何可以得到的方式提交，不论是通过副本或副本的副本，还是通过对原始文书内容的口头陈述或者其他方式。通常认为，"二手证据不存在程度的问题"，只要不是原始证据，不论中间经过多少次复制，其可采性不受影响。③在采纳二手证据之前必须首先证实副本是对原本的真实复制。[1]《美国联邦证据规则》第 1003 条规定，复制品可与原件在同等程度上采纳，但下列情况除外：一是对复制品是否忠实于原件产生疑问；二是以复制品替代原件采纳将导致不公正。④即使在普通法上二手证据是可采的，仍需特别注意确保该证据没有违反传闻排除规则。

英美法系国家的制定法也对最佳证据规则的例外情形有所规定。例如，1988 年《英国刑事审判法》第 27 条规定，当书面陈述在刑事诉讼中可以作为证据被采纳时，它可以通过提交该文件而获得证明，或者通过文件副本来加以证明，无论该文件的原件是否仍然存在。副本可以以法庭许可的方式查证。副本与原件之间存在多少次复制并不重要。[2]

《美国联邦证据规则》第 1004 条规定的原始文书规则的例外情形包括：①原件遗失或毁坏。所有原件均已遗失或毁坏，但提供者出于不良动机遗失或毁坏的除外。②原件无法获得。不能通过适当的司法程序或行为获得原件。③原件在对方掌握中。原件处于该材料的出示对其不利的一方当事人的控制中，已通过送达原告起诉状或其他方式告知该当事人在听证时该材料的内容属于证明对象，但该当事人在听证时不提供有关原件。④附属事项。有关文字、录音或照相与主要争议无紧密联系。

■ 第八节　特权规则

一、特权规则的理论基础

在英美证据法上，特权规则是指即便证人具备作证的适格性和可被强迫作证性，该证人仍然有权以某种理由为依据而拒绝就特定案件事实作证。

绝大多数证据规则是为了促进真实的发现而设，如传闻证据规则、意见证据规则、最佳证据规则等，都是为了更好地发现案件事实而排除不可信的、具有误导性的证据。而特权规则的设立却并非为了促进事实发现程序或者维护该

[1] R. V. Collins (CCA) (1960) 44 Cr App R 170.
[2] By the Criminal Procedure and Investigations Act 1996, Sehed 2, p. 31, s27. 不适用于治安法院进行的程序。在那种情况下，应当适用 1984 年《英国警察与刑事证据法》第 71 条的规定。

程序的廉洁性。相反，证人主张拒绝作证的特权往往导致具有相关性和可信性的证据不能进入诉讼程序，从而有损于事实的发现。正如美国学者所指出的，"它们（特权规则——笔者注）排除相关证据是为了促进与准确的事实发现无关的外部政策。它们的主要目标是保护某些法庭之外的关系和利益。这些关系和利益被认为非常重要，即使使司法程序失去有用的证据也在所不惜"〔1〕。实际上，美国学者认为"特权规则只损失了很少的证据"。但是"如果没有特权规则，当事人就不会相信他的律师，病人就不会看医生，而且不会告诉医生自己的秘密，而夫妻之间就会相互说谎"。"美国人很珍视这些特权，这是因为我们既珍视审判，也珍视我们生活中的其他价值。我们并不只是为了作证而在美国生活，我们保护有特权的社会关系，是因为这些特权对于社会至关重要。"〔2〕由此可见，特权规则实际上是价值选择的结果。相当数量的特权是为了保护各种职业关系中进行的交流，这些职业关系包括律师与委托人之间的关系、医生和病人之间的关系、神职人员和忏悔者之间的关系，等等。传统的观点认为，之所以要设立特权规则，是因为公共政策要求鼓励这些交流，否则这些职业关系就不可能有效。美国证据法学家威格莫尔（John H. Wigmore）认为这一功利主义的观点是毁损特权规则最主要的理论基础，英美法系国家的法院也接受了这一观点。近年来有人提出保护隐私权也是设立特权规则的理论基础之一，根据这一观点，社会有一些隐私利益需要特权的保护。但是无论是功利主义还是隐私权观点，特权规则的理论基础归根结底都是利益权衡原则。

二、特权规则的分类

对特权规则最常见的分类方法是，按照证人特权所保护的内容，将特权分为配偶、近亲属特权，反对强迫自我归罪特权，职业特权和公务特权。根据特权的法律渊源，还可以将其分为宪法特权、普通法特权和制定法特权。所谓宪法特权，是指在宪法上有依据的特权，例如在美国，反对强迫自我归罪的特权因具有宪法上的依据而被视为宪法特权。普通法特权即法官通过判决形式所创设的特权。早期被认可的特权，如律师—委托人特权、婚姻特权，都是法官通过判例形式所创设的。制定法的特权即通过立法机关制定成文法的形式所创设的特权。在19世纪后半期以后，英美法院不愿再通过创设新的特权来扩大现有特权的数量，因此这一时期以后出现的特权，主要是制定法所创设的。例如医

〔1〕 See Ronald J. Allen, Richard B. Kuhns and Eleanor Swift, *Evidence: Text, Cases and Problems*, 2nd ed. , 1997, p. 989.

〔2〕 中国政法大学刑事法律研究中心：《中美证据法研讨会纪要》，2000年5月23、24日。

生—患者特权、神职人员—忏悔者特权，都是以制定法的形式出现的。在有些司法区甚至将普通法的特权法典化。

根据特权所要保护的利益，可以将特权分为以公共政策为根据的特权和私人的特权。这是英美法系的一种传统的分类方法。前者保护国防、外交、国家安全等方面的秘密事项，后者则保护委托人的秘密、婚姻关系等事项。英国和加拿大倾向于区分特权规则和公共利益豁免规则，前者主要是指私人特权规则，而后者则是为专门保护国家特权或政府特权而设的，称为公共利益豁免。笔者认为，这两种规则都属于传统的特权规则的范畴，但是存在以下几个重要区别：①特权规则与公共利益豁免规则所要解决的问题不同。特权规则所要解决的是私人利益和公共利益之间的冲突问题，具体而言，主要是解决委托人获得律师的有效法律帮助、夫妻之间的家庭和睦等私人利益与法院获得相关证据以保证适当司法的公共利益之间的冲突问题；而公共利益豁免规则所要解决的是不同公共利益之间的冲突问题。具体而言，公共利益豁免主要解决的是保守国防秘密、国家安全秘密等公共利益与法院获得相关证据以进行适当司法的公共利益之间的冲突问题。②私人特权是一种为了保护特权人的私人利益而拒绝举证的权利，而公共利益豁免则是每一个公民的义务。正如宾厄姆大法官（Torn Bingham）所指出的："公共利益豁免不是特权享有者可以随时打出的一种王牌，它是一种在特定情况下强加给当事人的排除规则，即使对当事人不利也必须适用。"[1] ③两种规则在主张者和放弃权方面存在差别。私人特权能由主张特权的人以明示或者默示的方式放弃，因为"私人特权向来是一条不得强迫行使的规则。法院从来不阻止有权主张此项特权的人自愿地披露或提出文书即所谓放弃他们的特权"[2]。而公共利益豁免规则是为了保护公共利益而设，保护这些公共利益通常是一项职责，因此原则上任何人、甚至包括法院以及非诉讼程序当事人的人员，都可以以公共政策为依据反对公开有关公共利益的事项，而且该豁免不得被任何一方或者国家所任意放弃。④能主张私人特权的事实，能用第二位证据予以证明。以公共政策为依据的特权排除一切证据。

加拿大最高法院在王国政府诉古恩科一案[3]中根据特权的认定方式，将特权分为"分类特权"（class privilege）和"个案特权"（case by case privilege）。所谓分类特权，就是假设有关交流受特权保护，如果当事人要求将其采纳为证据，必须证明该交流不受特权保护。所谓个案特权，就是假设有关交流不受特

---

[1] Makanjuols V, Books LLC: *Commissioner of Police of the Metropolis*, 1992, p. 617, 623.

[2] 沈达明编著：《英美证据法》，中信出版社 1996 年版，第 85~86 页。

[3] *R. v. Gruenke*(1991).

权保护，要求排除该交流的当事人必须表明该交流应当受到特权保护。分类特权很少，普通法上的律师—委托人交流特权和制定法上的配偶交流特权是最重要的两个分类特权。大部分特权均属于个案特权。从加拿大对特权的这一分类可以看出，加拿大法院不希望扩大特权的范围从而失去许多有价值的证据，因此对于诸多特权采用了个案特权的认定方式。

三、特权规则与证据的可采性

1. 与上述分类特权和个案特权的分类相对应，特权规则与证据可采性的关系存在两种模式。具体而言，在分类特权的情况下，该特权所保护的交流原则上不具有可采性，只有在当事人主张并证明该交流不应受到特权保护时，才能采纳其为证据使用。而在个案特权的情况下，该特权所保护的交流原则上具有可采性，只有在当事人主张并证明该交流应受特权保护时，才予以排除。至于在个案中如何确定某种交流是否应受特权保护，威格莫尔提出以下几个检验标准：①对交流的发动源于一种该交流不会被泄露的信任；②该信任因素对于充分而令人满意地维持当事人之间的关系而言至关重要；③对于社会而言，这种关系必须是一种应当努力促进的关系；④公开这种交流给这种关系带来的损害必须大于正确处理诉讼所取得的收益。可以主张这种特权的职业包括记者、会计、神职人员、医生、精神病医生、社会工作者等。对于一些非职业交流，如父母与子女之间的秘密交流，也可以主张这种特权。法官通过秘密程序确定是否存在该特权。主张该特权的人应当承担证明责任。[1]

2. 私人特权规则与公共利益豁免规则对于证据的可采性采取了不同的态度。

（1）无论是私人特权还是公共利益豁免，在它们被放弃的情况下，受其保护的证据就取得了可采性，但是二者在特权的放弃方面具有不同的规定。私人特权规则赋予享有特权的当事人放弃特权、出示证据的权利，经放弃特权的证据与其他证据一样具有可采性。但是需要注意的是，对特权的放弃必须是全部放弃，而不能只放弃其中对自己有利部分之证据的特权。换言之，除非享受特权保护的证据的不同部分之间明显可分，而且涉及的是不同的内容，否则当事人不得有选择地放弃特权。因此，当事人在试图利用某一部分有利证据（假设该证据本来是受特权保护的）之前必须慎重考虑，如果放弃该特权，证据的剩余部分也将被法庭采纳。至于公共利益豁免，虽然原则上不得被任何一方或者国家所任意放弃，但是较为客观的观点是，公共利益豁免能否放弃取决于文件

---

[1] See David M. Paciocco and Lee Stuesser, *The Law of Evidence*, pp. 134~146（1996），转引自王进喜："刑事证人证言论"，中国政法大学 2001 年博士学位论文。

的性质。尽管西蒙法官在罗杰斯诉内政部一案[1]中认为"公共利益豁免在任何情况下都不可放弃",但是,克罗斯爵士在随后的一个判例中[2]表示,如果能从公共利益豁免中获利的人或者一方当事人(例如提供信息者)自愿作证或者公开证据,那么应当允许其放弃公共利益豁免。丹宁勋爵也多次提到在某些情况下是允许放弃公共利益豁免的,他认为,对于那些非常重要的证据,即如果公开则有可能危害国防、外交或者犯罪侦查的证据,应当绝对保密,在任何时候都不得放弃公共利益豁免。而对于那些重要性较低的证据,包括为了使下属在报告中能够保持坦率、坦白或者其他正当理由而应当保密的证据,保密文书的制作者和接受者可以放弃公共利益豁免。伍尔夫爵士对西蒙爵士观点的评析总结出有关公共利益豁免能否放弃的要旨:"当西蒙爵士说该特权是一个不可放弃的特权时,他指的是这种情况,即已经肯定了不公开证据所能保护的公共利益高于公开证据所保护的司法利益。显然,这种情况下不应公开证据以保护更高的公共利益。但是,在还没有进行上述公共利益权衡或者经过权衡得出应当公开证据的结论的情况下说'放弃'显然是没有帮助的。因此在存在公共利益豁免的情况下,其结果不一定是保护公共利益的需要总是高于执法的需要,在公正执法需要采纳受公共利益保护的证据时,应当允许放弃公共利益豁免。"[3]

(2)私人特权与公共利益豁免在可否适用替代性证据方面也存在区别。就特权规则而言,有关需要保密的信息必须仔细保密,"私人特权只针对文书原本或信息,因此仍然能采纳第二位证据"。[4]因此,其内容一旦被他人知晓,则传来证据具有可采性。例如律师—委托人特权,可以通过第二手信息来证明有关保密事项。在拉姆平案件[5]中,上议院裁定控方可以将被告人写给他妻子的一封信(信的内容构成对其指控犯罪的承认)作为证据提出。这封信是由被告人委托邮寄的人交给警察的。如果这封信到了被告人妻子的手中,其妻子是应当享受配偶特权保护的。该判例表明了一条更宽泛的规则:即使没有放弃的意图,附着于原件的特权也可能通过事实上的公开而丧失。

就公共利益豁免而言,不得采用那些被排除证据的替代性证据。"公共政策特权排除的不单是直接标的,即文书的被排除,就是文书的内容也不能用第二

---

[1] *Rogers v. Home Secretary* (1973) AC 388, 407.

[2] *Alfred Crompton Amusement Machines Ltd v. Customs and Excise Commissioners* (NO. 2) (1974) AC 405, 434.

[3] Ex parte Wiley, *Chief Constable of West Midlands Police*, (1995) 1 AC 274, 198.

[4] 沈达明编著:《英美证据法》,中信出版社1996年版,第86页。

[5] *Rumping v. DPP* (1964) AC 814.

位证据予以证明。"[1] 例如，在英国"罗杰斯诉内政部内务大臣"一案[2]中，申请人向博彩管理局申请博彩执照。博彩管理局根据警方的建议拒绝向其颁发执照。申请人通过不正当途径获得了一份警方向博彩管理局发出的信件的复制件，认为其中包含有诽谤内容而提起了刑事诉讼。该申请人想通过传唤博彩管理局的官员作为证人，让他来提出该信件作为证据。法官认为该信件属于公共利益豁免的涵盖范围，其内容既不能通过证人证言也不能通过提出复制件的形式来加以证实。

■ 第九节　我国现行证据规则

我国近现代证据法秉承大陆法系的传统，在诉讼法内以专章对证据制度的有关内容作了规定，其间不乏规范诉讼证明活动的证据规则。但是，我国证据规则呈现出明显的大陆法系特色，例如，从证据规则的立法来看，关于证据规则的规定缺乏体系性；从证据规则的性质来看，基于职权主义和客观真实的要求，对法官调查证据的范围没有限制，关于证据能力的问题很少直接加以规定。此外，我国证据规则的规定过于粗疏，各证据规则自身缺少完备性和明确性。

一、关联性规则

我国在刑事诉讼法中并未明确规定关联性规则，但有关的司法解释体现了关联性规则的精神。例如，最高法《刑诉法解释》第 213 条规定："向证人发问应当遵循以下规则：①发问的内容应当与本案事实有关；……"第 214 条规定："控辩双方讯问、发问方式不当或者内容与本案无关的，对方可以提出异议，申请审判长制止，审判长应当判明情况予以支持或者驳回；对方未提出异议的，审判长也可以根据情况予以制止。"这些规定表明，控辩双方出示的证据应当具有关联性，法官对于与本案无关的证据，有权依申请或者依职权决定不予调查，从而防止诉讼争点的混乱和证据调查范围的无限扩大，节约司法资源，提高诉讼效率。最高法《刑诉法解释》第 203 条规定："控辩双方申请证人出庭作证，出示证据，应当说明证据的名称、来源和拟证明的事实。法庭认为有必要的，应当准许；对方提出异议，认为有关证据与案件无关或者明显重复、不必要，法庭经审查异议成立的，可以不予准许。"该规定要求，当且仅当控辩双方提交的证据具有关联性时，法庭才允许其进入法庭调查。无关或者重复的证据，法

---

[1]　沈达明编著：《英美证据法》，中信出版社 1996 年版，第 86 页。
[2]　*Rogers v. Secretary of state for the Home Department*（1972）2 ALL E. R. 1057.

庭可以不予采纳。两院三部《办理死刑案件证据规定》第 32 条规定："对证据的证明力，应当结合案件的具体情况，从各证据与待证事实的关联程度、各证据之间的联系等方面进行审查判断。证据之间具有内在的联系，共同指向同一待证事实，且能合理排除矛盾的，才能作为定案的根据。"在实践中，关联性规则已经成为法官审查判断证据的一条不言自明的标准。而与英美法系有所不同的是，我国《刑事诉讼法》及有关的司法解释都没有具体规定哪些证据没有关联性因而不可采。由于我国实行法官既审理事实问题又负责法律适用的审理模式，移送法院的起诉书中经常列明被告人的前科和曾受处罚的历史，这些资料对表明被告人的社会危险性、帮助法官正确量刑是有意义的，但不能有效地证明被告人实施了指控的犯罪行为。在起诉书中列明这些内容，往往会使事实审理者产生不适当的偏见。

虽然立法上还缺乏关于关联性规则的明确规定，但我国理论界对于"只有对案件事实有证明作用的证据材料才能用作证据"这一点早已达成一致认识。几乎所有的刑事诉讼法学和证据学教材都认为证据必须具有关联性，并将其作为证据的基本特征之一。例如，"可以作为证据的事实，与诉讼中应当予以证明的案件事实，必须存在某种联系，即能够反映一定的案件事实。……在诉讼理论、证据理论中，一般称为证据的相关性或关联性，也有称为证明性的"[1]。传统证据理论认为，证据的关联性是由案件事实决定的，案件事实的发生在客观世界留下了一定的痕迹，这些痕迹被人们所感知，就成为能够证明案件事实的证据。证据与案件事实之间有着本质的、内在的联系，这样证据才具有关联性。近两年出版的证据学教材中对关联性的理解已经不同于以往，其吸收了英美关联性概念中的某些因素。如"证据的关联性（relevancy）又称'相关性'，指的是作为证据内容的事实与案件的待证事实之间存在某种客观的联系，因此具有对案件事实加以证明的实际能力"。又如"诉讼证据的关联性，是指诉讼证据与案件的待证事实之间有客观的联系，这种关联性，要求诉讼证据应该是能够全部或一部（大多数情况下，单个诉讼证据是一部）地证明案件的有关事实是存在还是不存在"[2]。这表明，我国诉讼理论界对于关联性的理解已经逐渐全面。

但是与英美证据法中的关联性理论相比，我国对于关联性及关联性规则的理论研究还有如下区别：

第一，英美证据理论认为，关联性的核心要求是其证明性，即能够证明待

---

[1]　陈一云主编：《证据学》，中国人民大学出版社 1991 年版，第 101 页。
[2]　江伟主编：《证据法学》，法律出版社 1999 年版，第 210 页。

证事实的实际能力；而我国对于关联性的认识仍然十分强调关联的客观性，虽然已经认识到证明性这一基本特征，但还没有给予足够的重视。

第二，证据事实与待证事实之间联系既有内容上的关联，也有形式上的关联。内容上的关联决定了证据证明力的大小，而形式上的关联才与证据资格有关。英美证据法中的关联性，显然指的是后者。而我国证据理论中的关联性概念似乎更强调内容上的关联，这种关联应当属于证明力判断的范畴，而不属于可采性研究的领域。

第三，英美证据法中除了规定关联性规则的一般原则之外，对于某些在实践中经常出现困难的关联性问题也在法律上予以规范，形成与证据关联性有关的具体规则，其中最著名的有品格证据规则、类似事实证据规则等。而我国虽然还没有有关关联性规则的具体法律规定，但在理论上和实践中也基本认可和运用这些规则。

关联性规则

二、非法证据排除规则[1]

我国《宪法》第13条、第37条第3款、第39条、第40条关于保护公民财产权、人身权和隐私权的规定比联合国《两权公约》的有关条款更为详细。[2]我国《刑事诉讼法》中对逮捕、搜查和扣押也提出了若干程序要求。但是1996年《刑事诉讼法》只规定了"严禁刑讯逼供和以威胁、引诱、欺骗以及其他非法的方法收集证据"，而未规定非法证据排除规则。与其配套的最高法《刑诉法解释》第61条明确规定："严禁以非法的方法收集证据。凡经查证确实属于采用刑讯逼供或者威胁、引诱、欺骗等非法的方法取得的证人证言、被害人陈述、被告人供述，不能作为定案的根据。"当时的最高检《刑诉法规则》第265条规定："严禁以非法的方法收集证据。以刑讯逼供或者威胁、引诱、欺骗等非法的方法收集的犯罪嫌疑人供述、被害人陈述、证人证言，不能作为指控犯罪的证据。"

这些司法解释虽然在一定程度上确立了非法言词证据排除规则，但因其规定的内容较为原则，且未规定相应的操作程序，很难在司法实践中发挥应有功能。2010年6月13日，最高人民法院、最高人民检察院、公安部、国家安全部、司法部联合颁布了《非法证据排除规定》和《办理死刑案件证据规定》。这

---

〔1〕 我国的非法证据排除规则采广义上的理解，包括非法实物排除规则和非法言词证据排除规则两种，为方便研究，故一起讨论。

〔2〕 联合国《两权公约》第17条规定："任何人的私生活、家庭、住宅或通信不得加以任意或非法干涉，他人的荣誉和名誉不得加以非法攻击。"

两个司法解释强调了采用刑讯逼供等非法手段取得的言词证据不能作为定案的根据，还进一步对审查和排除非法言词证据的程序、证明责任及讯问人员出庭等问题进行了具体的规范，以确保其得到切实贯彻。这无疑是我国证据制度的一项突破性的改革举措。2018年修正的《刑事诉讼法》第56、58、59、60条吸收了上述两个证据规定的相关内容，从而在刑事诉讼法中明确确立了非法证据排除规则。

此后，2013年最高人民法院出台《关于建立健全防范刑事冤假错案工作机制的意见》扩大了非法证据排除的范围并确立了严重违反法定程序取得供述的排除规则；2013年十八届三中全会《关于全面深化改革若干重大问题的决定》在"推进法治中国建设"部分专门指出，完善人权司法保障制度，并明确要求严禁刑讯逼供、体罚虐待，严格实行非法证据排除规则；2014年，十八届四中全会《关于全面推进依法治国若干重大问题的决定》在"保证公正司法，提高司法公信力"部分专门指出，推进以审判为中心的诉讼制度改革，健全落实非法证据排除的法律制度，完善对限制人身自由司法措施和侦查手段的司法监督，加强对刑讯逼供和非法取证的源头预防。由此，非法证据排除规则的修改完善被纳入中央新时期全面深化改革的规划之中。最终，两院三部《严格排除非法证据规定》于2017年6月公开发布。为贯彻落实两院三部《关于推进以审判为中心的刑事诉讼制度改革的意见》以及两院三部《严格排除非法证据规定》，最高法也制定了《人民法院办理刑事案件庭前会议规程（试行）》《人民法院办理刑事案件排除非法证据规程（试行）》《人民法院办理刑事案件第一审普通程序法庭调查规程（试行）》以规范非法证据排除程序。

在民事诉讼中，最高法《民诉证据规定》第68条规定："以侵害他人合法权益或者违反法律禁止性规定的方法取得的证据，不能作为认定案件事实的依据。"此外，最高法《民诉法解释》第106条规定："对以严重侵害他人合法权益、违反法律禁止性规定或者严重违背公序良俗的方法形成或者获取的证据，不得作为认定案件事实的根据。"这些都是民事诉讼中有关排除非法证据的规定。

在行政诉讼中，我国《行政诉讼法》第43条第3款规定："以非法手段取得的证据，不得作为认定案件事实的根据。"最高法《行诉法解释》第43条规定："有下列情形之一的，属于行政诉讼法第43条第3款规定的'以非法手段取得的证据'：①严重违反法定程序收集的证据材料；②以违反法律强制性规定的手段获取且侵害他人合法权益的证据材料；③以利诱、欺诈、胁迫、暴力等手段获取的证据材料。"此外，最高法《行诉证据规定》第58条规定："以违反法律禁止性规定或者侵犯他人合法性权益的方法取得的证据，不能作为认定案件事实的依据。"这些规定相当于行政诉讼中的非法证据排除规则。

我国之所以要确立非法证据排除规则，不仅是为了适应世界潮流，更由于该规则具有保障实现司法公正的重要价值：①程序价值，即保障人权的价值。保障人权是我国实行民主、法治的应有之义，并于 2004 年将"国家尊重和保障人权"载入《宪法》（第 33 条第 3 款），为我国刑事司法的人权保障提供了宪法依据。在刑事诉讼中，人权保障主要是指诉讼参与人的权利保障，其中的重中之重是犯罪嫌疑人、被告人的程序人权保障。因为他们在刑事诉讼中是被公安司法机关追究刑事责任的对象，处于弱势的地位，其合法权利最容易被公安司法机关所侵犯，这就要求公安司法机关按照无罪推定原则的精神，充分尊重和保障他们的程序人权，如严禁刑讯逼供、非法搜查扣押和其他以侵犯人权的方式取证。非法证据排除规则正是对非法取证行为的鲜明否定和有力制裁措施。通过对非法证据的排除，可以有效地遏制侦查违法取证现象的发生，使犯罪嫌疑人、被告人的合法权益免受侵害，从而加强诉讼人权保障，彰显正当程序的正义价值。②实体价值，即有利于查明案件事实真相。在中外诉讼法学界，不少学者认为非法证据排除规则不利于发现案件事实真相。这种观点仅看到有罪的被告人因非法证据排除而被宣告无罪的事实，而没有看到无罪的被告人因非法证据未被排除而被宣告有罪的严酷事实。实际上，近些年见诸报端的杜培武案、佘祥林案、赵作海案等许多冤案错案几乎全部是由刑讯逼供造成的。实践证明，通过刑讯或其他非法手段获得的犯罪嫌疑人、被告人的认罪供述有可能是真实的，但更多的是犯罪嫌疑人无法承受刑讯折磨之苦，被迫假招供、乱攀供，导致真假混淆、是非颠倒，从而造成冤案。正如意大利著名刑法学者贝卡里亚所指出的，刑讯"保证使强壮的罪犯获得释放，并使软弱的无辜者被定罪和处罚"。[1]非法证据排除规则把非法取得的证据排除在诉讼之外，在很大程度上避免了根据虚假的证据对案件事实作出错误认定的情形，有利于最大限度地防止、减少冤案错案的发生。[2]

我国《刑事诉讼法》中的非法证据排除规则规定了如下几个方面的内容：

1. 非法证据的内涵和外延。《刑事诉讼法》第 56 条第 1 款规定："采用刑讯逼供等非法方法收集的犯罪嫌疑人、被告人供述和采用暴力、威胁等非法方法收集的证人证言、被害人陈述，应当予以排除。收集物证、书证不符合法定程序，可能严重影响司法公正的，应当予以补正或者作出合理解释；不能补正

第五章

---

〔1〕 ［意］贝卡里亚：《论犯罪与刑罚》，黄风译，中国大百科全书出版社 1993 年版，第 32~33 页。

〔2〕 参见陈光中："刑事证据制度改革若干理论与实践问题之探讨——以两院三部《两个证据规定》之公布为视角"，载《中国法学》2010 年第 6 期。

或者作出合理解释的，对该证据应当予以排除。"该规定明确了非法证据既包括非法言词证据，也包括非法实物证据。

　　根据《刑事诉讼法》的规定，采用刑讯逼供等非法方法收集的犯罪嫌疑人、被告人供述和采用暴力、威胁等非法方法收集的证人证言、被害人陈述，属于非法言词证据。由于对非法言词证据的界定使用了两个"等"字，规定欠明确的表述，曾经引发了对非法取证手段范围的争议，特别是对犯罪嫌疑人、被告人供述的非法取证手段，存在不同理解。我们认为，我国的非法证据排除规则虽然重在强调刑讯逼供的非法性，但结合《刑事诉讼法》第52条的规定："……严禁刑讯逼供和以威胁、引诱、欺骗以及其他非法方法收集证据……"威胁、引诱、欺骗以及其他非法方法也在禁止之列，采用这些方法所取得的口供亦应依法加以排除。在此需要注意两点：其一，通过刑讯逼供等非法方法取得的证据应当排除是指该证据不能被用作追究犯罪嫌疑人、被告人刑事责任的证据；但可以用该证据来证明侦查机关对犯罪嫌疑人、被告人实施了刑讯逼供。其二，需要排除的非法言词证据仅指通过刑讯逼供、暴力、威胁等方法取得的证据，而讯问过程中的程序瑕疵，如讯问笔录制作不完善等情形下取得的证据，则不属于非法言词证据。

　　由于当前实践中对犯罪嫌疑人的讯问采用赤裸裸的暴力手段已不多见，更多是采用变相的刑讯手段，例如，使用电棒触打，疲劳讯问，让被讯问人受酷热、冷冻和饥渴煎熬以及服某些药品等，这些手段是否属于"等"的范围也亟待更为具体的解释。为此，最高法《刑诉法解释》第95条第1款将非法方法进一步界定为："使用肉刑或者变相肉刑，或者采用其他使被告人在肉体上或者精神上遭受剧烈疼痛或者痛苦的方法，迫使被告人违背意愿供述的，应当认定为刑事诉讼法第56条规定的'刑讯逼供等非法方法'。"最高检《刑诉法规则》第65条第2、3款也规定："刑讯逼供是指使用肉刑或者变相使用肉刑，使犯罪嫌疑人在肉体或者精神上遭受剧烈疼痛或者痛苦以逼取供述的行为。其他非法方法是指违法程度和对犯罪嫌疑人的强迫程度与刑讯逼供或者暴力、威胁相当而迫使其违背意愿供述的方法。"两高的司法解释显然借鉴了联合国《禁止酷刑公约》对酷刑的定义，[1]并加入了"自愿性"的衡量标准。两院三部《严格排除非法证据规定》和最高法《排除非法证据规程》也对刑讯逼供这一非法方法的具体类型和常见情形进行了规定，"采取殴打、违法使用戒具等暴力方法或者变

第
五
章

---

〔1〕　联合国《禁止酷刑公约》第1条规定："'酷刑'是指为了向某人或第三者取得情报或供状，为了他或第三者所作或涉嫌的行为对他加以处罚，或为了恐吓或威胁他或第三者，或为了基于任何一种歧视的理由，蓄意使某人在肉体或精神上遭受剧烈疼痛或痛苦的任何行为。"

相肉刑的恶劣手段，使犯罪嫌疑人、被告人遭受难以忍受的痛苦而违背意愿作出的供述，应当予以排除"，即在"暴力方法"上列举了"殴打、违法使用戒具"等常见情形。上述解释对于进一步明确非法言词证据的范围有一定积极意义，但实践中仍然存在诸多界定非法言词证据的难题，例如，疲劳讯问属于非法取证手段已成为一种共识，但是如何予以区分疲劳讯问与正常讯问则缺乏明确的指南。再如，威胁、引诱、欺骗与侦查人员的讯问策略之间如何区分也是当前实践中面临的一大难题。对此，两院三部《严格排除非法证据规定》第3条明确规定了对"采取以暴力或者严重损害本人及其近亲属合法权益等进行威胁的方法"获取的犯罪嫌疑人、被告人供述的排除，但是并未涉及对于引诱、欺骗方法获取的供述的排除问题。因此，还需要在实践过程中摸索、总结更具指导性的操作指南。另外值得注意的是，《严格排除非法证据规定》第5条还规定："采用刑讯逼供方法使犯罪嫌疑人、被告人作出供述，之后犯罪嫌疑人、被告人受该刑讯逼供行为影响而作出的与该供述相同的重复性供述，应当一并排除，但下列情形除外：①侦查期间，根据控告、举报或者自己发现等，侦查机关确认或者不能排除以非法方法收集证据而更换侦查人员，其他侦查人员再次讯问时告知诉讼权利和认罪的法律后果，犯罪嫌疑人自愿供述的；②审查逮捕、审查起诉和审判期间，检察人员、审判人员讯问时告知诉讼权利和认罪的法律后果，犯罪嫌疑人、被告人自愿供述的。"即我国初步确立了重复性供述排除规则。

关于非法实物证据的界定，《刑事诉讼法》规定了三个要件：①该物证、书证的取得违反法定程序；②可能严重影响司法公正；③不能补正或者作出合理解释。最高法《刑诉法解释》第95条第2款规定："认定刑事诉讼法第56条规定的'可能严重影响司法公正'，应当综合考虑收集物证、书证违反法定程序以及所造成的后果的严重程度等情况。"最高检《刑诉法规则》第66条第3款规定："本条第1款中的可能严重影响司法公正是指收集物证、书证不符合法定程序的行为明显违法或者情节严重，可能对司法机关办理案件的公正性造成严重损害；补正是指对取证程序上的非实质性瑕疵进行补救；合理解释是指对取证程序的瑕疵作出符合常理及逻辑的解释。"两院三部《严格排除非法证据规定》第7条也规定："收集物证、书证不符合法定程序，可能严重影响司法公正的，应当予以补正或者作出合理解释；不能补正或者作出合理解释的，对有关证据应当予以排除。"上述规定和配套解释表明我国对于非法实物证据的排除模式类似于英国和法国，法院不能直接排除非法物证而是更倾向于"采纳"，但是在取证过程中出现严重违法以致影响公正审判时需要控方进行补强。这说明我国对非法实物证据的排除设置了很高的门槛，能够满足上述几个条件而被排除的实

第五章

物证据很少。此外，我国非法实物证据的排除也未涉及"毒树之果"是否排除的问题。因为"毒树之果"虽然是根据非法证据所提供的线索而获得的证据，但它本身取得的手段是合法的。考虑到查明事实真相的需要，对它不予排除具有现实合理性，而且这也是目前世界多数国家的做法。

2. 排除的机关和诉讼阶段。在西方国家，非法证据排除规则的适用主要是指法官在审判阶段对非法证据的排除，而我国《刑事诉讼法》第56条第2款则规定了公安司法机关主动排除非法证据的义务："在侦查、审查起诉、审判时发现有应当排除的证据的，应当依法予以排除，不得作为起诉意见、起诉决定和判决的依据。"该款规定非法证据排除规则不仅适用于审判阶段，还适用于侦查阶段和审查起诉阶段。

3. 检察院对侦查人员非法取证的行为依法进行法律监督。《刑事诉讼法》第57条规定："人民检察院接到报案、控告、举报或者发现侦查人员以非法方法收集证据的，应当进行调查核实。对于确有以非法方法收集证据情形的，应当提出纠正意见；构成犯罪的，依法追究刑事责任。"该规定一是明确了人民检察院是对侦查机关非法取证行为进行监督的法定主体；二是明确了检察院发现非法取证行为的材料来源，包括有关单位和个人的报案、控告和举报，以及检察院主动发现非法取证行为的情形；三是赋予了检察院调查核实的义务；四是规定了检察院可以采取的处理，包括提出纠正意见或者依法追究刑事责任。

两院三部《严格排除非法证据规定》也规定了检察院对证据收集合法性的监督审查职责。例如，两院三部《严格排除非法证据规定》第13条第2款规定："看守所收押犯罪嫌疑人，应当进行身体检查。检查时，人民检察院驻看守所检察人员可以在场。检查发现犯罪嫌疑人有伤或者身体异常的，看守所应当拍照或者录像，分别由送押人员、犯罪嫌疑人说明原因，并在体检记录中写明，由送押人员、收押人员和犯罪嫌疑人签字确认。"第14条第3款也规定："对重大案件，人民检察院驻看守所检察人员应当在侦查终结前询问犯罪嫌疑人，核查是否存在刑讯逼供、非法取证情形，并同步录音录像。经核查，确有刑讯逼供、非法取证情形的，侦查机关应当及时排除非法证据，不得作为提请批准逮捕、移送审查起诉的根据。"

此外，两院三部《严格排除非法证据规定》第14条第1款还规定："犯罪嫌疑人及其辩护人在侦查期间可以向人民检察院申请排除非法证据。对犯罪嫌疑人及其辩护人提供相关线索或者材料的，人民检察院应当调查核实。调查结论应当书面告知犯罪嫌疑人及其辩护人。对确有以非法方法收集证据情形的，人民检察院应当向侦查机关提出纠正意见。"第17条也有类似规定。上述规定也是对审前机关依职权主动排除非法证据的一种补充，即可以依犯罪嫌疑人及其辩护人的申请进行排除。

4. 非法证据排除程序的启动。《刑事诉讼法》第 58 条规定："法庭审理过程中，审判人员认为可能存在本法第 56 条规定的以非法方法收集证据情形的，应当对证据收集的合法性进行法庭调查。当事人及其辩护人、诉讼代理人有权申请人民法院对以非法方法收集的证据依法予以排除。申请排除以非法方法收集的证据的，应当提供相关线索或者材料。"该条规定了非法证据排除程序的两种启动模式：一是审判人员依职权启动调查程序，其启动条件为可能存在《刑事诉讼法》第 56 条规定的非法取证情形的；二是审判人员依当事人申请启动调查程序，当事人及其辩护人、诉讼代理人提出申请的同时需承担提供相关线索或者材料的责任。根据最高法《刑诉法解释》第 96 条的规定，申请排除非法证据的当事人一方"应当提供涉嫌非法取证的人员、时间、地点、方式、内容等相关线索或者材料"。最高法《排除非法证据规程》第 5 条也规定："被告人及其辩护人申请排除非法证据，应当提供相关线索或者材料。'线索'是指内容具体、指向明确的涉嫌非法取证的人员、时间、地点、方式等；'材料'是指能够反映非法取证的伤情照片、体检记录、医院病历、讯问笔录、讯问录音录像或者同监室人员的证言等。被告人及其辩护人申请排除非法证据，应当向人民法院提交书面申请。被告人书写确有困难的，可以口头提出申请，但应当记录在案，并由被告人签名或者捺印。"上述规定并不意味着申请方需承担证明责任，只是遵照行使权利者亦需承担相应义务的原理，履行力所能及的提供相关线索或者材料的义务。

5. 证据合法性的证明责任与证明方式。由于控辩双方力量对比的悬殊，世界各国的非法证据排除程序普遍采用举证责任倒置的做法，即申请排除非法证据的当事人无须承担证明存在非法取证行为的义务，而由控方反证其证据的取得合法。《刑事诉讼法》第 59 条第 1 款规定："在对证据收集的合法性进行法庭调查的过程中，人民检察院应当对证据收集的合法性加以证明。"最高法《排除非法证据规程》第 6 条也明确规定："证据收集合法性的举证责任由人民检察院承担。"不仅如此，《刑事诉讼法》第 59 条第 2 款还规定了控方履行证明责任的方式："现有证据材料不能证明证据收集的合法性的，人民检察院可以提请人民法院通知有关侦查人员或者其他人员出庭说明情况；人民法院可以通知有关侦查人员或者其他人员出庭说明情况。有关侦查人员或者其他人员也可以要求出庭说明情况。经人民法院通知，有关人员应当出庭。"这说明通知有关侦查人员或者其他人员出庭作证是控方在现有证据材料无法证明证据收集程序合法的情形下的补充证明方式。此外，《刑事诉讼法》第 123 条规定："侦查人员在讯问犯罪嫌疑人的时候，可以对讯问过程进行录音或者录像；对于可能判处无期徒刑、死刑的案件或者其他重大犯罪案件，应当对讯问过程进行录音或者录像。录音、录像应当全程进行，保持完整性。"最高检《刑诉法规则》第 75 条第 1 款规定："……必要时，公诉人可以提请法庭当庭播放相关时段的讯问录音、录像，对有关意义或者事实进行质证。"这说明播放讯问期间的同步录音录像也是控方证明证据合法性的方式之一。最高法《排除非法证据规程》第 20 条也对控方证明证据收集合法性的方式进行了规定："公诉人对证据收集的合法性加以证明，可以出示讯问笔录、提讯登记、体检记录、采取强制措施或者侦查措施的法律文书、侦查终结前对讯问合法性的核查材料等证据材料，也可以针对被告人及其辩护人提出异议的讯问时段播放讯问录音录像，提请法庭通知侦查人员或者其他人员出庭说明情况。不得以侦查人员签名并加盖公章的说明材料替代侦查人员出庭。庭审中，公诉人当庭不能举证或者为提供新的证据需要补充侦查，建议延期审理的，法庭可以同意。"《刑事诉讼法》第 58 条第 2 款规定："当事人及其辩护人、诉讼代理人有权申请人民法院对以非法收集的证据依法予以排除。申请排除以非法方法收集的证据的，应当提供相应线索或者材料。"该规定说明辩方申请启动非法证据排除程序负有提供"线索或者材料"的责任。而针对现实中辩方申请排除非法证据，因无法获取并提供相关线索或材料而导致非法证据排除启动难的情况，两院三部《严格排除非法证据规定》第 22 条规定："犯罪嫌疑人、被告人及其辩护人向人民法院、人民检察院申请调取公安机关、国家安全机关、人民检察院收集但未提交的讯问录音录像、体检记录等证据材料，人民法院、人民检察院经审查认为犯罪嫌疑人、被告人及其辩护人申请调取的证据材料与证明证据收集的合法性有联系的，应当予以调取；认为与证明证据收集的合法性没有联系的，应当决定不予调取并向犯罪嫌疑人、被告人及其辩护人说明理由。"

6. 非法证据排除程序中的证明标准。《刑事诉讼法》第 60 条规定了非法证据的证明标准："对于经过法庭审理，确认或者不能排除存在本法第 56 条规定的以非法方法收集证据情形的，对有关证据应当予以排除。"据此，一旦启动非法证据排除的法庭调查程序，控方对证据合法性的证明就必须达到能使法官确信不存在非法取证情形或者至少是排除合理怀疑的程度，否则将对有关证据予以排除。这与我国刑事诉讼中有罪判决所采取的证明标准相同，是最高层次的证明标准。从理论上来说，此证明标准是有可能达到的，但是，从司法实践来看，该标准要求苛刻，在多数案件中难以达到。因为我国侦查程序比较封闭，导致控方提供的证据多为侦查机关单方面的材料，其证明力不强；即便有录音、录像，实践中进行全程同步录音录像的情形也不太多。

与我国如此高的证明标准不同，一些国家或地区采用了低于有罪判决的证明标准。如美国联邦最高法院曾在一个判例中作出解释，"在排除聆讯的证明中，不应施加大于优势证据的负担"。[1] 日本对此也不采取适用于实体事实的严格证明标准，而采取低于严格证明的适用于程序事实的自由证明标准。[2] 为了能够真正实行非法证据排除规则，应当适度降低对证据合法性证明要达到的程度，采用明显优势证明标准，这样既有利于实现发现案件真实与程序正义之间的平衡，又有利于实务部门的具体操作。

三、原始证据优先规则

我国《刑事诉讼法》中虽然没有明文规定，但最高法《刑诉法解释》第70条第1款规定："据以定案的物证应当是原物。原物不便搬运，不易保存，依法应当由有关部门保管、处理，或者依法应当返还的，可以拍摄、制作足以反映原物外形和特征的照片、录像、复制品。"最高法《刑诉法解释》第71条针对书证也作了类似规定。两院三部《办理死刑案件证据规定》第6~9条对物证、书证两类证据的采集、运用作出了详细规定，可以认为此司法解释部分奠定了我国的原始证据优先规则。在民事诉讼中，《民事诉讼法》第70条第1款规定："书证应当提交原件。物证应当提交原物。提交原件或者原物确有困难的，可以提交复制品、照片、副本、节录本。"并且最高法《民诉法解释》第111条还对《民事诉讼法》第70条规定的"提交书证原件确有困难"的情形进行了解释。[3] 最高法《民诉证据规定》[4] 第10条规定："当事人向人民法院提供证据，应当提供原件或者原物。如需自己保存证据原件、原物或者提供原件、原物确有困难的，可以提供经人民法院核对无异的复制件或者复制品。"

四、传闻证据排除规则

我国三大诉讼法虽然都没有明确规定传闻证据规则，但是都有关于证人出庭作证的规定。例如，《刑事诉讼法》第61条规定："证人证言必须在法庭上经过公诉人、被害人和被告人、辩护人双方质证并且查实以后，才能作为定案的

---

[1]　*United States v. Matlock*，415 U.S. 164，94 S. Ct. 988，39 L. Ed. 2d 242（1974）

[2]　参见［日］田口守一：《刑事诉讼法》，刘迪等译，法律出版社2000年版，第220~221页。

[3]　最高院《民诉法解释》第111条规定："民事诉讼法第70条规定的提交书证原件确有困难，包括下列情形：①书证原件遗失、灭失或者毁损的；②原件在对方当事人控制之下，经合法通知提交而拒不提交的；③原件在他人控制之下，而其有权不提交的；④原件因篇幅或者体积过大而不便提交的；⑤承担举证证明责任的当事人通过申请人民法院调查收集或者其他方式无法获得书证原件的。前款规定情形，人民法院应当结合其他证据和案件具体情况，审查判断书证复制品等能否作为认定案件事实的根据。"

[4]　该规定于2001年12月6日最高人民法院审判委员会第1201次会议通过。

根据。……"第 62 条规定："凡是知道案件情况的人，都有作证的义务。"这是关于证人出庭作证的一般性规定。《刑事诉讼法》第 192 条进一步规定了证人必须出庭作证的条件：①公诉人、当事人或者辩护人、诉讼代理人对证人证言有异议；②该证人证言对案件定罪量刑有重大影响；③人民法院认为证人有必要出庭作证。第 193 条规定了证人应当出庭而不出庭将会受到的法律制裁，包括强制出庭、训诫甚至拘留的制裁措施。但是《刑事诉讼法》并未明确说明应当出庭而不出庭的证人证言可否采纳，因而我国目前尚未明确确立传闻证据排除规则。

《民事诉讼法》第 72 条第 1 款规定："凡是知道案件情况的单位和个人，都有义务出庭作证。有关单位的负责人应当支持证人作证。"最高法《民诉法解释》第 103 条第 1 款规定："证据应当在法庭上出示，由当事人互相质证。未经当事人质证的证据，不得作为认定案件事实的根据。"最高法《民诉证据规定》第 55 条第 1 款规定："证人应当出庭作证，接受当事人的质询。"而对于证人向法庭转述亲身感知事实的人所作的陈述，最高法《民诉证据规定》第 57 条明确规定了出庭作证的证人只能客观陈述其亲身感知的事实，即不能转述他人的陈述。最高法《行诉证据规定》第 41 条也规定："凡是知道案件事实的人，都有出庭作证的义务。……"但是这两部诉讼法也未明确规定不出庭作证的证人证言是否应当予以排除。

传闻证据

五、意见证据规则

我国三大诉讼法中虽未明确规定意见证据规则，但是相关司法解释体现了意见证据规则的精神。最高法《刑诉法解释》第 75 条第 2 款规定："证人的猜测性、评论性、推断性的证言，不得作为证据使用，但根据一般生活经验判断符合事实的除外。"最高法《民诉证据规定》第 57 条第 2 款规定："证人作证时，不得使用猜测、推断或者评论性的语言。"最高法《行诉证据规定》第 46 条规定："证人应当陈述其亲历的具体事实。证人根据其经历所作的判断、推测或者评论，不能作为定案的根据。"

意见证据

第二编 证 据 论

第六章

证据概述

■ 第一节 证据的概念

尽管"证据"一词是证据法和证据法学的基础概念，表面看来并不晦涩难懂，但就这一概念所下定义，却众说纷纭、难以统一。

作为一个法律术语，"证据"一词有多种解释，实难统一。许多年前，我国就有学者指出："证据之定义甚多，有仅指证据原因（证据资料）而言者，有指证明及证明结果而言者，有包含证明、证明结果、证明原因而言者，更有指证明结果，证明原因与证据方法而言者，论者纷纷，莫衷一是。"[1] 对于此种观点，外国也可以找到同样的看法，例如，日本学者田口守一就曾说过："证据一词是多义词，有各种各样的定义。"[2]

总的说来，关于证据的定义，主要有事实说、材料说、原因说和论据说等。分述如下：

一、事实说

这里的"事实"是指"事情的真实情况"。[3] 事实说曾经在我国证据法学研究中影响最大，几乎成为通说。

第六章

---

[1] 郑竞毅、彭时编著：《法律大辞书》，商务印书馆1936年版，第2198页。

[2] ［日］田口守一：《刑事诉讼法》，刘迪等译，法律出版社2000年版，第218页。

[3] 中国社会科学院语言研究所词典编辑室编：《现代汉语词典》，商务印书馆1996年版，第1153页。

事实说的主张者认为，证据是能够证明案件真实情况的一切事实。具有代表性的表述是：刑事诉讼证据是侦查、检察、审判等人员依法收集和查对核实的、同刑事案件有关并能证明案件真实情况的一切事实。在我国民国时期也存在这样的定义，如"要之证据乃一种根据事实，以证明他种不明事实之用者也"。[1] 将证据等同于事实的证据概念在我国当代诉讼法学中最具影响力。不少学者都是在"证据是事实"这一基本框架内为"诉讼证据"进行定义的。诸如："诉讼证据是能够证明案件真实情况的客观事实"[2]，"我国刑事诉讼证据是侦查、检察、审判人员依照法定程序收集用以确定或否定犯罪事实，证明被告人有罪或无罪，加重或减轻刑事责任的一切客观事实"[3]，等等。我国当代的事实说显然是受到了苏联法学观点的影响，例如，苏联学者贝斯特洛娃为"证据"所下的定义为："是借某项事实的帮助来证实或确定其他尚未确知的事实。"她还进一步解释说："苏维埃的证据理论把'事实'一语理解为物质世界存在的一切现象。"[4]

我国《刑事诉讼法》在 2012 年修改前采纳事实说，将"证据"定义为"证明案件真实情况的一切事实"，并列举了证据的种类，包括：物证、书证；证人证言；被害人陈述；犯罪嫌疑人、被告人供述和辩解；鉴定结论（现称"鉴定意见"）；勘验、检查笔录（现称"勘验、检查、辨认、侦查实验等笔录"）；视听资料（现称"视听资料、电子数据"）。

一般认为，从这一规定看，"证据"具有以下含义：①从证据内容上看，它含有与案件有关的事实；②从证据形式上看，表现为法律确认的形式；③从证明关系上看，它具有能够证明案件真实情况的作用。

单看 1996 年《刑事诉讼法》为"证据"所下的定义，不难发现，将证据等同于事实的观点，正是采取了证据概念上的事实说的结果。

除了事实说以外，也有学者主张证据具有双重含义，产生双重含义说。主张者认为，证据一方面指事实，即能够证明案件真实情况的一切事实；也可以指证据的表现形式，即证人证言、物证、书证等各个证据种类。由于证据可以从以上两个方面理解，因此证据具有双重含义。这种观点，虽然是对事实说持有的不同看法，算是对事实说的修正，但其观点中仍然保留了证据等同于事实这一基本观点，即认为证据的含义之一是与事实等同。

第六章

---

〔1〕 郑竞毅、彭时编著：《法律大辞书》，商务印书馆 1936 年版，第 2198 页。
〔2〕 江伟主编：《证据法学》，法律出版社 1999 年版，第 206 页。
〔3〕 张子培等：《刑事证据理论》，群众出版社 1982 年版，第 87 页。
〔4〕 ［苏］贝斯特洛娃编著：《刑事诉讼》，中国人民大学出版社 1952 年版，第 34 页。

虽然事实说影响不小，在我国几乎成为通说，但并非没有质疑者。在苏联法学中，就存在对事实说的异议。有学者对事实说提出诘难，认为证据是证据的内容（事实材料）与证据的形式（证明手段）的统一，代表性的观点为："从科学的观点来看，在诉讼证据中，形式和内容是辩证的统一。内容，就是事实材料，也就是有关事实的情况；而诉讼证据的形式，则是证明手段。对于诉讼证据来说，必须有这两种要素。证明手段如不包含案情和事实，那就什么也不能证明，相反，如果事实材料不是根据法律规定的证明手段取得的，它们就不能用来作为诉讼证据，也不能成为法院判决的根据。"[1]

对事实说的质疑，产生了证据是其内容（证据所含有的有关案件事实的信息）与形式（表现为各种证据种类的载体）相统一的观点，我国一些学者认同统一说，为"证据"所下定义为：证据是以法律规定的形式表现出来的能够证明案件真实情况的一切事实。[2]

我们认为，证据统一说才是正确的。证据是由内容和形式共同构成的。证据的内容即事实材料，亦即案件事实的有关情况；证据的形式，又称为证明手段，它是证据的种种表现形式。证据乃是事实与证明手段的统一体。证据统一说的主张者不同意将证据的内容与形式分割开来或者无视证据的形式的观点，他们对证据的事实说和双重含义说进行了诘难，指出证明手段如不包含案情和事实，那就什么都不能证明；反之，如果事实材料不依附于一定的证据形式，就无法存在并进入诉讼的轨道成为裁判的依据。这一观点是有说服力的。

二、材料（资料）说

在一般意义上，证据是"能够证明某事物的真实性的有关事实或材料"[3]。在一本发行极广的简明英文辞典中，证据（Evidence）一词被解释为"为相信某事或证明某事提供原因的资料"[4]，或者"在法庭提出的用以确认主张事实的事物"[5]。由此可见，一些学者给证据下定义，将证据内涵表述为材料或者资料。

我国《刑事诉讼法》在 2012 年再修正时为"证据"重新下了定义，摒弃事实说，改采材料说。2018 年修正的《刑事诉讼法》第 50 条第 1 款规定："可以用于证明案件事实的材料，都是证据。"

---

〔1〕 ［苏］A. A. 多勃洛沃里斯基：《苏维埃民事诉讼》，李衍译，法律出版社 1985 年版，第 198 页。

〔2〕 陈光中、徐静村主编：《刑事诉讼法学》，中国政法大学出版社 2002 年版，第 129 页。

〔3〕 中国社会科学院语言研究所词典编辑室编：《现代汉语词典》，商务印书馆 1996 年版，第 1608 页。

〔4〕 Oxford University Press（Sd），*Oxford Advanced Learning Dictionary of Current English*，Forth Edition，p. 413.

〔5〕 Merriam-Webster, Revise Edition, *The Merriam-Webster Dictionary*，p. 263.

不仅如此，在司法实践和学者论著中，除了将证据本身定义为"材料"外，还常常使用"证据材料"的概念，其含义与"证据"一词近似或者相同。不过，曾有学者将"证据"与"证据材料"相区别，如有学者指出："在法学界，多年以来，一直有不少学者主张将证据与证据材料两个概念区分开来：证据，就是指能够证明案件事实情况的一切事实；证据材料，则是指诉讼法律关系主体收集到用以证明案件事实真实情况的事实材料。我们认为，这种区分是有相当道理的。"〔1〕我国《刑事诉讼法》改为采纳材料说之后，这种区分已经变得意义不大。

在我国证据法学中，曾有学者使用"证据资料"一词并与"证据"小心翼翼区别开来，认为凡被法院确认为真实可信、与案件有关联并被采纳为定案依据的，都称为"证据"，在此之前被用来证明案件事实的资料，被称为"证据资料"而非"证据"有学者指出："在理解刑事证据的概念时，需要注意的是不同的法律条文中使用'证据'一词时，涵义并不相同。有时'证据'是指证据资料，即有待查证属实的证据的原始素材。例如，物证、书证、证人证言等各种类型的'证据'，在未经查证属实之前，仅仅是证据资料，这些证据资料可能真实也可能不真实，需要经过审查判断才能确定，因此，《刑事诉讼法》第50条第3款规定：'证据必须经过查证属实，才能作为定案的根据。'经过查证属实，符合法律规定的表现形式，具有能够证明案件真实情况的事实内容的，才是真正的证据。"〔2〕

三、方法（手段）说

这种观点的主张者认为，证据是认定某一特定事实的方法或者手段。例如，英国学者威廉·肖（William Shaw）指出："从广义上说，'证据'一词是能够使未知或者存在争议的事实变得清楚的一切手段。一般人在就日常生活中的某些事项形成某一意见或者得出某一结论时，通常应用的是这种意义上的'证据'。从广泛的来源中获取证据并形成结论，那可能是从他所看到的、听到的、读到的甚至是别人告诉给他的，或者是从这些来源中推导出来的。"〔3〕英国学者詹姆斯·菲利普给"证据"下的定义是："证据即证明事实的方法。"苏联学者克林曼也认为："证据不是别的东西，而是确定真实情况的一种手段……是借以确

---

〔1〕　江伟主编：《证据法学》，法律出版社1999年版，第207页。
〔2〕　陈光中、徐静村主编：《刑事诉讼法学》，中国政法大学出版社2002年版，第129页。
〔3〕　William Shaw, *Evidence in Criminal Cases*, Butterworth & Co. (Publishers) Ltd., 1954, pp. 2~3.

认对某一案件有法律意义的事实存在或不存在的一种手段。"[1]

证据本为借以揭示、认定事实的一种方法或者手段，殆无疑义，但这类定义给人一种表面化、尚未深入证据实质的感觉，在我国证据法学研究中不大流行。

四、原因（结果说）

这种观点的主张者认为，证据是确信某种事物存在或者不存在的原因。英国法学家边沁曾给"证据"下定义，认为："在最广泛意义上，把证据假设为一种真实的事物，成为相信另一种事实存在或者不存在的理由的当然事实。"这虽为原因说，实际上也是事实说。[2] 汪翰章主编的《法律大辞典》一书对"证据"所下的定义是"民刑诉讼上决定系争事实真伪之原因也"。[3] 我国台湾地区学者陈朴生给"证据"所下定义为："证据，乃为证明要证事实，使臻明了之原因，亦称证明之手段，即依据已知之资料，以推理其事实之存在或不存在是。"[4] 又称："'证据'一语，本指从其物体调查所得之资料，因而使法院得以确信其事实为真实之义。"[5] 从客观意义上说，证据大多是指"提供用以确认事项的资料的人或物"，即被告人、证人、鉴定人、痕迹、物品、文书等；也可以指被告人的陈述、证人证言、鉴定人的鉴定意见、痕迹或者物品的状态、文书的内容等，它们都是"用以确认事项的资料"，被称为"证据原因"。

除原因说外，也有将证据定义为一种结果的。如日本学者松冈义正将"证据"定义为："证据者，举证和证据调查之结果也。"[6]

由此可见，证据的概念五花八门，并不一致。实际上，所谓"证据"，无非是"证之据"，人为地将这一概念复杂化，只会给人们的理解和交流增加障碍。我们认为，在给证据下定义时，应当采取简约的定义，凡作为在诉讼中认定某一法律事实的方法或者手段提出者，无不可视为证据。如今，我国《刑事诉讼法》采纳材料说为"证据"重下的定义比采纳事实说所下定义向证据定义的科学化跨进了一步。

日本法学家松尾浩也指出："证据是多种多样的，但所有证据的共同特点

---

〔1〕　崔敏主编：《刑事证据理论研究综述》，中国人民公安大学出版社 1990 年版，第 2 页。

〔2〕　郑竞毅、彭时编著：《法律大辞书》，商务印书馆 1936 年版，第 2197 页。

〔3〕　汪翰章主编：《法律大辞典》，上海大东书局 1934 年版，第 1803 页。

〔4〕　陈朴生：《刑事证据法》，三民书局 1979 年版，第 69 页。

〔5〕　陈朴生：《刑事证据法》，三民书局 1979 年版，第 71~72 页。

〔6〕　崔敏等主编：《刑事证据理论研究综述》，中国人民公安大学出版社 1990 年版，第 2 页。

是，它们都是反映特定事实的信息媒体。"[1] 犯罪事实一旦发生，有关它的信息将依附于两方载体之上：①为人所感知。即案件事实转化为信息依附于人这一载体。作为这一载体的人包括证人、被害人、被告人等，他们都是在案件事实发生过程中或者发生前后感知与案件有关的事实的，这些事实通过人的感觉器官进入人脑并得到记忆。②在现场和现场外遗留的反映案件事实以及与之相关的事实的痕迹、物品、文字材料，即反映案件事实的信息依附于物这一载体。这一载体包括各种痕迹物品、作案工具、书证等。人和物这两方载体就是所谓的"证据方法"，它们是提供"证据资料"的来源。离开这些载体，反映案件事实的信息就无法被收集和进入诉讼的轨道，无法为人所取得。所以，离开了证据的形式，单纯的"事实"在诉讼中不可能独立存在，也无法发挥证据的作用。

　　显然，证据的各种外部表现形式，就是案件事实的各种载体，被称为"证据种类"，又被称为"证据事实的来源"或者"证据资料"。我国三大诉讼法对各种证据种类加以明确规定，赋予其特定的名称，并确立收集和审查判断证据的程序和规则，以规范诉讼证明活动。这些证据种类的规定具有法律的约束力，只有符合证据的法定形式的材料，才能够作为定案的依据。鉴于证据种类的法定性，证据种类又被称为"证据的法定种类"和"证据在法律上的分类"。

　　值得注意的是，由于证据是内容与形式的统一体，因此有关案件的信息可以从一个载体转移到另一个载体上去。因此，证据存在"衍生现象"，即证据的内容作为信息可以由一个载体转移到另一个载体上，从而产生新的证据。它包括两种情形：①同一种证据形式之间的转换，例如，某一证人将自己的见闻告知他人而形成传闻证据，即由证人证言产生新的证人证言；②不同证据形式之间的转化，例如，对犯罪现场进行勘验形成勘验笔录、对物证或者书证进行技术鉴定形成鉴定意见等新的证据，证据信息传递前后的证据形式是不同的。这种因信息转移而产生新证据的现象，即证据的衍生现象。不过，由于有些证据在衍生过程中并不产生新的有价值的内容，甚至原有的内容还容易发生歪曲，因此，对于若干衍生出来的证据，一些国家确立了最佳证据规则[2]和传闻证

---

[1]　[日] 松尾浩也：《日本刑事诉讼法（下卷）》，张凌译，中国人民大学出版社 2005 年版，第 26～27 页。

[2]　最佳证据规则原则上要求：必须提出最佳证据；如果没有，必须加以说明。这一规则中所谓"最佳证据"，是指原始证据，通常为书面证据的原件，现在只适用于证明书面情况的内容，如果要证明书面文件被起草或者与这一事实有关的情况，可以运用辅助证据（如曾看过原件的证人的回忆）来证明，而不必提出书面文件本身。

据[1]规则，对采纳这些证据加以限制，例如，传闻证据规则原则上要求传闻证据不得作为证据使用。

另外，证据是公安司法机关收集和提供，或者当事人及其委托的人收集和提供，用于查明案件事实和证实自己的诉讼主张的，诉讼实践中的证据必定有真有假、有虚有实，因此必须通过审查判断确认是真实的才能作为定案的根据。这一要求并不意味着只有查证属实并采纳为定案根据的才能视为证据，否则就无法理解对证据要进行甄别以及"伪证"这类说法。

■ 第二节　证据的基本特征

证据的基本特征，又称"证据属性""证据的本质特征"。一般是指证据之所以为证据的内在的规定性。我国证据法学研究对于证据属性有不少研究成果，但意见并未达成一致，有些问题成为学术研究中长期争论的焦点和热点。证据的客观性、关联性（相关性）、法律性（合法性）是否皆为证据属性，早已是证据法学争论不休的问题。如今，随着西方证据法学的影响扩大，"证据能力"和"证明力"的概念成为证据属性研究中使用频繁的术语，它们在司法实践中也将被使用得越来越频繁。

一、证据属性的比较法考察（关联性与可采性）

证据的关联性与可采性是证据法的基本概念。

证据的关联性与可采性有一定联系，又有所不同，证据的可采性以证据的关联性为前提，同诉讼中的待证事实没有关联的证据不可采纳为定案的根据。也就是说，具有可采性的证据都具有关联性；但是，具有关联性的证据不都具有可采性。分述如下：

（一）证据的关联性

证据的关联性，又称"相关性"，指的是"证据对其所要求证明的事实具有的必要的最小限度的证明能力"。[2] 也就是说，作为证据内容的事实与案件的待证事实之间存在某种客观联系，才具有对案件事实加以证明的实际能力。

我国学者一般认为，对于证据的关联性可以作如下理解：

1. 证据的关联性是客观存在的而不是主观想象的。公安司法人员在办理案

---

[1]　传闻证据（Hearsay Evidence）是指证人并非自己亲自感知而是转述他人所描述的有关案件的事实或者在法庭外陈述的有关案件事实的证言。

[2]　[日] 我妻荣主编：《新法律学辞典》，董璠舆译，中国政法大学出版社1991年版，第249页。

件的过程中，必须尊重证据与案件需要证明的对象之间的关系，如实评价证据对案件待证事实的证明作用，不能将没有客观联系的证据想当然地认为有联系或者硬说成有联系。这就要求办案人员尊重客观实在的事物及其联系，不能主观臆断，更不能无中生有。

2. 关联性的表现形式是多种多样的，如因果联系、时间联系、空间联系、偶然联系和必然联系、直接联系和间接联系、肯定联系和否定联系等。其中，因果联系指的是证据事实是案件主要事实的原因或者结果；时间和空间联系指的是证据事实属于与案件事实有关的时间、地点、环境等事实；必然联系、直接联系和间接联系、肯定联系和否定联系，反映了证据事实与案件事实之间存在偶然的或者必然的、直接的或者间接的、肯定的或者否定的关系。无论存在何种联系，都表明证据反映了与案件有关的事实。

3. 证据事实与案件事实的关联性能够为人们所认识，如果尚未为人们所认识，就不能断定其具有关联性，当然不能作为定案的依据。随着时代的发展，科学技术不断进步，诉讼活动因自觉应用新的科学技术而使其水平得到提升，这时候某些证据事实与案件事实的关联性为人们所认识，这些事实才成为诉讼证据进入诉讼活动。

具有关联性的证据又称"关联性证据"或者"相关证据"，是指证据具有某种倾向，使有待裁判确认的某项争议事实的存在比没有该项证据时更有可能或更无可能。如果提出的证据与案件的待证事实之间不存在客观联系，不具有借以判断争议事实的能力，这样的证据就是无关联性的证据。无关联性的证据不具有证明有法律意义的事实的作用，当然不能被法庭采纳。

值得注意的是，关联性侧重的是证据与证明对象之间的形式性关系，即证据相对于证明对象是否具有实质性，以及证据对于证明对象是否具有证明性。分述如下：

1. 从指向上看，证据具有实质性。所谓实质性（materiality），是指运用证据将要证明的问题属于依法需要运用证据加以证明的事实。判断方法是，如果某一项证据并非指向本案的争点问题（Issue in the case），那么该证据在本案中即不具有实质性（Immaterial）。在诉讼中，证据必须限制在有关争议问题的范围内。诉讼一方可以证实所有与争议事实有关的情况，但不能去证实别的。一般认为，这种相关的情况不仅包括主要争议事实本身的各个部分，而且包括所有为辩明或解释主要争议事实所需要的辅助事实。要识别证据是否具有实质性，关键在于看证据是否指向本案的争点问题，可以通过考察对方提出该项证据用以证明什么，从而判定其是否具有实质性。

2. 从功能上看，证据具有证明性。所谓证明性，是指所举证据依据事物间的逻辑或经验关系具有使实质性问题更为真实或不真实的能力。也就是说，由于某一证据的存在使得要证明的对象的存在更有可能或更无可能。在判断证据的关联性（尤其是证明性）时，法官必须依据一般经验法则或逻辑规则进行判断而不得任意决断。

证据的关联性是采纳该证据的前提条件，不具有关联性的证据，在法律上不具有可采性。但是基于当事人主义的理念，在诉讼实务中，排除没有关联性的证据并非法官的职责，法官没有主动排除不具有关联性的证据的义务。只有在一方律师对证据的可采性提出异议或反对时，法官才会就该证据是否具有可采性作出裁判。对于一项没有关联性的证据，如果对方律师没有提出异议，或者虽然提出了异议，但是所依据的排除理由有误，那么该项没有关联性的证据也将获得可采性。对此，学理上称之为"治愈的许可性"（如生病者之被治愈）。

（二）证据的可采性

一般来说，具有相关性的证据均可被采纳。关联性是证据可采性的充分、必要条件，但在有特殊规定时，关联性是证据可采的必要条件，有关联性的证据不一定具有可采性。

英美法系国家按照证据可采性（admissibility，又称"容许性"）理论对可以采纳为证据的材料的范围加以限制性规定，为此设立严格的规则。当事人申请对证据进行调查，该证据必须具有证据的可采性，即具有能够被采纳为定案依据的资格；如果当事人申请进行调查的证据，依照某一证据规则应当予以排除，则该证据不具有可采性。也就是说，大多数具有关联性的资料可以被采纳为证据，但不意味着有关联性的证据必然具有可采性，即使具有关联性，如果符合其他证据规则需要排除的情形，就必须加以排除。

排除规则是英美证据法中有关不准证明某些事实或者不准以某种方法证明某些事实的证据规则。这类规则旨在排除证据价值不大、可能会不公正地对被控告的人造成偏见以及侵犯其由宪法保障的公民合法权利的材料。其中防止"可能会不公正地对被控告的人造成偏见"的证据规则包括：不得采纳传闻证据[1]、意见证据、品格证据的规则、最佳证据规则等；防止"侵犯由宪法保障的公民合法权利"而获取证据的行为的证据规则，体现为非法证据排除规则、自白任意性规则等。

在我国，《刑事诉讼法》根据新增的非法证据排除的规定对没有证据能力的情形作出明确规定，此前司法解释中已经先行确立了非法证据排除规则，例如，2010 年两院三部《办理死刑案件证据规定》和两院三部《非法证据排除规定》

---

[1]　英国 2003 年制定通过的《司法法》对此有新的规定，值得注意。

明确规定了对于明显违反法律和有关规定取得的证据，不能作为定案的根据，应当予以排除。另外，许多证据法学者认为证据应当具备法律性，不具有法律性的证据不应被认为具有证据能力。

我国学者一般认为，证据的法律性又称"合法性"，具体包括四方面内容：

1. 证据必须具有合法的形式。我国《刑事诉讼法》第50条第2款所规定的证据种类即为证据的法定形式，如物证、书证、证人证言、鉴定意见等，一定的事实材料只有符合这些形式时才能成为诉讼证据。

2. 提供、收集证据的主体必须合法。如没有鉴定资格的人提出的鉴定意见就不能采纳为合法的诉讼证据。例如，最高法《刑诉法解释》第85条规定，鉴定机构或者鉴定人不具备法定资质的，其提出的鉴定意见不得作为定案的根据。

3. 证据的内容必须合法。例如，提出的"证人证言"并不是对与案件有关的事实的陈述，而纯粹是进行人身攻击的激愤之词，则不能被采纳为证据。

4. 证据必须依照法定程序收集，违反法律程序收集的证据不具有合法性。例如，我国《刑事诉讼法》第52条明文规定："……严禁刑讯逼供和以威胁、引诱、欺骗以及其他非法方法收集证据，不得强迫任何人证实自己有罪……"该法第56条第1款规定："采用刑讯逼供等非法方法收集的犯罪嫌疑人、被告人供述和采用暴力、威胁等非法方法收集的证人证言、被害人陈述，应当予以排除。收集物证、书证不符合法定程序，可能严重影响司法公正的，应当予以补正或者作出合理解释；不能补正或者作出合理解释的，对该证据应当予以排除。"最高人民法院和最高人民检察院在各自的司法解释中也规定了以非法方法获取的犯罪嫌疑人、被告人的供述、证人证言、被害人陈述等证据，不得作为定案的根据。2010年两院三部出台的规定确定某些证据——如以刑讯逼供等非法方法取得的言词证据——没有证据能力。这表明我国司法部门已经先于《刑事诉讼法》确立了非法证据排除规则。

需要指出的是，在有的国家，"非法证据"一词，指的是以"非法方法取得的证据"，强调取证手段是不合法的。诉讼中强调证据的法律性，主要涉及的是违法获取的证据能否容许被采纳为裁判依据的问题。与此有关的"排除规则要求在刑事控诉中排除那些由警察以侵犯一个人宪法权利的方法获取并用以控诉该人的任何证据"[1]。对于非法取得的证据，美国法官比其欧洲同行排除得更为坚决；其他许多国家，对于非法取得的证据，往往允许法官根据案件和取证行为的具体情况加以裁量，以决定是否予以排除。

需要指出的是，证据的法律性（合法性）并非证据的本质属性，而是人为

第六章

---

[1] John N. Ferdico, *Criminal Procedure*, West Publishing Co. , 1989, p. 47.

附加的属性。某一事实资料，只要具有关联性，并且忠实反映了与案件有关的事实情况，就具有证明案件待证事实的实际能力，即使是违法获取的证据，如以刑讯手段收集的证据，也实际具有这样的能力。一些国家确立的排除非法取得的证据的规则往往是为了达到保障涉讼的公民的人身自由、财产权利的目的，反映出"这样一种观念：可供选择的诸方法——诸如对执法人员进行刑事指控、对执法人员进行行政纪律约束或者对执法人员提起民事诉讼——均不是实施宪法第四修正案的足够有效的方法，只有排除规则才是唯一有效的方法"[1]。这样的规则体现了诉讼中实质真实与程序合法之间的价值冲突和面对这种冲突而作出的宁愿牺牲实质真实而维护正当程序进而维护公民自由权利的价值选择。这种规则虽然使一些案件付出了牺牲实质真实的代价，但最终可以促使办案机关通过正当程序达到发现案件真实的目的。因此，鉴于证据的法律性特别是其中取得证据的合法性对于保障个人权利和尊严极为重要，现代诉讼中对于证据的法律性极为重视。不过，并非所有非法取得的证据都不具有证据能力，有的证据虽然是非法获得的，但法院仍然有可能将其采纳为定案的根据。

二、证据属性的历史考察

崔敏教授在其主编的《刑事证据理论研究综述》一书中，对我国证据法学研究中有关证据属性的争论进行了总结，认为有关这一问题的争论大致经历了两个阶段：

第一个阶段是在 1966 年以前，围绕证据概念和属性曾有过一场学术争论，当时争论的焦点除了证据客观性外，还有证据是否具有阶级性。1964 年至 1965 年，《政法研究》连续发表文章，讨论这一问题。有人主张证据兼有客观性和阶级性两种属性（本质特征）；也有人不同意此种观点，认为刑事证据只有客观性，不具有阶级性。当时，"由于受'左'的指导思想的影响，'以阶级斗争为纲'的僵化理论占据了统治地位。因此，这次争论的主导方面是坚持刑事证据具有强烈的阶级性，带有明显的时代印记"。关于法学的学术讨论，在"文化大革命"期间停顿，证据属性问题的争论也就难以进行下去了。

第二个阶段是在 1978 年以后，关于证据属性的讨论重新开始，出现两性说和三性说之争，双方各执己见，并未形成统一认识。[2] 持两性说者认为，证据具有客观性与相关性两种属性，它们是证据的本质属性，即证据所具有的能够实际发挥证明作用的内在属性；持三性说者则认为，证据具有客观性、相关性

---

[1] John N. Ferdico, *Criminal Procedure*, West Publishing Co., 1989, pp. 47~48.

[2] 崔敏主编：《刑事证据理论研究综述》，中国人民公安大学出版社 1990 年版，第 7~8 页。

和法律性三种属性，法律性是将诉讼证据与一般证据区别开来的基本属性，仅有客观性和相关性，不能将诉讼证据的特性突出出来，也不利于促使公安司法机关、当事人及其诉讼代理人、辩护人严格依据法律的要求取得合法有效的证据。无论如何，两性说或者三性说都认为，证据应当具有客观性。也有其他学者不同意"客观性"的说法，认为证据是"客观性与主观性的统一"；还有的主张以"真实性"取代"客观性"。此外，还有人主张证据还有"多样性""制约性""两面性""真理性"等属性，[1] 但学术影响不大。

两性说和三性说之争，焦点在于证据是否具有法律性（或称合法性）。主张证据具有法律性的学者认为，依如下理由可以认定证据具有法律性：

1. 证据的法律性是由诉讼本身的特殊性决定的，诉讼证据要证明的对象，有着极其严肃的法律意义。诉讼中不允许把非法手段获得的材料用作证据，必须加以法律约束，由经过合法授权的人员通过正当程序收集和认定证据。

2. 客观性和相关性涉及的是"证据能力"[2] 问题，作为诉讼证据，仅具有证据能力是不够的，还必须具备证据效力，后者取决于是否符合法律规定的要求和"规格"。

3. 合法性是任何制度下以及各个国家都具备的要素（表现为任何制度下以及各个国家都规定了证据法律制度），并非某个国家或者某个时代的单独要求。

4. 客观性、相关性和法律性具有一致性，任何证据同时具备"三性"要求，才能纳入诉讼轨道，成为定案根据，否则不能被采纳为定案的依据。

5. 坚持证据的法律性，关系到办理案件的质量，不单纯是一个理论问题，而是对司法实践具有约束作用的、具有实际指导意义的问题。[3]

对于证据的法律性，法学界长期以来存在不同意见。那些认为证据不具有法律性的学者认为，法律性并非证据的本质属性，理由如下：

1. 法律性不是证据本身的特征，只是认定证据的诉讼程序问题，具有主观性质，承认它等于将主观性的因素带到证据中，影响其客观性。

2. 证据先于办案人员的收集、运用、判断而存在。认识它，它存在，不认识它，它也存在，否认这一点，就否认了通过诉讼程序认定案件事实的客观基础。

3. 作为定案根据的诉讼证据具有法律效力，并不意味着证据本身具有"法

---

〔1〕 崔敏主编：《刑事证据理论研究综述》，中国人民公安大学出版社 1990 年版，第 8 页。
〔2〕 这里的"证据能力"的含义等同于证明能力，不同于证据法学通常所说的"证据能力"，指的是能够用以证明案件争议事实的实际能力（功用），而不是用作证据的资格。
〔3〕 崔敏主编：《刑事证据理论研究综述》，中国人民公安大学出版社 1990 年版，第 24~25 页。

律性"特征，这是因为，所谓"法律效力"，不过是我们对于证据相关性和客观性的确认而已，不是证据本身的属性。

4. 证据具有法定形式，必须依法收集。这是证据形式和收集问题，不能把证据的本质特征与表现形式混为一谈，也不能把证据的本质特征与对证据的审查判断混为一谈。收集证据手段是否合法与证据本身的真实性也不能混为一谈。

在证据法学研究中，两性说者的支持者原本要多一些，近年来，由于非法证据排除规则越来越受到重视，三性说的支持者有所增加，三性说大有取代两性说的趋势。

实际上，就证据的本质属性言之，两性说更为可取。有客观性（不过，客观性并非没有商榷余地）和相关性，则证据就实际具有了证明有关案件事实的能力，并不以是否合法为必要条件，例如，非法扣押、搜查获取的证据，只要真实可靠而且相关，并不影响其诉讼证明的实际功效，这就是许多国家或者地区的法庭允许法官自由裁量取舍，不一定加以排除的原因——如果以法律性衡量，这些证据属于非法（获得的）材料，怎能采纳为证据？显然，法律性并非证据的本质属性，它只是证据的人为属性，目的在于通过对采纳非法证据的限制或者排除此类证据达到遏止非法取证行为，与证据自身的内在规定性无涉。

三、证据客观性存在的疑问

证据的客观性，指的是证据本身以及作为证据内容的事实是客观存在的，即证据事实必须真实可靠，而不是主观想象、猜测和杜撰的，作为证据内容的事实与案件的待证事实间的联系也是客观的。

一般认为，对于证据的客观性应作如下理解：

1. 证据都表现为客观存在的实体，无论证据的形式表现为人还是物，都是客观存在物。

2. 证据的内容是对与案件有关的事实的反映。而与案件有关的事实都是客观存在的事实，这种事实不是主观想象、猜测、分析和判断所产生的，也不是卜卦、梦呓和诅咒发誓获得的。这里需要强调的是，不能以主观臆断来代替客观事实。

3. 作为证据内容的事实与案件的证明对象之间的联系是客观的，没有这种客观联系，该证据是无法履行揭示案件真实情况的功能的。以没有客观联系的证据去证明案件的待证事实，往往会歪曲案件的真实情况，造成错误的决定和裁判。

就证据的存在形式看，证据无疑都是客观实在物，无论其表现为人还是物，从这个意义说，证据都是客观的，具有客观性。证据能够发挥证明与案件有关

第六章

的事实的作用，原因在于它含有的信息来源于客观外在的事实，这些信息是对客观事实的正确反映，也就是说，正是由于证据具有客观性，才具有证明的实际能力，如果没有客观性，证据本身的存在尚存疑问，当然无法发挥证明与案件有关的事实的作用。

不过，证据的内容是否仅具有客观性而不具有主观性？进一步言之，证据的事实当中含有的主观性内容能否发挥证明案件事实的作用呢？主观性内容要发挥证明案件事实的作用是否要具备一定的条件呢？这些都是需要认真研究的问题。

要认识这些问题，首先应当明确"主观"与"客观"的含义。"主观"与"客观"各自至少有两个含义。客观的含义是指：①在意识之外，不依赖主观意识而存在；②按照事物的本来面目去考察，不加个人偏见。[1] 主观的含义是指：①属于自我意识方面的；②不依据实际情况，单纯自己的偏见。[2] 在证据法学中，"主观性"如果是指不依据实际情况而单纯由偏见构成的，则证据当然不应当具有主观性；如果主观性是指属于自我意识方面的，则并非所有的证据都绝对地不具有主观性。

按照诉讼中收集或者提供的证据与客观性的关系划分，可以将证据分为三类：

1. 客观性的证据。如物证、书证等"物的证据"，就属于客观性证据。它们是以其外部特征、存在场所、物质属性证明案件真实情况的一切物品和痕迹（物证），以及能够根据其表达的思想和记载的内容查明案件事实情况的一切物品（书证）。其共同特点是：都是客观存在的实物，这些物上承载的有关案件的信息也都是客观的。

2. 客观性与主观性间杂的证据。这种证据主要体现为人证，如证人证言中，既含有证人对于自己所感知的与案件有关的事实的如实描述，有时也含有证人基于自己的感知而加以判断从而形成的具有主观性的内容。又如，在鉴定意见书中，既含有对于鉴定对象、鉴定过程和鉴定中技术检验结果的客观描述，往往还含有鉴定人的主观判断等。人证的形成受制于人的主观因素，如人的注意力可能因人而异，当案件事实发生时，犯罪行为人、被害人和证人的心理状态和对于同一事实的不同的注意力，往往造成在感知、理解、记忆和表达这一事实时存在显著的个体差异。证人的记忆可能会掺杂主观判断和想象的内容。心理学研究表明，一个人在感知事物时深受该人的注意力和精神状态的影响，在

---

〔1〕 中国社会科学院语言研究所词典编辑室编：《现代汉语词典》，商务印书馆 1996 年版，第 716 页。
〔2〕 中国社会科学院语言研究所词典编辑室编：《现代汉语词典》，商务印书馆 1996 年版，第 1642 页。

记忆过程中还具有一种"想象的再创造"的过程，使感知的某些事物的片断与其想象联系在一起。在表达过程中，证人的叙述会将自己的主观判断融合进对事实的叙述中。在其他证据的收集过程中，收集者主观因素也会对证据造成一定的影响，如细致与疏忽、警觉与倦怠等，可能使证据的证明价值得到充分保全或者全部、部分毁损，并且可能融入证据收集者的主观判断，例如，在现场勘验笔录形成过程中，勘验者有时在客观记述勘验结果的过程中会融入自己的一定的主观判断。

3. 主观性的证据。例如，鉴定人对于待证事实单纯提供的专家意见，这种意见有时便是专家个人的自主判断；鉴定意见虽然常常表现为书面形式（鉴定意见书），但其实质是鉴定人就需要鉴定的专门性问题表达的个人意见。此外，主观性"证据"还包括纯粹是证人主观想象或者幻听、幻视形成的对于不存在的"事实"的描述。

一些主观性的证据资料具有证据能力。例如，在诉讼中，鉴定人的鉴定意见通常具有证据能力。在英美法中，"专家证人"不仅包括具有高学历的专门人员，还包括在各自的专业领域掌握特定知识和特定技术的人员，如专业汽车修理工、电视修理工、砖瓦工、木工、电工等在各自的工作领域都可以被视为"专家"，他们可以依据特定的规则被传唤为专家证人出庭作证，他们的意见通常具有证据能力。对于一般证人来说，这有所不同，他们通常只能就自己感知的事实进行叙述，不能发表自己的判断意见，但对于简易的事实的基于一般经验的判断，基于一定的必要性也可能允许他们提供自己的判断意见并被采纳为证据，如证人就身份、状况、年龄等问题提出自己的意见或者看法，这样，一个证人可以说他相信这个被告人就是他看到的那个犯罪行为人或者他认为他所见到的那个人当时喝醉了等。也就是说，即使是事实证人，其对于一般人所共同认识的事实仍可提出自己的判断（意见），这种主观的判断（意见）具有证据能力，可以被法官采纳为定案的根据。进一步言之，证据中具有主观性的内容并非绝对没有证据能力，证据既有客观性也有一定限度的主观性。

需要注意的是，证据的主观性不是指证据的收集、判断受收集者或者判断者主观因素的影响。我国当代诉讼法学者在谈到证据的客观性时，都承认人们在收集、判断证据时带有一定的主观因素，但收集、判断证据的主观性并不能改变证据本身的客观属性，而且，需要强调的是，收集、判断证据时的主观因素不能歪曲客观事实，否则这种主观因素应当加以排除，如若不然，将会造成误判。有学者指出："证据的客观性的根据有二：一是由刑事案件本身的客观性决定的，任何一种犯罪行为都是在一定的时间和空间内发生的，只要有行为的发生，就必然留下各种痕迹和印象，即使行为诡秘，甚至毁灭证据，也还会留下毁灭证据的各种痕迹和印象。这是不以人的意志为转移的客观实在。……从刑事证据的来源考察，其客观性是必然存在的。没有客观存在为依据的任何一种陈述，都是理所当然的谎言，不能作为定案的证据使用，从这种意义上讲，客观性就是审查判断证据的一条基本标准。当然，证据经过司法工作人员、当事人及其辩护人、诉讼代理人的收集，必然含有收集主体的主观因素，如要讯问犯罪嫌疑人、被告人，讯问证人并制作笔录，实物证据要加以固定、保存，现场勘验也要制作笔录等。但司法工作人员、当事人及其辩护人、诉讼代理人的主观因素不能歪曲客观，不能因此而改变证据客观性的本质属性。总之，刑事证据是客观存在的事实，客观性是刑事证据最基本的因素和特征，承认和认识刑事证据的客观性，就不能把个人主观的判断，或人们的想象、假设、推理、臆断、虚构等作为定案的证据来使用。有的材料没有准确来源，如匿名信、小道消息、马路新闻、道听途说等，由于无法进行查证，不具备客观真实性，当然不能作为证据使用。"[1]

无论如何，一项证据能否实际发挥其证明作用，取决于其是否具有正确反映与案件有关的事实的客观性，某些证据虽然具有主观性，但这种主观性并不是主观随意性，主观判断要在实质上发挥证明案件真实情况的作用，应当具备主观判断与客观实际情况相符合的特征。在法庭审判中，主观性证据一般具有证据能力，要判定该证据是否与客观实际相符合，需要遵循一定的规则、采取一定的方法。主要是，应当将该证据与其他证据结合在一起进行综合判断，还要采取质证方法进行审查判断，以判别这种主观意见是否合理，是否与客观实际相符合。另外，鉴定人和其他专家提供的意见，往往建立在专门知识的基础上，这种知识具有客观性，它们往往来源于实践或者经过实践检验，而不是主观臆造的。所以，我们在认为某些证据内容具有主观性并且具有主观性的证据内容具有证据能力时，并不意味着对客观性有任何贬低和漠视。在诉讼中，必须强调要充分利用科技手段，收集和固定具有客观性的证据，如利用视听手段固定人的行动、各种物体的运动和事态的发展。对于主观性的证据，应当依诉讼程序和规则慎重加以审查判断，不能偏听偏信，特别是不能将具有一定主观性而又未经一个审查判断的鉴定意见视为"科学""客观"的证据，从而造成采证失误，影响案件的公正处理。

四、证据能力与证明力

"证据能力"与"证明力"是证据法学的两个基本概念，证据能力是某种材

---

〔1〕 参见陈光中主编：《刑事诉讼法》，北京大学出版社、高等教育出版社 2002 年版。

料作为证据的资格，证明力是证据价值的大小。有证据能力者，证明力才有诉讼上的意义；有的材料虽有证明力，但由于不具有证据能力，就不能产生诉讼上的实际证明效果。

"证据能力"与"证明力"是有关证据性质的两个重要概念，很容易混淆，学习时应弄清楚其含义，避免理解错误。

（一）证据能力

不是只有具备证明案件有关事实的实际作用的材料都有作为证据的资格，正如英国学者威廉·肖所言，对作为法律术语的"证据"的理解和规定比一般证据更为严格，"许多被外行人认为对于发现事实真相来说是重要的事物，却被法律基于司法程序的目的加以排除"。因此，"司法意义上的证据可以被认为是指按照证据规则而被允许用于证明或者反驳处于调查中的事项的事实"[1]。在许多证据规则中，涉及的都是证据能力问题。

证据能力，涉及的是"证据的容许性，亦即作为证据，在审判庭上为了用于调查的所谓适格"[2]。因此，又称"证据的适格性""证据资格"。进一步言之，证据能力是某一材料能够用于严格的证明的能力或者资格，亦即能够被允许作为证据加以调查并得以采纳。由此可见，大陆法系国家诉讼中常用的"证据能力"一词的含义，与英美法系国家"可采性"一词的含义实际上是一致的。

这里所谓的"严格的证明"，来自德国的证据理论。按照德国学者的观点，证明分为严格的证明和自由的证明。林钰雄指出，它们都涉及两个基本问题：①法院使用的"证据方法"有无限制？②经过什么样的调查程序对待证事实进行调查方属合法？严格的证明主要是针对实体法事实（如刑事诉讼中犯罪事实是否存在以及与刑罚权的范围有关的待证事实）严格依据证据法的规定进行的证明，它具有"严格的形式性"，表现在两个方面：①法定证据方法的限制；②法定调查程序之限制，亦即审判程序中关于案件事实的调查与证明，必须依法律规定所准许的证据方法的范围之内，并且依据法律规定的调查证据程序加以实施，两者必须同时具备，才符合严格的证明的要求。[3]

自由的证明是针对若干程序事实而进行的非依严格的证据法的规定、主要依靠法官的裁量而进行的形式较为灵活的证明。自由的证明并没有法定证据方法的限制和法定调查程序之限制，"法院就调查证据的方法与程序，享有较为充分的选择自由，原则上可以使用所有的证据资料来证明，这也是称其为'自由'

第六章

---

[1] William Shaw, *Evidence in Criminal Cases*, Butterworth & Co. Ltd., 1954, pp. 2~3.
[2] [日]我妻荣主编：《新法律学辞典》，董璠舆译，中国政法大学出版社1991年版，第485页。
[3] 林钰雄：《刑事诉讼法（上册·总论编）》，中国人民大学出版社2005年版，第348页。

的道理。据此，法官甚至可以查阅卷宗或电话询问的方法来探求证据资料并形成心证，不受直接言词及公开审理原则及传闻法则之限制"[1]。

大陆法系对于证据能力，一般都不作积极的规定，只是消极地对无证据能力或者限制证据能力的情形作出规定。在德国，依据程序禁止和证据禁止的理论对证据能力加以限制。程序禁止是对收集和调查核实证据的程序加以限制，如违背搜查、扣押程序而取得的证物和违背勘验程序所形成的勘验笔录，有时不认为其具有证据能力；证据禁止是对作为定案依据的证据材料的范围加以限制，如非出于任意性的自白，一般不认为具有证据能力。日本学者指出："限制证据能力的理由是证据能力不可靠、有导致误判之虞，或者为了制裁、预防违法的证据收集行为。后者的场合，特别是作为证据禁止，也从狭义的证据能力加以区别。"[2]

一些国家的立法或者司法判例确立了有关证据能力的规则，例如，在日本，"关于自白和传闻证据，规定有很大的证据能力的限制。对没有证据能力的证据调查，承认当事人的异议声明。还有，法院发现经过证据调查的证据没有证据能力时，必须作出排除的决定。调查了没有证据能力的证据时，即使在判决中完全没有作为证据提出来，也对判决发挥影响，作为明显的违反法令，成为撤销原判的理由"[3]。总的来说，大陆法系国家为了发挥职权主义的功能，对于证据能力很少加以限制。相比之下，英美法系国家对证据能力的限制较为严格，在英美法系国家，证据的关联性和可采性，是证据能力的两项重要的判明标准，大量的司法判例确定了有关证据关联性与可采性的证据规则。陈朴生指出："英美法基于证据价值与实务上政策（practical policy）之要求，按证据容许性（admissibility）之理论加以处理。为防止陪审先入为主，或受社会舆论之影响，或误用推理之经验法则，或迷于被告之社会地位或经历，或惑于被告之巧辩，致有偏见或涉及感情或专断之弊，乃就可以使用为证据之范围加以限制，即就证据之容许性设其严格的规则，以保障证据之证明力。"[4]

（二）证明力

证明力，在民事诉讼中又称"证据力"（probative force），指的是证据价值的大小，涉及证据对于要证明的对象是否有证明作用以及可以证明到什么程度。

证据的证明力是证据本身固有的属性。证据具有客观性并与案件待证事实

---

〔1〕　林钰雄：《刑事诉讼法（上册·总论编）》，中国人民大学出版社 2005 年版，第 353 页。

〔2〕　〔日〕我妻荣主编：《新法律学辞典》，董璠舆译，中国政法大学出版社 1991 年版，第 485~486 页。

〔3〕　〔日〕我妻荣主编：《新法律学辞典》，董璠舆译，中国政法大学出版社 1991 年版，第 485~486 页。

〔4〕　陈朴生：《刑事证据法》，三民书局 1979 年版，第 72~75 页。

具有关联性，就具有一定的证明力，但不同的证据，因各自的特性和与案件待证事实的关系不同，对于待证事实往往具有不同的证明价值，发挥着不同程度的证明作用。

在以证据作为判断案件事实存在与否的手段的诉讼中，存在法定证据制度和自由心证证据制度。二者都是围绕证据证明力的判断和法官运用证据确认案件事实的认识方式而确立的制度。法律预先明文规定证据证明力的大小以及对它们的取舍、运用而不允许法官自由加以判断和取舍的制度，称为"法定证据制度"或者"形式证据制度"。这一制度要求法官在审理案件中运用证据，只需符合法律规定的各项规则，而且认为这样就能够借以发现案件真实。这种规定有利于约束法官，防止法官专权，但这种机械的做法只会窒息法官对案件的理性判断，难以作出符合案件真实的裁决。与之相反，法律对证据的证明力预先不作规定，允许法官在审理案件中自由加以判断的证据制度，称为"自由心证证据制度"或者"内心确信证据制度""实质证据制度"。自由判断证据的证明力的制度，顺应了诉讼证据本身的复杂性，可以使法官对证据进行理性的自由判断，所以成为现代世界各国普遍实行的证据制度。

我国证据法学者曾将我国证据制度称为"实事求是证据制度"，这实际上回避了法官如何判断证据的证明力的问题，所以，在逻辑关系上，它不是与法定证据制度和自由心证证据制度具有同一性的概念。实际上，只要法律不对各种证据的证明力进行预先规定，法官就应有自由理性地对证据证明力加以判断的权力，诉讼中就应贯彻着自由心证的原则。

■ 第三节　证据的意义

作为证据学中心概念的证据，是诉讼活动的基本条件。从证明角度看，诉讼过程是收集证据、运用证据和审查判断证据的过程。这一过程通常由法律加以规范，由一定的原则加以统摄并由一定的程序和规则加以约束。证据在这一过程中占有重要地位，它是用以查明案件事实的手段。诉讼最终要将一定的法律规范适用于一定的事实，在适用法律之前必须查明案件事实，诉讼证据的功能在于使案件事实或者当事人的主张得到确认，最终使裁判者得以适用法律，形成一定的结论。

一般认为，证据在诉讼活动中发挥着重要作用，主要体现在以下几个方面：

一、证据是诉讼活动的基本条件

在现代诉讼活动中，裁判必须建立在诉讼证据的基础之上，这一观念早已

第六章

成为重要的诉讼原则，称为"证据裁判主义"。这一原则的内容虽然并不复杂，无非要求作出裁判应凭具有证据能力并且经过调查的证据，但这一原则却是人类经过长期的磨难最终得以确立的，它排斥以神灵启示、主观臆断等非理性的因素作为确认案件事实的根据，使裁判建立在客观实在、理性讨论的基础之上。也就是说，"随着近代合理主义的兴起，开始通过人的理性发现事实真相。因此，形成一项原则：认定事实必须依据证据，其他任何东西都不是认定事实的根据"。[1]

二、证据是司法公正的基础

证据对于司法公正的作用主要表现为：

1. 对案件的实体处理首先取决于能否运用证据准确地认定案件事实。证据具有揭示案件真实情况的作用，而发现案件真实情况是对案件作出符合客观实际的正确裁判的基础，没有证据，就难以实现实体公正。案件事实的认定就像拼图，证据是拼这块拼图的一块块大小不一的拼版。没有这些拼版或者拼版缺失，都不能使案件本原的事实在诉讼程序中得以复原，建立在此基础之上的实体公正就难以实现。

2. 有关证据的法律规定能够起到限制国家专门机关的权力、保障实体权利和实现程序公正的作用。证据法律制度是我国诉讼法律制度的重要组成部分，围绕证据制定的一些法律原则、法律程序和规则，如反对强迫自证其罪的特权的设定、非法证据排除规则的确立等，都具有限制国家专门机关的权力的作用。非法证据排除规则，还是保障诉讼程序的完美、制裁违反正当程序的重要手段。值得注意的是，在诉讼过程中，对当事人的合法权利的损害有可能来自国家专门机关。证据裁判原则要求在诉讼活动中，国家专门机关采取行动、作出决定和裁决必须依据证据，这本身就对国家专门机关行使权力进行了限制，因为没有证据，国家专门机关不能行使相应的权力，这一原则必然发挥着约束国家机关权力、防止国家专门机关滥用权力的功能。

由此可见，无论是对于实体事实的发现和确认，还是对于正当程序的维护，证据都具有非常重要的意义。

三、证据具有维护当事人合法权益的功能

当事人的权利受到侵害或者发生争议，有权向国家专门机关请求法律救济，包括请求国家专门机关采取相应措施制止侵害，确认权利归属或者权利受损害

---

〔1〕　〔日〕田口守一：《刑事诉讼法》，刘迪等译，法律出版社 2000 年版，第 217 页。

的事实，迫使责任人赔偿损失，甚至追究责任人的刑事责任。当事人主张自己的权利、国家专门机关行使职权以维护当事人的权利，都必须依靠证据。没有证据，就不能正确认定当事人权利主张所依据的事实，当事人就不能使自己的诉讼主张得到支持，国家专门机关在难以通过行使职权获取证据的情况下，也难以行使职权来维护当事人的合法权利。因此，证据往往是当事人维护自己合法权益的关键所在，不能掉以轻心。

　　无论是在社会生活当中，还是在诉讼过程中，人们都应当有意识地培养自己的"证据意识"，了解某些材料在一旦发生纠纷后的证据价值，善于收集和保全证据，使自己在权利受到损害或者发生纠纷时能够运用这些"武器"捍卫自己的权利。

第六章

第七章

物　　证

■第一节　物证的概念和特点

一、物证的概念

物证是我国《刑事诉讼法》《民事诉讼法》《行政诉讼法》都明确规定的一种十分重要的证据种类。物证是指以其外部特征、物质属性和存在场所证明案件真实情况的物品或者痕迹，一般表现为一定的物品或痕迹，并且必须与案件事实具有关联性。所谓物证的外部特征，主要是指其客观存在的形状、大小、数量、颜色、新旧破损程度等。所谓物证的物质属性，主要是指特征所具有的质量、重量、材料、成分、结构、性能等。所谓物证的存在状况，主要是指物证所处的位置、所占有的时间、空间范围等。我国《刑事诉讼法》将物证列为第一种证据，反映出物证在刑事诉讼中的重要作用，物证是查明案件事实的重要手段。

马克思在《资本论》中曾指出："问题与解决问题的手段同时发生。"[1] 同样，物证也是随着犯罪行为、民事争议行为及行政争议行为的发生而形成的。在刑事案件中，犯罪必然要借助一定的行为才能实现，有行为就必然接触一定的物，给客观外界留下痕迹、物品，形成一定的物证。因为任何犯罪行为都是在物质世界发生的现象，而不可能发生在真空中。比如，犯罪分子要实施犯罪就不可避免地要同犯罪对象接触，存在一个犯罪现场。犯罪分子在同犯罪对象、犯罪现场接触的过程中，其犯罪行为就会形成一系列物证，如在犯罪现场留下自己的指纹、脚印、血迹及某些犯罪痕迹等。民事案件中的物证一般也是伴随着民事侵权行为而形成的，如一个人损坏了别人的彩电，侵犯了别人的财产权，

第七章

---

〔1〕　［德］马克思、恩格斯：《马克思恩格斯全集（第 44 卷）》，人民出版社 2001 年版，第 107 页。

随着这个侵权行为的发生，就造成了彩电受到破坏的痕迹。

物证是独立于人的意识之外的客观存在，它的存在不以人的意志为转移，是人所能够看得见、摸得着或者可以闻得到的。同时，物证作为物质世界客观存在的物品，必须与案件事实有联系。物在我们生活中随处可见，而只有与案件或其他待证事实有联系的物品或痕迹才能作为物证，否则就不具有证明力，也就不具有物证的意义。例如，由犯罪行为形成的各种物证总是在某一方面、某种程度上能够反映案件的情节，有的反映犯罪的动机，有的反映犯罪的目的、手段，有的反映犯罪过程及后果等。在民事诉讼中，也只有与案件事实有联系，对查明案情有意义的物品和痕迹才是物证。

在刑事诉讼或其他诉讼之中，有些物证的原物由于各种原因无法长期保存或直接将其纳入诉讼轨道发挥证明作用，例如，易腐烂、变质的物品，倒塌的建筑物，犯罪现场遗留的指纹、脚印等，遇有这些情况，需要用照相、复制模型等方法来提取。对于这些物证的摄影像片或复制是否属于物证，学界有两种不同的观点：一种观点认为，物证原物的照片或模型也属于物的特点，对案件事实发挥证明作用，该照片或模型也属于物证的范畴之内；[1] 另一种观点认为，对于某个物证的拍照或制作的模型，只是固定和保存物证的一种方法，作为物证的仍是原来的物品或痕迹，而不是照片和模型，现场照片属于现场勘验笔录的组成部分。[2]

收集物证时，司法工作人员通常通过勘验、检查、搜查、扣押、辨认、鉴定等途径和方法收集和认识物证。根据公安部《规定》第61条、最高检《刑诉法规则》第233条、最高法《刑诉法解释》第70条的规定，收集、调取以及据以定案的物证应当是原物。原物不便搬运，不易保存，依法由有关部门保管、处理，或者依法应当返还的，可以拍摄、制作足以反映原物外形和特征的照片、录像、复制品。拍摄、制作物证的照片、录像、复制品，制作人不得少于2人，并应当附有关于制作过程的文字说明及原物存放何处的说明，并由制作人签名。

物证必须妥善保管，不应擅自使用，防止损毁。对于可能产生环境和精神污染的物证要按有关规定严格保管和处置；对于不易搬动的物证，要以相应的科学方法固定，以保留其证明价值；移送案件时，应当将物证随同案卷一并移送。

运用物证时，应当查明来源，注意是否伪造，是否发生了变化等情况；必

---

[1] 参见陈一云主编：《证据学》，中国人民大学出版社1991年版，第248页。
[2] 参见常怡主编：《民事诉讼法学》，中国政法大学出版社1996年版，第159页。江伟主编：《证据法学》，法律出版社1999年版，第310页。

须认真仔细地审查物证的外部特征，以确定其同案件事实的关联性；在许多情况下，必须经过辨认、检验和鉴定才能揭示物证本身的证明力；必须与其他证据相对照才能认定某一物证的证明作用。物证的照片、录像、复制品，如不能反映原物的外形和特征，不得作为定案的根据。物证的照片、录像、复制品，经与原物核对无误、经鉴定为真实或者以其他方式确认为真实的，可以作为定案的根据。用作定案根据的物证必须经过法庭出示和辨认程序。

二、物证的特点

物证除了具有所有证据必须具备的客观性、关联性、合法性以外，还具有以下特征：

1. 物证是以实体物的存在证明案件事实。物证以实体物的存在方式对案件起证明作用，是指某一物品或物质痕迹的客观存在能证明一定的案件事实。它既包括物品或物质痕迹存在的场所，又包括物品或痕迹的外部特征、数量、质量、性质等各方面的内容，例如，犯罪现场的指纹是以其外部特征和存在的场所发挥证明作用的，而赃款、赃物则是以其数量和性质等发挥证明作用的。当然，一定的物品和痕迹之所以成为诉讼中的物证，并不取决于该物品和痕迹固有的外形、性质和特征，而是由于这些物品、痕迹原有的用途、占有关系和存在的时间、空间范围发生了变化。正是由于一定的物品、痕迹在案件中发生了改变这一事实，才使它们同案件事实发生联系，转化成该案件的物证。物证以其外部特征、物质属性和存在场所对案件发挥证明作用，是物证最显著的特点，也是其与言词证据最重要的区别——证人证言、被害人的陈述、犯罪嫌疑人、被告人的供述与辩解等言词证据是人们头脑所感知并储存的有关案件事实各种信息的言词再现，即是通过语言形式对案件发挥证明作用。

2. 物证具有较强的稳定性和可靠性。由于物证是实际存在的物品和痕迹，只要及时收集，用科学的方法提取、固定并妥善保存，一般具有较强的稳定性和可靠性。与此不同，各种言词证据则是通过人的陈述形式表达出来，其形成必须经过反映（感受）、储存（记忆）、再现（陈述）的过程，中间介入了人的因素，因此其客观性、真实性往往受陈述者主、客观条件的影响。例如，证人感受能力较差或道德品质不佳等因素的存在必然会影响陈述的真实性或准确性；被害人出于羞辱而对有关案件事实的隐瞒或出于对被告人的仇恨而可能夸大犯罪的严重程度；等等。在此意义上，物证比各种言词证据更稳定、更可靠。

3. 从证据理论对证据的分类来看，物证在诉讼中一般表现为间接证据。因为单独一个物证，一般不能直接反映案件的主要事实，而只能反映案件主要事实的某一方面，而且物证通常要与司法鉴定意见等其他证据结合才能发挥证明

第七章

作用。但某些情况下，物证可以起到直接证据的作用，如从贩毒分子身上搜出的毒品等。就原始证据与传来证据的划分而言，物证既可能是原始证据，又可能是传来证据。凡是作为原物保存下来的物证都属于原始证据，对于原物无法提取或长期保存而用摄影、复制模型等方法予以固定和收集的物证，则属于传来证据。

4. 许多物证具有对科学技术的依赖性。由于物证是客观实在物，是一种无意识的证据，不能自明其义，只有经过人的能动作用去发现、识别、挖掘它同案件的客观联系，并进而将其纳入诉讼轨道才能明确其证据意义，发挥证明作用。不仅收集物证要依赖一定的科技设备，而且对物证内容的揭示，也要进行检验或者鉴定，才能发挥其证明作用。例如，微量物证需要凭借仪器或者辅助手段加以显现。所以，物证又被称为"哑巴证据"，自己不能主动表达对案情的证明作用，需要人来认识，而且其证明力在许多情况下需要借助科学技术、特殊设备和专业知识。

5. 物证的证明范围狭窄。证明范围狭窄是物证的一个缺陷，通常一个物证只能证明案件的某个环节。因此物证与案件事实的关联性需要由人加以揭示。另外，每个物证所能证明的，往往是有关案件事实的局部事实，通常不能证明案件的主要事实或者全部事实。

■ 第二节 物证的分类与表现形式

一、物证的分类

从物证的概念来看，物证包括物品和痕迹两大类。基于物品存在形态多样化的现实，结合诉讼的一般要求及人的认识水平，可以将物证进行多种划分。

1. 根据物证的存在形态或存在状态可以将物证分为固体物证、液体物证、气体物证。还有的学者将其划分为实体物证和痕迹物证。以实体物存在的物证即为实体物证，如赃款、赃物、被损坏的物件、合同标的物等。以某种作用力的印迹作为证据的，即为痕迹物证，如撬痕、指纹、鞋印、轮胎印等。这种划分方法有助于采用恰当的方法去收集、固定证据。

2. 根据物证的体积大小，可以将物证分为巨体物证、常体物证或微体物证。也有的学者称之为宏观物证和微观物证。巨体物证，如飞机、轮船、楼房等。常体物证是指可以对原物进行提取并在法庭上予以出示的物证。微体物证是指体积较小以至于人的感官不能直接感知到，需要借助于设备和仪器才能发现的物证，如粉末、纤维等。

3. 根据物证的存在特征，可以将物证分为物理物证、化学物证及生物物证。以物理学特征存在的物证称作物理物证，如痕迹。以化学特征存在的物证，称作化学物证，如微量元素。从动植物及人体上掉落的具有生物特征的物证称作生物物证，如毛发、血液、指甲、分泌物等。

4. 根据物证发挥证明作用的途径，可以将物证分为特征物证、属性物证、状况物证。特征物证包括物体的结构、形态、光泽、气味等。属性物证包括物体的组成成分、质量的好坏等。存在物证包括当事人的走路方式、书写习惯、物体的存放位置等。

5. 以发现物证的感官为标准，可以将物证分为视觉物证、触觉物证、嗅觉物证和听觉物证。视觉物证是指通过人体视觉器官可以发现的物证；触觉物证是指通过人体触觉可以发现的物证；嗅觉物证是指通过人的嗅觉可以发现的物证。听觉物证是指通过人的听觉可以发现的物证。

6. 以其收集、提取方式为标准，物证可以分为原始物证和派生物证。原始物证是指直接将物品原件提取而用作证据的物证，如直接在法庭上出示的衣物、作案工具、涉案的钱款及物品等。派生物证是在原始物证的基础上形成的物证复制品，如涉案物品的照片、录像或模型等。在司法实践中，能够提取物证原件的，应当尽量收集、提取原件；无法出示原件的，也可以提供照片或录像资料。

二、物证的表现形式

在司法实践中，物证是通过纷繁复杂的具体形式表现出来的，立法不可能一一列举。就刑事诉讼实践而言，物证主要有：

1. 实施犯罪行为产生的痕迹。如遗留在现场的指纹、足迹，杀人、伤人的血迹，强奸案件中的精斑，盗窃案中的撬压痕迹等。

2. 实施犯罪的工具。如杀人、伤人的刀枪，盗窃用的铁锥、钥匙，爆炸用的炸药，纵火用的引火物，走私用的运载工具等。

3. 犯罪人在预备犯罪、实施犯罪的各种场所遗留的各种物品或痕迹。如犯罪分子遗留在犯罪现场的衣服、烟头、纽扣、纸屑、指纹、脚印、血迹、弹道痕迹等。

4. 犯罪行为侵犯的客体物。如经济犯罪中的赃款、赃物，杀人案中的尸体，被破坏的机器设备等。

5. 犯罪行为产生的物品。如非法制造的枪支、弹药，非法出版的出版物，伪造的货币等。

6. 表现犯罪社会危害性后果的物品。如被毁坏的机器、仪器，被焚毁、炸毁的建筑物等。

7. 在犯罪过程中或者犯罪后，犯罪人为掩盖罪行，对抗侦查而伪造的各种物品或痕迹。

8. 能够表明犯罪嫌疑人、被告人无罪的各种物品或痕迹。

9. 其他可供查明案件真实情况的物品或痕迹。

就民事诉讼而言，实践中经常运用的物证主要是作为诉讼标的的物品。例如，在买卖合同纠纷中，当事人双方往往就合同标的物的质量、数量、外形、规格等存有争议，在这种情况下，该标的物本身就成为能够证明案件事实的物证。又如，在侵权损害赔偿案件中，被侵权行为损害的财物也属于物证的范围。当然，在另一些情况下，物品本身不一定就是诉讼标的物。例如，承揽合同纠纷中的定作物、修理物，侵权赔偿诉讼中的侵权工具及侵权行为所导致的客体物、物质痕迹等。

行政诉讼证据主要来源于行政纠纷案件的发生过程中，来源于行政执法程序中，其物证的表现形式也是各式各样、十分广泛的。如被行政机关依法查处的非法经营的物品、变质的食品、伪劣产品、违禁物品，交通事故现场留下的痕迹，反映侵权行为及其造成损害的物品或者痕迹等。

■ 第三节 物证的作用

物证是司法实践中经常使用的证据种类之一，在大多数案件中都可以收集到一定数量的物证。因为世界上的事物是普遍联系的，在犯罪行为、民事争议行为和行政违法行为的实施与发展过程中，其必然会对周围的事物产生一定的影响，留下某些痕迹、物品。即使有人毁灭、伪造证据，其毁灭、伪造证据的行为又会留下新的痕迹，产生新的物证。那些受到犯罪行为、民事争议行为或行政违法行为影响而在形状、位置等方面发生变化的物品，就储备了有关案件实际情况的信息，从而可以作为证据使用。同言词证据种类相比，物证往往更为直观和真实，更易于把握，因此在诉讼证明活动中起着十分重要的作用。具体而言，物证的作用主要表现在以下几个方面：

1. 物证是查明案件事实的有效手段。如前所述，任何单独一个物证都不能直接反映案件的主要事实，而只能反映案件事实的某一个方面、某一个环节。依据物证，可以确定案件的部分事实。例如，根据现场遗物、痕迹以及尸体的有关情况，常常可以确定案件的性质、犯罪者的身份和特点，为查获犯罪分子提供线索。单独一个物证不能确定案件的主要事实，但是，依据物证也可以间接地确定案件的主要事实，即把一定数量的物证结合起来就可以确定案件的主

第七章

要事实。如从犯罪嫌疑人、被告人家中搜查出来的某盗窃案中失窃的物品，与现场撬压痕迹相一致的撬压工具，在犯罪现场发现的犯罪嫌疑人、被告人的脚印、指纹等物证，就可以确定某犯罪嫌疑人、被告人就是本案的盗窃犯。在民事诉讼中查实的物证，则可以借以判明当事人的诉讼请求或者答辩是否有据，从而作出正确的判决。

2. 物证是用来检验、鉴别其他证据真实性、可靠性的客观依据。由于物证是客观实在的东西，运用鉴定或其他方法，易于核实物证的真伪；而证人证言、被害人陈述、犯罪嫌疑人、被告人供述和辩解及民事当事人陈述等言词证据，易受人的主观意志的影响，因而，在司法实践中，物证往往是检验言词证据的一把尺子，办案人员往往通过物证与言词证据等其他证据相互印证的方法，鉴别言词证据的真伪，这是在证据的审查判断中经常使用的一种方法。例如，根据犯罪现场足迹遗留的情况和财物的损害程度，可以查证核实犯罪嫌疑人、被告人供述的犯罪现场活动真实与否。当然，值得注意的是，在物证本身的真伪尚未查证属实的情况下，不能由于言词证据以及其他证据同物证发生了矛盾，就认为前者一定是不真实的。

3. 物证是促使犯罪分子认罪伏法，促使民事和行政诉讼当事人如实陈述案情的有力武器。在刑事诉讼中，犯罪分子为了掩盖犯罪事实，逃避法律的制裁，总是千方百计地隐匿、毁灭罪证，或者伪造证据、制造假象。当罪行暴露后，又往往是百般抵赖，负隅顽抗。只在确凿物证面前，才不得不低头认罪，坦白交代。因此，正确收集和运用物证，可以起到促使犯罪分子认罪伏法，接受改造的作用。同时，公安司法机关进行刑事诉讼，既要保证准确地查明犯罪事实，使犯罪分子得到应有的法律制裁，又要保证无罪的人不受刑事追究，如果公安司法机关全面地掌握了物证及其他证据，就能保障无罪的人不受刑事追究，避免冤假错案的发生。在民事、行政诉讼中，当事人由于种种复杂的原因，也常常会弄虚作假，不如实陈述案件情况，审判人员利用查证属实的物证，就可以揭露其陈述的虚伪性，促使其如实陈述案情。

4. 物证是进行法制宣传教育的重要工具。通过反映犯罪行为或者民事违法行为严重后果的物证，具有生动的说明力，对广大群众而言有较强的说服力，可以促使广大群众更加清楚地认识犯罪行为和违法行为对社会造成的危害性。通过反映犯罪行为或者民事违法行为实施过程的物证，可以使人们认识到，无论犯罪分子多么狡猾，违法行为多么隐蔽，终究逃不脱恢恢法网，以此激发公民同违法犯罪行为作斗争的积极性，提高维护社会治安的自觉性。同时，以充分、确实的物证揭露犯罪，证实犯罪，昭示违法行为，可以对社会上潜在的违法犯罪分子起到教育、威慑作用，使他们不敢轻举妄动，以身试法，实现综合治理的目标。通过犯罪分子使用的犯罪工具、犯罪地点、犯罪对象等物证，可以使群众直观地了解犯罪分子作案的手段、方法，从而有利于群众采取措施，消除安全保卫上的漏洞，有效地预防犯罪。

■ 第四节　国外关于物证的立法与理论

一、英美法系国家关于物证的立法与理论

（一）关于物证立法的一般理论

英美法系国家十分强调证据的关联性和可采性，认为证据必须同时具备这两个基本特征。关联性，是指证据必须与案件的待证事实有关，能够证明案件的待证事实。《美国模范证据法典》认为："关联之证据，指证据之具有任何趋势，足以证明任何重要之事项者。"[1] 可采性，即证据必须为法律所容许，可用以证明案件的待证事实，也就是指证据的合法性。当然，理论界一致认为，判断证据的可采性是以肯定证据相关性为前提的。就物证而言，英美法系证据理论认为，物证必须同案件具有关联性，但是有关联性的物证并不一定会在诉讼中被采纳，因为物证是否具有关联性是一个逻辑问题，而某一物证是否在诉讼中被采纳，则是一个法律问题。如《美国联邦证据规则》在第四章"关联性及其限制"中规定："证据虽然具有关联性，但可能导致不公正的偏见、混淆争议或误导陪审团的危险大于该证据可能具有的价值时，或者考虑过分拖延、浪费时间或无须出示重复证据时，也可以不采纳。"基于此，综上所述，英美法系国家就证据的采纳问题规定了极其繁琐的证据规则，对于采纳物证的规定更是如此。譬如，关于物证有一个十分著名的证据排除法则——违法证据排除法则，即侦查人员违反法律规定的权限或程序，或以违法的方法进行搜查、扣押所获取的物证材料不能作为证据采用。违法证据排除法则在美国得到了自动、彻底地贯彻实施；而在英国，更加注重的是非法搜查、扣押所取得的物证是否与确定被告人有罪相关，如果争议与所争论问题相关，就可以采证，若采证会对被告人产生不公正的可能性，则由法官自由裁量对此物证的取舍。

（二）物证在立法中的地位及其采证原则

1. 从理论上看，英美法系国家的证据理论通常将证据称为证明方法，将各种证据称为不同的证据来源，物证一般被看作区别于人证以及书证的证明方法和证据来源。美国的诉讼立法和证据立法中没有明文规定证据的种类，理论上

---

[1] 刁荣华主编：《比较刑事证据法各论》，汉林出版社1984年版，第245页。

的证据分类不尽相同。许多学者根据证据的形式将证据分为物证、书证和证言三种。所谓物证，从广义上讲，是指"为自身说话"的证据，物证包括用品、物体和其他有形物，通常认为物证是最可靠、最可信的一种证据，所以，在使用物证直接证明争议事实时，只需出示相关的物证并在正确识别后即可采用，不必进行论证或者科学实验。在英国，依据证据的形式的不同，也将证据分为三类：口头证据、文书证据和实物证据。实物证据就是指具有实物形式的物证，物证主要包括以下四类物品：[1]

（1）送检物品。送交法院检验的物品通常有武器、衣服、被盗窃的货物和样品等。至于某一实物同案件争议事实是否有关联，必须通过检验并提交法院审查。

（2）当事人的身体外形。在伤害案中，法院需要检查当事人的伤害部位或毁坏的外形，以确定伤害的程度。

（3）现场勘验。一般在法庭以外的与某一事实有关的现场，由法官和陪审员实地勘验。法官有权决定是否进行现场勘验，经过勘验以后，法官的意见可以作为证据。

（4）文件的外形特点。如果出示文件是为了证明与其内容有关的事实，该文件属于书面证据；如果出示文件是为了证明其外形特点，该文件属于实物证据，而实物证据是不适用最佳证据规则的。物证的来源，既有警察在搜查、扣押中取得的，也有法官和陪审员在现场勘验中获得的，还有当事人及证人提供的。

2. 就具体操作而言，物证是否可采，由法官和陪审员本着"优势证明"的准则决定，只有同法律规定的证据规则不矛盾的物证才可以在诉讼中被采纳。物证一旦在诉讼中被采纳，对于其证明力的大小，则由法官自由判断，法律不再有限制性规定。就物证与其他相近证据的关系而言，英美法的规定也有其独特之处：①关于物证运用的规则不一定与运用书证的证据规则相对应，如最佳证据规则只适用于书证而不适用于物证；②认定物证的证明力需要有佐证，即物证在任何情况下都必须由提供该物证的证言来确定其真实性，否则，就不能认定其为合法证据。

二、大陆法系国家关于物证的立法与理论

（一）物证在理论上的界定

大陆法系国家对于物证在理论上的界定基本上不尽相同。法国没有"物证"

---

[1]　王以真主编：《外国刑事诉讼法学》，北京大学出版社 1994 年版，第 167 页。

这种证据种类，法律上规定的证据形式除了书证以外，其他证据都与人的行为有关，例如，当事人的陈述、证言或证人询问、专家确认、专家鉴定、专家诊断、第三人陈述、法官验证、陈述书等。当然，这并非说在法国就没有物证这种证据事实存在，而是指法律所规定的证据类型与学者们在理论界分类时没有把物证概括为一种类型证据，而是把物证这一类的证据分化在其他证据类型之中，也就是说，将其作为一种证据方法或证据资料。[1] 德国的证据理论将物证和书证称为实物证据。物证的德文原意为"感知证据"，是指因其存在、位置、状态或性质而能对法庭判断案情产生影响的一切物体。物证还包括一定的无形的客观存在，如路口的交通和噪音情况等。书证则是指以文字或其他符号记载的，有思想内容的文件，物证之所以区别于书证，在于其以实物存在而非以其记载的思想内容来证明案情，成为证据。对于录音资料，根据联邦法院的判例和大部分学者的意见，认为其应属于物证，而非书证，理由是：录音资料中迅速说出的话语与经过考虑写出的文字有质的不同，不具有文字符号特征和可读性，并且录音易于伪造，对其进行审查与对物证的审查要求大体相同，特别要注意其是否存在涂改或伪造的情形。

在日本，一般将证据理解为认定事实所根据的资料。作为认定事实的素材的人和物，为"证据方法"，依据证据方法进行调查所取得的内容，为"证据资料"。对刑事诉讼而言，立法没单独规定物证这一证据种类，理论上认为证据主要分为物证与供述证据。[2] 从立法上看，作为刑事诉讼证据种类的物证包括物品与文书，其范围比我国法律上规定的物证范围要宽得多，实际上，它还包括了通常意义上的书证，近似于学理上的实物证据。

（二）物证运用的一般要求

在物证的运用与采纳问题上，与英美法系国家关于物证的立法与理论相比，大陆法系国家并没有规定过多的采纳规则。对于物证，大陆法系只强调物证同案件事实的关联性，而不过多地注重证据的法律性或可采性，对于某一物品或物质痕迹能否被采纳为诉讼证据以及该物证明力的大小，完全由法官自由判断。例如，在大陆法系国家，非法获得物证材料的排除规则并没有引起立法与理论的重视。在德国，虽然有"证据禁用"（Beweisverbot）的观念，但这种禁用的证据是基于利益的比较而禁止使用的，并非单指非法证据，其中人权保障的考虑较少，而其他方面的利益则占据很大的比重。因为只有违反法律本身关于证据方法所设定的限制时，才符合禁用证据的范围，也就是说，只要是法律本身

第七章

---

〔1〕　参见张卫平、陈刚编著：《法国民事诉讼法导论》，中国政法大学出版社1997年版，第81页。

〔2〕　〔日〕田口守一：《刑事诉讼法》，刘迪等译，法律出版社2000年版，第61页。

所容许的证据方法，即便是违反法律规定而取得，如无权警察官的搜查或违反时间限制的夜间搜查所取得的物证，也不能够禁止使用。在日本，法律也规定了违法证据排除法则，但这种排除的目的主要是防止官员违法。如果官员的违法行为同证据之间的因果关系不密切，可以承认该证据资料的证据能力。[1] 但这种证据对于物证的关联性或法律性要求的截然不同的态度，体现了英美法系与大陆法系在诉讼目的、价值选择上的不同追求，也符合两大法系国家的历史文化传统。

在大陆法系国家，物证若为原始资料，可供直接证明案件主要事实所用，为直接证据。如果仅仅为提供推理资料所用，则是间接证据。法官在运用物证、分析物证时，要对物证进行验证，包括对人身的验证、对尸体的验证，以及对文书的存在以其物理特性为证明作用物的验证。例如，在法国，法官或陪审员得亲自检查标的物。证人也可以作为实物证据而受到检查，在婚生子女诉讼中为核对血型对证人作科学检验是常见的。[2]

三、苏联关于物证的立法与理论

（一）关于物证立法

苏联关于物证的立法较为详细和完备，具体到物证的立法内容，主要包括以下几个方面：

1. 规定了物证的概念。《苏联刑事诉讼法典》规定：物证是供犯罪的工具，或者保留着犯罪痕迹的或曾作为刑事被告人犯罪对象的物品和犯罪所得的钱款与其他贵重物品这些物品，及一切可用作发现犯罪的手段、判明案件实际情况、查明犯罪人或反驳对于刑事被告人控诉或减轻其罪责的其他物品。[3] 总之，物证具有作为证明案件情况的体现者或来源的作用。换言之，这些物品之所以能成为物证，是因为它曾被用来作为犯罪的工具，或者在这一物品上留有犯罪的痕迹，或者它是犯罪行为所侵害的客体，或者是通过犯罪行为所获得的财物。

2. 规定了物证的种类或表现形式。根据立法，物证包括犯罪的痕迹、留有犯罪指纹、脚印、手印的物品、血液、唾液或者丢弃在房屋外面的物品以及其他有关物品。作比较、研究用的样品不是物证，它只是有助于对研究对象的特征作出正确的解释。而制成一定大小的模型和拍成照片的痕迹的复制品也是属于物证的范畴，因为此时被反映的客体（原始物证）的特征已经移入模型中并

第七章

---

〔1〕 王以真主编：《外国刑事诉讼法学》，北京大学出版社1994年版，第424页。
〔2〕 沈达明编著：《英美证据法》，中信出版社1996年版，第287页。
〔3〕 参见何家弘主编：《新编证据法学》，法律出版社2000年版，第181页。

且像保留在传来物证中一样保留在模型之中。[1]

3. 立法对于物证的固定、勘验、保存、审查等问题也作了极为详细、具体的规定。例如，必须按规定将物证详细记入勘验笔录（尽可能拍成照片），并根据承认它是物证的特别决定附入案卷。对物证进行勘验并仔细固定勘验的结果，其目的是识别物品的个性，证实它的完整性和准确地反映它当时所处的状态。如果物证是由某人提供的，除对该物证进行勘验以外，还要询问提供该项证据的本人。物证要在案卷中加以保存，连同案卷一并移送检察院、法院或者其他侦查机关。按照一般的规定，物证的保存期限至法院的刑事判决、决定或终止诉讼裁定发生法律效力时届满。如果案件在侦查阶段终止，物证的处理应在该项裁决的上诉期届满以后，再行决定。评定物证要同其他证据一并综合进行，并且同包括确定物证的完整性在内的审核结合起来。在考察复制品和模型的时候，必须确定该复制品或模型是否保存了原物的特征。除了对物证本身的组成部分进行审查以外，还要对发现、没收、研究、固定以及保存物证的方法是否遵守刑事诉讼程序加以审查等。

（二）关于物证的理论研究

在物证的理论研究上，苏联的学者从各种不同的角度来探讨物证的概念、特征、性质等基本理论问题。例如，关于物证的特征，学者们提出了各种不同的观点，但这些观点都认为物证至少有四个基本特征：①物性，即物证具有物质性；②同被证明的情况有着直接或间接（用间接的方式表现出来的）的联系；③符合《苏联刑事诉讼法典》第83条规定的几个或其中某一个特征（也就是符合前述关于物证概念描述的特征）；④要根据侦查人员的特别决定或者法院的裁定，才能承认某一物品是物证并把它附入案卷。

由于苏联的诉讼目的偏重于实体真实或惩罚犯罪，反映在证据制度上，无论是有关理论、立法还是司法实务，都十分强调物证的关联性，要求物证应与案件事实有联系，能够证明案件情况。至于物证的可采性或法律性，法律不作过多的规定，而是由法官自由判断。法官在审查判断物证时，所受限制较少，但法官往往只注重考察物证的关联性，有时，只要物证具有关联性，哪怕它是违法取得的，法官也可将之用作定案的依据，因为法律没有规定违法所取得的物证资料的排除规则及其他一些具有人权保障意义的证据规则。

---

[1]　[苏] N.B.蒂里切夫等编：《苏维埃刑事诉讼》，张仲麟等译，法律出版社1984年版，第179~180页。

第七章

第八章

书　证

■ 第一节　书证的概念和特点

一、书证的概念

书证是指以文字、符号、图画等记载的内容和表达的思想来证明案件事实的书面文件和其他物品。任何书证，都必须借助一定的物质材料而存在。书证的载体，一般是纸张，但也有用金属、石块、竹木、布帛或其他物质材料做成的书证。书证记载的方式有手书、印刷、打印、雕刻等。

书证的外在形式繁多。刑事诉讼中常见的书证有证件、文件、信件、标语、图纸、账册、单据、计划书等；民事诉讼中常见的书证有书信、文件、票据、商标图案、书面遗嘱、传真及电报文告、合同书、结婚证书、房地产证件、书面借条、欠条、收条、设计图纸、规划等；书证也是行政诉讼中最常见和最常用的一种证据，因为行政机关在行政管理活动中所作出的具体行政行为，大多都是以书面形式作出的，这些书面材料是当事人之间产生行政法律关系的重要凭证，如罚款单据、处罚决定书、没收财产收据、各种许可证、营业执照以及非诉讼法律事务中的公证文书等。

作为书证，必须同时具备以下前提条件：①书证必须是以文字、符号、图画等记载或者表达了人的一定思想的物品，并且这种为一定方式所记载和表达的思想内容，应当按照通常标准为人们所认识和理解，可借以发现信息。反之，虽然其表现形式为特定的文字、符号和图案，但其所表现的并非特定的思想内容，而是不为常人所认知和理解的，便不能作为书证加以使用。②该项材料所记载的内容或者所表达的思想，必须与待证案件事实有关联，能够借以证明案件事实。如果某一材料记载的内容与案件的待证事实不具有关联性，就不能作为书证加以使用。书证的内容是否与案件事实具有关联性，在许多情形下一目了然，但有时书证是采用一些诸如代表特定含义的符号或图案来加以表述的，从其表达形式上往往不能直接体现所表达的确定含义。在这种情形下，要根据有关的法律、法令、规则、经验及习惯等，才可能了解它所要表述的确定含义，如车船票、飞机票、托运行李的单据、在特定人群中使用的文字材料等。

二、书证的特点

在证据种类的划分中，书证具有区别于其他证据种类的特征。具体表现在：

1. 书证具有直接证明性。书证有具体、明确的思想内容，在通常情况下，能够依据其内容直接判明其与案件事实的联系。书证一般不需要通过任何媒介或中间环节来对其加以分析和判断，这是书证与物证的一个重大区别，后者在多数情况下都要经专业鉴定人员进行鉴定，甚至通过特殊鉴定手段和方式来对其加以审查、分析和判断。书证作为一种体现证明价值的直接途径，其本身是证明内容与证明过程的有机统一。书证能够以其独特的客观化、具体化、形象化和固定化的文字、符号和图画本身所体现的思想内容起到证明案件事实的作用。因此，书证依其本身所具有的形式和内容，便可直接进入调查过程，而不必像物证那样必须以鉴定或勘验等特殊环节来作为进入调查过程的必要前提。正是由于书证具有这一优点，因此，在司法实践中，一旦能够收集到书证，便对认定案件事实具有积极的、显著的证明价值。

2. 书证具有稳定性。书证不仅内容明确，而且形式相对固定，稳定性较强，一般不受时间的影响，易于长期保存。只要作为书证载体的物质材料未遭毁损，即使是经历了很长的时间，其特定的思想内容仍然能够借助有关的文字、符号或图画等起到应有的证明作用。在英美法中，最佳证据规则的适用对象便是书证，因为书证并不像当事人陈述、证人证言、犯罪嫌疑人、被告人供述和辩解、被害人陈述等证据形式那样常常会因为时过境迁而被淡忘或记忆模糊，从而影响其证明价值。

3. 书证具有思想性。书证是人的有意识的思想的反映。就书证的内在形式而言，书写或刻印在纸张等物体上的文字、符号或有关图案必然反映出一定的人的思想、事件或人的行为等内容。

4. 书证具有物质性。书证以纸张为其最为常见的物质载体，也包括诸如布帛、皮革、金石、竹木等其他物质材料。

在各种证据种类中，书证与物证具有密切关系。我国证据理论一般认为，书证与物证既具有密切联系，又有本质上的差异。书证与物证的联系，主要在于书证的外形是一种客观物质材料，并以此作为其内容的载体。从这种意义上讲，书证也属于广义上实物证据的范畴。

书证是人的意识和思想内容的表达，与以存在状况和外部特征来证明案件事实的物证有本质差异。主要表现在以下几个方面：

1. 书证以文字、符号或图画等表达的思想内容来证明案件事实，而物证则以其存在方式、外部特征和物质属性来证明案件事实。例如，在贪污案中，被涂改的账册或单据，如果其反映的内容是贪污钱款的数额，则为书证；但如果根据涂改笔迹的鉴定确定了进行涂改的人，则该证据是以其外部特征来证明案情的，所以是物证。

2. 书证是以其内容反映和表达人的主观思想及其行为的物质材料，而物证并不反映人的主观思想。换言之，书证在内容上具有主观属性，物证则属于主观意识之外的客观范畴。

3. 书证所表达、记载的内容和形式，一般都能为常人所理解，其反映的内容一般都较为明确、清楚，而物证在表现形式上则会受客观存在的特殊状态决定，许多情况下必须借助专门的技术手段，才能揭示其与案件事实的联系。

4. 书证在许多情况下可以证明案件主要事实或案件中的某一部分事实，其证明的案件事实情节一般较为完整，而物证往往只能证明案件事实的个别片段。

5. 书证和物证在保存和固定的方法上存在差别。书证常以纸张、布帛等物质材料作为载体，所以，对书证通常可采用复印等方式予以保存、固定，物证的保存与固定方法则不尽相同。

■ 第二节　书证的分类

书证是多种多样的，不同的书证具有不同的特点。对书证进行分类，可以从不同角度把握书证的特点，明确在诉讼中运用书证需要注意的问题，有利于书证的运用。

对于书证，可以从不同角度进行分类。根据法律规定和司法实践，书证可以分为以下几类：

一、原本、正本、副本、节录本、影印本及译本

依据书证制作方法的不同，可以将书证分为原本、正本、副本、节录本、影印本及译本。

原本，是指文书制作人将有关的内容加以记载而做成的原始文本，又称原件或底本。任何书证均有其原本。原本是正本、副本、节录本、影印本、译本的最初源流。原本既可以是手写的，也可以是打印的，只要是最初制作的文本而成为书证的，就是原本。在日常生活中，常见的书证原本有反映当事人之间

往来的原始信函，载明谈话内容的电话记录原稿，载有当事人双方签字盖章的书面合同，以及反映借款人亲笔书写具有明确表达借款意思表示的借据等。由于原本是用于表达文书内容原始状态的客观表现方式，它能在客观上最大限度地反映书证所记载的内容，因此其证明价值极高。

正本，是指依照原本采用全文抄录、印制等方法而做成的内容与原本完全相同，对外与原本具有同等法律效力的文书。除了做成的方式不同外，正本与原本的另一个主要区别是，原本一般由制作人收存或留作存档备查，而正本则发给主收件人保存或使用。

副本，是指依照原本全文抄录、印制，但不具有正本效力的文本。副本书证的做成，旨在使有关单位或个人了解、知悉原本文书的内容。副本通常发送给主收件人以外的其他有必要了解原本内容的相关单位或个人。可见，副本与正本在制作方法上相同，不同之处主要在于，副本与正本制作的目的和收存主体与发给的对象不同。副本与正本的效力不同之处也主要发端于此，而与证明力并无直接关系，不能得出正本在诉讼证明中一定优于副本的结论。

节录本，是指从原本或正本文书中摘抄其主要内容而形成的文本。与原本相比，节录本只能反映原本的部分内容。由于制作人采用主观的方法对原本加以摘要或节录，所形成的节录文本在一定程度上影响了它对原本内容的客观和全面的体现，也不符合原本内容的内在逻辑性以及结构的完整性，具有较大的主观倾向。由于节录本是就仅需要了解的原本中某一相关的部分而制作的，并未充分考虑到原本的全面、详细的内容，所以，节录本在证据价值方面的局限性是显而易见的。在诉讼中，如一方当事人提供节录本，而对方对节录本所记载内容提出质疑时，节录本提供人应提供原本书证，否则将大大削弱节录本书证的证明力。

影印本，是指采用影印技术，将原本或正本通过摄影或复制而形成的文书。

译本，是指采用原本或正本语言文字以外的语言文字，翻译原本或正本而形成的文书。

将书证进行此种类型的划分，旨在说明只有原本才是最初制作的文本，其他如正本、副本等，都是源于原本的书证。在英美法系国家，实行最佳证据规则，除了法定例外情形，书证只能提交原本、原件。在我国诉讼活动中，提交、收集、调取的书证应当是原件，只有在提交或取得原件确有困难时，才可以是副本、节录本或影印本。

二、文字书证、符号书证、图形书证

按表现书证内容的方式在外形特征上的不同，可以将书证分为文字书证、符号书证、图形书证。

文字书证，是指以文字所记载的内容来证明案件事实的书证。文字书证是最为常见的书证，如信函、电报、传单、合同、账册、票据、遗嘱等。在通常情况下，采用文字书证所表达的思想内容较为明确、具体，普通人借助其基本的文化素质，以及正常的思维、理解便能知悉一般文字书证所表达的思想内容。文字书证既包括本国文字，也包括本国少数民族的文字，还包括外国文字，甚至盲文文字等。因此，除本国文字书证外，其他种类的文字书证通常以译本书证的形式出现。另外，文字书证中也包括行话、俚语、专业术语、暗语，甚至一些犯罪集团内部的"隐语""黑话"等。因此，对这些特殊的文字书证，应加以认真剖析，以查明其表达的确切含义和思想内容。

符号书证，是指以符号所表达的特定思想内容来证明案件事实的书证。如标记、标识、记号、路标、音符等。在符号书证中，除了一般性符号可以为常人所理解外，那些涉及特殊行业以及具有专业技术性的符号，需要经过专业人员的识别和判断以及结合其他具有关联性的证据来加以认定。

图形书证，是指以图形、图案所表现的内容来证明案件事实的书证。例如，刑事案件中的侮辱他人人格、毁损他人名誉的漫画，犯罪嫌疑人为实施犯罪而绘制的地形图等；民事案件中产品规格图解、房屋建筑的设计图纸、城区规划建设的示意图等。图形书证既形象又直观，并且往往配有文字加以说明，一般能确切地表达其思想内容。但是，许多图形书证会涉及一些特殊专业技术领域的知识和经验，使得普通人往往无法正确理解、鉴别其外部特征所表达的内容。因此，对图形书证涉及的特定领域的专业知识，常常需要借助专家来加以鉴别和认定。

三、公文性书证与非公文性书证

依照书证是否系国家职能部门等行使职权制作，可以将书证分为公文性书证与非公文性书证。

凡国家职能部门和单位在法定的权限范围内依职权所制作的文书，包括有关命令、决议、决定、通告、指示、信函、证明文书等，称为公文书。例如，由婚姻登记机关制作和发给的结婚证书、离婚证书，公安机关批准申请加入、退出或恢复中国国籍而发给的证书，房产部门制作和发出的住房证，人民法院制作的判决书、裁定书或调解书，行政管理机关制作的处罚决定书等，如果在诉讼案件中用作证据，便属于公文性书证。

公文书必须由依照法律、法规等授权而享有相应职能、职责的机关或其他单位在其职权范围内按照法定程序或方式作出，方具有法律上的效力。这是产生公文书的必要前提和条件。因此，公文性书证在成为书证之前就具有法律上的效力，而非依职权制作的文书不能作为公文性书证来加以使用。如果国家法律、法规对某种文书规定了特定的格式和内容，该文书就必须具备法定的格式和内容，而不得随意改变。

公文性书证具有以下特点：①它是制作和发出该文书的职能机关或单位依法行使职权的意思表示；②制作和发出该文书，应当具备法定条件，在法律明确授予的权限范围内，依照法定程序和方式来进行。基于公文性书证的上述特点，凡是由不享有法定权限的单位或国家机关公务人员制作和发出的文书，或者虽然是公务人员，但制作或发出的文书与其行使职权无任何联系的，都不能算作公文性书证。

所谓非公文性书证，是指国家职能部门或其他享有法定职权的单位在其职权范围以外基于正常的功能性运作所需或基于从事某些民事行为的目的所制作的，以及具有民事行为能力和相应责任能力的自然人制作的有关文书。换言之，非公文书证即公文性书证以外的其他书证。它不仅指公民个人所制作的文书，也包括那些享有一定职权的机关或者单位在其职权范围以外所制作的文书。例如，在普通民事活动中，有关法定职能部门作为平等主体与其他民事主体签订的各种经济合同，国家机关为建造房屋而与建筑单位签订的合同，以及国家机关发出的与其职权无关的信函等。

四、一般书证与特别书证

依照书证的形成是否需要具备特定的形式、格式和要件，可以将书证分为一般书证与特别书证。

凡法律不要求必须具备特定的形式、格式或者不需要履行特定程序，而只是具有明确的意思表示并由当事人签名、填写日期而形成的书证，为一般书证。例如，公民之间因借用钱款而出具的借据，领取有关物品的收据，加工承揽特定产品或物品的合同，民事主体之间的买卖合同等。只要此类书证在内容上具有明确的意思表示，即为有效，形式上并无特殊的要求。

一般书证从其内容而言，必须载明特定事实，但并不要求具有特定形式。因此，该种书证更强调其内容的构成要件，而不强调其形式上的特征。虽然法律并不要求特定形式、格式或履行特定程序，但就其内容而言，一般仍需具备以下要件：①有明确的意思表示；②有当事人的签名；③有制作该书证的具体日期。凡缺乏以上三个要件之一的，便为有缺陷的一般书证。这种缺陷，往往会影响其证据能力。

凡是依照法律规定必须具备特定形式、格式或必须履行特定程序的文书，称为特别书证。例如，公安机关制作的行政拘留决定书，工商行政管理机关颁发的营业执照，国家审判机关依法制作的判决书、裁定书、调解书等。特别书证的形成，必须具备法定条件，具备特定的法律形式，并严格履行法定的制作手续。例如，结婚证书的制作和颁发，必须是申请结婚的男女双方当事人已达到结婚年龄，且该种婚姻完全出于自愿，在法律上不存在禁止结婚的任何情形，并由当事人双方亲自到婚姻登记机关进行结婚登记，在此基础上，经婚姻登记机关审查，凡符合规定的，准予登记，并发给结婚证书。又如，有些合同根据法律规定或者当事人双方约定，在签订后还需经过公证，才能发生法律效力。这种需经公证的合同书，就属于特别书证。具有法律特殊规定或当事人特别约定的要件，是特别书证形成的前提和基础，也是该种书证区别于一般书证的具体表征。特别书证除了应具备明确的意思表示之外，还强调其外在的形式、格式或形成的程序。

五、处分性书证与报道性书证

依照书证内容的性质不同，可以将书证分为处分性书证与报道性书证。

凡是制作书证的目的是基于设定、变更或消灭一定的法律关系的，称为处分性书证。例如，国家行政机关根据公民、法人的申请而依职权颁发的各种许可证、营业执照，人民法院制作的发生法律效力的判决书、裁定书，民事主体间所签订的民商事合同书，公民个人为处分其财产而制作的遗嘱书、遗赠书等，都属于处分性书证。处分性书证一般是以法律关系主体的处分权为基础的。法律关系主体的这种处分权是处分性书证得以产生的重要前提和基础。如果缺乏这一前提和基础，处分性文书就难以获得产生、变更或消灭特定法律关系的相应效果。在日常生活当中，正因为处分性书证往往与法律关系主体的处分权相联系，所以它是一种特殊的书证形式。

凡是根据记载或表述的内容，制作者仅用以记录或报道、记载已经发生的或认知的具有法律意义的事实的书证，称为报道性书证。例如，财务账本记载了某单位现金收支情况，医院的病历记载了病人的病情状况，某旅馆的登记簿记载了旅客在该旅馆住宿的事实等。这些书证仅记载某些客观事实的发生和经过，其本身不能引起相应的法律后果，所以属于报道性书证。报道性书证和处分性书证的区别在于：前者仅是对发生的法律事实加以记述或予以保存，而后者的制作目的则是旨在发生、变更或消灭特定的法律关系。

将书证划分为处分性书证与报道性书证，可以更好地把握书证在诉讼证明中的不同作用。处分性书证所记载或表述的内容与特定的法律后果相联系，即由于这种书证的制作和启用将会引起一定法律关系的发生、变更或消灭，所以，处分性书证对有关法律行为的目的含有明确的意思表示。当处分性文书所涉及法律关系的内容即权利与义务产生争议或纠纷时，这种文书就能够作为反映或确定有关案件事实的重要证据，并具有较强的证明力。报道性书证不是从事某种法律行为的直接产物，而仅是从某种需要出发对特定的具有法律意义的事实予以记录、报道和记载，是制作者对客观上已发生事实所得感知、认识而作的记载或表述。因此，报道性书证所表述的内容并不与特定的法律后果相联系，因而，其证明力与前者相比是有限的。但是，报道性书证可以作为发现处分性书证的先导和印证处分性书证的证据。例如，通过记载有关民事主体之间存在合同关系的某一会议记录，可以发现当事人之间存在何种权利与义务关系的处分性书证；当处分性书证作为直接证据，对认定当事人之间存在特定权利义务关系的待证事实进行证明时，报道性书证往往可以间接证据的形式，印证主要待证事实。

■ 第三节　书证的作用

书证在诉讼证明中的运用十分广泛，对于正确处理案件有着重要的作用。

1. 书证是各种诉讼活动中使用最为广泛的证据之一。书证大多数是以文书的形式出现的，而文书是沟通、交流、传递信息的媒介，在社会生活中被广泛使用。这些被广泛使用的文书，一旦涉及诉讼案件，便可以作为书证使用，证明有关事实。另外，依照法律规定，许多法律行为必须以书面形式进行。例如，在民事诉讼中，我国有关实体法律、法规对一系列重大的民事行为多限定必须采用书面形式，如《民法总则》第 135 条规定："民事法律行为可以采用书面形式、口头形式或者其他形式；法律、行政法规规定或者当事人约定采用特定形式的，应当采用特定形式。"《合同法》第 10 条规定："当事人订立合同，有书面形式、口头形式和其他形式。法律、行政法规规定采用书面形式的，应当采用书面形式。当事人约定采用书面形式的，应当采用书面形式。"故此，对于那些应当依法采用书面形式订立的合同，只有在采用书面形式的条件下，才具有法律效力。对于某些法律行为，法律要求必须经过公证才能产生应有的效力，除公证文书外，其他证据均不能证明该行为有效。这些都决定了书证使用的广泛性。

2. 书证是以其在客观载体上记载、表述的思想内容来证明案件事实的，一般具有意思表示明确、具体、形象的特点，常人一看便知。如果收集到有关书证，许多情况下可以顺利弄清案件事实真相，有利于案件及时处理。尤其是某些法律文书在作出之后，又经过公证或鉴定程序，对其真实性、合法性已经审

第八章

查、核实的，其证明力就更为显著；同时，书证在许多情形下属于直接证据，可以直接证明案件的主要事实。这一特点在民事诉讼和行政诉讼中表现得更为明显。对一些民事、行政案件中的有关待证事实，根据法律的有关规定，应当采用书面文件的形式来加以证明。这是因为根据有关实体法的规定，一些民事法律关系和行政法律关系的发生、变更或消灭，应以书面形式表示，即其权利义务关系是以书面形式确定的。因此，在诉讼证明中，往往可以依据书证认定案件主要事实或关键情节，从而使案件得以及时、准确地处理。

3. 书证以一定的物质材料作为客观载体，只要文字、符号和图案等在特定的客观载体上生成和保存下来，其表述的特定思想内容也就固定了下来。如果书证本身未遭毁损，它所记载和表述的内容就可以长期保存。即便有时其客观物质载体遇有毁损，只要不影响到有关的文字、符号和图形，同样可据以了解其所载述的人的思想、行为、事件等有关事项，并不影响其证明力。从这一点可以看出，与物证或人证会因时间流逝、环境变迁，或者基于其他主观、客观上的原因而发生变化、异常或失真的情形相比，书证具有更显著的优越之处。

4. 书证是审查其他证据是否真实、可靠的重要依据。书证常常形成于案件发生之前或发生过程中，其内容是对一定案件事实的客观记载，只要经过必要程序确认其并非伪造，事后未被篡改，其真实性、可靠性就毋庸置疑。书证中的相当一部分属于公文性书证，是国家职能机关为行使职权而制作的，这种书证的真实性一般是有保障的，具有较强的证明力。如国家审判机关制作的已经发生法律效力的刑事、民事、行政判决书、裁定书，国家各级行政主管部门依照职权所颁发的各种文件，经过法定程序公证证明的文书等。这些书证，可以将其作为核实、印证其他证据材料是否可信、真实的依据。

书证从产生的方式上可分为原始书证和复制书证，相比较而言，原始书证的证明力更强。在实践中，原始书证往往可以用来鉴别和认定其他证据是否真实、可靠，以便决定其取舍。

■ 第四节 国外关于书证的立法与理论

英美法系国家关于书证的界定，范围较宽，一般译为书面证据（documentary evidence），可分为三种，即文件证据、书面陈述和证言笔录，后两种与我国诉讼中书证的含义不同。

文件证据的采用，适用"最佳证据规则"。最佳证据规则适用于文字材料，也适用于录音和照相。依照最佳证据规则，证据的提供者应当提供原始材料，如果提出非原始材料，则必须提供充足理由。例如，《美国联邦证据规则》规定，"书写品"包括以任何形式记下的字母、文字、数字或者它们的类似物；"录制品"包括以任何形式录制的字母、文字、数字或者它们的类似物；"影像"是指以任何形式储存的摄影图像或者它的类似物。为证明书写品、录制品或影像的内容，应当提供其原件，除非该证据规则或联邦制定法另有规定。符合下列情形，关于书写品、录制品或者影像内容的其他证据具有可采性，并且不需要原件：①所有原件已经丢失或者被损毁，且并非提出者恶意导致。②原件无法通过可利用的司法程序获得。③原件的提出将会导致不利益的当事人一方控制原件；该当事人在答辩或者其他程序时得到原件将会成为审判或者听证的证明对象的通知；该当事人未能在审判或者听证中提出原件。④书写品、录制品或者影像与关键争点无紧密联系。符合下列情形时，证据提出者可以使用复制件证明官方记录的内容，或者公职机关依法获得授权而记录或者存档的文件的内容：①该记录或者文件本来就具有可采性；②根据《美国联邦证据规则》第902条（4）项认证该复制件是准确的，或者由将复制件与原件进行比对的证人作证证明其是准确的。证据提出者可以使用概要、图表或者计算来证明不便于在法院加以审查的卷数繁多的书写品、录制品或者影像的内容。证据提出者必须将原件或者复制件准备就绪，以供其他当事人在合理时间和地点加以审查或者复制或者审查和复制。

书面陈述是证人在法庭外用书面方式提供的证言。在英美证据法中，书面陈述通常作为传闻证据而予以排除，但符合下列条件的书面陈述，可以作为证据：①证人亲笔签名且声明所述真实，如有虚伪陈述，愿承担刑事责任，未满18周岁者还应注明年龄；②事先应将书面陈述的副本送交对方，经对方同意；③在书面陈述中如引用其他文件，还须附送所引用之文件。书面陈述一般应当庭宣读，而且作出书面陈述的证人除因病重不能到庭或依法不宜出庭的少年儿童外，应传唤到庭以接受交叉询问。

证言笔录是指证人在法庭上所作证言的笔录。法庭笔录由书记员制作，证人和法官签字。制作证言笔录后，在以后的审判中就不一定再作口述。但除重病等原因外，证人应到庭以备询问。

大陆法系国家一般认为，书证是其记载的内容或表述的思想能证明案件事实的文书或物件。在德国，书证分为以下几类：①意图性书证，即事先有意设定证据性质的文件，其自始即已被用作证据，如借据；②偶然性书证，即在诉讼进程中才具有证据性意义的文件，如一般信件；③本质性书证，即其包含的思想内容本身直接符合刑法的犯罪构成要件，如诽谤信；④报道性书证，即报道犯罪情况的文件，如有关描述犯罪情节的信件。大陆法系诉讼法学者认为，书证具有两种证据力，一为形式证据力，一为实质证据力。所谓形式证据力，是指书证本身的证据力。任何一种书证只要符合当时的制作情况，制作手续完备，制作人的签名真实，不是伪造或变造的，就具有书证的形式证据力。所谓实质证据力，是指书证内容所反映的事实与案件事实或其他有关待证事实具有真实的联系。由于书证大多都能明白无误地反映案件事实的真相，一般都认为书证是证明某些法律行为必不可少的证据。外国的民事法律和行政法规中，对一些重要的契约和单方法律行为，以及有关的行政行为，往往规定必须采取书面形式，有的还必须经过公证证明，才能成立。在民事诉讼或行政诉讼中，要确认这些法律行为是否确已发生，当事人的行为是否违反了约定的内容，就应当按照民法或行政法规的规定，以书证加以证明，而不得使用人证。经过公证的书证，更被赋予了很强的证明力。法国《拉鲁斯大百科全书》在"证据"条目中说，"一项符合规定的经过公证的文件构成一种法律上的证据，或完善的证据"[1]，有约束法官的效力。

一般来说，大陆法系国家对书证的使用限制较少。在大陆法系国家，一般承认书证的原本优于副本，但不排斥对副本的收集，而且，副本经查证属实，可起到同样的证明作用。例如，《意大利刑事诉讼法典》第234条规定，可以调取通过照片、影片、录音或者其他手段反映事实、人或物的文书和其他文件。如果需使用的文书原本由于任何原因而被毁灭、丢失或者窃取并且不可能找回，可以调取它的副本。

书证通常由诉讼当事人提交法院。如果书证并不在当事人手中，法院可以根据他的申请，向掌握该书证的人发出特别传票，责令后者交出这些书证。有的国家对某些文书的提出还规定了特殊方式，例如，规定病历、患者状况和治疗情况的医学结论，只能按照法院指示，装在密封信封里送到法院办公室，查阅这些材料须经法官许可。在审判时，书证应以宣读的方式进行调查。在德国，一般是由法官简要介绍其内容。如果法官与陪审员已知悉书证的内容，且其他当事人也有机会知道该书证内容，则不需要朗读。

---

〔1〕 黄道主编：《诉讼法》，知识出版社1981年版，第197页。

第九章

证人证言

■ 第一节　概　　述

一、证人的概念及资格条件

（一）证人的概念

证人，在日常生活中是一个常用的概念，但在法律上却是一个复杂和重大的概念。在奉行言词审理原则的英美法系国家，几乎一切证据材料都要通过人的言语表达而成为证据，因此，证人对诉讼案件的审理具有至关重要的意义。在英美法系国家有关证据的法律规定中，证人是指"经过宣誓对案件有关事实作证的人"〔1〕。"在他们的概念中证人有两种：①非专家证人；②专家证人。证人可以是当事人自己，也可以是当事人之外的第三者。"〔2〕可见，在英美法系的证据法上，证人是指一切用自己的言词、语言、思想意识等形式对案件事实作出证明的人，不管其在诉讼中的地位如何，都可称之为证人。所以，英美法系国家的证人是广义的证人概念，包括了所有在诉讼过程中向司法机关提供口头证词的人。正因为如此，证人证言在英美法系的证据制度乃至诉讼制度中占有十分重要的地位。在美国，更有所谓"没有证人就没有诉讼"之说，在司法实践中，美国的诉讼过程几乎就是围绕着收集、审查证人证言来进行的。〔3〕在大陆法系国家，司法审判更倾向于书面审理原则，证据以物证、书证等实物证据为主，证人证言的地位相对较弱，证人对诉讼过程的影响也较小。在这些国

---

〔1〕　白绿铉：《美国民事诉讼法》，经济日报出版社1996年版，第145页。
〔2〕　田平安："证人证言初论"，载陈光中、江伟主编：《诉讼法论丛（第2卷）》，法律出版社1998年版，第557页。
〔3〕　江伟主编：《证据法学》，法律出版社1999年版，第365页。

家,多采用狭义的证人概念,专指当事人之外的知晓案件情况而向司法机关陈述案件情况的第三人,不包括当事人和鉴定人等。在我国,证人也是采狭义上的概念,是指知晓案件的有关情况,应当事人的询问和人民法院的传唤到庭作证的人。

(二) 证人的资格条件

证人的资格,也称为证人的能力、证人的适格性,是指哪些人可以或应当作为证人,哪些人不能作为证人,又可称为证人的范围。从理论上讲,任何公民都有出庭作证的义务。但是,在具体的诉讼案件中,公民必须具备一定生理上和法律上的要求,才能成为实际的证人。这些要求,就是成为证人的资格条件。从广义上看,证人的资格条件可以分为积极条件和消极条件。消极条件实际上是一种限制条件,即公民不能成为证人的条件。

1. 积极条件。积极条件是使公民能够作为证人的资格条件。在我国,证人的积极条件主要有四个方面:

(1) 了解案件情况。对诉讼案件的有关事实、情节和证据有一定程度、一定范围的了解和知晓是证人的首要特征。证人对案件情况的了解是储存在证人的思想记忆之中的,必须通过其语言、文字或特定符号的表达,才能使外界知道和作出判断。如果某人只是握有某个诉讼案件中的书证或物证,他就不是证人。证人对案件事实的了解,是在案件事实发生的过程中或发生之后形成的,在诉讼中,证人把之前形成的记忆通过语言文字再现出来,即成为证人证言。这是证人与鉴定人的主要区别。鉴定人在诉讼之前对案件有关事实一无所知,只在鉴定过程中对所鉴定的事实形成一定的认识,并通过专业知识和术语将其忠实地再现为鉴定意见。正因为这样,鉴定人是可以选择和替换的,只要被选择者具备某方面的专业知识,并经人民法院指派即可。证人则是不能选择和替代的,因而决定了凡是在诉讼开始之前知道案件情况的人,都应当优先作为证人参加诉讼,而不应当作为本案的侦查人员、检察人员、审判人员、鉴定人、翻译人员参加诉讼。

(2) 证人只能是自然人,不应当包括法人单位和其他组织。证人对案件的了解是通过自然人的五官和大脑而形成的,而法人单位和其他组织都不具备这些条件,所以,二者不能作为证人。我国《民事诉讼法》第72条第1款规定:“凡是知道案件情况的单位和个人,都有义务出庭作证。……”有学者据此认为,我国民事诉讼中的证人,不仅包括自然人,而且包括单位。我们认为,这种观点是片面的(详细的论述留待下文)。

(3) 能正确表达意思。任何人作证,都必须具备起码的生理和心理条件,主要是指证人的生理和心理健康并能控制自己的行为,能复述感知的情况,准确地表达自己的意思。符合一定条件的未成年人和处于健康状况中的间歇性精神病人，只要神志清醒，能正确表达自己的意思，一般都可以充当证人。根据《民事诉讼法》第 72 条第 2 款规定，"不能正确表达意思的人，不能作证"。根据最高法《民诉证据规定》第 53 条第 2 款的规定，"待证事实与其年龄、智力状况或者精神健康状况相适应的无民事行为能力人和限制民事行为能力人，可以作为证人"。

（4）与诉讼案件的审理结果没有法律上的利害关系。在我国，学理上一般认为，与本案审理结果有法律上的利害关系的人不应该成为证人，其证言按当事人陈述对待，有别于证人证言。[1] 这是证人与当事人的区别所在。我们认为，证人不能与本案结果有法律上的利害关系这一要求是"自己不能给自己作证"这一普遍证明要求的体现。在诉讼案件中，多数当事人之间不能互相作证，因为他们相互的诉讼立场和利益是一致的，实际上是一方当事人，因此，他们不能"自我证明"。当然，这种观点也不是绝对的。例如，在英美法系国家，与案件审理结果有直接利害关系的当事人也可做证人，如美国的污点证人制度中，污点证人本身就是参与了被指控罪行的人，与案件的审理结果有法律上的利害关系，但是基于特殊刑事政策的考量，仍然将其作为证人看待。英美法系国家与我国做法的不同固然反映出不同国家对待同一问题认识上的差异，但是对于我国而言，随着研究的进一步深化，其他国家一些具有借鉴意义的制度（如污点证人制度）将来在我国得以确立起来的情况下，关于证人"与诉讼案件的审理结果没有法律上的利害关系"的认识也可能会随之发生改变。

2. 消极条件。从我国刑事和民事诉讼法的规定来看，概括地说，不能作为证人的消极条件应包括两个方面：①生理上、精神上有缺陷或年幼；②不能正确表达意思。这两个条件必须同时具备。那些生理上、精神上有缺陷或者年幼，但能正确表达意思的人，仍然可以作为证人。例如，盲人可以将其听到的、聋哑人可以将其看见的案件发生时的有关情况通过语言、手势等方式向司法机关提供证言。根据这一标准，司法实务中，经当事人申请，人民法院可以就证人能否正确表达意志进行审查或者交由有关部门鉴定。必要时，人民法院也可以依职权交由有关部门鉴定，以确定其能否作为证人。

此外，在具体的案件中，本案的侦查人员、检察人员、审判人员、陪审人员、书记员、翻译人员、辩护人、诉讼代理人等，都不能同时充当本案的证人，如果他们是在诉讼开始前知道案件情况的，都应当优先作为证人参加诉讼，而不能再以上述身份参加诉讼。

---

〔1〕 常怡主编：《民事诉讼法学》，中国政法大学出版社 1999 年版，第 163 页。

3. 与证人条件有关的几个问题。对证人的条件作适当的限制，是主客观矛盾的反映，也与一定社会的法律文化伦理道德等因素密切相关。在古代社会，证人的资格条件非常严格，需具备一定的身份才能成为证人。"证人能力限制之发生，与早期社会个人人格之不平等，具有密切之关系。"[1] 随着身份和人格权的平等，证人的资格也逐渐变得宽松。以下就几个与此相关的问题，谈谈一些看法。

儿童能否在案件中成为证人？英美法系和大陆法系对于儿童作为证人的资格一般没有严格的限制，只要法庭审查认为他们具有感知、记忆能力，能够正确表达，任何年龄的儿童都允许作为证人。我国《民事诉讼法》第 72 条第 2 款规定："不能正确表达意思的人，不能作证。"最高法《民诉证据规定》第 53 条第 2 款规定："待证事实与其年龄、智力状况或者精神健康状况相适应的无民事行为能力人和限制行为能力人，可以作为证人。"可见，我国目前立法与世界各国大致相同，儿童不会因其年龄问题而不被允许作证，只要具备相应的感知、记忆、表达能力，就具备了证人资格。然而，儿童因为年龄因素成为证人中的特殊群体，他们不具备完全的行为能力，其认识、感知事物的能力也较弱，心理状况不稳定，独立判断能力不强。在庄严肃穆的法庭上，让他们作证并接受盘问、质询，其作证的能力、证言的可靠性和可采性是大打折扣的。我们认为，儿童可以在案件中成为证人，但是由于其年龄、学识、社会生活经验以及心理承受力等多方面存在不可避免的不足，容易导致证言失真，而且巨大的庭审压力对儿童心理造成的极大破坏，还会对儿童的健康成长产生负面影响。为保护儿童的身心健康，保证其证言的真实可靠，应在减轻儿童出庭作证的压力、加强对儿童作证的保护方面增加相应的措施。例如，可以在其监护人的监护下作证；可以视为特殊情况，准予其不出庭作证；儿童心理学工作者介入提供帮助；等等。

有利害关系的人能否作证？此处的利害关系与前面说的与本案有法律上的利害关系是不同的，它是指在诉讼案件之外具有一定的密切关系。在现代社会，各国一般都允许有密切关系的人为案件当事人作证，承认其证言的法律效力，这与早期社会的法律原则是相异的。例如，英国 1853 年前有关于夫妻不能相互作有利或不利的证明的规定。理论根据是夫妻之间存在利益关系。但后来在《英国证据法》中废止了上述规定。在中国古代，"亲亲相隐""父子相隐"的伦理观念贯彻于法律原则之中。法律规定奴隶或家仆不能指控主人，也不能提供不利于其主人的证言。因此，存在婚姻关系、亲属关系或主仆关系的人通常

---

〔1〕　陈朴生等：《比较刑事证据法各论》，汉林出版社 1984 年版，第 115 页。

应该为对方隐瞒真相。例如，秦律中有"子告父母，臣妾告主，非公室告，勿听"的规定。这些都是出于维护封建等级制度的目的。从法律技术设计上考虑，这类规定与实行证据法定主义有关。由于证据的种类和效力都由法律事先规定，不允许法官自由裁量，如果在法律上规定存在利益关系的亲人之间可以相互作证，就很难避免证言中的虚假成分。在现代诉讼中，各国实行自由心证或事实真实证据制度，对证据的审查、采信都由法官裁量，所以，一般都允许有利害关系的人为案件中的当事人作证，只是这类证据的真实性、可靠性要结合其他证据予以综合判断，就单个证据而言，这类证据的证明力要低一些，不能单独作为定案依据。最高法《民诉证据规定》第 69 条第 2 项明确规定，与一方当事人或者其代理人有利害关系的证人出具的证言，不能单独作为认定案件事实的依据。

关于证人条件，还有一个值得商讨的问题就是，单位能否成为证人？这个问题实际上只存在于我国民事诉讼法学中，在国外和我国刑事和行政诉讼理论上，都对单位作证持否定的观点。之所以产生这一问题，缘于我国《民事诉讼法》第 72 条之规定，凡是知道案件情况的单位和个人，都有义务出庭作证。据此，有不少学者认为，我国民事诉讼中的证人包括单位。也有很多学者对此持否定的态度，"在我国，学理上多数学者也不赞同将单位列为证人"[1]。

我们对单位证人持否定的观点。理由在于：①我国《民事诉讼法》第 72 条的规定虽有将单位界定为证人的语意倾向，但并未肯定地规定单位出庭作证就是证人。凡是知道案件情况的单位，都有义务出庭作证，但单位提供的证据不能被理解为证人证言。实际上，在诉讼过程中，单位出具的"证明书"不是证言，不具备证言的特征，而是书证。因为证言的本质特征是经过证人的感知、记忆和复述所形成的口头或书面言词，单位出具的"证明书"恰恰不具备这一本质特征。在立法上，该条的措辞有欠妥当之处，但学理上不应当机械地据此将单位理解为证人，将其出具的"证明书"理解为证人证言，而应该将"证明书"之类的证据材料归入书证的类别。②在当事人主义诉讼模式和辩论式庭审方式下，证人必须接受双方当事人及其律师的反复盘问、质询，并对与之相关的作证背景问题作出回答，那么，单位如何接受并回答这些询问呢？如果让单位的法人代表或负责人出庭并回答询问，其诉讼证明上的依据何在，他是代表本人还是代表单位来对案件事实进行回忆和复述呢？况且，这与证人不能选择和替代的基本特征是相冲突的。可见，将单位作为诉讼上的证人，会导致很多无法自圆其说的矛盾。总之，证人和证人证言的特征决定了单位不能成为证人。

---

[1] 江伟主编：《证据法学》，法律出版社 1999 年版，第 373 页。

遍查各国法律，迄今为止尚未发现单位作证的先例。我国的《刑事诉讼法》和《行政诉讼法》都没有单位可以作证的规定，在我国台湾地区，学理上，证人的概念特别强调自然人的特征，"所谓证人，乃指对于法律有关事实，就其五官觉察所得而陈述者而言"[1]。总之，古今中外的诉讼理论和司法实践，都无将单位或机构组织作为诉讼证人的做法。

二、证人证言的概念与特点

关于证人证言的定义，目前不同版本的教科书稍有差别，主要表现在证人陈述的对象上，其中代表性的观点有两种：①由常怡主编的司法部规划教材《民事诉讼法学》中的观点。该书中的定义是："证人就所了解的案件事实向当事人和人民法院所作的陈述，称为证人证言。"②江伟主编的《证据法学》中，将证人证言定义为"证人证言，是指证人在诉讼过程中，向司法机关陈述的与案件情况有关的内容"，并在叙述其特点时，特别论述了证人证言应当是证人就案件有关情况向承办案件的审判人员所作的陈述。[2]就证人陈述的对象来讲，我们认为第一种观点是比较完全和确切的。从一般要求上看，证人证言应当向法庭直接陈述，但是在采取证据保全措施或证人无法到庭的其他情况下，当事人或诉讼代理人只能采取直接询问证人的措施，并做成笔录。这种笔录具有证人证言的本质特点，因为它是证人通过感知、记忆、复述所形成的言词证据。如果认为它不是证人证言，我们就无法把它归入任何证据种类。如果像第二种观点认为的，这种笔录不属于严格意义上的证人证言，从性质上讲只属于调查笔录，[3]这与司法实践和我国法律规定的证据种类都不相符，也会使部分证据保全措施失去意义。因此，证人陈述证言的对象应当包括当事人及其代理人，特别是代理律师。其陈述地点也不一定局限于法庭。当然，也不能认为证人在任何地点向任何人所作的关于案件情况的陈述都是具有法律效力的证人证言。从证人证言的内容和形成过程来看，我们认为第一种观点中的表述也有不妥当之处。证人证言的基本目的，在于以证人陈述的与案件事实有关的内容来证明待证事实。但是，证人证言的内容本身并不是案件事实或真实情况，而只是"与案件情况有关的内容"。证人证言中有些内容不一定能揭示案件事实，只有经过司法人员的审查判断，才能确认其内容是否与案件事实相符合。实际上，证人证言只是一种证据材料，经过司法认定之后，才可能确定为真正意义上的

---

[1]　陈朴生等：《比较刑事证据法各论》，汉林出版社1984年版，第122页。
[2]　江伟主编：《证据法学》，法律出版社1999年版，第365~368页。
[3]　江伟主编：《证据法学》，法律出版社1999年版，第365~368页。

证据。所以，第一种观点认为的证人"所了解的是案件事实"的表述，是不严格、不科学的。综合以上两种观点的合理成分，我们给证人证言下的定义如下：证人证言，是指证人在诉讼过程中向当事人和司法机关所作的与案件情况有关的陈述。概括起来说，证人证言有如下几个特征：

1. 证人证言，是由知晓案件有关情况的自然人所作的陈述。这是证人证言的本质特征。证人证言的内容是由证人通过对案件情况的感知、记忆、复述而形成的。就一般意义而言，证人必须对案件情况有亲身感受，亲自耳闻目睹了案件有关情况。至于证人陈述的其听到他人转述的与案件有关的情况，是否可作为证人证言，不同的国家在法律上有不同的规定。在英美法系国家，证人陈述他人转述的案件有关情况，该证据就属于"传闻证据"。根据英美法系国家的有关证据规则，传闻证据难以令人置信，在本质上被认为缺乏真实可靠性，在程序上又由于没有机会对第一陈述者进行交叉询问，因此，对该传闻证据原则上予以排除。但在某些情况下有一定的例外，如传闻证言的第一陈述者已经死亡或已不能到庭陈述等。在我国，立法上没有关于对传闻证据使用的限制，因此，在司法实务中，对证人转述他人陈述的证言，采取有限度承认的做法。一般要求证人说明传闻的来源，以便司法机关进一步调查、审核证言。

2. 证人证言应当是对案件有关情况的客观陈述，证人只能对自己亲身感知的案件情况进行陈述，而不能对这些情况进行分析评价，不能对案件事实发表看法和意见。这是法律原则上的普遍要求。英国学者罗纳德·沃克指出："一般规则是，证人只能就其直接感验的事实作证，而不得对不是其直接感验的事实陈述相信与否的看法。这便是排斥意见证明方法的规则。该规则的理论根据是：从已证事实得出结论是法庭而非证人的职责。"[1] 但是实际上，证人对案件情况的感知和复述不可能是纯客观的过程，因此，一定程度内的主观判断总是难以避免的。其中的限度和范围，只能由法官裁量。基于这样的事实情形，罗纳德·沃克又指出："如果意见在本质上是系争事实，便不排斥这种意见。另外，如果意见是作为某些独立事实的证明方法提出的，便存在着许多可以采纳意见为证据而不考虑排斥意见的一般规则。"[2] 因此，法律在某种程度内允许证人提出自己关于事实的分析意见和判断，法院对此也予以考虑。在我国，学理上认为，证人一般不能对案件事实的有关情况进行分析判断，但如果是根据日常生活中的常识就自己所见所闻作出的简单推测、判断，法庭应当允许并予以考虑。如果连这种简单的判断、推测都要排除，那证人作证实际上就很难进行。

---

〔1〕 转引自陈一云主编：《证据学》，中国人民大学出版社 1991 年版，第 256 页。
〔2〕 转引自陈一云主编：《证据学》，中国人民大学出版社 1991 年版，第 256 页。

从立法上看，最高法《民诉证据规定》第 57 条确立了意见证据规则，"出庭作证的证人应当客观陈述其亲身感知的事实"，"证人作证时，不得使用猜测、推断或者评论性语言"。根据该条规定，证人使用猜测、推断或者评论性语言作证的，法院应当不能认定该证人证言的证明力。我国现行《刑事诉讼法》没有关于意见证据的规定，但是，两院三部《办理死刑案件证据规定》第 12 条第 3 款确立了办理死刑案件的意见证据规则："证人的猜测性、评论性、推断性的证言，不能作为证据使用，但根据一般生活经验判断符合事实的除外。"

3. 证人证言是证人主观对客观的认识和反映，受人的主观影响较大。证人在感知、记忆和复述案件情况的过程中，充满着主客观的矛盾，其认识过程既受证人主观因素的影响，也受外在客观因素的制约。由于客观事物本身的复杂性，以及证人本身感受能力、记忆能力等原因，使证人证言的情况比较复杂，因而对证人证言既不能盲目轻信，也不能轻易否定，必须结合本案其他证据进行认真的审查核实，否则不能作为定案的根据。

此外，根据大多数英美法系国家和一些大陆法系国家的法律规定，证人提供证言原则上要求证人出庭，在法庭上以口头的形式进行陈述。有的国家还要求证人宣誓。因此，证人证言在形式上的口头性也可谓其特点之一。当然，由于存在证人无法出庭的实际情形，各国法律在坚持证人出庭作证的同时，也规定在某些例外情形下，法庭可以在开庭审理前对证人采证，或证人以书面的形式向法庭提供证言。在我国的诉讼活动中，原则上要求证人应出庭以口头形式提供证言，接受当事人的质询。根据最高法《民诉证据规定》第 55 条第 2 款的规定，证人在人民法院组织双方当事人交换证据时出席陈述证言的，可视为出庭作证。《民事诉讼法》第 72 条第 1 款规定："凡是知道案件情况的单位和个人，都有义务出庭作证。有关单位的负责人应当支持证人作证。"第 73 条规定："经人民法院通知，证人应当出庭作证。有下列情形之一的，经人民法院许可，可以通过书面证言、视听传输技术或者视听资料等方式作证：①因健康原因不能出庭的；②因路途遥远，交通不便不能出庭的；③因自然灾害等不可抗力不能出庭的；④其他有正当理由不能出庭的。"

《刑事诉讼法》第 192 条第 1 款规定："公诉人、当事人或者辩护人、诉讼代理人对证人证言有异议，且该证人证言对案件定罪量刑有重大影响，人民法院认为证人有必要出庭作证的，证人应当出庭作证。"为了保证证人出庭作证，《刑事诉讼法》第 193 条规定："经人民法院通知，证人没有正当理由不出庭作证的，人民法院可以强制其到庭，但是被告人的配偶、父母、子女除外。证人没有正当理由拒绝出庭或者出庭后拒绝作证的，予以训诫，情节严重的，经院长批准，处以 10 日以下的拘留。……"

证人在法庭上的证言与其庭前证言相互矛盾，如果证人当庭能够对其翻证作出合理解释，并有相关证据印证的，应当采信庭审证言。

对未出庭作证证人的书面证言，应当听取出庭检察人员、被告人及其辩护人的意见，并结合其他证据综合判断。未出庭作证证人的书面证言出现矛盾，不能排除矛盾且无证据印证的，不能作为定案的根据。

除了前述形式意义上的特点外，还有学者对证人证言深层次上的特性进行了分析。有人将证人证言的特性归纳为二性，即主客观双重性和直观反映性；[1] 有人认为证人证言具有三性，即不可替代性、客观性和关联性。[2]

■ 第二节　证人证言的形成过程

证人证言的形成是证人的主观感性认识对客观世界的反映，其过程遵循心理学和认识论的普遍规律。证人证言从当事人对案件事实有关情况的感知开始，到最后形成具有一定形式的证人证言，中间要经过许多复杂和细微的环节。这些环节都有可能影响证人的心理和思维，从而使证言的形成过程也同样非常复杂和微妙。因此，证人证言具有很大的主观性，是人的心理和思维过程对客观事物能动反映的产物。正因为如此，对于证人证言，审判人员必须结合其他证据，进行全面的审查和判断。证人证言的形成过程大致可以划分为三个阶段，即感知阶段、记忆阶段和表达阶段。

一、感知阶段

感知，包括心理学上的感觉和知觉。感觉和知觉是认识活动的起点，也是一系列复杂心理活动的基础。人的认识活动是从感知开始的。通过感知，人们不仅能够了解客观事物的各种属性，如物体的颜色、气味、软硬等，而且，也能知道身体内部的状况和变化，如饥饿、疼痛等。在心理学研究上，感知占有相当重要的地位，它是意识和心理活动的重要依据，是意识对外部世界的直接反映。脱离人的感知，大脑就无法反映客观存在，意识也就无从产生。感觉是人脑对直接作用于感觉器官的客观事物的个别属性的反映，[3] 包括视觉、听觉、味觉、嗅觉和触觉等。知觉是人脑对直接作用于感觉器官的客观事物的各

---

〔1〕　转引自王振河主编：《证据与定案》，陕西人民出版社1993年版，第58页。

〔2〕　田平安："证人证言初论"，载陈光中、江伟主编：《诉讼法论丛（第2卷）》，法律出版社1998年版，第569页。

〔3〕　叶奕乾等主编：《普通心理学》，华东师范大学出版社1997年版，第127、167页。

个部分和属性的整体的反映。知觉是在感觉的基础上产生的，它是对感觉信息整合后的反映。[1] 当客观事物直接作用于人的感觉器官的时候，人不仅能够反映该事物的个别属性，而且能够通过各种感觉器官的协同活动，在大脑中将事物的各种属性，按其相互之间的联系或关系整合成事物的整体，从而形成该事物的完整的映像。这种信息整合的过程就是知觉。

证人对诉讼案件事实有关情况的认识是从感知阶段开始的。证人通过自身的视觉、听觉及其他感知方式形成对案件情况的感性认识，一般来说，这种感知过程发生在诉讼系争之前或之中，更多的是在系争之前的时空内。因此，证人对案件事实有关情况的感知是一个独立于法庭及询问者的过程，是由证人独自完成的。在各种感知方式中，视觉是证人感知案情最重要的方式。通过视觉，证人能感知各种书证、物证、视听资料，感知当事人或犯罪嫌疑人的体形、特征、活动场所、犯罪现场等各种可视证物，并将形成的感知储存在大脑的记忆中。听觉是另一种常见的感知方式，能使证人对与案情有关的各种声音形成感知，成为证言的内容。在人的感知过程中，语言是一种重要的感知手段，各种感知方式形成的反映，上升为人的语言映像，就会在人的大脑中留下更深刻的记忆和印象，一般而言，具有良好语言能力的证人，对案情的感知也更真实、持久。

证人对案件情况所形成的感知一般是片断的、非系统的。证人作为诉讼案件之外的第三人，没有亲身参与案件系争的法律行为活动或刑事犯罪过程，其对案情感知的途径和范围都有一定的局限。在民事法律活动和行政执法活动中，证人相对能获得更多的感知，其内容也比较系统、真实。在刑事诉讼活动中，由于犯罪行为的隐蔽性很强，许多罪犯竭尽全力掩盖犯罪事实，销毁犯罪证据，所以，证人对犯罪事实情况的感知较民事案件和行政案件要困难得多。很多刑事案件往往很难找到目击证人。在诉讼证据审查判断过程中，法官只有将多个证人的片断感知综合起来，并与其他证据相互佐证，才有可能得到准确真实的案件事实。

证人对案情的感知受主客观因素的影响较大，其真实性有待审查和证实。因此，其本身既是一种证明方法，也是有待证明的对象。首先，证人主观的感知能力，如视力、听力，敏感度等，会对案情的感知产生影响。其次，案件事实呈现的状态是否明确、肯定，也是影响感知形成的重要因素。最后，感知的心理过程有其自身的规律，带有很强的主观性，也会影响证人对案件情况的正确感知。例如，人的知觉具有选择性和理解性，对外来刺激物会有选择地将其

---

[1]　叶奕乾等主编：《普通心理学》，华东师范大学出版社1997年版，第127、167页。

作为知觉对象进行组织加工，或者以自己的知识经验为基础对感知的事物进行加工处理。又如，知觉中的错觉，是指人在特定条件下对客观事物必然产生的某种有固定倾向的受到歪曲的知觉。这些感知因素的存在，都会对证人形成正确的感知产生不小的影响。所以，在诉讼活动中，对证人证言的审查、判断是非常必要的。

二、记忆阶段

心理学上的记忆，是指人脑对过去经验的保持和再现，是通过识记、保持、再认或回忆的三个基本环节在人脑中积累和保存个体经验的心理过程。[1] 识记是记忆过程的第一个基本环节，是指个体获得知识和经验的过程，它具有选择性的特点。保持是指已获得的知识经验在人脑中的巩固过程，是记忆的第二个基本环节。回忆和再认是在不同的条件下恢复过去的经验的过程，它是记忆的第三个基本环节。

证人对案情的记忆过程也要经历前述三个基本环节。通过识记，证人获得了关于案件情况初步的知识和经验，形成了某些案情的最初印象。案件系属于诉讼之前，证人的这种最初映像可能在相关信息的刺激下得到偶尔的回忆和再认，从而在一定时间和程度上得到保持。证人在作证的过程中，储存在大脑中的记忆得到全面回忆和再认，在刑事诉讼中，证人对案件情况的识记一般属于无意识记忆和机械识记，没有明确的记忆目的，对识记材料的意义和联系没有明确的理解，受犯罪情景的影响较大。在民事和行政诉讼中，证人更多地通过语义记忆和形象记忆、意义识记等方式，形成对案件情况的识记，因而其记忆的真实性相对较高。证人形成的记忆，会随时间的消逝而遗忘，因此，及时地采集证人证言，是提高证言可信度的关键因素。

在证人证言的形成过程中，记忆阶段主要是指证人对案件情况的回忆和再认过程。回忆和再认是表达的前提。要使证人证言具有法律效力，必须形成某种可感可知的形式。这种形式只有通过证人对案情加以回忆和再认，并表达出来，才能形成证人证言。证人对诉讼案情的记忆通常是通过情景记忆、情绪记忆或形象记忆的方式形成的。情景记忆接受和储存的信息和个人生活中的特定事件与某个特定的时间和地点相关，并以个人的经历为参照。情绪记忆既可能是积极愉快的体验，也可能是消极不愉快的体验，前者对人的行为有激励作用，后者有降低人的活动效率的作用，形象记忆具有鲜明的直观性。根据这些心理学规律，为了使证人形成鲜明的回忆和再认，在证人作证的过程中，可以创设

---

〔1〕　叶奕乾等主编：《普通心理学》，华东师范大学出版社 1997 年版，第 205 页。

适合的情景，酿造适宜的情绪氛围，尽量避免证人心理上不愉快的情绪体验，或者给证人相关的"直观"刺激，以启发证人尽快地形成对案情的回忆和再认。

证人对案情的回忆和再认一般是在法庭上进行的，审判人员、双方当事人或其律师等诉讼参与人都参与了这一过程，并对证人的回忆和再认产生一定的影响和制约。例如，律师通过启发、诱导方式，影响证人的作证活动，法官也可指导作证活动的进行。法律要对律师、法官等人的活动作出规定，允许某些行为，禁止另一些行为，以使证人的作证免受不良干扰。所以，证人对案情的回忆和再认，不是完全由证人独自完成的个体心理行为，它受诉讼制度和证据规则的影响，是证人的心理活动和诉讼参与人的诉讼活动相互作用的过程。证人作证之前，律师一般会设法帮助证人恢复有关案件情况的记忆。在英国，证人未被传唤至证人席之前，律师不与之交谈，因而往往对于有利之证人，实需唤醒其记忆。目前在美国，在传唤证人作证以前，若该证人对于任何重要事项曾有所知、而现已遗忘，如有任何足以唤醒记忆之有效方法时，则须先行使用。[1] 为了恢复证人的记忆，可采取适当的手段，只要不对对方当事人及证人产生偏见，均可使用。实务中，歌声、气味、照片、引喻，甚至以往之陈述，都允许用来启发证人的回忆和再认。利用此类刺激，一般不会遭受对方当事人的反对和法官的禁止，但如使用文书，则有所限制。因为文书的内容不仅会刺激证人的记忆，而且可能会刺激他的想象，使其对有关案情的信息重新加工处理，而不是单纯的回忆。当然，如果文书实际足以恢复其记忆，仍应允许证人阅览。证人还可以阅览过去记忆的记录（如备忘录）等特别文书，来帮助其恢复记忆。

三、表达阶段

简单地说，证人证言形成的表达阶段就是证人将自己对案件情况的感知和记忆通过口头或书面语言的形式表述出来，以供外界感知和理解的过程。证人表达证言的最主要方式是语言，包括口头的和书面的，但口头表达也须由法庭书记员或当事人做成书面记录。随着现代科技在诉讼中的应用，证人证言也可以用录音、录像等视听手段加以表达。但所有这些形式的实质都是证人的言语，所以，表达证人证言的最终手段是证人的言语。从心理学角度看，证人的表达是一个相对简单的过程，但由于它是一种具有严格法律效力的法律行为，所以，就不像纯粹的心理过程那样只具有认识上的意义。证人表达证言的过程是一个

---

〔1〕 ［美］埃德蒙德·M. 摩根：《证据法之基本问题》，李学灯译，世界图书出版公司、教育部出版社1982年版，第82页。

制度过程和法律程序过程，与回忆和再认过程一样，深受法律文化和诉讼制度及程序的影响和制约。

在英美法系国家，证据规则对证言表达的具体方式和手段及其程序有非常细致而严格的规定。证人作证，正常情形之下，应当在审判人员之前，在因证言对其不利的当事人或其代理人在场时进行，其作证方式一般是答复律师的询问。律师在询问中发挥着举足轻重的作用，他们往往精心设计一些技巧性非常强的问题，让证人作有利或不利的回答。证人作证的过程主要就是律师询问、证人回答的深入发展过程。律师的询问非常技巧化、专业化，但是，也有许多证据规则约束律师的提问，以保持证人作证的客观公正性。当今世界很多国家的法律规定证人作证必须宣誓。《英国证据法》规定：宣誓一般由法院书记官或官吏主持。根据证人信仰不同，宣誓时还要求采用一定的宗教仪式。基督徒和犹太人要手持圣经，其他人可采用他认为宗教信仰约束其良心的宣誓仪式，宣誓完成后，在法官的主持下由双方当事人（一般由律师代理）对证人进行交叉询问。交叉询问可分为三个阶段：主询问、反询问和再询问。主询问也称直接询问，是询问证人的第一个阶段，由传唤证人的一方当事人进行询问。在英美法系国家，由于实行律师强制代理制度，询问通常由当事人所聘请的律师代为进行。律师对证人的主询问有很直接的针对性，常常是对事实情况的正面提问。询问证人应该严格遵守询问规则。例如，不得以诱导性的问题进行询问，否则，对方当事人可当即提出异议，阻止证人对此问题进行回答。如果因为证人速度太快而对此问题作了回答，法院得应对方当事人的及时申请，命令取消该回答，其证言不发生法律效力。主询问结束之后，由另一方当事人对证人进行反询问，反询问涉及的问题比主询问更广泛，具有间接性，在一定范围内可以向证人提出暗示性的问题。反询问的主要内容有以下几个方面：①就争议的事实反询问证人，使证人在回答中提供有利于反询问者的证言。②对证人信誉反询问。如果能通过这类问题的询问和回答，证明证人信誉上有问题，即可达到证明该证人提供的证言值得怀疑的目的。在英美法系国家，品格证据对证明当事人的行为无意义，但对证明证人提供证言行为则具有说服力。③对证人证言的可信度进行反询问，达到直接推翻证人在主询问中提供的证言的目的。再询问由提出证人的一方当事人在反询问之后进行，目的是使主询问一方当事人澄清反询问中所泄露的明显矛盾或混淆，并探究反询问者所引出的新事实，而不是使证人在形式或内容上重复其原来的证言。如果另一方当事人没有进行反询问，进行主询问的一方当事人也就不能进行再询问。在极少数情况下，当事人一方可向法庭申请重开主询问，对主询问中未触及的主要事实进行补救。在英美法系国家，法官一般不介入对证人的询问。

第
九
章

　　在大陆法系国家，各国法律规定的对证人进行询问的程序与英美法系国家有重大的差别，最主要的表现是法官职权的介入。日本的程序深受英美法系的影响，但区别仍是明显的。在当事人对证人进行询问的过程中，审判长可以随时亲自询问，或是在主询问过程中准许另一方当事人询问，可以限制不必要或不妥当的询问，审判长还可以在双方当事人询问终结后，对证人进行补充性询问。在法国，刑事诉讼中对证人的询问，一般由预审法官来进行。对证人的询问权利属于法院，当事人只有在经过审判长的许可之后才可询问证人，证人陈述后，审判长可以对证人进行再询问。在德国，询问证人被认为是一种辅助性的证据方法，只有在采取其他方法不起作用时才予以使用。对证人的询问主要是法官的事，法官对证人提出的问题，并不严格限于事实，也包括意见。对证人的询问，还可以由另一个法院，即"受托法院"来进行。[1] 当然，随着两大法系刑事审判程序的改革与融合，上述差距已逐渐缩小，我国诉讼法规定的询问证人的程序，就体现了这种融合的倾向。

　　在证言的表现形式上，大陆法系国家和我国司法实践中，一般表现为证言笔录。但在英美法系国家，由于证人证言在整个证据制度中的重要地位，所以其表现形式也较多样化，与证人证言有关的地图、图表、照片、海图、表册等，均被视为表达证人证言的辅助形式，而不是物证和书证。此外，证人在诉讼系争之前所做成的备忘录之类的文书，亦可代替现在之记忆，被法庭采纳为证人证言。

　　证人证言的形成是一个复杂的过程，涉及认识规律和法律制度两个方面的因素。概括起来讲，证人证言的形成取决于证人的主观条件和客观条件。证人的主观条件包括证人的品格和认知能力以及感知时的心理精神状态，证人的品格中最基本、最重要的是诚实、公正。在法庭上，证人应当实事求是，如实地把自己看到、听到、闻到、触到的信息忠实地陈述，不添枝加叶，不徇私舞弊。即使证人与当事人之间存在着利害关系，也不应该挟私作伪证。证人的品格还应该包含崇法、尚法精神。证人应该尊重和维护法律的尊严，为实现法律的正义无私无畏，心怀坦荡。证人的认知能力是指证人对案件情况的感知、记忆和表达能力。正常的知觉必须具备三个条件：①正常功能的知觉器官和神经系统；②合适的刺激强度和性质；③知觉者要有一定的知识经验。良好的记忆和表达能力也是证人的重要条件。大量司法实践的案例表明，证人的感知、记忆和表达能力越强，其证词的证明力也越强。

　　形成正确的证言还必须具备基本的客观条件。这些客观条件大致可分为两

---

〔1〕　江伟主编：《证据法学》，法律出版社 1999 年版，第 383 页。

个方面：第一个方面是证人感知案件情况时所处的外部环境以及证物本身的性质。例如，光线的强弱、明暗，距离的远近，证物的特征，天气自然条件，等等。第二个方面的客观条件是诉讼制度和程序规则对证言形成过程所具有的作用和影响。

■ 第三节　证人证言的作用

一、证人证言的作用

从认识论的角度来考察，人的主观意识对客观物质世界具有能动反映的认识功能，人类的一切高级活动都是在这种认识功能的指导和作用下开展的。诉讼活动作为一种法律行为，其认识上的目的就是求得诉讼主体对诉讼客体的真实反映和正确认识。从根源上讲，诉讼客体的性质和状态最终决定诉讼主体的认识，但是反过来，诉讼主体的主观意识对正确认识诉讼客体具有极大的反作用。只有充分发挥诉讼主体的主观能动性，才能形成对诉讼客体的真实反映。从这样的意义上看，可以说，诉讼案件一切事实，都与人的主观认识活动有关，书证和物证等，只有经过诉讼主体的认识和反映，才能成为案件中的证据。正因为这样，英美法系国家中证人和证人证言的范围都非常宽泛，诉讼证据也以证人证言为基本和核心部分。在各种法律行为活动过程或刑事犯罪过程中，当事人对案件事实情况有直接的、系统的感知和认识，其他人对案件有关情形也有直接或间接的知晓和了解，这些储存在诉讼主体大脑中的主观认识，是正确认识案件事实的重要途径和手段。无论是像英美法系国家那样把它们全部看作证人证言，还是如大陆法系国家仅把第三人的认识看作证人证言，它们对正确反映和认识案件事实的作用都是不会改变的。

在大陆法系国家和我国，证人被界定为知晓并向法院或当事人陈述案件情况的当事人之外的第三人。这样，证人证言相对于当事人陈述，又具有法律制度设计上的一层用意。当事人对案件事实的了解是直接的、确切的，但由于他是案件中的利害关系人，出于趋利避害的心理，当事人的陈述往往具有虚假和片面之处。而证人与案件没有法律上的利害关系，在一般情况下，证人证言较当事人陈述具有更强的客观真实性。

证人证言在英美法系国家和大陆法系国家诉讼证明上的作用，具体表现在以下几个方面：

1. 证人证言的内容与案件事实的一部分或全部相联系，往往能证明案件所涉及法律关系中的部分或全部内容。在法律行为或犯罪事实发生过程中或发生之后，有关案件情况的信息或多或少地总能被人的主观意识直接或间接地加以反映。与世隔绝的法律行为或犯罪活动不是绝对没有，但它们是微乎其微的。事物之间的广泛联系、信息的广泛流通使得任何事物的发生都要留下痕迹和线索。这些痕迹和线索反映到人的大脑中，被感知、记忆和复述，就成为证人证言的来源。因此，证人证言对案件事实的证明具有独特的作用，是书证、物证等证据类型无法取代的。比如，证人证言对案件当事人是谁，某人在某时某地进行了何种行为，或某种行为发生的具体情形是怎么样的等问题的证明，就有书证、物证所无法比拟的作用。因为这些事项的发生，都很难留下明确的书证或物证。所以，充分发挥证人证言的作用和功能，有利于司法机关查明案件的真实情况，为案件的公正处理奠定基础。

2. 如前所述，证人证言具有相对较高的客观真实性。因此，利用证人证言，可以与书证、物证、当事人陈述等证据材料相互印证，核实各类证据的真实性，为法院全面、正确地审查判断证据提供有利的手段。

3. 证人证言是"活"的证据，具有生动、直观、直接等属性。在法庭质证过程中，对证人证言的质证也往往可以比对其他各类证据的质证更为深入。证人证言能直接对案件有关情况作出明确的肯定或否定回答，它对案件情况的证明是直接的。证人证言的这些特性，决定了它在诉讼证明过程中具有其独特的作用。

此外，证人证言还有可能反映案件的有关证据线索，为司法人员进一步收集调查证据提供帮助。

二、证人证言在不同法系国家中的地位

由于各国政治、经济、文化、习俗特别是诉讼法律文化等方面的差异，英美法系国家和大陆法系国家对待证人证言的理论观念及立法规定，都有较明显的差别。在英美法系国家，证人证言在证据体系中享有核心地位，美国更有所谓"没有证人就没有诉讼"的说法。证人证言的核心地位主要表现在：①证人证言的范围非常广泛，表现形式多样。英美法系国家的证人证言不限于当事人以外的人的证词，还包括当事人陈述，鉴定人的鉴定意见或评论意见。在表现形式上，证人证言不仅包括法庭书记官的证言笔录，也包括当事人记录的文书。此外，图表、地图等物质媒介也被视为证人证言的辅助形式。②整个诉讼证明过程几乎就是围绕收集、审查证人证言而进行的，程序设计以证人证言的形成过程为中轴，具有鲜明的当事人主义特色。在英美法系国家，诉讼证明中也运用书证、物证等实物证据，但对实物证据的质证、审查往往要通过询问证人的方式来进行，书证和物证就会带来相关的证人证言。几乎可以说，在英美法系

的诉讼证明上，一切证据都可能转化为证人证言，或需证人证言来加以佐证。因此，其证明的程序主要就是形成证人证言的程序，对证人的交叉询问的程序是整个审理活动中最主要的程序。如果排除交叉询问，其审理程序就变得非常空洞和"无聊"。③在英美法系国家的证据规则的内容中，有关证人证言的部分，占有重要的分量。例如，《美国联邦证据规则》共 11 章，其中与证言有关的就有 3 章，即第六章"证人"、第七章"意见证据和专家证据"、第八章"传闻证据"。

在大陆法系国家，更重视书面证据和物证的作用。大陆法系国家一般没有独立的专门证据法典，对诉讼证据的规定包含在诉讼法典之中，以法国《民事诉讼法典》为例，其第一卷第一编第一章的第四节用几条规定了证据的指导原则。第七编为"提出证据"，对民事诉讼中的证据制度作了比较详细的规定。[1]从其内容看，对书证有关事项的规定占据绝大部分，在该编的第二副编中，对证人作证的程序作了比较细致的规定，其中许多规定与英美法系有较大的区别。例如，《法国民事诉讼法典》第 212 条规定，证人不得宣读事先准备好的任何稿子；第 213 条规定，法官得就法律允许提出证据的所有事实听取证人证言或者询问证人；第 214 条规定，当事人不得打断、责问或试图影响证人作证，亦不得直接向证人发问、说话，否则，驱逐之。法官如认为有必要，可以提出在询问证人之后当事人向其提交的问题。

英美法系和大陆法系在证人证言上的不同认识和法律规定，有着深刻的政治、思想和文化背景上的差异。概括起来，主要有以下两个方面：

1. 思维模式上的不同倾向是形成两大法系诉讼制度的思想基础。英国的哲学思维具有明显的经验主义倾向，在英国哲学史上，形成了以培根、霍布斯、洛克、休谟等人物为代表的经验主义学派。这种哲学思潮深深地影响了英美法学家对法律问题的思考，形成了经验主义法学。经验主义法学的特征有二：认识论上的怀疑主义和法律思维方法上的归纳法。在这种法学思潮中，法律推理是对人的经验加以归纳的结果，而不是依理性为依据进行演绎的结果。美国著名法官霍姆斯的"法律的生命不是逻辑，而是经验"被英美法学著作反复引用，视为名言。在这样的哲学思想和法律思维指导之下，英美法系国家的诉讼证明特别注重证人对案情所形成的经验和记忆，主要依靠证人证言对案件事实进行证明。与英国形成鲜明对照的是，法国和德国的哲学思维具有强烈的理性主义色彩，以理性主义为指导的法学也有两个特征：认识论上的决定论和法律思维方法上的演绎法。大陆法系国家的法律推理遵循严格的逻辑三段论模式：法律

---

〔1〕 参见罗结珍译：《法国新民事诉讼法典》，中国法制出版社 1999 年版。

第九章

是大前提，案件事实是小前提，判决结果是结论。无论是大前提还是小前提，都要求具有非常坚实的逻辑确定性，所以，在诉讼证明上，大陆法系国家不大相信经验性的证人证言，而对书证、物证等证据类别更为重视。

2. 诉讼模式对诉讼证明过程的影响效果。证人证言是检验一个国家诉讼模式的重要标志。英美法系国家实行当事人主义的对抗制，双方当事人在诉讼中展开充分的攻防和对抗。其重要内容就是对证人的交叉询问程序，对证人的询问和反询问程序构成证明过程的主要内容。在具体的庭审方式上，英美法系国家实行直接审理、言词审理原则，证人证言是构成两个原则的关键因素。大陆法系国家实行职权主义的法官主导制，当事人在庭审中的地位与作用不如英美法系国家，其对抗性也较弱。表现在程序上为，对证人的询问由法官主持，没有系统而严格的交叉询问程序。所有这些因素综合作用，使得证人证言在诉讼证明上的作用就大大减弱了。总之，证人证言在两大法系中的不同地位和作用，是两大法系不同法律文化和诉讼制度的要求和体现。

■ 第四节 证人的义务和权利

证人的义务和权利的规定是证人证言制度中一个重要的组成部分。我国《民事诉讼法》和最高法《民诉法解释》规定，证人作证时具有一定的诉讼义务，也具有一定的诉讼权利。

一、证人的义务

在民事诉讼中，证人有出庭作证和如实作证的义务。

（一）出庭作证义务

《民事诉讼法》第72条规定，凡是知道案件情况的单位和个人，都有义务出庭作证。第73条规定，经人民法院通知，证人应当出庭作证。可见，证人根据人民法院的通知，负有按照通知书上的时间和地点出庭作证的义务。

基于证人的不可替代性，证人不能委托代理人出庭作证。根据《民事诉讼法》第73条的规定，有下列情况之一的，经人民法院许可，可以通过书面证言、视听传输技术或者视听资料等特殊方式作证：①因健康原因不能出庭的；②因路途遥远，交通不便不能出庭的；③因自然灾害等不可抗力不能出庭的；④其他有正当理由不能出庭的。另外，证人在人民法院组织双方当事人交换证据时出席陈述证言的，可视为出庭作证。如果证人无正当理由未出庭作证，其证人证言不能单独作为认定事实的根据（《民诉证据规定》第69条）。

法院的通知是证人出庭作证的前提。而法院通知证人出庭作证基于两方面原因：一是基于当事人在举证期限内提出的要求证人出庭作证的请求；二是基于法院认为审理案件需要的证据，法院可以依职权通知证人出庭作证。证人未经法院通知，原则上不得出庭作证，但是如果双方当事人同意该证人出庭作证，则法院也可以考虑尊重当事人的意愿而准许该证人作证（最高法《民诉法解释》第117条）。

（二）如实作证义务

证人负有如实作证的法律义务，人民法院在证人出庭作证前应当告知其如实作证的义务以及作伪证的法律后果。同时，为保证证人证言的真实性，人民法院在证人作证前应当责令其签署保证书。如果证人是无民事行为能力人或限制民事行为能力人，因为智力原因或者精神障碍导致其无法了解保证书的意义，不需要签署保证书。关于保证书的内容，《民诉法解释》第110条第2款规定，保证书应当载明据实陈述、如有虚假陈述愿意接受处罚等内容。当事人应当在保证书上签名或者捺印。

《民诉法解释》第120条规定，证人拒绝签署保证书的，不得作证，并自行承担相关费用。由此可见，证人未签署保证书而出庭作证，则该证言不可以作为证据使用，除非证人为无民事行为能力人或者限制民事行为能力人。

证人签署保证书，类似于国外的证人宣誓制度。在国外，"宣誓之所以需要依照正规的程序，在审判中有权执行的人面前进行，即由于此种宣誓之后如作伪证，那么应受到伪证的处罚。否则纵使有宣誓，也不能对之采取法律上的制裁，将丧失另一种真实的安全保障"。[1] 在我国台湾地区，具结不仅是为了确保证人陈述的真实性，也是刑法上伪证罪成立要件之一（见我国台湾地区"刑法"第168条）。尽管从我国刑法规定看，民事诉讼中证人作伪证并不构成伪证罪，但是，作伪证也同样需要承担一定的法律责任。《民诉法解释》第189条第2项和《民事诉讼法》第111条规定，证人签署保证书后作虚假证言，妨碍法院审理案件的，人民法院可以根据情节轻重予以罚款、拘留；构成犯罪的，依法追究刑事责任。

二、证人的权利

证人的权利主要体现在以下两方面：

1. 申请费用补偿。证人有权向法院请求补偿其因出庭作证而支出的合理费用。尽管出庭作证是证人在诉讼法上的义务，但是，对证人出庭作证产生的误工费、差旅费等费用进行经济上的补偿是各国诉讼法的一致做法。在我国，根

---

〔1〕　李学灯：《证据法比较研究》，五南图书出版公司1993年版，第520页。

据《民事诉讼法》第 74 条和最高法《民诉法解释》第 118 条的规定，证人作证的费用包括两类：一是证人因履行出庭作证义务而支出的交通、住宿、就餐等必要的费用，该类费用按照机关事业单位工作人员差旅费用和补贴标准计算；二是误工损失，按照国家上年度职工日平均工资标准计算。人民法院准许证人出庭作证申请的，

证人的拒证权

应当通知申请人预先将证人出庭作证的费用缴纳到法院，由法院支付该费用；当事人没有申请，人民法院通知证人作证的，由人民法院先行垫付该费用。根据《民事诉讼法》第 74 条和最高法《民诉证据规定》第 54 条第 3 款的规定，该费用最终由败诉一方当事人负担。

2. 要求获得人身和财产保护权。证人因为作证而使自己的人身、财产受到威胁和损害的，有权要求法院予以保护。《民事诉讼法》第 111 条第 2 款和第 4 款规定了对证人的保护，具体内容是：①以暴力、威胁、贿买方法阻止证人作证或者指使、贿买、胁迫他人作伪证的；②对证人进行侮辱、诽谤、诬陷、殴打或者打击报复的，人民法院可以根据情节轻重予以罚款、拘留；构成犯罪的，依法追究刑事责任。

■ 第五节　国外关于证人证言的立法与理论

在国外两大法系中，证人证言的地位和作用不尽相同。相对而言，英美法系国家更重视证人证言的作用。在立法体例上，英美法系国家大多有专门的证据法典，如《美国联邦证据规则》、1968 年《英国民事证据法》。此外，在英美法系国家有一种特殊的现象：由一些专家、学者撰写出版的证据法学著作或规则，对诉讼证明具有相当的影响甚至约束力。例如，1942 年由美国法律学会出版的《美国模范证据法典》，英国证据法学者墨菲所著的《证据实用指南》等。大陆法系国家将证据规则分散于各诉讼法典或民法典中，没有统一的证据法典。无论采用哪种立法体例，各国法律都对证人证言作了或详或略的规定。以下从三个方面，简单介绍国外关于证人证言的一些立法规定与理论观点。

一、证人的范围

关于证人的范围，前文已有所涉及。在英美法系国家，证人的范围非常广泛，泛指一切向法官提供口头证词以证明案件事实的人。英美法系的证人分为非专家证人和专家证人两大类。非专家证人包括当事人、当事人以外的第三人，及其他提供证言的人。专家证人主要有两种：①鉴定人；②就专门问题发表专家证词的人。在大陆法系国家，证人指当事人之外的第三人，证人证言称为

"第三人声明"，与当事人陈述及鉴定意见、勘验笔录分章规定。

二、证人的资格

从法律原则和理论层面上讲，任何人都有作证的义务，证人的资格是非常宽松的。但是，在司法实务中，两大法系都对与证人资格有关的问题作了许多补充或例外规定，使得证人的资格问题不能简单地一概而论。

传统上，英美法系国家受陪审制度以及实行当事人主义的影响，对证人资格有较严格的限制，其目的是防止陪审团或法官的主观臆断。"公元16、17世纪，英国普通法限制证人之资格甚严。举凡有色人种、当事人亲属、破产人、利害关系人、犯罪人、精神障碍人、儿童、无宗教信仰人，均排除其为证人。此种严厉之证人适格法则，使得审判上可用之证据大为减少，因而影响司法职务之执行。"[1] 近一个世纪以来，为了更好地查明案件事实，英美法系国家在立法上越来越多地呈现出削减对证人作证能力进行限制的趋势。例如，现在《美国联邦证据规则》及《英国证据法》都允许夫妻为其配偶作证。

英美法系的证据法对证人的品格证据有特别的规定。《美国联邦证据规则》第404条规定：作为一般规定，有关某人品格或品格特征的证据，不能用以证明该人在某特定场合的行为与其品格或品格特征相一致。但是，在关系到被告人的品格、被害人的品格、证人的品格方面，都有例外。《美国联邦证据规则》第607条规定：关于证人的诚信问题，任何一方当事人，包括传唤该证人作证的当事人，都可以提出质疑。第608条规定：证人的诚信可以通过提供评价证据和名声证据来进行抨击和支持，但受以下限制：①证据只能涉及证人可信和不可信方面的品行；②证明可信品行的证据只能在该证人的诚信已经受到评价证据和名声证据抨击后才能采纳。证人的品格对证人的资格不具有决定性，但它可能影响证人的能力，使其证言失去可采性。

特权是英美普通法上的另一条传统的证据规则，享有特权者可以拒绝提供证言或阻止其他人对同一事项提供证明。建立特权规则的目的，旨在保护特定的关系或利益，这些关系或利益从社会考虑比有关证人可能提供的证言更为重要。[2] 关于特权，《美国联邦证据规则》第501条规定了一般规则。在普通法上，享有特权的交往，即法律上特许不予泄露的内情，共有七种基本的类型：①律师与委托人之间的特权；②不作对配偶不利的证言的特权；③维护夫妻关系信任的特权；④医生与病人之间的特权；⑤心理医生与病人之间的特权；

---

[1]　陈朴生等：《比较刑事证据法各论》，汉林出版社1984年版，第163页。

[2]　白绿铉、卞建林译：《美国联邦民事诉讼规则·证据规则》，中国法制出版社2000年版，第203页。

⑥牧师与信徒之间的特权；⑦为提供情报者身份保密的特权。由于享有特权的人有权拒绝作证，所以，其证人资格会受到一定的影响。但是，特权也可以通过两种方式放弃：①未加声明，即被强迫作证时，未声明自己是享有特权者，便视为放弃特权；②自愿泄露或同意泄露，如果享有特权者未被强迫而泄露了有关交往的重要内容，或者同意其他人泄露，便视为放弃了声明特权的权利。

此外，英美法系国家的证据法有意见证据和专家证词的证据划分。《美国联邦证据规则》第701条规定了一般证人的意见证词，如果证人不属于专家，则他以意见或推理形式作出证词仅限于以下情况：①合理建立在证人的感觉之上；②对清楚理解该证人的证词或确定争议中的事实有益。具体来讲，主要是指以下几种情况：①身体状况。证人可对他人的外表或表现出来的身体状况提供描述性的意见。如像"喝醉了""气愤""沮丧"等描述可以采纳。②外形描述。如关于汽车速度的意见，关于人的外形和重量的意见。③个人身份。如证人根据某人的面貌特征或记号、声音或脚步声来辨认出某人。④精神正常。证人对自己熟悉的人是否精神正常可以陈述意见。⑤笔迹。如果证人对待证的笔迹有所了解，可以允许陈述有关意见。《美国联邦证据规则》第702条规定了专家证词，如果科学、技术或其他专业知识将有助于事实审判者理解证据或确定争议事实，凭其知识、技能、经验、训练或教育资格为专家的证人可以用意见或其他方式作证。专家证人的意见可以采纳，这是意见证据法则的重要例外。可见，一般情况下只有具有专家资格的人，才有提供意见证据的资格或能力。

在允许作为专家证人提供意见之前，该证人是否具备专家资格首先需要确立。关于专家，《布莱克法律辞典》的定义是："经过该学科科学教育的男人和女人，或者掌握从实践经验中获得的特别或专有知识的人。"这一点由法官来决定，对陪审团有约束力，而意图使该专家作证的当事人则负有确立该证人专家资格的责任。

在大陆法系国家，传统上对证人资格未作特别的限制，职权主义的诉讼形式及采取自由心证主义的证据制度，对证人资格的限制没有太多的必要性。但也有学者认为，判断证据是否有证明力和允许用作证据的资格是两回事，证据的证明力由法官根据自由心证原则来判断，而证据能力（包括证人的资格）则应由法律以一定的形式来规定。[1] 在立法上，《法国民事诉讼法典》第205条规定：除没有出庭作证之能力的人以外，每一个人均可作为证人，听取其证言。但是，在任何情况下，对夫、妻为支持自己的离婚请求或分居请求所援引的伤害，均不得听取直系卑血亲的证言。第206条规定：任何人依法受到要求出庭

〔1〕 陈一云主编：《证据学》，中国人民大学出版社1991年版，第288页。

作证时，均有义务作证；能证明有合法原因的人得免予作证；一方当事人的直系血亲或姻亲或者其配偶，即使已经离婚，得拒绝到庭作证。从上述规定可以看出，在特定情况下，证人的资格是受到一定限制的。

三、有关证人证言的程序规则

在英美法系国家，证人作证的程序比较复杂。作证的过程以当事人为主导，但法庭应当对询问证人和出示证据的方式和次序加以合理的控制，以做到：①使询问和出示证据能有效地帮助确定事实真相；②避免不必要地浪费时间；③保护证人不受折磨或不正当的非难。法庭可以自己提议或者根据当事人的建议传唤证人。所有当事人均有权对传唤的证人进行交叉询问。法庭还可以询问证人，不管该证人是法庭传唤的，还是当事人传唤的。作证主要采取交叉询问的方式，交叉询问的范围应限于直接询问时的主题和与证人诚信有关的问题。法庭经斟酌决定，可以允许像直接询问时那样对附加问题进行询问。

直接询问证人之前，举证人可利用各种材料帮助证人恢复记忆，歌声、气味、照片、证人先前的陈述等，都是唤醒证人记忆的手段。对于证人过去记忆的记录，只要能证明系证人就该事项记忆犹新时所作，法庭一般予以采纳为证人证言。例如，证人宣誓出于证人手笔或其签名的文书，或者经宣誓承认系其于业务正常过程中所作的文书，均可被法院采纳。

在对证人进行直接询问时，除非为开展证人作证所必需，禁止对证人就系争的重要事项进行诱导询问。反对诱导询问法则的理论根据在于，通常证人易受暗示之影响，尤其对于略为接近正确的主张，证人可能随声附和，且证人多对于申请传唤其作证的当事人有偏爱之倾向。在进行交叉询问时可以允许一般的诱导性问题。当一方当事人传唤怀有敌意的证人、对方当事人，或属于对方当事人一方的证人时，可以用诱导性问题进行询问。

传闻证据规则及其例外，是英美法系证据法中的一项重要内容。其基本规则是：如果一项陈述是传闻，那么该证据必须基于对之提出的适当异议而排除，除非它属于若干传闻规则的例外之一。因此，传闻证据原则上是不能被采纳的。但这一规则也有许多例外情形。根据《美国联邦证据规则》的规定，传闻证据的例外主要分为两大类：一类例外是陈述者能否作证无关紧要；另一类例外是陈述者不能出庭作证。第一类例外是指凡出现这类情况之一，不受传闻规则排除。《美国联邦证据规则》具体列举了24种，如表达感觉印象，刺激的发泄等。第二类例外是指在陈述者不能作为证人出庭的情况下，不适用传闻规则排除的情况。《美国联邦证据规则》第804条列举了五种：①先前证词；②临终陈述；③对己不利的陈述；④关于个人或家史的陈述；⑤其他例外。

　　在大陆法系国家，证人作证的程序由庭审法官主持，体现为职权主义诉讼模式。询问证人由法官进行，法官如认为有必要，可以提出在询问证人之后当事人向其提交的问题，法官可以令证人相互对质，或者令其与当事人对质。而当事人不得打断、责问或试图影响证人作证，亦不得直接向证人发问、说话，否则，驱逐之。在询问证人的程序上，没有明确而严格的阶段划分，法官可以多次询问证人。对证人证言的审查和判断，由法官自由裁量，没有排除规则对之进行形式上的约束。

第九章

第十章

被害人陈述

■ 第一节 被害人陈述的概念和特点

一、被害人陈述的概念

被害人陈述，是指受犯罪行为直接侵害的人向公安机关、人民检察院或人民法院就其遭受犯罪行为侵害的事实和有关犯罪嫌疑人、被告人的情况所作的口头或者书面的陈述。

理解被害人陈述的概念，应首先明确被害人的含义和特征：被害人是指合法权益遭受犯罪行为直接侵害的人。其特征具体包括：

1. 被害人一般是指自然人，但特殊情况下，法人或其他非法人组织也可以成为被害人。当法人或非法人组织遭受犯罪行为直接侵害时，可以通过其法定代表人或负责人或其委托的诉讼代理人就其单位遭受犯罪行为侵害的事实情况向公安司法机关进行陈述。单位所具有的法律拟制人格决定其也能作出被害人陈述。这种陈述对确定犯罪嫌疑人、被告人犯罪行为的危害程度具有作用，如果查证属实，该陈述就具有证据的真实性和证明力特征，就应作为证据使用。

2. 被害人必须是其合法权益遭受侵害的人。合法权益包含广泛的内容，如生命、健康、荣誉、尊严、财产或其他方面的合法权利和利益。在具体案件中，既可能是其中某一种，也可能是多种合法权益同时受到犯罪行为的侵害。

3. 被害人是受犯罪行为直接侵害的人。非受犯罪行为侵害的，或者犯罪行为虽然给其带来危害，但不是受该犯罪行为直接侵害的人，都不是被害人。如被害人生命的丧失、身体的损伤都会给其父母、配偶、子女或其他亲友带来某种程度的损害，但这些人并不属于被害人。

4. 被害人的身份不可替代。被害人的属性是犯罪行为导致的，因此被害人应当是特定的人，具有不可替代性。由此，被害人陈述因遭受犯罪行为侵害的亲历性而具有专属性，即被害人陈述案件事实和遭受犯罪行为侵害的经过不能由其他人来代替。如果其他人感知这一犯罪事实，也只能以证人证言而不是被害人陈述的证据形式来作出。即使是被害人的法定代理人或诉讼代理人有权代理被害人参加诉讼活动，提出具体的诉讼要求，也不能代替被害人陈述案情，提供被害人陈述这种诉讼证据。

二、被害人陈述的特点

被害人不仅是犯罪行为的直接受害者，在许多案件中与犯罪分子有过直接或间接的接触，能够向公安司法机关提供对侦查破案和认定犯罪行为人的许多有价值的陈述，而且被害人直接或委托诉讼代理人参加诉讼，诉讼过程中被害人的陈述具有多方面的内容，其特点可以作如下概括：

1. 被害人陈述主体的不可替代性。如前所述，刑事诉讼中的被害人应当是特定的人，具有不可替代的特点。被害人的特定性决定了陈述主体的专属性，即只有被害人本人可以提供这种表现形式的证据，其他任何人包括间接遭受侵害的人，都不能代替被害人陈述案件事实和受侵害的经过。

2. 被害人陈述内容的复杂性。在刑事诉讼中，被害人不仅是犯罪行为的直接受害者，而且在诉讼过程中，其当事人的诉讼地位决定他要直接或委托授权诉讼代理人参加诉讼，同时，由于直接遭到了犯罪行为的侵害，案件的处理结果与他也有着一定的关系。因此，这种证据，一般来说是比较客观真实的，而且具有直接、形象、具体、生动的特点，对犯罪行为作案的时间、地点、方法、过程、结果等，揭露得比较深刻。特别是在抢劫、强奸、绑架、伤害等暴力型犯罪案件中，被害人大多同犯罪分子有过直接接触。

但是，在一些案件中，由于各种主客观因素的影响，被害人的陈述有可能是虚假的、不真实的。其具体表现为：①由于身受犯罪行为的侵害而产生的报复心理，情绪偏激，夸大事实情节，导致陈述的虚假性；②在一些案件中，由于被害人精神高度紧张，观察不细，记忆模糊，而导致陈述不清，甚至是主观推断的虚假陈述；③个别被害人出于个人私利或其他不可告人的目的，制造虚假陈述，诬告陷害他人；④有的被害人出于个人的前途、名誉、家庭关系、子女利益等种种考虑，不愿或不敢理直气壮地揭露犯罪，隐瞒事实；⑤有的被害人出于亲情或者请客送礼，或者金钱收买，或者外力干扰，威逼恐吓，而作虚假陈述；等等。总之，被害人陈述的真实性和虚假性经常混合在一起的特点，与其他证据形式有较大区别。

3. 被害人陈述表达方式的多样性。被害人陈述在表达方式上是多种多样的，通常的形式是口头表达。被害人以口头的方式进行陈述的，应由公安司法人员制成笔录。被害人陈述也可以文字的形式表现出来，被害人可以自行书写能够证明遭受犯罪行为侵害的事实及相关情况的书面材料。同时，被害人陈述也可以用录音、录像、电子储存信息等形式加以表达。但这种证据形式依然是被害人陈述，而不是视听资料。此外，聋哑被害人的手势、绘图等也可以成为被害人陈述的表现形式。

三、被害人陈述与证人证言的区别

在国外证据法中，被害人陈述一般被视为证人证言，不作为独立的证据种类。[1] 我国《刑事诉讼法》考虑到被害人特殊的诉讼地位及其陈述的特殊性，将被害人的陈述规定为一种独立的诉讼证据。凡有被害人的案件，如果被害人能够陈述案情，经查证属实，其陈述便成为认定案件的根据。根据《刑事诉讼法》第 50 条的规定，证人证言和被害人陈述都是独立的证据表现形式。两者之间的区别主要表现在以下几个方面：

1. 证据来源及提供证据的主体不同。被害人陈述是合法权益遭受犯罪行为直接侵害的人，以其对犯罪事实的亲身感知，向公安司法机关提供的有关犯罪事实的情况。从主体上看，提供证据的人就是遭受犯罪行为侵害的人，是受害者自身，而受害者是同案件的处理结果有一定利害关系的人。证人证言的提供则以与本案无直接利害关系的案外人为主体。被害人陈述既可以由自然人提供，也可以由单位提供，但证人证言只能由自然人提供。

2. 证据的内容及真实性程度不同。证人证言一般仅仅是对案件事实的自然发展过程作出描述，很少有对犯罪的控诉及其要求惩罚犯罪的内容。而且，证人只能就案件客观事实作出反映，而不得发表对于案件事实问题和法律问题的意见和看法。由此看来，从一定意义上说，证人证言的客观性、真实性程度相对较高。被害人陈述的内容较为广泛，不仅包括对案件事实的客观描述，一般还涉及被害人对于犯罪事实的控诉，以及对犯罪分子提出的严惩要求。后面的这些内容已经超出了证据法的范畴了。而且，如前所述，被害人陈述因其主体上的特殊性，而内在地具有夸大事实、情绪偏激的倾向性，因而较之证人证言，其真实性问题更应辩证地看待。

3. 提供证据的难易程度有别。一般来说，被害人因为遭受了犯罪行为的侵

---

[1] 在美国，被害人陈述（Victim Impact Statement）是指法律允许被害人及其家庭成员，在案件的量刑阶段，陈述被害人被犯罪造成的损害以及犯罪对被害人的家庭造成的经济和精神方面的影响。严格地说，该陈述是"被害人影响陈述"，这与我国作为证据种类的被害人陈述有很大的区别。参见杨正万："美国死刑案件中的被害人陈述"，载《人民司法》2002 年第 2 期。

害，具有揭发、控诉犯罪和惩罚犯罪的强烈愿望和有力动因，因而被害人往往愿意主动向公安司法机关提供有关犯罪的情况，愿意配合公安司法机关出庭作证。所以，这类证据一般容易取得。但与之相比，证人证言有时则难以获得。因为尽管客观上可能有人亲自感知案件的发生过程，但由于证人作为案外人，认为案件与自己无关，因而往往不愿意作证；而且即使愿意作证，也只是在法庭外提供书面证词，而不愿意出庭作证。当然，被害人也有不愿意陈述的情况，比如涉及个人隐私的案件，或者被害人受到被告人或其他人的威胁恐吓，也可能拒绝提供案件真实情况的陈述。

■ 第二节 被害人陈述的作用

被害人直接受到犯罪行为侵害，特别是有的被害人同犯罪嫌疑人、被告人有过直接或间接的接触，一般对犯罪地点、犯罪经过、犯罪分子的体貌特征有较多的了解，其陈述对于揭露犯罪、查获犯罪嫌疑人、认定案情有重要作用。在许多案件中，被害人的报案、控告是立案侦查、追究犯罪的根据和起点；被害人陈述还是确立侦查方向，查获犯罪嫌疑人的材料；被害人陈述本身经查证属实后可以作为定案的重要根据；被害人陈述还是鉴别其他证据的有力手段；同时，它对控诉犯罪、教育群众，具有更为生动、具体、深刻的作用。具体而言：

一、被害人陈述具有控诉犯罪的重要作用

被害人在刑事诉讼中处于当事人的诉讼地位，是控诉职能的行使者之一。被害人就犯罪分子对其人身或者财产等权利进行侵害的事实情况进行陈述的过程，也就是对犯罪分子的犯罪行为进行有力控诉的过程，其陈述增强了公诉机关对犯罪嫌疑人和被告人的诉讼作用，从而有利于对犯罪行为和犯罪分子的控诉。

二、被害人陈述可以提供刑事侦查的线索，协助侦查破案

由于被害人陈述的内容涉及实施犯罪的情况，特别是与犯罪嫌疑人有过直接接触的被害人，可以向侦查机关提供犯罪嫌疑人的身高、年龄、衣着、体貌特征等诸多细节，为侦查机关提供进一步侦查的线索，明确侦查的方向，确定侦查的范围。同时，被害人由于遭受犯罪分子的侵害，具有强烈的惩罚犯罪的愿望，因而往往会积极主动地协助破案。

三、被害人陈述是审查核实其他证据的手段

一般来说，被害人陈述是比较真实、具体的。因为被害人直接遭受犯罪行为的侵害，他对犯罪感受最深，记忆也最持久。在对证据予以审查判断时，将被害人陈述与犯罪嫌疑人和被告人口供及其他证据进行对比，可以发现它们之间的矛盾，以便进一步收集证据，揭穿虚假的供述和辩解及鉴别其他证据的真伪。

四、被害人陈述有利于法制教育，促进人们同犯罪行为作斗争

在刑事诉讼中，被害人作为犯罪行为的直接受害者，他对受侵害情况的直接陈述是揭露证实犯罪的有力证据。通过被害人的陈述，可以使广大的群众了解犯罪分子所造成的严重危害后果，激发群众对犯罪分子的痛恨，从而促使人们更加积极主动地与犯罪行为进行斗争。

■ 第三节　国外关于被害人陈述的立法与理论

在英美法系国家，证人是指一切在法庭上用自己的语言或特定方式对案件事实作出证明的人，当被害人在法庭上对自己所了解的案件情况进行陈述时，其身份也是证人。因此，在英美法系国家，被害人就其所了解的案件事实向法庭提供的陈述，并非一种独立的证据种类，而属于证人证言。意见证据规则、传闻证据规则等也都适用于被害人陈述。此外，《美国联邦被害人和证人保护法》确立了被害人影响陈述（也有译为"被害人被害陈述"，Victim Impact Statements，简称VIS）制度。美国的刑事审判分为定罪和量刑两个阶段，在量刑阶段，检察官应该就犯罪所造成的后果进行调查，以便恰当确定被告人的刑罚。根据《美国联邦被害人和证人保护法》的规定，检察官在提供调查报告时，应该提供一份"被害人影响陈述"，从被害人的角度来描述犯罪及其结果，以便使人们了解被害人因为犯罪行为所遭受的社会、经济、生理和心理的损害。被害人或其家庭成员在判决作出以前也可以通过在法庭上向法官表述自己的看法，或者庭后与正在准备量刑报告的缓刑官交谈以影响缓刑官的判决推荐报告，或者填写被害人影响陈述表等多种方式来进行此种陈述。当然，美国的被害人影响陈述和我国作为独立证据种类的被害人陈述是非常不同的，它主要用来表明被害人所遭受的损害以对量刑产生影响，而不是用以证明是谁实施了犯罪行为或如何实施了犯罪行为以对定罪（当然也包括量刑）产生影响。

在大陆法系国家，立法一般也不将被害人陈述作为一个独立的证据种类，

　　但是，和英美法系国家的被害人不同，大陆法系国家的被害人除了以证人身份提供证言外，还可以通过一些特殊的途径在法庭上以特殊的身份提供陈述。在法国，被害人可以通过向刑事法院提起民事诉讼的方式成为刑事诉讼中的民事当事人，在被害人成为民事当事人之前，可以作为证人出庭作证，但在这种情况下，被害人应当进行宣誓才能作证。而一旦被害人成为民事当事人，一般就不能经宣誓作证，而只能在不经宣誓的情况下提供陈述，但是，在检察院和任何当事人均不反对被害人经宣誓作证的情况下，听取民事当事人经宣誓作证也并不引起程序无效。[1] 在德国，被害人则可以作为附带诉讼原告人参加诉讼，享有《德国刑事诉讼法典》第 257、258 条规定的权利，实际上也就是享有提供陈述的权利。

　　日本的情况和英美法系国家相似，被害人是作为证人在法庭上提供陈述的。

　　俄罗斯则将被害人陈述作为一种独立的证据种类。《俄罗斯联邦刑事诉讼法典》第 74 条规定："刑事案件的证据是法院、检察长、侦察员、调查人员依照本法典规定的程序据以确定在案件办理过程中存在还是不存在应该举证证明的情况的任何信息材料以及对于刑事案件有意义的其他情况。" 被确定为这种材料的有：证人证言、被害人陈述、犯罪嫌疑人陈述、刑事被告人陈述、鉴定人意见、各种物证、侦查行为和审判行为的笔录及其他文件。[2] 被害人是因犯罪行为而遭受精神上、身体上或财产上的损害，由调查人员、侦察员和审判员作出决定或由法院作出裁定认定为被害人的公民（《俄罗斯联邦刑事诉讼法典》第 53 条）。被认为是遭受犯罪行为侵害的被害人就给他造成精神、肉体或者物质上的损失的情况，向调查机关、侦察员或法院所作的口头叙述，就是被害人陈述。根据《俄罗斯联邦刑事诉讼法典》第 75 条的规定，被害人必须依照调查人员、侦察员、检察长、法院的传唤到场，并作真实的陈述，叙说他关于案件所知悉的一切情况并回答所提出的各项问题。关于案件应当判明的任何情况，以及同刑事被告人的关系，都可以询问被害人。被害人所叙说的事实材料，如果他不能指出自己所知悉情况的来源，就不能作为证据。被害人没有正当理由而不到场时，调查人员、侦察员、检察长和法院有权加以拘传。被害人在法庭上或在审前调查中故意作虚假陈述，拒绝作陈述的，应追究刑事责任。[3]

---

〔1〕　［法］卡斯东·斯特法尼等：《法国刑事诉讼法精义》，罗结珍译，中国政法大学出版社 1999 年版，第 750 页。

〔2〕　卞建林、刘玫：《外国刑事诉讼法》，人民法院出版社 2002 年版，第 90 页。

〔3〕　何家弘主编：《外国证据法》，法律出版社 2003 年版，第 462 页。

第十一章

犯罪嫌疑人、被告人供述和辩解

■ 第一节　犯罪嫌疑人、被告人供述和辩解的概念和特点

一、犯罪嫌疑人、被告人供述和辩解的概念

犯罪嫌疑人、被告人供述和辩解，是指犯罪嫌疑人、被告人在刑事诉讼中就其被指控的犯罪事实以及其他案件事实向侦查、检察、审判机关所作的陈述，是我国《刑事诉讼法》规定的证据类型中的一种，通常也称为口供。

犯罪嫌疑人、被告人供述和辩解的内容，主要包括犯罪嫌疑人、被告人承认自己有罪的供述和说明自己无罪、罪轻的辩解。犯罪嫌疑人、被告人供述和辩解是否包括检举他人犯罪，法学界对此认识不一。有的认为，犯罪嫌疑人、被告人供述和辩解包括检举他人犯罪。但多数人认为，对犯罪嫌疑人、被告人检举他人犯罪的性质和内容，应当具体分析，只有共犯同案犯罪嫌疑人、被告人检举其他共犯的犯罪事实才属于犯罪嫌疑人、被告人供述和辩解的内容，否则属于证人证言。因为共犯是指二人以上的共同故意犯罪，共犯相互之间就共同犯罪的情况相互检举，与个人的罪责有关。而单个犯罪嫌疑人、被告人检举他人的犯罪事实，或者同案犯罪嫌疑人、被告人对共犯其他犯罪事实的检举，则与自己的罪责无关，应属于证人证言。我们同意第二种意见。

犯罪嫌疑人、被告人的供述和辩解应当是口头陈述，以笔录的形式加以固定。经犯罪嫌疑人、被告人请求或办案人员要求，也可以由犯罪嫌疑人、被告人亲笔书写供词。

二、犯罪嫌疑人、被告人供述和辩解的特点

犯罪嫌疑人、被告人在刑事诉讼中处于特殊的地位，决定了其供述和辩解具有以下特点：

1. 犯罪嫌疑人、被告人作出供述和辩解是其行使辩护权的基本方式。刑事诉讼由控诉、辩护、裁判三种基本职能构成，犯罪嫌疑人、被告人是被指控涉嫌犯罪的主体，依法承担辩护职能。犯罪嫌疑人、被告人作出供述和辩解，不仅是为专门机关提供查明案件事实真相的有关材料，更重要的是其行使辩护权的基本方式之一。犯罪嫌疑人、被告人供述和辩解的这一特征，是其他证据种类所不具备的。因此，对于犯罪嫌疑人、被告人的供述和辩解，不应当仅仅从证据种类的视角来看待，而应当将其与程序上的辩护权保障紧密联系起来。

2. 犯罪嫌疑人、被告人供述和辩解可能反映出其他证据难以反映的案件事实情况。犯罪嫌疑人、被告人是因涉嫌犯罪而受到刑事追诉的人，犯罪嫌疑人、被告人对自己是否实施了犯罪行为以及如何实施犯罪行为，比其他任何人更为清楚。如果犯罪嫌疑人、被告人如实供述其犯罪行为，可以全面、详尽地反映出其作案的动机、目的、手段和过程。共同犯罪的犯罪嫌疑人、被告人供述，可以从各个侧面反映案件全貌。犯罪嫌疑人、被告人的供述经查证属实，一般可以成为认定案件事实的直接证据。如果犯罪嫌疑人、被告人如实辩解，可以提供证实其无罪或者罪轻的证据和证据线索。

3. 犯罪嫌疑人、被告人供述和辩解虚假的可能性很大。犯罪嫌疑人、被告人作为刑事诉讼中被追究的对象，案件的处理结果与其有切身的利害关系。在大多数情况下，犯罪嫌疑人、被告人为了逃避罪责，总是企图否认和抵赖罪行。犯罪嫌疑人、被告人由于所处的特殊诉讼地位，或者在被限制人身自由的情况下，如果讯问人员存在刑讯逼供、诱供、指供等非法行为，更可能造成犯罪嫌疑人、被告人供述和辩解的内容严重失实。即使是犯罪嫌疑人、被告人自愿作出的有罪供述，也可能因为种种原因而存在虚假的可能性。例如，有的出于讲"义气"，把朋友的罪行揽在自己身上；有的为了开脱亲属的罪责，顶替犯罪人到侦查、检察、审判机关自首；有的为了掩盖某种隐私，把本来不是犯罪的行为供认为犯罪；有的为了减轻自己过错所造成的良心谴责，而将本不属于犯罪的行为说成是自己实施了犯罪；等等。

4. 犯罪嫌疑人、被告人供述和辩解具有反复性和不稳定性。由于犯罪嫌疑人、被告人与案件处理结果有切身利害关系，案件的处理结果直接关系到其人身自由甚至生命，而其供述和辩解又影响甚至决定案件的处理结果，所以，在刑事诉讼中，随着诉讼的进行，犯罪嫌疑人、被告人也在反复权衡各种利益，其心理活动在不断发生变化。犯罪嫌疑人、被告人的这种心理变化，使得其供述和辩解极易反复，随时可能翻供，时供时翻、屡供屡翻。犯罪嫌疑人、被告人供述和辩解的这一弱点，不仅无法与物证、书证等实物证据相比，而且也不如证人证言、鉴定意见。

犯罪嫌疑人、被告人供述和辩解的特点表明，对待犯罪嫌疑人、被告人供述和辩解，既不能盲目轻信，也不能忽视其证明作用，而应当结合其他证据，认真审查判断。

■ 第二节　犯罪嫌疑人、被告人供述和辩解的作用

犯罪嫌疑人、被告人供述和辩解虚假的可能性大，只表明对其不能轻信，需要认真审查，但并不能因此而否定它的作用。实践证明，正确对待犯罪嫌疑人、被告人供述和辩解，对于客观、全面地分析研究案情，正确认定案件事实，公正处理案件，具有重要作用。关于犯罪嫌疑人、被告人供述和辩解在刑事诉讼中的作用，外国学者也有论述。有日本学者认为，"由于这是该犯人就自己直接所犯的罪行所作的交代，只要不是撒谎，就没有比这更确实的证据了。口供具有一级证据价值的直接证据这一点得到重视，西欧自古以来就把它称为'证据的女王'"。[1] 有法国学者认为，"对受到审查的人进行讯问是一种正常行为，并且认为，尽管受到侦查的人不作诚实供述并不会受到刑事制裁，但讯问受侦查人对于查明事实真相是极为有益的"。[2] 犯罪嫌疑人、被告人供述和辩解在诉讼中的作用，主要表现在以下几个方面：

1. 有利于办案人员迅速查明案情。在刑事诉讼中，犯罪嫌疑人、被告人可能是实施了被指控犯罪的人，也可能是没有实施被指控犯罪的人。真正有犯罪行为的犯罪嫌疑人、被告人，如实供述自己的犯罪动机、目的和犯罪过程及情节，经查证属实可以作为证据，有利于办案人员及时调查其他证据，迅速查明案件事实，特别是对认定犯罪的动机和目的有重要作用。无罪的犯罪嫌疑人、被告人在辩解中提供的有关线索，同样可以帮助办案人员正确分析案情，使无罪的犯罪嫌疑人、被告人及时从诉讼中解脱出来，促使办案人员进一步收集证据，查找真正的犯罪人。

2. 有利于发现其他犯罪线索和犯罪嫌疑人。犯罪嫌疑人、被告人的有罪供述，常常可以为发现其他犯罪和犯罪嫌疑人提供有价值的线索，在共同犯罪案件中尤其如此。犯罪嫌疑人、被告人在为自己进行无罪、罪轻、减轻或者免除处罚的辩解中，也有可能提供有利于查获真正犯罪人的情况。在共同犯罪案件

〔1〕 ［日］田宫裕："被告人的地位及其口供"，载［日］西原春夫主编：《日本刑事法的形成与特色》，李海东等译，法律出版社、成文堂1997年版，第294页。
〔2〕 ［法］贝尔纳·布洛克：《法国刑事诉讼法》，罗结珍译，中国政法大学出版社2009年版，第373页。

中，犯罪嫌疑人、被告人供述和辩解，对于确定各个犯罪嫌疑人、被告人的责任，具有重要作用。

3. 可以用来核实其他证据。各种证据只有在相互比较、印证中才能得以审查核实。犯罪嫌疑人、被告人供述和辩解作为证据的一种，可以与其他证据相互比较、印证，作为审查核实其他证据的材料。

4. 可以反映犯罪嫌疑人、被告人的悔罪态度。在其他有罪证据确凿的情况下，犯罪嫌疑人、被告人供述和辩解是衡量其犯罪后是否悔罪的重要材料。有罪的犯罪嫌疑人、被告人是否悔罪，反映出该犯罪嫌疑人、被告人的主观恶性和社会危险性，对于是否采取或者变更强制措施，以及正确量刑都是十分重要的。

5. 是行使辩护权的重要方式。依照我国《宪法》和《刑事诉讼法》的规定，犯罪嫌疑人、被告人有权获得辩护，国家专门机关有义务保障其依法行使辩护权。犯罪嫌疑人、被告人行使辩护权的重要方式之一，便是提出自己无罪、罪轻、减轻或者免除处罚的材料和意见。保障犯罪嫌疑人、被告人的辩护权，必须认真听取其辩解。

根据犯罪嫌疑人、被告人供述和辩解的特点及其在刑事诉讼中的作用，我国刑事诉讼法规定了运用犯罪嫌疑人、被告人供述和辩解的原则。我国对待口供的原则是"重证据、重调查研究、不轻信口供"。只有被告人供述，没有其他证据的，不能认定被告人有罪和处以刑罚；没有被告人供述，证据确实、充分的，可以认定被告人有罪和处以刑罚。在具体运用中，应当注意以下问题：

一、重证据，重调查研究，不轻信口供

重证据，重调查研究，不轻信口供，是我国司法实践经验的总结。我国《刑事诉讼法》第 55 条第 1 款规定："对一切案件的判处都要重证据，重调查研究，不轻信口供。……"这是重证据，重调查研究，不轻信口供原则的法律根据，也是我国证据制度的一大特色。不轻信口供，是由口供的性质与特点决定的。犯罪嫌疑人、被告人与诉讼结果有切身的利害关系，其口供既可能反映案件的事实真相，也可能歪曲事实，制造假象。实践证明，轻信口供，倚重口供，是造成冤假错案的重要原因。所以，对于口供，绝不能盲目、轻易地相信；在运用口供时，应当注重调查研究，充分收集口供以外的其他证据，用其他证据审查、核实口供。

二、既要重视供述，也要重视辩解

《刑事诉讼法》第 52 条规定："审判人员、检察人员、侦查人员必须依照法

定程序，收集能够证实犯罪嫌疑人、被告人有罪或者无罪、犯罪情节轻重的各种证据。……"这一规定表明，办案人员应当注意全面收集犯罪嫌疑人、被告人有罪、罪重的证据和无罪或者从轻、减轻、免除处罚的证据，对供述和辩解应当予以同等重视，不仅要注意听取犯罪嫌疑人、被告人有罪、罪重的供述，还要特别注意听取其无罪、罪轻、减轻或者免除处罚的辩解，以便做到"兼听则明"，全面了解案情，避免片面性，切实保障犯罪嫌疑人、被告人的合法权益。办案人员不能因为犯罪嫌疑人、被告人辩解甚至翻供而对其作出不利推论，更不能因其辩解、翻供而对其施加压力甚至刑讯逼供。只重视供述，或只重视辩解，都不利于正确处理案件。我国司法实践中存在的突出问题，是过分重视有罪、罪重的供述，忽视无罪、罪轻的辩解。而对无罪的辩解不予重视，不予排除，即轻信有罪、罪重的供述，极易导致冤假错案。因此，对于犯罪嫌疑人、被告人供述和辩解，都应当予以认真调查核实，在对被告人作出有罪认定时，要做到有罪证据确实充分，排除无罪的可能性。在被告人无罪的辩解没有证明为虚假的时候，不得作出有罪判决。

三、采取刑讯逼供等非法方法取得的口供应当排除

在刑事诉讼中严禁刑讯逼供，除将公安司法人员刑讯逼供等暴力逼取口供的行为规定为犯罪外，还必须对采取刑讯逼供等非法手段取得的口供予以排除。我国已签署加入的联合国《禁止酷刑公约》第15条规定："每一缔约国应确保在任何诉讼程序中，不得援引任何已经确定系以酷刑取得的口供为证据，但这类口供可用作被控施用酷刑者刑讯逼供的证据。"《刑事诉讼法》第52条规定："……严禁刑讯逼供和以威胁、引诱、欺骗以及其他非法方法收集证据，不得强迫任何人证实自己有罪。"第56条规定："采用刑讯逼供等非法方法收集的犯罪嫌疑人、被告人供述和采用暴力、威胁等非法方法收集的证人证言、被害人陈述，应当予以排除。……"最高法《刑诉法解释》第95条规定，使用肉刑或者变相肉刑，或者采用其他使被告人在肉体上或者精神上遭受剧烈疼痛或者痛苦的方法，迫使被告人违背意愿供述的，应当认定为《刑事诉讼法》第56条规定的"刑讯逼供等非法方法"。最高检《刑诉法规则》第65条第1款规定："对采用刑讯逼供等非法方法收集的犯罪嫌疑人供述和采用暴力、威胁等非法方法收集的证人证言、被害人陈述，应当依法排除，不得作为报请逮捕、批准或者决定逮捕、移送审查起诉以及提起公诉的依据。"公安部《规定》第67条规定："采用刑讯逼供等非法方法收集的犯罪嫌疑人供述和采用暴力、威胁等非法方法收集的证人证言、被害人陈述，应当予以排除。"两院三部《严格排除非法证据规定》第1~5条进一步详细列举了应当排除的以刑讯逼供等非法方法取得的犯

罪嫌疑人、被告人供述的具体情形。据此，在刑事诉讼中，应当排除以刑讯逼供等非法方法取得的口供。

四、只有被告人供述，没有其他证据的，不能认定被告人有罪

我国《刑事诉讼法》第 55 条规定："……只有被告人供述，没有其他证据的，不能认定被告人有罪和处以刑罚；没有被告人供述，证据确实、充分的，可以认定被告人有罪和处以刑罚。"由于被告人认罪供述虚假的可能性很大，而被告人供述自身不能证明其本身真实，仅凭被告人供述认定被告人有罪，则很可能冤枉无辜；同时，一旦被告人翻供，也会使司法机关的工作处于十分被动的局面。因此，即使是被告人自愿承认犯罪，如果没有其他证据，也不能认定其有罪和处以刑罚。认定被告人有罪，必须有其他证据，做到证据确实充分；即使被告人不承认犯罪，如果其他证据确实充分，也可以认定被告人有罪和处以刑罚，这是不轻信口供的具体化。这一原则精神，不仅适用于审判阶段，也适用于侦查和审查起诉阶段。

最高法《刑诉法解释》第 83 条、两院三部《办理死刑案件证据规定》第 22 条都规定，审查被告人供述和辩解，应当结合控辩双方提供的所有证据以及被告人的全部供述和辩解进行。被告人在庭审中翻供，但不能合理说明翻供原因或者其辩解与全案证据矛盾，而其庭前供述与其他证据相互印证的，可以采信其庭前供述。被告人庭前供述和辩解存在反复，但在庭审中供认，且与其他证据相互印证的，可以采信其庭审供述；被告人庭前供述和辩解存在反复，在庭审中不供认，且无其他证据与庭前供述印证的，不得采信其庭前供述。

在执行这一规定时，遇到的一个问题是，在共犯口供一致的情况下，能否移送起诉并判决有罪？这涉及对《刑事诉讼法》第 55 条的理解。即《刑事诉讼法》第 55 条中规定的"被告人"是专指单个被告人还是包括共同犯罪案件的被告人？若干共同犯罪被告人的一致供述，是否属于本条规定的"其他证据"？对此，我国学术界有不同认识。有的认为，鉴于口供的特点和共同犯罪中犯罪嫌疑人、被告人相互之间存在着不同程度的利害关系，即使共犯口供一致，可以相互印证，也不能据此定罪判刑。有的则认为，共犯之间的关系是互为证人的关系，其口供只要互相印证，就可以据此定罪判刑。有的虽然认为共同犯罪案件中的被告人不能互为证人，但根据共犯一致的口供可以认定其有罪，因为《刑事诉讼法》第 55 系中的"其他证据"不能等同于"口供以外的其他种类证据"。在共同犯罪案件中，对某一被告人来说，除其自己供述以外的其他同案被告人供述，也应属于"其他证据"。我们同意第一种观点。对法律规范不能随意曲解，而应当着重领会其精神实质。《刑事诉讼法》第 55 条的立法精神，体现

了法律对口供作为证据的价值评断，尽管被告人供述是《刑事诉讼法》规定的一种单独的证据种类，但对于认定被告人是否有罪来说，则不具有独立的证据价值。要认定被告人有罪，必须有口供以外的其他证据予以印证。我们不能人为地把被告人供述这一整体肢解，拆分成单个被告人供述和共同被告人供述。在共同犯罪案件中，之所以称为"共同犯罪"，是因为被告人在主观上有共同故意，在客观上有共同行为。正是由于主观故意和客观行为的共同性，才决定了共同被告人供述的牵连性，而这一牵连部分的内容仍是以被告人的身份出现的，其证据价值也仍然是对涉嫌的共同犯罪事实有证明作用。因此，共同被告人的供述不具有独立的相互证明性。共同被告人是由于实体上涉嫌共同犯罪形成的，由于彼此的犯罪行为具有牵连性，因而不能用某一犯罪嫌疑人、被告人供述来审查另一犯罪嫌疑人、被告人供述是否确实，也不能简单地以若干犯罪嫌疑人、被告人供述的机械相加表明某一案件的证据已经达到充分的程度。总之，仅有共同犯罪嫌疑人、被告人一致的供述，没有其他证据，是不能认定犯罪嫌疑人、被告人有罪的。只有严格坚持这一点，才能真正做到重证据，不轻信口供，才能避免冤假错案的发生。

五、正确理解"不得强迫任何人证实自己有罪"和"应当如实回答"的规定

我国《刑事诉讼法》第 52 条规定："……严禁刑讯逼供和以威胁、引诱、欺骗以及其他非法方法收集证据，不得强迫任何人证实自己有罪。……"同时，《刑事诉讼法》第 120 条第 1 款规定："侦查人员在讯问犯罪嫌疑人的时候，应当首先讯问犯罪嫌疑人是否有犯罪行为，让他陈述有罪的情节或者无罪的辩解，然后向他提出问题。犯罪嫌疑人对侦查人员的提问，应当如实回答。但是对与本案无关的问题，有拒绝回答的权利。"对此，应当正确理解和执行。法律规定"不得强迫任何人证实自己有罪"，是将其确立为刑事诉讼的一项原则，在内容上包含了犯罪嫌疑人、被告人有不被强迫自证其罪的权利。当犯罪嫌疑人、被告人不想陈述自己有罪的事实时，公安司法机关不得强迫其陈述，如果通过强迫的方法获取了犯罪嫌疑人、被告人的有罪供述，就会被视为非法证据而予以排除。法律要求犯罪嫌疑人、被告人"应当如实回答"，表明我国没有确认沉默权，而是期望犯罪嫌疑人、被告人如实陈述案情，以便迅速查明案件事实真相，使无罪的人及时从诉讼中解脱出来，使有罪的人因其认罪而得到从宽处理。但是，不论犯罪嫌疑人、被告人是否回答，以及是否如实回答，都不得对其实施强迫，也不得以此作为刑讯逼供的借口，更不得将犯罪嫌疑人、被告人拒绝回答或不如实回答作为认定其有罪的根据。

对"应当如实回答"的规定及是否应当赋予犯罪嫌疑人、被告人沉默权，

学术界有不同认识。一种观点认为，犯罪嫌疑人应当如实回答侦查人员的提问，法律不应明确赋予其沉默权。理由是：①要求如实回答，无论对于惩罚，还是对于保障，均具有积极意义。对有罪者，责令他如实交代罪行，有利于及时、准确地查明案情，也有助于判明其认罪态度以供量刑时参考；对无辜者，要求他积极与专门机关配合，有利于迅速查明案件事实真相，使其尽早脱离诉讼，并有利于查获真正的犯罪人。②要求如实回答，与其在刑事诉讼中的地位是相吻合的。犯罪嫌疑人、被告人的口供是最重要的证据来源，对待口供，既不可视其为"证据之王"，也不可走入另一极端，忽视其特有的证据价值而赋予犯罪嫌疑人以沉默权。应当看到，要求犯罪嫌疑人如实回答对于侦查人员、检察人员和审判人员收集、核实证据，正确认定案件事实起着重要作用。法律要求犯罪嫌疑人承担如实回答的义务，有利于迅速破获案件，有利于刑事诉讼的顺利进行。③要求如实回答，有利于贯彻区别对待的刑事政策。④我国犯罪率不断上升，暴力犯罪、有组织犯罪、智能型犯罪日益猖獗，社会治安状况日趋严峻，而各地侦查机关所拥有的侦查技术、装备普遍落后，在此情况下，立法规定犯罪嫌疑人应当如实回答也符合现实国情。

　　另一种观点认为，课予犯罪嫌疑人如实回答的义务并不能帮助破案率及定罪率的提高。道理很简单，对犯罪嫌疑人而言，其对待讯问的态度一般有两种情况：①自愿如实陈述；②不作供述。对于第一种情况，在排除了法律推定和以刑讯等非法手段进行讯问的正常程序中，如果犯罪嫌疑人自愿如实回答，当然有利于破案。然而，此种情况在赋予沉默权的刑事程序中也会产生相同的效果，因为赋予沉默权并不妨碍其自愿如实供述。因此，在犯罪嫌疑人自愿如实陈述的情况下，课以如实回答义务的程序与赋予沉默权的程序相比，在利用自愿如实陈述破获案件方面并无长处。对于后者，在犯罪嫌疑人不愿回答而沉默的情况下，除有法律推定的情形外，即使课以如实回答义务，也不能因其沉默而认定其有罪。反之，赋予沉默权，也并不妨碍设立特别情况下的推定。因此，在犯罪嫌疑人不愿陈述而沉默的情况下，课予如实回答义务的程序在提高结案率和定罪率方面，并不比赋予沉默权的程序更占优势。不仅如此，课予犯罪嫌疑人如实回答的义务，还会产生诸多弊端，丧失许多利益，造成理论上的矛盾，并导致实践中违反法定程序现象的出现。首先，从司法实践的情况看，这种规定实际上成了犯罪嫌疑人负举证责任的法律根据。如果犯罪嫌疑人对提问不予回答，侦查人员即认为其不老实、闹态度，就会对犯罪嫌疑人作出种种不利的推测，就会使用各种各样的方法使其作出符合自己愿望的回答。这实际上是使犯罪嫌疑人承担了举证责任，即若犯罪嫌疑人不能提出有利于己的证据，便处于不利的地位。其次，法律要求犯罪嫌疑人必须如实回答侦查人员的提问，容易使侦查人员形成将讯问犯罪嫌疑人作为取证或获得证据线索，或者认定有罪的主要手段的观念，使其偏重口供而不把力量放在通过改进技术和方法收集其他证据上，这势必导致刑讯、折磨、疲劳战术等非法取证方法的使用。而这不仅会有损程序的正当性，而且也会有碍发现真实。因为对犯罪嫌疑人认罪口供的迷信，就像巨额利润刺激贪欲一样，会刺激侦查人员获取口供的欲望，这种欲望又会促使他不择手段来得到认罪口供。在存在刑讯或变相刑讯的刑事程序中，"罪犯与无辜者间的任何差别，都被意图查明差别的同一方式所消灭了"，因为"这种方法能保证使强壮的罪犯获得释放，并使软弱的无辜者被定罪处罚"。[1] 如果过分依赖口供，将刑讯以及变相刑讯作为获取口供的手段的现象就不可避免。而要求犯罪嫌疑人应当如实回答侦查人员的提问，恰恰表现出刑事程序对口供的过分关注，这是同将侦破案件的希望寄托于艰苦的深入细致的调查研究和改进技术手段的正当观念背道而驰的。鉴于上述分析，犯罪嫌疑人负如实回答义务不宜作为我国刑事诉讼的一般性原则。相反，我国刑事诉讼法应当贯彻落实任何人不受强迫自证其罪原则的精神，明确当犯罪嫌疑人、被告人不愿陈述或者作无罪陈述时，侦查、检察、审判人员不得以任何方式强迫其认罪，也不得因为犯罪嫌疑人、被告人不回答问题即得出其有罪的推论。这是防止侦查违法、维护司法纯洁、提高办案水平、减少冤假错案、保障公民合法权益以维护社会长治久安的利益的需要。

■ 第三节　国外关于犯罪嫌疑人、被告人供述和辩解的立法和理论

一、犯罪嫌疑人、被告人口供的证据能力和证明力

关于犯罪嫌疑人、被告人供述的证据能力和证明力，英美法系与大陆法系国家的立法规定和理论既有相同之处，也有某些差异。

现代各国一般认为，非法取得的口供没有证据能力，不能作为定案的根据。在法国，对于刑讯逼供和以其他非法手段取得口供，立法和判例均持否定态度。在德国，若违背《德国刑事诉讼法典》第 136 条 a 第 1、2 款的规定，对被告人使用非法折磨、疲劳战术、妨害身体、服用药品、拷问、诈欺或催眠方法、威胁、许诺以及使用损害被告人记忆力和理解力的方法所得到的陈述，即使被告人同意，也不可以采用。在英美法系国家，口供的采纳以任意性为前提，通过

---

[1]　刁荣华主编：《比较刑事证据法各论》，汉林出版社 1984 年版，第 285~287 页。

任何形式的暴力或暴力威胁取得的口供，以及其他任何非任意性的口供，都不得作为证据。在日本，依照法律规定，出于强制、拷问或胁迫的自白，在经过不适当的长期扣留或拘禁后的自白，或其他可以怀疑为并非出于自由意志的自白，都不得作为证据。依照诉讼法理论的解释，之所以确立自白排除法则，不外乎是为了防止虚假自白、保障人权和排除违法。关于排除自白的基点，在日本法学界，违法排除说得到了有力的倡导。不过，在诉讼实务中，自白排除标准的重心却是放在了以虚假排除说或确保任意性为基点的混合说上面。依照判例，否定自白任意性的要件有二：①自白的获得程序违法或不适当；②该违法或不适当的程序和自白之间存在因果关系。判例针对夜间讯问、没有取下手铐进行的讯问、在代用监狱中的强迫性讯问以及出于承诺和诡计的自白，阐明了以下观点：①夜间调查的自白。判例认为，夜间调查本身并不一概使自白丧失证据能力，除非夜间调查与自白的非任意性之间有因果关系。②没有取下手铐进行的调查。判例认为，正确的解释是，正在受羁押的犯罪嫌疑人受讯问时，如果是在施加手铐的情况下进行的，推定其身心受到一定的压迫，不能期待任意的供述。只要没有反证，应当对该供述的任意性抱有怀疑。③出于承诺的自白。④出于诡计的自白。判例确定的标准为，诡计是否使被疑人受到心理强制，从而是否有诱导虚假自白的可能性。如有的判例认为，专卖局官员诈称私人侦探虽然不是希望的方法，但却不会伴随诱发虚假自白的危险，因而确认了自白的证据能力。⑤当自白笔录是唯一的直接证据时，若该自白是侦查当局将被告人拘禁在代用监狱中强迫取得的，则该自白不具有任意性，因而也不具有证据能力。

关于犯罪嫌疑人、被告人供述，英美法系与大陆法系国家的立法规定和理论也存在某些差异。首先，在英美证据法中，如果被告人在法庭上自愿供认有罪，即作出任意性自白，就不再进行调查其他证据的审判程序。如果该供述是对被指控罪行的供认，只要该供述是在"明知且理智"的状态下自愿作出，则构成有罪答辩。在此情形下，对案件不再进行开庭审理，即直接进入量刑阶段。在大陆法系国家，刑事诉讼被视为旨在确定国家刑罚权的活动，犯罪嫌疑人、被告人不利于己的陈述，甚至是对被指控犯罪的全盘承认，其法律效力也只是证据的一种。例如，在法国，被告人的供述如同其他证据材料一样，应当由法官自由评判。其次，在英美法系国家，被告人放弃沉默权而作有利于己的陈述时，其诉讼地位是辩护方的一名证人，其陈述应当在法庭上接受交叉询问，以查明真实性。此时，被告人负有不得作伪证的义务。在大陆法系国家，一般认为犯罪嫌疑人、被告人和证人处于两种不同的且不可兼容的诉讼地位，其中，犯罪嫌疑人、被告人是作为诉讼主体而存在的。当犯罪嫌疑人、被告人作有利于己的陈述时，他是在行使辩护权，其诉讼地位仍是一方当事人，是行使辩护职能的诉讼主体。根据德国刑事诉讼理论，犯罪嫌疑人、被告人有权说谎，"被告人不仅可以保持沉默，而且可以说谎，通过否认、歪曲事实真相以试图避免自证其罪或逃避受到定罪的后果，并且，这样做时，被告人不会被指控有伪证罪而受到处罚"[1]。

在有些国家的立法中，明确规定了对被告人供认的证明力的限制。例如，在日本刑事诉讼中，不问是否为被告人在公审庭上的自白，当该自白是对被告人不利的惟一证据时，不得认定被告人有罪。要认定其有罪，在自白之外，还必须有其他证据。这样规定，一是为了防止误判；二是为了防止偏重自白。成为自白的补强证据的，必须是本人供述（自白）以外的证据。但是，对于本人记载的日记、笔记、备忘录等，如果并非因预料到侦查、公审而记载的，则可以成为本人自白的补强证据。此外，在日本，如果被告人自愿在法庭上陈述，则要在其他证据调查完毕之后进行。日本证据法理论认为，由于被告人陈述不是一种证据，所以该程序不能称为"调查证据"。

二、犯罪嫌疑人、被告人口供与沉默权规则

在许多国家的刑事程序中，都确认了任何人不受强迫自证其罪的原则，即任何人都没有协助证明自己实施了犯罪行为的义务，侦控机关不得强迫任何人负此项义务。该原则在对人的效力上是针对一般意义上的"任何人"讲的，但由于犯罪嫌疑人、被告人在刑事诉讼中处于被追诉的特殊地位，所以，该原则对犯罪嫌疑人、被告人便具有特别重要的保障意义。从权利保障的角度看，这一原则体现为犯罪嫌疑人、被告人享有反对强迫自我归罪的特权（Privilege against compulsory self-incrimination）；从权利内容的角度看，又可以称为沉默权（Right to silence）。因此，作为任何人不受强迫自证其罪原则的延伸和具体保障措施之一，许多国家在刑事程序中均确认了犯罪嫌疑人、被告人的沉默权。沉默权规则的含义是：犯罪嫌疑人、被告人依法可以对有关官员的提问保持沉默或拒绝回答，不因此而受到强迫，也不因此而受到不利的推论；有关官员则有义务在提问之前告知犯罪嫌疑人、被告人享有此项权利。该项权利只意味着犯罪嫌疑人、被告人不得被强迫提供揭发控告材料，但犯罪嫌疑人、被告人仍可能被强迫接受对他的人身或者衣物的合理检查。

由于沉默权的存在，除非犯罪嫌疑人、被告人放弃沉默权而自愿陈述，否

---

[1] ［德］施密特："德国刑事诉讼法概述"，转引自陈瑞华：《刑事审判原理论》，北京大学出版社 1997 年版，第 276 页。

则，其没有义务作出任何陈述，讯问官员也不得对其施加任何物理的或精神的强制或者违反法定义务以逼迫其作出陈述或者使其在缺乏程序保障的情形下作出陈述。

沉默权的渊源地是英国，其后，许多国家的立法也确认了沉默权规则。在英国，警察在讯问犯罪嫌疑人时，必须告知其享有沉默权。在美国，联邦宪法第五条修正案规定了任何人不得被迫自证其罪的原则，在刑事程序中，公民享有反对自我归罪的特权（Privilege against self-incrimination）。美国联邦最高法院通过判例设定了著名的"米兰达规则"。该规则要求警察在讯问犯罪嫌疑人之前必须告知：①你有权保持沉默；②你的任何陈述都可能用来反对你；③你有权在接受讯问时要求律师在场，如果没有钱请律师，政府将为你指定一名律师。警察机关依此而制作的"米兰达忠告卡片"列举了六项讯问忠告，讯问犯罪嫌疑人之前必须向被讯问人宣读。加拿大警方制作的警察告知义务卡规定，警察在讯问犯罪嫌疑人之前，应当逐项告知其所享有的权利，其中内容之一就是告知犯罪嫌疑人"你没有义务必须陈述，除非你愿意这样做，但是，你所陈述的任何一项内容，都将作为证据使用"。之后，警察还必须进行二次警示（Secondary caution）："如果你已经向任一警察或享有此权力的官员陈述，或者任何这样的官员已经就该案件与你交谈，我希望你能清楚地认识到，我不想因此影响你是否陈述。"《德国刑事诉讼法典》第 136 条第 1 款规定，初次讯问开始时，要告诉被指控人所被指控行为和可能适用的处罚规定。接着应告诉他，他依法有就指控进行陈述或者对案件不予陈述的权利，并有权随时（包括在讯问之前）与由他自己选任的辩护人商议。《意大利刑事诉讼法典》第 210 条、《日本刑事诉讼法》第 311 条，都有关于沉默权的规定。沉默权规则不仅为各国立法所规定，其精神也为联合国有关文件所确认。联合国《公民权利和政治权利国际公约》第 14 条第 3 款（庚）项规定，受刑事追诉的人不得被强迫作不利于自己的证言或者强迫承认犯罪。《联合国少年司法最低限度标准规则》（即《北京规则》）第 7 条规定："在诉讼的各个阶段，应保证基本程序方面的保障措施，诸如假定无罪指控罪状通知本人的权利、保持沉默的权利、请律师的权利、要求父亲或母亲或监护人在场的权利、与证人对质的权利和向上级机关上诉的权利。"

各国在赋予犯罪嫌疑人、被告人以沉默权的同时，也规定了违反沉默权规则的法律后果。例如，在英国，判例法中有自由裁量排除原则，如果警察不遵守沉默权规则，那么他所取得的证据就很可能被法官排除。在美国，侵犯沉默权及其保障程序（如告知义务、律师在场权、会见权等）而获得的被追诉人的陈述，不具可采性。在大陆法系国家，也有关于排除违反沉默权规则所取得的口供的规定。

1994年，鉴于日趋严重的刑事犯罪，英国通过了《刑事审判与公共秩序法》，对沉默权规则的适用作了一定限制。这些限制集中规定于该法第34～37条。第34条规定的是被告人在受到讯问或指控时没有提供特定事实的法律后果。主要内容包括：①被告人没有提供的事实是指他在审判中所赖以进行辩护的任何事实，而期望这种事实由他提供是合理的；②被告人没有提供事实的时间包括他被起诉之前的讯问阶段，这种讯问需要警察事先向他作出警告，以及在被提起公诉或者被正式告知他可能受到起诉之后；③被告人没有提供上述事实的法律后果，是法庭或陪审团可以在法定的场合下作出适当的推论。第35条规定的是被告人在法庭审判过程中保持沉默的法律后果。法庭或陪审团在决定被告人是否犯有被指控的罪行的时候，可以从该被告人在审判时没有提供证据或者无正当理由拒绝回答问题中作出适当的推论。适用该条规定的前提是被告人已满14岁，他被指控的犯罪有待证明，并且法庭认为他的身体和精神条件适于提出证据。第36条规定的是被告人对特定情况下的物品、材料或痕迹没有或者拒绝解释的法律后果。如果警察在被逮捕的人的身边、衣物、住处或被捕地发现了任何物品、材料或痕迹，确信这些物品、材料或痕迹系通过参与他被指控的犯罪所得，并告知被捕者他的这种确信以及要求被捕者对此进行解释，而该被捕者没有或者拒绝这样做，在这种情况下，法庭或陪审团可以从中作出适当的推论。第37条规定的是被告人没有或者拒绝解释他出现于特定地方的法律后果。被逮捕人是实施逮捕的警察在被指控的犯罪发生的地点或时间发现的，并且警察合理地相信该被捕者在那一时间出现于那一地方可归因于他参与实施了该罪行，而且警察告知该被捕者他的这种确信并要求被捕者对此作出解释，而该被捕者没有或者拒绝这样做，在这种情况下，法庭或陪审团可以从中作出适当的推论。上述都没有对什么属于"适当的推论"作出明确的解释。英国学者和有关判例认为，这些规定并没有完全否定被告人所享有的沉默权，也绝非强迫被告人作出某一陈述或供述，而是要求他在法定的特定情况下负有一定的解释或者说明的义务；被告人即使没有或者拒绝履行这些义务，法庭或陪审团也不能以此作为对被告人定罪的唯一根据。正当的说法是：如果被告人在上述四种情况下保持沉默，这将会对他的辩护产生不利影响，因为法庭或陪审团可能作出对他不利的推论。

第十一章

第十二章

当事人陈述

■ 第一节　当事人陈述的概念和特点

一、当事人陈述的概念

当事人陈述是指民事诉讼和行政诉讼中的当事人就他们所感知、理解和记忆的有关案件的事实情况，向人民法院所作的口头或书面陈述。《民事诉讼法》第63条第1款第1项和《行政诉讼法》第33条第1款第6项对此均有明确的规定。在这里需要明确的是，本章所指的当事人陈述仅包括民事诉讼和行政诉讼中的以该术语表述的证据种类，而不包括刑事诉讼中的犯罪嫌疑人、被告人的供述与辩解和被害人的陈述。由于我国《刑事诉讼法》已将犯罪嫌疑人、被告人的供述与辩解和被害人的陈述作为两种独立的证据种类加以规定，因此，当事人陈述这种证据种类是民事诉讼和行政诉讼中存在的证据种类。本书在第十章和第十一章分别对被害人的陈述和犯罪嫌疑人、被告人供述与辩解进行了阐述。

当事人基于诉讼利益而参加诉讼，向人民法院作出有关案件情况的陈述。但是必须要注意的是，并不是当事人的任何陈述都是证据，都能起到证据的作用。作为证据来源的当事人不仅向法院陈述他所知晓的、对案件具有法律意义或证据意义的事实材料，而且还提出请求，对应当解决的一切问题提出意见等各种各样的内容。如果要对其加以划分，主要包括以下几个方面的内容：①关于案件事实的陈述；②关于诉讼请求的说明和案件处理方式的意见；③对证据的分析和应否采用的意见；④对系争事实的法律评断和适用法律的意见。在当事人的陈述中，所有这些性质各不相同的陈述常常错综复杂地结合在一起，以达到对诉讼起不同的作用和影响的目的。但是，可以被当作证据看待的并不是当事人在诉讼中所谈到的一切，而只是他向法院所作的有关案件事实的陈述，即上述第①项的内容，除此以外的其他的陈述内容都不能当作证据使用。因为只有当事人对案件事实的陈述可以独立地或与其他证据相结合，成为法院查清案情、认定案件事实的根据，而其他各项内容只对法院行使审判权的范围等具有一定的作用。因此，对当事人陈述的内容加以严格区分是必要的，同时也使我们认识到：只有当事人所作的对案件具有证据意义的事实陈述，才能适用"当事人陈述"这一术语。

至于当事人陈述是否该限定于诉讼过程中，我国立法上未能明确，学界有着不同的理解。有学者主张当事人在案件发生过程中、诉讼开始前，或者在诉讼开始后但不在法庭上所作的陈述也属于当事人陈述。例如，在一起交通事故发生后，汽车司机承认其在错误的一边行车道上行驶，而且没有发出适当的信号。在诉讼过程中，对方当事人或者听到该陈述的证人，便可以引用这段陈述作为证明司机所述事实的证据。[1] 有些学者认为，当事人陈述只能发生在诉讼过程中，其在性质上属于诉讼行为范畴，必须向法院作出才能产生效力。所以，当事人不在审判者面前或者不是向审判者所作的陈述，即使可能与案件事实有关，也只能形成其他类型的证据，不构成当事人陈述。比如，当事人相互之间在诉讼过程中的书面或口头交涉，其中的内容如果与案件事实有关，那也只能以书证或者其他证据形式提供给法院，而不属于当事人陈述。[2]

二、当事人陈述的特点

1. 陈述主体的排他性。顾名思义，当事人陈述的主体只能是诉讼当事人，即民事诉讼和行政诉讼中的原告、被告、共同诉讼人、诉讼代表人以及第三人，其他诉讼参加人所作的陈述都不属于当事人陈述。

最高法《民诉法解释》第 122 条第 1、2 款规定，当事人可以在举证期限届满前申请一至二名具有专门知识的人出庭，代表当事人对鉴定意见进行质证，或者对案件事实所涉及的专业问题提出意见。具有专门知识的人在法庭上就专业问题提出的意见，视为当事人的陈述。该条规定了专家辅助人制度。专家辅助人在两种情形下

专家辅助人意见

出庭：与鉴定人质证和对案件事实所涉及的专业问题发表意见。专家辅助人意见不属于法定证据，而是将其视为当事人陈述。可见，专家辅助人在民事诉讼中的地位等同于当事人，而不是诉讼参加人。

2. 陈述指向主体的唯一性。当事人陈述必须向法院进行，否则不发生法律

〔1〕　江伟主编：《证据法学》，法律出版社 1999 年版，第 476 页。

〔2〕　何家弘主编：《新编证据法学》，法律出版社 2000 年版，第 137 页。

效力。如果当事人不是向法院作出陈述，而是向诉讼代理人或者其他人陈述相关的案件事实情况，则不属于当事人陈述这种证据形式。因此，当事人陈述表现为当事人在法庭上直接向人民法院的具体审判人员进行陈述。

3. 陈述内容的双重性。一方面，当事人是发生争议的实体法律关系的主体，大多都是案件事实的经历人，是引起争议的实体法律关系发生、变更和终止的实施者。因此，当事人是对双方争议案件的事实情况了解和掌握得最直接、最全面，也是最深刻的人。为了证明自己主张的正当性和合理性，当事人往往会积极主动地向法院如实而客观地陈述他所知道的有关案件的全部事实情况。另一方面，由于当事人与案件处理结果有直接的利害关系并且有强烈的胜诉欲望，为此当事人可能会千方百计地隐瞒对自己不利的有关事实和证据，而夸大甚至编造对己有利的事实和证据，向法院作虚假的陈述。因此，当事人陈述的真实性、客观性和全面性就令人生疑，而深深地打上虚假性、主观性和片面性的烙印。总之，当事人陈述作为证据种类之一，从应然的意义上说，比任何其他证据形式都更能反映案件真实情况，具有更大的证明价值；但是，从实然的意义上说，我们又不能忽视当事人陈述的虚假的一面，不可轻信以免被其误导，造成错判和冤枉无辜。因此，我国《民事诉讼法》第75条第1款规定："人民法院对当事人的陈述，应当结合本案的其他证据，审查确定能否作为认定事实的根据。"最高法《民诉证据规定》第76条进一步明确规定："当事人对自己的主张，只有本人陈述而不能提出其他相关证据的，其主张不予支持。但对方当事人认可的除外。"由此可见，当事人陈述在我国可以作为独立的民事诉讼证据使用，但不具有独立的证明力。

4. 陈述过程的争辩性。诉讼中的双方当事人为了胜诉或获得对自己有利的结果，在整个诉讼过程中总是处于紧张的对立状态之中。当事人为了支持自己的主张和事实或者为了反驳对方当事人提出的不利于己的主张和事实，总是不断地提出有利于己的事实和证据。而在这个过程当中，当事人向法院所作的书面或口头陈述扮演着最主要的角色，成为诉讼双方对抗状态的最直接体现者。正是当事人陈述的这种争辩性和对抗性，使法院得以随着诉讼程序的不断展开而查清案件真情，并据以作出正确裁判，解决纠纷，实现社会正义。这里需要指出的是，当事人承认对方当事人提出的不利于己的事实或主张的承认性陈述，虽然其争辩性归于消灭，但从某种意义上说，正是当事人陈述的争辩性使当事人为承认性陈述。比如一方当事人经过法庭的激烈辩论之后，认识到自己的错误或对方提出的事实和主张的正确性与合理性而为承认。

5. 陈述时间的限定性和事后性。当事人陈述的时间限于诉讼开始后到进行法庭评议前的这段时间。同时，当事人陈述相对于物证、书证及视听资料而言，其在形成的时间上具有比较明显的事后性特征。

■ 第二节　当事人陈述的分类

我国现行诉讼法虽然没有严格规定当事人陈述的种类，但是根据不同的标准，仍可以对当事人陈述作不同的分类。

一、确认性陈述、否定性陈述与承认性陈述

根据当事人陈述的性质的不同，可将其分为确认性陈述、否定性陈述与承认性陈述。

确认性陈述是指当事人主动地提出一定事实作为根据，以证明争议的实体法律关系存在的陈述。例如，原告向法院详细地讲述了被告曾于某日某地向其借款若干元，但至今未还等情况，要求法院确认该借款关系之存在并判决被告返还借款及其利息。在这里，原告向法院的"讲述"即为确认性陈述。经法院审理，如果查明原告所主张的借款事实属实，就要依法判决被告偿还原告的借款并支付相应利息。可见，确认性陈述具有主动性、独立性和利己性的特点，不管另一方当事人有无相关的陈述，一方当事人皆可主动地向法院陈述对自己有利的事实。

否定性陈述则是指当事人在诉讼中列举事实，否认争议中某种事实或认为诉讼请求所依据的法律关系根本不存在的陈述。例如，上述案件中被告作出已将借款偿还于原告的陈述，而否认原告所说的"至今未还"这一事实。在这里，被告的陈述即为否定性陈述。可见，否定性陈述具有被动性、依附性和利己性的特点，是针对另一方当事人作出的不利于他的陈述而作出的一种反应，以否定对方，保护自己。从以上的分析可以看出，虽然确认性陈述和否定性陈述中当事人的态度不同，但两者都是当事人出于利己的考虑而作出的不同反应。

与上述两种陈述不同，承认性陈述是指当事人在诉讼中明确地承认对方当事人提出的事实或请求的陈述。例如，上例中被告作出其曾向原告借款并至今未还的陈述，即为承认性陈述。承认性陈述一般对陈述者来说是不利的，是当事人陈述的一种特殊形式。

二、书面陈述与口头陈述

根据当事人陈述表现形式的不同，可将其分为书面陈述与口头陈述。

所谓书面陈述，是指当事人运用文字或书面的形式，将有关案件事实的情况加以表达出来，典型的如起诉状、答辩书等。原告在诉状中必须指明他提出

要求所根据的事实情况和能够证实这些情况的证据，因此，在诉状中必然包含着作为证明手段的当事人书面形式的陈述。被告在答辩书中，可以承认原告提出的全部事实或部分事实，也可以否认这些事实而提出另外一些事实。在这里，被告的"承认""否认""提出"，皆为书面陈述。

所谓口头陈述，是指当事人通过口头方式将有关案件事实的情况直接表达出来。在询问当事人、法庭审理过程中，当事人表达其所知道的案件事实情况时，往往直接用口头方式。

一般来说，在诉讼中，既有书面陈述又有口头陈述，书面陈述缜密，口头陈述朴实，两者各有所长，可以相互补充。

■ 第三节　当事人陈述的作用

当事人陈述作为一种独立的诉讼证据，对诉讼程序的开始、发展和终止都具有十分重要的积极作用，具体体现在以下几个方面：

一、有助于法院确定管辖权，划定案件审理的基本范围

当事人一般是在其合法权益遭受侵害，或者与他人发生争议时才求助于诉讼这种解决纠纷的手段的。他们希望通过权威的第三者（即法院的正确裁决）保护自己的合法权益。但是，法院实行的是"不告不理"原则，如果原告不到法院进行起诉（无论是口头方式还是书面方式），诉讼程序就不会启动。正是当事人的口头或书面的陈述行为，才使法院得以享有对当事人争议进行审理的管辖权进而启动诉讼程序。被告向法院所作的陈述（如管辖权异议等），使法院据以正确认定自己对案件是否有管辖权。可见，当事人陈述是法院正确确定管辖权、避免错误立案受理的有效途径。另一方面，原告的起诉、被告的答辩、第三人的申请，都是围绕着诉讼标的进行的。当事人在诉讼行为中所陈述的有关事实，构成了人民法院审理案件的基本范围。人民法院要根据当事人的陈述，围绕着他们的诉讼请求，查明案件有关事实，才能正确而有效地处理各种纠纷。离开了当事人陈述，法院审理案件就会无的放矢，既不利于纠纷的彻底解决，又会造成诉讼资源的浪费。

二、有助于法院查清案情，正确断案，保护当事人的合法权益

当事人是案件的直接利害关系人，人民法院调查了解、审理案件事实往往首先是从当事人的陈述入手。原告向法院提出诉讼请求，必须要有相关事实情况为依据；被告进行答辩和反驳也要递交所根据的事实和理由。可见，当事人

第十二章

在参加诉讼时必定会提出有关的事实根据以支持其主张，或者说明与案件处理结果有法律上利害关系的有关事实和根据，而这些事实和根据大多是以口头或书面陈述的形式出现的。当事人提出的这些事实和根据，不仅为法院明确了证明对象，而且便于法院把这些对案件事实的系统陈述加以印证，借以了解案件的事实真相。人民法院据以定案的事实基础是：通过对当事人提供的证据（包括当事人陈述的事实和法院收集的证据）进行审查核实，去伪存真，构建出相互协调统一的证明锁链或证据体系。另外，学者们总是怀疑当事人陈述的真实性，但事实上，即使是那种出于有意识地歪曲案情的不真实的陈述，对案件事实的认定也是有证据意义的。当事人不愿意证实或承认实际上存在、但对他不利的那种事实，如果查明其陈述的欺骗性，就可以假定需要查明的事实是客观存在的。当事人陈述的这种反证意义不能被忽略。人民法院正是通过对当事人一致陈述的认定和不一致的鉴别、比较，再结合其他证据，在逻辑整理的基础上，最终作出对事实的认定，然后再通过适用法律解决纠纷，达到切实保障当事人合法权益的目的。从某种意义上说，是当事人的陈述而不是其他证据，使法官或事实审理者在当事人双方的紧张对立中把握住了事实真相，使司法正义成为现实。

三、有助于迅速解决纠纷，提高诉讼效率，节约司法资源，降低司法成本

当事人是因其合法权益受到侵害或与他人发生争议而请求法院给予救济或保护的。为了达到这种目的，当事人往往积极地提供其主张和诉讼请求所依据的事实和理由，并且一般也愿意将其了解到的全部案情向法院作客观陈述，并提出证人和有关证据材料，因此，当事人陈述的证据意义不容低估。但是，人民法院仅依靠当事人陈述来获取案件事实是不够的，往往还需通过当事人提供的证人和证据线索"顺藤摸瓜"，调用较少的司法资源，在很短的时间内全面掌握案情，认定事实，作出裁判，迅速地解决当事人之间争议的纠纷，实现诉讼的公正和效率。

四、有助于进行法制宣传，培养和提高人民群众的法律意识

从某种意义上讲，当事人参加诉讼的整个活动过程是当事人学习运用法律或者接受法院的法律教育的过程。从当事人角度来看，当事人通过诉讼程序的参与，对法律知识有了更多的了解和掌握，明白了法律保护什么、禁止什么，从而达到既解决纠纷，又预防纠纷的目的。从法院的角度来看，法院通过指导当事人的诉讼行为等程序行为，既教育了当事人，又向旁听群众进行了生动的法制宣传，使人民群众知法、懂法、守法，提高他们的法律意识，有利于社会

第十二章

主义的法治建设大业。因此，人民法院审理案件，不只是为了解决某一个案件，而且还在于通过解决一个案件进行法制宣传和教育，从而起到预防纠纷或犯罪的目的。

另外，当事人承认，作为当事人陈述的特殊形式，对当事人举证责任的负担有一定的影响。一方当事人的主张或辩解所依据的事实和理由，如果另一方当事人对此加以承认，则将发生法律约束力，免除该方当事人对对方当事人承认的事实和理由加以举证证明的责任。

■ 第四节　当事人自认的概念、分类及法律效力

一、自认的概念和特征

（一）自认的概念

自认，是指当事人一方对他方所主张的不利于己的事实承认其为真实的意思表示。[1]

自认作为民事诉讼法上的一项基本制度，我国现行民事诉讼法对其范围规定是不明确的。《民事诉讼法》第51条规定："原告可以放弃或者变更诉讼请求。被告可以承认或者反驳诉讼请求，有权提起反诉。"由此将自认的范围仅限于对诉讼请求的承认。最高法《民诉意见》（现已失效）中扩大了自认的范围，包括了对事实的承认和对诉讼请求的承认两部分。最高法《民诉意见》（现已失效）第75条规定："下列事实，当事人无须举证：一方当事人对另一方当事人陈述的案件事实和提出的诉讼请求，明确表示承认的；……"而最高法《民诉证据规定》第8条第1款规定："诉讼过程中，一方当事人对另一方当事人陈述的案件事实明确表示承认的，另一方当事人无须举证。但涉及身份关系的案件除外。"依据该条款的规定，当事人自认的范围所强调的是当事人在诉讼过程中对事实的承认。从证据的角度分析，当事人的自认是与主张事实的举证义务密切相关的制度，而当事人对诉讼请求的承认是属于诉讼过程中当事人对实体权利的处分行为。因此，作为证据形式的当事人自认仅限于对案件事实的承认。

根据最高法《民诉证据规定》的要求，当事人自认必须具备以下条件：

第十二章

---

[1] 民事诉讼传统理论中，自认是指当事人一方对他方所主张的不利于己的事实承认其为真实或者对他方的诉讼请求加以认诺的意思表示。本书从证据的角度分析，对于当事人一方对他方所主张不利于己的事实的承认称为自认，而将当事人一方对他方的诉讼请求加以承认的意思表示称为认诺。关于认诺的有关规定，本书暂不阐述。

1. 自认的主体只能是当事人或其诉讼代理人。这里的当事人包括原告、被告、共同诉讼人和第三人，当事人本人是自认的主要主体。法定代理人的自认与本人的自认具有同等的效力。委托代理人的自认效力取决于三个方面的条件：①该代理人是否经过特别授权；②自认的后果是否会导致直接承认对方当事人的诉讼请求；③当事人是否对其代理人的承认作否认表示。经过特别授权的诉讼代理人的自认与当事人自认的效力相同，没有经过特别授权的诉讼代理人不能作出会直接导致承认对方诉讼请求的自认，当事人在场但对其代理人的自认不作否认表示的，视为当事人的自认。除此以外的人对案件事实和诉讼请求所为的承认或陈述并不具有自认的性质。

2. 自认必须发生在诉讼过程中。只有在诉讼过程中，当事人向独任审判员或合议庭的审判员、陪审员承认对方所主张的事实，才能产生免除对方当事人举证的法律后果。在诉讼外对不利于自己的案件事实的承认，只能比照一般的证据进行举证和质证，而不能成为免除当事人举证责任的法定事由。但是，在诉讼中，当事人为达成调解协议或者和解的目的作出妥协所涉及的对案件事实的认可，不得在其后的诉讼中作为对其不利的证据。

3. 自认的内容是承认对方当事人所主张的不利于己的事实为真实。这里的不利于自认主体的事实是由对方当事人提出的，而不是由自认主体本人提出的；必须是对方当事人提出的对己不利的事实而不是有利的事实。至于该事实的范围是否限于主要事实，对于间接事实及辅助事实的承认能否发生自认的效力，我国立法及司法解释未作出明确规定。对此，大陆法系国家民事诉讼法学界的主流观点是：自认限于对主要事实的承认，间接事实和辅助事实不能成为自认的对象。

4. 自认可以采用明示或默示的方式进行。明示的方式，是指承认对方当事人所主张的不利于己的事实为真实，必须以语言或书面的形式明确、积极地作出。默示的自认也称为拟制的自认，是指当事人对于另一方主张的于己不利的事实，既未表示承认也未否认，按法律规定应视为自认的情况。明示的自认是最主要的自认方式。最高法《民诉证据规定》第8条第1款规定："诉讼过程中，一方当事人对另一方当事人陈述的案件事实明确表示承认的，另一方当事人无须举证。……"同时，该条第2款又增设了默示自认的规定："对一方当事人陈述的事实，另一方当事人既未表示承认也未否认，经审判人员充分说明并询问后，其仍不明确表示肯定或者否定的，视为对该项事实的承认。"

5. 自认不适用于有关身份关系案件的事实。身份关系案件包括婚姻关系案件和亲子关系案件两类。由于身份关系案件不但涉及当事人双方的私人利益，更涉及一些相关人员的利益，甚至影响到社会秩序和国家利益。在审理这一类型案件时，法院除尊重当事人本人的意思外，还应当考虑到对案件利害关系人以及整个社会的影响，不受辩论原则和处分原则的限制，对当事人没有提出的事实可以进行职权调查。

（二）自认的特征

自认是诉讼当事人依其自由意志，承认不利于己的事实为真实的意思表示。自认具有两大基本的特征，即不可分性和不可撤销性。

1. 不可分性。自认的不可分性是指自认不得加以分割而作不利的认定。当事人的陈述是不是自认，应当从整体上加以观察，不能断章取义，而作出不利于陈述者的认定。比如，原告向法院主张说，被告曾于某年某月某日向其借款 1 万元，至今还有 5000 元未还，请求法院判令被告偿还。被告辩称，他确实向原告借过 1 万元，但已于诉讼开始前全部偿还。在这里，法院不得只选择前半句而认定被告尚未还款。又如，某被告向法院称，其曾向原告借款 1 万元以应急需，但因对方要求利息过高而作罢。在这种情形下，法院也不得选择前半句而认定被告已自认。

2. 不可撤销性。自认的不可撤销性是指自认一经作出，就产生效力，不得随意加以撤销。自认是一种不利于己的承认行为，而人们有理由相信一个理智的头脑清醒的当事人不会对一个不存在的不真实或者杜撰、编造的事实自己加诸自己头上，因此，法院通常认定当事人自认的事实为真实，而免除对自认的事实负有举证负担的一方当事人的责任。所以，当事人要充分认识到自认的后果，一经自认，通常不得反悔。"自白作为一项重要的有拘束力的诉讼行为，要求当事者必须慎重而且负责任地作出决定。"[1] 但是，在特殊情况下，为实现裁判结果的公平正义，也应当允许当事人撤回自认。

二、自认的分类

1. 根据自认作出的时间和场合的不同，可分为诉讼上的自认与诉讼外的自认。诉讼上的自认是指当事人在诉讼过程中向人民法院所作的承认对方所主张的事项为真实的意思表示，又称为审判上的自认或裁判上的自认。这里的"诉讼过程中"，是指审理前的准备程序和开庭审理程序。当事人在起诉状、答辩状、陈述及其委托代理人的代理词中承认的对己方不利的事实和认可的证据，人民法院应当予以确认，但当事人反悔并有相反证据足以推翻的除外。诉讼上的自认具有免除对方当事人举证责任和约束法院、当事人的效力。

---

〔1〕 ［日］谷口安平：《程序的正义与诉讼》，王亚新、刘荣军译，中国政法大学出版社 1996 年版，第 128 页。

诉讼外的自认是指在诉讼过程之外所作的自认，因而也称为审判外的自认或裁判外的自认。诉讼外的自认，在其作用和效力方面，与诉讼上的自认是有区别的，主要表现在诉讼外的自认不具有免除对方当事人举证责任的效果，而只能被容许作为证明案件事实的证据加以使用。

2. 根据当事人的自认是否附加限制为标准，可分为完全的自认与限制的自认。所谓完全的自认，是指当事人一方对另一方所主张的事实全部予以承认，又称为无条件的自认。而限制的自认并非无条件的，相反是有条件的，它是指当事人一方承认对方所主张的事实时附加一定的限制条件，故又可称为有条件的自认。限制的自认主要有两种情况：①当事人一方在承认对方所主张的事实时，附加独立的攻击或防御方法。例如，被告依原告之主张，自认有借款之事实，但同时又主张业已清偿，其业已清偿的主张即为附加的独立防御方法。②当事人一方对于他方所主张的事实，承认其中一部分而争执其他部分。例如，原告主张被告曾借款 1000 元，被告只承认曾借款 500 元，在附加限制的情况下，仅在当事人双方之陈述相互一致的基础上方可成立诉讼上之自认。[1]

3. 根据当事人是否作出明确的意思表示为标准，可将其分为明示的自认与默示的自认。所谓明示的自认，是指当事人一方对另一方所主张的事实，以口头或书面的形式明确表示承认的意思表示。而默示的自认是指当事人一方对另一方所主张的事实，既未明确表示承认，也未作否认的表示，而法律规定应视为自认的情况，又称为准自认或拟制的自认。为了确保自认的真实性和自愿性，最高法《民诉证据规定》第 8 条第 2 款确立了拟制自认的两个构成条件：①一方当事人对另一方当事人陈述的案件事实既未表示承认也未表示否认。当事人在诉讼过程中对另一方陈述案件事实所发生的任何争执，都不能形成拟制自认。②必须经审判人员充分说明后当事人仍不明确表示肯定或否定。"充分说明"主要是指审判人员就当事人沉默的法律后果进行说明，并告知其对认为不正确的事实有反驳的权利和有权提出有利的申请等。经审判人员充分说明后，当事人对对方当事人提出的不利于己的事实仍不明确表示肯定或者否定的，才能视为自认。

4. 根据作出自认的主体不同，可将其分为当事人本人的自认和诉讼代理人的自认。当事人的自认，是指当事人本人参加诉讼时所作的承认，它直接涉及当事人对争议事实的认可，是法院裁判的依据。自认的当事人包括原告、被告、共同诉讼人、诉讼代表人及第三人。诉讼代理人的自认，是指法定诉讼代理人和委托诉讼代理人所作的自认。法定代理人有权代理当事人作出自认。在诉讼

---

〔1〕 赵钢、刘学在："试论民事诉讼中的自认"，载《中外法学》1999 年第 3 期。

过程中，委托代理人可就案件事实代替当事人作出陈述和承认对方当事人提出的某些事实。最高法《民诉证据规定》第 8 条第 3 款规定了委托代理人的自认，包括两种情况：①当事人不在场时委托代理人的承认。在诉讼过程中，委托代理人可能会明确地承认对方主张的于被代理人不利的事实。一般地，应当赋予委托诉讼代理人的承认与当事人的自认相同的效力。不过，对于未经特别授权的代理人对事实的承认直接导致承认对方诉讼请求的，诉讼代理人的承认不产生当事人自认的效力。②当事人在场时委托诉讼代理人的承认，即当事人在场但对其代理人的承认不作否认表示的，视为当事人的承认。经当事人授权，委托诉讼代理人有权实施承认对方主张的事实的诉讼行为。在场的当事人没有撤销或者更正、否认诉讼代理人作出的承认这一事实，表明当事人是同意后者、不反对这一承认的，因而赋予该承认以当事人自认的效力。

三、自认的效力

对自认的效力的讨论可以区分为诉讼上的自认的效力和诉讼外的自认的效力来进行。诉讼外自认仅是一种证据，其证据力如何，应由法院结合本案其他证据，斟酌情形加以判断，且通常非经当事人援用，不得将其作为裁判之基础。"诉讼外之自认，仅为证据之一种，并无诉讼上自认之效力。该项自认，纵使与他所主张之事实相符，仅可为法院依自由心证认定事实之资料，亦即其证据力如何，应由法院判断之。他造得援用此项自认为证据，并非因有此项自认而毋庸举证。"[1] 我国民事诉讼法未区分诉讼上的自认与诉讼外的自认，"但从该解释[2]本意及解释内容看来，它仅指的是诉讼上的自认，也就是说我国立法上至今并不承认诉讼外的自认在诉讼上具有直接证明效力"[3]。

而诉讼上的自认的效力与诉讼外自认的效力有着明显的不同，具有毋庸举证即可拘束双方当事人和法院的效力。

1. 免除举证的效力。即当事人一方对于对方主张的不利于己的事实而为自认时，对方得因此免除对该主张的事实所负的举证责任。最高法《民诉证据规定》第 8 条第 1 款明确规定："诉讼过程中，一方当事人对另一方当事人陈述的案件事实明确表示承认的，另一方当事人无须举证。但涉及身份关系的案件除外。"当事人自认之所以具有免除对方当事人举证责任的效力，主要在于当事人的自认在多数情况下符合案件的真实情况，从而使得对方当事人没有必要再举

---

〔1〕 李学灯：《证据法比较研究》，五南图书公司 1992 年版，第 124 页。

〔2〕 即最高法《民诉意见》。——引者注

〔3〕 毕玉谦：《民事证据法判例实务研究》，法律出版社 1999 年版，第 69 页。

证证明双方无争议的事实。

2. 对双方当事人具有拘束力。一方面，作出自认的一方当事人应受其自认的拘束，除有法律规定的情形外，不得任意地予以撤销，即使案件属于二审或再审，亦不得随意地撤销其在一审中的自认。另一方面，对方当事人也应受自认的拘束。一般来说，自认的事实是对对方当事人有利的事实，因而很少出现该当事人对自认的事实起争执的情况。但是，由于诉讼的展开具有多种可能性，某个阶段对对方当事人有利的自认后来却变成不利因素的情况也时有发生。在这种情况下，对方当事人也不能随意地撤回其已自认的主张。

3. 对法院具有拘束力。经当事人自认的事实，法院应认定其为真实，并将因自认而使当事人相一致的主张作为裁判的基础，无须另行调查证据。自认的效力不仅拘束本案的法院，还对其上级法院构成拘束。法院基于当事人的自认所作出的裁判，如果处于确定的状态，在这种情形下，受不利判决的当事人不得提出上诉。即使按审判监督程序提出申诉，也不得提出与自认事实相反的主张。因此，上诉法院裁判的结果，除非适用法律错误的情形，必须维持原审法院的裁判。

自认虽然具有极大的拘束力和证明力，但其效力也并非绝对的。最高法《民诉证据规定》就明确限定当事人自认在身份关系案件中不适用，即对涉及婚姻和亲子关系的案件，自认并不免除当事人对该事实的举证责任，法院也不受辩论原则和处分原则的限制，对于当事人没有提出的事实可以进行斟酌或者进行职权调查。此外，对双方当事人无争议但涉及国家利益、社会公共利益或者他人合法权益的事实，人民法院可以责令当事人提供有关证据。

四、自认的撤销

自认的撤销是指自认所生之效力被当事人所撤销。只有明示的自认才存在撤销的问题。一般来说，自认一旦作出，就具有不可撤销性，但是，在特定情况下，为实现诉讼的公平正义，也应当允许当事人对自认加以撤回。最高法《民诉证据规定》第 8 条第 4 款规定了允许当事人撤回自认的情形：

1. 在法庭辩论终结前，经对方当事人同意，自认人可以撤回自认。自认的不可撤回性源于对当事人诉讼权利的特别保护，因为一方当事人的自认可以免除对方当事人对自认的事实继续举证的义务。如果允许当事人随意撤回自认，就可能使对方当事人失去举证、质证的时机或条件，造成诉讼权利的不平等。自认经对方当事人同意后允许撤回，符合当事人意思自治的原则。另外，将自认撤回的时间限定在法庭辩论终结前，主要考虑到法庭辩论终结以后案件进入合议阶段，法庭无法组织当事人重新举证和质证，即便对方当事人同意，也不允许当事人撤回自认。

2. 有充分证据证明当事人的自认是在受胁迫或重大误解情况下作出的，并与事实真实情况不符，自认人可以撤回自认。自认应当出自当事人真实的意思表示，如果自认是因为当事人受胁迫或重大误解而为，且与案件已经查明的事实明显不符的，当事人申请撤回自认，则自认无效。所谓受胁迫的自认，是指一方当事人以即将发生的物质性强制和精神性强制为要挟，迫使对方在违背自己真实意志情况下所作的自认。此外，胁迫也可以是胁迫者通过实施某种不法行为，给当事人及其亲友的财产和精神造成损害而迫使当事人自认。重大误解的自认，是指当事人对其自身行为的性质和后果发生错误的认识而作出的自认行为。当事人主张受胁迫或者重大误解需要举证证明，同时还要证明自认事实是与案件事实不符的。即当事人自认的事实不符合本案的客观真实情况或不符合法官已获心证的事实或与本案其他证据证明的事实相悖。

自认一旦撤回，对方当事人的举证责任自行恢复。

■ 第五节　外国关于当事人陈述的立法和理论

西方国家一般都不把当事人陈述作为一种独立的证据形式来对待，而是把当事人陈述与自由处分原则和辩论原则结合起来，规定在言词辩论之中。这种做法的主要理由是："当事人关于事实的陈述是证明对象，而非证据事实"；"没有人能为自己的案件作证"[1]。西方国家在其法律制度中对自认都加以明确规定，并且学说见解较为丰富，对自认的属性亦素有争论，有学者将其划分为两大理论派别，即传闻证据学派和非证据学派，前者以英美法系证据法及其学者为代表，后者以大陆法系证据法及其学者为代表。因此，本节拟专门对国外自认制度作一介绍分析，以资我国自认制度完善之借鉴。

一、英美法系关于自认的立法和理论

在英美法中，一般将自认区分为正式自认与非正式自认，或者诉讼上自认与诉讼外自认。当事人在诉讼上的正式自认属于免予举证的范畴，并产生相应的法律效力。英美法认为，询问在庭审中通常并不作为证据来使用，它们是否具有可采性取决于法庭的证据规则，也就是说，根据传闻规则和最佳证据规则，它们属于排除之列。于是，询问的基本作用是作为启发性手段，对询问作出回答而披露的有关事实，将有助于律师所提出的争执点以及如何形成证言作出判

---

〔1〕 宋冰编：《读本：美国与德国的司法制度及司法程序》，中国政法大学出版社 1998 年版，第 299 页。

定。而诉讼外的自认与诉讼上的自认之效力有显著差别，其并无免证之功效，而只可被容许作为证据使用，且是否采信，由法院斟酌。因此，将二者区别开来非常重要，不能混淆。对此，有学者曾指出："英美及受其证据法影响者之一般书籍及判例，所用自认一词，多系指诉讼外之自认，亦即证据的自认而言。"可见，在英美法上，自认系指诉讼外的自认，或证据的自认。

1968 年《英国民事证据法》对自认作了明确规定，在第六十四章第一部分"传闻证据"中，自认作为排除传闻证据法则之例外，可以被接纳为证据。自认的方式有两种，即正式自认（Formal Admissions）和非正式自认（Informal Admissions），"正式自认一件事实是单为审理之用而作出的，并不构成证据，而是免除证明的需要"。[1] 非正式自认得作为反传闻证据规则的一项例外予以采纳，是用来证明被承认的事实的方式。"按照普通法，非当事人在庭外的陈述不能用来作为对付一方当事人的证据。一方当事人在庭外的自认不能作为对付另一方当事人的证据。"但是，《民事证据法》明确规定对当事人在庭外的自认即非正式自认可以采纳为证据，从而扩大了适用的范围。但是，"凡是一个人凭他不知道的事作自认，就没有证据价值"。"判例认为在不能采纳传闻证据以证明某一事实的真实性的情形下，一方当事人作出的不利于他的自认，如果单凭这项传闻证据而不是凭自己的知情作出的，应该予以拒绝。理由是此项自认的证明力量并不大于它所依据的传闻证据。"《英国最高法院规则》规定，正式自认可以在诉讼程序的各个阶段作出，但必须采用诉讼文书的形式。非正式自认是在庭外作出的，既可以是口头的、书面的，也可以是默示的。

在美国诉讼程序中，有关证据可采性的规则被称为证据法。关于自认的规定可见不同时期的证据法典。1942 年《美国模范证据法典》将自认规定于第六章"传闻证据"中，基本内容包括：①第 506 条规定诉讼当事人或其代理人所为传闻之陈述，得用为不利于该陈述人的证据；②第 507 条规定授权及认可的自认；③第 508 条规定代理的自认；④第 509 条规定不利益的供述。1954 年《美国统一证据法》于第八章"传闻证据"第 63 条"传闻证据之例外"第 7 项规定当事人的自认，第 8 项规定授权及认可的自认，第 9 项规定代理的自认，第 10 项规定不利益的供述。前三者依照《美国模范证据法典》第 506~508 条的规定，文字更为简明；唯第 10 项不利益的供述有所变更。《美国模范证据法典》第 509 条限于所陈述的事实，于陈述的当时，必须违反陈述人的利益，只要陈述的证据有所关联，不问其提供不利于何人，均可容许；第 10 项则只需为不利益的供述，虽供述人本可到庭作证，也可允许其传闻供述为证据。所谓不利益，

〔1〕　沈达明编著：《英美证据法》，中信出版社 1996 年版，第 59 页。

除财产上的不利益外，其他社会地位的不利益也包括在内。盖凡有理性之人，如非自信为真事，必不致为如此不利于己之陈述。[1] 1975 年《美国联邦证据规则》对自认的规定有了一些新的变化，该规则第 801 条（d）项规定："一项陈述如果符合下列情况，则不是传闻：……②为对立当事人承认。该陈述被用来反对一方当事人，而且具有下列情况：（A）是该当事人自己的陈述，以个人身份或代表人资格作出；或者（B）该当事人已表明接受或相信其真实性的一种陈述；或者（C）是由当事人授权的人所作的一项关于主题的陈述；或者（D）由该当事人的代理人或雇员在代理或受雇期间对代理或受雇范围内事项所作的一项陈述；或者（E）由当事人的同谋者在同谋期间所作的一项陈述。"《美国联邦证据规则》第 1007 条规定："文字、录音或照相的内容可以由出示该材料所针对的当事人作证或书面承认来证明，毋庸计较原件是否出示。"从这些规定来看，《美国联邦证据规则》并未将当事人的承认（自认）当作传闻对待，而将其作为一种证据。对此，美国有学者认为，当事人的承认被绝对地看作传闻，最重要的原因仅在于它是庭外陈述，而被告人自己的陈述和所作的承认被看作传闻，而不采纳为证据，看上去非但可笑，而且不可思议。但是，有意思的是，《美国联邦证据规则》第 804 条又规定："传闻证据的例外：陈述者不能到庭作证……（b）传闻证据的例外……③对己不利的陈述……"该条文又将当事人的自认看作传闻，并将之作为传闻证据规则的例外而当作证据加以使用。

在美国民事诉讼的证据开示程序中，当事人可以运用"要求自认"作为证据开示的方式。对此，1938 年生效、1997 年修改的《美国联邦民事诉讼规则》第 36 条作了明确规定。自认要求允许一方当事人向对方当事人提出草拟的事实声明，要求对方自认这一声明是真实的。答复中所作的自认在随后的诉讼中具有终局性。对这种证据开示的方式有美国学者将其戏称为"书面质询的变种"。值得注意的是，按照普通法规则，法院对于"不利本人权益自认"的声明可予采纳，但是，如果陪审团受到其他证明更深的影响，则这种声明可不予重视。[2]

二、大陆法系关于自认的立法和理论

大陆法系立法只对诉讼上的自认作出明文规定，对诉讼外的自认则未作规定。诉讼上的自认产生不利于己的裁判结果，具有较其他证据更大的证明力。

---

〔1〕 李学灯：《证据法比较研究》，五南图书公司 1992 年版，第 157 页。
〔2〕 ［美］哈泽德、塔鲁伊：《美国民事诉讼法导论》，张茂译，中国政法大学出版社 1998 年版，第 137 页。

并且，自认的成立纯粹是出于自认者的意愿，并非法院行使调查权或当事人举证所致。当事人在正式陈述中对他方当事人所主张的事实或提出的诉讼请求加以承认，可以发生相应的法律效力。"在大陆法中，对当事人的询问是一种辅助性的证据，只有当其他证明方法用尽时才能使用，但也可以与其他证明方法结合使用。"[1]

根据《法国民事诉讼法典》第 1354 条的规定，自认分为诉讼上的自认与诉讼外的自认。诉讼上的自认在审判上具有充分的证据力，法官应当将当事人作出的对其不利的自认作为真实来对待，并作为裁判的基础。对于诉讼外的自认，立法对其在诉讼上的证据力未加以规定，法国学理认为应由法官酌情裁量。《法国民事诉讼法典》第 408 条第 1 款规定："承认对方当事人的诉讼请求，即告承认其请求有依据并舍弃诉权。"也就是说，对诉讼请求的承认，即表示承认对方提出的诉讼请求是有合法根据的，并且表示放弃诉权。"在法国民事诉讼中，请求的承认被分为两种类型：一类是指被告对所提出的请求的正当性予以认可的行为；另一类是指被告放弃对法院作出的由自己承担民事责任的判决的攻击。后一种类型是指被告对自己败诉的判决放弃提起上诉的权利。"[2] 因此，被告的承认非但使诉讼不再进行，而且由于被告放弃了诉权，其对该民事权利义务的争议今后不能再行使诉权。法国学理认为，对请求的承认与诉讼上的自认属于同一性质，因此两者都只涉及实体权利本身，而非诉讼上的法律关系。

法国民法典把自认作为一种法律推定。推定说对自己不利的话的人是诚实的人，因此法官视自认为真实。自认具有推倒其他证据方法的分量，如果当事人在法官面前作自认，该项自认对他有充分的证明力。

《德国民事诉讼法典》第 288 条规定："当事人一方所主张的事实，在诉讼进行中经对方当事人于言词辩论中自认，或者在受命法官或受托法官前自认而做成记录时，无须再要证据。"可见，当事人的自认只有在法庭上作出才有效，对自认的事实毋庸举证。对于当事人在法庭外的自认，德国证据法不予认可，拒绝承认这种庭外自认（诉讼外的自认）在审判上产生直接的证明力，对有关当事人的举证负担也不发生卸除效果，而通常是作为一种信息资料由法官自由裁量。根据《德国民事诉讼法典》的规定，承认只涉及事实，而不涉及对方的权利要求或法律论点，即使构成权利要求之基础的全部事实都得到承认，被告仍可以申请依法律驳回起诉。作出承认的效果之一是，作出承认的一方受到约束，只有在承认是不真实的而且是由错误造成时，才可以反悔。在德国民事诉

---

[1]　毕玉谦：《民事证据法及其程序功能》，法律出版社 1997 年版，第 61 页。
[2]　张卫平、陈刚编著：《法国民事诉讼法导论》，中国政法大学出版社 1997 年版，第 121 页。

讼中，对当事人的质询只是辅助性证据，只能被允许用来补充其他证据，或者在没有其他证据的情况下，应对方的要求作为证据。[1]另外，《德国民事诉讼法典》对附加限制的自认的效力有明确的规定，《德国民事诉讼法典》第289条规定："①对于审判上的自认，附加有包含独立的攻击或防御方法的陈述者，并不影响自认的效力。②在法院所作的让步的陈述，即使有其他附加的或限制的主张，应该在何种程度上视为自认，由法院按照具体情况决定。"可见，当事人在自认时附加的攻击或防御方法的主张，对自认的成立及其效力并无影响。至于这种附加的主张当事人双方是否有争执，则属于另一个问题。法院应当对当事人的主张与自认的性质及限度，以及其他法律上的规定进行综合考虑而为判断。

根据《日本民事诉讼法》，自认有两种情况：①裁判上的自认，即双方当事人的陈述相一致的积极陈述；②拟制的自认，即对一方当事人主张的事实，对方当事人不明确地争辩的情况。《日本民事诉讼法》将裁判上的自认和拟制的自认规定在不同的章节。《日本民事诉讼法》第140条规定："当事人在口头辩论中对于对造所主张的事实，不做明确的争执时，视为对该事实已经自认。但根据全部意图可以认为对该事实有争执的，不在此限。对于对造所主张的事实做出不知道的陈述时，推定为对该事实有争执。第1款的规定对于当事人在口头辩论期日不到场时也适用。但在口头辩论期日不到场的当事人是根据公示送达而受传唤时，不在此限。"在日本民事诉讼法中，自认只限于诉讼上的陈述，除此之外的场合的裁判外自认，如果在诉讼中提到时，只作为影响事实认定的情况而已，并没有当然排除法院认定的效力。自认是相对具体事实而言的，而对法律判断或经验法则，即使双方当事人的陈述相一致也不能约束法院，所以不能成立自认。[2]

对于自认的效力，《日本民事诉讼法》第257条规定："当事人在法院已经自认的事实及显著的事实，不需证明。"自认的效力来自辩论主义。在辩论主义下，只要自认就排除法院的认定，法院不仅没有必要审查其真实性，而且也不允许作出与此相反的事实认定。并且，根据《日本民事诉讼法》第379条的规定，第一审自认的效力及于上级审。但是，必须注意一点的是，日本的民事诉讼程序采职权调查主义，排除自认的效力。自认的当事人在诉讼中不得主张与自认相反的事实。这是因为，一旦在法庭上承认事实之后又推翻，不仅会使审理混乱和迟延，也是对对方当事人不诚实的态度。但是，由于对方或第三者的

第十二章

---

〔1〕 宋冰编：《读本：美国与德国的司法制度及司法程序》，中国政法大学出版社1998年版，第299页。

〔2〕 〔日〕兼子一、竹下守夫：《民事诉讼法》，白绿铉译，法律出版社1995年版，第103页。

欺诈或胁迫等犯罪行为而作出的自认，可以主张其无效，或者经对方当事人同意，或者证明所为的自认违背真实并出于错误时，可以撤销自认。在日本判例和学理上，还有间接事实和辅助事实的自认、权利自认等。

日本学理一般认为，自认与把辩论原则作为民事诉讼本质要求的观点紧密相关，当事人得根据自己的意思而作出决定来拘束法院和自己的诉讼行为。但对自认的拘束力的强弱，学者们看法不一。兼子一教授从彻底贯彻辩论原则的立场出发，认为当事者的自白即使与一般都知道的事实不相符合，也应该予以承认。但三月章教授持不同意见，他从重视实体真实的立场指出，法院不进行调查就不能知道的事实，如果有当事人的自认，照此认定可以提高诉讼效率，但如果自认违反一般都知道的事实，则不应该有拘束力。

第十三章

视听资料、电子数据

■ 第一节 视听资料、电子数据的产生和使用

视听资料、电子数据是现代科学技术的产物。对外部世界和人类自身奥秘的发现，使人类逐渐对自己的命运有所把握，并创造一切条件来改善自身的生存状态。视听资料、电子数据，就是在这个过程中产生出来的。

在 17 世纪，牛顿首次发现在人的视网膜上的形象不会立即消失这一现象，这一发现打开了视听资料、电子数据发明之门：

1. 电影的发明。1822 年，法国的约瑟夫·尼埃浦斯拍出了第一张原始照片。1824 年，英国的彼得·马特·罗格特在伦敦公布了视觉暂留理论。1839年，照相和洗印方法被发明出来。1888 年，美国的乔治·伊斯曼发明了胶卷，并于 1894 年与爱迪生一起合作制成"活动电影视镜"。1895 年，法国的卢米埃尔兄弟制造出能将影像放映在白色幕布上的电影机，电影的发明宣告完成。

2. 电视的发明。1884 年，德国的保罗·尼普科夫发明了电视机械扫描盘，为电视技术的发明奠定了基础。1906 年，英国的贝尔德从苏格兰移居英格兰西南部的黑斯迁斯，在那里建立实验室，开始了对电视的研究。1924 年春，他成功发射了一朵十字花，尽管那图像只是一个忽隐忽现的轮廓，发射距离也只有 3米，却是一个了不起的发明。1925 年 10 月 2 日，贝尔德在室内安上了一具能使光线转化为电信号的新装置，将人脸逼真地传输显现出来。1926 年 1 月 26 日，贝尔德研制的电视第一次公开播送，人们将这一天作为电视诞生的日子。

3. 录音技术的发明。把声音记录下来并加以还原的技术方法主要有三种，即机械录音、光学录音和磁性录音。1877 年 8 月，爱迪生发明了人类历史上第一台录音机。1898 年，哥本哈根电话公司工作的工程师瓦尔德马·波尔生发明了把钢琴弦磁化的方法，以反应从电话传声器传来的声音，声音"贮存"在极小磁化区型的钢丝上。波尔生设计的机器被称为"录音电话机"。20 世纪 30 年

代，光学录音方法得到大量应用。20 世纪 40 年代以后，磁性录音技术才大行于世。德国"法尔本"和"无线电信"两家公司的工程师们使用了一种有氧化铁涂层的塑料带，在其他方面，使用的还是波尔生的技术原理。在 20 世纪 60 年代，飞利浦公司采用袖珍磁带盒，将卷好的磁带装在小塑料盒里，随后磁带录音机就成了家庭里的寻常用品。如今数码技术使录音技术更为先进和便捷。

4. 录像技术带来的"视频革命"。1956 年，美国的安培（Ampere）公司推出第一代磁带录像机，是重达数百磅的庞然大物。同年，日本的索尼（Sony）公司推出了"小格式"录像机，开始了"视频革命"。1971 年，索尼公司推出 3/4 英寸盒式磁带录像机，1974 年又开发出便携式 3/4 英寸盒式磁带录像机。便携式录像机更轻、更小、更通用，个人用户极大增加，录像技术走入千家万户，这也为视听资料在诉讼中的广泛应用创造了条件。

电影摄制放映设备、录音技术和录像技术发明以后，人们将原来不能保存的音响、活动影像完整记录和储存下来，再利用这些设备加以重现。在诉讼中，记录和储存下来的与案件有关的音响、活动影像能够发挥出确认案件事实的功能，起到了其他证据无可取代的独特作用。

当代科学技术的进步，当得起"突飞猛进"四个字。人类跨进了数字时代，电脑和电脑网络技术的发展和普及令人目不暇接，电子数据也随之成为诉讼中常见的证据种类。如今，以电子计算机和电子磁盘记录、储存、分析和传送与案件有关的事实信息，成为常见的证据保全和应用手段。

视听资料、电子数据虽属新的证据种类，但在诉讼中的应用并不是近年来才有的，它可追溯到几十年前。例如，早在 1946 年 5 月 3 日举行的正式、公开庭讯的远东国际军事法庭审判活动中，检察官为了证明日本为进行侵略战争做了准备，提出了一部名为《非常时之日本》的影片作为证据。法庭接受了这一证据并在审判大厅当众播放。在审理日军暴行的时候，检察官还提出一部名为《明朗生活之俘虏》的影片，用以证明日本的虚伪欺骗宣传。在德国举行的纽伦堡审判中，同样使用了记录德国纳粹集中营惨状的电影作为证据。

在我国，视听资料、电子数据虽然被诉讼法列为新的证据种类，但并不意味着它们都是近十几年来才得以应用的诉讼证据。早在 1981 年，我国最高人民法院在审判林彪、"四人帮"反革命集团案件中就曾使用视听资料，给旁听群众留下深刻印象。当时在审判过程中，特别法庭使用江青进行煽动性演说的现场录音作为控诉证据。在那个时候，诉讼法尚未将这类证据列为独立的证据种类，人们根据它与物证和书证的某些类似之处，将其视为物证或者书证。

视听资料、电子数据究竟应归为物证、书证、人证还是独立证据？尽管我国诉讼法已经给出答案，但这仍然是一个值得研讨的问题。蔡墩铭在谈到录音

第十三章

带的证据归类时指出：录音带"可能被认为物证（录音带本身），但亦有可能被认为书证（录音内容之译文），但亦有可能被认为人证（证人或被告供述之录音），实难以判断。因录音或录音带兼有数种传统证据方法之特征，是以将其作为……独立证据方法，较为妥当"。[1] 随着音像、电子设备的广泛应用，特别是家用音像设备、电脑在社会中的普及，诉讼中使用视听资料、电子数据作为证据已经成为司空见惯之事。当前，在许多一般诉讼案件中已经广泛使用音像、电子设备和视听资料、电子数据；在某些特定案件中，如制造、贩卖、传播淫秽物品案件的审判中，涉及银行取款事实的案件中，视听资料、电子数据往往是关键证据。由于视听资料、电子数据有着自身的特点，在诉讼中的应用也越来越频繁，因此，三大诉讼法先后将其列为独立的诉讼证据种类。

■ 第二节　视听资料、电子数据的概念和特点

音响、活动影像和图形可以依特定的技术设备和载体加以记录和储存。其中，录音机和录像磁带可以记录和储存一定的音响、活动影像和图形，电子计算机和电子磁盘可以记录和储存一定的文字、图形、活动影像和音响，电子计算机和电子磁盘可以记录和储存文字的音响、活动影像和图形。录音磁带、录像带、电影胶片、电子计算机或者电子磁盘存储的资料，通过使用录像设备、录音设备、电影放映机予以播放或者解读，可以使记录和储存的作为证明案件事实的音响、活动影像、图像得以重现，从而使待证事实得到证明。上述以录音磁盘、录像带、电影胶片、电子计算机或者电子磁盘存储的作为证明案件事实的音响、活动影像和图形，统称为"视听资料、电子数据"。不过，"视听资料"这个命名值得商榷，因为其他证据种类皆根据证据的性质、特征命名，"视听资料"却从人的感觉、知觉的角度命名，与其他证据的定名标准颇不一致，我们认为这类证据称为"音像资料"较为恰当。

视听资料是以模拟信号的方式在介质上进行存储的数据，如磁带录像机、磁带录音机、胶卷相机等设备形成的数据。

电子数据是以数字信号的方式在介质上进行存储的数据。诉讼中作为证据使用的电子数据，是指案件发生过程中形成的，以数字化形式存储、处理、传输的，能够证明案件事实的数据。电子数据包括但不限于下列信息、电子文件：①网页、博客、微博客、朋友圈、贴吧、网盘等网络平台发布的信息；②手机短信、电子邮件、即时通信、通讯群组等网络应用服务的通信信息；③用户注

第十三章

---

[1]　蔡墩铭：《刑事证据法论》，五南图书出版公司1997年版，第193页。

册信息、身份认证信息、电子交易记录、通信记录、登录日志等信息；④文档、图片、音视频、数字证书、计算机程序等电子文件。需要注意的是，以数字化形式记载的证人证言、被害人陈述以及犯罪嫌疑人、被告人供述和辩解等证据，不属于电子数据。

从载体上看，视听资料、电子数据中的声音、图像、数据、信息是以声、光、电、磁及其粒子形式存在的，这种声、光、电、磁及其粒子必须通过音像技术设备还原成可以视、听的资料。视听资料、电子数据主要包括录音资料、录像资料、电影资料和电子计算机储存的资料。

录音资料是通过录音设备记录的储存一定音响并用以证明案件事实的录音磁带。录音设备是运用声学、电学、化学、机械学等方面的科学原理制成的专用设备，通过它可以把各种声音如实记录下来，然后经过播放使记录下来的声音得以再现。

录像资料是录像设备摄录的储存各种影像并用以证明案件事实的录像磁带。录像设备是运用光电效应和电磁转换的原理制成的。通过它可以将一定的活动影像如实记录下来。人们可以用录像机等播放设备将录像资料还原成像，看到生动逼真、连续活动的过程及其背景，从而了解与案件有关的事实。由于近来摄影机之普及，利用录影机拍摄录影带之情形，益见普遍。民间之录影，多具有纪念性，如为结婚、祝寿或旅游而为之录影是，但亦有非纪念性者，此多为准备作为证据之用者，如嫌疑人之现场行为或银行、超级市场安装的监控设备录制的录影带。[1] 由于监控设备的日益普遍适用，有关报道也越来越常见，例如，2010 年 3 月 21 日 15 时 12 分，铁路上海站公安段指挥室接到上海至汉口 D3010 次列车乘警的通报，称该次列车从上海站开出后，5 号车厢旅客卞先生背在身上的单肩挎包拉链被拉开，包内 3 万元现金被盗。上海铁路公安处刑警支队派出数名侦查员赶到上海站，根据列车乘警和车内旅客提供的线索，调取上海站相关站台及出口处的监控录像资料，并将监控上的图像与犯罪情报资料进行比对，确定犯罪嫌疑人为广西人陶某。调查发现陶某暂住在铁路上海站附近。当天 17 时许，铁路刑警赶到长安路某酒店，将陶某抓获，当场从他身上缴获全部赃款。[2]

电影资料是通过电影摄影机摄录的储存各种影像和声音的电影胶片。电影的制作和播放主要根据的是视觉存留原理，当使用照相和录音手段把外界事物的影像以及声音摄录在胶片上后，人们可以通过放映和还音，在银幕上造成活

〔1〕　蔡墩铭：《刑事证据法论》，五南图书出版公司 1997 年版，第 195 页。
〔2〕　林荣贵、蔡晓玲："监控录像锁定犯罪嫌疑人"，载《解放日报》2010 年 3 月 23 日，第 7 版。

动影像并发出声音。

电子计算机或者电子磁盘储存的资料，是指以电子计算机或者电子磁盘作为载体，储存在电子计算机内或者电子磁盘中，并用以证明案件事实的各种信息。运用计算机的储存功能，可以将需要保存的信息编制成一定的程序，通过输入装置输入到主科学系统的中间处理机，对信号进行识别分类处理，将电能转变为磁能固定在软盘中。当需要时，人们可以通过输出系统指令计算机从储存的数据系列中检索所需要的资料，使终端显示器显示出文字或者图像。对于电子计算机或者电子磁盘储存的资料，也有学者将其区分，分别称为"电脑软体证据"（Computer Data）和"网路网页证据"，后者包括一般网页、广告网页、电子邮件、电子广告栏等。[1]

视听资料、电子数据是以录音磁带、录像带、电影胶片、电子计算机、电子磁盘或者其他高科技设备存储的信息作为证明案件事实的手段的证据。这一证据具有不同于其他种类证据的自身特色。主要是：

1. 视听资料、电子数据表现为含有一定科技成分的载体。证据都是由一定的证据内容（与案件存在关联性的事实）和一定的证据形式构成的。与其他证据种类相比，除鉴定意见含有较高的科技成分外，视听资料含有其他证据一般不具有的极高的科学技术成分。鉴定意见的科技成分主要体现在鉴定过程中和鉴定意见上；视听资料则体现在记录信息的设备上，如录像设备、电影摄影设备和计算机程序等，都具有高度的科学技术成分，而且记录、储存和播放的过程也是使用高科技设备进行的带有明显科学技术运用性质的过程。同时，作为证据内容的载体，如电子计算机、电子磁盘，也是科学技术的产物。

2. 视听资料、电子数据具有准确性和逼真性。视听资料、电子数据属于实物证据，一般来说，这种证据具有客观性，在形成过程中一般不受录制人、操纵者或者其他人主观因素的影响而对案件事实进行歪曲。主要收集的对象本身没有差错，录制设备没有故障，录制的方法得当，录制的音响、图像、储存的数据和其他信息资料就能够十分准确地反映与案件有关的事实，失真的可能性很小。视听设备能够直接记录现实世界的人和事物的空间面貌，而各种音响，则可以逼真地反映人和事物的各种状态、运动和发展，再现人和事物的声音和色彩。对于已经发生的事实来说，视听资料、电子数据能够予以"还原"，而且这种还原生动逼真，这是其他证据种类的证据难以企及的。

3. 视听资料、电子数据证据具有动态直观性。视听资料往往是在一定持续时间内对音响、活动影像进行的录制。它记录和储存的往往是动态过程；当这

---

[1]　蔡墩铭：《刑事证据法论》，五南图书出版公司1997年版，第209、213~215页。

个过程得到重现时，它具有动态直观性。书证和物证也是直观的，但这种直观只是静态的直观，不具有动态性。视听资料、电子数据对人的声音进行录制，获得的视听资料、电子数据，既能反映说话人表达的思想内容，也能够反映说话人声音的语调、语速等的抑扬顿挫、刚柔急缓等特征。对人的行为进行的录像和拍摄，播放时通过不断变换的画面表现运动着的人或事物的特性，也可以将一个人活动的内容和过程直观地呈现在人们面前。与传统证据相比，视听资料、电子数据具有明显优势，"无论物证或书证，对于案件之了解只属于静态性与片断性，但录音却不然，亦即在播放录音带时，可连续反映全部案件情况，显然具有连续性与整体性，对于案件之了解，颇有帮助，并有利于查明案情"。[1] 录音带如此，录像带更是如此。

4. 对视听资料、电子数据的收集和审查判断都需要依赖科学技术。视听资料是科学技术发展的产物，科学技术的进步为视听资料、电子数据的广泛应用和进一步发挥证明作用提供了条件，同时对视听资料、电子数据的收集和审查判断也需要依赖相应的科学技术。视听资料容易被伪造、篡改，如录音带、录像带容易被消磁、剪辑，电子计算机容易感染病毒或者输出、输入数据被改变。视听资料、电子数据一旦被篡改、伪造，不借助科学技术手段往往难以甄别，因此，对于视听资料、电子数据的收集和审查判断，必须加大科技投入，提高科技水平，以保障该种证据的客观性，更好地用于发现案件的真实情况。

按照最高法、最高检、公安部《电子数据规定》的规定，对于电子数据的审查判断应当遵守以下规定：

对电子数据是否真实，应当着重审查以下内容：①是否移送原始存储介质；在原始存储介质无法封存、不便移动时，有无说明原因，并注明收集、提取过程及原始存储介质的存放地点或者电子数据的来源等情况；②电子数据是否具有数字签名、数字证书等特殊标识；③电子数据的收集、提取过程是否可以重现；④电子数据如有增加、删除、修改等情形的，是否附有说明；⑤电子数据的完整性是否可以保证。

对电子数据是否完整，应当根据保护电子数据完整性的相应方法进行验证：①审查原始存储介质的扣押、封存状态；②审查电子数据的收集、提取过程，查看录像；③比对电子数据完整性校验值；④与备份的电子数据进行比较；⑤审查冻结后的访问操作日志；⑥其他方法。

对收集、提取电子数据是否合法，应当着重审查以下内容：①收集、提取电子数据是否由 2 名以上侦查人员进行，取证方法是否符合相关技术标准；

---

〔1〕 蔡墩铭：《刑事证据法论》，五南图书出版公司 1997 年版，第 192 页。

②收集、提取电子数据，是否附有笔录、清单，并经侦查人员、电子数据持有人（提供人）、见证人签名或者盖章；没有持有人（提供人）签名或者盖章的，是否注明原因；对电子数据的类别、文件格式等是否注明清楚；③是否依照有关规定由符合条件的人员担任见证人，是否对相关活动进行录像；④电子数据检查是否将电子数据存储介质通过写保护设备接入到检查设备；有条件的，是否制作电子数据备份，并对备份进行检查；无法制作备份且无法使用写保护设备的，是否附有录像。

认定犯罪嫌疑人、被告人的网络身份与现实身份的同一性，可以通过核查相关 IP 地址、网络活动记录、上网终端归属、相关证人证言以及犯罪嫌疑人、被告人供述和辩解等进行综合判断。认定犯罪嫌疑人、被告人与存储介质的关联性，可以通过核查相关证人证言以及犯罪嫌疑人、被告人供述和辩解等进行综合判断。

电子数据的收集、提取程序有下列瑕疵，经补正或者作出合理解释的，可以采用；不能补正或者作出合理解释的，不得作为定案的根据：①未以封存状态移送的；②笔录或者清单上没有侦查人员、电子数据持有人（提供人）、见证人签名或者盖章的；③对电子数据的名称、类别、格式等注明不清的；④有其他瑕疵的。

电子数据具有下列情形之一的，不得作为定案的根据：①电子数据系篡改、伪造或者无法确定真伪的；②电子数据有增加、删除、修改等情形，影响电子数据真实性的；③其他无法保证电子数据真实性的情形。

■ 第三节 视听资料、电子数据的意义

作为法律上一种新的证据种类，视听资料、电子数据已经广泛运用于诉讼活动，这类证据的运用具有如下积极意义：

1. 视听资料、电子数据为查明案件事实提供了直观的、动态的证明手段。作为一种证明手段，视听资料、电子数据的优点是直观性和动态性，它既能够提供一定时间内的声音内容以及声音的变化情况，也能够提供具有一定空间感的活动或者静止的影像。在缺乏相应的技术手段的情况下，人们只能用语言将发生的事实重现出来，但这种重现不可能像实际发生的案件事实那样生动、具体和直观。一旦有了专门技术手段将案件发生过程的声音和影像记录下来，就为案件事实的生动再现提供了难得的载体，进而为准确揭示案件事实、迫使案件当事人进行如实陈述，提供了有力手段。

2. 某些案件事实借助电子计算机而发生，需要以电子数据加以证明。例如，

利用互联网进行诈骗、赌博、销赃、恐吓、诽谤，网上买卖枪支、毒品、淫秽物品，诸如此类借助电子计算机进行的犯罪，证据往往储存在电子计算机中，没有附载这些信息的电子数据，往往难以获得其他有力证据证实犯罪。经济活动也越来越多地借助互联网订立合同或者直接进行交易，一旦发生纠纷，电子资料往往是举证不可或缺的"武器"，其重要性自不待言。

3. 为司法提供新的实现公正的手段。对侦查、检察和审判活动的主要或者重要内容以及审判活动进行录音、录像，不仅具有证明价值，而且也能够反映侦查、检察和审判活动是否依法进行。特别是在刑事侦查中，由于侦查活动通常实行密行原则，透明度不高，容易发生以刑讯、威胁、引诱或者欺骗等非法方法获取犯罪嫌疑人、被告人口供的行为，在讯问犯罪嫌疑人、被告人的过程中进行全程的录音、录像，可以使侦查人员的非法取证行为有所收敛，进而保障侦查活动在遵守法律程序和规则的前提下进行。同样，对于审判活动的录音、录像，不但能够弥补庭审笔录记载的不足，而且也能够使审判活动的情况得到忠实记录，从而有利于防止司法专横，提高司法机关的公信力。

4. 视听资料、电子数据促进收集证据和法庭举证方式的革新。视听资料、电子数据应用于诉讼活动，对于多媒体等技术手段的普遍应用具有促进作用。视听资料作为证据广泛应用，将促进证据收集手段的革新，促使人们利用计算机、摄录机设备、电视监控系统、远程信号传输系统等科技手段，侦查犯罪和收集、储存、记录指纹、声纹、唇纹和与案件有关的人的活动等资料和情况。视听资料、电子数据的应用，能够促进法庭举证方式的改革，包括运用音像、电视、计算机等技术设备，播放记录与案件有关活动的视听资料、电子数据，使传统的举证方式发生变化，并实现远程作证。视听资料、电子数据的制作、检验和播放，需要相应的技术人员、技术手段、技术培训加以配合，这就需要国家专门机关提高技术装备水平和对有关人员进行专门的技术培训，促使他们培养与视听资料的制作、鉴别和播放有关的技术能力。我国目前多媒体技术在审判实践中的应用和推广已经具有一定的广泛性，侦查卷宗和相关材料等被扫描、采集录入后，反映原始案卷的全貌、符合多媒体举示证要求的电子案卷材料得以形成，在法庭审判中，通过计算机多媒体技术将案件证据以图片、声像、视频等方式展示出来。电子技术也便利了办案人员阅卷，技术人员只需通过专线网邮件系统即可将电子卷宗发送给案件承办人，承办人及时接收后进行电子阅卷，重大疑难案件的电子卷宗可发送给领导或多名承办人同时阅卷，可以在电子卷宗上作注释、标记和链接，送上级审查也不影响办案工作的进行。另外，律师可以通过专用电脑进行电子阅卷，如需复制材料，必要时可以由司法人员提供显示律师身份水印、不可编辑、不可打印的双层加密电子卷宗副本，也可

第十三章

设置水印后直接打印。这些做法与视听资料、电子数据在诉讼中得到越来越普遍、频繁的应用密不可分。

■ 第四节　讯问犯罪嫌疑人录音录像制度

刑事诉讼中人权保障问题深受瞩目，录音录像技术的发展和录音录像设备的普遍使用，为加强人权保障提供了新的方法。公安司法机关为了规范执法、司法行为，遏制侦查中侵犯人权的现象，对讯问犯罪嫌疑人的活动进行录音录像，人民检察院甚至全面实行对自行侦查案件讯问犯罪嫌疑人的活动进行录音录像的制度。2012 年《刑事诉讼法》将讯问中录音录像制度确立为一项法定义务。

最高人民检察院专门下发通知，决定在全国检察机关公诉部门逐步实行讯问犯罪嫌疑人录音录像制度。按照最高人民检察院的要求，对于职务犯罪案件和其他重大、疑难、复杂的案件以及敏感案件、社会关注的案件，侦查机关（部门）讯问犯罪嫌疑人未进行录音录像的，公诉部门讯问犯罪嫌疑人时，应当进行录音录像；侦查机关（部门）已进行录音录像的，公诉部门如认为必要，也可以进行录音录像。为此，最高人民检察院还颁布了最高检《同步录音录像规定》和最高检《同步录音录像规范》等规范性文件。

最高人民检察院要求，录音录像应当全程、同步、连续进行；制作录音录像资料，应当经公诉部门负责人审批后，由检察技术人员、监管场所工作人员或公诉人员进行；录音录像时应当同步制作讯问笔录，使讯问笔录与录音录像内容一致；录音录像资料应显示讯问时间、讯问场景、讯问地点的温度和湿度，以及讯问人、录制人的姓名和法律职务等内容。通知还要求，录制开始时，公诉人员应当告知被讯问人；讯问犯罪嫌疑人过程中，需要出示书证、物证等证据的，应当场出示让犯罪嫌疑人辨认，并对辨认过程进行录音录像；讯问中止或结束，录制人员应当及时制作录音录像的相关说明，当场对录音录像资料施封，经被讯问人确认后，由讯问人员和被讯问人签名。

按照规定，制作录音录像资料要一式两份，一份存公诉部门作为诉讼备用，另一份交本院档案部门保存，录音录像资料的保存期限应当与案件卷宗保存期限一致，公诉部门对于所存录音录像资料应当逐件登记，由内勤统一保管。非办案部门或人员需要查阅讯问犯罪嫌疑人录音录像资料或录音录像资料需要公开使用的，须报请检察长决定。

最高人民检察院还对录音录像资料在庭审过程中的使用作出了详细规定：提起公诉时，录音录像资料应当在证据目录中注明，在法庭审理中，由公诉人根据具体情况决定是否出示；公诉人向法庭出示录音录像资料，应当概括说明录音录像资料所要证明的主要内容、制作情况；录音录像资料播放完毕，应当由被讯问人对播放内容进行确认。

最高人民检察院还指出，公诉部门实行讯问犯罪嫌疑人录音录像制度，应当结合各地工作实际，逐步推行。各级检察机关公诉部门应当加强与技术部门的联系，逐步积累经验，制定科学、具体的操作规程。[1]

2006年12月4日，最高人民检察院颁布《人民检察院讯问职务犯罪嫌疑人实行同步录音录像技术工作流程（试行）》，目的是规范人民检察院讯问职务犯罪嫌疑人实行全程同步录音录像的技术工作，确定的主要工作流程是：

1. 录制的起止时间，以被讯问人员进入讯问场所开始，以被讯问人核对讯问笔录、签字捺印手印结束后停止。

2. 在固定场所进行全程同步录音录像的，应当以画中画方式显示，主画面反映被讯问人正面中景，全程反映被讯问人的体态、表情，并显示同步录像时间，辅画面反映讯问场所全景。在临时场所进行全程同步录音录像，使用不具备画中画功能的录制设备时，录制画面主要反映被讯问人，同时兼顾讯问场所全景，并显示同步时间。

3. 对参与讯问人员和讯问室温度、湿度，应当在讯问人员宣布讯问开始时以主画面反映。对讯问过程中使用证据、被讯问人辨认书证、物证、核对笔录、签字和捺印手印的过程应当以主画面反映。

4. 录制人员应当监控录音录像系统设备的运行，因更换存储介质需要暂停录制时，应当提前告知讯问人员。因技术故障等客观原因需要停止录制时，应当立即告知讯问人员。排除故障继续录制时，应当在录音录像中反映讯问人员对中断录制的语言补正。

5. 录制人员应当及时填写《人民检察院讯问全程同步录音录像工作说明》中有关录制工作的内容，客观记录讯问过程的录制、系统运行、技术人员交接，以及对使用光盘编号等情况。本人签名后，交讯问人员按要求安排填写，在录制资料副本移交时收回归档。

6. 录制结束后，录制人员应当将录制资料的正本交讯问人员、被讯问人确认，当场装入人民检察院讯问全程同步录音录像资料密封袋，由录制人员、讯问人员、被讯问人三方封签，由被讯问人在封口处骑缝捺印手印。

7. 技术部门应当将全程同步录音录像录制资料正本存放于专门的录制资料

第十三章

---

[1] 袁正兵："全国公诉部门逐步实行讯问录音录像制度"，载《检察日报》2005年9月24日，第1版。

档案柜内，长期保存，并做到防尘、防潮、避免高温和挤压，以磁介质存储的资料要存放在防磁柜内。录制资料副本应当在收到《人民检察院讯问全程同步录音录像工作说明》时移交委托录制的办案部门签收。法庭需要对录制资料正本当庭启封质证的，技术部门在收到《人民检察院讯问全程同步录音录像资料档案调用单》后，将录制资料正本移交公诉部门签收。

8. 询问证人需要进行全程同步录音录像的，参照该流程执行。

我国《刑事诉讼法》第 123 条规定："侦查人员在讯问犯罪嫌疑人的时候，可以对讯问过程进行录音或者录像；对于可能判处无期徒刑、死刑的案件或者其他重大犯罪案件，应当对讯问过程进行录音或者录像。录音或者录像应当全程进行，保持完整性。"这里将案件区分不同情况，分别使用了"可以"和"应当"一词来表达不同要求，对于一般案件使用"可以"一词，原因在于侦查机关提出并非所有案件办案人员都携带录音录像设备，一律要求录音录像不具备实施条件，因此不作统一、一律要求。但是，实践中只要具备条件，都应当进行录音或者录像。另外，录音录像没有地点限制，只要进行讯问，就应当按照要求进行录音或者录像。不仅如此，录音或者录像要全程进行，即从讯问开始到结束必须不间断录制，不能从讯问过程中间开始录制，也不能中断录制。

■ 第五节　外国关于视听资料、电子数据的立法与理论

一、视听资料、电子数据概述

视听资料、电子数据是当今许多国家广泛采用的证据，但外国立法鲜有将视听资料、电子数据规定为独立的证据种类者，一般将该类证据归入某一传统证据种类，如将视听资料、电子数据纳入实物证据（Physical Evidence、Non-Documentary Evidence）等。例如，《俄罗斯联邦刑事诉讼法典》第 69 条虽然细致列举了证据的种类，包括证人证言、被害人的陈述、犯罪嫌疑人的陈述、刑事被告人的陈述、鉴定人的意见、物证、侦查行为和审判行为的笔录及其他文件，但也没有将视听资料、电子数据单列为一项独立的证据种类。所以，有关实物证据或者非文件类证据的收集、审查判断和采纳的规定，一般都适用于视听资料、电子数据。

从一些国家关于视听资料、电子数据的立法与理论看，以下几个方面的内容值得注意：

将视听资料、电子数据的制作与窃听结合在一起加以规定。在一些大陆法系国家的刑事诉讼法中，有专门条款对视听资料、电子数据的制作作了规定。

从法律规定的内容看，视听资料、电子数据的制作往往与有关窃听的规定合而不分。

在法国，预审法官有权作出监听与录制电话谈话的决定，为了实施这一决定，预审法官和由预审法官指派的司法警察官员，可以请求任何属于电讯部长监督的部门或机构的有资格的工作人员提供帮助，或者要求任何经营电讯网的经营者的工作人员提供帮助，以安装必要的监听与录制设备。《法国刑事诉讼法典》第1004条第2款规定：每一次监听与录制活动，都要制作笔录，写明监听日期、起始时间。笔录要归入诉讼案卷。录制的全部材料都应当封存。笔录与记录件应交给受审查人的辅佐人审核，诉讼辅佐人可以在通常交换证据材料时进行这种审核，尤其可以在讯问受审查人时进行核对。如果有必要，特别是当有关当事人提出要求时，如当事人否认录制的电话交谈是其本人的声音，则可以打开这些封存件，进行审核。《法国刑事诉讼法典》第97条第4款规定了开启封存件的条件。如果当事人进而受到追究，经录制的谈话可以作为证据，以证明犯罪事实以及所采取的措施是正确的，但法国学者卡斯东·斯特法尼等人认为："经录制的谈话不得作为证明并不包括在法官受理之案件范围内的轻罪的证据。"如果预审法官确信当事人没有犯罪行为，或者从录制的谈话看，不可能对当事人进行任何审查，那么就有一个录制件的问题。《法国刑事诉讼法典》第1006条规定，由共和国检察官负责，在公诉时效期限届满时，将录制件销毁。销毁录制件应制作笔录。[1]

意大利的做法与法国颇为相似。《意大利刑事诉讼法典》第三章"收集证据的方法"中专门规定了"谈话或通讯窃听"一节，其中规定：在涉及武器和爆炸物等一系列犯罪中，允许对谈话、电话和其他形式的电讯联系进行窃听，窃听由法官决定，当存在重大犯罪嫌疑并且为进行侦查活动必须实行窃听时，需要采取附理由命令的形式给予批准。保存在公诉人办公室窃听工作的各项命令，并注明每次开始和结束的时间。公诉人亲自进行窃听工作或者通过一名司法警察进行窃听。《意大利刑事诉讼法典》第268条规定："①对被窃听的通话应当录音，并将有关工作记入笔录。……⑦法官决定完整地整理需调取的录音，遵循为开展鉴定工作而规定的程序、方式和保证。整理出的材料并入为法庭审理而准备的卷宗之中。……⑧辩护人可以得到上述材料的副本，并且要求转录磁带上的录音。"第269条规定："笔录和录音完整地保存在作出窃听决定的公诉人那里。"一般情况下，录音保存到判决不再可能受到上诉之时。但当诉讼不需

---

〔1〕　［法］卡斯东·斯特法尼等：《法国刑事诉讼法精义》，罗结珍译，中国政法大学出版社1999年版，第583~584页。

要有关材料时，关系人可以为维护其隐私权要求曾经批准或者认可窃听工作的法官将其销毁。销毁工作经法官决定后在法官的监督下进行，销毁工作的情况要记入笔录。如果窃听是在法律允许的情况以外进行的或者未遵守法律所作的限制性规定，产生于上述窃听活动的材料不得加以使用。

《德国刑事诉讼法典》在第八章"扣押、监视电信通讯、扫描侦查、使用技术手段、派遣秘密侦查员、搜查"中，对视听资料作了更为广泛的规定：①对于具有拒绝作证权的人员或者机构（编辑部、出版社、印刷厂、广播电台）所保管的文书、录音载体、录像载体、数据载体、图片载体以及其他资料，不准扣押。当有权拒绝作证的人具有共犯或者包庇、藏匿犯人、赃物罪嫌疑，或者物品是以犯罪行为获得的、施行犯罪时使用的、计划用来施行犯罪行为的或者来源于某犯罪行为的时候，不适用这一限制，但必须由法官决定。②在侦查重大犯罪行为时，一般允许对有犯罪嫌疑的人的个人情况与其他数据进行排查，以便排除无犯罪嫌疑的人，确定需要进一步侦查的对象。为了这一目的，数据存储部门应当从数据库中分调出排查所需数据，向追诉机关传送。对于排查、传送的数据，只允许由法官决定，在延误就有危险时也可以由检察院决定。检察院决定后，应当毫不迟疑地提请法官确认。③在采取其他方法进行侦查将成果甚微或者难以取得成果的情形下，不经当事人知晓，允许录像。对于实施某些犯罪的特定人员，在以其他方式不能或者难以查明案情、侦查被指控人居所的情况下，允许实施窃听和录制非公开的言论。

二、讯问时使用录音

在英国，内政部于 1991 年颁布了《录音实施法》，该法要求警察在讯问犯罪嫌疑人时必须同时制作 2 盘录音带。开始录音时，要说明被讯问人的姓名，讯问人和在场人的姓名和身份等情况。讯问结束，当即将其中一盘封存，封存标签上要注明录音的时间和地点，并由被讯问人签名；另一盘供诉讼使用。如果当事人对于使用中的录音带提出异议，则在法官的主持下，将封存的录音带调出，当庭拆封公开播放，以便与争议中的那盘进行比对。英国《录音实施法修正案》补充规定，除制作 2 盘录音带外，还要制作 2 盘录像带。录音带 2 盘，必须由同一录音机同时录制，均不允许拷贝。

《俄罗斯联邦刑事诉讼法典》第 141 条第 1 款对讯问时使用录音作了规定：讯问刑事被告人、犯罪嫌疑人、证人或者被害人时，根据侦查员的决定可以使用录音。经刑事被告人、犯罪嫌疑人、证人或者被害人的请求，也可以使用录音。侦查员使用录音，应在讯问开始以前通知被讯问人。录音应记录讯问的全部过程，不允许进行片断录音或者为了录取同一讯问过程中所作的陈述而故意

第十三章

重复录音。讯问终结后，应当向被讯问人完整播放录音。被讯问人对其陈述的录音的补充，也应录入录音带。录音结束，应由被讯问人声明确认其正确性。使用录音所得陈述应记入笔录。录音带应存入案卷，并在侦查终结后予以封存。在进行另外的侦查行为时，遇有播放陈述的录音的情形，侦查员应在这项侦查活动的笔录中进行记载。在法庭审理中，受审人的当庭陈述与侦查阶段的陈述存在重大矛盾、受审人拒绝在法庭上陈述或者受审人缺席的，可以播放此前所作陈述的录音，但应先宣读陈述的笔录。播放录音，应记入审判庭笔录。

　　这些措施，为合法取得嫌疑人的有罪供述提供了有力保障。

三、对录像证据的使用与限制

　　录像证据在诉讼中属于新兴事物，围绕录像证据存在着一定的价值冲突，这种冲突往往不易解决。美国学者认为，尽管如此，这并不意味着录像证据永远不能用于法庭审判，它实际上是保存证言的最可靠的和精确的手段。对于录像证据存在的缺陷，一些判例进行了分析。在康贝尔·司道斯诉阿拉斯加州一案（*Compare Stores v. State*）中，使用录像证言被裁决为可补救的错误。理由是：以录像提供证言与同陪审团面对面提供证言存在明显的区别。录像带可能影响陪审团对于证人的行为举止和可信性的印象，这种印象对于陪审团裁决来说有时颇为重要。特别是，使用录像证据代替证人出庭，则交叉询问制度难以得到应用，往往剥夺诉讼当事人质证的权利，有损诉讼程序的公正性。基于这样的理由，对于录像证据的使用是有节制的。

　　在美国，对于某些案件（如儿童为被害人的性犯罪案件）和某些人（如年幼的被害人），录像资料可以被视为原始证据。1985 年美国诉宾德（*the United States v. Binder*）一案的裁决认为：录像证词"基本等同于真正的证人"，而且这种证据与可以被重复播放的录音证词不相类似。该裁决还建议，如果陪审团要求对录像证据进行审查，需要准备一份文字的稿本并且该证词应当向陪审团宣读。1987 年南卡洛林那州诉库坡（*the State v. Cooper*）一案中，该州提出一项审前动议，请求依据南卡洛林那法律中指示法庭"慎重对待'特殊的'证人，必要时可以不公开或者使用录制音像进行审理"的规定给被害人录像。特殊的证人包括"被害人和年幼的证人"。法官随即同被害的孩子及其母亲进行谈话，那个孩子表示害怕见到被告人，她的母亲也认为她的孩子感到害怕，于是法官裁决该证词可以被录像并作为控方提出的原始证据在法庭上播放。

　　美国至少有 22 个州制定了准许采纳性犯罪中被害儿童在庭审前的录像证言的成文法，在一些方面，这些成文法存在一定的差异。一些州的法律要求在录像之前或者录像资料被使用之前应预先由法官作出裁决。例如，《加利福尼亚州陪审法》第 1346 条规定，对 15 岁或者 15 岁以下儿童的证言的初步审查可以被录像，如果在审判过程中法庭发现被害人进一步作证将会引起精神上的创伤，可以提出该录像带作为证据。另有一些州，对于使用录像资料的一些程序上的细节作了详细规定，如哪些人必须出席录像活动，或者被告人须得到安排，使之能够看到和听到那个儿童作证。一些州的法律则规定，被告人及其辩护人有权对该儿童进行交叉询问。

由于英美法系国家实行判例法，不少判例或者涉及视听资料的这一问题或者涉及那一问题，而且含有许多有价值的理论观点，内容十分丰富，在此不一一赘述。

第十三章

第十四章

鉴定意见

■ 第一节　鉴定意见的概念和特点

一、鉴定人的概念和特点

鉴定人，是指具有某一领域的专门知识，并接受公安司法机关的指派或聘请或接受他人的委托对专门性问题进行鉴定的自然人。

在刑事诉讼中，鉴定人有社会鉴定机构的鉴定人与侦查机关鉴定机构的鉴定人之分。前者是指临时受指派或聘任委托担任某一案件的专门性问题的鉴定工作的人员，由司法行政部门管理、统一登记、统一编制名册、统一公告，并且在资质要求、鉴定标准、培训、收费、违规处罚等方面遵循统一的规范。这些人员具有从事鉴定的相应资格，属于狭义上的鉴定人。后者是指公安、检察等侦查机关内设置的专司鉴定工作的人员，如法医、痕检人员、化验人员等，属于广义上的鉴定人。

鉴定人有如下特点：

（一）鉴定人为自然人而非法人或组织

鉴定人是具体从事鉴定活动的自然人，是运用自己的知识、技能对有关专门性问题进行研究和判断的人。鉴定活动与鉴定人个人不可分离。

我国《刑事诉讼法》和《民事诉讼法》均规定，为了查明案情，需要解决案件中某些专门性问题的时候，应当指派、聘请有专门知识的人进行鉴定。当事人申请鉴定的，由双方当事人协商确定具备资格的鉴定人；协商不成的，由人民法院指定。当事人未申请鉴定，人民法院对专门性问题认为需要鉴定的，应当委托具备资格的鉴定人进行鉴定。可见，鉴定人为自然人，法庭审理时鉴定人应当到庭，接受审判人员、当事人及其诉讼代理人对鉴定意见提出的询问。鉴定人可以是一人，也可以是数人。鉴定人应当独立进行鉴定，对鉴定意见负

第十四章

责并在鉴定书上签名或者盖章。多人参加的鉴定，对鉴定意见有不同意见的，应当注明。

鉴定人不同于鉴定机构。鉴定机构有法定与法院指定之分。其中前者是指法律规定行使有关职责的部门，如《药品管理法》规定，国务院卫生行政部门和省、自治区、直辖市卫生行政部门可以成立药品评审委员会，对新药品进行评审，此处的药品评审委员会即法定鉴定部门。后者是指在诉讼中，直接接受人民法院的指定进行鉴定的部门。人民法院同法定或指定的鉴定机构进行联系。按照人大常委会《有关司法鉴定管理问题的决定》的要求，鉴定机构从事司法鉴定业务，应当具备下列条件：①有明确的业务范围；②有在业务范围内进行司法鉴定所必需的仪器、设备；③有在业务范围内进行司法鉴定所必需的依法通过计量认证或者实验室认可的检测实验室；④每项司法鉴定业务有 3 名以上鉴定人。鉴定机构要省级人民政府司法行政部门审核，对符合条件的予以登记，编入鉴定人和鉴定机构名册并公告。各鉴定机构之间没有隶属关系；鉴定机构接受委托从事司法鉴定业务，不受地域范围的限制。

可见，鉴定人与鉴定机构在业务上具有从属关系，鉴定机构能够为鉴定人完成鉴定活动提供必要的物质技术设备和场所，保证鉴定在程序上的合法性，但不能将鉴定机构与鉴定人混为一谈。《刑事诉讼法》《民事诉讼法》以鉴定人制度取代鉴定机构，人民法院可以直接委托或指定鉴定人对案件事实的专门性问题进行鉴定。

（二）鉴定人必须具有专门的知识、技能

鉴定人为自然人，但不同于一般的自然人。不同之处在于，鉴定人必须对本案涉及的专门性问题具有专门知识或特种技能，能够对案件中的某种专门性问题作出科学的鉴定意见。鉴定人的知识和技能包括：专业知识条件、实践能力条件、技术职务条件等。鉴定人必须具备某一方面的专门知识，这是其从事鉴定活动的资格要求。与之相适应，鉴定人必须掌握、使用必要的仪器、设备等鉴定手段，并且能够熟练地使用、掌握这些技术手段。

鉴定人是否具有专门的知识、技能，不属于法院实质审查的范围。法院仅依据鉴定人是否具备审批部门授予的执业资格证书这一外观形式进行判断。

（三）鉴定人为诉讼参加人

鉴定人为诉讼参加人，即诉讼法律关系的主体。在诉讼中，鉴定人是很重要而又特殊的诉讼参加人。鉴定人由司法机关指派或聘请，同司法机关发生诉讼法律关系；在当事人自行委托某一专家作为鉴定人时，鉴定人与当事人发生委托合同法律关系，同时与司法机关发生诉讼法律关系。[1] 鉴定人为一种特殊的诉讼参加人，其特殊性表现在：

1. 鉴定人不同于当事人。鉴定人仅为诉讼法律关系的主体，非为诉讼主体。鉴定人与案件不具有任何法律上的利害关系，并且与案件当事人也无任何利害关系。否则，鉴定人就等同于当事人，或者鉴定人应当回避。

2. 鉴定人不同于证人。鉴定人区别于证人之处主要有：①鉴定人须具有鉴定所需的专门知识和技术手段，而证人只需了解案件情况，不必具有专门知识。②鉴定人是案件发生后，由公安司法机关指派或聘请，或者当事人自行委托，具有选择性和可代替性，而证人是耳闻目睹案件事实的人，具有不可选择性和不可代替性。鉴定人与证人这两种身份不能并存。③鉴定人与案件有利害关系就应当回避，而证人不受与案件有利害关系的限制，证人不存在回避的问题。④鉴定人与证人在诉讼中享有不同的诉讼权利和义务。证人的责任是如实地反映其所知道的案件事实情况，只能个别陈述，不能互相讨论研究，无查阅案卷材料的权利，一般情况下也不能拒绝作证。而鉴定人的责任是运用自己的专门知识，对案件中的某些专门性问题作出鉴定意见，由此可以享有相关诉讼权利，履行回避、出庭等有关诉讼义务。

鉴定人是一种独立的诉讼参加人，在依法执行鉴定职责时，主要享有以下诉讼权利：①了解和查阅鉴定所需材料的权利，以及要求补充鉴定材料的权利；②特定情况下的拒绝鉴定的权利；③独立进行鉴定，不受外界干涉和影响的权利；④鉴定报酬和鉴定费用的请求权；⑤请求保护人身安全的权利。《刑事诉讼法》第64条规定，对于危害国家安全犯罪、恐怖活动犯罪、黑社会性质的组织犯罪、毒品犯罪等案件，证人、鉴定人、被害人因在诉讼中作证，本人或者其近亲属的人身安全面临危险的，可以向人民法院、人民检察院、公安机关请求予以保护，采取以下一项或者多项保护措施：①不公开真实姓名、住址和工作单位等个人信息；②采取不暴露外貌、真实声音等出庭作证措施；③禁止特定的人员接触证人、鉴定人、被害人及其近亲属；④对人身和住宅采取专门性保护措施；⑤其他必要的保护措施。

根据《刑事诉讼法》第192条、《民事诉讼法》第78条的规定，鉴定人的诉讼义务主要有：①认真负责，客观、公正地进行鉴定；②妥善保管鉴定材料，遵守鉴定程序和鉴定纪律；③接到法院通知后，应当出庭作证，陈述鉴定意见，

---

[1] 最高法《民诉证据规定》第28条借鉴了英美法系的做法，允许"私鉴定"，即当事人可以自行委托鉴定人进行鉴定。学者也赞同此做法，参见何家弘主编：《新编证据法学》，法律出版社2000年版，第249页。

并回答审判人员、公诉人、当事人、辩护人等的提问。

二、鉴定的概念和过程

（一）鉴定的概念

鉴定，即鉴定人运用自己的专门知识和技能，以及必要的技术手段，对案件中发生争议且具有专门性的问题进行检测、分析、鉴别的活动。司法鉴定是指在诉讼活动中，鉴定人运用科学技术或者专门知识对诉讼涉及的专门性问题进行鉴别和判断并提供鉴定意见的活动。主要包括法医类鉴定、物证类鉴定、声像资料鉴定以及根据诉讼需要由国务院司法行政部门、最高人民法院、最高人民检察院确定的其他应当对鉴定人和鉴定机构实行登记管理的鉴定事项。

证据法上的鉴定，是鉴定人实施的一种诉讼行为。鉴定人接受公安司法机关的指派或聘请或当事人委托后，就可以根据自身的知识、技术，采用科学的方法实施鉴定。不过，鉴定须履行一定的程序，经历相应的过程。

（二）鉴定的过程

从接受鉴定到作出鉴定意见，鉴定的整个过程可以分为以下几个阶段：

1. 鉴定人接受鉴定。鉴定的发生起始于鉴定人接受鉴定工作，此后与公安司法机关产生诉讼法律关系。鉴定人接受鉴定的方式主要有三种：①鉴定人接受指派参加鉴定活动；②鉴定人接受聘请或委托参加鉴定活动；③接受当事人的委托。

所谓"接受指派"，主要是指侦查机关指派其内部常设的鉴定机构对案件所涉及的专门性问题进行鉴定，由于该鉴定机构为公安司法机关内部的一个职能部门，与侦查机关之间存在着行政隶属关系，故此种鉴定本质上为侦查机关的内部行政行为。但侦查机关根据侦查工作的需要设立的鉴定机构，不得面向社会接受委托从事司法鉴定业务。侦查机关内部常设的鉴定部门接受指派后，应当根据鉴定任务的要求及时选派其工作人员完成案件的具体鉴定工作，被选中者除非有法定回避情形，否则必须为相应行为，不得拒绝鉴定，因为这里的鉴定行为实质上是其职务行为，系其职责之所在。违反者，可能会受到有关内部行政处分。

所谓"接受聘请或委托"，主要是指一个或数个专家接受公安司法机关的聘请或委托担任鉴定人参加具体案件的鉴定活动。公安司法机关一般通过颁发聘请书的形式直接与受聘请者发生聘任或委托合同关系，受聘请者可以接受聘请，也可以拒绝接受，并且在拒绝接受聘请时无须说明理由。其原因在于，在聘任或委托合同中受聘请者与公安司法机关之间是一种平等主体的关系，公安司法机关无权强制受聘请者接受聘请，也就是说，公安司法机关不能借助其权力地位强迫与受聘请者成立聘任或委托合同，强迫受聘请者实施鉴定行为。

问题是，鉴定的发生能否基于当事人、诉讼代理人或其辩护人的行为？换言之，当事人、诉讼代理人或其辩护人能否直接聘请或委托鉴定人进行鉴定？这一问题争议很大，有肯定说和否定说两种对立观点。本书持肯定说，认为当事人、诉讼代理人或其辩护人可以直接聘请或委托鉴定人进行鉴定。理由如下：

理论拓展：
否定说

（1）在民事诉讼和行政诉讼中，当事人有提供证据的权利，鉴定意见作为一种证据形式，也不例外。当事人要实现此诉讼权利，理应有权自行聘请或委托专家鉴定人。这一点，在最高法《民诉证据规定》第28条中得到了体现。[1] 从国外立法例来看，多数国家允许当事人聘请鉴定人。

（2）在刑事诉讼中，公安机关、检察院无疑有权指派或聘请鉴定人进行鉴定。为保持诉讼结构的平衡，使控辩双方居于平等的诉讼地位，就没有任何理由禁止被告人自行聘请专家鉴定人。当前我国公安机关和检察院分别根据自己的工作需要自行设立了专门的鉴定机构，其中，公安机关的鉴定机构几乎可以覆盖所有的刑事案件中所遇到的痕迹鉴定、法医鉴定、文件鉴定、毒化分析鉴定和其他鉴定；检察院内部设立的鉴定机构也能从事文件鉴定、痕迹鉴定和法医鉴定等。这一事实导致公安、检察院指派鉴定人的行为性质上变成了纯粹的内部行政行为，很难从制度上保证鉴定意见的客观性、中立性。因此，无论从维护控辩平衡还是从保障被告人的诉讼权利的角度来看，都应当允许被告人聘请鉴定人。允许当事人聘请或委托鉴定人可以使当事人充分发挥其诉讼上的防御作用，即便败诉也心服口服。

（3）在民事、刑事和行政诉讼中，对于法院指派、聘请或委托的鉴定人作出的鉴定意见，当事人可以在法庭上质证，可以申请补充鉴定或重新鉴定。

为保证鉴定人能够客观、公正地进行鉴定，确保鉴定意见的科学性和准确性，我国三大诉讼法都明确规定了鉴定人应当回避的情形，[2] 即鉴定人如果与鉴定的案件及其当事人有利害关系或者其他关系，可能影响鉴定客观、公正的，鉴定人应当自行回避，有关当事人也可以申请鉴定人回避。

2. 对鉴定资料的分析判断。鉴定人接受指派、聘请或委托后，应当根据鉴定的要求，运用自己的专门知识和必要的仪器、设备对鉴定资料进行分析判断。

---

〔1〕　该条规定：一方当事人自行委托有关部门作出的鉴定结论，另一方当事人有证据足以反驳并申请重新鉴定的，人民法院应予准许。

〔2〕　我国《刑事诉讼法》第一编第三章、《民事诉讼法》第一编第四章、《行政诉讼法》第55条。

第十四章

鉴定人非证人，不能依其对案件事实的耳闻目睹来判断事实的真实程度，仅能通过对鉴定资料的分析研究作出判断。为便于鉴定人进行分析判断，鉴定人可以了解鉴定对象，如送鉴材料的来源，鉴定人如果认为送鉴材料不足时可以要求送鉴单位补充提供充足的材料。鉴定人根据鉴定的需要，经公安司法人员的许可，可以询问当事人、证人。

鉴定人分析判断鉴定资料的目的，在于说明根据鉴定资料能够直接证明哪些事实，哪些事实只能与调查中发现的其他情况共同证明。

3. 作出鉴定意见。鉴定人接受鉴定任务后，就应当按期作出鉴定意见，对需要鉴定的问题提出具体明确的意见。鉴定意见采取书面的形式，鉴定人应当在鉴定书上签名，同时也可加盖鉴定人所在单位的公章。鉴定书的内容一般包括三部分：绪论、检验、结论。绪论写明委托或聘请鉴定的单位或个人、鉴定资料的情况、鉴定的目的和要求等。检验部分写明鉴定采用的方法和步骤、对观察所见现象和特征的分析判断。结论是针对鉴定要求所作出的结论性意见。必要时，鉴定书还可附上说明有关情况的照片、图表等。

鉴定意见要具有证明作用，鉴定意见的形式必须合法。鉴定既然是鉴定人的个人行为，鉴定意见就应由鉴定人签名或盖章，至于鉴定人所在单位是否加盖公章则在所不问。因为司法鉴定实行鉴定人负责制度。鉴定人应当独立进行鉴定，对鉴定意见负责并在鉴定书上签名或者盖章。根据《全国人民代表大会常务委员会关于司法鉴定管理问题的决定》第 10 条的规定，多人参加的鉴定，对鉴定意见有不同意见的，应当注明。

在理论和司法实践中，普遍存在一种误解，就是认为单位盖章出具的鉴定意见比鉴定人署名的更可靠，因而实践中有的鉴定意见只加盖了单位公章，而鉴定人却没有签名。这种做法是不对的。原因是：鉴定人是诉讼参与人之一，他既然接受委托承担了鉴定任务，就必须对所作出的鉴定意见负责。鉴定人所在单位，非为诉讼参与人，自然就不能由单位对鉴定意见负责。单位在鉴定意见上加盖单位公章，只是证明鉴定人的身份和鉴定程序的合法性，而不是表示单位对此负责。

4. 补充鉴定与重新鉴定。鉴定意见作出后，鉴定过程即告完毕。但在某种情况下，尚需补充鉴定或重新鉴定。我国《刑事诉讼法》第 148 条，最高人民法院《关于第一审经济纠纷案件适用普通程序开庭审理的若干规定》第 29 条，最高人民法院《关于民事经济审判方式改革问题的若干规定》第 12、13 条，最高法《民诉证据规定》第 27、28 条和最高法《行诉证据规定》第 29、30 条都对补充鉴定与重新鉴定予以明文规定，但缺乏具体的适用规则。

补充鉴定是在原鉴定的基础上，针对原鉴定中的个别问题，由原鉴定人进行再次修正和补充，以使原鉴定趋于完备的一种鉴定。补充鉴定发生于以下几种情形：①原鉴定意见措辞有错误，或者表述不确切；②原鉴定书对鉴定要求的答复不完备；③原鉴定意见作出后，委托方又获得了新的可能影响原鉴定意见的鉴定资料；④初次鉴定时提出的鉴定要求有疏漏。

重新鉴定是委托方对初次鉴定或补充鉴定意见进行审查后，对其是否可采信存有疑虑，委托原鉴定人以外的鉴定人再次进行鉴定。重新鉴定一般要另行委托新鉴定人进行，并附送历次鉴定所需的鉴定资料，新鉴定人应独立进行鉴定，不受以前鉴定的影响。重新鉴定主要发生于以下几种情形：①鉴定机构或者鉴定人员不具备相关的鉴定资格的；②鉴定程序严重违法的；③鉴定意见明显依据不足的；④经过质证认定不能作为证据使用的其他情形；⑤当事人依法提出申请。

补充鉴定和重新鉴定不是鉴定过程的必经环节，只是在特定情况下出现，是对于通常鉴定过程的补救手段。

三、鉴定意见的概念和特点

（一）鉴定意见的概念

鉴定意见，是指由鉴定人接受委托或聘请，运用自己的专门知识和现代科学技术手段，对诉讼中所涉及的某些专门性问题进行检测、分析、判断后，所出具的书面意见。

鉴定意见是全部鉴定过程的最终结果，是一种法定的证据形式。

（二）鉴定意见的特点

鉴定意见具有以下几个特点：

1. 鉴定意见是主观性和客观性的统一。作为专家（即鉴定人）的判断性意见，鉴定意见既有相当的客观性，又有一定的主观性。一方面，鉴定意见是专家运用专门知识，借助于必要的仪器和设备得出的意见，这种意见一般符合当时历史条件下的知识、技术水平，具有相对的科学性、客观性。比如，借助现代科学技术手段，人们可以对亲子关系作出明确的、客观的鉴定。另一方面，鉴定意见毕竟是依赖专家个人的知识技能作出的，它反映了鉴定人的个人见解和看法，深深带有鉴定人的个性化特征，这就使鉴定意见具有一定程度的主观性色彩（故英美法中鉴定意见被称为"意见证据"）。由此也将鉴定意见与证人证言、勘验检查笔录等证据形式区别开来。因为对于证人、勘验检查人员来说，他们只应提供能够证明案件情况的"事实"，而不是对案件事实发表自己的意见；勘验检查笔录应当如实记录，不允许掺杂个人意见，故证人证言和勘验检查笔录应坚持客观性。而鉴定人则不同，鉴定人出具的鉴定意见是对案件中有争议的专门性问题进行检测、分析、鉴别后得出的判断性意见。鉴定人绝不能仅对鉴定对象作客观描述而不进行分析判断形成结论。

2. 鉴定意见的事实针对性。鉴定意见是在对鉴定对象分析研究的基础上，对发现的现象及其所能说明的事实作出的判断。鉴定意见只能对鉴定对象的有关事实发表检测与判断意见，而不能就案件中的法律问题提供咨询意见。鉴定意见以鉴定对象为基础，只要诉讼涉及专门问题，并且是与待证事实有关的材料，如证据材料，都可成为鉴定对象。鉴定人的职责仅仅在于对鉴定所涉及的全部或部分案件事实提供结论性意见，超越此鉴定范围和权限，发表关于法律问题的意见，等于自卸鉴定人的责任，这部分内容当然应属无效。原因在于，解决案件中的法律问题，本属司法机关的职责，司法机关不得以任何理由要求鉴定人回答案件中所涉及的法律问题。

3. 鉴定意见的书面性。鉴定意见是鉴定人本人书写的书面意见，鉴定意见必须采用法定要式——书面形式，而不能只是口头的陈述，因为鉴定意见中往往涉及许多专门性问题、专业术语、技术符号和相关数字，很难口头表达清楚。书面鉴定意见应当详细记载有关鉴定的事项，以备存查。

4. 鉴定意见的确定性。鉴定意见一般都要求具有确定性。一项鉴定意见应当明确、直接确定与案件有关的人或物，认定事实的真伪，确定事实的有无、程度，确定事实之间的因果关系，认定某一证据事实是否有证明力以及证明力的大小。不过，实践中也会出现因材料和人的认识水平有限，无法得出确定性结论，而给出可能性结论的情况。这种情况多以分析意见书的形式出现，其证明作用往往很有限。

■ 第二节　鉴定意见的分类

一、鉴定意见的理论分类

鉴定的种类取决于诉讼中遇到的专门问题的性质及类别，也取决于科技发展的水平。随着科技的发展，社会生活专业化的提高，需要鉴定的专门问题可能会越来越多，鉴定的种类也将随之增加。但是，这并不妨碍对于鉴定意见进行学理上的分类。

依据不同的标准，可将鉴定意见作以下理论上的分类：

（一）对人的鉴定意见、对物的鉴定意见、情况鉴定意见和其他鉴定意见

这是以鉴定对象为标准所作的划分。对人的鉴定意见主要包括人体表面结构的鉴定、人体外貌的鉴定、活体鉴定、人的精神状态的鉴定、有关心理状态

的鉴定等所获得的结论性意见。对物的鉴定意见主要包括物体表面结构的鉴定、有关生物体的鉴定、物品鉴定、气味鉴定等所获得的结论性意见。情况鉴定意见是在勘验、实验、比较分析的基础上对与案件有关的情况和现象所反映的事实作出的综合性判定，如对起火原因、爆炸原因、事故原因等所作的鉴定。其他鉴定意见是除上述类型鉴定以外的鉴定，如对会计资料的鉴定、有关音像资料的鉴定等所获得的结论性意见。

（二）外表形态鉴定意见、动作习惯鉴定意见、物质成分鉴定意见和物质现象鉴定意见

这是以鉴定所依据的特征为标准所作的划分。外表形态鉴定意见有较强的特定性，可以用来鉴定人或物是否同一、是否原属同一整体。动作习惯鉴定意见是根据人的行走习惯、声音习惯、生理动作习惯、心理动作习惯、技能动作习惯来证明特定的人与待证事实的关系，分析案件情况和提供线索。物质成分鉴定意见是根据物质成分特征进行鉴定，能够得出确定物质种属的意见。物质现象鉴定意见主要是证明某一事实的存在及其产生的原因。

（三）确定性鉴定意见与不确定性鉴定意见

这是以鉴定意见的确定性程度不同所作的划分。对于解答案件专门性问题具有唯一或排他性质的鉴定意见，为确定性鉴定意见；反之，则为不确定性鉴定意见。判断的标准，要根据鉴定对象、方法、条件等具体而定。具体而言，鉴定对象的特征具有较强的稳定性和特定性，鉴定方法具有较高的科学性和精确度，这种鉴定意见一般属于确定性鉴定意见。[1]

（四）法医鉴定意见、物证鉴定意见、声像资料鉴定意见、会计鉴定意见等

这是以鉴定学科的不同为标准所作的划分。这种分类对于研究鉴定的方法及对证明作用的影响方面有一定意义，下文就此作详细的说明。

二、鉴定的类型

（一）法医类鉴定

法医类鉴定是依据法医学的专门知识和技术手段，用以检验死亡的时间、原因、伤害程度、造成损伤的部位和致伤的凶器种类，鉴别血型、遗传基因是否同一，鉴别医疗事故的原因、损害程度以及当事人劳动能力等专门性问题，从而为公安司法机关处理刑事案件、民事案件、行政诉讼案件提供科学的依据。

法医类鉴定是一种古老的鉴定方法，我国古代就有运用法医检验证实犯罪的成功案例，宋理宗淳祐七年（1247 年）宋慈所著《洗冤集录》是世界上最早

第十四章

---

〔1〕 何家弘、刘品新：《证据法学》，法律出版社 2013 年版，第 180 页。

的法医学专著，比欧洲要早三百多年。目前法医鉴定仍是我国常见的鉴定类型，广泛应用于侦破、审理凶杀、伤害、强奸以及确认亲子关系、责任事故等案件。

法医类鉴定，具体包括法医病理鉴定、法医临床鉴定、法医精神病鉴定、法医物证鉴定和法医毒物鉴定。

法医精神病鉴定是司法机关聘请或指派医学专家，对犯罪嫌疑人、被告人、被害人或证人的精神状态进行检查，鉴别其精神是否正常及其严重程度，以确定当事人对其行为的控制能力，据此判断行为人的民事行为是否有效，以及其是否应当承担刑事责任。另外，被害人精神方面的损害对于确定犯罪的危害后果也有重要意义。法医精神病鉴定不仅被用于解决案件的实体问题，也用于确定证人有无作证资格，因而还具有程序上的意义。

法医毒物鉴定，是运用化学原理与方法，对投毒、制毒、吸毒、贩毒以及食物中毒等案件中的有关物质进行检验分析，以确定毒物的种类、性质、含量、来源或鉴别被害人是否中毒以及确定死亡原因，为侦破案件和定罪量刑提供依据。

（二）物证类鉴定

物证类鉴定包括文书鉴定、痕迹鉴定和微量鉴定。

文书鉴定是指对与案件有关的各种文件（包括图表、字迹、图章、纸张及相关资料）进行比对、分析、推断，以判明文件内容的真实程度，或文件所用的图章的真伪，或确定文件的书写人和文件制作方法，或将某些掩盖、压痕文字加以显现。目前我国的文书鉴定大体包括：笔迹检验、伪造文件和伪造票证检验、印刷文字检验、印章印文的检验、不易看见的文字的检验以及语言识别等。文书鉴定常用于危害国家安全罪和贪污、诈骗等犯罪案件的侦破。在民事诉讼中，文书鉴定对于审查和鉴别各类书证的真实可靠程度，也有重要意义。

痕迹鉴定是指利用痕迹检验技术对与犯罪有关的形象痕迹进行分析、比对、推断，从而得出同一或不同一认定的结论性意见。常见的痕迹鉴定有：指纹鉴定、掌纹鉴定、足迹鉴定、工具痕迹鉴定、枪弹痕迹鉴定、牙齿痕迹鉴定、车轮痕迹鉴定、动物蹄迹鉴定、整体分离痕迹鉴定等。痕迹鉴定对于确定侦查方向，排除犯罪嫌疑，正确处理案件有重要意义。

微量鉴定是指对于案件中涉及的其他各种物品运用物理、化学、生物学等专门知识及现代仪器设备进行检测、分析、鉴别，以确定某种物品的质地、性能以及内含成分和化学结构等结论性意见，为司法机关查明物品与案件事实之间的联系提供科学的依据。在司法实践中，法医物证鉴定不仅对侦破案件和认定犯罪事实有重要意义，而且，在民事诉讼中，通过对产品质量的检验，对于明确当事人的责任、正确解决民事纠纷，具有重大作用。

第十四章

微量鉴定涉及的范围特别宽泛。常见的有：墨水检验、浆胶检验、消退文字的物质检验、圆珠笔油、油墨及印油的检验、涂料检验、炸药检验、油脂斑痕检验、纤维检验、塑料及其制品检验、金属粉末、碎片检验、尘土、砂石检验、生物物质检验等。随着社会的发展，微量鉴定今后的前景更为广阔，对各种微量物质的检验、鉴定会受到越来越多的关注。

（三）声像资料鉴定

声像资料鉴定包括对录音带、录像带、磁盘、光盘、图片等载体上记录的声音、图像信息的真实性、完整性及其所反映的情况过程进行的鉴定和对记录的声音、图像中的语言、人体、物体作出种类或者同一认定。

（四）根据诉讼需要由国务院司法行政部门、最高人民法院、最高人民检察院确定的其他应当对鉴定人和鉴定机构实行登记管理的鉴定事项

1. 工程技术鉴定。工程技术鉴定，是指在许多重大责任事故案件中，对造成事故的原因、损失的程度和事故责任的鉴定。实践中，如厂矿企业、建筑单位发生重大责任事故纠纷，往往需要查明事故原因，分清事故责任。为此，负责处理案件的有关部门一般要聘请有关专家进行检测、分析、判断。这种鉴定意见对于确定是自然事件还是责任事故，具有重要的参考价值，往往成为处理案件的重要依据。常见的工程技术鉴定主要有：医疗事故鉴定、建筑工程事故鉴定、矿山事故鉴定、铁路运输事故鉴定、航空事故鉴定、航海事故鉴定、电业事故鉴定等。

2. 司法会计鉴定。司法会计鉴定是指运用会计学的原理和专门知识，对有关财务账目、簿册、报表、单据等依法进行审核鉴定，以确定其是否符合会计制度，有无经济违法犯罪问题。司法会计鉴定的对象主要是贪污等经济犯罪案件中的账目、发票、支票以及执行财会制度的情况等。司法会计鉴定对于审理贪污、偷税漏税等经济犯罪案件，是必不可少的证据，也是法院处理企业破产案件必不可少的证据。

3. 物价鉴定。物价鉴定是指物价部门依法接受公安司法机关的委托，对案件中的物品进行分析、估定其价值的活动。物价鉴定意见已成为诉讼中一项重要的证据。在刑事诉讼中，物品价值的确定有时涉及罪与非罪、罪重与罪轻的认定，如盗窃罪等。在民商事纠纷案件中，物品的价值则影响到诉讼标的金额的大小以及法院强制债务人对于给付义务的履行问题。因此，物价鉴定应当是一种相对独立的鉴定种类。

■ 第三节　鉴定意见的作用

鉴定作为一种专门性活动，其意义可以从不同角度加以说明，但有一个基本的角度是诉讼主体，因为鉴定行为归根结底是为了顺应诉讼主体的诉讼需要。同一项鉴定行为，之所以能够被不同主体接受和认同，其原因不外乎在于鉴定能够满足不同主体的不同层次、不同方向、不同侧面的利益和要求。这大体包括三个方面：认识意义、证明作用和判断作用。

一、鉴定意见的认识意义

鉴定意见的一个普遍性意义是其认识功能。鉴定活动及鉴定意见可以为法院、诉讼参与人提供认识案件争议事实的机会、途径和依据。

（一）对专门性问题的科学认识

鉴定本质上是鉴定人的专门性认识活动，是鉴定人运用专门知识和技能对专门性问题所作的科学认识。为保证鉴定的科学性，鉴定人必须遵循一定的鉴定程序，使用必要的仪器设备，依据科学原理和认识的一般规律进行鉴定。鉴定的科学性意味着鉴定的客观性。尽管鉴定不可避免地受到鉴定人知识、技术水平和时代的局限，使鉴定意见带有一定的主观色彩，但是，鉴定人作为这个认识活动的主体，必须做到当时、当地时空环境下的客观性。

（二）延伸法官的认知能力

与一般公民相比，法官只是在法律上居于优势地位，法官本身就是掌管法律的人，但是，法官对社会事实的认知能力并未被立法者假定为优于一般公民。因此，对于诉讼中法官依靠常识无法认识解决的问题，如事故发生的原因、文书是否伪造、产品质量是否符合要求、痕迹是否为某一物体所留等，往往依赖鉴定人凭借其专门知识作出鉴定意见。我们不能设想法官既是精通法律的人，又是通晓各种专门知识的人。所以，当案件中某些专门性问题不能解决时，就需要有关专家运用其专门知识和科技手段进行鉴定。司法人员可以根据鉴定意见查明案件事实，分清案件的性质和责任。从这个意义上说，鉴定人的鉴定行为拓展了或者说延伸了法官的认识能力，也大大加强了认识的科学性。

（三）提供各方达成共识的基础

鉴定意见可以为诉讼各方提供达成共识的基础。对于某一存在争议的专门性问题，在各方都无法依据常识说服对方，且法官也不能作出权威性认知时，寻求各方公认为权威的鉴定人进行鉴定恐怕才是唯一正途。各方对鉴定人的共同信任是鉴定意见能够为各方所接受的内在原因。因此，鉴定可以统合、协调不同见解，就争议的事实问题达成共识。

二、鉴定意见的证明作用

（一）作为证据形式的鉴定意见

鉴定过程的最终结果是作出鉴定意见。作为一种法定的证据形式，鉴定意见可以依法用于证明案件事实。不过，鉴定意见能否发挥证明作用，取决于鉴定过程是否合法以及鉴定意见的形式合法性。同时，鉴定意见的证明力还与鉴定内容的客观性、可靠性和准确性有关。而鉴定内容的客观性、可靠性和准确性是由特定鉴定人和与之相关的主客观条件所决定的，不能按照鉴定机构的级别高低来划分鉴定意见证明力的等级或确定证明力的强弱。

（二）直接证明作用

鉴定意见作为诉讼证据，其证明作用基本上可分为两种情况：①确定送鉴物与比对物具有相同的特征，从而认定同一；②确定送鉴物与比对物具有不同的特征，从而否定同一，排除犯罪嫌疑或排除因果关系。一般情况下，鉴定意见用于否定同一时，其证明作用是绝对的，但用于认定同一时，其证明作用是有限的。从鉴定意见与待证事实之间的关系看，若鉴定意见能够直接证明案件的要件事实，则该鉴定意见具有直接证明作用。在某些特定情形下，正确运用鉴定意见，便可直接认定案件事实的有关主要情节和直接否定某些主要情节。例如，对案件中有争议的账目、簿册、单据等会计资料进行鉴定，确定资金的流动过程和存在状况，可以直接证明有无违法事由发生、涉案的金额等。又如，在人身伤害案件中，根据活体损伤的后果可以进行损伤程度的鉴定，确定损伤属于重伤还是轻伤或轻微伤，并以此确定是否应负刑事责任、民事赔偿责任及确定相应的赔偿标准。

鉴定意见不仅能够以肯定的方式直接证明要件事实，在民事案件中还能以否定同一结论的形式直接证明案件事实。比如，证明签名笔迹不是某人所写，就可以证明文书欠缺形式上的证明力故而不能作为定案的依据。又如，根据血型的遗传规律，可以由父母的血型判断子女可能的血型，故在证明不存在亲子关系方面是可靠的证据。

（三）间接证明作用

传统理论认为，鉴定意见是一种辅助证明方式，鉴定人甚至被视为法院的辅助人员，鉴定意见对案件事实的证明过程只能是间接性的，并且也只能是一种对待证事实的分析、判断所得出的相应结论性意见。事实上，鉴定意见的确具有间接证明作用，但不限于间接证明。从证据方式上看，鉴定人必须借助送鉴人向其提供的包括书证、物证、视听资料等在内的各种送鉴材料，借助必要的仪器、设备，同时，为了解案件要查阅案卷材料，询问有关当事人和证人，往往还要依托一定的逻辑推理。因此，鉴定人对于待证事实的认识，是理性的、间接的过程。但是，这并不意味着鉴定意见必然只能起到间接证明作用，鉴定人对于待证事实的认识与鉴定意见的证明作用是两回事，不能等量齐观。

鉴定意见的间接证明作用在许多鉴定类型中都可以见到。比如，实践中根据指纹、掌纹、足迹等所作的痕迹鉴定意见能够准确地认定相关人员的身份，但不能直接证明被认定人与案件事实的关系，还要结合其他情况才能确定其证明作用。又如，在进行血型和 DNA 鉴定时，因鉴定所依据的材料不同，所起的证明作用也不同：对于毛发，可根据其形态和物质成分结构证明毛发的生长部位、毛发的脱落是否为暴力所致以及推断人的职业、居住地区、生活习惯等情况；对于骨骼的鉴定，可以判断尸骨上损伤的有关情况，分析尸骨反映的个人特征，如身高、年龄、性别、外貌特征等，从而为调查死者身份提供依据。

（四）印证和补强作用

在诉讼中，鉴定意见往往具有其他证据方式所不能替代的作用，其他证据本身的真伪、证明力大小、证据价值高低，需要由鉴定意见来印证和补强。例如，某些书证、物证和视听资料，只有结合鉴定意见才能确认其与案件事实是否具有关联性，才能显现其证据力的大小与强弱；另外，鉴定意见对于审查犯罪嫌疑人、被告人供述和辩解、证人证言、被害人陈述是否真实可靠，也具有重要意义。鉴定意见对于印证其他证据的真实和可靠程度，映现、补强、确定或否定某些证据具有不可或缺的作用。但是，不能据此认为鉴定意见在证据力上就当然优于其他证据。在审判实践中，对某一鉴定意见证据力的评价和认定，一定要结合其他证据进行分析、判断才能确定。

三、鉴定意见的判断作用

鉴定意见是法官判断事实的重要依据。不管鉴定意见所解决的是什么性质的专门性问题，只要它正确无误，与案件中其他证据所证实的事实能够互相协调，相互印证，就可以成为定案和处理的根据。在这里，鉴定意见实际上成为司法者认定案件事实的基准。

司法实践中，普遍存在一种误解，即以鉴定机构的级别高低来决定对鉴定意见的取舍。当几个鉴定机构出具的鉴定意见不一致时，一般只相信较高级别的鉴定机构所出具的鉴定意见，而对于较低级别的鉴定机构所出具的鉴定意见，则不敢采信，更不敢作为事实判断的基础。这种做法既不符合确定证据的客观实际标准，在适用上也于法无据。

经典案例：
鉴定意见的
法律效力

■ 第四节　国外关于鉴定意见的立法、理论和实践

一、英美法系关于鉴定意见的立法和理论

（一）英美法系对鉴定人职能属性的界定

在英美法系国家，鉴定人或鉴定专家，被当作广义上的证人或充当一般证人来看待，例如，《美国联邦证据规则》第 702 条规定："如果科学、技术或其他专业知识有助于事实审判者理解证据或者确定系争事实，凭其知识、技能、经验、训练或教育够格为专家的证人，可以用意见或其他方式作证。"在英美法系国家看来，专家证人应当具备以下四个基本条件：①作为专家证言所表达的意见、推论或结论，是依靠专门性的知识、技能和培训作出的，而不是依靠陪审团的普通经验；②作为专家证人，在法庭上必须表明其作为某一特定领域内的专家所具有的经验，并证明其拥有能够胜任该种工作的能力；③作为专家证人，必须对自己的意见、推论或结论作出合理的肯定（很可能）程度的证明；④作为专家证人，应当首先表明其对待证事实有关的证据材料作出的有根据的意见、推论或结论，并且必须对依据有关事实提出的假设性问题作出肯定性回答。[1]

在英美法系国家，虽然鉴定人被当作一种证人看待，但是，这种专家证人与一般证人的主要相同之处在于，对鉴定人的口头询问在程序上除了少数例外情形，与询问一般证人的规则基本相同。同时，英美法系国家的鉴定人也可采取与其他证人相同的方式由当事人带上法庭，像对待一般证人那样对其进行主询问和交叉询问。二者的重大差别在于，专家证人在其提供证言的范围内，必须具有某一特殊专业的知识、技能和经验；在一般情形下，专家证人不能直接证明有关的事实，而只是从有关事实材料基础上作出推论，也就是说，他们所作出的这种推论与法庭所要求证明的待证事实之间具有关联性，而一般证人通常只能就其亲眼看见的与案件事实有关的情况予以证明，即只允许证明某一案件事实的存在，而不允许就案件事实情况进行推论、推测或发表意见。

（二）英美法系鉴定人制度的特点

在英美法系国家，鉴定人制度主要具有以下特点：

1. 鉴定意见不作为独立的证据方式。鉴定人作为专家证人，与普通证人同

[1]　[美] 乔恩·R. 华尔兹：《刑事证据大全》，何家弘等译，中国人民公安大学出版社 1993 年版，第 344 页。

第十四章

样适用一般证人规则,因此,在证据法上对鉴定人与证人、鉴定意见与证人证言之间不作明确的区分。对此,有的英美法学者认为,证人证言与鉴定意见之间不存在本质上的区别,证人在证述他所耳闻目睹的案件事实时,实质上就是在陈述他自己对案件事实的分析与判断,这种含有推理过程的分析与判断是以普通人所具有的知识结构为前提的;鉴定意见则是以专门性知识以及特别经验为基础对专门问题所作出的结论性意见。因此,二者之间的区别仅限于知识程度、范围和结构上的差别。从这个意义上说,鉴定人等同于证人,故鉴定人又被称为"有学识的证人"或"科学的证人"。

2. 专家鉴定人一般由当事人选择传唤,法院可以自行决定或根据当事人的申请指定经当事人同意的任何专家证人,[1] 而由法院选定鉴定人并不作为常规的形态。

3. 询问鉴定人可以作为一种证人作证的形式,因此,对鉴定人的询问适用一般证人规则,即由双方当事人分别进行主询问和反询问。

(三)英美法系关于鉴定意见的质疑程序

在英美法系国家看来,现实的生活是繁纷复杂的,在包罗万象的案件事实当中,事实审理者需要专家的协助,因为从许多案件来看,证实待证事实的方法常常超出对该问题在事实认定上作出结论的事实审理者的能力。

英美法系国家将对鉴定人的询问明显划分为主询问与反询问两种方式,实际上是为双方当事人就鉴定事项确立的一种对抗性机制,即借助对鉴定事项的攻击与反攻击,使鉴定意见(或称专家证言)的证据力最终映现出来。因此,这种对有关鉴定事项的交叉询问是揭示鉴定意见证明效力的最有效的一种装置。

(四)英美法系对鉴定意见的审查与采信

在英美法系国家,对普通证人和专家证人采用不同的规则,即普通证人只能提出以印象、直接感知为基础的证述,而专家证人的意见既可以以印象也可以以推理为基础,并且允许专家证人从某些基础事实上进行推理和发表有关意见,而普通证人对其直接感知的印象所作出的证述则不能就此发表意见或者进行有关推断。当然,从案件事实的认定而言,法官的内心确信并不受鉴定人推理的约束。

根据美国的立法,对专家证人的资格审查主要由当事人或其律师来进行。其审查一般包括两方面的内容:①由聘请该鉴定人的当事人或其律师进行审查;②由对方当事人或其律师进行审查。其中,由对方进行的审查系主要的审查方式,其审查的目的在于对有关鉴定人的资格和能力等方面提出疑问,从而影响

第十四章

---

[1] 参见《美国联邦证据规则》第706条。

和动摇对方所提供鉴定意见的真实性和可靠性。

根据美国的法律规定，专家证人所作的鉴定意见对法官或陪审团并不能产生当然的约束力，也就是说，法官或陪审团在认定案件事实时可以酌情自由决定是否采信专家证人的意见或推论。这是因为，认定案件事实属于法官或陪审团的职责范围，而鉴定意见和专家证言只是一种证据，对此证据是否采信或如何取舍只能由法官或陪审团根据其自由心证来裁量，并应根据内心确信的程度来决定对案件事实的认定。

二、大陆法系关于鉴定意见的立法和理论

（一）大陆法系对鉴定人职能属性的界定

在大陆法系国家（或地区），专家鉴定人往往被当作狭义上的专业人员来看待，鉴定人被限定为少数具有大学和大学以上文化程度，以及在各种行业具有特殊专业才能和名望的人士。因此，大陆法系所谓的专家，常常是指建筑师、会计师、律师、工程师、土地房屋调查师等获得资格认证或具有较高学历的人士。

在法国，专家被视为法院的组成人员，必须公正无私，专家按照法官的指令将鉴定意见作为发现事实真相的一种方式。在意大利，专家被视为法院的辅助人员，是法官的助手，而非证人，其职能是协助法官收集证据并对有关证据进行评估。专家鉴定在证据方式上属间接证据的范畴。专家就案件事实所提供的技术咨询可涉及任何专业、学科、行业或技能领域。在西班牙，鉴定人为一种专家证人，不过西班牙的专家证人更像法官助手，而不同于普通证人。他们由当事人合意选任，按照特殊的经验法则帮助法官来确认有关待证事实问题。在我国台湾地区，鉴定是在受诉法院监督下进行的。法院不但有权参与鉴定，还可以随时听取鉴定人的意见，并且还应监督鉴定的进度；如认为所采用的鉴定方法有欠妥当或有其他不当情形时，可以随时撤换鉴定人；如果在鉴定书作成后，法院对其有疑问时，可以指令他人重新鉴定。鉴定人作为法院的辅助机关，其作出的结论性意见并无约束法院的力量。[1]

（二）大陆法系关于鉴定意见的质疑程序

尽管两大法系各国（或地区）对鉴定人制度在理论认知上存在较大差异，但是有一点却是共同的，即允许当事人及律师享有提出质疑的机会。这是构成鉴定意见作为事实认定基础的必要正当程序。

按照大陆法系国家（或地区）的做法，鉴定人的意见一般以书面方式作出。

第十四章

----

[1]　陈玮直：《民事证据法研究》，新生印刷厂1970年版，第63~64页。

鉴定意见涉及的技术领域，往往因其专业性过强而使法官不能借助通常知识予以核实时，则一般允许鉴定人享有更为广泛的自由予以考虑、分析和判断。但是，为了使有关当事人享有对鉴定意见予以质疑的机会，大陆法系国家（或地区）一般允许当事人及其律师要求鉴定人出庭作证，以便让鉴定人就其鉴定意见进行辩解，并对鉴定意见得出的过程和采用的方式予以说明。

关于质疑的程序和方式，大陆法系国家（或地区）一般在立法上规定准用对证人的询问。除日本以外，大陆法系国家（或地区）对鉴定人的询问不明确划分主询问与反询问，对鉴定意见的质疑，主要是在一方当事人认为鉴定意见对其不利时提出。质疑一方对鉴定意见的攻击，可以包括鉴定人的资格、经验、送检材料、鉴定程序、鉴定方式等诸多方面，也可以包括有关外界因素对鉴定人的某些不良影响。而作为对抗，对方当事人可以通过询问，援引有关"可靠"性信息来增加该鉴定意见的可信度。

（三）大陆法系对鉴定意见的审查与采信

在大陆法系国家（或地区），虽然鉴定人通常由法院来选任，并往往被视为法官的助手，但是，法官作出裁判时并不受鉴定人的鉴定意见的限制。法官对鉴定意见的审查判断主要通过两种方式进行：①法官凭借自己的知识、经验，结合与案件有关的其他证据对鉴定意见进行自由裁量，以便获得心证，从而确定鉴定意见的证据分量；②借助双方当事人对鉴定意见的评价、质疑或辩论，对相关疑难之处让鉴定人当场加以进一步阐释和说明，有助于法官发现真实。例如，根据《德国民事诉讼法典》第412条的规定，因鉴定结果不能获得预期效果而产生相应证据力时，法官可依职权决定进行重新鉴定。《法国民事诉讼法典》第283条规定，当法官认为鉴定意见仍不足以说明情况时，法官可以在当事人在场，或者传唤当事人到场的情况下，询问鉴定人。

总之，就大陆法系而言，一些大陆法系国家（或地区）既侧重于鉴定人制度的辅助工具职能，又兼具证据方法功能，即虽然将鉴定人与证人明确予以界定，并将鉴定人视为法院的助手，甚至同僚伙伴，但是，法院对事实的认定依然坚持自由心证，不受鉴定人意见的束缚或限制，并从立法和司法上通过特定的程序规则使鉴定人的意见接受当事人及其律师的质疑。而另一些大陆法系国家（或地区）则倾向于将鉴定人仅作为证据方法。大陆法系国家（或地区）多将鉴定人与证人一并作为与物证相对应的人证来看待，除特殊情形外适用相同规则。而英美法系国家则将鉴定人作为证人对待，并完全视鉴定人为一种证据方法，鉴定人主要由当事人选用，实行交叉询问的方式。这是两大法系国家（或地区）关于鉴定人和鉴定意见的主要不同之处。

三、国内外关于鉴定意见的新技术成果

（一）测谎鉴定

测谎鉴定，又称心理测试或心理测定，是指鉴定人根据心理学、生理学、语言学、现代电子学和其他应用科学技术的有关原理，借助一定的仪器设备测量被测试者回答问题时的生理反应，以确定被测试者当时的心理状态，判断其回答的可靠程度的鉴定形式。测谎鉴定所使用的仪器称为测谎仪。

测谎技术最早起源于美国。1923 年，美国的一些法律专家接受了 19 世纪末意大利人类学派的刑法理论，鼓吹使用"科学器械"来取得和审查被告人口供。从实验结果看，"测谎仪"对测定谎言有一定的效用。伴随科技的进步，测谎技术也不断发展和更新，除了多道生理参数测试，还发展了瞳孔、声音分析、脑电波测谎技术。测量的软件系统也在发展，出现了多种不同模式的测量方法和计算机识别系统，测谎仪的有效性也在不断提高。如今已有五十多个国家在应用和发展测谎技术，其不仅在诉讼中使用，还广泛适用于刑事侦查、海关缉私、缉毒、招募雇员等领域。

测谎仪的全称为"多参量心理测试仪"，是综合心理学、生理学和现代电子学及其他应用科学技术设计而成的。其基本原理是：因担心所编造的谎言被揭穿，说谎者在被询问到有关谎言的内容时，会产生一定的心理压力；涉及与案情有关的问题时，受试者会出现相应的生理反应，如血压、脉搏、呼吸和皮肤电阻会发生相应的改变，测谎仪可以记录这些改变，尤其是植物神经系统的生理变化，就可以判定是否撒谎。[1]

直到 20 世纪 80 年代，我国才开始研究和引进测谎仪，并逐步将测谎结果运用于刑事侦查和刑事审判活动中。据报道，在我国刑事侦查实践中，部分公安机关自 20 世纪 80 年代开始已在使用测谎仪和测谎鉴定意见；有的人民法院在 1994 年就设立了测谎室；1998 年 4 月，某市中级人民法院在审理一起毒品走私案件时，运用测谎仪对 4 名被告人进行了"谎言测试"，测试结果为认定此案证据提供了参考依据。另据报道，云南省昆明市中级人民法院于 1997 年在审判实践中引进并应用了测谎仪。测试前一般要做好三方面的准备工作：①详细了解案情，深入收集材料，认知网络中的关键点，建立正确的信息搜索方向，正确引导测谎问题的编制、设计和操作过程。②了解被测者的个人情况。如被测者对案件所持的总体态度、对案件具体事实和情节所持的观点、被测者的个人情况等。③依据上述情况编制测谎计划。正式测试开机前，测试者把测试的过程、

---

[1] 杨文俊：《事件相关电位与测谎》，科学出版社 2015 年版，第 107 页。

要求、回答问题的内容、范围及回答要求都让被测者提前了解，让其适应环境，做好准备。测试中，由测试者问话，被测试者只回答"是"或者"否"，由测谎仪测试被测试者回答的问题是"真"还是"假"。目前，云南省昆明市中级人民法院的测谎仪已在公安机关侦查的杀人案、法院审理的走私、贩卖毒品案中发挥了鉴别真伪的作用，真凶归案，罪犯认罪。

测谎仪在刑事诉讼中的应用已成为现实，这就为刑事诉讼理论界乃至立法机关提出了新的课题。如何规范测谎仪的应用来证明案件事实？如何看待测谎结果，是把它作为刑事诉讼中的独立证据，还是仅作为审查判断证据的一种手段？

测谎仪在国内外悄然兴起的时候，我国理论界也展开了讨论。讨论的问题主要集中于测谎鉴定是否具有容许性，以及测谎鉴定意见是否具有证据能力。对此，主要有三种观点：

1. 用测谎仪审查被告人口供不可靠。因为即使是无罪的人在受审的特殊情况下测试，也会因紧张而引起生理参量的变化；如果是一个狡猾老练的惯犯因心理训练有素，说谎不脸红，在受审的特殊情况下测试，可能其生理参量变化不大或没有变化。因而反对进行测谎鉴定，反对使用测谎仪。[1]

2. 测谎仪的测试结果可以成为侦查的向导，但不宜作为定案的根据。在刑事侦查中，面对众多的嫌疑人，采用必要的测谎技术，可以相对缩小侦查范围，有利于赢得侦查时间，及时获取必要的证据，为采取必要的侦查措施提供有力的支持。但是，不宜将测谎仪的测试结果作为定案的根据，原因是：①测谎仪的测试结果不是法定的、独立的诉讼证据。测谎仪是对涉案人员身体各种生物参量的测试，不是对案件事实本身的收集和鉴定。②如果允许把测谎结果作为定案的依据，势必影响公安司法人员收集其他必要证据，从而不利于案件的正确处理。③测谎仪的测试结果最终要落实到被测试者是否作出有罪的供述，即要以犯罪嫌疑人供述和辩解的形式体现出来，才有证据效力，才能增强公安司法人员的定案信心。从这个意义上说，测谎仪的测试只是审查判断证据（仅限于人证）的一种辅助方式。[2]

3. 既承认测谎鉴定的容许性，也承认测谎鉴定意见的证据能力。[3]

我们同意第三种观点。在我国，根据《人民警察法》第16条的规定，公安机关因侦查犯罪的需要，可以采取技术侦察措施。所谓技术侦察措施，可以理

---

[1] 陈一云主编：《证据学》，中国人民大学出版社1991版，第349页。
[2] 李忠诚："如何看待'测谎仪'"，中国诉讼法学研究会1999年会论文。
[3] 宋英辉："关于测谎证据有关问题的探讨"，载《法商研究》1999年第5期。

解为包括测谎鉴定。测谎结果作为测试人员运用其知识和技能分析通过仪器记录的被测验人的生理反应所作出的判断结论，应认为其具有证据能力。在证据类型中，应属鉴定意见。

否认测谎仪的测试结果是独立的诉讼证据（即鉴定意见）的人认为，刑事诉讼证据是能够反映案件真实情况的客观事实，而测谎结果不是对案件事实本身的收集和鉴定，它与鉴定意见不同：①二者的对象不同。鉴定的对象是案件事实本身，如伤情鉴定、血型鉴定、精神病鉴定等，这些都是针对客观存在的事实，需要鉴定人作出明确的判断，得出结论，而测谎仪测试的对象是涉案人，是对涉案人生理参量的测试。尽管生理参量与人是否说谎有一定联系，但不能因生理参量变化就说涉案人就是行为人。②二者采用的方法不同。鉴定是鉴定人根据专门技术知识，如痕迹检验学、医学等，对案件事实作出检验鉴定得出结论性意见，而测谎仪的测试运用的是纯机械的手段获取测试结果。前者是专门知识对案件事实上的认识，后者是机械手段对涉案人心态的测试。[1]

尽管测谎具有自身的一些特点，但测谎与鉴定之间并不存在本质上的差别。测谎的证明作用只是表明被测试人是说了真话还是撒了谎，并不能回答被测试人是否实施了被控罪行。测谎鉴定意见必须与其他证据结合起来进行审查判断。因此，我们对测谎仪的功能应当有一个清醒的认识，对它在刑事诉讼中的作用应当持慎重的态度，不能夸大。一般来说，若测谎鉴定意见对被测试人不利，还必须收集到足够的其他有罪证据，才能认定被测试人实施了被控罪行，而不能仅凭测谎结果或者依据测谎结果和尚不充分的其他有罪证据认定被测试人有罪。若测谎鉴定意见对被测试人有利，而案内又没有足够的有罪证据，在未能收集到其他有罪证据的情况下，则只能作出无罪认定。

经典案例：
测谎结论可
作为间接
证据使用

总之，我国刑事诉讼中测谎鉴定意见所面临的问题，不是价值判断问题，而是如何进行规范，如何保证其准确性的问题，如测谎鉴定的组织和实施、测谎人员的资格、实施测谎鉴定的条件、测谎鉴定意见的审查判断问题。这些问题，尚待进一步研究。

（二）DNA 鉴定

20 世纪中叶，科学家发现软肋的遗传因子染色体的主体成分是蛋白质和 DNA（脱氧核糖核酸），其中只有 DNA 才是包含遗传信息的遗传物质。不同个体 DNA 分子的多样性和特定个体 DNA 分子的特异性，构成了 DNA 鉴定的生物

---

〔1〕　李忠诚："如何看待'测谎仪'"，中国诉讼法学研究会 1999 年会论文。

基础。[1] DNA 分析应用于法医学鉴定是近二十多年来的事，目前发现的 DNA 多态位点越来越多，分析技术越来越精巧、简便、快速、经济、实用。世界上有一百二十多个国家和地区已应用 DNA 分析技术办案，解决刑事（如杀人、强奸）、民事（亲子鉴定）纠纷问题，以及追查尸体身源，包括战争及大型灾难中遇难者的个人识别等，个人同一认定接近 100%。DNA 分析的法医学应用使以往只能检测基因编码的酶或蛋白质水平飞跃到直接检查基因的分子水平，是法学物证检验史上的一场重大革新。

1985 年，穆利斯（Mullis）发明了聚合酶链反应（Polymerase Chain Reaction, PCR），使 DNA 的体外复制变成了现实。1988 年，Saiki 等将耐热 DNA 聚合酶引入 PCR，提高了扩增反应的特异性和效率，简化了操作程序，并实现了 DNA 扩增的自动化，迅速地推动了 PCR 的应用和普及。PCR 能够在体外快速、特异性地扩增靶 DNA，已成为当今重要的分子生物学技术之一。法医物证应用 PCR 技术扩增人类基因组 DNA 中高度多态性位点，扩增产物经过片段长度多态性分析或序列多态性分析研究不同个体间 DNA 分子水平上的差异及其遗传规律，在个人识别、亲子鉴定中发挥了重要作用。由于 PCR 能够在短时间内扩增靶 DNA 至百万拷贝，使生物性检材鉴定的灵敏度得以空前的提高，特别是 STR-PCR 复合扩增技术，它的个别识别率可达到百亿分子，灵敏度达到 0.1ng DNA，即 1ul 血斑，非常适用于微量及腐败物证的检验。继 DNA 指纹后，PCR 被誉为第二代 DNA 分型技术，短短几年内，PCR 技术已在法医物证鉴定中迅速得以推广和应用。

我国很早就引进了 DNA 鉴定技术，但主要用于重大刑案的侦破工作，直到 1989 年才首次进行了亲子鉴定。近几年来，DNA 鉴定技术又结合了基因序列测定技术，对个体基因身份的鉴别率大幅度提高，目前肯定生物学父子关系的准确率在 99.999% 以上，否定生物学父子关系的准确率则更高，几近 100%。随着技术的稳定和费用的下降，进入 21 世纪后，DNA 鉴定技术在我国的应用范围迅速扩大。在法医学上，这项技术已在被拐卖妇女、儿童认领、重大案件认证等方面起到了重要的作用。北京、上海等大城市还建立了一定规模的 DNA 罪犯数据库。在社会生活中，从移民签证、寻根，到为孩子上户口、非婚子女确认、怀疑配偶不忠、遗产继承、产房调错婴儿、被拐卖儿童寻亲等，DNA 鉴定技术都有非常广泛的应用。东南亚海啸过后，DNA 鉴定技术为受灾而死的人员身份确定提供了重要帮助。

虽然 DNA 鉴定技术在各类案件中的个体识别和各类 DNA 数据库建设方面的

---

〔1〕   易延友：《证据法学：原则 规则 案例》，法律出版社 2017 年版，第 301 页。

应用更为广泛，但我国大多数人却是通过亲子鉴定来认识这一技术的。因为每一个亲子鉴定的背后都有一个悲欢离合的故事，而且，近年来我国亲子鉴定的数量突然猛增。设在上海市的司法部司法鉴定科学技术研究所 2003 年做了 600 多例亲子鉴定，2004 年增加到 1000 多例。亲子鉴定是造福人类的利器，还是戕害家庭的毒手，是社会上争议最多的。事实上，亲子鉴定可能会影响家庭和社会的稳定，受伤害最大的主要是无辜的孩子。为此，最高法《婚姻法解释（三）》第 2 条对亲子鉴定予以明确的限制，确立了亲子鉴定在事实认定上的补充性原则。该条规定："夫妻一方向人民法院起诉请求确认亲子关系不存在，并已提供必要证据予以证明，另一方没有相反证据又拒绝做亲子鉴定的，人民法院可以推定请求确认亲子关系不存在一方的主张成立。当事人一方起诉请求确认亲子关系，并提供必要证据予以证明，另一方没有相反证据又拒绝做亲子鉴定的，人民法院可以推定请求确认亲子关系一方的主张成立。"

　　虽然 DNA 检验在理论上有较高的精准性，但是该检验结果受到采样、样品保管、试剂来源、设备品质、检验方法、操作技巧乃至 DNA 图纹处理等各种因素影响，结果的正确性难以达到 100%。因此，DNA 鉴定意见仅能作为间接证据。如要肯定嫌疑，必须与案内其他个人识别资料相互印证，并综合全案其他证据认定案件事实。

　　（三）声纹鉴定

　　所谓声纹（Voiceprint），是指用电声学仪器显示的携带言语信息的声波频谱，是通过声谱仪（语音学将其称为语图仪）显示的携带信息的语音声波图谱的通称。语音学中将其称为语图，法庭科学中通常称之为声纹。人的语言的产生是人体语言中枢与发音器官之间一个复杂的生理物理过程，身体在讲话时使用的器官——舌、牙齿、喉头、肺、鼻腔在尺寸和形态方面每个人的差异很大，所以，任何两个人的声纹图谱都有差异。每个人的语音声学特征既有相对稳定性，又有变异性，不是绝对的、一成不变的。这种变异可以来自生理、病理、心理、模拟、伪装，也与环境干扰有关。尽管如此，在一般情况下，声纹的鉴定仍能区别不同的人或确定是同一人的声音，从而可以进行个人身份识别。从 20 世纪 60 年代开始，声纹识别技术被广泛研究，并应用到了电话查询、电话交易、个人身份证明乃至侦查技术等诸多领域。

　　声纹鉴定（Voice Identification）是指通过声谱仪对未知人语音材料（检材）与已知人语音材料（样本）的语音声学特征进行检测比对和综合分析，以作出是否同一的判断过程。主要包括人声声纹鉴定和音乐声纹鉴定两种。人声声纹鉴定的主要任务是对民事案件当事人、刑事案件中嫌疑人声音与现场录制的人声进行人声是否同一的行政、司法鉴定。在处理民事纠纷中，确认嫌疑人声音

第十四章

与现场录制的声音是否同一,作为与当事人进行调解时的依据;在处理涉嫌盗版侵权纠纷中,确认有盗版嫌疑的音乐与正版音乐的音源是否同一,作为与相关单位进行调解时的依据。

音乐声纹鉴定针对光盘(如 CD、VCD、DVD、MD)、DAT、磁带等的音乐进行,主要任务是对各地在办理音乐侵权盗版案件中的相关盗版音乐与正版音乐进行音源是否同一的行政、司法鉴定。在刑事案件以及民事纠纷或涉嫌盗版侵权纠纷需通过诉讼手段解决时,声纹鉴定可以作为法庭证据,为法官审判、定罪量刑提供重要的依据。音乐声纹鉴定包括三方面内容:①检材歌曲和样本歌曲整首歌曲的音源是否同一的鉴定;②检材歌曲和样本歌曲中背景音乐的音源是否同一的鉴定;③检材歌曲和样本歌曲中演唱者的音源是否同一的鉴定。

声纹鉴定的基本方法可以概括为"听、看、测"三个字。

1. "听",就是听辨检材的样本的全部语音材料,对有关方言、语音速度、言语习惯、鼻音轻重、音高、变音、变调、节奏、声源谱特性(声音的厚薄、余音的强弱)、清晰度、流畅度、口头语、赘语、虚词、言语缺陷(口吃、大舌头等)以及是否伪装等进行辨别。另外,还要听辨语义、词汇、语法及其表达方式的异同,最后得出相似或差异程度的评价。

2. "看",就是视谱鉴别,观察、分析检材样本的相同语音材料(语句、语词、音节、音素)的声学模式,作出相似或差异程度的定性评价。这可是个非常复杂的技术过程,因为声纹是言语的多种声学特征图谱,因此,声纹的形态也是多种多样的,有带状(宽带、窄带)谱、曲线谱、线状谱和连续谱等,声纹鉴定一般至少要对六种图谱进行观察和定量检测。这六种图谱是:

(1)波形图,即声波的图形,它表征振幅随时间的动态变化。

(2)振幅曲线,是语音波的振幅包,是一条高低起伏的曲线,表示语音强弱。

(3)基频曲线,是表征声音的基础频率随时间变化的动态曲线,又称声调曲线。

(4)三维声谱,表征声音的频率、强度和时间的关系的曲线,又包括两种形式:①宽带语谱,其特点是时间分辨能力较强,但频率分辨能力较弱;②窄带语谱,其特点与前者相反。

(5)过零率曲线,表征声音波形通过横坐标的比率与时间的关系,用于分析某个音是嗓音还是噪音,或者是辅音的浊化现象。

(6)二维声谱,是声音的振幅随时间变化形成的,包括瞬时频谱、光标间功率谱、长时平均功率谱三种频谱。

3. "测",是在听辨和视谱的基础上,对检材和样本的相同语音材料的主要声学特征参量的数值,包括振幅曲线参量、基频曲线参量、音节时长、长时平均功率谱参量、长时平均声调参量等进行统计对比,得出是否同一的定量评价。

第十五章

勘验、检查、辨认笔录和现场笔录

　　根据《刑事诉讼法》第50条的规定，"勘验、检查、辨认、侦查实验等笔录"，属于法定证据种类的一种。加上《民事诉讼法》第63条所规定的勘验笔录，以及《行政诉讼法》第33条所规定的勘验笔录、现场笔录，这些共同构成了我国诉讼证据制度中独立类型的笔录证据体系，具有内容的客观性、制作的规范性以及证明案件事实的间接性等特点。

　　《刑事诉讼法》虽然将侦查实验笔录作为独立的证据种类，但立法上将侦查实验笔录规定在第二编第四节"勘验、检查"中。《刑事诉讼法》第135条第1、2款规定："为了查明案情，在必要的时候，经公安机关负责人批准，可以进行侦查实验。侦查实验的情况应当写成笔录，由参加实验的人签名或者盖章。"最高法《刑诉法解释》第91条规定，对侦查实验笔录应当着重审查实验的过程、方法，以及笔录的制作是否符合有关规定。侦查实验的条件与事件发生时的条件有明显差异，或者存在影响实验结论科学性的其他情形的，侦查实验笔录不得作为定案的根据。除上述特别规定外，侦查实验笔录参照适用勘验、检查的相关规定。鉴于此，本书不再单独讨论侦查实验笔录问题。

■ 第一节　勘验笔录

一、勘验笔录的概念、意义和历史渊源

　　勘验笔录，是指公安司法机关对于与案件有关的现场进行勘查、检验时所制作的实况记录。勘验笔录主要是用文字形式固定勘验工作情况和现场状况。勘验笔录及时固定现场原貌，是证明案件现场状况的重要证据材料，经查证属实，可作为定案的根据。由于勘验笔录以书面形式反映现场或物品的客观情况，而不是以物品本身的形状、特征直接证明案件事实，所以它既非书证，也不是物证，而是一种独立的诉讼证据。

第
十
五
章

　　在我国，勘验、检查不包括对文件的"勘验"。勘验、检查既是发现与获取物证、书证的重要手段，也是制作勘验、检查笔录的前提。我国刑事诉讼中的勘验、检查笔录，是侦查人员、审判人员对于与犯罪有关的场所、物品、尸体和人身进行勘验、检查所作的实况记录。在刑事诉讼中，由于现场、物品、尸体、特定的人身与犯罪有某种客观联系，常常留有据以了解案件真实情况的各种信息，因而科学的勘验、检查和全面准确的记录，能客观地反映现场、物品、尸体或人身的各种情况。这就为司法人员研究分析犯罪的时间、地点、作案人数、作案的具体方法、手段、过程等，提供了重要的依据，从而有助于确定侦查方向和范围，正确认定案件性质，查获犯罪分子。同时，勘验、检查记录也是固定证据的重要手段，当司法人员需要了解现场某一具体情况时，勘验、检查笔录能够成为考查的依据，必要时还可根据笔录的内容恢复某些现场的原始状态。民事诉讼与行政诉讼中的勘验笔录，对于查清民事、行政纠纷发生的原因和发展过程，判明损害的程度、后果，确定当事人间的权利与义务，正确处理民事和行政案件也具有重要作用。此外，通过勘验、检查笔录，还可审查勘验、检查过程是否合乎法定程序的要求。

　　勘验、检查笔录源自古代。在《汉谟拉比法典》中，有若干进行水审、火审的规定。虽然当时采神示证据制度，但是要经水、火的考验自然需要由司法官吏亲临现场观察查验。例如，《汉谟拉比法典》规定，倘自由民以其婴儿交与乳母，而此婴死于乳母，乳母并不告知其父母而易之以他人之婴，应被割下乳房。执行这一规定，司法官吏对于死婴及所易之婴需要亲自查验。尽管法典对勘验、检查没有明文规定，但仍可以认为当时诉讼中已存在勘验、检查活动。

　　在我国古代的司法制度中，即已重视勘验、检查。强调官吏亲自坐堂问案，而个人主观决判是我国古代证据制度一大特点。早在《周礼》中便有以"五听"来断狱的记载。所谓"五听"，即"以五声听狱讼，求民情：一曰辞听（观其言，不直则烦）；二曰色听（观其色，不直则赧然）；三曰气听（观其气息，不直则喘）；四曰耳听（观其听聆，不直则惑）；五曰目听（观其眸子视，不直则然）"。据《礼记·月令》记载："孟秋之月……命理瞻伤、察创、视折、审断。决狱讼，必端平。"这就是说，周代已要求治狱之官的"理"，应以瞻、察、视、审等方法，对人体的皮、肉、骨等伤情进行检验，以保证公平裁判案件。到了封建初期的秦王朝，据《睡虎地秦墓竹简》的记载，当时办理刑事、民事案件，不仅需要对现场、尸体、人身等进行勘验、检查，而且还需要将上述活动的过程与结果记录在卷，作为司法官吏裁断案件的凭据之一。其中一些记载还总结了若干经验教训，具有一定的科学性、实用性。如认为舌不吐出，口鼻没有叹气的样子，绳子勒过的痕迹未瘀血，绳索紧系颈上不能把头脱出，就不能确定是自缢。故怀疑为自缢而亡者，必须对上述各项详加勘验、检查。秦后历代王朝，都有关于进行勘验、检查的法律规定，甚至还有这方面的专业著作。南宋宋慈所著《洗冤集录》，就记载了当时关于法定验尸文书格式等的规定。如规定："诸初、复验尸格目，提点刑狱司依式印造，每副初、复各三纸，以《千字文》为号凿定，给下州县。遇检验，即以三纸先从州县填讫，付被差官。候检验讫，从实填写。一申州县，一付被害之家（无即缴回本司），一具日时字号入急递，径申本司点检（遇有第三次以后检验、准此）。"[1] 据此可知，勘验、检查程序及其笔录，当时已经规范化了。

二、勘验笔录的内容

勘验笔录由现场文字记录、现场绘图和现场照片三部分组成。这三方面内容以不同形式、从不同角度完整地反映现场状况，客观、系统、全面地反映现场勘查的全过程和勘查结果，以及发现、提取痕迹、物品及其他物证的情况。

（一）现场文字记录

这是指记载现场实地勘验结果的文字材料，属于法定的诉讼证据之一。

1. 现场文字记录的内容结构。它通常分为前言、叙述事实和结尾三个部分。

（1）前言部分。包括：①受理报案的情况。内容有标题；接到报案的时间；案件发生或者发现的时间、地点；报案人与被害人的姓名、职业、住址以及他们所陈述的发生或发现的经过情况等。②现场保护的情况。内容有现场保护人员的姓名、职业，到达现场的时间，采取的措施和保护过程中发生的情况等。③参加现场勘验指挥员和侦查技术人员的姓名、单位、职务；被邀请的见证人的姓名、职业和住址。④现场勘验的日期和起止时间；当时的气候、光线和温度条件等。

（2）叙述事实部分。包括：①现场的地址，以及实施勘验的处所、地段的具体位置、范围、性质、特征和周围的环境、道路等。②现场状态。包括房间的结构、用途；门窗或者其他可供进出的通道有无破坏和进出的痕迹，以及痕迹的分布情况等；家具陈设有无移动或者破坏的情况等。③检验方法与结果。包括勘验的顺序，勘验、检查的重点部位和客体；运用的科技手段和方法，以及勘验检查所取得的结果；发现的痕迹、物品及其种类、大小形状及其他特征等。④现场发现的矛盾和反常情况。

（3）结尾部分。包括：①对现场发现的尸体的处理情况。②发现提取痕迹物品的名称、数量。属于贵重物品的应当记明体积、重量、标记、编号等。

---

[1]　（宋）宋慈：《洗冤集录校译》，杨奉琨校译，群众出版社1980年版，第5页。

③记录现场图的种类、数量，照相、录像的内容和照录镜头的数量。④参加现场勘验的指挥员、侦查技术人员签名。⑤见证人签名。

2. 制作现场勘验笔录应当掌握的要点：

（1）笔录记载的顺序应当与现场勘验的实际顺序一致。即先勘验的部分先记录，后勘验的部分后记录，以避免记载出现紊乱、重复或遗漏。为便于制作和了解笔录的内容，可以在笔录中加入提示性的小标题，以标明各部分的内容。

（2）笔录记载的内容要客观准确。笔录中所记载的内容，只能是侦查技术人员在勘验过程中，通过视觉、听觉、触觉、嗅觉或者通过一定的检验仪器所直接感知的那一部分客观事实，而侦查技术人员对现场情况的一切推断不得记入笔录。对于痕迹物品的大小距离的记述，应当使用国家统一规定的计量单位，用数字表明。

（3）笔录应当当场制作定稿，一经有关人员特别是见证人签字后不能改动。如果发现笔录中有错误或遗漏之处，可另作更正或补充笔录。

（二）现场绘图

现场绘图是指运用制图学的原理和方法，固定和反映犯罪现场情况的一种记录形式。现场绘图按表现的形式，可分为平面图、平面展开图、立体图、现场立面图、剖视图、地貌图、综合图、分析图。平面图是以平等垂直投影原理绘制的一种水平俯视图，现场的房屋和各种物体、痕迹的位置、距离以及相互间关系，都以平面的形式标明在图纸上。平面展开图是以平面图的形式，反映现场水平俯视面、平视面和仰视面上物体、痕迹以及相互间的距离。现场立面图是反映立体物的一个平面，所呈现的面没有任何透视变化。室内平面图反映的是现场内部情况，立面图反映的是现场外部情况。剖视图是按透视原理把现场内部互相联系的各个部分、各种物体、痕迹的位置和相互关系标示出来的一种图形。绘制时可以根据需要，设想把现场的房屋结构从某个部分切开，或者仅仅把阻挡视线的外墙删去，以反映出现场内楼上楼下、室内室外的关系，以及弹道的贯通、血迹的分布情形等。地貌图是以符号或等高线形式表示现场地貌，包括各部分的位置、形态、大小、高低、坡度等的一种图形。综合图是以多种绘图的形式组合绘制在一起的一种图形。分析图是为了分析案发前的现场客体的原始位置而绘制的一种现场图。

（三）现场照片

勘查任何一个现场，都应拍摄现场方位照片、现场全貌照片、现场重点部位照片和现场细目照片。现场方位照片主要反映犯罪所在的地理位置及其周围环境关系。现场全貌照片主要反映犯罪现场及其内部状况。现场重点部位照片，主要是反映现场与犯罪有联系的重点物品和部位的状况、特点，以及痕迹、物品间的联系。凡能说明案件性质、反映案件特点、表明物证来源等的重点部位，都应一一拍照。现场细目照片是固定犯罪现场痕迹及其他物证特征的照片。

三、勘验笔录的制作

根据我国《刑事诉讼法》、《民事诉讼法》和《行政诉讼法》的有关规定，制作勘验笔录的程序要求是：

（一）由侦查、审判人员主持制作

刑事诉讼中的勘验，在侦查阶段是一种侦查行为，应由侦查人员进行。虽然侦查机关在必要时可以指派或者聘请具有专门知识的人参加，但他们应在侦查人员的主持下进行勘验。将勘验的情况制成笔录，无论由何人书写，都应由侦查人员主持，以利于全面准确地记载各种情况。根据《刑事诉讼法》第130条的规定，侦查人员执行勘验、检查，必须持有人民检察院或者公安机关的证明文件。人民法院办理民事、行政案件，需要进行勘验时，当然应由承办该案的审判人员主持，勘验笔录的制作，是勘验活动不可缺少的组成部分，自然也要在审判人员的主持下进行。在司法实践中，勘验笔录一般是由负责勘验的侦查、审判人员指定专人制作，并应与勘验同步进行。

（二）邀请见证人见证，通知民事、行政诉讼当事人或者其成年家属到场

为了确保客观、公正地进行勘验、检查笔录的制作，应当邀请与案件无利害关系的公民做见证人。我国《民事诉讼法》第80条第1款明确规定："勘验物证或者现场，勘验人必须出示人民法院的证件，并邀请当地基层组织或者当事人所在单位派人参加。当事人或者当事人的成年家属应当到场，拒不到场的，不影响勘验的进行。"既然当事人或其成年家属应当到场，公安司法机关就应事先通知他们于何时何地参加勘验。通知他们参加，还可防止其以后对勘验笔录提出异议。

（三）应由勘验人等签字或盖章

为了确保勘验、检查笔录的客观、准确，保证有关人员对勘验、检查笔录负责和便于核查，勘验、检查笔录应由勘验人、当事人和被邀参加人等签字或者盖章。

■ 第二节　检查笔录

一、检查笔录的概念和意义

检查笔录，是指公安司法机关对与犯罪案件有关的物品、人身、尸体进行

检查时所制作的客观记录。《刑事诉讼法》第 131 条规定："对于死因不明的尸体，公安机关有权决定解剖，并且通知死者家属到场。"第 132 条规定："为了确定被害人、犯罪嫌疑人的某些特征、伤害情况或者生理状态，可以对人身进行检查，可以提取指纹信息，采集血液、尿液等生物样本。犯罪嫌疑人如果拒绝检查，侦查人员认为必要的时候，可以强制检查。检查妇女的身体，应当由女工作人员或者医师进行。"检查笔录与勘验笔录都是公安司法机关依法制作的反映现场状况和实地检查过程与结果的法律文书。检查、勘验笔录离不开检查、勘验。诉讼过程中的检查、勘验，是司法人员凭借自己感官的感觉，包括视觉、听觉、嗅觉和触觉以及侦查工具，对与案件有关的场所、物品、尸体、人身等进行观察、检验，借以收集证据，了解案件情况的活动。检查、勘验在侦查阶段属于侦查行为，在审判阶段属于法院的调查行为。

检查笔录能够客观地记载检查工作情况和被检查的物品、人身或尸体的特征，是证明案件事实的诉讼证据。同时，检查笔录所记载的内容，又可以成为审查、鉴别检查程序方法和手段是否科学、是否合法的重要根据。需要说明的是，检查的文字记录与照片、录音、录像、绘图同样构成检查记录的重要内容。对于公安机关的勘验、检查，人民检察院审查案件时，认为需要复验、复查时，可以要求公安机关复验、复查，并且可以指派检察人员参加。另外，检查笔录只是刑事诉讼证据，我国 2017 年修正的《民事诉讼法》和 2017 年修正的《行政诉讼法》均未将检查笔录列为证据形式。

二、检查笔录的制作

检查的情况应当写成笔录。检查笔录的制作，遵循与勘验笔录相同的程序要求，也是由侦查、审判人员主持制作，邀请见证人到场见证，通知当事人或者其成年家属到场，最后根据《刑事诉讼法》第 133 条的规定，由参加勘验、检查的人和见证人签名或者盖章。

■ 第三节　辨认笔录

一、辨认笔录的概念和特点

辨认笔录是指侦查人员在主持被害人、证人、犯罪嫌疑人对涉案物品、人员、场所等进行辨认的过程中制作的书面记录。

辨认笔录具有以下特点：

1. 独立的证据类型。《刑事诉讼法》第 50 条增加了辨认笔录这种证据种类，赋予了辨认笔录独立证据的地位。

2. 有较强的证明力。辨认笔录是以静态文字的方式全面、客观地呈现辨认活动的全过程、辨认结果。因此，既可以通过辨认对象来证明案件事实，也可以通过辨认过程来证实其本身的合法性。在证据的理论分类中，辨认笔录属于言词证据、直接证据、原始证据，证明力较强。

二、辨认笔录的分类

1. 依据辨认对象的不同，辨认笔录可以分为对人身、物品、场所的辨认。对人身的辨认主要是指被害人、证人对于犯罪嫌疑人的辨认，也包括犯罪嫌疑人对于同案犯和被害人的辨认，主要采用照片辨认和自然人辨认的形式。对物品的辨认包括现场遗留物、作案工具、赃物等，其目的是搜寻物证。对场所的辨认主要是为了确认作案地点，也包括对作案环境、路线、销赃地点的辨认。另外，还有对尸体的辨认这一特殊的辨认种类。

2. 依据辨认阶段的不同，辨认笔录可以分为庭前辨认和当庭辨认。

3. 依据辨认过程是否公开，辨认笔录可以分为公开辨认和秘密辨认。

三、辨认笔录的制作

在制作辨认笔录前，须遵循法定的辨认程序。根据最高检《刑诉法规则》、公安部《规定》等规定，辨认程序有以下要求：①辨认程序的启动均需经负责人批准；②辨认由侦查人员或者检察人员主持；③被辨认的人数，公安机关要求不得少于 7 人、照片不得少于 10 张；检察机关要求人数、照片均不得少于 5 人（张）；④被辨认物品的数量不得少于 5 件。

在制作辨认笔录时，应当贯彻辨认的主体与辨认笔录的制作主体分离原则。辨认的主体即辨认人，包括被害人、证人和犯罪嫌疑人，他们在刑事诉讼中处于诉讼参与人的地位，是案件的亲历者；辨认笔录则是由主持辨认活动的侦查人员制作的，是依法行使侦查权的体现。辨认笔录在刑事案件中往往是以辨认人的询问笔录或者讯问笔录的一个有机组成部分出现的，为了保障辨认笔录的客观性，辨认人不能亲笔书写辨认笔录。

四、辨认笔录的审查

按照最高法《刑诉法解释》第 90 条的规定，对辨认笔录应当着重审查辨认的过程、方法，以及辨认笔录的制作是否符合有关规定。经审查，认为辨认笔录具有下列情形之一的，不得作为定案的根据：①辨认不是在侦查人员主持下进行的；②辨认前使辨认人见到辨认对象的；③辨认活动没有个别进行的；

④辨认对象没有混杂在具有类似特征的其他对象中，或者供辨认的对象数量不符合规定的；⑤辨认中给辨认人明显暗示或者明显有指认嫌疑的；⑥违反有关规定、不能确定辨认笔录真实性的其他情形。另外，根据两院三部《办理死刑案件证据规定》第 30 条的规定，对于辨认笔录的审查判断主要在两个方面：①程序的合法性，即是否存在严重违反辨认程序和规则的情形；②内容的真实性，即辨认结果是否存在因程序违法而失真的情形。按照美国联邦最高法院确立的"门山辨认法则"，为了尽可能地避免辨认结果受污染，侦查人员在主持辨认时，不得通过言语、神态、表情等对辨认人的辨认活动施加影响，此即禁止暗示规则。

■ 第四节　现场笔录

一、现场笔录的概念

现场笔录，是指国家行政机关及其工作人员对违反行政法律规范的行为人当场作出处理而制作的文字记载材料。现场笔录只适用于行政诉讼之中。

二、现场笔录的特点

我国《行政诉讼法》第 33 条规定的证据种类把勘验笔录与现场笔录并列，是因为两者有所不同。现场笔录是国家行政机关在作出具体行政行为前，对有关事项当场所作的笔录，其直接目的是为行政机关的具体行政行为提供依据，只有当事人对该具体行政行为不服，向人民法院提起诉讼后，它才具有行政诉讼证据的意义。也就是说，现场笔录是由行政诉讼中的被告制作的，而刑事、民事和行政诉讼中的勘验笔录则是审判人员或侦查人员在诉讼过程中，为查明一定的案件事实，对与案件有关的场所、物品、尸体进行的勘查、检测、测量、拍照、绘图等行为所作的记录。

现场笔录还可以包含行政机关对违反行政法规的当事人讯问所作的笔录。

最高法《行诉法解释》第 41 条规定，对现场笔录的合法性或者真实性有异议，原告或者第三人要求相关行政执法人员出庭说明的，人民法院可以准许。

■ 第五节　域外关于勘验、检查、辨认和现场笔录的立法
和实践

一、域外关于勘验、检查、辨认和现场笔录的立法规定

许多国家和地区，尤其是大陆法系国家和地区的立法对勘验、检查、辨认和现场笔录作了规定。

例如，根据《意大利刑事诉讼法典》第 224 条的规定，需进行检查或勘验的情况及其形式有两种：①要查明犯罪的痕迹和其他物质后果时，以附理由的命令的形式决定对人身、地点和物品进行检查和勘验；②如果犯罪没有留下痕迹及物质后果，或者这些痕迹或后果消失、消除、消耗、改变或移动，司法机关将现实状况记录下来，并尽可能查明先存的情况，尽力确定情况变更的方式、时间和原因。司法机关可以制作标记、描绘、照相或者进行其他技术工作。司法机关可以对人身进行检查，对地点或物品实施勘验。

《日本刑事诉讼法》规定，法院为发现事实认为必要时，可以进行勘验。在勘验中可以检查身体、解剖尸体、挖掘坟墓、毁坏物件或作其他处置。检察官、检察事务官或者司法警察职员为侦查犯罪，在认为必要时，可根据审判官签发的命令文件进行勘验。根据逮捕状执行逮捕过程中以及因情况紧急而逮捕嫌疑人时，上述人员有权同时在现场进行勘验。该法还规定，记载有法院或审判官检验结果和书面材料，记载有检察官、检察事务官或司法警察职员的勘验结果的书面材料，供述人在公审期日作为证人受到询问且供述该材料的均可作为证据。

我国台湾地区"刑事诉讼法"与"民事诉讼法"均于"证据"一章中，将勘验鉴证与人证、鉴定等并列。勘验以法官或检察官的直接体验为其内容，具体包括物体检验、身体检查、现场勘验、尸体检验与解剖等。有的学者认为，勘验与证人证言、当事人陈述、鉴定意见、书证一样，是独立的证明方法。有的则将勘验视为一种"检证"行为，并认为它在程序逻辑上可分为单纯检证和复合检证，单纯检证是指由法院或检察官单独进行的检证。勘验的过程与结果应制作笔录，笔录需经在场人签名、盖章或按手印。勘验笔录同讯问笔录、扣押笔录等一样，是"得为证据者"的一种"证据书类"。[1]

---

〔1〕　陈朴生：《刑事证据法》，三民书局 1979 年版，第 425~432 页。

第
十
五
章

二、域外关于勘验、检查、辨认笔录的制作程序

勘验、检查、辨认笔录应依法定程序制作。多数国家对勘验、检查笔录的制作程序有明确规定。根据《法国刑事诉讼法典》的规定，司法警察官、检察官、预审审判官均有权进行勘验、检查。《法国刑事诉讼法典》第 54 条规定："司法警察官知悉有现行重罪案件时，应当立即通知共和国检察官并迅速亲自前往重罪现场踏勘，采取一切有必要的措施。"第 97 条规定："预审审判官或指派的司法警察官独自有权在扣押前先行检查文件。"上述活动均应制作笔录。《法国民事诉讼法典》第 179、183 条规定了法官亲自查证的程序，第 249~255 条则规定了法官委托具有专门知识的人进行勘验的程序。据此，法官得派遣其委托的人进行勘验。进行勘验得于任何时候命令之，其中包括在和解过程中或评议过程中；后一种情况，应通知当事人。法官必要时可以亲临现场进行验证、行为复演等活动。除法官决定用口头形式陈述验证外，勘验应以书面形式制成记录。规定进行勘验的法官确定存交勘验笔录的日期，或者确定口头介绍勘验结果的开庭期日。接受委托的验证人应提交验证报告，勘验笔录送交法院书记室。口头提出的验证结果则应制作笔录，用于支持勘验结果的文件，附于案卷。民事诉讼中法官亲自验证的笔录和委托验证的报告或笔录，其证据力大小，可否作为认定案件事实的根据，由法官依"自由心证"原则判断。

《意大利刑事诉讼法典》第 245 条规定了人身检查的程序：在进行人身检查以前，应当告知当事人有权让他所信任的人参加检查，只要该人可以迅速找到并且根据《意大利刑事诉讼法典》第 120 条是适宜的。在进行检查时，应当尊重人格，并且尽可能地维护被检查者的体面。检查也可以由医生执行。在这种情况下，司法机关可以不参加有关活动。《意大利刑事诉讼法典》第 246 条规定了地点或物品勘验的程序：在开始勘验活动时，应当向被告人以及一切对被勘验的地点拥有现实支配权的人出示勘验令，只要这些人员在场。在对地点进行勘验时，司法机关可以决定在勘验工作结束之前某人不得离开，并且可以采取强制手段将离开者带回现场，司法机关应当在笔录中说明这样决定的理由。

德国法上的勘验主要用于确定亲子关系、尸体勘验和解剖。申请勘验，应表明勘验标的并提出应证明的事实。受诉法院可以命令一人或数人参与勘验。法官勘验时，勘验笔录应当记载发现的事实情况，载明没有发现哪些可以由此推测案件特别特征的痕迹、标记。受诉法院也可以委托其成员或委托其他法院进行勘验。

英国对尸体的勘验十分重视，并设有专门的验尸官和验尸法院。每一位验尸官都有一定的辖区，充当验尸官的是高级律师或由郡议会任命的初级律师、

医师。任何人发现尸体，均应向验尸官报告，管辖权以尸体发现地为准。普通法上还规定，意图逃避验尸官的勘验而埋葬尸体者为犯罪。验尸官有调查权，而不行使审判职能，其任务主要是辨认死者、确定死因，案件仍要经法院审判。验尸官发现有下列情形之一，都应当进行尸体勘验：①有合理根据怀疑暴力致死或非自然死亡的；②属于突然死亡而死因不明的；③在监狱或者某些规定地点死亡的。死亡有下列情形之一的，勘验时应召集 7~11 名陪审官参加：①可能由于谋杀、非预谋杀人或溺婴而死亡的；②死于监狱或某些规定的地点的；③由于疾病、毒药或者某些需要报告政府有关部门的事故而死亡的；④由于汽车事故而死亡的；⑤死于某种若再度出现将危及公共健康的情况。勘验有时需要通知死者家属的代理律师、警察或者可能受民事、刑事追诉者到场，并且传唤证人到场。验尸官应亲自勘验尸体，而且可以邀请陪审官一同勘验。陪审团宣誓后，验尸官即询问证人，证言应制成笔录并由证人和验尸官签字。然后，由陪审团评议作出勘验结论，并由陪审官与验尸官签署，勘验结论应由陪审团以多数通过，少数票不得超过 2 票，否则解散陪审团，召集新的陪审团重新勘验。勘验也就代替预审。除勘验尸体外，法官对某些与案件有关的场所、物品或人身也常进行勘验和检查，以取得证据。

第十六章

证据的收集与保全

■ 第一节   收集与保全证据的概念和意义

诉讼的过程是运用证据查明案件事实的过程。现代诉讼实行证据裁判原则，证据是诉讼活动的基础，这是因为，对案件的实体处理首先取决于能否运用证据准确地认定案件事实，没有证据，审判机关不能确认案件事实，也不能在此基础上将法律适用于该案件事实；对于当事人来说，没有证据，诉讼主张就可能得不到支持，实体权利就可能得不到维护。所以，及时获得证据来确认案件事实或者证明自己的诉讼主张，是司法机关和当事人共同关心的事。要获得证据，就需要对证据进行收集和保全。

一、收集与保全证据的概念

为了证明自己的诉讼主张或者查明特定的案件事实，国家专门机关、律师、一般公民、法人或者其他组织通过一定的行为、采取必要的方法获取和汇集证据的活动，称为收集证据。

收集证据的活动具有如下特征：

1. 收集证据的主体具有广泛性，既包括国家专门机关，如人民检察院、人民法院等司法机关，以及公安机关和其他行政执法机关；也包括一般公民、法人和其他组织。

在刑事诉讼中，人民检察院和公安机关履行侦查、检察职权，收集证据是这些职权的重要组成部分，这也是检察机关履行证明责任必须要进行的准备。

按照我国《行政处罚法》和《行政诉讼法》的规定，公安机关和其他行政执法机关在进行行政活动、作出具体行政行为时必须依据证据，因此往往有必要主动收集证据，实践依法行政的原则。

在我国诉讼中，在强调增强控辩双方的对抗性和注重发挥当事人的积极性的同时，并不免除人民法院收集、调查证据的职责。在刑事诉讼中，法庭调查时如果合议庭对证据有疑问的，可以宣布休庭，进行勘验、检查、扣押、鉴定和查询、冻结等调查证据的活动。在民事诉讼中，《民事诉讼法》第 64 条第 2 款规定："当事人及其诉讼代理人因客观原因不能自行收集的证据，或者人民法院认为审理案件需要的证据，人民法院应当调查收集。"第 67 条第 1 款规定："人民法院有权向有关单位和个人调查取证，有关单位和个人不得拒绝。"在司法实践中，由人民法院负责调查收集的证据有：①当事人及其诉讼代理人因客观原因不能自行收集证据的；②人民法院认为需要鉴定、勘验的；③当事人提供的证据互相有矛盾、无法认定的；④人民法院认为应当由自己收集的其他证据。《行政诉讼法》第 40 条规定："人民法院有权向有关行政机关以及其他组织、公民调取证据。"

我国诉讼中的当事人及其诉讼代理人或者辩护人也有权收集证据。根据我国《民事诉讼法》第 49 条和第 61 条的规定，当事人及其诉讼代理人有权收集证据。收集证据是法律赋予律师的一项重要权利，律师参加诉讼活动，按照诉讼法律的规定，可以收集、查阅与本案有关的材料，同被限制人身自由的人会见和通信。《刑事诉讼法》第 43 条、《民事诉讼法》第 61 条和《行政诉讼法》第 32 条对律师收集证据的权利都作了规定。

2. 收集证据是具有明确目的的行为。对于国家专门机关来说，收集证据的目的在于查明案件事实，作出正确的裁决或者处理决定；对于律师、一般公民、法人或者其他组织来说，是为了揭示案件事实或者证明本方的诉讼主张。

3. 收集证据的内容是通过一定的行为、采取必要的方法获取和汇集证据。获取证据往往要通过一定的技术手段（如专门用以采集指纹、足迹和微量物证等的技术手段）对证据进行提取和固定。

不同主体收集证据的立足点不尽相同，可以分为以下两种：

1. 基于职权（职责）收集证据。国家专门机关收集证据，基于法律赋予的权力，这项权力本身也是一种职责。对于人民法院来说，收集证据的权力是法律赋予的审判权的组成部分，在符合法律规定的特定情形时，人民法院有权收集证据，也有责任主动依职权收集证据。例如，在民事诉讼中，当事人及其诉讼代理人因客观原因不能自行收集的证据，或者人民法院认为审理案件需要的证据，人民法院应当调查收集。同样，人民检察院和公安机关以及其他行政执法机关收集证据也是基于法律的授权，他们进行的活动也属于职责范围内的活动，在进行这些活动时不允许对自己的职责有所懈怠。

2. 基于诉讼权利或者证明责任进行的证据收集。律师、一般公民、法人或者其他组织收集证据是基于法律赋予的权利进行的活动，对于在诉讼中承担证明责任的当事人而言，收集证据的活动不仅体现为一种权利活动，也是履行证明责任所必需的活动，如果放弃进行这项活动，就有可能在诉讼中被迫承担败诉的后果。在刑事诉讼中，巨额财产来源不明罪和某些持有型犯罪由被告人承担一定的主张责任和证明责任，必要时必须收集证据证明自己的财产来源或者持有特定物品合法。在其他案件中，被告人不承担主张责任和证明责任，他收集证据完全是基于自己的辩护权利进行的，即使其不收集证据，也不一定承担被定罪量刑的后果。在民事诉讼中，当事人对于自己的主张，有责任提供证据。具体地说，原告应就诉讼请求依据的事实承担证明责任；被告应就其答辩及其反诉的诉讼请求依据的事实承担证明责任；有独立诉讼请求的第三人应就其在参加之诉中的诉讼请求所依据的事实承担证明责任；无独立请求权的第三人对自己主张的事实也要承担证明责任。在行政诉讼中，被告需要承担证明责任，在诉讼过程中必须提供证据来证明自己进行的行政活动的合法性。如果承担证明责任的当事人不收集证据以证明自己的诉讼主张，便有可能承担败诉的后果。

二、保全证据的概念和情形

对于有些证据来说，收集有一定的条件限制，如有的证据对于时间要求很严，如果不及时提取和固定，就可能因物理或者化学变化甚至人为原因遭到毁损；还有的证据，如果不及时提取，将来再提取时就会遇到困难，如证人即将出国，如果不在其出国前及时获取证据，将来再获取时将会大大增加难度，由于获取该证据的成本过高而使收集证据成为得不偿失的行为。因此，一旦意识到可能存在这些情形时，就需要通过一定的救济手段避免证据的灭失或者保障收集和运用证据的便利。证据保全就是为了这一目的而设置的一项证据制度。

证据保全，就是对于可能灭失或者以后难以取得的证据，人民法院根据当事人的申请或者主动依职权采取一定的措施先行加以固定和保护的诉讼行为。需要进行证据保全的情形主要有：①证据有可能灭失，例如，作为证据的物品将要腐烂、变质，证人即将死亡，当事人有毁灭证据的危险等；②证据将难以取得，例如，证人即将出国，被告人可能转移、隐匿证据等。

适用证据保全措施，必须具备以下条件：①要保全的证据必须能够与本案的证明对象具有关联性，也就是说，该证据能够证明本案的待证事实。如果该证据与本案的证明对象不具有关联性，对于本案不具有任何证明作用，那么即使有灭失或者难以取得的情形存在，也没有必要采取保全措施。②要保全的证据必须有灭失或者以后难以取得的可能性，保全证据是一种在紧急情况下采取的特别措施，如果证据没有灭失的危险或者以后难以取得的情形，就没有必要采取这样的措施。

在诉讼中，保全证据既可以由诉讼参加人向法院申请，也可以由人民法院主动实施。《民事诉讼法》第 81 条第 1、2 款规定："在证据可能灭失或者以后难以取得的情况下，当事人可以在诉讼过程中向人民法院申请保全证据，人民法院也可以主动采取保全措施。因情况紧急，在证据可能灭失或者以后难以取得的情况下，利害关系人可以在提起诉讼或者申请仲裁前向证据所在地、被申请人住所地或者对案件有管辖权的人民法院申请保全证据。"《行政诉讼法》第 42 条作出了同样的规定："在证据可能灭失或者以后难以取得的情况下，诉讼参加人可以向人民法院申请保全证据，人民法院也可以主动采取保全措施。"

人民法院采取证据保全措施的动因有两个：①诉讼参加人的申请，诉讼参加人在发现证据可能灭失或者以后难以取得的情况下，可以及时向人民法院提出申请，说明需要保全的证据和申请的理由；②人民法院认为有必要时主动依职权保全证据。

证据保全是对证据进行预先审查、固定的诉讼活动，在诉讼开始前一般不能进行证据保全。在司法实践中，如果当事人在起诉前认为有必要对证据采取保全措施的，可以向公证机关提出申请，由公证机关以公证的形式保全证据。特殊情况下，当事人也可以向人民法院提出证据保全的申请，由人民法院决定是否采取证据保全措施。

三、收集与保全证据的意义

证据的收集与保全在诉讼活动中具有重要意义，主要表现为：

1. 证据的收集是正确认定案件事实的基础。要对案件进行正确处理，必须全面获得证据，正确认定案件事实。显而易见，没有证据或者证据不足，就不能够正确认定案件事实。在刑事诉讼中，就不能使国家刑罚权得到落实；在民事诉讼中，就不能按照客观事实正确处理纠纷，使权利受到侵害的当事人得到救济；在行政执法活动中，没有证据，就不能正确判断是非，作出正确的行政处理决定。所以，要正确认定案件事实，不能不认真对待收集证据的问题。特别是一些证据的获得具有紧迫性，如果不能及时收集和固定，证据就可能灭失或者难以提取，从而给认定事实带来困难，因此在收集证据时还必须高度重视对证据的保全。

2. 证据的收集是保证当事人的实体权益的手段。在现代社会，刑事案件发生以后或者纠纷形成以后，有关的当事人为了维护自己的合法权益，应当积极提供证据或者证据线索，在法律允许的前提下，还应当主动地收集并提供证据。向法庭提供证据是承担证明责任的当事人为了避免败诉后果的发生而进行的理性行为，不承担证明责任的当事人为了切实维护自己的合法权益，也应当积极主动地提供有利于己的证据或者证据线索。当存在需要进行证据保全的情形的时候，当事人往往能够更加积极地发现苗头和掌握情况，他们主动申请证据保全是当事人提供证据的救济方法，有利于保护当事人的合法权益和诉讼活动的顺利进行。

■ 第二节　收集与保全证据的基本要求

诉讼活动的许多内容是围绕证据进行的，收集与保全证据是一些诉讼阶段的主要活动内容。因此，收集与保全证据是一项严肃的法律活动，需要由法律加以规范和调整，收集与保全证据应当符合法律提出的要求，才能取得相应的法律效力。

一、对于所有收集和保全证据的主体的共同要求

对于所有进行证据收集和保全证据活动的主体来说，进行这些活动必须做到：

1. 在收集与保全证据时应保证证据内容的客观性。无论是国家司法机关、行政执法机关、律师，还是公民个人、法人或者其他组织，在收集证据时都必须尊重证据的客观性，不能破坏证据的客观性。这就要求收集证据的主体不能毁损、伪造、变造证据和引诱、欺骗、胁迫证人作伪证。

2. 收集与保全证据应当具有及时性。及时是在时间、效率方面对收集证据所作的要求。收集证据，应当尽可能迅速地进行，因为不少证据具有较强的时间性，如果在特定时间内不及时收集，以后再要收集时就会遇到相当大的困难，不仅一些由于本身的物理或者化学特性而容易发生变化的物证、书证如此，就是证人证言也是如此，如果相隔时间太长，证人关于某些事情的记忆可能会变得模糊不清，不能准确地描述案件发生时以及案件发生前后自己所感知的有关案件的情况，因而要据以查明案件事实就必须趁其记忆清晰、鲜活的时候进行询问并以一定的方式加以固定。对于容易灭失的证据或者以后难以取得的证据来说，加以提取和固定的时间性更强，如果当事人不及时提出证据保全的申请或者司法机关不及时采取证据保全的措施，证据可能就此湮灭而无法再行取得，或者要取得该证据必须付出高昂的诉讼成本。

3. 收集与保全证据应当具有合法性。客观性和相关性是证据的本质属性，一项证据，只要具备了客观性和相关性就具有了实质上的证明案件事实的能力，能够起到揭示案件事实的实际作用。但在当代诉讼活动中，案件事实真相并非惟一的诉讼价值，维护公民个人的自由权利也是一项重要的诉讼价值。查明案

件事实，必须在禁止损害或者禁止不必要地损害公民自由权利的条件下进行，这就需要收集和保全证据活动的主体在进行这项活动时必须遵守法律为保障公民自由权利而设定的程序，不能违反这些程序进行非法的收集和保全证据的活动。违反法律进行的收集和保全证据的活动，往往会损害公民的自由权利，如在公民住所非法安装窃听器和进行非法监听就损害了公民的居住安全和隐私权；又如对当事人、证人进行刑讯逼供，就损害了公民的人身权，甚至危及其生命权。因此，国家司法机关和行政执法机关进行证据的收集和保全活动，必须严格遵守法定的权限和程序，律师、一般公民、法人和其他组织进行收集和保全证据的活动，也必须遵守法律作出的相关规定，如果违反法律作出的相关规定，也许会承担相应的程序后果。

对于国家司法机关、行政执法机关和律师收集证据的权限和程序，我国三大诉讼法和相应的司法解释作出了原则性规定，并以一系列具体程序对收集证据的活动加以限制。

《刑事诉讼法》第 52 条规定，审判人员、检察人员、侦查人员必须依照法定程序，收集能够证实犯罪嫌疑人、被告人有罪或者无罪、犯罪情节轻重的各种证据。严禁刑讯逼供和以威胁、引诱、欺骗以及其他非法方法收集证据，不得强迫任何人证实自己有罪。在民事诉讼中，人民法院调查收集证据，应当由审判人员主持，并且由 2 人以上共同进行。调查材料要写明调查人、被调查人、记录人、调查的时间和地点，并由调查人、被调查人、记录人签名或盖章。人民法院收集证据要做到客观、全面、及时、深入，严禁采用威逼、利诱等非法方法获取证据。

《刑事诉讼法》规定辩护律师有权收集与案件有关的材料，但这项权利有一定限制，《刑事诉讼法》第 43 条规定，辩护律师经证人或者其他有关单位和个人同意，可以向他们收集与本案有关的材料，也可以申请人民检察院、人民法院收集、调取证据，或者申请人民法院通知证人出庭作证。辩护律师经人民检察院或者人民法院许可，并且经被害人或者其近亲属、被害人提供的证人同意，可以向他们收集与本案有关的材料。也就是说，辩护律师向证人或者其他有关单位和个人调查取证，要受到证人或者其他有关单位和个人的同意的限制；向被害人或者其近亲属以及控方证人调查取证，要受两方面限制：①人民检察院或者人民法院许可；②被害人或者其近亲属、被害人提供的证人同意。

二、对于国家司法机关和行政执法机关的特殊要求

1. 国家司法机关和行政执法机关收集证据的全面性。全面收集证据是我国法律对司法机关和行政执法机关提出的特殊要求，这项要求的具体内容是，司法机关和行政执法机关在收集证据时必须收集所有与本案有关的证据材料，特别是不能只注意收集某一方面的证据而不注意相反方面的证据。在刑事诉讼中，不能只注意收集证明犯罪嫌疑人、被告人有罪、罪重的证据，还必须注意收集证明犯罪嫌疑人、被告人罪轻和无罪的证据。在民事诉讼中，应当对有利于和不利于被告或者原告的证据一律加以注意，一视同仁地加以收集，不能有所偏袒或者怠慢。在行政执法活动中，应当全面收集有利于和不利于行政相对人的证据，不能偏听偏信，作出有失公正的决定或者其他行政行为。在行政诉讼中，人民法院应当对有利于和不利于被告的证据一律加以注意，不能只注意收集有利于被告的证据而不注意不利于被告的证据，也不能只注意不利于被告的证据而不注意有利于被告的证据。

2. 行政机关收集证据的时效性。我国《行政诉讼法》对于行政机关在诉讼期间收集证据加以禁止，并于第 35 条规定："在诉讼过程中，被告及其诉讼代理人不得自行向原告、第三人和证人收集证据。"这一规定要求，行政机关在举证时，应当提供最初作出具体行政行为时所依据的证据，而不能在原告起诉后再收集证据为业已作出的具体行政行为寻求依据。这是因为，原告人所不服的，是行政机关在最初作出具体行政行为时所依据的证据和法规依据。

在行政诉讼中，被告负有证明责任，同时禁止其在诉讼过程中收集证据，体现了行政诉讼的特点。按照这一规定，要求行政机关在作出具体行政行为的时候，必须重视收集证据，不能当行政管理的相对人已经提起诉讼后才收集证据。在诉讼中，如果被告人不能提供据以作出被诉具体行政行为的全部证据或者在诉讼开始后自行收集证据，经人民法院查证属实，即使行政管理的相对人确有违法行为，被告也必须承担败诉后果。行政诉讼法的这一规定，对于促成法治具有重大的意义，它将促使行政机关在作出具体行政行为时严格依法办事，本着认真负责的态度进行行政活动，提高行政行为的质量，从而防止行政权力的滥用，为公民个人的人身权利、财产权利提供切实保障。

三、收集与保全证据活动的相对人的义务

人民法院在必要的时候主动收集证据，既是人民法院的职责也是其职权。《民事诉讼法》第 67 条第 1 款规定："人民法院有权向有关单位和个人调查取证，有关单位和个人不得拒绝。"人民法院主动收集证据是国家赋予审判机关的一项重要权力，人民法院在行使这项权力而向有关单位或者个人调查取证时，该单位和个人有义务予以协助，提供其所了解的证据材料。

四、对于证据的要求

收集实物证据应当尽可能收集原始证据。我国《民事诉讼法》第 70 条第 1 款对书证作出了明确规定："书证应当提交原件。物证应当提交原物。提交原件或者原物确有困难的，可以提交复制品、照片、副本、节录本。"按照这一规定，收集书证以提交原件为原则，提交复制品、照片、副本、节录本为例外。"原件"指的是文件制作人最初制作的文件；"正本"是依照原件全文抄录或者印制，经过签字或者盖章，并且与原件具有同等效力的文件；"副本"是依照原件全文抄录或者印制但不具有正本效力的文件；"节录本"是依照原件部分摘抄或者印制的文件，这种文件不具有完整性，又称"节本"。在诉讼实践中，复印件的应用往往比手抄件更为广泛，这种文件是经过复印机印制而成的。在民事、行政诉讼中，当事人提交副本、节本、复印件的，一般需要附有有关机关的证明，这种证明对该证据的证明力提供的是补强功能。

证人提供证言，应以出庭作证为原则，我国《民事诉讼法》第 72 条第 1 款规定："凡是知道案件情况的单位和个人，都有义务出庭作证。有关单位的负责人应当支持证人作证。"《刑事诉讼法》第 61 条也规定："证人证言必须在法庭上经过公诉人、被害人和被告人、辩护人双方质证并且查实以后，才能作为定案的根据。……"按照这些规定，在诉讼之前收集证人证言并制作证人证言笔录，并不能代替证人出庭作证，只有证人出庭确有困难的情况下，才允许提供书面证言。我国诉讼活动中，证人很少出庭作证，大量使用书面证言作为定案的根据，实际上违反了法律的这项规定，限制或者剥夺了当事人的质证权。证人出庭作证问题已经成为长期困扰我国诉讼活动的一大难题，深入研究解决之道，特别是对世界各国解决这一问题的经验进行研究和借鉴，提出切实可行的方案，使法律的有关规定得到落实，是我国的法学学者、立法者和司法实践部门的一项重要任务。

■ 第三节 收集与保全证据的主要方法

收集证据意味着以一定方法提取证据。证据种类不同，提取的方法也往往不同。对于人证，通常采取询问、讯问和制作询问、讯问笔录的方法，有时也辅以录音、录像等方法；对于书证，通常采取复制、拍照的方法；对于物证，通常采取提取、封存的方法，也可以由公安司法机关进行勘验、制作勘验笔录，或者采取拍照、绘图、摄影等方法。总的来说，收集证据应当根据不同证据的特点，有针对性地采取与之相应的不同方法，以保证证据的证明价值不因提取方法不当而有所减损。

收集与保全证据的主要方法包括：

一、提取原物

提取与案件有关的物品或者文书，主要适用于可以并且便于移动的物证、痕迹载体、书证和视听资料。在可能的情况下，应当尽可能提取原物。这是因为：复制件与原物相比，容易在复制过程中发生歪曲，影响对案件事实的正确判断。而原物只要保存方法得当，提取、固定和使用及时，一般能够基本保持原貌，正确反映与案件事实有关的情况。所以，收集物证和书证，都应当以提取原物为原则。

制模提取是指通过制作模型来提取证据材料，主要用于各种立体痕迹物证。常用的方法有石膏制模法、硅胶制模法和硬塑料制模法等。当存在立体感较强的痕迹物证而又无法提取原物时，可以采用这种方法。

粘印提取是通过粘贴、吸附等手段来固定和提取证据的方法，主要用于各种平面痕迹物证。

二、询问、讯问

对当事人、证人、鉴定人进行询问或者讯问，要求其陈述与案件有关的情况，是常见的收集与保全言词证据的方法。"询问"与"讯问"本来可以互易，如对证人进行询问，我国港澳台地区亦往往使用"讯问"一词来表达。在我国大陆地区刑事诉讼中，"询问"与"讯问"是区别使用的。"询问"用于案件中的证人、除犯罪嫌疑人和被告人以外的当事人、鉴定人等；"讯问"则用于刑事诉讼中的犯罪嫌疑人、被告人和一般违法行为人等。从语意上推敲，"询问"具有地位平等、气氛和谐的意味，"讯问"则具有上对下、下必须回答的意味。不过，讯问者特定为司法机关和行政执法机关，律师向犯罪嫌疑人、被告人提出与案件有关的问题、要求其回答，仍称为"询问"而不称"讯问"。

当事人、证人、鉴定人对于询问、讯问所作出的有关案件事实的回答，具有证据价值，应当予以及时固定。常见的固定方法是制作询问或者讯问笔录。询问、讯问和制作笔录有一定的程序要求，如询问、讯问必须由两个以上侦查人员、检察人员或者审判人员进行，笔录制作后须交被询问人或者被讯问人阅读，后者可以要求补充、更正，记录无误或者补充、更正后，被询问人或者被讯问人应当签名。

三、搜查

搜查是侦查人员、检察人员依法对犯罪嫌疑人以及可能隐藏罪犯或者罪证的人的身体、物品、住所和其他有关地方进行搜寻、检查的行为。搜查的目的不仅仅局限于收集犯罪证据，有时也是为了查获犯罪嫌疑人。搜查的对象和范围既包括犯罪嫌疑人，也包括其他可能隐藏犯罪证据的人员；既可以搜查人身，也可以搜查犯罪嫌疑人的住处、物品或者其他有关场所。

世界许多国家的搜查，在一般情况下，应当首先取得法官签发的搜查令，实行司法令状制度。司法令状是由法官根据行政机关及其人员的申请签发的一种命令，命令要求令状接受者按令状的要求行事。根据司法令状，该行政机关及其人员在办理该刑事案件中被授予某一权力（如进行逮捕、搜查）或者进行某一行为（如根据人身保护令释放被拘禁的人）。司法令状制度体现了司法权对于行政权的控制，是一个保障公民自由权利的优良制度。该制度的原理在于：法院在保障人权方面具有特殊作用。

执法人员进行搜查、扣押等行为，除法律规定的特殊情形外，需要事先取得法官就此签发的搜查令。例如，美国联邦宪法将人身、住所、文件与财产的保护并列规定，并给予同等的程序保障，《美国联邦宪法第四修正案》规定："人民保护其人身、住所、文件与财产不受无理搜查与扣押的权利，不可侵犯；亦不得颁发搜查证、拘捕证或扣押证，但有可信的理由，有宣誓或郑重声明确保并且具体指定了搜查地点、拘捕之人或扣押之物的除外。"美国的法院认为，"根据第四修正案，如果没有法官或者治安法官的预先批准，搜查本身便是无理的，除非为数不多的、可以特别证实的、描述清楚的情况可以例外"。[1] 除了一些例外（如在紧急情况下）要进行搜查，警察必须向治安法官申请搜查令，为此必须宣誓保证有"充分的理由"相信"搜查肯定会获得犯罪证据"。搜查令上必须写明搜查的地点和所要扣押的物品。"不问缘由便签发的许可证是笼统的、违反宪法的。"[2]

四、查封、扣押、冻结

查封的意思是检查后贴上封条，不准动用。扣押是侦查人员、检察人员依

---

〔1〕 敏西诉亚利桑那案（1978 年），载《美国判例汇编》律师版第 2 套第 57 卷，第 290 页。转引自〔美〕卡尔威因、帕尔德森：《美国宪法释义》，徐卫东、吴新平译，华夏出版社 1989 年版，第 209~210 页。

〔2〕 〔美〕卡尔威因、帕尔德森：《美国宪法释义》，徐卫东、吴新平译，华夏出版社 1989 年版，第 213 页。

法强行提取、扣留和封存与案件有关的物品、文件的行为。扣押的目的是获取和保全证据。及时进行扣押，可以防止能够作为证据使用的物品、文件被隐匿、毁弃或者丢失，保证它们能够在法庭提出，实质发挥证明案件事实的作用。冻结是指停止资金流动，较为常见的是在刑事案件发生后、存在经济纠纷或者非法收入时由公安司法机关通知银行执行。

在许多国家，同搜查一样，通常情况下，扣押需要由法官签发扣押令。

在我国，搜查、扣押无须"司法令状"，而由实施这些侦查行为的机关自行签发"令状"。这种做法不利于通过司法权控制行政权以防止后者被滥用，不利于个人自由权利的保护，因此，有不少学者建议在我国司法制度中增设搜查、扣押的司法令状，要求侦查机关（包括检察机关的侦查部门）进行搜查、扣押，需要事先获得司法机关（包括检察机关的侦查监督部门）签发的批准书或者决定书。只有在执行逮捕、拘留且有必要或者紧急情况下，未取得搜查证、扣押证才可以进行搜查、扣押。

五、勘验、检查

从事侦查、检察、审判等活动的国家专门机关的人员对与案件有关的场所、物品、尸体等进行勘查和检验，以发现、收集和固定能够证明案件事实的各种痕迹和物品的侦查活动，称为勘验。

从事侦查、检察、审判等活动的国家专门机关的人员为了确定被害人、犯罪嫌疑人、被告人的某些特征、伤害情况或者生理状态，依法对人身进行查验的活动，称为检查。

勘验的对象是现场、物品和尸体，包括现场勘验、物证检验、尸体检验；检查的对象是活人的人身。

拍照，就是使用一定的设备将一定的影像固定到底片和冲洗完成的照片上。拍照的设备为照相机，照相机工作的原理就是通过光化作用或者电子技术将景物人像等影像记录下来。在诉讼活动中，进行现场勘验，往往需要拍摄现场照片。

六、录音、录像

录音、录像是视听资料、电子数据的主要收集方法。

录音就是用一定的设备将事件发生过程中产生的音响记录下来。作为证据的录音资料既可以产生于案件发生过程中，如录制案件发生时的音响；也可以发生在诉讼过程中，如在诉讼过程中录制当事人与案件有关的陈述。

录像是使用一定设备将特定的活动影像记录下来。与录音资料一样，录像资料作为证据，既可以产生于案件发生过程中，如记录案件发生经过的影像；也可以产生于诉讼过程中，如录制诉讼活动中当事人的陈述形成的影像资料。

七、复制

复制是通过一定的方法或者使用一定的设备，按照原物的各种特征制作仿制品的行为。复制包括摹写、复印、翻拍、转录（视听资料、电子数据）等方法。复制既是收集证据的主要方法之一，也是保全证据的常用方法，如为了防止视听资料被伪造或者破坏，或者在使用中磨损，往往采取转录复制的方法进行保存。

八、调取

调取是侦查机关、检察机关和审判机关向持有能够证明与案件有关的事实的证据的单位、个人发出通知要求其限期交出或者前往索取要求其立即交出相关证据的行为。有关单位和个人必须交出其所持有的证据。

九、鉴定

鉴定是国家专门机关指派或者聘请具有专门知识的人员，就案件中某些专门性问题进行鉴别和判断，作出相应结论的一种活动。鉴定既能够揭示证据的特性（如书证的形成时间），印证证据的真伪，其结论本身也是独立的证据种类。鉴定包括刑事技术鉴定、法医学鉴定、司法精神病学鉴定、司法会计鉴定等，鉴定的对象范围十分广泛，与案件有关的各种物品、文件、痕迹、人身、尸体等都可以进行鉴定，鉴定意见是一种独立的诉讼证据。

十、侦查实验

侦查实验是验证案件证据的方法，也是收集证据的方法。侦查实验就是为了确定和判明与案件有关的某些事实或者行为在某些条件下能否发生或者怎样发生，由侦查人员进行的按照原有条件进行重演的一种活动。侦查实验可以验证案件发生或者证据的某些特定情况，实验的结果（侦查实验笔录）可以作为证据使用。

十一、辨认

辨认同样具有双重性，它可以作为验证案件证据的方法，也可以作为收集证据的方法。前者如在法庭调查过程中，当事人对于出示的物证是否与案件有关进行的辨认，起到的就是验证证据真伪的作用；后者如被害人从许多物品中辨认出与犯罪行为有关的物证，就是将辨认作为收集证据的一种方法来使用的。另外，辨认人的陈述和辨认过程的笔录，往往可以作为证据使用。

十二、公证

在诉讼中，一方当事人为了证明自己的主张，申请证人出庭作证，如果证人因故不能出庭作证，采取由公证机关对证人证言进行公证的方法进行保全。

以一起案件为例：

2004 年 3 月，毛某到鲁某处从事驾驶装载机工作。2004 年 12 月 1 日清晨，毛某在驾驶装载机的过程中不慎跌落受伤，左肱骨下段骨折住院治疗。到 2004 年 12 月 15 日出院时，他已花费医疗费 1.3 万元。后来，在医院建议下，他又休息了 4 个月，并进行了第二次手术。2005 年 2 月 4 日，毛某向海安县人民法院起诉，要求鲁某给付其误工费 3930 元并赔偿因伤造成的经济损失。同年 3 月 30 日，因证据不足，毛某向法院申请撤回诉讼。同年 6 月 21 日，他再次提起诉讼，并在法定期限内向法院申请证人到庭作证。但是，法院开庭审理时，他申请的证人未能到庭。毛某称，鲁某获知其向法院申请证人到庭作证后，威胁并阻止证人到庭作证。鉴于这种情况，他请海安县公证处分别对证人曹某、唐某就该案所作证言进行公证，并向法庭提交了公证书。被告鲁某对毛某提供的公证书提出异议，认为证人应当到庭接受质询，如果证人没有到庭接受质询，其证言不能作为定案的依据。双方围绕公证书的效力问题进行了激烈的辩论。法院经审理认为，毛某所提供的相关证据足以证明原、被告之间存在雇佣关系；毛某身体受到伤害，有病历、证人证言及公安机关调查的材料等予以佐证；同时可以认定毛某身体受到伤害发生于从事雇佣活动期间。证人证言公证书系经过国家公证机关公证的书证，同时，该公证文书证明的内容与其他证据互为印证。被告鲁某虽然对该两份公证文书提出反驳，但未能提供反驳证据，故应对该公证文书的证明效力予以确认。最后，法庭依照相关法律规定判决鲁某赔偿毛某医疗费、误工费、残疾赔偿金、被扶养人生活费、精神抚慰金等合计人民币 5.3 万元。

有专家提示，该案涉及经过公证的证人证言的效力问题。人民法院就数个证据对同一事实的证明力，可以依照下列原则认定："物证、档案、鉴定意见、勘验笔录或者经过公证、登记的书证，其证明力一般大于其他书证、视听资料和证人证言。"也就是说，公证证据优于其他证据。另外，在民事诉讼中，无正当理由未出庭作证的证人证言不能单独作为认定案件事实的依据。同时还规定，已为有效公证文书所证明的事实，当事人无需举证证明。这也就是说，公证证据一般情况下无需质证，除非有足以推翻公证证据的其他证据。但是，证人证言具有特殊性，公证机关并不能预先确认证人证言内容的真实性，因此必须进行质证，才能有效地辨别真假或确认其可信程度。另外，证人证言只是证人对案件的某一环节的客观事实的认识，在缺乏左右印证、质证和证据链条串接的情况下，很难作为独立的证据单独使用。所以，质证及法官对整个案件证据的排列、对照、甄别、判断，是证人证言公证文书必须参与的程序。该案法官就是根据原告提供的所有证据综合起来认定了案件事实，并非一味认定公证之后的证人证言效力高于其他证据。专家提示，为了防止证人因各种原因不能出庭作证给诉讼带来困难，民事案件当事人应注意对证人证言进行公证保全，这样，可以在一定程度上提高案件的胜诉率。[1]

总之，收集证据的方法很多，但必须指出的是，在收集证据过程中，不论采取什么方法，都应该客观、真实地反映证据的情况，最大限度地固定和保全证据的证明力。

■ 第四节　各种证据的收集与保全

一、物证、书证、视听资料、电子数据的收集与保全

（一）收集物证、书证等实物证据的程序性要求

物证、书证、视听资料、电子数据的表现形式都是实物。收集这类证据应当注意以下程序性要求：

1. 物证、书证的收集程序、方式应当符合法律及有关规定；经勘验、检查、搜查提取、扣押的物证、书证，应当附有相关笔录或者清单；笔录或者清单应有侦查人员、物品持有人、见证人签名，没有物品持有人签名的，应当注明原因；对物品的特征、数量、质量、名称等注明清楚。

2. 物证、书证在收集、保管及鉴定过程中应当妥善保护，防止受到破坏或者改变。

3. 与案件事实有关联的物证、书证应当全面收集。

4. 对在勘验、检查、搜查中发现与案件事实可能有关联的血迹、指纹、足迹、字迹、毛发、体液、人体组织等痕迹和物品应当提取而没有提取，应当检验而没有检验，导致案件事实存疑的，人民法院应当向人民检察院说明情况，人民检察院依法可以补充收集、调取证据，作出合理的说明或者退回侦查机关补充侦查，调取有关证据。

---

〔1〕丁培培："公证保全证人证言让他赢了官司"，载《检察日报》2005年9月23日，第1版。

5. 据以定案的物证应当是原物。只有在原物不便搬运、不易保存或者依法应当由有关部门保管、处理或者依法应当返还时，才可以拍摄或者制作足以反映原物外形或者内容的照片、录像或者复制品。物证的照片、录像或者复制品，经与原物核实无误或者经鉴定证明为真实的，或者以其他方式确能证明其真实的，可以作为定案的根据。原物的照片、录像或者复制品，不能反映原物的外形和特征的，不能作为定案的根据。

6. 据以定案的书证应当是原件。只有在取得原件确有困难时，才可以使用副本或者复制件。书证的副本、复制件，经与原件核实无误或者经鉴定证明为真实的，或者以其他方式确能证明其真实的，可以作为定案的根据。书证有更改或者更改迹象不能作出合理解释的，书证的副本、复制件不能反映书证原件及其内容的，不能作为定案的根据。

7. 经勘验、检查、搜查提取、扣押的物证、书证，应当附有勘验、检查笔录，搜查笔录，提取笔录，扣押清单，能够证明物证、书证来源。

根据两院三部《办理死刑案件证据规定》的规定，物证、书证的收集程序、方式存在下列瑕疵，通过有关办案人员的补正或者作出合理解释的，可以采用：①收集调取的物证、书证，在勘验、检查笔录，搜查笔录，提取笔录，扣押清单上没有侦查人员、物品持有人、见证人签名或者物品特征、数量、质量、名称等注明不详的；②收集调取物证照片、录像或者复制品，书证的副本、复制件未注明与原件核对无异，无复制时间、无被收集、调取人（单位）签名（盖章）的；③物证照片、录像或者复制品，书证的副本、复制件没有制作人关于制作过程及原物、原件存放于何处的说明或者说明中无签名的；④物证、书证的收集程序、方式存在其他瑕疵的。

但是，对物证、书证的来源及收集过程有疑问，不能作出合理解释的，该物证、书证不能作为定案的根据。

（二）收集物证、书证等实物证据的主要方法及具体要求

收集物证、书证的主要方法是勘验、检查、搜查、扣押等。

1. 通过勘验的方法收集与保全证据。在刑事诉讼中，勘验是一项重要的侦查活动。案件发生后，侦查人员赶赴现场，对与犯罪有关的场所、物品等进行勘验，以寻找、发现犯罪嫌疑人留下的痕迹、物品（包括物证、书证、电子数据、视听资料），并根据现场的情况作出判断。

现场是案件主要事实发生或者遗留有犯罪活动的主要证据的场所。任何人一旦实施某一行为，往往会在客观外界留下新的痕迹、物品，即使行为人事后对现场进行破坏和伪装，也往往会留下新的痕迹和物品。因此，对现场进行勘验，通常能够取得证明有关案件事实的证据，取得对调查案件有价值的线索。

进行现场勘验时，发现能够证明或者可能能够证明案件真实情况的证据的，应当采取相应的措施提取、固定；勘验人员应及时向现场可能了解有关案件情况的人进行调查访问，必要时制作证言笔录。

对于经现场勘验或者其他途径获取的物品、痕迹，一般需要进行检查和验证，以便确定该物品或者痕迹与案件事实是否存在关系、存在怎样的关系。进行物证检验一般需要由专门技术人员进行，因此往往需要指派或者聘请鉴定人进行鉴定。物证检验的结果需要制成笔录，由参加检验的国家专门机关的人员、鉴定人和见证人签名或者盖章。

对文件的物理性质进行检验，实际上属于物证检验的范畴，这项检验的目的在于确定文件纸张的质地、老化破损程度等，从而确定它与案件事实是否存在关系、存在怎样的关系，如通过纸张的物理变化或者油墨的化学变化，判断书写的时间等与案件有关的事实以及证据的真伪。但文件的检验并不限于这些，文件检验的一项重要内容是笔迹鉴定，通过比对，得出该文件是否为某人书写的结论。这些检验的结果若作为证据使用，往往需要由有鉴定资格的人进行专门鉴定。

对于非正常死亡者的尸体，需要进行尸表检验或尸体解剖，以确定死亡原因和时间，判明致死的工具、手段和方法。这项工作由有关单位或者个人指派或者聘请法医或者医师进行。尸体检验的结果需要制成笔录，由参加检验的国家专门机关的人员、鉴定人和见证人签名或者盖章。

在刑事诉讼中，解剖尸体和开棺验尸，须经县级以上公安机关负责人批准，并须通知死者家属到场，让其在《解剖尸体通知书》上签名或者盖章。死者家属没有正当理由拒不到场或者拒绝签字、盖章的，不影响解剖尸体和开棺检验，但应当在通知书上注明。对于已经查明死因、没有继续保留必要的尸体，应当通知家属领回处理，对于无法通知或者通知后拒绝领回的，经县级以上公安机关负责人批准，可以及时处理。

2. 通过检查的方法收集与保全物证、书证、电子数据、视听资料。在刑事诉讼中，检查的目的主要是确定被害人、犯罪嫌疑人或者被告人的某些特征、伤害情况或通过人身检查发现与犯罪有关的物证、书证、电子数据、视听资料。对被害人、犯罪嫌疑人或者被告人进行人身检查，必须由侦查人员进行。必要时也可以在侦查人员的主持下，聘请法医或者医师进行。对于犯罪嫌疑人或者被告人进行人身检查，应征求其本人的意见，不得强制实施。检查妇女的身体，应由女工作人员或者医师进行。人身检查的情况，应当制作笔录，由侦查人员和进行检查的法医或医师签名或盖章。

3. 通过搜查的方法收集与保全物证、书证、电子数据、视听资料。搜查行为关系到宪法保障的公民人身权利、财产权利和居住安全，只能由公安司法人员实施，其他任何机关、团体和个人都无权进行搜查。任何单位和个人，都有义务按照公安司法机关的要求，交出可以证明犯罪嫌疑人有罪或者无罪的证据（既包括物证，也包括书证、电子数据、视听资料），拒绝交出的，侦查机关可以依法强制提取。搜查必须严格遵守法律程序和要求：

（1）搜查时，除侦查人员在执行逮捕、拘留时遇有紧急情况外，搜查人员必须出示搜查证，否则被搜查人可以拒绝搜查。这里的"紧急情况"是指下列情况之一：①可能随身携带凶器的；②可能隐藏爆炸、剧毒等危险物品的；③可能隐匿、毁弃、转移犯罪证据的；④可能隐匿其他犯罪嫌疑人的；⑤其他突然发生的紧急情况。遇有上述情形之一时，不另用搜查证也可以进行搜查。

（2）搜查时，应当有被搜查人或者他的家属、邻居或者其他见证人在场。

（3）搜查妇女的身体，应当由女工作人员进行。

（4）搜查情况应当制作笔录，由侦查人员和被搜查人或者他的家属、邻居或者其他见证人签名或者盖章。被搜查人在逃或者他的家属拒绝签名、盖章的，侦查人员应当记明笔录。

4. 通过扣押收集与保全物证、书证、电子数据、视听资料。扣押必须遵守下列法律程序和要求：

（1）扣押物证、书证、电子数据、视听资料必须由法律授权的人（如侦查人员、检察人员、审判人员）实施，扣押如果不是在与勘验、搜查等活动同时进行时，进行扣押的人员应当出示有效证件，表明身份。

（2）扣押的范围仅限于查明与案件有关的具有证据意义的物证、书证、电子数据、视听资料，对于与案件无关的物品、文件，不得扣押。

（3）对于扣押的物证、书证、电子数据、视听资料，应当会同在场的见证人查点清楚、当场开列清单，写明物品或者文件的名称、编号、规格、数量、重量、特征等，由有关人员签名或者盖章，持有人及其家属在逃或者拒绝签名、盖章的，扣押人应当在扣押清单上注明。

（4）需要扣押邮件、电报时，应经过公安机关或者检察机关批准通知邮电部门检交扣押。

（5）公安机关、人民检察院必要时可以依照规定查询、冻结犯罪嫌疑人的存款、汇款，但不得予以划拨，也不能重复冻结。

（6）对于扣押的物品、文件必须妥善保管或者封存，不得使用、毁损或者丢弃。

《刑事诉讼法》第245条对于查封、扣押、冻结的当事人的财物及其孳息的保管和处理作了专门规定。按照这一规定，公安机关、人民检察院和人民法院对查封、扣押、冻结的犯罪嫌疑人、被告人的财物及其孳息，应当妥善保管，以供核查，并制作清单，随案移送。任何单位和个人不得挪用或者自行处理。对被害人的合法财产，应当及时返还。对违禁品或者不宜长期保存的物品，应当按照国家有关规定处理。对作为证据使用的实物应当随案移送，对不宜移送的，应当将其清单、照片或者其他证明文件随案移送。人民法院作出的判决，应当对查封、扣押、冻结的财物及其孳息作出处理。人民法院作出的判决生效以后，有关机关应当根据判决对查封、扣押、冻结的财物及其孳息进行处理。对查封、扣押、冻结的赃款赃物及其孳息，除依法返还被害人的以外，一律上缴国库。司法工作人员贪污、挪用或者私自处理查封、扣押、冻结的财物及其孳息的，依法追究刑事责任；不构成犯罪的，给予处分。

5. 当事人或者其他人主动提交。在诉讼活动中，当事人或者其他人主动向有关机关提交自己所掌握、收集或者发现的证据，也是十分普遍的现象。当事人主动提交证据，往往是因为案件的诉讼过程与处理结果和自己有切身的利害关系，所以积极提交有利于自己的证据，提交这些证据固然是当事人的权利，但在民事诉讼中，当事人往往基于证明责任，为避免败诉后果的发生而提交证据。一般公民主动提交证据，原因则多种多样，有的是基于公民的责任感提交证据。有的则基于与案件当事人存在亲情、友情或者好恶等原因提交证据。

刑事诉讼实行国家干预原则，证据往往由公安机关、人民检察院主动收集与保全。被告人不承担证明自己无罪的责任，但被告人基于辩护权，在掌握有利于己的证据的时候，也会主动提出证据，辩护人为了维护当事人的利益，也会主动收集证据并提交给法庭。被害人与案件有着利害关系，往往积极地向公安机关、人民检察院、人民法院提供有利于己的证据。被害人的诉讼代理人为了维护被代理人的利益，也会主动收集并提供证据。一般公民、机关、团体、企事业单位对于自己发现和掌握的能够证明犯罪或者洗刷冤屈的证据，常常主动向公安机关、人民检察院和人民法院提供，这是履行公民或者单位对于国家、社会的义务的行为。

在民事诉讼中，当事人承担证明责任，如果承担证明责任的一方当事人不能主动履行提出证据的责任或者提出的证据不能达到法定的证明标准要求，就可能承担败诉后果。在败诉风险形成的压力下，有关当事人必须积极主动地收集和提交证据。当事人履行证明责任的方式，既包括主动提交证据，也包括提交证据线索，但当事人举证有困难的时候，可以提供证据线索，请求法院依职权调取证据。法院在审理过程中发现公民或者单位掌握有关证据的，也可以不待当事人申请主动依职权调取。

在行政诉讼中，作出具体行政行为的行政机关承担证明责任，如果其不履行证明责任或者提出的证据不符合法定的证明标准，就会招致败诉风险。因此，要获得胜诉，该行政机关应当主动提出证据。人民法院在审理案件的过程中，有权要求当事人提出或补充证据，并有权向有关行政机关以及其他组织、个人调取证据。原告不承担证明责任，但对于自己掌握的有利于己的证据会主动提出，以维护自己的权益。

当然，当事人和当事人以外的其他人收集、提交的证据不限于物证、书证和视听资料，也包括证人证言等其他证据。

（三）收集、制作视听资料、电子数据的特殊要求

进行录音、录像等制作，是获得视听资料、电子数据证据的常见方法。制作视听资料、电子数据是应用电子、录音、录像设备等对声音、影像进行录制，从而形成可供法庭审判或者侦查、起诉活动使用的证据。制作视听资料、电子数据，有时是专门就特定陈述或者活动过程进行录音、录像，如对进行某一犯罪活动的人在犯罪场所进行活动的过程进行录像，对某一证人提供证言的陈述进行录音；有时将有关设备固定安置在某一地方，对不特定的人和活动进行了连续录音、录像，发生与案件有关的事实或者出现某些特定的人时取得他们的声音或者影像，以便以后在确认有关案件事实时，提供证据。

对作为证据使用的电子数据，应当采取以下一种或者几种方法保护电子数据的完整性：①扣押、封存电子数据原始存储介质；②计算电子数据完整性校验值；③制作、封存电子数据备份；④冻结电子数据；⑤对收集、提取电子数据的相关活动进行录像；⑥其他保护电子数据完整性的方法。

收集、提取电子数据，能够扣押电子数据原始存储介质的，应当扣押、封存原始存储介质，并制作笔录，记录原始存储介质的封存状态。

封存电子数据原始存储介质，应当保证在不解除封存状态的情况下，无法增加、删除、修改电子数据。封存前后应当拍摄被封存原始存储介质的照片，清晰反映封口或者张贴封条处的状况。

封存手机等具有无线通信功能的存储介质，应当采取信号屏蔽、信号阻断或者切断电源等措施。

具有下列情形之一，无法扣押原始存储介质的，可以提取电子数据，但应当在笔录中注明不能扣押原始存储介质的原因、原始存储介质的存放地点或者电子数据的来源等情况，并计算电子数据的完整性校验值：①原始存储介质不便封存的；②提取计算机内存数据、网络传输数据等不是存储在存储介质上的电子数据的；③原始存储介质位于境外的；④其他无法扣押原始存储介质的情形。对于原始存储介质位于境外或者远程计算机信息系统上的电子数据，可以通过网络在线提取。

由于客观原因无法或者不宜按照上述方法收集、提取电子数据的，可以采取打印、拍照或者录像等方式固定相关证据，并在笔录中说明原因。

具有下列情形之一的，经县级以上公安机关负责人或者检察长批准，可以对电子数据进行冻结：①数据量大，无法或者不便提取的；②提取时间长，可能造成电子数据被篡改或者灭失的；③通过网络应用可以更为直观地展示电子数据的；④其他需要冻结的情形。

冻结电子数据，应当制作协助冻结通知书，注明冻结电子数据的网络应用账号等信息，送交电子数据持有人、网络服务提供者或者有关部门协助办理。解除冻结的，应当在 3 日内制作协助解除冻结通知书，送交电子数据持有人、网络服务提供者或者有关部门协助办理。

冻结电子数据，应当采取以下一种或者几种方法：①计算电子数据的完整性校验值；②锁定网络应用账号；③其他防止增加、删除、修改电子数据的措施。

收集、提取电子数据，应当制作笔录，记录案由、对象、内容、收集、提取电子数据的时间、地点、方法、过程，并附电子数据清单，注明类别、文件格式、完整性校验值等，由侦查人员、电子数据持有人（提供人）签名或者盖章；电子数据持有人（提供人）无法签名或者拒绝签名的，应当在笔录中注明，由见证人签名或者盖章。有条件的，应当对相关活动进行录像。

收集、提取电子数据，应当根据《刑事诉讼法》的规定，由符合条件的人员担任见证人。由于客观原因无法由符合条件的人员担任见证人的，应当在笔录中注明情况，并对相关活动进行录像。针对同一现场多个计算机信息系统收集、提取电子数据的，可以由一名见证人见证。

需要注意的是，视听资料、电子数据的来源应当合法，制作过程中不得对当事人进行威胁、引诱等违反法律及有关规定的行为；应当载明制作人或者持有人的身份，制作的时间、地点和条件以及制作方法；收集、提供的视听资料、电子数据应当为原件，如果是复制件，应当附有无法收集、提供原件的原因、制作过程和原件存放地点的说明，并有制作人和原视听资料、电子数据持有人签名或者盖章；内容和制作过程应当真实，无经过剪辑、增加、删改、编辑等伪造、变造情形；对视听资料、电子数据有疑问的，应当进行鉴定。

对于电子邮件、电子数据交换、网上聊天记录、网络博客、手机短信、电子签名、域名等电子数据，应当注意的是：该电子数据存储磁盘、存储光盘等可移动存储介质应当与打印件一并提交；载明该电子数据形成的时间、地点、对象、制作人、制作过程及设备情况等；制作、储存、传递、获得、收集、出示等程序和环节应当合法，有取证人、制作人、持有人、见证人等签名或者盖章；内容真实，无剪裁、拼凑、篡改、添加等伪造、变造情形；对电子数据有疑问的，应当进行鉴定。

二、当事人陈述与证人证言的收集与保全

在刑事诉讼中，当事人陈述包括犯罪嫌疑人、被告人的供述与辩解、被害人陈述；在民事诉讼中，当事人陈述包括原告、被告所作的陈述，也包括第三人所作的陈述；在行政诉讼中，当事人陈述为原告与被告所作的陈述。当事人陈述与证人证言都属于言词证据，收集方法有许多共同之处，但由于不同当事人以及证人在案件中的角色不同、与案件诉讼过程和诉讼结果的利害关系不同，在收集与保全上述各种证据时也各有其自身特点。

收集当事人陈述与证人证言的共同要求和方法如下：

1. 个别询问。无论讯问犯罪嫌疑人、被告人，还是询问被害人、证人，除对质或者法庭调查时当事人当场陈述外，一般都要求隔离开来、个别地进行，不允许以类似座谈会的形式进行集体回忆、集体陈述或者作证，这是因为当事人陈述和证人证言的内容是当事人或者证人自己了解、感知的事实，就这个意义上说，是高度个性化的，如果当事人陈述和证人作证不是个别进行的，往往互相"启发"、影响，从众心理可能使正确感知了案件事实的人违背自己的记忆作出陈述，造成发现案件真实情况的困难，降低当事人陈述与证人证言的证明力。

2. 获取当事人陈述与证人证言之前，应当尽量熟悉案情，有案卷材料的，应当认真阅读案卷材料，以便在询问或者讯问时及时发现陈述和证言之间存在的矛盾之处或者与已经发现的事实的矛盾之处，并做到把握全局、突出重点地进行询问和讯问，提高询问与讯问的质量和效率。

3. 初步获取当事人陈述与证人证言时，应当让当事人和证人连贯地、充分地进行陈述，然后向其提出问题，保证询问和讯问的客观性和公正性，防止先入为主，特别是在刑事诉讼中，应在第一时间讯问犯罪嫌疑人时允许其进行充分的陈述或者辩解，不能以"有罪推定"的眼光粗暴地打断其不合己意的陈述，使犯罪嫌疑人的辩解权被剥夺，造成侦查工作的失误，酿成冤错案件。

4. 讯问或者询问当事人或者证人，应当制作笔录。笔录应当如实记载提问、回答的内容和在场人员。讯问或者询问完毕后，应当将笔录交给被讯问者或者被询问者阅读；没有阅读能力的，应当向他宣读。被询问者或者被讯问者认为记录有遗漏或者有差错，有权提出补充或者改正。被询问者或者被讯问者认为记录没有错误的，应当签名或者盖章。进行询问或者讯问的人也应在笔录上签字。

5. 询问或者讯问应当依法进行，禁止使用暴力、胁迫、利诱、欺骗等非法方法进行询问或者讯问，也不允许唆使提供虚假陈述或者证言。按照联合国制定的国际刑事司法准则，不被强迫自证其罪是被刑事追诉者的一项重要权利，属于人权的一部分。享有不被强迫自证其罪的特权就意味着，以暴力或者公开的威胁获取任何自白的行为都是被禁止的。另据自白任意性规则，使用暴力、胁迫、利诱、欺骗等非法方法获取的自白因不具有任意性而应被法庭排除，不能用作定案的根据。证人没有义务陈述可能导致自己被定罪量刑的事实或者出示这样的文件，但他必须向法庭起誓说明他的回答具有这样的效果，并由法庭加以确认；一旦法庭确认证言确实具有可能导致该证人有定罪量刑之虞时，证人就实际享有拒绝自证其罪的特权。按照我国法律规定，严禁刑讯逼供和以威胁、引诱、欺骗以及其他非法方法收集证据，不得强迫任何人证实自己有罪。对于国家专门机关的人员侵犯当事人或者证人诉讼权利的，当事人或者证人有权提出控告；刑讯逼供和唆使提供虚假陈述和证言构成犯罪的，应当依法追究其刑事责任。

6. 不得进行诱导性询问或者讯问。诱导性询问或者讯问就是在问题中含有期待对方回答的内容、可以使对方接受暗示提供为询问者或者讯问者期望得到的答案的提问。由于诱导性询问或者讯问往往具有影响证言或者陈述的客观性的不良作用，在诉讼中一般应加以禁止。不过，不是所有的诱导性询问或者讯问都有这种不良作用，对于不影响证言客观性，如被询问者或者被讯问者的年龄、职业、住址等事实，不一定禁止针对这些事实进行诱导性询问或者讯问。另外，诱导性询问或者讯问是对提供言词证据的人进行质证的常用方法，在法庭上，诉讼一方对另一方当事人或者证人进行质证时，也允许进行诱导性询问或者讯问，但对于本方当事人和证人，则一般不允许进行诱导性询问或者讯问。因此，是否允许进行诱导性询问或者讯问，还要看这种诱导是否有害于陈述或者证言的真实性，对于有害于陈述或者证言的真实性的诱导性询问或者讯问，应当严格加以禁止。

7. 询问或者讯问聋哑当事人或者证人，应当有通晓聋、哑手势的人在场翻译，并将这种情况在笔录上注明；对于不通晓当地通用语言文字的犯罪嫌疑人，讯问时，应当有翻译人员参加。

因当事人或者证人的角色不同、与案件利害关系不同，又因当事人陈述和证人证言具有不同特点，因此询问或者讯问当事人或者证人也有一些特殊要求，包括：

（一）讯问犯罪嫌疑人、被告人

在侦查和审查起诉阶段，讯问犯罪嫌疑人，必须由公安机关、人民检察院的侦查人员负责进行，法律规定以外的其他任何机关、人员都无权行使这些职权。

讯问的时候，侦查人员不得少于2人。

讯问的时间、地点、讯问人的身份等应当符合法律及有关规定。对于不需要拘留、逮捕的犯罪嫌疑人，可以传唤到犯罪嫌疑人所在市、县内的指定地点或者他的住处进行讯问，但是应当出示公安机关或者人民检察院的证明文件。对于已拘留、逮捕的犯罪嫌疑人，必须在拘留、逮捕后的24小时以内进行讯问。犯罪嫌疑人被送交看守所羁押以后，侦查人员对其进行讯问，应当在看守所内进行。

讯问被告人应个别进行。

讯问未成年的犯罪嫌疑人，应当通知其法定代理人到场。

讯问聋哑人、少数民族人员、外国人时应当提供通晓聋、哑手势的人员或者翻译人员。

讯问笔录的制作、修改应当符合法律及有关规定，讯问笔录应当注明讯问的起止时间和讯问地点，首次讯问时应当告知被告人申请回避、聘请律师等诉讼权利，被告人应当核对确认并签名（盖章）、捺指印，应当有不少于2人的讯问人签名等。被告人的所有供述和辩解均收集入卷；应当入卷的供述和辩解没有入卷的，应当出具相关说明。

讯问笔录有下列瑕疵，通过有关办案人员的补正或者作出合理解释的，可以采用：笔录填写的讯问时间、讯问人、记录人、法定代理人等有误或者存在矛盾的；讯问人没有签名的；首次讯问笔录没有记录告知被讯问人诉讼权利内容的。但是，采用刑讯逼供等非法手段取得的，讯问笔录没有经被告人核对确认并签名（盖章）、捺指印的，讯问聋哑人、不通晓当地通用语言、文字的人员时，应当提供通晓聋、哑手势的人员或者翻译人员而未提供的，取得的被告人供述不能作为定案的根据。

在审判阶段，对被告人进行讯问主要体现在法庭调查阶段，被告人就起诉书指控的事实发表意见后，由公诉人讯问被告人。被告人已经承认或者部分承认起诉书指控的犯罪的，公诉人应当首先让他供述实施犯罪的全部事实和过程，然后就犯罪的时间、地点、过程、结果等事实要素一一进行讯问。被告人否认指控的犯罪事实的，或者其陈述与侦查、审查起诉时的陈述不一致的，公诉人应当有针对性地提出问题。公诉人讯问后，被害人、附带民事诉讼的原告人、控方诉讼代理人、辩护人，经审判长许可可以向被告人发问，或者请求审判长向被告人发问。在公诉人讯问被告人以及其他诉讼参与人对被告人发问之后，审判人员也可以根据需要讯问被告人。

（二）询问证人

询问证人，应当告知对方必须如实提供证据和有意作伪证和隐匿罪证要负的法律责任，同时也应当告知证人依法享有的诉讼权利，保证证人及其近亲属的安全。对于保证证人及其近亲属的安全，《刑事诉讼法》作了概括的规定。

侦查人员、检察人员对证人进行询问，应当出示公安机关、人民检察院的证明文件。

询问证人，应当为证人提供如实充分提供证据的条件。询问证人，可以到证人所在单位或者住处进行。也可以通知证人到公安机关、人民检察院作证。询问证人地点的选择，应当有利于获取证言、方便证人作证。证人在侦查阶段不愿公开自己的姓名和作证行为的，应当为其保守秘密。

询问证人，应注意其证言的内容是否为证人直接感知。证人作证时的年龄、认知水平、记忆能力和表达能力，生理上和精神上的状态是否影响作证。证人与案件当事人、案件处理结果有无利害关系。

为使未成年人能够如实提供证言，询问未成年的证人，可以通知其法定代理人到场，询问地点也可以选在未成年人熟悉和习惯的环境。

询问证人形成的笔录应当经证人核对确认并签名（盖章）、捺指印。

需要注意的是，证言的取得程序、方式应当符合法律及有关规定：不得使用暴力、威胁、引诱、欺骗以及其他非法手段取证，也不得违反询问证人应当个别进行的规定。以暴力、威胁、引诱、欺骗以及其他非法手段取得的证言、询问证人没有个别进行而取得的证言，没有经证人核对确认并签名（盖章）、捺指印的书面证言，询问聋哑人或者不通晓当地通用语言、文字的少数民族人员、外国人，应当提供翻译而未提供的，都不能作为定案的证据。

在民事诉讼中，单位了解有关案件情况的，应当由单位的法定代表人、负责人代表单位作证。这种做法，刑事诉讼和行政诉讼中也可以借鉴。如果单位作伪证，有关责任人应承担法律责任。至于单位是否应承担责任以及如何承担责任，需要进一步研究。

（三）询问被害人

询问被害人适用询问证人的方法和程序。

此外，由于被害人是刑事诉讼的当事人，与案件的处理结果有直接的利害关系，询问时应当注意被害人的特点。既要考虑他往往与犯罪人有直接的接触，能够提供具体详细的受犯罪侵害的过程和犯罪人的情况的证言；也要考虑他与案件的处理结果有直接的利害关系，对犯罪痛恨的个人情感因素和追求对被告人严厉处罚结果的心态，可能导致其证言有夸大不实的成分。因此，既要认真听取其证言，也要注意其陈述是否忠实于案件实际情况。

对于询问中了解的被害人隐私，应当为其保守秘密。

（四）询问民事诉讼和行政诉讼中的当事人

当事人通常是发生争议的法律关系主体，亲身经历了发生纠纷的法律事实，对这些事实了解得最清楚。因此，符合客观实际的陈述具有较高的证明价值。但由于当事人与案件诉讼过程和诉讼结果都有利害关系，趋利避害的理性使其愿意披露甚至夸大有利于己的事实，隐瞒或者缩小不利于己的事实，因此陈述虚伪的可能性很大，收集此类证据时必须认真加以鉴别。我国《民事诉讼法》第 75 条第 1 款为此规定："人民法院对当事人的陈述，应当结合本案的其他证据，审查确定能否作为认定事实的根据。"

三、鉴定意见的形成

鉴定意见证据的收集与保全需要通过指派或者聘请鉴定人并由鉴定人进行鉴定、得出鉴定意见来实现。

鉴定人必须是对所需鉴定的问题具有专门的科学技术知识的人。在刑事诉讼中，公安机关、人民检察院和人民法院指派或者聘请鉴定人。当事人可以申请公安机关、人民检察院或者人民法院指派或者聘请鉴定人，也可以自行委托有鉴定资格的人员进行鉴定。对于有争议的伤情鉴定和司法精神病学鉴定，必须交由省级人民政府指定的医院进行鉴定。在民事诉讼、行政诉讼中，人民法院有权指派或者聘请鉴定人。当事人可以申请法院指派或者聘请鉴定人进行鉴定，也可以自行委托有鉴定资格的人员进行鉴定。鉴定机构和鉴定人具有合法的资质，其鉴定意见才能作为定案根据。

鉴定程序应当符合法律及有关规定。应当注意的是：

1. 指派或者聘请鉴定人的机关应当为鉴定人提供必要的条件，包括及时向鉴定人送交检材和对比样本，明确提出需要鉴定解决的问题，介绍与鉴定有关的情况。

2. 指派或者聘请鉴定人进行鉴定的机关，不得暗示或者强迫鉴定人得出某一预定的鉴定意见，鉴定人也不应趋奉这种暗示或者屈从这种压力。

3. 检材的来源、取得、保管、送检应当符合法律及有关规定，与相关提取笔录、扣押物品清单等记载的内容应当相符，检材应当充足、可靠。

4. 鉴定的程序、方法、分析过程应当符合本专业的检验鉴定规程和技术方法要求。

5. 鉴定意见的形式要件应当完备，要注明提起鉴定的事由、鉴定委托人、鉴定机构、鉴定要求、鉴定过程、检验方法、鉴定文书的日期等相关内容，应当由鉴定机构加盖鉴定专用章并由鉴定人签名盖章。

6. 鉴定意见应当明确。

四、勘验、检查、辨认、侦查实验等笔录的形成

在刑事诉讼中，勘验、检查、辨认、侦查实验是重要的侦查措施，勘验、检查、辨认、侦查实验笔录通常为侦查人员和检察人员制作；在法庭审理过程中，合议庭对证据有疑问的，可以宣布休庭，通过勘验、检查等方法调查核实证据。在民事诉讼、行政诉讼中，勘验笔录的制作包含两种情形：①人民法院根据当事人的申请而制作；②人民法院在认为必要时主动依职权制作。

（一）勘验

勘验的条件和要求包括以下几方面：

1. 保护现场。由于现场容易因人为的原因或者自然的原因遭受破坏，及时保护现场是取得良好鉴定效果的基本条件。

我国《刑事诉讼法》规定，任何单位和个人都有义务保护犯罪现场，并且立即通知公安机关派员勘验。这为侦查人员收集能够证明案件情况的痕迹、物品，发现破案线索，进而查获犯罪嫌疑人、查明案件事实，提供了便利。

在民事诉讼、行政诉讼中，有关单位和个人接到人民法院的通知后，有义务保护现场和协助勘验，以免现场因自然或者人为原因被破坏而造成证据灭失或者情况变化。

2. 及时到场勘验。发现现场，有关机关应当立即派员到场进行勘验。勘验时，应当持有有关机关的证明文件，如在刑事诉讼中，公安机关进行现场勘验时，应当持有《刑事犯罪现场勘查证》。

3. 指派或者聘请具有专门知识的人进行勘验。勘查除由有勘查权的机关派出的人员进行外，必要时还可以指派或者聘请具有专门知识的人在指派或者聘请机关的人员的主持下进行。

4. 邀请见证人到场。为了保证勘验依法进行，应当邀请与案件没有利害关系的人在场，见证人一般为两个。在民事诉讼、行政诉讼中，人民法院对同民事、行政纠纷争议有关的场所进行实地查看、检验时，应当邀请当地基层组织或者当事人所在单位派人参加。当事人或者当事人的成年亲属应当到场，拒不到场或者中途退场的，不影响勘验的进行。

5. 勘验情况应制成笔录。从事侦查、检察、审判等活动的国家专门机关的人员、法医或者医师等参加勘验的其他人员和见证人都应当在笔录上签名或者盖章。勘验笔录的制作，以文字记载方式为主，以拍照、摄影、测绘、绘图等方式为辅。在刑事诉讼中，侦查人员进行现场勘验，应当按照现场勘查规则的要求制作《现场勘验笔录》和现场图。

第十六章

（二）辨认

辨认的程序和要求如下：

1. 侦查阶段的辨认应当由侦查人员主持进行。对犯罪嫌疑人进行辨认，应由侦查机关或其部门的负责人批准。

2. 辨认前，侦查人员应当告知辨认人有意作假辨认应负的法律责任，并向辨认人详细询问辨认对象的具体特征，但应当防止辨认人见到辨认对象，以免使辨认人先入为主，影响辨认结果的可靠性。

3. 辨认时，侦查人员应当聘请见证人在场。

4. 几名辨认人对同一辨认对象进行辨认时，应当个别进行，以避免辨认人互相影响，保证辨认结果是辨认人独立识别的结果。

5. 辨认时，侦查人员应当将辨认对象混杂在其他对象中让辨认人辨认，而且不得给予辨认人任何暗示。辨认犯罪嫌疑人时，被辨认的人数不少于 7 人（公安机关）或者 5 人（人民检察院）；对犯罪嫌疑人照片进行辨认时，所提供的照片，不得少于 10 张（公安机关）或者 5 张（人民检察院）。

6. 对犯罪嫌疑人的辨认，辨认人不愿意公开进行时，可以在不暴露辨认人的情况下进行，侦查人员应当为其保守秘密。

7. 注意辨认中可能的错误。辨认中的错误也是经常发生的。对于人的感知能力、记忆能力和表达能力不能抱有过分夸大的态度。对于辨认的结果的真实性，应当抱有理性的怀疑。

辨认的过程和结果，应当记入笔录，由侦查人员、辨认人、见证人签名或盖章，并注明时间。

（三）侦查实验

侦查实验应当遵守以下程序和要求：

1. 侦查实验应当经县级以上侦查机关负责人批准，并由侦查人员负责进行；在进行侦查实验时，应当邀请见证人在场；如果需要某种专门知识，应当聘请有关专业人员参加。必要时，也可以要求犯罪嫌疑人、被害人、证人参加。公安机关进行侦查实验，可以商请检察院派员参加。

2. 侦查实验既可以在现场勘验过程中进行，也可以单独进行。

3. 侦查实验的条件应与原来的条件相同或相似，并且尽可能对同一情况重复实验，以保证侦查实验的科学性和准确性。

4. 进行侦查实验，应禁止一切足以造成危害、侮辱人格或者有伤风化的行为。

侦查实验应当制作笔录，写明实验的目的、实验的时间和地点、实验的条件、实验的经过和结果、实验的人员和见证人。侦查实验笔录应由进行实验的侦查人员、其他参加人员和见证人签名或者盖章。侦查实验中拍摄的照片、绘图应附入侦查实验笔录。对于侦查实验，也可以进行录像以记录其过程和有关情况。

第十七章

证据的审查判断

■ 第一节　审查判断证据的概念和意义

一、审查判断证据的概念和特征

审查判断证据，是指国家专门机关、当事人及其辩护人或诉讼代理人对证据进行分析、研究和判断，以鉴别其真伪，确定其有无证据能力和证明力以及证明力大小的一种诉讼活动。审查判断证据具有以下几个特征：

1. 审查判断证据的主体既包括国家专门机关，也包括当事人及其辩护人或诉讼代理人。我国传统诉讼理论从狭义上界定审查判断证据的概念，将审查判断证据的主体限制为国家专门机关，实际上从广义上来讲，除了国家专门机关为了确定案件事实需要对证据进行审查判断外，当事人及其辩护人或诉讼代理人也需要对证据进行审查判断，以便向审判人员提出如何认定事实方面的意见，使审判人员能够对案件事实作出正确认定，并在此基础上正确适用法律对案件作出公正的处理。因此，审查判断证据的主体不仅包括国家专门机关，而且包括当事人及其辩护人或诉讼代理人。

国家专门机关审查判断证据与作为诉讼参与人的当事人等审查判断证据，既有相同之处，也有不同之处。国家专门机关和当事人等审查判断证据，都是通过对证据进行分析、鉴别以确定其真伪，判断其有无证据能力和证明力以及证明力的大小，这是二者共同之处。其不同之处主要表现在：①专门机关办案人员审查判断证据是一种职权行为，即基于侦查权、检察权和审判权而进行的活动，而当事人、辩护人、诉讼代理人审查判断证据则属于非职权行为；②专门机关办案人员审查判断证据，可以运用其在办案中积累的丰富经验，同时又具有法律赋予的必要手段和方法，以及相应的物质条件保障，相对于当事人等审查判断证据，更有其优势；③专门机关办案人员审查判断证据，是为了正确处理案件，维护国家、社会利益和当事人的合法权益，而当事人等审查判断证据，主要是为了维护其自身或委托人的利益；④在审查判断证据的效力方面，专门机关经过审查判断认定证据具有证据能力和证明力的，即可将证据作为处理案件或者作出某种处分的根据，而当事人对证据的审查判断，通常只是提出证据的准备工作，该证据能否作为认定案情的根据，还取决于专门机关是否采信该证据。

将当事人及其辩护人或诉讼代理人作为审查判断证据的主体，既符合诉讼实践，也有利于保障其行使诉讼权利，促使其履行诉讼义务，从而保障诉讼活动的顺利进行。

2. 审查判断证据在本质上是一种思维活动。如果说收集证据是认识过程的第一阶段，即感性认识阶段的话，那么审查判断证据则是认识过程的第二阶段，即理性认识阶段。这一阶段的活动方式，与第一阶段的收集证据相比是不一样的，它是在收集证据的基础上，通过人们的大脑，运用概念、判断和推理的思维形式来进行的。虽然审查判断证据与收集证据是两个不同的认识阶段，但两者往往相互结合、交替进行。专门机关办案人员、当事人等必须首先收集证据，这是审查判断证据的前提；对于收集到的证据材料，办案人员、当事人等经过审查判断，如果发现有疑问或遗漏，则必须再去收集证据以便消除疑问或补充证据。把新收集的证据和原有的证据结合起来综合分析、研究，就可以使办案人员、当事人等对案件事实的认识不断趋于正确。这实际上是办案人员、当事人等对案件事实的认识由浅入深，由感性到理性的发展过程。

3. 审查判断证据的目的在于确定证据是否具有证据能力和证明力以及证明力的大小。专门机关办案人员、当事人等对证据进行分析、研究和鉴别的目的有二：①确定证据是否具有证据能力和证明力，证据只有具有证据能力和证明力，才能作为定案的根据；②确定证据与案件事实联系的紧密程度，联系越紧密，其证明力越大，反之，其证明力越小。

4. 审查判断证据的任务有两项，即对单个和多个证据的审查判断；对全案证据的审查判断。专门机关办案人员、当事人等对单个或多个证据进行审查判断，其目的是审查核实某一证据或某几个证据是否具有证据能力和证明力；而对全案证据进行审查判断，其目的是判明所有已查证具有证据能力和证明力的证据能否对案件事实作出认定。

二、审查判断证据的意义

审查判断证据是诉讼证明活动的关键环节。这是因为，已收集的证据是真是假，能否作为定案的根据，是否需要收集新的证据等，要通过审查判断来确定；而已有的证据是否足以认定案件事实，也要通过审查判断来确定。因此在诉讼证明活动中，审查判断证据具有十分重要的意义。具体表现在以下几个方面：

1. 审查判断证据是检验收集证据成效的惟一方法。只有经过对证据的审查判断，才能确定已收集到的证据是否真实可靠，是否足以认定案件事实。如果对收集到的证据的真实性还有疑问或认为已收集到的证据还不足以认定案件事实，则必须继续收集证据，直至没有疑问或遗漏为止。

2. 审查判断证据是确定证据的证据能力和证明力的根本手段。某个证据是否具有证据资格，需要审查判断。对于证据的真伪、证据与案件事实有无联系以及证据证明力的强弱等，必须由专门机关办案人员、当事人及其辩护人、诉讼代理人通过分析、研究和鉴别才能确定。

3. 审查判断证据是完成证明任务的必经程序。三大诉讼法均明确规定，证据必须经过查证属实，才能作为定案的根据。所谓查证属实，其实质就是审查判断。离开了证据的审查判断，对证据的查证属实就是一句空话。而且，案件事实的认定，必须经过收集证据、审查判断证据、提出证据和认证等环节才能完成。离开了证据的审查判断，对案件事实的认定就是不可能的，证明任务也就无法完成。

■ 第二节 审查判断证据的任务

作为定案根据的证据，必须具有证据能力且与待证事实具有关联性，对待证事实能够起到证明作用。因此，审查判断证据的任务，就是要分析、研究证据是否具有证据能力、证明力以及证明力的大小，从而确定所收集的证据能否用作定案的根据以及证明价值的大小。

一、审查判断证据的真实性

证据的真实性或可靠性，就是我们通常所说的证据的客观性。对于收集到的每个证据，只有通过审查判断，才能确定其是否真实可靠即是否符合案件的实际情况。因此，审查判断证据的真实性，就成为审查判断证据的首要任务。

根据司法实践经验，审查判断证据的真实性，一般应从以下两个方面进行：

1. 审查判断证据的来源。任何证据都有一定的来源。不论是采取科学方法提取的证据，还是通过调查方法收集的证据，也不论是当事人提出的证据，还是其他人提供的证据，都有其各自的来源。证据的来源不同，其真实可靠程度也就不同。因此，审查判断证据首先要查明证据的来源，包括查明证据是如何形成的，由谁提供或收集的，收集的方法是否科学，证据的形成是否受到主客观因素的影响，等等。如果证据是由侦查人员采用科学方法收集的，则这种证据的可靠性较大；如果证据是当事人提出的，则由于当事人与案件的处理结果有切身的利害关系，因此容易产生一定的倾向性，即他们往往只提出有利于自己的证据；如果证据是证人提供的，则由于证人与案件的关系不同，其作证的出发点和目的就不同，从而所提供的证据的可信度也就不一样。经过查证，只有那些有根有源，来自于客观实际的证据，才能成为证明案件事实的根据。一切来历不明的物品、痕迹，道听途说的言词，捕风捉影的议论，或者没有出处的匿名信等，都只能是仅供参考的"线索"，不能作为定案的根据。最高法《刑诉法解释》第 73 条第 1 款规定："在勘验、检查、搜查过程中提取、扣押的物证、书证，未附笔录或者清单，不能证明物证、书证来源的，不得作为定案的根据。"第 73 条第 3 款规定："对物证、书证的来源、收集程序有疑问，不能作出合理解释的，该物证、书证不得作为定案的根据。"此外，对于那些未采用科学方法提取或固定的证据，其真实性亦可能受到很大影响，在使用时要特别慎重。

2. 审查判断证据的内容。对证据内容是否真实的审查判断，是整个审查判断证据工作的关键。具体包括：①要注意每个证据本身的不同特点。例如，物证、书证是不会说话的物品、痕迹或文件，一经形成就比较稳定，其本身不容易发生变化，但却可能被伪造、变造或篡改，在审查判断时应特别注意有无这方面的问题，一旦发现可疑迹象，就应作进一步的查证，以判明其真伪；对于犯罪嫌疑人、被告人的口供，考虑到其所处的特殊地位，应注意查清有无对犯罪嫌疑人、被告人进行刑讯逼供或骗供、诱供等非法行为存在；对于鉴定意见，则应注意审查鉴定人的资格和能力，以及鉴定的材料是否充分，鉴定的方法是否科学，等等。②要注意证据的内容本身是否一致，有无矛盾。证据的内容必须符合客观事物的发展规律。如果证据的内容含糊、模棱两可或者自相矛盾，就不能证明任何案件事实。通过审查，对不真实的证据应不予采纳；对部分真实部分虚假的，只采纳真实部分；对证据的内容互相矛盾的，在分析研究的基础上确定其真伪，对真实的内容予以采纳，对虚假的内容不予采纳。③要注意证据与证据之间有无矛盾。虽然通过对每个证据内容的分析，可以否定其本身的真实性，但每个证据都不能肯定其本身的真实性，因此应注意分析原被告的陈述之间，证人与证人的证言之间，以及这些言词证据与物证、书证、鉴定意见、视听资料、勘验检查笔录之间有无矛盾，以便从中发现问题，进一步审查核实每个证据的真实性。

需要指出的是，最高法《刑诉法解释》对办案人员审查判断每一种证据应当着重审查的内容都作了具体明确的规定，这是司法实践成功经验的总结，办案人员在办理各类刑事案件审查判断证据时都应当严格遵守。

二、审查判断证据的关联性

证据的关联性，又称证据的相关性，是指证据与案件事实之间的内在联系性。作为定案根据的证据必须与案件事实存在某种联系，即能够证明案件的某一真实情况。如果证据与案件事实之间没有这种关联性，就起不到证明作用，也就不能成为定案的根据。因此，审查判断证据的关联性，就成为审查判断证据的一项重要任务。

根据司法实践经验，审查判断证据的关联性，一般应从以下三个方面进行：

1. 分析判断证据与案件事实之间有无客观联系。凡是与案件事实无关的材料，均应从诉讼证据中剔除出去。对于那些与案件事实之间只存在某种表面联系的材料，由于它们本身并不能证明案件的什么问题，因而即使它们是真实的，也不能作为诉讼证据加以使用。例如，犯罪现场留有某人的指纹，经查证他也确实到过现场，但他没有作案的时间，只是偶然路过而非作案，那么他在犯罪现场所留的指纹，便不能用作定案的根据。

2. 分析判断证据与案件事实之间联系的形式和性质。证据与案件事实之间的联系多种多样，十分复杂。要想准确地弄清证据证明力的大小，就必须认真地分析它们之间联系的形式和性质。具体包括：①证据与案件事实之间联系的形式具有多样性，既有因果联系也有非因果联系，既有必然联系也有偶然联系，还有内部与外部、直接与间接的联系。②证据与案件事实之间由于联系程度不同而表现出不同的证明价值。虽然与案件事实具有客观联系的证据都能反映一定的事实，但由于联系的程度不同，因而反映的程度就不同，其证明价值也就不同。一般来说，直接联系的证明价值大于间接联系，因果联系的证明价值大于非因果联系，内部联系的证明价值大于外部联系，必然联系的证明价值大于非必然联系。因此，必须查明各种证据与案件事实之间的联系是何种性质的联系，它们能证明案件中的什么问题，以及证明价值的大小。只有这样，才能对不同性质的证据加以正确运用，从而充分发挥各种证据的证明作用，保证对案件事实的正确认定。

3. 分析判断证据与案件事实之间联系的确定性程度。[1] 一般地说，证据与案件事实之间联系的确定性程度是由证据的确定性程度决定的。而判断证据的确定性程度主要依据以下两个因素：①证据的种类属性。通常地，某一种证据

----

〔1〕 何家弘主编：《证据调查》，法律出版社 1997 年版，第 166~168 页。

的确定性程度可能高于另一种证据的确定性程度。以人身同一认定为例，指纹鉴定意见与辨认结果都可以作为认定人身同一与否的证据，但由于指纹鉴定采用精密的仪器和科学的方法，因而其鉴定意见的确定性程度较高，而辨认结果由于受人的主观因素的影响较大，因而相对于鉴定意见，其确定性程度较低。②每个证据的具体情况。如前例，如果某个指纹不太清晰而且纹线数量较少，那么其鉴定意见的确定性程度就较低；反之，如果辨认主体对辨认对象非常熟悉，那么其辨认结果的确定性程度就较高。一般地说，证据的确定性程度与其证明价值成正比，即证据的确定性程度高，其证明价值就大；证据的确定性程度低，其证明价值就小。因此，确定性程度高的证据往往可以单独作为认定某一案件事实的证据，而确定性程度低的证据必须与其他证据结合在一起，才能作为认定某一案件事实的证据。

三、审查判断证据的合法性

证据的合法性，又称证据的法律性，是指证据的形式以及证据的收集和运用必须符合法律的规定。作为认定案件事实根据的证据必须符合法律规定的形式和要求，具有合法性，否则就可能因为不符合证据能力方面的要求而丧失证据资格，不能作为诉讼证据予以采纳。因此，审查判断证据的合法性，也是审查判断证据的一项重要任务。

根据法律规定和司法实践经验，审查判断证据的合法性，一般应从以下三个方面进行：

1. 审查判断证据是否具备法定的形式，手续是否完备。我国《刑事诉讼法》规定的证据有物证，书证，证人证言，被害人陈述，犯罪嫌疑人、被告人供述和辩解，鉴定意见，勘验、检查、辨认、侦查实验等笔录，视听资料、电子数据等八种；我国《民事诉讼法》规定的证据有当事人陈述、书证、物证、视听资料、电子数据、证人证言、鉴定意见、勘验笔录等八种；我国《行政诉讼法》规定的证据除包含《民事诉讼法》规定的证据外，还有现场笔录。任何证据都必须符合上述形式之一，否则不能作为诉讼证据。另外，法律还对各种证据应当具备的手续作了明确规定。例如，对于犯罪嫌疑人供述和辩解、被害人陈述应制作讯问或询问笔录，并由陈述人和侦查人员签名或盖章；用作证据的合同要经过双方当事人的签名或盖章；证人证言如果是书面的，要有证人签名或盖章，如果是口头的，必须制作询问笔录并由证人和询问人签名或盖章；鉴定意见必须以书面形式作出，并要求鉴定人以个人的名义出具鉴定意见书；勘验笔录必须依照法定程序制作并由勘验人、见证人签名或盖章。对于手续不全的证据，必须进行补正或者作出合理解释，否则不能用作定案的根据。

第十七章

2. 审查判断收集证据的程序是否合法。我国三大诉讼法对各种证据的收集、调取都规定了具体的程序。证据的收集是否符合法定程序，直接影响着证据内容的真实性和证据的可采性，因而在审查证据的合法性时，应着重查明收集证据的程序是否合法。其途径主要有：①审查法律文书。法律文书可以反映诉讼过程的全貌，因而通过审查法律文书一般能够发现证明主体收集证据的行为是否合法。例如，侦查人员进行搜查有无搜查证，进行勘验是否邀请见证人参加，讯问犯罪嫌疑人是否由 2 名以上侦查人员进行，侦查实验是否经过公安局长批准，扣押邮件、电报是否经过人民检察院或公安机关负责人批准，等等。②深入实际，调查取证。如通过向犯罪嫌疑人、被告人、证人了解情况，可以发现刑讯逼供或诱供、骗供的线索或证据并可通过人身检查或法医鉴定来认定侦查人员是否实施了刑讯逼供行为，侦查人员询问证人是否个别进行，行政诉讼被告有无自行向原告和证人收集证据的行为，等等。

3. 审查判断证据的运用是否合法。证据的运用符合法律规定，也是证据合法性的一项重要内容。为保证证据具有证据能力和证明力，三大诉讼法对证据的运用作了许多具体的规定。例如，证据必须经过查证属实，才能作为定案的根据；证人证言必须经过质证；在刑事侦查中，用作证据的鉴定意见必须告知犯罪嫌疑人、被害人；在刑事审判中，只有被告人供述，没有其他证据的，不能认定被告人有罪和处以刑罚，没有被告人供述，证据确实充分的，可以认定被告人有罪和处以刑罚；证据应当在法庭上出示，并由当事人互相质证；等等。为了审查判断证据的运用是否合法，应当充分发挥专门机关互相监督与制约的作用，同时当事人及其辩护人、诉讼代理人等也可以依法提出审查证据运用是否合法的要求。对于违法运用证据的情况，专门机关应随时检查，及时纠正，以保证证据的正确运用。

■ 第三节　审查判断证据的步骤和方法

一、审查判断证据的基本步骤

审查判断证据是一种认识活动，应当以辩证唯物主义的认识论为指导，坚持实事求是，一切从实际出发，具体情况具体分析，不搞先入为主，力戒主观片面；应当由浅入深，从个别到整体，循序渐进地进行。虽然不同案件审查判断证据的过程各有特点，但一般都包括以下三个基本步骤：

（一）单个证据的审查判断

鉴别证据的真伪，审查证据是否具有证据能力，确定证据证明力的有无及大小，首先应从单个证据的审查判断着手，即审查判断每一个证据的来源、内容及其与案件事实的联系等情况，看其是否真实可靠，是否具有证据能力，是否具有证明价值。对于那些明显虚假、毫无证明价值或者因其他原因依法不具有证据能力的证据，经进行单个证据的审查判断即可筛除。单个证据的审查判断，也就是对证据真实性、关联性和合法性的审查判断。

（二）多个证据的审查判断

对于某些证据是否具有证据能力，是否具有证明力以及证明力的大小，有时从单个证据本身无法作出正确的审查判断，这时往往要对案件中证明同一事实的两个或两个以上的证据进行比较和对照，看其内容和所反映的情况是否一致，以及能否合理地共同证明该案件事实。一般地说，经比对分析，如果该两个或两个以上证据互相矛盾，则可能其中之一有问题或都有问题。当然，对于相互一致的证据也不能盲目相信，因为串供、伪证、收买、刑讯逼供等也可能造成虚假的一致。而对于互相矛盾或有差异的证据也不应一概否定，还应认真分析矛盾或差异形成的原因和性质，因为不同的证据之间有所差异也是难免的。例如，同案犯罪嫌疑人、被告人对同一犯罪事实的陈述不可能完全相同，因为他们在犯罪活动中的分工、地位和作用不同，他们的记忆能力和表述能力不同，他们实施犯罪行为的主客观条件也不完全相同。一般来说，同案犯罪嫌疑人、被告人对同一犯罪事实的陈述之间存在一些差异是正常的，如果连细节都完全相同那反倒不正常了。因此，对多个证据进行比对审查，不仅要找出他们之间的相同点和差异点，而且更要分析这些相同点和差异点，看其是否合理，是否符合客观实际。

对多个证据进行比对审查一般有两种方式：①纵向比对审查，即对同一个人就同一案件事实提供的多次陈述做前后比对，看其陈述的内容是否前后一致，有无矛盾；②横向比对审查，即对证明同一案件事实的不同证据做并列比对，看其内容是否协调一致，有无矛盾。

（三）全案证据的审查判断

全案证据的审查判断，是指对案件中的所有证据进行综合的分析、研究与鉴别，看其内容和反映的情况是否协调一致，能否相互印证，能否证明案件的全部事实。

列宁曾经说过："如果从事实的全部总和、从事实的联系去掌握事实，那么，事实不仅是胜于雄辩的东西，而且是证据确凿的东西。如果不是从全部总和、不是从联系中去掌握事实，而是片断的和随便挑出来的，那么事实就只能是一种儿戏，或者甚至连儿戏也不如。"审查判断证据也是这样，要查明证据的证据能力和证明力，就必须在证据与证据之间、证据与案件事实之间的联系中进行考察。

对全案证据进行审查判断时，既要注意鉴别实物证据的真伪，也要注意分析言词证据的真假，既要注意符合自己原先设想或者推断的证据，也要注意与自己原先设想或者推断不相符合的证据，切忌片面性和倾向性。如果审查判断所依据的证据不全面，就难以得出正确的结论。

对全案证据进行审查判断，最基本的方法就是将案件中的各个证据进行比较，看其是否相互印证。有比较才有鉴别，只有将各个证据加以对照比较，才能辨别其真伪，从中发现矛盾。例如，在杀人案件中，要把法医关于被害人死亡情况的检验报告、查获的杀人凶器和犯罪嫌疑人、被告人有关杀人经过的口供联系起来进行分析。如果内容一致，能够相互印证，就可以确认上述证据的可靠性；如果内容不一致，出现矛盾，则其中必然有真有假。要善于从细微之处发现不同证据之间的矛盾之处，然后认真分析这些矛盾的性质和形成的原因，以便对案件中的证据作出整体性评价。如有必要，还应通过进一步收集证据去排除矛盾，确定其真伪。

对全案证据进行审查判断，不仅要注意审查证据的可靠性，而且要注意判断证据的证明价值。换言之，就是不仅要注意审查证据是否确实，而且要注意判断证据是否充分。从某种意义上讲，单个证据和多个证据的审查判断，其任务主要是查明证据是否确实，而全案证据的审查判断，其任务主要是查明证据是否充分。这就要求办案人员、当事人等不仅要对各种证据进行对照比较，而且要将证据与案件事实联系起来加以考察。要注意判明证据与案件事实之间是否具有客观联系以及具有何种联系，从而确定证据在证明案件事实方面所能起到的作用。要审查证据与案件事实之间有无矛盾，从而进一步增强证据的可靠性。

二、审查判断证据的常用方法

要正确地审查判断证据，除了遵循审查判断证据的基本步骤外，还必须掌握科学的方法。根据司法实践经验，审查判断证据通常采用以下几种方法。

（一）鉴别法

鉴别法，又称甄别法，是指根据客观事物发生、发展、变化的一般规律和常识去辨别证据真伪的方法。鉴别法主要用于对单个证据的审查判断。而对单个证据的审查判断，主要是看每个证据是否符合事物发展规律，是否合情合理，来源是否真实可靠。例如，某杀人案件，县公安局的法医根据被害人"胃内溶物已消化成乳糜状，大部分排空，没有食物残渣"的情况，作出"被害人被杀死时间距最后一餐 6 小时以上"的意见。这一意见便不符合人体的消化规律。

第十七章

因为有关法医学知识表明，胃、十二指肠均已空虚，其死亡时间应为餐后 6 小时以上。而该案中被害人胃内尚有乳糜状溶物，因而其死亡的时间距最后一餐不可能超过 6 小时。

鉴别法是审查判断证据最常用的方法，也往往是最先使用的方法。它可以对证据进行初次净化和筛选，为进一步的审查判断打下基础。

（二）比对法

比对法，又称比较法或对比法，是指对证明同一案件事实的证据进行比较或对照以判断其是否具有证据能力和证明力的方法。比对法主要用于对两个或两个以上证据的分析判断。一般来说，经过比较，证据所反映的内容基本一致，没有矛盾，就说明证据是真实可靠的；反之，就说明其中一个或几个证据还存在问题或矛盾，应当予以排除或者采取进一步的措施查证核实。例如，人的指纹从胎儿时起，一经形成，其形状终身不变且每个人各不相同。根据这一特点，要判断现场上的指纹是否为犯罪嫌疑人所留，就应设法取得犯罪嫌疑人的指纹，并将其与现场上留下的指纹进行比对。如果认定同一，就可以得出现场的指纹系犯罪嫌疑人所留的结论，否则就应当予以排除。

在采用比对法判断证据时，应注意各个证据之间必须具有"可比性"，即各个证据所证明的对象必须是同一事实。如果用来进行比对的证据之间不具有这种"可比性"，则不能进行比对，否则只会得出错误的结论。例如，将现场所留指纹与犯罪嫌疑人的指纹进行比对时，如果现场提取的是犯罪分子右手拇指的指纹，则必须取得犯罪嫌疑人右手拇指的指纹进行比对。否则，用犯罪嫌疑人其他手指的指纹进行比对，就不具有可比性，也就不可能得出正确的结论。

（二）印证法

印证法，是指将若干个证据所分别证明的同一案件的若干事实联系起来进行考察，以判明它们之间是否互相呼应、协调一致的方法。按照唯物辩证法原理，事物总是互相联系的。某一案件发生后，不仅证据与一定的案件事实之间存在着必然的联系，而且证据与证据之间也存在着一定的联系，甚至某些证据的形成是互为条件的。这就使得我们在审查判断某一证据时，可以把该证据与案件事实以及案件的其他证据联系起来进行考察，看它们之间能否相互印证、协调一致。如果能够相互印证，就说明它们是真实的；反之，就说明其中有的证据是虚假的或有问题的，不能作为定案的根据。例如，在杀人现场遗留的一把带有血迹的匕首，要判明它是否为作案的凶器，除了要查明它的来源外，还应查明匕首上的血迹与被害人的血型是否一致，以及被害人是否死于刀伤，刀形和伤口形状是否吻合，等等。只有在对这些问题都作出肯定的回答后，才能将该匕首作为本案的证据使用。

应当指出，印证法和比对法不同，它不要求证明对象的同一，而只要求证据与证明的案件事实之间存在客观联系，因而在司法实践中被普遍使用，特别是在查明间接证据的真伪时，更要注意采用印证法来进行审查判断。

（四）验证法

验证法，又称实验法，是指通过重演或再现等方式来查验某一证据的内容是否属实的方法。验证法主要用于查验当事人陈述或证人证言的内容。例如，在刑事诉讼中，侦查人员经过公安局长批准，可以进行侦查实验。通过侦查实验，可以判明在某种条件下，能否听到某种声音或看到某种事物或行为，能否发生某种现象或进行某种行为，使用某种工具能否留下某种痕迹，等等。从而判明证人证言、被害人陈述、被告人供述和辩解等证据是否真实可靠，能否用作定案的根据。

（五）鉴定法

鉴定法，是指对于案件中的某些专门性问题，由具有专门知识的人进行鉴别判断并作出结论性意见的方法。对于某些物证、书证或视听资料，仅凭办案人员或当事人的感官是无法判明其真伪的，必须由具有专门知识或技术的人借助科学技术手段进行鉴别判断并作出结论性意见后，才能作为认定案件事实的根据。因此，鉴定就成为审查某些物证、书证或视听资料的必要手段。在实践中，比较常见的有法医鉴定、会计鉴定、化学毒物鉴定、文件笔迹鉴定、商品质量与性能鉴定等。当然，对于鉴定意见，还需要和其他证据联系起来进行对比分析，经查证属实后才能作为定案的根据，决不能仅凭鉴定意见定案。

（六）辨认法

辨认法，是指在办案人员的主持下，由当事人、证人对与案件有关的物证、书证或犯罪嫌疑人进行辨别和确认的方法。通过辨认，可以对与案件有关的物证、书证的真伪以及犯罪嫌疑人是否为作案人予以确认，从而判明有关证据的真实性，正确认定案件事实。实践证明，辨认是审查判断证据的一种有效方法，在刑事侦查以及刑事、民事和行政审判中经常使用。但应当指出，侦查中的辨认和审判中的辨认既有相同之处，也有不同之处。其区别主要是：①侦查中的辨认既可以公开进行，也可以秘密进行，而审判中的辨认必须公开进行；②侦查中的辨认既可以是对物证、书证的辨认，也可以是对人（即犯罪嫌疑人）的辨别，而审判中的辨认只能是对物证、书证的辨认；③侦查中对人或物的辨认，不管是公开进行还是秘密进行，都应采用混杂原则，即不能对辨认对象单独进行辨认，而审判中对物的辨认，应单独进行，不能采用混杂原则；④在侦查中，辨认人为多人时，必须分别进行辨认，以免互相影响，而在审判中即使辨认人为多人，也可以共同进行辨认。不管是侦查辨认还是审判辨认，对辨认结果的使用都应特别慎重，必须结合其他证据查证属实后，才能作为定案的根据，否则容易发生错误，甚至造成严重后果。

（七）对质法

对质法，是侦查人员组织就某一案件事实提出相反陈述的两个或多个证人或犯罪嫌疑人进行互相质询和盘诘以判明其陈述真伪的方法。使用对质法的前提条件是双方对同一案件事实的陈述之间出现尖锐矛盾而侦查人员难以确认其真假。对质应在个别讯问或询问的基础上进行，具体是先由参加对质的双方分别就案件事实作出陈述，然后再组织每一对质者就对方所作的矛盾陈述提出质问，并要求对方作出回答。通过对质双方的质询，往往可以揭露矛盾，消除矛盾，进而判明各言词证据的真伪。特别是在缺少旁证的情况下，或者在只有"一对一"证据的案件之中，对质法更有助于侦查人员查明证据的真实性和可靠性。但应当注意，在刑事侦查阶段使用对质法要特别谨慎，只有在涉及案件的重要问题除了进行对质别无他法的情况下，才可以采用对质的方法。在对质前，侦查人员必须作好周密的准备，要吃透案情，摸准犯罪嫌疑人的心理，掌握好时机和火候。同时对质应在个别关键问题或重要情节上进行，一旦弄清即应结束对质，决不可把几个犯罪嫌疑人叫到一起讯问全案的情况，否则就会形成集体口供或互相串供的局面，以致无法判断犯罪嫌疑人口供的真假。

（八）质证法

质证法，是指审判人员在庭审调查中组织双方当事人对证据进行交叉审查的方法。它一般是由一方当事人或其诉讼代理人、辩护人对另一方当事人或该方证人、鉴定人的陈述进行盘诘，以判断其陈述的真伪和可信度。质证一般以交叉发问和诘问的方式进行。例如，在民事、行政案件的庭审中，原告或其诉讼代理人对被告方的证人、鉴定人可以进行诘问，被告或其诉讼代理人对原告方的证人、鉴定人也可以进行诘问；在刑事案件的庭审中，控方（包括公诉人、自诉人和被害人及其诉讼代理人）可以对被告方的证人、鉴定人进行诘问，辩方（包括被告人及其辩护人）也可以对控方的证人、鉴定人进行诘问。根据三大诉讼法的规定，证人证言、鉴定意见必须在法庭上经过质证并查实以后，才能作为定案的根据。

第十七章

■ 第四节 各种证据的审查判断

一、物证的审查判断

根据物证的特点，对物证的审查判断应着重从以下几个方面进行：

1. 审查判断物证是否伪造和有无发生变形、变色或变质的情况。犯罪分子或当事人为了逃避罪责或责任，经常故意伪造物证。例如，犯罪分子为掩盖罪行或嫁祸于人，把勒死或掐死伪装成被害人上吊自杀，用别人的工具进行犯罪而故意将工具遗留在现场；民事案件当事人为了胜诉故意用他物冒充原物。同时，还应注意审查物证有无因为自然或人为原因发生变形、变色或变质的情况。例如，犯罪分子所留的脚印就可能因风吹雨淋而变得模糊不清甚至失真，民事案件当事人为了胜诉而故意改变原物的形状、规格等。对此，必须认真审查，以鉴别真伪。

2. 审查判断物证与案件事实有无客观联系。物证是不会说话的证据，它不能"讲清"自己与案件有何联系。但物证随着犯罪行为、民事行为或具体行政行为的发生或实施而产生，必然与案件事实有着客观的联系，否则不能作为物证。例如，现场的脚印、指纹如果与犯罪行为没有联系，则不能作为证据使用；某一商品如果与发生的民事法律关系没有联系，同样不能作为证据使用。根据两院三部《办理死刑案件证据规定》第6条第4项的规定，物证应当与案件事实有关联。对现场遗留与犯罪有关的具备检验鉴定条件的血迹、指纹、毛发、体液等生物物证、痕迹、物品，应当通过 DNA 鉴定、指纹鉴定等鉴定方式与被告人或者被害人的相应生物检材、生物特征、物品等作同一认定。

3. 审查判断物证的来源，查明物证是原物还是同类物或复制品。办案人员对自己收集或当事人提供的物证，必须追根溯源，查明它的原始出处，以防止将同类物或类似的痕迹误作证据。经审查，如果物证不是原物的，要努力取得原物，在刑事案件中允许用物证的照片、录像或者复制品代替原物，但其必须与原物相符；在民事诉讼中提交原物确有困难的，允许提交复制品或照片，但也要直接审查或察看原物，把原物同复制品或照片加以比较，以查清其是否一致。如果出现不一致，要查明原因。对于原物已毁灭的，要查明毁灭的原因和具体情况。在刑事案件中，特别应注意审查有无栽赃陷害的情况，如犯罪分子杀人后将凶器丢在别人的后院里，或偷来别人的工具，作案后故意遗留在现场等。

审查判断物证，既可以将物证交由当事人、证人进行辨认，也可以进行鉴定或检验，但最重要的还是把物证和全案其他证据联系起来进行对照分析，从中发现矛盾，并进一步认真查证，以消除矛盾，确定真伪。

二、书证的审查判断

根据书证的特点，对书证的审查判断主要应从以下几个方面进行：

1. 审查判断书证的制作情况。书证是由特定人基于一定目的制作的。因此对书证的审查，首先应查明制作人是否制作了该书证，如果查明制作人并没有制作该书证，则表明该书证是被人伪造的，就不具有证明作用。其次应对书证的制作过程进行审查，查明制作人是在什么情况下制作的，是否在暴力、威胁、欺骗等情况下做成，如查明书证（如离婚协议书、遗嘱、合同、遗书、信件等）是在暴力、威胁或欺骗的情况下做成的，则该书证不是制作人真实的意思表示，不能作为定案证据使用。

2. 审查判断书证的获取情况。书证的获取一般有侦查人员收集和当事人等提供两种方式。因此，应查清书证是由谁收集或提供的，或者是在什么情况下获取的，对书证采取了何种固定或保管措施。例如，应审查收集书证的人员有无搜查、勘验、扣押书证的权力，他们在搜查、勘验、扣押书证时是否履行了合法的手续。

3. 审查判断书证的内容与形式。书证的内容和形式对书证的有效性有重要影响。因此，应注意审查书证的内容是否是制作人的真实意思表示，是否具体明确、前后一致；书证的形式是否符合法律规定，如买卖合同是否有双方当事人的签名盖章；双方当事人约定必须经公证的合同是否经过公证；不在我国领域内居住的外国人、无国籍人寄给中国公民的授权委托书，是否经所在国公证机关证明并经我国驻该国使、领馆认证；外国发往中国的证明某人婚姻状况的证明书是否经过公证及认证等。对于意思表示不真实、内容含糊不清、前后矛盾和不具备法定形式的书证，不得用作定案的证据。

4. 审查判断书证与案件事实有无联系。与案件事实没有联系的书证，不能作为证据使用。某些书证表面上看来与案件事实有联系，但实际上没有联系，对此要仔细辨别。如某妇女一时想不开，有轻生的想法而写下遗书，但事后并未自杀，这一情况被其喜新厌旧的丈夫利用而将其从6楼推下，致其当场死亡。这一遗书实际上与该杀人案件并无联系，不能用作定案的根据。

5. 审查书证是否为原件。《民事诉讼法》第70条第1款规定："书证应当提交原件。物证应当提交原物。提交原件或者原物确有困难的，可以提交复制品、照片、副本、节录本。"同样，最高法《刑诉法解释》第71条规定："据以定案的书证应当是原件。取得原件确有困难的，可以使用副本、复制件。书证有更改或者更改迹象不能作出合理解释，或者书证的副本、复制件不能反映原件及其内容的，不得作为定案的根据。书证的副本、复制件，经与原件核对无误、经鉴定为真实或者以其他方式确认为真实的，可以作为定案的根据。"

6. 审查判断书证本身所属的类型。一般情况下，书证的原件比抄件、复印件更为可靠；公文书比私文书更为真实。特别是经过公证的文书，除有相反证据足以推翻外，其合法性、真实性在诉讼过程中应予承认。

审查判断书证，既可以采用辨认的方法，也可以采用鉴定等方法。同时也要注意把书证同案内其他证据和案件情况联系起来进行比较分析，看其是否一致，能否相互印证，以辨别其真伪。

三、证人证言的审查判断

由于受各种主客观条件的影响，证人提供的证言有可能不真实或不完全真实，甚至有可能是伪证。因此对证人证言也应进行审查判断。根据证人的特点，对证人证言的审查判断应着重注意以下几个方面：

1. 证人证言的关联性。可采性以相关性为前提，即证据是否可以采纳，首先取决于它同诉讼中的待证事实有无关联。凡是可以采纳的证据，都必须具有相关性。但具有相关性的证据，则不一定都可以采纳，仍有可能被某些特殊规则所排除。所以，要审查证人证言所表达的内容与案件事实有无关联，还要审查有何种关联。当证人证言与其他证据出现矛盾，或者与已发生的案件事实相抵触时，应将其与其他证据相互印证，必要时依法补充收集证据。最高人民法院关于最高法《民诉证据规定》第 77 条第 2 项规定："物证、档案、鉴定结论、勘验笔录或者经过公证、登记的书证，其证明力一般大于其他书证、视听资料和证人证言。"最高法《行诉证据规定》第 63 条第 2 项规定："鉴定结论、现场笔录、勘验笔录、档案材料以及经过公证或者登记的书证优于其他书证、视听资料和证人证言。"

2. 审查证人的资格和品质。对证人证言的审查判断，首先，应审查证人是否知道案件情况，这是判明作证者是否具备证人资格的前提条件；其次，应查清作证者是否具有辨别是非和正确表达的能力；再次，应查清作证者是否同时又是案件的当事人或其他诉讼参与人（如鉴定人）。经审查，如果作证者不知道案件情况，不具备辨别是非和正确表达的能力，或者同时又是案件的当事人或其他诉讼参与人的，则该作证者便不具备证人的资格，不能作为证人。同时，还应注意审查证人的个人品质。证人的品质好，其如实作证的可能性就大；证人的品质不好，其证言就容易出现不真实甚至虚假的情况。当然，品质好坏与是否如实作证没有绝对的联系。因此，证人的品质只能作为审查证人证言的参考因素，而不能作为判断其真假的主要依据。对于证人的能力和品质问题，最高法《民诉证据规定》第 78 条规定："人民法院认定证人证言，可以通过对证人的智力状况、品德、知识、经验、法律意识和专业技能等的综合分析作出判断。"

3. 审查判断证人与案件当事人、案件处理结果有无利害关系。一般地说，如果证人与案件当事人存在着亲属、朋友、恩怨、恋爱、同学等关系，或者与案件处理结果具有利害关系，他就有可能从维护亲情、友情、报恩或发泄怨恨等思想或维护自己的利益出发，故意提供不真实或不完全真实的证言，夸大或缩小自己所知道的案件情况。如果对此不加以注意，就容易作出错误判断。当然，这也只能作为审查证人证言的参考因素，而不能据此就认定其真假。基于此，最高法《民诉证据规定》第 77 条第 5 项规定："证人提供的对与其有亲属或者其他密切关系的当事人有利的证言，其证明力一般小于其他证人证言。"最高法《行诉证据规定》第 63 条第 7 项规定："其他证人证言优于与当事人有亲属关系或者其他密切关系的证人提供的对该当事人有利的证言。"

4. 审查证人证言的来源。一般地说，原始证言比传来证言要真实可靠。最高法《民诉证据规定》第 77 条规定，人民法院就数个证据对同一事实的证明力，可以依据原始证据的证明力一般大于传来证据的原则认定。因此，要注意查清证人陈述的情况是他亲自耳闻目睹得知，还是过后听别人讲述而得知。对于后一种情况，则应进一步审查证人是听谁讲述的，是在什么情况下听人讲述的，有无失实的可能，并应尽量找到讲述人调查核实。如果证言来源于证人的主观想象、猜测或者道听途说，则不能作为案件的证据使用。

5. 审查证人证言形成的具体情况。一个诚实的证人所提供的证言也可能不符合事实。这是因为，证人证言能否确切地反映案件的真实情况，除了前面所讲的因素外，还要受到证人证言形成过程中的一系列主客观条件和因素的影响。主要包括：①证人感知能力和感知环境等的影响。如证人的感觉器官是否正常；感知案件情况时客观环境和条件的好坏（如天气、光线、距离、方位、声音强弱等）；感知案件情况的心理状态（如恐惧、不安、冷静、注意力是否集中等）；证人的知识和经验；等等。②证人记忆能力的影响。证人的记忆能力因人而异，它与证人的年龄、健康状况、文化程度以及知识经验都有一定的关系，特别是和时间长短有密切关系：从感知案件情况到提供证言相距的时间越短，证人的记忆越清楚；时间越长，证人越容易忘记或发生记忆模糊。③证人表达能力的影响。证人的表达能力亦因人而异，有的表达能力强，能抓住要点，讲得很清楚；有的表达能力差，知道案件情况却讲不出来或表达不准确，使人不容易理解甚至无法理解。此外，最高法《刑诉法解释》第 75 条规定："处于明显醉酒、中毒或者麻醉等状态，不能正常感知或者正确表达的证人所提供的证言，不得作为证据使用。证人的猜测性、评论性、推断性的证言，不得作为证据使用，但根据一般生活经验判断符合事实的除外。"总之，影响证人证言客观性、准确性的因素很多，审查时必须认真分析，以作出正确的判断。

6. 审查证人证言的内容。证人只能就其感知的案件事实作证，亦即证人陈述的案件事实必须是他耳闻目睹的，而不能是他的猜测、评论或推断。为此，最高法《刑诉法解释》第 75 条第 2 款规定："证人的猜测性、评论性、推断性的证言，不得作为证据使用，但根据一般生活经验判断符合事实的除外。"

7. 审查判断年幼证人的证言时，应特别注意年幼证人的特点。年幼证人由于年龄小、智力发育程度低，因而往往富于幻想，凡事都比较好奇，容易受成年人影响，且表达能力比较差，因此在审查其证言时，应注意有无夸大事实，用成年人口气说话等情况。例如，年幼证人所讲的话如果是一口大人腔调，就可能是受成年人指使而提供的虚假证言。

8. 审查证言的取得程序、方式是否符合法律及有关规定。具体包括：有无以暴力、威胁等非法方法收集的情形；有无违反询问证人应当个别进行的规定；笔录是否经证人核对确认并签名（盖章）、捺指印；询问未成年证人，是否通知了其法定代理人或者有关人员到场，其法定代理人或者有关人员是否在场；等等。

审查判断证人证言，可以采用实验（如侦查实验）、检查（如人身检查）、质证的方法，但最重要的是把证人证言与其他证据（包括其他证人证言）以及案件情况联系起来进行对比分析，看其有无矛盾，是否合情合理，能否自圆其说，以判断其真假。

四、被害人陈述的审查判断

对被害人陈述的审查判断和对证人证言的审查判断大致相同，但由于被害人是遭受犯罪行为直接侵害的人，与案件的结局有切身的利害关系，因此对被害人陈述的审查判断，还应着重注意以下几个方面：

1. 审查判断被害人与被控告人的关系。被害人与被控告人之间过去是否有怨仇，是否认识或有其他关系，对其陈述的真实性有很大影响。一般地说，如果双方过去没有怨仇关系，或者根本不认识，则被害人做虚假陈述的可能性较小；如果双方原来有怨仇或矛盾，或者有其他利害关系，则被害人作虚假陈述的可能性就很大，审查时要特别注意。

2. 审查判断被害人陈述的来源。要注意查清被害人陈述的事实是其亲见亲闻、直接感知的，还是事后听他人转告的，或是自己猜测的。对于被害人直接感知的事实，则应进一步查清他感知案件事实的主客观条件；对被害人事后听他人转告的事实应问清他是听什么人说的，并尽可能向亲见亲闻者调查核对；对于被害人的猜测，则应让其说明猜测的根据，以供审查判断时参考。

3. 审查判断被害人陈述的动机、目的。被害人的陈述是自愿提供的，还是在他人指使、劝说甚至强迫下提供的，这对其陈述的可靠性影响很大。如果陈述是被害人自愿提供的，则其可靠性较大，如果是在他人指使、劝说甚至强迫下提供的，则其可靠性很小，甚至有可能是虚假的。

4. 审查判断被害人陈述的内容。要注意审查被害人陈述的内容是否前后矛盾，是否符合事物发展的规律。如果发现被害人的陈述前后矛盾或不合情理，则应进一步询问清楚或者采取其他方法进行核实。

5. 审查被害人的作证能力与品格。生理上、精神上有缺陷或者年幼，不能辨别是非，不能正确表达的人，虽然可能成为被害人，但由于缺乏应有的作证能力，其陈述的可靠性可能受到影响，应当认真分析判断。例如针对年幼人陈述的特点，要审查年幼的被害人是否受到他人影响，是否被他人利诱，其陈述是否符合幼年人的语言习惯，能否说清自己被害的经过和犯罪分子的体貌特征，等等。对生理上有缺陷的被害人的陈述的证明力应具体分析，只有不能辨别是非、不能正确表达的被害人的陈述，才不能作为证据使用。被害人的品格，即被害人的品质与人格。品格如何也会影响被害人陈述的可靠性。公安司法人员在审查判断被害人陈述时也应充分注意这一点。当然不能简单地认为被害人品格有问题，其陈述就是假的，而应根据案件中的有关证据进行分析判断。在发现其陈述自相矛盾或不合情理的时候，应当仔细询问，查清问题，排除矛盾。

审查判断被害人陈述，可以采用实验、辨认、质证等方法，但最重要的是把被害人陈述与现场勘验笔录、被告人口供等其他证据联系起来进行对比分析，看其有无矛盾，能否相互印证。如果存在矛盾的，则应进一步查证，以判明其真伪。

五、犯罪嫌疑人、被告人供述和辩解的审查判断

由于犯罪嫌疑人、被告人的供述和辩解具有虚实并存、真假难辨的显著特点，因此在审查判断时必须特别仔细和认真，切不可草率从事。具体应从以下几个方面进行：

1. 审查判断犯罪嫌疑人、被告人供述和辩解的动机。实践证明，犯罪嫌疑人、被告人供述和辩解的动机是多种多样的，有的自知罪责难逃而投案自首，主动交代罪行；有的抱着罪行不会被发现的侥幸心理而拒不供认；有的出于哥们义气或其他原因而包揽他人罪行；有的为了掩盖更严重的罪行而在供述时避

重就轻；有的为了获得从宽处理而"坦白交代"并非自己所犯的罪行；有的为了维护自己的合法权益而提出自己无罪或罪轻的事实和意见；有的认为有空可钻而作无罪或罪轻的狡辩；等等。可见，犯罪嫌疑人、被告人供述和辩解的动机对其口供的真实性有很大的影响，切不能简单地认为凡是犯罪嫌疑人、被告人的供述就是真实的，凡是犯罪嫌疑人、被告人的辩解都是不真实的，所以对犯罪嫌疑人、被告人的供述和辩解必须一一审查，辨明真假。

2. 审查犯罪嫌疑人、被告人供述是否属于以刑讯逼供等非法方法取得的。犯罪嫌疑人、被告人供述罪行必须完全出于自愿，否则不具有证据效力。因此，应当注意查明有无采用刑讯逼供等非法手段获得犯罪嫌疑人、被告人供述的情况。对此，必要时可以调取犯罪嫌疑人、被告人进出看守所的健康检查记录、笔录。同时，还应注意查清犯罪嫌疑人、被告人事先有无互相串供、订立攻守同盟或受到外界影响等情况。

3. 审查判断犯罪嫌疑人、被告人供述和辩解是否合理，有无矛盾或反复。对于犯罪嫌疑人、被告人供认的犯罪事实或提出的辩解，要根据每个案件的具体情况，从犯罪的时间、动机、目的、手段和结果等各个方面分析犯罪嫌疑人、被告人有无实施犯罪的可能，其供述和辩解是否符合案件的实际情况和事物发展的规律，并注意审查其口供前后是否一致、有无矛盾。经审查，如果发现犯罪嫌疑人、被告人所供述的情节不符合案件的实际情况，口供前后矛盾，漏洞百出，不能自圆其说，或者犯罪嫌疑人、被告人时供时翻、反复无常的，则不能轻易相信，而必须揭露其虚假性，并进一步调查核实。

审查判断犯罪嫌疑人、被告人供述和辩解，要特别注意将其与物证、书证、勘验检查笔录、鉴定意见、视听资料以及证人证言、被害人陈述等其他证据联系起来进行对比分析，认真查清同案犯罪嫌疑人、被告人之间的供述和辩解是否一致，犯罪嫌疑人、被告人供述和辩解与其他证据以及案件事实是否一致。如果基本一致，则说明其供述和辩解是真实可信的；如果存在矛盾，则说明其供述和辩解存在着虚假的成分，应尽可能排除矛盾。但如果完全一致，则可能存在串供的情况，需要作认真的分析，切不可轻易相信。此外，侦查机关随案移送有录音录像资料的，还应当结合相关录音录像资料进行审查。

需要指出的是，最高法《刑诉法解释》第 83 条对刑事案件证据的审查判断作了特殊的规定。具体包括：①审查被告人供述和辩解，应当结合控辩双方提供的所有证据以及被告人的全部供述和辩解进行；②被告人庭审中翻供，但不能合理说明翻供原因或者其辩解与全案证据矛盾，而其庭前供述与其他证据相互印证的，可以采信其庭前供述；③被告人庭前供述和辩解存在反复，但庭审中供认，且与其他证据相互印证的，可以采信其庭审供述；被告人庭前供述和辩解存在反复，庭审中不供认，且无其他证据与庭前供述印证的，不得采信其庭前供述。

六、当事人陈述的审查判断

民事、行政诉讼当事人与案件有着直接的利害关系，其陈述不可避免地带有某种片面性或倾向性，当事人往往只讲对自己有利的情况，不讲或有意掩饰对自己不利的客观事实，因此在审查判断时必须特别慎重和细心。根据司法实践和法律规定，对民事、行政诉讼当事人陈述的审查判断应着重从以下几个方面进行：

1. 审查判断当事人陈述是否受到外界的压力或不良影响。民事、行政诉讼当事人进行诉讼活动，其目的都是维护自己的合法权益，而且原被告双方诉讼地位平等，因此一般不存在由于外界压力或不良影响而作出对自己不利陈述的情况。但对于以下几种陈述仍需进行审查：①当事人在法庭审理中所作的承认。尽管一方当事人承认另一方当事人提出的对自己不利的事实或诉讼请求在一般情况下较为可靠（因为通常当事人不会甘愿用说假话的办法来损害自己的权益），但在实践中也常有这样的情况：当事人的承认是由于误解，或者是在受到另一方当事人威胁、控制或欺骗的情况下作出的，有时还可能是双方通谋以侵害国家利益或他人的合法权益。②行政诉讼原告所作的陈述。行政诉讼的被告是国家行政机关，如果其违反《行政诉讼法》的规定，在诉讼过程中自行向原告收集证据，则原告有可能受到被告的威胁或欺骗而作出不符合案件真实情况的陈述。对于上述两种情况，必须认真查清，以判明当事人陈述的真实性。

2. 审查判断当事人陈述的内容是否符合案件真实情况。对当事人陈述的审查判断，要特别注意核对、查实其与案件真实情况是否相符，即是否符合本案实体法律关系发生、发展、变化或消灭的客观情况，是否合情合理，其来龙去脉是否清楚，有无可疑之处。

3. 审查判断双方当事人陈述的内容是否一致。一般地说，经过审查，如果能够确认一方当事人陈述的某个事实与对方当事人的陈述一致又无相反证据推翻的，即可认定其陈述真实可靠。

根据《民事诉讼法》的规定，审判人员审查判断当事人的陈述，应当结合本案的其他证据，审查确定其能否作为认定事实的根据。具体地说，审判人员应当结合本案的其他证据进行综合分析、审查，研究它们所反映的情况是否一致，有无矛盾。发现矛盾时，应进一步收集证据或通过查证的方法加以解决，以便确定其可否采信。除此之外，还可以采用实验法、对比法、质证法对当事人的陈述进行审查判断。

七、鉴定意见的审查判断

由于需要鉴定的专门性问题多种多样，鉴定人的水平参差不齐，鉴定过程又不可避免地受到各种主客观条件的影响，因而鉴定意见可能发生错误。因此，对鉴定意见，需要进行认真细致的审查判断。根据实践经验，对鉴定意见的审查判断，一般应从以下几个方面进行：

1. 审查判断鉴定人是否具有鉴定资格，与案件当事人有无利害关系。作为鉴定人，必须具有司法行政机关颁发的《鉴定人执业证》，而且还必须得到公安司法机关的指派或聘请，否则便不具有鉴定人资格，不能进行鉴定活动。同时，鉴定人还应当与案件的当事人没有亲属或其他利害关系，这是其作出客观、公正的鉴定意见的必要保证。否则，按照诉讼法的规定，该鉴定人应当回避。鉴定人应当回避而未回避的，其所作出的鉴定意见不具有证据能力，不能作为定案的根据。

2. 审查判断鉴定人进行鉴定所依据的材料是否充分可靠。鉴定人对案件中的某一专门性问题进行鉴定，只有依据充分可靠的材料，才有可能作出正确的鉴定意见。否则，鉴定人的专业水平再高，其鉴定意见也会发生错误。例如，民事案件中的产品质量鉴定，如送去的产品不是原来的产品，其鉴定意见就不可能正确。因此，必须查明鉴定活动所依据的材料是否充分可靠。

3. 审查判断鉴定的过程和方法是否符合相关专业的规范要求。

4. 审查判断鉴定人进行鉴定是否受到外界的影响，工作是否认真负责。

5. 审查判断鉴定意见的形式要件是否完备，是否注明提起鉴定的事由、鉴定委托人、鉴定机构、鉴定要求、鉴定过程、检验方法、鉴定文书的日期等相关内容，是否由鉴定机构加盖鉴定专用章并由鉴定人签名盖章。

6. 审查判断鉴定意见是否明确，鉴定意见与案件待证事实有无关联。

审查判断鉴定意见，应当注意鉴定意见与其他证据之间是否有矛盾，鉴定意见与勘验、检查笔录及相关照片是否有矛盾。同时，还应当注意鉴定意见是否依法及时告知了相关人员，当事人对鉴定意见有无异议。办案人员对鉴定意见有疑问的，应依法补充鉴定或者重新鉴定。

八、勘验、检查及现场笔录的审查判断

对勘验、检查及现场笔录的审查判断，一般应从以下几个方面进行：

1. 审查判断勘验、检查、现场调查及其笔录的制作是否依法进行。法定的勘验、检查程序及笔录制作的要求是我国公安司法机关和行政执法机关长期进行此项工作的经验总结，有助于保证勘验、检查及现场笔录的证据效力。因此，

审查判断勘验、检查及现场笔录时，应当注意勘验、检查、现场调查及其笔录的制作是否依法进行。比如，实施勘验、检查的人员有无勘验、检查的权力，现场笔录是否为有权作出有关具体行政行为的行政机关工作人员制作，是否有见证人在场和在笔录上签名或者盖章。如果查明勘验、检查未能遵守法定程序的要求，或者对勘验、检查、现场笔录记载的内容有疑问，经向负责勘验、检查的侦查人员或进行现场调查的行政执法人员了解仍不能得到澄清时，就可以要求复验、复查。

2. 审查判断勘验、检查笔录的内容是否全面、详细、准确、规范。具体包括：①是否准确记录了提起勘验、检查的事由，勘验、检查的时间、地点，在场人员、现场方位、周围环境等情况；②是否准确记载了现场、物品、人身、尸体等的位置、特征等详细情况以及勘验、检查、搜查的过程；③文字记载与实物或者绘图、录像、照片是否相符；④固定证据的形式、方法是否科学、规范；⑤现场、物品、痕迹等是否被破坏或者伪造，是否是原始现场；⑥人身特征、伤害情况、生理状况有无伪装或者变化等。

3. 审查判断笔录中记载的现场情况是否被伪造或受到破坏，人身伤害情况是否伪装。犯罪分子为了逃避侦查和审判，常常在犯罪过程中将内盗伪装成外盗，将与案件无关的人的物品留在现场，借以嫁祸他人。民事、行政纠纷的当事人也有可能伪造现场或物证。因此，在审查判断勘验、检查笔录或现场笔录时，应注意识别其中记载的现场、物证等情况有无伪装、假造的问题。

对勘验、检查及现场笔录的审查判断，不能孤立地进行，而应联系本案的其他证据进行综合判断，对比分析。例如，应当审查勘验、检查笔录中记载的情况与被告人供述、被害人陈述、鉴定意见等其他证据能否印证，有无矛盾；审查笔录中记载的内容与从现场提取的实物情况是否相符，与证人证言、当事人陈述是否存在矛盾。在人民法院开庭审理过程中，当事人及其辩护人、诉讼代理人发现勘验、检查及现场笔录的内容有错误的，有权申请重新勘验、检查、调查，人民法院也可以决定复验、复查。

九、视听资料的审查判断

视听资料对高科技的依赖性，决定了它容易被伪造或篡改，而且在被伪造、篡改后往往难以发现。因此，对视听资料这一高科技证据，必须进行认真的审查判断。

1. 审查判断视听资料的来源是否合法，制作过程中当事人有无受到威胁、引诱等违反法律及有关规定的情形。同时，还要审查视听资料是否载明制作人或者持有人的身份，制作的时间、地点和条件以及制作方法。

2. 审查判断视听资料有无伪造、变造等情形。视听资料既可以通过技术手段制作，也可以通过技术手段改变原貌，以致失实。因此，在对视听资料进行审查判断时要特别注意其内容和制作过程是否真实，有无经过剪辑、增加、删改、编辑等伪造、变造情形。

3. 审查判断视听资料是否为原件，有无复制及复制份数。如果调取的视听资料是复制件的，应当注意审查是否附有无法调取原件的原因、制作过程和原件存放地点的说明，是否有制作人和原视听资料持有人签名或者盖章。

4. 审查判断视听资料的内容有无矛盾，与案件事实有无关联。由于视听资料以其记载或反映的声音、图像或者信息来证明案件事实，因此应注意审查该声音、图像或信息所表达的内容前后是否一致，有无破绽之处，或其内容与案件事实有无关联。如果其内容前后矛盾或者有破绽，则应进一步调查核实；如果其内容与案件事实毫无联系，则不能作为定案的根据。

审查判断视听资料，应注意进行鉴定。如通过图像分辨仪勘测，可知录像带中的图像是否为剪接、拼凑而成；通过音素分析仪鉴别，可知所录制的声音是否模仿、伪造。同时，也可以将视听资料播放或输出，让当事人辨认或质证。同时，对视听资料，还应当结合案件其他证据，审查其真实性和关联性。

十、电子数据的审查判断

对电子邮件、电子数据交换、网上聊天记录、博客、微博客、手机短信、电子签名、域名等电子数据，应当主要从以下几个方面进行审查判断：

1. 审查电子数据是否随原始存储介质移送；在原始存储介质无法封存、不便移动或者依法应当由有关部门保管、处理、返还时，提取、复制电子数据是否由两人以上进行，是否足以保证电子数据的完整性，有无提取、复制过程及原始存储介质存放地点的文字说明和相关人员签名。

2. 审查电子数据的收集程序、方式是否符合法律及有关技术规范；经勘验、检查、搜查等侦查活动收集的电子数据，是否附有笔录、清单，并经侦查人员、电子数据持有人、见证人签名；没有持有人签名的，是否注明原因；远程调取境外或者异地的电子数据的，是否注明相关情况；对电子数据的规格、类别、文件格式等注明是否清楚。

3. 审查电子数据内容是否真实，有无删除、修改、增加等情形。

4. 审查电子数据与案件事实有无关联。

5. 审查与案件事实有关联的电子数据是否全面收集。

办案人员对电子数据有疑问的，应当进行鉴定或者检验。同时，对于电子数据，应当结合案件其他证据，审查其真实性和关联性。

第十八章

证据的分类

■ 第一节　证据分类概述

一、证据分类的概念和由来

证据分类，是指在理论上按照一定的标准，从不同的角度对证据所作的不同划分。分类是人们认识和研究客观事物的一种逻辑思维方法。人们认识客观事物往往是从区分事物开始的，通过事物之间的比较，找出其共性和差异，从而加强对事物的认识和了解。

对证据分类的研究，最早始于 18 世纪英国法学家边沁（J. Bentham，1748 ~ 1832）。他在其代表作《司法证据理论》一书中将证据分为九类，包括实物证据和人的证据，自愿证据和强制证据，言词证据、宣誓证据和书证，直接证据和情况证据，原始证据和传来证据等。但由于分类标准和方法不同，世界各国对证据分类并没有形成统一的意见，从而在证据分类上呈现出众说纷纭、各持己见的局面。

英美法系国家注重判例在审判中的作用，在判例中对证据的种类和分类通常不作区分，因此它们一般将证据的种类和分类混杂在一起，二者并无严格的界限。如有的法学家将证据分为证人证据、勘验证据和情况证据三大类；有的法学家则将刑事证据分为品格证据、意见证据、类似行为的证据、不在犯罪现场的证据等。英国东南巡回审判区高级律师罗纳德·沃克（Ronald Walker）在其所著的《英国法律制度》（1980 年第 15 版）一书中则将证据分为直接证据与情况证据，原来证据与传闻证据，最佳证据与次要证据，口头证据、书证与实物证据四类。但比较普遍的是将证据分为直接证据与间接证据，原始证据与传闻证据，情况证据与实物证据（含物体的东西、书面材料、相片、录音、录像），第一手证据与第二手证据，检查与勘验。美国在理论上将证据形式与证据类型区别开来，从证据形式上将证据分为物证、书证和言词证据，从证据类型上将证据分为直接证据、情况证据、补强证据和补助证据；或将证据分为物证、书证、确证、科学证据、传闻证据、品格证据、习惯证据以及类似事实证据。[1]

大陆法系国家和地区注重成文法的作用，一般在法典上规定证据的种类，而在理论上对证据进行分类研究。例如，法国的学者通常将证据分为事前制定的证据和事后制定的证据。其中，前一类证据是为了解决有可能发生的纠纷而预先制定的，如当事人签订的合同等；后一类证据则是在诉讼中产生的，其中包括书证、证言、推定、自认和宣誓等。德国的学者将证据分为证人、鉴定人和实物证据（包括物证、书证和录音材料）。日本的一些学者则将证据分为直接证据与间接证据，供述证据与非供述证据，实质证据与辅助证据等。苏联的学者一般将证据分为人证与物证，原始证据与传来证据，有罪证据与无罪证据，直接证据与间接证据。我国的证据分类理论与之最为接近。

在我国台湾地区，有的学者将证据分为本证及反证，人证及物证，直接证据及间接证据，原始证据及传来证据，主要证据及补强证据，通常证据及补助证据共六类；[2] 而有的学者则将证据分为本证与反证，物证与人证，原始证据与传闻证据，直接证据与间接证据，独立证据与补助证据，一般证据与补强证据，事前证据、当时证据与事后证据共七类。[3]

根据法学界的普遍观点和立法实践的最新发展，在本书中，我们将证据分为言词证据与实物证据，原始证据与传来证据，控诉证据与辩护证据，本证与反证，直接证据与间接证据，主要证据与补强证据，合法证据与非法证据共七类。

二、证据分类与证据种类的关系

证据分类以证据种类作为研究对象，它不能离开证据种类而存在。但由于证据分类是对各种证据的特点、作用进行深入全面研究后所形成的一种理论体系，因而又是证据种类的丰富和深化，两者有着极为密切的联系。但两者在性质上又有不同的分类，以及明显的区别。主要表现在：

1. 划分的标准和数量不同。证据的种类只有一个划分标准即证据的存在形

---

[1] 参见汪建成、刘广三：《刑事证据学》，群众出版社 2000 年版，第 128 页。

[2] 刁荣华主编：《刑事诉讼法释论（上册）》，汉苑出版社 1976 年版，第 190~194 页。

[3] 参见何孝元主编：《云五社会科学大词典（第 6 册·法律学）》，中国台湾地区商务印书馆股份有限公司 1971 年版，第 452 页。

式,而证据分类则有多个划分标准,如证据的表现形式、证据的来源、证据的证明作用、证据与案件事实的关系等。相应地,证据按其存在形式一个标准可以分为物证、书证、证人证言、当事人陈述、鉴定意见、勘验笔录、视听资料等多种;证据分类虽然有多个划分标准,也可以据此将证据分为几类,但按两分法只能把一类证据分为对应的两种,如原始证据和传来证据、直接证据和间接证据等。

2. 是否具有法律约束力不同。证据种类由国家法律加以明确规定,具有法律约束力,不符合法律规定的证据材料不得作为证据使用,同时法律对每一种证据的收集、审查判断和运用都作了具体规定,司法人员和当事人等在诉讼过程中必须严格遵守;证据分类是一种理论上的划分,因而不具有法律上的约束力。

3. 能否全面反映证据的特点不同。证据种类囿于划分标准单一而具有狭隘性,因此对证据的来源、证明力的强弱等均无法反映;证据分类,由于是按不同标准和从不同角度对各类证据进行比较和分析,因而能够揭示各类证据的认识规律和运用规则,故能弥补证据种类划分上的不足。

需要指出,某一种证据,由于分类标准和角度不同,因而在分类上具有交叉性和多重性。例如,一把杀人的刀子,在证据的种类中属于物证,而在证据分类中则既可以是实物证据,也可以是原始证据,还可以是间接证据。但它不能再是同一类证据中的另一种证据,即是实物证据,就不能再是言词证据;是原始证据,就不能再是传来证据;是间接证据,就不能再是直接证据。

三、证据分类的作用

对证据进行分类研究,具有十分重要的意义。从理论上看,将证据按不同的标准进行分类,可以认识诉讼中各种证据的不同特点,从而提出收集、审查判断和运用各类证据的一般规则。从实践上看,通过对证据的科学分类,能够使各种各样复杂、具体的证据材料系统化、条理化,从而便于司法人员和当事人等根据各类证据的特点和运用规律,客观、全面地收集和审查判断证据,正确运用证据查明案情,保证办案质量。

■ 第二节　言词证据与实物证据

一、言词证据与实物证据的概念和特点

根据证据的表现形式,可以将证据分为言词证据和实物证据。有的学者在

教材或著作中把这类证据称为人证和物证。我们认为，在证据分类中使用物证的概念，容易和证据种类中的物证相混淆，故称言词证据和实物证据为好。

1. 言词证据。所谓言词证据，是指以人的陈述为其表现形式的证据。在法律规定的证据种类中，表现为人的陈述的证据，如证人证言、当事人陈述、被害人陈述、被告人供述与辩解、鉴定意见等，均属于言词证据。人的陈述既可以采用口头形式，也可以采用书面形式，其中对于证人证言、当事人陈述、被害人陈述和被告人供述与辩解，法律规定口头形式是其基本的陈述方式，而鉴定意见必须采用书面形式。言词证据具有以下两个特点：

（1）能够主动、全面地证明案件事实。言词证据所反映的案件事实存在于人的大脑之中，通过人的陈述表达出来，它既不像实物证据那样是可见的，但也不像实物证据那样处于静止和被挖掘的地位，人们可以主动地提供他所感知的案件事实，从而对案件真实情况起到及时的证明作用。同时，言词证据是陈述人对他所感知的案件事实的讲述，往往能够把刑事案件或民事、行政争议发生的原因、过程、后果等具体情节描述清楚，从而比较全面地证明案件的真实情况，而且陈述人能够在司法人员和有关诉讼参与人（如辩护人、诉讼代理人）询问或发问的引导下，补充、修正他所感知的事实，澄清疑问，从而更加全面、准确地揭示案件的事实真相。言词证据的这一特点，是实物证据所无法比拟的。

（2）容易受到各种主客观因素的影响而出现失实的情况。人的大脑对案件事实的反映，通过人的陈述再现出来，不会像照相机那样直观真实，它要受到人的感知、记忆、表达能力以及思想感情、个人品德、利害关系等一系列主客观因素的影响，其中鉴定意见的正确性还会受到人的知识程度、技术水平等因素的制约。因此，言词证据常常不能确切地反映案件事实，容易发生失实甚至虚假的情况。故对待言词证据必须慎重，不可轻易相信。

2. 实物证据。所谓实物证据，是指以实物形态为其表现形式的证据。在法律规定的证据种类中，物证、书证、勘验检查等笔录、现场笔录、视听资料、电子数据属于实物证据。这类证据具有以下三个特点：

（1）客观性较强。实物证据所反映的案件事实因固定于实物形态之中，不依赖于人的意识而独立存在，因而在诉讼中不易受人的主观因素的影响，从而具有较强的客观性，其证明力一般大于证人证言等言词证据。

（2）被动性和依赖性较为明显。实物证据在诉讼中处于被动的待发现的地位，其证明价值常常要依赖于专门人员运用一定的技术手段来发掘和固定。同时实物证据会由于外力作用而灭失，包括被人为毁弃而灭失和由于自然条件的变化而自行消失，因而实物证据的证明价值还依赖于对它的及时发现、收集和保护。

（3）证明范围比较狭窄。实物证据通常只能说明案件事实中的某个片段或某个情节（视听资料除外），而对案件的主要事实不能作出直接证明，需要和其他证据一起才能发挥证明作用。

二、划分言词证据和实物证据的意义

将证据划分为言词证据与实物证据，其意义主要在于：通过这种划分，可以揭示这两类证据的不同特点，从而使司法人员和当事人等可以有针对性地加以收集和审查判断，并用以证明各类诉讼案件的真实情况。例如，言词证据常常具有明确的意思和内容，它所表述的某种活动的动机、目的和过程、结果等，容易为司法人员所了解。因此，较之实物证据一般需要通过推理才能认识其意义来说，言词证据的证明作用比较明显，特别是感受、记忆、表达能力都比较强而又如实陈述的人提供的言词证据，往往具有很强的证明力。但是，由于陈述人容易受到主、客观因素的影响，因此也有相当多的言词证据发生失实甚至虚假的情况。而实物证据虽然客观性较强，但是它毕竟是不会说话的"哑巴证据"，不能自动对案件事实作出证明，并且还可能被伪造或发生变化。因此，在司法实践中，往往用实物证据来审查言词证据的真伪，而用言词证据来说明实物证据的来源及其收集是否科学、合法，从而发挥其对案件事实的证明作用。

三、言词证据与实物证据的运用规则

（一）言词证据的运用规则

言词证据是由当事人、证人、鉴定人等通过陈述而产生的口头或书面证据，不可避免地受到主客观因素的影响，因此为保证其真实性和使其具有证据能力，司法人员和当事人等在运用时必须遵守以下规则：

1. 收集言词证据不得采用刑讯逼供和威胁、引诱、欺骗以及其他非法方法，并保证一切与案件有关或了解案情的公民有客观地充分地提供证据的条件。收集言词证据一般应以口头询问的方式进行，让陈述人按照感受案件事实的顺序进行陈述，切忌诱导、暗示。对被害人、证人和鉴定人，应说明作伪证或虚假陈述应负的法律责任，告知其有义务如实提供证据。此外，收集言词证据应及时进行，以防止陈述人因时间久远而淡忘或遗忘。

2. 审查言词证据应注意有无影响其真实性的主客观因素，如被害人是否因为遭受犯罪行为侵害而有意夸大事实，证人、鉴定人有无因为与当事人有亲疏关系、恩仇关系而故意作虚假证明或鉴定，陈述人感受案件事实时客观环境的好坏（如光线的暗淡、地势的高低、天气的变化等）以及是否受到威胁、引诱甚至刑讯逼供等。

第十八章

3. 在法庭调查阶段，言词证据通过讯问、询问或宣读等方式提出，必须由双方当事人进行质证并经过法庭查证属实后才能作为定案的根据。

（二）实物证据的运用规则

与言词证据相比，实物证据客观性较强，一般不会由于主观因素的影响而失真，但它是哑巴证据，不能自动对案件事实作出证明，从而不容易为司法人员和当事人所直接了解，而且还可能被伪造、变造或发生变化，因此为保证其证明力和判明其真实性，司法人员和当事人等在运用时必须遵守以下规则：

1. 收集实物证据应充分利用现代科学技术手段并及时进行，以防止由于自然或人为因素而使实物证据灭失、毁损或被伪造、变造。收集实物证据的方法主要有勘验、检查、搜查、扣押、查封、冻结或要求持有人提供等。对收集的实物证据要开列清单或开具收据，并妥善保管，不能保存的应采用拍照、制作模型、绘图等方法进行固定和保全。

2. 审查实物证据应注意有无伪造、变造或者由于客观环境影响而发生变形、损坏或灭失的情况，同时还应注意收集实物证据的专业人员的业务素质，以及技术设备的质量等情况，以便作出准确的判断。

3. 在法庭调查阶段，实物证据由一方当事人向法庭和对方当事人出示或播放，由对方当事人进行辨认，再由双方进行质证并经过法庭查证属实后，才能作为定案的根据。

四、国外关于言词证据与实物证据的理论与立法

在英美法上，言词证据是指以口头或书面语言所表达的内容来证明案件事实的证据，它包括证人证言（testimonial evidence）和书面证据（documentary evidence）。由于证人规则在美国证据法中的重要地位，因而证人证言在各种证据中是最常见、最重要的一种。而对于证人证言，往往又有普通证人证言和专家证言之分。

"实物证据"一词系英国著名法学家边沁提出，贝斯特（Best）予以承继，但这一术语并未在日常的司法实践中运用。英国证据法学者罗伯特·克罗斯认为，实物证据大致包括以下五类：①物体，如致使原告工人在工厂受伤的机器、伤人的刀子。②身体特征，如某人身高 1.75 米、左撇子、头发乌黑发亮、身体强壮等，这些特征可能与受害人报案所述的情况类似，从而可以起到证明的作用。身体特征一般由法官指令进行检查或实际观察。③证人举止，证人在出庭作证、接受交叉询问或在其他场合的特殊举止，可能证明其证言的可信性，蔑视法庭行为亦可作为判其蔑视法庭罪的实物证据。④勘察，包括法官对事故现场的勘察、观看事故录像，或者事故的重现。法院可强制当事人提供重现现场的设施。⑤自动化记录，包括视听资料、电子证据，但也有学者认为应将这种证据归为书证，而非实物证据。这是因为，一般地说，实物证据若没有证人证言等言词证据予以配合，是无法证明案件事实的。[1]

在美国，实物证据（real evidence），又称为物证（physical evidence），是指在法庭上当庭展示的有体物。它包括两种：①实在证据，比如枪支、头发等；②示意证据，比如图示、模拟物等。[2]

■ 第三节　原始证据与传来证据

一、原始证据与传来证据的概念和特点

原始证据与传来证据是最古老的一种证据分类，但学者对这类证据划分的标准及其概念的看法并不一致。我国台湾地区学者陈朴生认为，证据因其关系之不同，得分为原始证据与传闻证据两种，原始证据乃与要证事实具有原始关系之证据，由判决法院直接调查所得者；而传闻证据系由间接传闻而来之证据。在我国证据学界，有的称传来证据为"传替证据"，有的称之为"派生证据""衍生证据"。前者容易使人误解为"替代"，后者又有"另生"证据之虞。因此还是称为传来证据更为确切。

我们认为，应以证据的来源，即证据是否直接来源于案件事实为标准，将证据分为原始证据与传来证据。据此，凡是直接来源于案件事实的证据叫原始证据，也即第一手证据。凡不是直接来源于案件事实的证据叫传来证据，亦即经过转述或者转抄、复制的第二手或第二手以上的证据。在诉讼中，当事人（包括民事、行政案件的原告、被告、第三人，刑事案件的被害人、自诉人、犯罪嫌疑人、被告人）和证人关于案件事实的亲身所为、亲身感受、亲见亲闻的陈述，物证的原物和书证、视听资料的原件以及鉴定意见、勘验笔录、检查笔录、辨认笔录、侦查实验笔录、现场笔录等，均属于原始证据；当事人、证人从其他人那里得知案件事实的陈述，物证、视听资料的复制品以及书证的副本、复印本等，则属于传来证据。需要指出的是：①原始证据与传来证据的划分仅以证据是否直接来源于案件事实为标准，而不取决于是否为司法人员所直接获得。换言之，即使司法人员亲自收集的证据仍可能是传来证据；相反，不是司法人员亲自收集的证据（如律师收集的证据）也可能是原始证据。②我国证据

---

〔1〕 参见程春华主编：《民事证据法专论》，厦门大学出版社 2002 年版，第 582~583 页。
〔2〕 参见何家弘主编：《当代美国法律》，社会科学文献出版社 2001 年版，第 417 页。

分类理论中的传来证据不同于外国证据分类理论中的传闻证据，因为后者仅是非直接感知的言词证据，而不包括实物证据。

原始证据具有以下三个显著特点：

1. 原始证据与案件事实有直接的关系。即原始证据是犯罪行为、民事行为或违反行政法的行为直接造成的证据材料，与所证明的案件事实之间没有任何中间环节，因此它能够比较客观地反映案件事实的本来面貌。

2. 原始证据的证明力一般大于传来证据。证据的证明力同所证明的案件事实之间的联系是一种正比关系，这种联系越密切、越直接，它的真实、可靠性就越强，证明力也就越大；反之，它的真实、可靠性越差，证明力也就越小。由于原始证据没有经过转述、转抄或者复制，而是直接与案件事实发生联系，因此，原始证据的证明力一般大于传来证据。

3. 原始证据的证明力不是固定不变的。在自然环境和外界条件的影响下，原始证据的证明力可能发生变化，如原始的物品和痕迹会因时间久远而变形或毁损，被害人、目击者因伤亡或记忆丧失等不能向司法人员进行陈述等，都会削弱甚至完全破坏原始证据的证明力。对此，必须予以足够的注意。

与原始证据相比，传来证据也有以下三个显著特点：

1. 传来证据与案件事实没有直接联系。由于传来证据是经过转述、转抄或者复制获得的，与案件事实的联系之间有一个或多个中间环节，因此其证明力一般小于原始证据。而且，转述、转抄或复制的次数越多，就越容易出现差错，失实的可能性就越大，证明力也就越小。

2. 传来证据必须有确切的出处或经过查证核实。传来证据不管经过多少次转述，都必须能够找到确切出处，否则就是里弄传闻或道听途说，不能作为证据使用；对于通过转抄或复制获得的传来证据，则必须经过查证核实才能作为证据使用。

3. 在某些情况下传来证据的证明力大于原始证据。例如，某目击者把自己亲见亲闻的罪行在回家后告诉了他的两个儿子，几年后因年老、生病其记忆力严重下降，此时他两个儿子的内容相同的陈述虽然是传来的证据，但证明力却大于其父亲的陈述。

二、划分原始证据与传来证据的意义

如前所述，原始证据的证明力一般大于传来证据，但原始证据也有不实的情况，采用时同样需要查证属实。而传来证据在转述、转抄或复制中可能发生差错，其可靠性不如原始证据，但我国三大诉讼法并没有像英美法系国家的法律那样排斥传来证据的使用。相反，传来证据在司法实践中仍具有不可忽视的重要作用：①传来证据往往是发现原始证据的先导。不少案件都是先有传来证据，然后才据此寻找原始证据的，如强奸案件、贪污贿赂案件的侦查就是如此。另外，有了传来证据，可以有力地促使当事人坦白或自认，从而获得原始证据。②传来证据是审查原始证据的重要手段。原始证据是否真实可靠，在很多情况下可以用传来证据去审查核实。③传来证据可以作为定案的根据。例如，根据最高法《刑诉法解释》第 70 条、第 71 条规定，物证的照片、录像、复制品，经与原物核对无误、经鉴定为真实或者以其他方式确认为真实的，可以作为定案的根据；书证的副本、复制件，经与原件核对无误、经鉴定为真实或者以其他方式确认为真实的，可以作为定案的根据。④传来证据可以佐证原始证据，增强其证明力。

由上可见，以证据来源为标准，将证据分为原始证据与传来证据，对于司法人员正确收集和运用证据，具有重要的指导意义：

1. 有利于司法人员积极主动地收集、运用原始证据。由于原始证据比传来证据可靠性强，证明力大，因此司法人员在办案中应尽可能查找、收集第一手证据材料，力求用原始证据认定全部案件事实，确保办案质量。

2. 有利于司法人员注意收集、善于利用传来证据。司法人员明确了传来证据的特点和作用，就会在收集原始证据的同时，注意收集传来证据，并且善于利用传来证据去发现、收集和审查原始证据，善于运用传来证据去查明案件事实，进而保证案件的正确处理。

3. 有利于司法人员对全部证据进行认真的审查判断和正确运用。原始证据与传来证据的证明作用并不是绝对的，他们都有失实甚至虚假的可能性，因此司法人员在审查判断证据时，不论是原始证据还是传来证据，都应当严格按照法定程序进行查证、核实。特别是针对传来证据失实的可能性较大的特点，更应认真分析其来源，仔细查明其有无确切的出处，在转述、转抄或复制过程中有无被伪造、变造或发生变化的可能，以及与其他证据能否互相印证，从而判断其真伪和证明力大小，并加以正确取舍和运用。

三、原始证据与传来证据的运用规则

（一）原始证据的运用规则

原始证据最显著的特点在于它能够比较客观地反映案件的本来面貌，比传来证据更为真实和可靠。因此在司法实践中运用原始证据应遵守以下规则：

1. 应当尽量收集和使用原始证据。司法人员在办案中只要有可能，就应当追根溯源，尽量收集和使用原始证据。只有在确有困难时，才可以用传来证据认定案件事实。对此，最高法《刑诉法解释》第 70 条规定，据以定案的物证应

当是原物；原物不便搬运，不易保存，依法应当由有关部门保管、处理，或者依法应当返还的，可以拍摄、制作足以反映原物外形和特征的照片、录像、复制品。第71条规定，据以定案的书证应当是原件；取得原件确有困难的，可以使用副本、复制件。

2. 对于亲自感知案件事实的证人和当事人，司法人员应当尽可能地亲自询问，并制作详细的询问笔录；在法庭调查中，亲自感知案件事实的被害人、目击证人应出席法庭，进行陈述并接受询问，以保证原始证据的客观真实性。

3. 原始证据凡是能够附卷的，都应当附卷作为定案的根据，以便起诉程序、一审程序、二审程序以及审判监督程序或死刑复核程序能够对原始证据再次进行审查，确保办案质量。

4. 对原始物证、书证和视听资料的审查确认必须依法进行。按照诉讼法的有关规定，原始物证、书证和视听资料必须当庭出示或者播放，经当事人、证人、勘验人等当庭辨认、质证并经查证属实后，才能予以确认，用作定案的根据。

（二）传来证据的运用规则

由于传来证据在转述、转抄或复制过程中容易失实，且其证明力小于原始证据，因此在司法实践中运用传来证据应当遵守以下规则：

1. 尽可能收集和运用最接近于原始证据的传来证据，即转述、转抄或复制次数最少的传来证据。这是因为，证据的可靠性一般与它同证明对象的距离有关，即转手次数越少、距离原始证据越近的传来证据越可靠，而转手次数越多、距离原始证据越远的传来证据，其失实的可能性越大，越不可靠。

2. 必须查明传来证据的来源和出处。如果经过审查核实，证明传来证据没有确切来源和出处，无法判明其是否真实、可靠，就不能用作定案的根据。例如，道听途说、里弄传闻以及匿名的电话、信件等，均不能成为传来证据并用作定案的根据。

3. 传来证据必须与其他证据互相印证。在运用传来证据认定案件事实时，不仅要求它与案件事实确有联系，有确切的来源和出处，而且还必须与其他证据互相印证，没有矛盾或矛盾已得到合理排除，才能作为定案的根据。

四、国外关于原始证据与传来证据的立法和理论

国外学者对原始证据和传来证据划分的标准及概念，认识也不尽一致。英国的罗纳德·沃克认为，原始证据是凭借"第一手"证明材料而证明事实的证据，传闻证据则是"第二手"证据。苏联的学者认为，原始证据与传来证据的划分，是根据侦察员与法院从最初的来源还是从"第二手"来源中取得材料来

划分的。[1]

在英美法系国家，原始证据与传闻证据的区分具有极其重要的意义。因为它涉及英美法系证据法中十分重要而又非常繁琐的"传闻证据规则"，也称"传闻法则"。对于"传闻证据规则"的相关内容，本书第五章第五节"传闻排除规则"已作了详细介绍和论述，不再赘述。

在大陆法系国家，由于采用职权主义的诉讼模式，因而一般规定传闻证据也可以在诉讼中使用。但为了保证传闻证据的可靠性，其法律规定了比较严格的证据调查程序。对于卷宗之笔录或其他文书等传闻证据，必须经过法庭直接调查，并给予当事人以辩解的机会，在此基础上，法官只要能够形成正确的心证，也可以将其作为证据采用；即使证言来自他人的陈述，但确实是有根据的，亦可以作为证据。"法官可以认定被提供的任何证据。证据是来自直接的观察还是第二手材料这个问题，只是在评估证据的价值时所应当考虑的问题。"[2]

在苏联的立法与理论上，对传来证据的可采性亦加以肯定。他们对英美法"传闻法则"中的形式主义因素采取批判的立场，主张有分析地、实事求是地对待传来证据。如有学者指出："力求尽可能使用原始证据，并不意味着从传来证据中就不能得出真实的结论，也不意味着传来证据就是'第二等'证据。在许多情况下，如果不可能从最初的来源中取得证据（如目击者死亡，文件的原本被烧毁等），绝对要求只能使用原始证据，就会使法院失去从'第二手'材料中取得的重要的证据。"[3]

■ 第四节　控诉证据与辩护证据

一、控诉证据与辩护证据的概念及其辨析

在刑事诉讼中，根据提出证据的需要以及证据对于犯罪嫌疑人、被告人的不同利害关系，可以将证据分为控诉证据与辩护证据。凡是能够证明犯罪嫌疑人、被告人实施了犯罪行为并具有从重、从轻、减轻或免除处罚情节的证据，是控诉证据；凡是能够证明犯罪嫌疑人、被告人未实施犯罪行为或者虽然实施犯罪行为但具有从轻、减轻或免除处罚情节的证据，是辩护证据。应当指出，

[1]　[苏] H.B. 蒂里切夫等：《苏维埃刑事诉讼》，张仲麟等译，法律出版社1984年版，第143页。
[2]　引自[英] 戴维·M. 沃克编：《牛津法律大辞典》，北京社会与科技发展研究所译，光明日报出版社1988年版，第401页。
[3]　[苏] H.B. 蒂里切夫等：《苏维埃刑事诉讼》，张仲麟等译，法律出版社1984年版，第142页。

控诉证据与辩护证据都包含有证明犯罪嫌疑人、被告人具有从轻、减轻或者免除处罚情节的证据，这在证据分类中出现了交叉和重叠，似乎不够严谨。但从提出证据的角度来看，在审判程序中，不仅被告人及其辩护人为行使辩护职能需要提出被告人具有从轻、减轻或者免除处罚情节的辩护证据，而且检察官作为社会公益的代表，为了保障被告人的合法权益也需要提出被告人应当或者可以从轻、减轻或者免除处罚情节的证据，如果不加区别地一概将其列入辩护证据之列，就会得出控诉方也要提出辩护证据的结论，这显然与理不通。因此，为有利于控、辩双方行使各自的职能，把证明犯罪嫌疑人、被告人具有从轻、减轻或者免除处罚情节的证据既作为控诉证据，又作为辩护证据，是符合诉讼实践的，而不应作绝对化的划分。

关于此类证据的划分，从划分标准和具体名称上，诉讼法学界有不同的观点。有的以证明犯罪嫌疑人、被告人有罪与无罪为标准，将证据划分为有罪证据与无罪证据，即凡是能够证明犯罪事实存在以及犯罪嫌疑人、被告人实施了犯罪行为并具有从重、从轻、减轻或者免除处罚情节的证据，是有罪证据；凡是能够否认犯罪事实存在或者证明犯罪嫌疑人、被告人未实施犯罪行为的证据，是无罪证据。有的以对犯罪嫌疑人、被告人是否有利为标准，将证据划分为有利于犯罪嫌疑人、被告人的证据和不利于犯罪嫌疑人、被告人的证据，即凡是能够证明犯罪嫌疑人、被告人无罪或罪轻的证据，是有利于犯罪嫌疑人、被告人的证据；凡是能够证明犯罪嫌疑人、被告人有罪或罪重的证据，是不利于犯罪嫌疑人、被告人的证据。我们认为上述两种分类都存在一些问题。这是因为，按照有罪证据与无罪证据的划分，被告人及其辩护人为证明其具有从轻、减轻或者免除处罚情节而提出的证据属于有罪证据，这与其行使辩护权利的事实显然不相符合。同时，按照有利于犯罪嫌疑人、被告人的证据和不利于犯罪嫌疑人、被告人的证据这种分类，也会导致界限不清，互相矛盾。因为有利于犯罪嫌疑人、被告人的证据中包括证明他们罪轻的证据，而这种证据首先肯定了他们是有罪的，是对犯罪嫌疑人、被告人不利的证据或者以不利为前提的有利证据。因此这种分类也不能自圆其说。比较而言，只有控诉证据与辩护证据的划分，界限明确，逻辑清楚，且符合控诉方举证、被告方辩护的诉讼原理，即在刑事诉讼中，控诉方有义务提出控诉证据，而被告方则有权利提出辩护证据。

二、划分控诉证据与辩护证据的意义

从理论上根据提出证据的需要以及证据对于犯罪嫌疑人、被告人的不同利害关系，把刑事证据分为控诉证据与辩护证据，对于指导诉讼主体正确地收集和运用证据，有着重要的意义。

1. 有利于控辩双方正确地收集和提出证据，实现各自所负担的诉讼职能。在刑事诉讼中，控诉方（包括公诉人、被害人、自诉人）担负控诉职能，因此主要应收集证明犯罪事实存在以及犯罪嫌疑人、被告人实施犯罪行为并具有从重处罚情节的证据，同时作为公诉人的检察官还应收集犯罪嫌疑人、被告人具有从轻、减轻或者免除处罚情节的证据，并在提起公诉或开庭审判时一并向人民法院提出，以证实犯罪，使犯罪分子受到应得的惩罚；辩护方则担负辩护职能，应收集否定犯罪事实存在或者能够证明犯罪嫌疑人、被告人未实施犯罪行为或虽实施犯罪行为但具有从轻、减轻或免除处罚情节的证据，并在法庭审判时提出，以维护犯罪嫌疑人、被告人的合法权益。

2. 有利于审判人员正确地认定证据和运用证据认定案情，实现自己所担负的审判职能。在刑事审判中，审判人员要认定证实被告人有罪、罪重证据的证明力，则要注意否定证实被告人无罪或罪轻证据的证明力，反之亦然。此外，如果控诉方和辩护方都提出了证明被告人具有从轻、减轻或者免除处罚情节的证据，则审判人员认定被告人具有从轻、减轻或者免除处罚的情节，就更加具有可信性和说服力。总之，控诉证据和辩护证据的划分和运用，有利于树立对立面，使审判人员认定证据和运用证据认定案情更有把握，从而更能保证办案质量。

三、控诉证据与辩护证据在认识上的转化和模糊

1. 控诉证据与辩护证据在认识上可能发生转化。在司法实践中经常会发生这样的情况：同一个证据在案发时被看作控诉证据，而在诉讼过程中却变成了辩护证据。应当明确，这种情况的出现，只是人们对证据作用的认识发生了变化，而不是证据本身作用的变化。有些证据如亲眼看见犯罪分子实施犯罪行为的证人的证言，其控诉证据的属性非常明显；但有些证据，如在案发现场发现的物品或痕迹，其证据属性并不明显，因而在案发初始通常被认为是能够证明犯罪嫌疑人到过现场有作案嫌疑的控诉证据，但随着诉讼活动的深入，有其他证据证明犯罪嫌疑人根本没有作案的时间而只是案发前路过现场并留下了物品或痕迹，这时该物品或痕迹就由原来证明有罪的控诉证据变成了证明无罪的辩护证据。对此，在司法实践中必须予以足够的注意，以避免由于证据属性的认定发生错误而导致冤假错案。

2. 控诉证据与辩护证据在认识上还可能发生模糊。由于案件情况的复杂性，有时一个证据材料中既含有证明有罪或罪重的成分，又含有证明无罪或罪轻的成分，即在有罪无罪、罪重罪轻上发生了模糊，一时难以区分。这就需要进一步收集其他证据，以查明该证据是控诉证据还是辩护证据。如某甲承认他造成

某乙重伤，但却主张其行为属于正当防卫，就属于此种情况，需要运用其他证据予以查明。

四、控诉证据与辩护证据的运用规则

在运用控诉证据与辩护证据时，除了要遵循运用证据的基本原则外，还应当遵守以下几项规则：

1. 控诉方要证明被告人有罪和罪重，必须收集和提出确实充分的控诉证据，同时为保障被告人的合法权益，作为公诉人的检察官还应注意收集和提出证明被告人具有从轻、减轻或者免除处罚情节的证据；辩护方要证明被告人无罪或罪轻，则必须注意收集和提出确实充分的辩护证据。

2. 人民法院在每个审判阶段对被告人作出有罪或罪重认定时，要做到控诉证据确实、充分，并排除无罪或罪轻的可能性。同样，如果案内的辩护证据尚未排除，就不能作出有罪或罪重的确定性结论。

3. 如果经过反复调查或审核，仍然是控诉证据和辩护证据并存，即认定有罪、罪重的证据不足，证明无罪、罪轻的证据未被排除，从而形成疑案时，公安司法机关应当作出无罪或罪轻的处理。

五、国外关于控诉证据与辩护证据的立法和理论

国外的证据理论中一般并无控诉证据与辩护证据的分类，但俄罗斯证据理论中有有罪证据和无罪证据的分类。其中确认存在社会危险行为、刑事被告人实施了该项行为以及确认刑事被告人有罪或加重罪责的证据，叫做有罪证据；那些反驳控诉、证明不存在社会危险行为或者证明刑事被告人无罪以及减轻其罪责的证据，叫做无罪证据。[1] 可见，俄罗斯对有罪证据和无罪证据的划分实际上和我国对控诉证据和辩护证据的划分是一致的，只是称谓不同而已。事实上，我国早期证据理论对控诉证据和辩护证据的划分正是借鉴苏联关于有罪证据和无罪证据的划分而形成的，只是我们认为将那些证明应当减轻被告人罪责的证据称为无罪证据并不合适，因为如果无罪，也就无所谓减轻罪责了，所以才在翻译的时候变换了称谓。[2]

〔1〕　卞建林、刘玫：《外国刑事诉讼法》，人民法院出版社 2002 年版，第 91 页。
〔2〕　参见陈一云主编：《证据学》，中国人民大学出版社 1991 年版，第 183 页。

■ 第五节　本证与反证

一、本证与反证的概念和特点

按证据是否为负有举证责任的当事人所提出及其所证明的事实是否为该当事人所主张的事实，可以将证据分为本证和反证。

所谓本证，是指由负有举证责任的当事人提出，用以证明他所主张的事实存在的证据。因此，负有举证责任的一方当事人，不论他是原告还是被告，只要是依照举证责任所提出的证据，都叫本证。例如，原告主张被告借款未还而提出的借据，是对自己主张的事实提出证据，该借据即属于本证；如果被告答辩说借原告的款项已清偿完毕，并出示原告给他的收据，该收据也属于本证，因为在原告举证证明自己主张的事实后，举证责任便转移给了被告。所以不仅原告为了证明自己主张的事实而提出的证据是本证，而且被告为了证明作为其答辩根据的事实而提出的证据也是本证。

所谓反证，是指一方当事人为了推翻对方当事人所主张的事实而提出相反的事实存在的证据。例如，在房屋纠纷案件中，原告提出房产证，证明他对某幢房屋拥有所有权，则该房产证是本证；被告提出房屋买卖合同证明该房屋为被告所有，则该房屋买卖合同就是反证。又如，在损害赔偿案件中，原告诉称被告将其殴打致伤，为此提供医院病历、药费单等，这是本证；被告辩称不是自己打伤了原告，为此提出其不在场的证据以及有人证明是他人致伤原告的证据，这即是反证。反证所证明的事实，正与对方所主张的事实相反。如果真实可靠，就可以推翻对方所主张的事实。反证既可以由被告提出，也可以由原告提出，但反证一般都是在本证对待证事实进行证明之后才有提出的必要，反证的目的在于使本证的证明力产生动摇，所以反证提出的时间必须是在本证提出之后。应当指出，反证不同于抗辩：反证必须提出与本证相反的新事实，而抗辩则只是否认本证本身的证明力，不必另行提出新的事实。

我国立法，已使用反证一词，如《民事诉讼法》第 69 条规定："经过法定程序公证证明的法律事实和文书，人民法院应当作为认定事实的根据，但有相反证据足以推翻公证证明的除外。"这里所指的"相反证据"就是反证。

二、划分本证与反证的意义

由于划分本证与反证的标准与当事人是否负有举证责任相联系，因此划分本证与反证的主要意义在于：

1. 有利于具体地落实当事人的举证责任。负有举证责任的当事人必须提出本证来证明自己所主张的事实，否则应当承担败诉的风险和不利后果。

2. 有利于人民法院审查判断证据。人民法院在认定本证时，如果对方当事人提出相反证据即反证的，必须特别慎重，仔细推敲分析，经查证只有在相反证据确实虚假或来源不合法，而没有证明力时，才能将本证作为定案的根据。

三、本证与反证的运用规则

在运用本证和反证时，除了要遵循运用证据的基本原则外，还应当遵守以下规则：

1. 除对方当事人承认外，当事人都必须提出或为本证或为反证的证据，如果不提出本证或反证的，则人民法院可以责令当事人提出，即负有举证责任的当事人为了证明自己所主张的事实必须提出相应的证据即本证，而一方当事人提出本证后，对方当事人为推翻该一方当事人所主张的事实也必须提出相应的证据即反证。

2. 在通常情况下，本证和反证不能并存。即当本证成立时，反证则应当被推翻；反之，如果反证成立，本证就应当被推翻。但在一些特殊情况下，如民事案件中的某些是非界限难以截然分清时，就有可能出现本证与反证并存的局面。这时其证据力相互抗争，暂时不能彼此抵消，这是一种特殊情况下的例外现象，并不具有广泛的代表性意义。例如，在离婚案件中，证明夫妻感情破裂的证据和证明夫妻感情尚未破裂的证据可能同时存在，尽管其证据力相反，但对这一类特殊案件并不需要用一种证据来否定另一种证据才能作为定案的根据。[1] 在民事审判中，完全可以采用盖然性的优势证据原理来决定案件事实是否存在，而不必将相反的证据一一否定。这与刑事案件有很大的不同。

3. 在只有本证或只有反证，或者本证与反证两者中已有一种被证明为虚假的情况下，审判人员仍要对该种证据进行认真的审查判断，切不能以反证虚假即推定本证成立，或者以本证虚假即推定反证成立；也不能认为既然没有本证，则反证一定成立，或者既然没有反证，则本证一定成立。

四、域外关于本证与反证的立法和理论

日本证据理论认为，所谓本证，是指负有举证责任的当事人的证据及立证活动。从证明责任关系的角度考察，为产生能使法官造成确信的证明，就必须在此程度上进行充分的立证。如果未能进行这种程度上的立证，就属未能履行

---

〔1〕 参见裴苍龄：《证据学新论》，法律出版社 1989 年版，第 124 页。

举证责任，可以因真伪不明而造成与举证责任有关的败诉。所谓反证，是指无举证责任的当事人的证据及立证活动。从无证明责任的关系考察，只需进行可能造成法官对证明的确信产生动摇的立证。如果法官的确信被动摇，那么对方便败于本证，从而可以因为真伪不明而获得与举证责任有关的胜诉。[1]

我国台湾地区有学者认为，本证和反证的证据分类与攻击证据和防御证据、无罪证据和有罪证据的证据分类是相对应的，分别存在于当事人主义诉讼和职权主义诉讼中："在采彻底的当事人主义之立法例，认当事人负举证责任。因此负举证责任之当事人所提出之证据，为本证；他造当事人所提出之证据，为反证。故本证，乃积极地使裁判官确信其存在；反证，则系妨害裁判官依其本证得有确信，使事实限于真伪不明之状态。在采职权主义之立法例并不认当事人有举证责任，因认本证系指犯罪事实存在之证据。此项证据，多属被告不利，故有称之为攻击证据，或曰有罪证据；反证，则指证明犯罪事实不存在之证据。此项证据，多属被告有利，故有称之防御证据，或曰无罪证据。本证与反证并存时，固应由裁判官本其自由心证，判断何者较为优越，确实，可信；如本证并不存在或不真实，虽无反证，仍不得为不利于被告之裁判。"[2]

■ 第六节　直接证据与间接证据

一、直接证据与间接证据的概念和范围

根据证据与案件主要事实的关系，即证据能否单独证明案件主要事实，可以把证据分为直接证据和间接证据。凡是能够单独证明案件主要事实的证据，称为直接证据；凡是不能单独证明案件主要事实，而需要与其他证据结合起来才能证明案件主要事实的证据，称为间接证据。

何为案件主要事实？直接证据与间接证据的范围如何确定？我们认为，案件的性质和类型不同，其主要事实的内容就不同，从而直接证据和间接证据的范围也就不同。刑事案件的主要事实是犯罪嫌疑人、被告人是否实施了犯罪行为。因此，凡是能够单独证明犯罪嫌疑人、被告人实施了犯罪行为或者没有实施犯罪行为的证据，就是直接证据。根据这一标准，刑事诉讼中可以成为直接证据的有以下几种证据：①能够指出犯罪人是谁的证人证言、被害人陈述。②犯罪嫌疑人、被告人的所有供述和辩解，其中犯罪嫌疑人、被告人承认自己

---

〔1〕　〔日〕石井一正：《日本实用刑事证据法》，陈浩然译，五南图书出版公司2000年版，第21页。

〔2〕　陈朴生：《刑事证据法》，三民书局1970年版，第129页。

有罪的供述是证明有罪的直接证据，而犯罪嫌疑人、被告人否认自己有罪的证据是证明无罪的直接证据。③在特定情况下，能够直接证明是谁实施了犯罪行为的物证。物证一般不能成为直接证据，但少数特定情况例外，如某人随身携带枪支、弹药、毒品等违禁品，这时上述物品以其所处的位置证明行为人实施了私藏枪支、弹药和非法持有毒品的行为，从而成为直接证据。④能够直接证明是谁实施了犯罪行为的书证和视听资料。书证上的笔迹和视听资料上的声音、图像一般均能直接证明实施犯罪行为的人是谁，因而可以成为直接证据。上述以外的证据，均为间接证据。

民事案件的主要事实是民事当事人之间争议的民事法律关系是否发生、变更或消灭。因此，凡是能够单独证明或否定民事当事人之间争议的民事法律关系发生、变更或消灭的证据，就是直接证据。根据这一标准，民事诉讼中可以成为直接证据的有以下几种证据：①民事当事人的陈述或承认。其中民事当事人关于某一民事法律关系已经发生、变更或消灭的陈述或承认是肯定的直接证据，而民事当事人关于某一民事法律关系没有发生、变更或消灭的陈述是否定的直接证据。②能够证明民事法律关系是否发生、变更或消灭的证人的证言。具体包括民事法律行为的代理人或被委托人的陈述，法律文书的公证人或鉴证人的证明，以及民事法律行为或事实发生时在场人员的证言。③能够证明民事法律关系是否发生、变更或消灭的部分书证，如合同、契约、借条、收据以及当事人之间的来往信函等。④在特定情况下能够证明民事法律关系是否发生、变更或消灭的物证，如在民事合同中当场购买的货物。上述以外的证据，均为间接证据。

行政案件的主要事实是指行政机关的具体行政行为是否合法。因此，凡是能够单独证明或否定行政机关具体行政行为合法性的证据，就是直接证据。根据这一标准，行政诉讼中可以成为直接证据的有以下几种证据：①行政案件当事人的陈述。具体包括行政案件被告关于具体行政行为合法的肯定性陈述，行政案件原告关于具体行政行为违法的否定性陈述，以及行政案件被告承认具体行政行为不合法的否定性陈述。②行政机关实施具体行政行为的工作人员或其委托的人关于具体行政行为合法与不合法的陈述。③行政机关实施具体行政行为时在场人员所作的关于具体行政行为是否合法的证言。④能够证明行政机关具体行政行为是否合法的书证，如行政机关作出的行政处罚决定书和出具的有关文件、公函、证明等，据此即可判断其具体行政行为是否合法。上述以外的证据，均为间接证据。

二、直接证据与间接证据的特点

（一）直接证据的特点

直接证据主要有以下几个特点：

1. 直接证据的内容与案件主要事实的内容是重合的，一般不会发生矛盾。由于直接证据对案件主要事实的证明不需要经过任何中间环节，也无须借助其他证据进行逻辑推理就可以直观地证明案件的主要事实，因而运用直接证据认定案情的方法简单，难度较小，只要经过查证属实，就可以认定案件的主要事实，对案件作出及时处理。因此，一般地说，直接证据的证明力大于间接证据。

2. 直接证据多表现为言词证据。言词证据的重要特点之一是容易受到人的主观因素的影响而有失实的可能。如证人对案件事实的感知和记忆因生理状况的影响和限制而出现差错；当事人因与案件的处理结果有切身的利害关系而作出虚假的陈述；证人因为被收买、拉拢或受到威胁、欺骗，提供不真实的证言甚至故意作伪证。因此，运用直接证据认定案情必须十分谨慎，应当按照法定程序对直接证据的真实性进行认真的查证核实。

3. 直接证据数量较少，且不容易获取。直接证据的这一特点在刑事案件中尤为突出。由于犯罪分子实施犯罪行为多秘密进行，一般没有目击证人，因而缺少这方面的直接证据；而且犯罪分子案发后主动投案自首或被抓获后主动交代罪行的较少，因而犯罪嫌疑人、被告人的口供不容易获得，往往是经过多次审讯，在办案人员出示有关证据后，犯罪嫌疑人迫不得已才交代罪行。此外，在民事、行政案件中当事人一般只陈述对自己有利的情况，而对自己不利的情况则只字不谈，从而希望当事人陈述全部情况也实非易事。

（二）间接证据的特点

与直接证据相比，间接证据具有以下几个特点：

1. 间接证据不能单独证明案件的主要事实。任何一个间接证据，都只能证明案件的非主要事实或案件主要事实的某个情节或片断，而不能单独证明案件的主要事实，只有把它们相互联系起来构成一个完整的证据体系，进而通过分析、推理，排除了一切合理的怀疑或其他可能性，才能证明或者推论出案件的主要事实。

2. 间接证据种类繁多，形式多样。在办案中，能够证明案件非主要事实的证据（如背景证据、情感证据、情况证据、环境证据等）和证明案件主要事实某个情节或片断的证据（如各种物品、痕迹及其照片等）往往种类繁多，形式多样，比较容易收集和获取，因而案卷中往往有大量的间接证据。

3. 间接证据多表现为实物证据，且客观性较强。间接证据的来源既可表现为言词证据，又可表现为实物证据，但大多表现为实物证据和对实物证据进行鉴定后出具的鉴定意见。一般地说，实物证据以及言词证据中的鉴定意见，其客观性比较强，可用以审查直接证据的真实性。

4. 间接证据证明案件主要事实的方法繁杂，难度较大。直接证据的内容与案件主要事实的内容重合，因而对案件主要事实的证明是直观的，但是运用间接证据证明案件主要事实必须经过逻辑推理，把一系列的间接证据有机地联系起来，综合运用演绎、归纳、推理、反证或排除等逻辑证明手段，从一个事实推论出另一个事实，再从另一个事实推论出下一个事实，逐一排除其他各种可能性之后，才能得出关于案件主要事实的结论。

三、直接证据与间接证据的作用

直接证据的内容与案件主要事实的内容是重合的，一经查证属实，就可用来证明案件的主要事实，因此它的证明力强，运用方便，有利于迅速查明案情，但毕竟数量有限，在很多案件中难于获得。

间接证据虽然只能证明案件的局部事实或个别情节，但由于它范围广、数量多，比较容易收集，因而对证明案件事实有着十分重要和不可忽视的作用。主要表现在以下几个方面：

1. 间接证据是查明案件主要事实的向导和发现直接证据的媒介。有些案件，最初没有发现直接证据，而是通过对间接证据的收集和分析才获得的。例如，在刑事案件中，犯罪分子作案时为了不被发现，通常都是秘密进行的，作案后又往往破坏现场，毁灭罪证。因此，侦查人员很难一开始就发现直接证据，但是不论犯罪分子如何隐蔽、狡猾，只要他实施了犯罪行为，就不可避免地会留下与犯罪行为有关的一些物品、痕迹和人的反映等证据材料，这些证据虽然不能直接证明是谁实施了犯罪行为，但它们可以分别证明案件的性质、犯罪分子作案的时间、地点、手段、结果或者犯罪分子的性别、年龄、身高等情况，这就为获得直接证据指明了方向。通常地，侦破刑事案件都是从收集和分析这些间接证据入手，发现侦查线索，然后确定侦查范围和方向，采取侦查措施，找到目击证人，查获犯罪分子，并运用大量确凿的证据迫使犯罪分子交代自己的罪行，从而获得犯罪嫌疑人、被告人的口供这种重要的直接证据。

2. 间接证据是鉴别直接证据真伪的重要手段。直接证据多为当事人陈述或证人证言，容易受到人的主观因素的影响而失真。因此，直接证据必须经过查证属实，确认其真实可靠之后，才能作为认定案件事实的根据。间接证据主要表现为各种物证和鉴定意见，其客观性较强，因此可用间接证据来鉴别直接证据的真伪。在司法实践中，间接证据往往成为司法人员用以判断直接证据真伪的重要手段。

3. 在没有直接证据的情况下，也可以运用间接证据定案。在司法实践中，大多数案件既有直接证据又有间接证据，这时只要用间接证据验证了直接证据的真实性并对案件的一些非主要事实加以证明之后就可以定案。但是在少数案件（特别是少数刑事案件）中，也会发生收集不到直接证据（如被告人拒不交代罪行又没有目击者）的情况，这时可以运用间接证据来认定案情。但应当明确，只有少量间接证据不能作为定案的根据，而必须有大量的、确实充分的间接证据互相联系、互相印证，构成一个完整的证据体系，排除任何其他可能性后，才能定案。

四、划分直接证据与间接证据的意义

从上述直接证据和间接证据的作用可以看出，和其他分类相比，这种分类更符合证据事实的客观实际，更接近于人们收集、审查判断和运用证据证明案件事实的认识规律。因而在证据分类中，它居于十分重要的地位，对于司法实践（特别是刑事司法实践）具有更为重要的指导意义：

1. 有利于司法人员全面而充分地收集证据。例如，根据直接证据与间接证据的特点，在刑事案件中，一般应先收集间接证据，有了一定的间接证据就可以迫使犯罪嫌疑人交代罪行，从而获得直接证据，然后再根据犯罪嫌疑人的交代找到现场目击者、被害人或找到赃款赃物，从而使定案证据更加全面、确实和充分。

2. 有利于案件的正确及时处理。司法人员掌握这种分类理论，不仅明确了直接证据的概念、特点和运用规则，而且还明确了在只有间接证据的情况下，只要确实遵守间接证据的运用规则，同样可以定案，从而有利于司法人员运用间接证据及时地查明案件事实，并对案件作出正确的处理。

3. 有利于加强人权保障。司法人员充分了解直接证据与间接证据的特点和作用，就可以做到既重视直接证据的收集和运用，也重视间接证据的收集和运用，防止司法实践中只注重直接证据而忽视或不善于运用间接证据的倾向，从而避免过分热衷于收集直接证据而不惜运用暴力、威胁、引诱、欺骗等非法方法获取被告人供述、证人证言的情况发生，有效地保障被告人、证人等的基本权利。

五、直接证据与间接证据的运用规则

（一）直接证据的运用规则

为保证直接证据的证明价值，充分发挥直接证据对案件主要事实的证明作

用,在运用直接证据时应遵守以下几项规则:

1. 不得以暴力、威胁、引诱、欺骗以及其他非法方法收集直接证据。由于直接证据主要表现为当事人陈述、被告人供述、证人证言等言词证据,因此司法人员必须严格按照法定程序进行讯问或询问,不得以暴力、威胁、引诱、欺骗以及其他非法方法收集这些证据,否则所获得的证据不能作为定案的根据。

2. 所有直接证据必须有其他证据加以印证。直接证据作为认定案件主要事实的根据,原则上必须有其他证据证明其真实可靠后,才能用来认定案件主要事实。其中,对当事人陈述应当谨慎对待,既不能不信,也不能轻信。这是因为,当事人与案件的处理结果有直接的利害关系,其陈述常常是真假难辨,虚实并存,因此必须有其他证据印证,经过查证属实后,才能作为定案的根据。同时,证人证言作为直接证据,虽然证明力较强,但按照诉讼法的有关规定,必须在法庭上经过当事人双方质证并且查实以后,才能作为定案的根据。

3. 只有当事人一方的陈述,一般不能作为定案的根据。其中,在刑事案件中,《刑事诉讼法》明确规定,只有被告人供述,没有其他证据的,不能认定被告人有罪和处以刑罚。这是因为,只有被告人供述,其真假无法查明,仅根据被告人供述定案,一旦被告人翻供,案件的认定就会失去依据,造成被动。在民事案件中,当事人一方的陈述没有其他证据印证的,也不能作为定案的依据。但对一方当事人的陈述,对方当事人当庭未提出异议的,则可以作为定案的依据。在行政案件中,由于具体行政行为的作出必须符合形式要件,即制作书面文件,因此不可能只有当事人陈述一种证据,从而也就不会发生只有当事人一方的陈述能否定案的问题。

(二) 间接证据的运用规则

根据间接证据的特点和司法实践经验,在无直接证据而仅依靠间接证据定案时,必须遵守以下几项规则:

1. 客观性,即用于定案的每一个间接证据都已经查证属实,都必须是客观真实的。如果间接证据本身的真实性还不能肯定,就不能作为间接证据使用。

2. 关联性,即间接证据必须与案件事实存在客观联系,对证明案件事实有实际意义。因为只有存在客观联系,对证明案件事实有实际意义,才能保证以间接证据为依据的推理的正确性。因此,对据以定案的每一个间接证据的关联性,都要作出肯定性的判断。

3. 充分性,即间接证据必须达到能够证明案件全部事实所需要的量。如果间接证据不充分,支离破碎,互不衔接,则无法达到构成完整的证据体系的量的要求,也就不能实现证明案件全部事实的目的。因此,司法人员对所有间接证据都应当予以收集,做到无一遗漏。

第十八章

4. 协调性，即间接证据之间以及间接证据与案件事实之间必须协调一致，没有矛盾。这就要求所有间接证据对同一案件事实的证明在内容上必须是一致的，不能互相排斥。例如，证人甲证明案件发生时被告人在现场，而证人乙证明被告人没有作案时间，这就是一对互相矛盾的间接证据。这时就要继续深入调查，收集证据并进行分析研究，排除矛盾。否则，不能定案。

5. 完整性，即间接证据必须形成一个完整的证明体系。每个间接证据，只能证明案件的某个事实或情节，只有把能够证明全部案件事实和各个情节的所有间接证据按照它们之间的联系排列起来，形成一个完整的证明体系，才能据以定案。如在刑事案件中，有关犯罪时间、地点、过程、手段、工具、后果、目的、动机、被告人的个人情况等，都必须有相应的间接证据证明，才能定案。如果间接证据只是一堆互不相干的事实，或者虽有联系但还不能证明案件中必须查明的全部事实和情节，这样的间接证据再多，也不能据以定案。

6. 排他性，即运用间接证据构成的证据体系得出的结论必须是惟一的，并具有排他性。按照间接证据所构成的证据体系进行综合分析和逻辑推理后得出的关于案件事实的结论必须是惟一的。只有这样，才能根据间接证据予以定案。如果经过综合分析和逻辑推理，得出了两个或者两个以上的结论，则说明还有其他可能性，就不能据以定案。

需要指出的是，最高法《刑诉法解释》对间接证据的运用作了明确规定，人民法院在运用间接证据认定被告人有罪时，必须严格遵守。最高法《刑诉法解释》第105条规定："没有直接证据，但间接证据同时符合下列条件的，可以认定被告人有罪：①证据已经查证属实；②证据之间相互印证，不存在无法排除的矛盾和无法解释的疑问；③全案证据已经形成完整的证明体系；④根据证据认定案件事实足以排除合理怀疑，结论具有唯一性；⑤运用证据进行的推理符合逻辑和经验。"第106条规定："根据被告人的供述、指认提取到了隐蔽性很强的物证、书证，且被告人的供述与其他证明犯罪事实发生的证据相互印证，并排除串供、逼供、诱供等可能性的，可以认定被告人有罪。"

六、国外关于直接证据与间接证据的理论与立法

在英美法系国家，一种比较流行的观点是，以证据对系争事实的证明作用是否需要推断和假设作为划分直接证据与间接证据的标准。其中，不需要推断和假设即可证明系争事实的证据，称为直接证据；必须经过推断或假设才能证明系争事实的证据，称为间接证据。尽管有人提出了这样的观点，但在直接证据和间接证据这两个概念的使用上，仍然比较混乱。英美学者对直接证据的用词只有一个，即"direct evidence"，但却有多种含义，与其相对的词则有两个：

一是"indirect evidence";二是"circumstantial evidence"。前者我国通常译成"间接证据",后者有译成"情况证据"的,也有译成"间接证据"的,实际上,英美学者在使用这两个词时,有时指不同的含义,有时却互相通用。还有一些学者,将直接证据和间接证据的划分同原始证据和传来证据的划分相混淆。如理查德·梅认为,直接证据包含证人就其亲自感知的事实提供的证言,被害人受犯罪人侵犯的情况的陈述,目击者对犯罪人的辨认,证人对自己身体或者精神状态的陈述。如果证人陈述的事实是从他人处听到的,则为间接证据。[1]

■ 第七节 主要证据与补强证据

一、主要证据与补强证据的概念和特点

根据证据能否证明案件的主要事实,可以把证据分为主要证据与补强证据。主要证据,又称主证据或实质证据(substantive evidence),是指证明主要事实存在与否的证据。补强证据(corroborative evidence),是指增强或担保主要证据证明力的证据。这原是刑事案件中特有的一种证据分类,但随着证据理论与实践的发展,民事诉讼和行政诉讼也开始出现了这种证据分类。

主要证据,虽然具有证明案件主要事实的作用,但由于刑事案件涉及公民人身自由等基本权利,性质特殊,事关重大,为防止主要证据虚假,以发现案件实体真实,避免冤假错案,保障犯罪嫌疑人、被告人法律上之安全,尚需补强证据,以增强或担保主要证据的证明力。例如,被告人之认罪供述,不得作为有罪判决的惟一证据,便是主要证据与补强证据划分的一个例证。主要证据,通常表现为犯罪嫌疑人、被告人供述,被害人陈述,现场目击证人的证言等。补强证据,既可以表现为物证、书证、视听资料等,也可以表现为被害人陈述、证人证言、鉴定意见。在一个案件中,如果证明主要事实的证据只有一个,则该证据尚不能作为定案的根据,而必须要有其他证据(即补强证据)予以证实,才可以作为定案的根据。

在证据理论研究中,与此分类相接近的有"主证与旁证",或者"实质证据与辅助证据"。大多数证据学者认为,所谓"旁证",就是通常所说的"间接证据"。也有人提出不同意见,认为主证即主要证据,是指直接或间接证明案件主要事实的证据;而"旁证"是指从旁印证案件情况的证据,也可称之为"侧面

---

〔1〕 参见崔敏、张文清主编:《刑事证据的理论与实践》,中国人民公安大学出版社 1992 年版,第 325 页。

证据"。[1] 关于辅助证据，我国台湾地区著名诉讼法学家蔡墩铭教授认为，"不证明主要事实，仅证明证据之信用性（真实性）、有关事实（辅助事实）之证据，称为辅助证据"。

二、我国诉讼法关于主要证据与补强证据的规定和运用

我国《刑事诉讼法》对主要证据与补强证据作了原则性的规定。《刑事诉讼法》第 55 条第 1 款规定："……只有被告人供述，没有其他证据的，不能认定被告人有罪和处以刑罚；没有被告人供述，证据确实、充分的，可以认定被告人有罪和处以刑罚。"这里的"被告人供述"显然是主要证据，而"其他证据"则是补强证据。这一规定实际上就是要求对口供进行补强，口供必须有补强证据才能据以定案，亦即在一个刑事案件中，如果证明被告人实施了指控的犯罪行为的惟一证据是本人的供述，则不能认定该被告人有罪和处以刑罚。需要注意的是，这一规定要求的是除了口供以外，还要有证明指控的犯罪行为是其所为的其他证据，而不是说只要有证明本案案件事实确已发生的其他证据即可。例如，某市发生一起入室抢劫杀人案，已收集到的证据有：死者尸体的勘验笔录、死因鉴定、现场勘验笔录、被害人的家属发现尸体的陈述、被告人承认本案是自己所为的供述。这时能否认定被告人犯有抢劫罪呢？显然不能，因为以上证据中，除了被告人的供述以外，其他证据都只能证明这起抢劫杀人案确实已发生，但这一抢劫杀人的行为是何人所为，则只有被告人一个人的供述。只有收集到这起案件确实是被告人所为的补强证据（如被告人留在现场上的指纹、被告人被被害人扯下的纽扣、衣服碎片、头发，证人在案发时曾看到被告人出入被害人家中等），才能够认定被告人犯有指控的罪行。应当指出的是，补强证据不能与口供出于相同的来源。例如，侦查人员的讯问笔录、被告人对其他人讲述的对犯罪的承认，都不能作为口供的补强证据；补强证据只有达到能够独立地证明指控的犯罪行为是被告人所实施的程度，才能认定被告人有罪和处以刑罚。[2]

我国《民事诉讼法》也对主要证据与补强证据作了规定。《民事诉讼法》第71 条规定："人民法院对视听资料，应当辨别真伪，并结合本案的其他证据，审查确定能否作为认定事实的根据。"第 75 条第 1 款规定："人民法院对当事人的陈述，应当结合本案的其他证据，审查确定能否作为认定事实的根据。"这两条规定强调了上述证据没有完全的证明力，需要结合其他证据予以补强。

---

〔1〕　崔敏等编写：《刑事证据理论研究综述》，中国人民公安大学出版社 1990 年版，第 199 页。
〔2〕　参见刘善春等：《诉讼证据规则研究》，中国法制出版社 2000 年版，第 328 页。

　　在行政诉讼中，也存在主要证据与补强证据的划分。行政诉讼上的主要证据是指关系到被诉具体行政行为合法性，关系到原告行政诉讼上的诉讼请求能否成立的证据。由于行政诉讼原则上只对具体行政行为的合法性进行审查，被诉具体行政行为的合法性既是行政诉讼双方当事人争议的焦点，又是人民法院裁判的对象，因此，判断一个证据是主要证据还是补强证据应当以被诉具体行政行为的合法性为参照和标准，如果能够证明行政机关作出具体行政行为所依据的基本事实，则此证据就是主要证据，否则，即为补强证据。《行政诉讼法》第70条规定："行政行为有下列情形之一的，人民法院判决撤销或者部分撤销，并可以判决被告重新作出行政行为：①主要证据不足的；……"这说明，主要证据以法律形式在行政诉讼中加以确认，使得对主要证据与补强证据的区分显得更为重要。

　　我国有关司法解释亦对主要证据与补强证据作了规定。其中，最高法《刑诉法解释》第109条规定："下列证据应当慎重使用，有其他证据印证的，可以采信：①生理上、精神上有缺陷，对案件事实的认知和表达存在一定的困难，但尚未丧失正确认知、表达能力的被害人、证人和被告人所作的陈述、证言和供述；②与被告人有亲属关系或者其他密切关系的证人所作的有利被告人的证言，或者与被告人有利害冲突的证人所作的不利被告人的证言。"《最高人民法院关于民事经济审判方式改革问题的若干规定》第28条规定："下列证据，不能单独作为认定案件事实的依据：①未成年人所作的与其年龄和智力状况不相当的证言；②与一方当事人有亲属关系的证人出具的对该当事人有利的证言；③没有其他证据印证并有疑点的视听资料；④无法与原件、原物核对的复印件、复制品。"最高法《民诉证据规定》第69条规定："下列证据不能单独作为认定案件事实的依据：……⑤无正当理由未出庭作证的证人证言。"上述司法解释所规定的证据均具有证据能力或品格，但是由于这些证据本身存在固有的缺陷或瑕疵，进而影响了对其在证明效力上的价值评估，因而立法对主要证据与补强证据的区分与关联所采取的态度就是对与案件的待证事实有关的全部证据进行综合审查判断。例如，最高法《刑诉法解释》第104条第2款规定："对证据的证明力，应当根据具体情况，从证据与待证事实的关联程度、证据之间的联系等方面进行审查判断。"最高法《民诉证据规定》第66条规定："审判人员对案件的全部证据，应当从各证据与案件事实的关联程度、各证据之间的联系等方面进行综合审查判断。"

三、划分主要证据与补强证据的意义

　　划分主要证据与补强证据，在司法实践中具有积极的意义：

1. 有利于司法人员迅速了解案件的主要事实。主要证据能够证明案件的主要事实，即犯罪行为是否发生以及是否由犯罪嫌疑人、被告人实施，因此通过主要证据，司法人员可以迅速了解案件的主要事实，把握案件的性质和关键问题，从而为全面查明案件事实、正确处理案件打下基础。

2. 有利于司法人员做到定案证据确实充分。在刑事案件中，只有被告人供述、被害人陈述或现场目击者证言一个主要证据，尚不符合证据确实、充分的要求，还要同时收集或提出补强证据，增强或担保主要证据的真实性，才能保证认定案件事实准确无误。

3. 有利于防止司法人员偏重口供。口供由于受到各种主客观因素的影响，失实甚至虚假的可能性较大，因而不能作为定案的惟一根据。这就要求司法人员重调查研究，不轻信口供，注意收集和运用其他证据，包括补强证据，保证定案证据的客观全面。同时，也可以有效防止司法人员为了片面追求口供而采用刑讯逼供或者其他非法方法收集证据，进而有利于刑事诉讼活动的顺利进行，并实现保障人权的目的。

四、主要证据和补强证据的运用规则

根据《刑事诉讼法》、有关司法解释的规定和司法实践经验，司法人员收集、审查判断和运用主要证据与补强证据，应遵循以下几项规则：

1. 在刑事诉讼中，既要重视收集主要证据，又要注意收集补强证据，以使定案证据确实充分。

2. 运用补强证据增强和担保主要证据的证明力，补强证据本身必须具有客观性、关联性和合法性，否则不能作为证据采用。在刑事诉讼中，应当注意收集和运用补强证据来增强或者担保主要证据的真实性。

3. 根据最高法《民诉证据规定》第69条的规定，下列证据不能单独作为认定案件事实的依据：①未成年人所作的与其年龄和智力状况不相当的证言；②与一方当事人或者其代理人有利害关系的证人出具的证言；③存有疑点的视听资料；④无法与原件、原物核对的复印件、复制品；⑤无正当理由未出庭作证的证人证言。

4. 只有被告人供述，没有其他证据的，不能认定被告人有罪并处以刑罚；没有被告人供述，其他证据（包括其他主要证据和补强证据）确实充分的，可以认定被告人有罪和判处刑罚。

五、国外关于主要证据与补强证据的立法与理论

英美法系国家以及日本等国都有补强证据规则，要求特定的证据必须有相

应的证据予以补强，才能作为定案的根据。英美法规定供述证据须有其他证据予以补强，其法理上的根据有两点：①基于偏重自白的政策的理由；②为了担保其真实性。在英美法中，补强证据规则要求补强的证据针对的是供述证据，包括证人证言（含专家证言）、被害人陈述、被告人自白等。由此可见，英美法中的补强证据规则不仅适用于自白，也适用于其他证言，限制特定证据的证明力，要求特定供述必须有补强证据。供述证据又分为两类：①对被告人的自白要求补强；②对自白以外的供述证据，即特定的证人证言、被害人陈述要求补强。[1]

在英美法中，如果被告人作有罪答辩，则法庭对案件便没有必要进行审理，可以直接作出有罪判决。但由于口供是被刑事追诉者所作的陈述，其虚假的可能性较大，同时为了防止侦查人员将精力放在口供的获取上，许多英美法系国家都规定了对口供要有补强证据才能作为定案的根据。具体包括两种情况：①被告人在法庭审判外的自白，经他人提出并于法庭作证者，须有补强证据，才能作为可以考虑的证据；②共犯的证言或一般陈述没有充分的证明力，因为被指控为共犯的，都是品格可疑的人，在作证时，对其他共犯作不利的陈述，目的往往是嫁祸他人，作为自己推脱罪责的方法，甚至挟嫌诬攀。依英国判例，被告在法庭外所作的自白，对于被诉为共犯的人，不能单独作为证据，而需要参考补强证据。这里所说的补强证据必须与共犯的证言在来源上是不同的，如果被诉的共犯有多名，其中一名共犯的证言不能作为另一名共犯的证言的补强证据。[2]

英美法的证据规则虽然很少对证据的证明力予以规定，但为了保障被告人的利益，对特殊重大的案件以及某些证明力显然薄弱的证据，仍然要求必须有法定证据或补强证据。除了上述对被告人在法庭外的自白和共犯的证言要求补强以外，对其他言词证据要求必须有补强证据的情况还包括以下几种：[3]

1. 关于叛国案件，须有法定证据，例如，《美国联邦宪法》第3条第3项规定叛国罪的成立需要有证人2名证实其叛国行为，或者经过被告在公开的法庭上自白所犯的罪行。

2. 关于伪证案件，仅凭1名证人的指证，不足以定案，因为如果这样做就是认为一个人的宣誓证言可以推翻另一个人的宣誓证言。

3. 对妇女儿童犯风化罪（如强奸罪），仅凭1名证人的证言不足以定罪，因

[1] 刘善春等：《诉讼证据规则研究》，中国法制出版社2000年版，第321页。
[2] 刘善春等：《诉讼证据规则研究》，中国法制出版社2000年版，第430~431页。
[3] 陈梗生等：《比较刑事证据各论》，汉林出版社1984年版，第74~76页。

为这样的指证只是出于被害人之口，没有其他佐证，不能增强其证明力。而且，被害人除了在法庭作出陈述外，以前曾在他处向他人陈述同一事实的证据也不足以做补强证据，因为这种情形只能证明其在法庭上的陈述与以前的陈述一致，而不是来源不同的有利佐证。

4. 幼年人作为证人时，其证言的可信性也有限制，例如，英国1933年《青少年法》虽然允许不了解宣誓意义的幼年人作证，但其证言需要另有补强证据才值得考虑，因为儿童虽然天真、聪明、记忆力好，但其观察事物难免会有误解，所以必须有补强证据。

在日本，对于公审庭上的自白，法律要求用其他证据补强。《日本宪法》第38条第3款规定："任何人如对其不利的惟一证据为本人口供时，不得定罪或科以刑罚。"《日本刑事诉讼法》第319条第2款亦规定："不问是否被告人在公审庭上的自白，当该自白是对其本人不利的惟一证据时，不得认定被告人有罪。"而对于补强证据，因为它是用来认定犯罪事实的证据，所以要求必须具有严格证明的资格，并与自白独立，如果只是重复被告人自白的第三人的陈述，就不能认为是补强证据。一般认为，自白与补强证据相结合能够证明犯罪事实的，就足以满足补强程度，亦即与自白分开，补强证据能够达到大体上证明犯罪事实存在的程度即可。

与英美法不同的是，在日本，补强性的法理在于防止偏重自白的危险，因此，补强规则仅适用于自白这一种供述证据，而不适用于一般证言真实性的担保。其理由是，一般证言可以通过交叉询问担保其具有某种程度的真实性；自白采为证据，对自白的虚伪或真假，并没有设立交叉询问的制度，所以需要用补强证据来担保其真伪性。[1]

■ 第八节　合法证据与非法证据

一、合法证据与非法证据的概念

根据证据的表现形式以及证据的收集活动是否符合法律规定，可以将证据分为合法证据和非法证据。

所谓合法证据，是指其表现形式、收集主体和收集活动均符合法律规定的证据。具体说来，任何一个证据必须同时具备以下条件，才能成为合法证据：

1. 必须符合三大诉讼法规定的证据种类。我国《刑事诉讼法》第50条规

---

〔1〕　参见陈朴生：《刑事证据法》，三民书局1970年版，第534~535页。

定，证据包括：①物证；②书证；③证人证言；④被害人陈述；⑤犯罪嫌疑人、被告人供述和辩解；⑥鉴定意见；⑦勘验、检查、辨认、侦查实验等笔录；⑧视听资料、电子数据。《民事诉讼法》第 63 条规定，证据包括：①当事人的陈述；②书证；③物证；④视听资料；⑤电子数据；⑥证人证言；⑦鉴定意见；⑧勘验笔录。《行政诉讼法》第 33 条规定，证据有以下几种：①书证；②物证；③视听资料；④证人证言；⑤当事人的陈述；⑥鉴定意见；⑦勘验笔录、现场笔录；⑧电子数据。因此，任何一个证据要成为合法证据，首先必须属于上述三大诉讼法规定的证据种类的一种，如果该种证据不能归入上述三大诉讼法规定的任何一种证据，则该种证据虽然具有很高的证明价值（如警犬追踪得到的结论、匿名的举报信等），也不能成为合法证据。

2. 收集证据的主体必须合法。这主要表现在刑事证据的收集上。按照《刑事诉讼法》的规定，只有侦查人员、检察人员和审判人员以及辩护律师才有权通过侦查或调查活动收集刑事证据，除此之外，其他任何机关和个人都无权收集。因此，上述人员以外的其他个人收集的刑事证据都不能成为合法证据。

3. 有权收集证据的主体必须依照法律规定的程序和方式收集证据。《刑事诉讼法》第 52 条规定，审判人员、检察人员、侦查人员必须依照法定程序，收集能够证实犯罪嫌疑人、被告人有罪或者无罪、犯罪情节轻重的各种证据。对于收集证据的程序和方式，我国法律作了具体明确的规定，侦查人员、检察人员、审判人员只有严格遵守，所收集的证据才能成为合法证据。

所谓非法证据，是指无权收集证据的人员所收集的证据或有权收集证据的人员违反法律规定所收集的证据。这主要是指以下几种情形：

1. 侦查人员、检察人员、审判人员和辩护律师、代理律师以外的个人所收集证据。在我国，除了侦查人员、检察人员、审判人员有权通过侦查或调查活动收集证据外，根据《律师法》的规定，辩护律师和代理诉讼的律师也有权就自己所承办的案件进行调查取证，收集证据。除上述人员以外，其他任何个人均无权收集证据，否则其所收集的证据即是非法证据。

2. 有权收集证据的人员采用刑讯逼供等非法方法收集的证据。《刑事诉讼法》第 52 条规定："……严禁刑讯逼供和以威胁、引诱、欺骗以及其他非法方法收集证据，不得强迫任何人证实自己有罪。……"第 56 条规定："采用刑讯逼供等非法方法收集的犯罪嫌疑人、被告人供述和采用暴力、威胁等非法方法收集的证人证言、被害人陈述，应当予以排除。收集物证、书证不符合法定程序，可能严重影响司法公正的，应当予以补正或者作出合理解释；不能补正或者作出合理解释的，对该证据应当予以排除。"采用刑讯逼供和以威胁、引诱、欺骗的方法收集证据，往往侵犯公民的人身权利和自由以及其他合法权益，为法治社会所不容许，因此采用非法方法所收集的证据当然属于非法的证据。

3. 有权收集证据的人员违反法定程序和方式收集的证据。我国三大诉讼法和有关司法解释对侦查人员、检察人员、审判人员和辩护律师、代理律师收集证据的程序和方式作了具体明确的规定。例如，《刑事诉讼法》第 118 条规定，讯问犯罪嫌疑人必须由人民检察院或者公安机关的侦查人员负责进行；讯问的时候，侦查人员不得少于 2 人。第 122 条规定，讯问笔录应当交犯罪嫌疑人核对，对于没有阅读能力的，应当向他宣读；如果记载有遗漏或者差错，犯罪嫌疑人可以提出补充或者改正；犯罪嫌疑人承认笔录没有错误后，应当签名或者盖章；侦查人员也应当在笔录上签名。《民事诉讼法》第 64 条第 2 款规定，当事人及其诉讼代理人因客观原因不能自行收集的证据，或者人民法院认为审理案件需要的证据，人民法院应当调查收集。第 67 条第 1 款规定，人民法院有权向有关单位和个人调查取证，有关单位和个人不得拒绝。《行政诉讼法》第 34 条规定，被告对作出的行政行为负有举证责任，应当提供作出该行政行为的证据和所依据的规范性文件。第 35 条规定，在诉讼过程中，被告及其诉讼代理人不得自行向原告、第三人和证人收集证据。第 39 条规定，人民法院有权要求当事人提供或者补充证据。第 40 条规定，人民法院有权向有关行政机关以及其他组织、公民调取证据。有权收集证据的人员违反上述法律规定的程序和方式收集的证据亦属于非法证据。

二、划分合法证据与非法证据的意义

将证据划分为合法证据与非法证据，具有极其重要的理论与实践意义：①有利于法学研究人员进一步加强对证据理论的研究，从而促进我国证据理论的发展和证据制度的完善。②有利于切实保证证据的合法性和可靠性，确保办案质量。通过证据的这一分类，有助于司法人员分清哪些证据是合法证据，哪些证据是非法证据，对非法证据应当如何处理，从而帮助和督促他们依法收集和运用证据，确保证据真实可靠，进而有效地防止冤假错案的发生。③有利于切实提高司法人员的程序意识，纠正"重实体、轻程序"的不良现象。长期以来，相当多的司法人员认为只要案件的处理结果正确便达到了办案要求，而对诉讼法程序（包括收集证据的程序）的合法性则不予重视，从而导致程序违法的现象大量发生。而区分合法证据和非法证据，并对非法证据不予采信，必将有助于消除司法人员程序违法无关紧要的认识，进而促使其不仅切实遵守实体法，而且严格遵守程序法，维护程序法制的统一和尊严。④有利于贯彻尊重和保障人权的宪法原则。司法人员采用刑讯逼供和以威胁、引诱、欺骗等非法方法收集证据，往往侵犯了公民的人身权利和自由，而通过合法证据与非法证据

的分类及处理，必将有助于遏制司法人员收集证据中的违法行为的发生，从而有力地保障公民的人身权利和自由，真正落实尊重和保障人权的宪法原则。

三、非法证据排除规则及其运用

《刑事诉讼法》以及有关司法解释和新颁布的两院三部《严格排除非法证据规定》对非法证据排除规则及其运用作了明确规定。主要如下：

1. 非法证据排除规则的适用范围。《刑事诉讼法》第 56 条第 1 款明确规定："采用刑讯逼供等非法方法收集的犯罪嫌疑人、被告人供述和采用暴力、威胁等非法方法收集的证人证言、被害人陈述，应当予以排除。收集物证、书证不符合法定程序，可能严重影响司法公正的，应当予以补正或者作出合理解释；不能补正或者作出合理解释的，对该证据应当予以排除。"而根据最高法《刑诉法解释》第 95 条的规定，使用肉刑或者变相肉刑，或者采用其他使被告人在肉体上或者精神上遭受剧烈疼痛或者痛苦的方法，迫使被告人违背意愿供述的，应当认定为《刑事诉讼法》第 56 条规定的"刑讯逼供等非法方法"；认定《刑事诉讼法》第 56 条规定的"可能严重影响司法公正"，应当综合考虑收集物证、书证违反法定程序以及所造成后果的严重程度等情况。而两院三部《严格排除非法证据规定》第 2~5 条对刑讯逼供等非法方法获得的，应当予以排除的犯罪嫌疑人、被告人供述的情形作出了明确的规定。第 2 条规定："采取殴打、违法使用戒具等暴力方法或者变相肉刑的恶劣手段，使犯罪嫌疑人、被告人遭受难以忍受的痛苦而违背意愿作出的供述，应当予以排除。"第 3 条规定："采用以暴力或者严重损害本人及其近亲属合法权益等进行威胁的方法，使犯罪嫌疑人、被告人遭受难以忍受的痛苦而违背意愿作出的供述，应当予以排除。"第 4 条规定："采用非法拘禁等非法限制人身自由的方法收集的犯罪嫌疑人、被告人供述，应当予以排除。"第 5 条规定："采用刑讯逼供方法使犯罪嫌疑人、被告人作出供述，之后犯罪嫌疑人、被告人受该刑讯逼供行为影响而作出的与该供述相同的重复性供述，应当一并排除，但下列情形除外：①侦查期间，根据控告、举报或者自己发现等，侦查机关确认或者不能排除以非法方法收集证据而更换侦查人员，其他侦查人员再次讯问时告知诉讼权利和认罪的法律后果，犯罪嫌疑人自愿供述的；②审查逮捕、审查起诉和审判期间，检察人员、审判人员讯问时告知诉讼权利和认罪的法律后果，犯罪嫌疑人、被告人自愿供述的。"此外，两院三部《严格排除非法证据规定》还对使用非法方法收集的证人证言和被害人陈述的排除作出了相应的规定，第 6 条规定："采用暴力、威胁以及非法限制人身自由等非法方法收集的证人证言、被害人陈述，应当予以排除。"

2. 非法证据排除规则的适用阶段。《刑事诉讼法》第 56 条第 2 款明确规定：

"在侦查、审查起诉、审判时发现有应当排除的证据的，应当依法予以排除，不得作为起诉意见、起诉决定和判决的依据。"

3. 人民检察院对以非法方法收集证据的情形，应当进行调查核实并提出纠正意见。《刑事诉讼法》第 57 条规定："人民检察院接到报案、控告、举报或者发现侦查人员以非法方法收集证据的，应当进行调查核实。对于确有以非法方法收集证据情形的，应当提出纠正意见；构成犯罪的，依法追究刑事责任。"两院三部《关于办理刑事案件严格排除非法证据规定》对此作出了更为具体的规定，第 14 条规定："犯罪嫌疑人及其辩护人在侦查期间可以向人民检察院申请排除非法证据。对犯罪嫌疑人及其辩护人提供相关线索或者材料的，人民检察院应当调查核实。调查结论应当书面告知犯罪嫌疑人及其辩护人。对确有以非法方法收集证据情形的，人民检察院应当向侦查机关提出纠正意见。侦查机关对审查认定的非法证据，应当予以排除，不得作为提请批准逮捕、移送审查起诉的根据。对重大案件，人民检察院驻看守所检察人员应当在侦查终结前询问犯罪嫌疑人，核查是否存在刑讯逼供、非法取证情形，并同步录音录像。经核查，确有刑讯逼供、非法取证情形的，侦查机关应当及时排除非法证据，不得作为提请批准逮捕、移送审查起诉的根据。"第 17 条规定："审查逮捕、审查起诉期间，犯罪嫌疑人及其辩护人申请排除非法证据，并提供相关线索或者材料的，人民检察院应当调查核实。调查结论应当书面告知犯罪嫌疑人及其辩护人。人民检察院在审查起诉期间发现侦查人员以刑讯逼供等非法方法收集证据的，应当依法排除相关证据并提出纠正意见，必要时人民检察院可以自行调查取证。人民检察院对审查认定的非法证据，应当予以排除，不得作为批准或者决定逮捕、提起公诉的根据。被排除的非法证据应当随案移送，并写明为依法排除的非法证据。"

4. 当事人对启动证据合法性调查程序承担初步责任。《刑事诉讼法》第 58 条第 2 款规定："当事人及其辩护人、诉讼代理人有权申请人民法院对以非法方法收集的证据依法予以排除。申请排除以非法方法收集的证据的，应当提供相关线索或者材料。"而根据最高法《刑诉法解释》第 96 条的规定，当事人及其辩护人、诉讼代理人申请人民法院排除以非法方法收集的证据的，应当提供涉嫌非法取证的人员、时间、地点、方式、内容等相关线索或者材料。虽然控方承担对被告人审判前供述合法性的举证责任，但是，启动这一程序的初步责任应由当事人及其辩护人、诉讼代理人承担，以避免不负责任地随意启动对证据合法性的"审理"程序。

5. 人民法院对排除非法证据程序的适用。根据最高法《刑诉法解释》第 97～102 条的规定，人民法院对非法证据的排除应当适用以下程序：①人民法院向被告人及其辩护人送达起诉书副本时，应当告知其申请排除非法证据的，应当在开庭审理前提出，但在庭审期间才发现相关线索或者材料的除外。②开庭审理前，当事人及其辩护人、诉讼代理人申请人民法院排除非法证据的，人民法院应当在开庭前及时将申请书或者申请笔录及相关线索、材料的复制件送交人民检察院。③开庭审理前，当事人及其辩护人、诉讼代理人申请排除非法证据，人民法院经审查，对证据收集的合法性有疑问的，应当依照《刑事诉讼法》第187条第2款的规定召开庭前会议，就非法证据排除等问题了解情况，听取意见。人民检察院可以通过出示有关证据材料等方式，对证据收集的合法性加以说明。④法庭审理过程中，当事人及其辩护人、诉讼代理人申请排除非法证据的，法庭应当进行审查。经审查，对证据收集的合法性有疑问的，应当进行调查；没有疑问的，应当当庭说明情况和理由，继续法庭审理。当事人及其辩护人、诉讼代理人以相同理由再次申请排除非法证据的，法庭不再进行审查。⑤对证据收集合法性的调查，根据具体情况，可以在当事人及其辩护人、诉讼代理人提出排除非法证据的申请后进行，也可以在法庭调查结束前一并进行。⑥法庭决定对证据收集的合法性进行调查的，可以由公诉人通过出示、宣读讯问笔录或者其他证据，有针对性地播放讯问过程的录音录像，提请法庭通知有关侦查人员或者其他人员出庭说明情况等方式，证明证据收集的合法性。公诉人提交的取证过程合法的说明材料，应当经有关侦查人员签名，并加盖公章。未经有关侦查人员签名的，不得作为证据使用。上述说明材料不能单独作为证明取证过程合法的根据。⑦法庭确认或者不能排除存在《刑事诉讼法》第56条规定的以非法方法收集证据情形的，对有关证据应当排除。人民法院对证据收集的合法性进行调查后，应当将调查结论告知公诉人、当事人和辩护人、诉讼代理人。两院三部《严格排除非法证据规定》对证据收集的合法性调查作出了更加具体的规定，第33条规定："法庭对证据收集的合法性进行调查后，应当当庭作出是否排除有关证据的决定。必要时，可以宣布休庭，由合议庭评议或者提交审判委员会讨论，再次开庭时宣布决定。在法庭作出是否排除有关证据的决定前，不得对有关证据宣读、质证。"

6. 控方对被告人审判前供述的合法性承担举证责任。在刑事诉讼中，公诉机关承担提供证据证明被告人犯罪的责任，对于被告人及其辩护人所提被告人庭前供述系非法取得的线索或者证据，同样应当承担证明被告人庭前供述系合法取得的证明责任。为此，《刑事诉讼法》第59条明确规定："在对证据收集的合法性进行法庭调查的过程中，人民检察院应当对证据收集的合法性加以证明。现有证据材料不能证明证据收集的合法性的，人民检察院可以提请人民法院通知有关侦查人员或者其他人员出庭说明情况；人民法院可以通知有关侦查人员或者其他人员出庭说明情况。有关侦查人员或者其他人员也可以要求出庭说明情况。经人民法院通知，有关人员应当出庭。"两院三部《严格排除非法证据规定》更加具体地对相关内容作出了规定，第 31 条第 1 款规定："公诉人对证据收集的合法性加以证明，可以出示讯问笔录、提讯登记、体检记录、采取强制措施或者侦查措施的法律文书、侦查终结前对讯问合法性的核查材料等证据材料，有针对性地播放讯问录音录像，提请法庭通知侦查人员或者其他人员出庭说明情况。"

第十八章

第三编 证 明 论

证明概述

第
十
九
章

■ 第一节 证明的概念

一、证明的概念

"证明"是一个含义丰富、使用范围广泛的动态概念。在人们的生活、工作、学习和研究中,经常进行各种各样的证明活动。例如,通过考古活动,证明人类社会的起源和发展;通过对经济活动的研究,证明价值规律的存在;通过对人类历史的研究,证明社会发展的普遍规律;通过科学观察和实验活动,证明地球绕太阳运转以及地心具有引力等。从一般意义上讲,证明即"用可靠的材料来表明或者断定人或事物的真实性"[1]。也就是说,它是由已知推出未知的活动,由论题、论据和论证方式三个部分组成。

在诉讼领域,证明应当是指国家公诉机关和诉讼当事人在法庭审理中依照法律规定的程序和要求向审判机关提出证据,运用证据阐明所争议的事实,论证诉讼主张的活动。从此概念中不难看出,证明的构成要件包括如下几个方面:

1. 证明的主体是国家公诉机关和诉讼当事人,简而言之,可统一理解为诉讼当事人。之所以这样说,是由证明主体与证明责任分担的关系决定的:证明主体在诉讼中提出了具体诉讼主张,因此需承担证明责任。如果对自己的诉讼主张证明不力则需承受于己不利的裁判。按照这一要求,无论在何种性质的诉

---

[1] 中国社会科学院语言研究所词典编辑室编:《现代汉语词典》,商务印书馆 1996 年版,第 1608 页。

讼中，能够成为证明主体的都只能是诉讼当事人。在我国刑事诉讼中，证明主体只限于国家公诉机关和诉讼当事人。在民事诉讼中，任何一方当事人对己方的诉讼主张都必须举证加以证明，否则就可能承担己方诉讼主张不被法院支持甚至败诉的风险，因此原告和被告均可能成为证明主体。在行政诉讼中，根据"举证责任倒置"原则，被告负主要的证明责任，原告一般不负证明责任。法院本身作为中立的裁判者既无自己的诉讼主张，也不允许有任何偏袒一方的诉讼倾向，更不会因证明不能或证明不力而承担任何败诉的风险，因此法院不可能为证明主体。

2. 证明的对象是诉讼中的争议事实。无论何种性质的诉讼，其实质均在于定分止争，也就是解决当事人之间存在的争议。诉讼中的争议分为两类：一是事实争议；二是法律争议，有时也表现为事实争议与法律争议的结合。美国著名的证据法学家摩根曾指出，"在当事人对等辩论主义诉讼制度下，法院之功能，为解决影响及于诉讼当事人间法律关系之争执。争执所在，或为法律，或为事实，或兼此二者"。[1] 当然，在诉讼中法院并非对案件的全部事实以及涉及的所有法律问题进行裁判，而只是针对诉讼双方当事人之间的事实争议和法律争议。也就是说，证明其实是以阐明争议事实、论证己方主张为对象，当事人的证明和法院的判断均围绕着当事人双方争议事实（包括与争议事实相关的事实）和法律问题展开的。

3. 证明过程与法庭审判是紧密联系的，解决的是在审判程序中由谁提出诉讼主张并加以证明的问题。因此，严格意义上的证明只存在于审判阶段。这需要区分法庭证明与庭前查明的差异。诉讼主体在审前阶段对证据的收集审查活动属于"查明"，而非"证明"。证明的要旨，在于通过法庭上的举证论证使法官或陪审团采信与确认己方的事实主张。在现代刑事诉讼中，侦查为起诉之准备，起诉书所指控的被告人犯罪事实是侦查机关侦查终结对案件事实作出的认定结论，或者是公诉机关对侦查部门关于案件事实所作的采纳结论。但由于现代诉讼惟有法院有权对被告人作有罪之确认，因此起诉书所指控被告人之犯罪事实，只是公诉机关关于被告人犯罪的一种事实主张，是公诉人在法庭上进行证明的起点和对象。可见，庭审前的收集、提取证据只是为法庭上的证明活动奠定基础，创造条件，而不属于严格意义上的证明。

4. 证明的动因受证明责任所影响或支配。法律（包括实体法和程序法）对诉讼中的证明责任分配有明确规定，如果依法承担证明责任的诉讼主体对待证

〔1〕 ［美］埃德蒙德·M.摩根：《证据法之基本问题》，李学灯译，世界图书出版公司1982年版，第29页。

第十九章

事实的证明未能达到法律要求的标准，则要承担相应的法律后果：最直接的不利后果就是可能面临败诉的风险。在证明的各个构成环节中，证明责任是衔接各个环节的桥梁和纽带，是证明的中心环节。整个证明活动均在证明责任的支配和作用下进行，不承担证明责任者就没有证明的义务，也无证明的必要。证明责任不仅提供了证明的动因，而且确定了证明的目标。因此，对证明的准确理解离不开对证明责任作用的正确认识。

5. 证明的属性不仅仅是一种抽象思维认识活动，还是一种具体的诉讼行为，直接受各类诉讼法律的规范和调整。具体而言，它是一项旨在使法官相信争议事实存在与否的过程，包括：对证据的审查与采信、对全案证据作综合评价并将其作为判决依据。在传统的证据观念中，往往过于强调证明作为认识活动的属性，而忽视其作为一种具体诉讼行为的诉讼属性，这大概与认识论在传统证据制度中作为惟一的理论基础地位不无关系。证明的确是一种认识活动，但并不仅仅是一种认识活动，而是抽象与具体相统一的认识活动。有人把证明的基本属性归纳为"证明的主观性"与"证明的法律性"，其中主观性就是指证明作为一种人的主观意识活动的特征，法律性则指诉讼中证明必须依法进行，也就是诉讼中的一切证明活动必须合法。法律性是证明所特有的属性。[1]

综上所述，证明应当是特定的证明主体（国家公诉机关和诉讼当事人）为避免证明不力时承担不利后果，在法庭审理中依照法律规定的程序和要求向审判机关提出证据，运用证据阐明争议事实，论证诉讼主张的活动。这既是对证明概念各要素的完整的表达，也是对认识有关证明的其他问题的基础和依据。

二、证明的分类

分类是人们认识与分析事物的一种常用的研究手段。通过对同一事物不同方面的差异的区分与比较，可以准确而清晰地辨明同一事物的多种形态之间的共性与个性，从而更全面、更透彻地理解和分析事物。就证明而言，亦可以根据不同的标准做出多角度的划分，其中包括：

1. 他向证明与自向证明。以证明指向的对象为标准，可以将其分为他向证明与自向证明两种基本形式。所谓他向证明，是指证明主体在进行证明的时候已经知道或者认为自己已经知道了证明的结论，证明的目的是要他人明白或相信该结论，为达到此目的，他必须运用一定的论据通过一定的论证方式向他人证明。例如，张三要证明自己出国留学的决定是正确的，李四要证明自己是个诚实的好人，就都属于他向证明。所谓自向证明，是指证明主体在进行证明的

---

〔1〕　参见裴苍龄：《证据法学新论》，法律出版社 1989 年版，第 148~149 页。

时候还没有肯定的证明结论，或者虽然有一定的证明期望，但在证明过程结束之前尚不能肯定该期望一定能够变成现实的结论。因此其证明的目的主要是让自己明白，当然也包括让他人明白。例如，数学家要证明"哥德巴赫猜想"的存在，考古学家要证明万里长城在秦始皇之前就已开始修建等，就属于自向证明。

诉讼活动中既存在自向证明也存在他向证明，但是二者的主体有所不同。自向证明的主体一般是就事实问题作出某种认定或裁断的人，如侦查人员、检察人员、审判人员；他向证明的主体一般是提出某种事实主张的人，如诉讼中的当事人。不过，自向证明和他向证明的主体在诉讼过程中也可能发生转化。例如，在侦查阶段，侦查人员是自向证明的主体，但在审查起诉阶段，侦查人员则成了他向证明的主体，因为他们要向检察人员证明逮捕或提起公诉的事实依据。同样，检察人员在审查起诉阶段作为起诉的决策者，是自向证明的主体，而到了审判阶段，其作为公诉人要向法庭证明指控的案件事实，则又成了他向证明的主体。一般而言，自向证明是为了满足证明主体行使某种职权的需要，与证明主体的职权行为有关。例如，法官的自向证明就是行使审判职能的需要，属于法官的一种职权行为。而他向证明则是为了满足他人的某种认知需要，一般体现为当事人的某种义务，且不能履行该义务时还需承担对其不利的诉讼后果，也就是说，他向证明与证明责任密切相关。例如，提出某种诉讼主张的当事人必须提供证据说服法官相信并接受其诉讼主张，否则要承担其主张不被采纳甚至败诉的后果。由此可见，自向证明以司法职权为中心，证明不力时只需承担未尽职权的职务责任，而他向证明以诉讼当事人为中心，受证明责任的制约与支配，无法证明或证明不力时需承担诉讼上的不利后果。

2. 证明和释明。按照是否要求法官获得完全之确信的不同，可以将证明分为狭义的证明和释明。其中提出证据而使法官对某一事实达到内心确信的程度，这是狭义的证明；提出证据，若仅使法官获得大概可信而形成较为薄弱之心证，则称为释明。[1] 通常，对于诉讼程序上的特定事实，可以适用释明，如在日本刑事诉讼中，检察官由于不得已的事由未能在法定期限内请求羁押被逮捕的嫌疑人时，可以向法官说明理由，请求羁押嫌疑人。对于实体法事实，必须进行狭义的证明。而释明其原因事实时，当事人只以叙明其证明之方法为已足，毋庸提出证据；狭义的证明，则不仅应指出其证明方法，并应提出其证据。[2]

3. 严格证明和自由证明。按照证明是否必须使用具有证据能力并经合法调

---

[1] 林山田：《刑事程序法》，五南图书出版有限公司1998年版，第351页。
[2] 陈朴生：《刑事证据法》，三民书局1970年版，第113页。

查的证据这一要求的不同，可以将证明分为严格证明和自由证明。严格证明是指使用具有证据能力并经过正式、合法调查的证据进行的证明。严格证明受到证据方法与证据程序的双重限制。[1] 自由证明是指使用不具有法定证据能力或者没有经过正式、合法调查的证据进行的证明，又称任意证明。其中凡有关实体权利的有无和范围大小的事实，必须进行严格证明；而法律规定可以"酌情"考虑的事实和程序法事实，可以进行自由证明。一般来说，作为严格证明对象的事实包括以被告人的罪责为基础的实体法上的事实和倾向于加重被告人刑罚的情节事实；作为自由证明的事实，除了量刑事实之外，主要是程序法事实。[2]

4. 实质证明和形式证明。按照证明性质的不同，可以将证明分为实质证明和形式证明。在英美法系国家，诉讼采用当事人主义，程序高于实体，所追求的是形式真实，因而它们的证明称之为形式证明。在这种证明中，经常出现法与事实的反差，即在法律上看来是证明了的，事实上的情况并非如此，尽管两者有所差别，但仍然要采用法律上的结论。当然这只是个别现象，不能因此认为形式证明就不可靠。实质证明是大陆法系国家的诉讼追求实质真实的结果，它们在职权主义思想的支配下，追求客观真实，要求达到实体真实的程度。如果程序与实体矛盾，往往牺牲程序而服从实体。

5. 控诉机关的证明和当事人的证明。在刑事诉讼中，按照证明主体的不同，可以将证明分为控诉机关的证明和当事人的证明。公诉机关对被告人提出刑事指控，必须提出确实充分的证据证明被告人的行为确已构成犯罪并依法需要追究刑事责任。当事人的证明是指原告、被告、第三人等提出证据，阐明其主张的事实。不论何种诉讼，都离不开当事人证明，它既是刑事证明的组成部分，也是刑事证明的基本形式。

三、传统证明概念之不足

（一）传统证明概念的问题与误区

从目前的证据学教材看，一般认为，"证明的主体包括公安司法机关及其办案人员、当事人以及诉讼参与人；狭义而言则仅指公安司法机关及其办案人员。

---

〔1〕 林钰雄：《严格证明与刑事证据》，法律出版社 2008 年版，第 8~9 页。
〔2〕 ［日］田口守一：《刑事诉讼法》，刘迪等译，法律出版社 2000 年版，第 219~221 页。

证明客体为案件事实。证明过程包括侦查、起诉和审判的全部程序"。[1] 此种观点，长期以来在我国证据理论研究中占据主流地位，不仅限定了我国证据制度的基调，其影响还延伸至整个诉讼法学领域，反映在诉讼构造和诸多具体诉讼制度与程序的设置上。然而，此种被奉为正统的证明概念却存在着自身固有的不足与缺陷，从而制约了我国证据理论的深入与发展，并对我国诉讼制度产生了消极影响，表现在：

1. 证明的主体过于宽泛。传统观念将证明视为贯穿于诉讼全过程的一种认识活动，并顺"理"成章地认为，所有在探求案件事实真相的活动中起主导作用的诉讼专门机关和当事人都是证明主体，并据以得出法院也承担证明责任的错误结论。此种观点不仅主宰着我们的理论研究，而且直接反映在相关立法上。例如，《刑事诉讼法》明确规定，审判人员应当收集能够证明犯罪嫌疑人、被告人有罪或者无罪、犯罪情节轻重的各种证据；在法庭审理过程中，法院在庭外拥有除通缉以外的几乎一切调查权力和手段。民事诉讼也是如此，若当事人在起诉时不能履行举证责任，人民法院有义务进行调查，收集证据。类似的这些规定，模糊了控审主体的基本分工，违背了法官中立的基本要求。

2. 举证责任与证明责任的相互关系混乱。由于无法突破证明概念所框定的藩篱，举证责任与证明责任的相互关系陷入难以自圆其说的尴尬境地。理论界对此众说纷纭，曾先后提出了"同一说""并列说""包容说""大小说""前后说"等多种学说，[2] 使本就不甚明了的证明责任越发错综复杂，莫衷一是。同时，立法与司法实务运作上也频频出现矛盾：一方面，强调还控诉职能于原告一方，法官应当保持不偏不倚居中裁断的地位；另一方面，受传统法官承担证明责任理论的束缚，法官仍保留有进行庭外调查的权力，仍承担着收集证据的责任。问题归根结底在于并未与现代证据理论及诉讼基本原理的要求相协调。

3. 诉讼的结构设计失衡。一般认为，控辩平等对抗、法官居中裁判的三角形诉讼结构最能体现诉讼的民主性和科学性，符合现代诉讼法制的要求。虽然我国《刑事诉讼法》从1996年第一次修正时就特别注意借鉴了当事人主义诉讼

第十九章

---

〔1〕 参见陈光中等："刑事证据制度与认识论——兼与误区论、法律真实论、相对真实论商榷"，载《中国法学》2001年第1期；巫宇甦主编：《证据学》，群众出版社1983年版；陈一云主编：《证据学》，中国人民大学出版社1991年版；裴苍龄：《证据法学新论》，法律出版社1989年版；刘金友主编：《证据理论与实务》，法律出版社1992年版。难怪有人说，我国传统证据理论对刑事证明概念的理解，"学术界没有多少分歧，均认为是司法机关或当事人在诉讼过程中运用依法收集的证据，去查明、证实案件事实的活动，只是在表述上有差异"。参见崔敏主编：《刑事证据理论研究综述》，中国人民公安大学出版社1990年版，第69页。

〔2〕 参见樊崇义主编：《刑事诉讼法学研究综述与评价》，中国政法大学出版社1991年版，第263页。

模式的某些合理因素，但是传统"强职权主义"模式的影响仍然根深蒂固。其原因当然是多方面的，但传统证明概念的影响无疑是一个主要的因素。具体说来，传统证明观念认为证明贯穿于诉讼的全过程，公检法三机关都是证明主体，而且刑事证明的目的是查明案件的事实真相。在此种证明观的指导下，公安机关、检察院和法院在处理刑事案件的过程中呈现出一种前后递进接力互补的关系，难怪有人形象地将这种警检分工不分家、诉审关系密切化的线形诉讼结构比作工厂的"流水线作业"或体育比赛中的接力赛。因此，我国诉讼的现实模式显然与现代诉讼法制的要求尚有很大距离。毋庸讳言，证明概念上的不明不白，无疑是诉讼结构畸形建构、庭审改革举步维艰的重要原因。

（二）形成传统证明概念诸多缺陷的原因

传统证据概念之所以在构建以证明概念为核心的证明体系时存在诸多缺陷，主要有两个方面的原因：

1. 我国传统证据制度将证明活动完全等同于认识活动。在传统证据理论中，证明活动被视为主观对客观世界的一种认识活动，而且仅仅是一种认识活动，相应地将辩证唯物主义认识论作为我国证据制度的唯一理论基础。人们以为，"证据制度要解决的核心问题是如何保证司法人员能够正确认识案件事实，亦即如何保证其主观符合客观"。[1] 把诉讼证明等同于认识活动的后果，是将所有在发现案件客观真实过程中发挥作用的专门机关和诉讼参与人都纳入证明主体的范畴，从而得出公安司法机关及其办案人员、当事人以及诉讼参与人都承担证明责任的结论，并且认为证明贯穿于侦查、起诉和审判各个阶段，证明目的是查明案件的客观真实，证明要求是"犯罪事实清楚、证据确实充分"。可见，对证明本质理解的片面性以及由此导致的证据制度理论基础的单一性，是证明概念建构不合理的直接原因。

2. 与我国传统的诉讼结构有关。证明过程与诉讼结构之间是相互影响、相互依存的关系。我国传统诉讼结构是典型的线形诉讼结构，或者叫"超职权主义"诉讼模式，公检法三机关在刑事诉讼中分别是侦查阶段、审查起诉阶段和审判阶段的主导机关，查明案件的客观真实是三机关的共同任务，起诉和审判只是对侦查阶段所查明的案件事实的核查和认定。这使诉讼呈现出典型的流水作业的特征。传统的刑事证明概念，与此种"超职权主义"的线形诉讼模式和公检法三机关分工负责、互相配合、互相制约的办案机制是相符合、相适应的。但是我国现行立法所确立的诉讼模式，已经由"超职权主义"向当事人主义与职权主义相融合的混合诉讼模式转变，诉讼目的也已由单一的惩治犯罪转为惩

〔1〕 参见陈一云主编：《证据学》，中国人民大学出版社 1991 年版，第 96 页。

第十九章

治犯罪与保障人权并重、实体真实与程序正义并重、司法公正与司法效率并重等多项法律价值并重。新的诉讼价值理念和新的诉讼模式对诉讼程序和制度设计有一些基本的要求。但是，在诉讼价值理念转变并带动诉讼模式改造的同时，传统的证明概念却相对停滞不前。实践表明，它不仅无法适应新的诉讼模式，而且正成为一种妨碍新的诉讼模式切实确立的因素，对我国诉讼制度的健全和完善起着消极的影响。

■ 第二节　证明的体系与环节

证明是一个庞大而复杂的司法体系。从横向来看，证明体系包含构成证明系统的诸多组成要素：证明对象、证明主体、证明标准、证明责任、证明原则与证据规则等。从纵向来看，证明过程又可划分为几个环节的流程：证据的收集与提出；证据的质询、审查与判断；证据的认定与证据间组建事实；等等。考察证明的体系与环节对深入分析证明概念、更好地把握证明原理都有着极其重要的价值。

一、证明的体系

1. 证明对象，亦称证明客体、待证事实或要证事实。它是指证明主体运用一定的证明方法所欲证明的法律要件事实。在诉讼过程中，证明对象与诉讼客体互为表里，证明对象可视为诉讼客体的派生或"投影"。证明对象在诉讼证明活动中居于极为重要的地位，它是诉讼证明活动的起点和归宿。因此，证明对象是作为证明的最初环节而产生的。正是由于在观念上首先设定了证明对象，才产生了证明主体、证明责任、证明程序等概念。作为诉讼证明的起点，证明对象决定着诉讼证明活动如何进行，如需要什么证据、证明到何种程度等。而证明过程的完成则有赖于证明对象得到法律所认可的证明，即证明对象和证明标准一起，构成证明的方向、内容和目标。

2. 证明主体与证明责任。证明主体与证明责任是同一问题的两个方面，不能割裂开来孤立地考察。证明主体是指在诉讼活动中，提出自己的诉讼主张并有义务承担证明责任的诉讼主体。证明主体的确定直接取决于证明责任的分担。而证明责任的承担又以诉讼主张的提出为必要前提。只有提出诉讼主张者才须承担证明责任，只有承担证明责任者才是证明主体。证明责任的存在为诉讼证明提供了动因，整个诉讼证明活动均在证明责任的支配和作用下进行，不承担证明责任者无证明义务，亦无证明之必要。因此，在诉讼证明的各个构成环节中，证明责任是衔接各个环节的桥梁和纽带，它不仅直接决定证明的主体，而且通过行为责任与证明客体相连，通过结果责任与证明标准相连。可以说，证明责任成为整个诉讼证明体系的中心环节。诉讼证明的实质，就是证明主体履行其证明责任，将对证明客体的论证达到证明标准的活动。

3. 证明标准。证明标准即法律关于负有证明责任的诉讼主体运用证据证明争议事实、论证诉讼主张所需达到的程度方面的需求。在英美证据法理论中，证明标准也被理解为负有证明责任的一方当事人，就其主张的事实予以证明而应达到的水平、程度或量。也就是说，证明标准是指为了避免遭到于己不利的裁判，负有举证责任的当事人履行其责任必须达到的法律所要求的程度。

4. 证明方法。在诉讼中，运用证据证明案件事实，需要采用一定的证明方法。证明方法即诉讼中审查判断证据的方法，如鉴别法、对比法、印证法、验证法、鉴定法、辨认法、对质法、质证法等。因此，司法证明方法是诉讼证明体系中的另一重要环节。例如，在刑事诉讼中，被告人是否有罪，需要进行证明，而运用什么样的方法进行证明是人类在司法实践中一直关注的问题。从历史的角度出发，可将司法证明方法纵向的划分为"神证""人证""物证"三种类型；从横向的角度进行划分，又可将证明方法大体上分为逻辑证明方法、实证证明方法和高科技的证明方法三种主要类型。

5. 证明原则与证据规则。证明原则是作为证明行动或者证明行为的指南的一般法则和信条。由于证明活动原本就是诉讼活动的一部分，因此规范诉讼活动的若干准则也同样适用于证明过程。证明活动特有的原则主要包括证据裁判原则、两造举证原则、职权调查原则、实质真实发现原则、自由评价证据原则等。证据规则是指在诉讼中，收集、采用、审查、认定和运用证据时，必须遵循的一系列准则。归纳我国法学界的观点，证据规则主要包括以下内容：①取证规则，包括不得强迫自证其罪、证人出庭作证及令状主义等规则；②采证规则，包括最佳证据、传闻证据、意见证据及非法证据排除等规则；③查证规则，包括证据出示、交叉询问、当庭认证、推定及司法认知等规则；④定案规则，包括证据证明力判断、疑罪从无、有罪判决的证明标准及补强证据等规则。

二、证明的环节

证明过程恰如机械化生产流程，是分步骤、分阶段完成的。其中主要包括：证据的收集与提出；证据的质询、审查与判断；证据的认定与证据间组建事实等三个环节。这三个环节顺次承上启下，相互关联，共同构成一个庞大而完整的证明流程。缺少任何一个环节或使环节间换位都会严重破坏证明的科学合理性，而最终影响证明任务的顺利完成。

1. 证明的初始阶段——证据的收集与提出。证据的收集是指当事人为揭示案件事实或证明事实主张，依法展开的收集与保全证据的专门活动。这是司法证明的第一个环节，往往只涉及庭前为获取未知证据而开展的调查活动；但证据调查不仅包括庭前的各种调查活动，也包括一些法庭上活动。收集的主体是各种调查人员，包括审判人员、公诉人员、侦查人员、行政执法人员、公证人员、仲裁人员、律师与各类案件的当事人等。收集的方法既包括我国法律法规明文规定的各种调查措施和手段，也包括法律法规未明确规定的方法。在我国，三大诉讼法以及各种部门性规章对各种取证方法作了规定，例如，为询问、讯问、辨认、搜查、勘验、检查、调查实验、鉴定以及保全确定的规范和规则。

证据的提出主要指诉讼当事人在审判中向法庭提出证据证明其主张的事实的行为。它包括：讯问被告人，询问被害人、证人、鉴定人，宣读未到庭的证人的证言、被害人的陈述、鉴定人的鉴定意见，出示有关的物证、书证、播放视听资料等内容。提出证据的主体应当为各方当事人，但不包括审案的法官。目前，我国法律没有为诉讼中的举证顺序作出明确规定。从理论上讲，举证顺序的基本原则应该是先原告后被告，即先由提起诉讼的一方进行举证，再由被起诉至法庭的一方进行举证。但是在司法实践中，举证顺序的确定并不这么简单，案件情况不同，举证顺序也不可能完全相同。

2. 证明的中间阶段——证据的质询、审查与判断。证据的质询是指诉讼当事人及其代理人在审判过程中针对对方举出的证据进行质疑和询问。质询是诉讼双方反驳对方证据的重要手法，也是形成法官心证的重要方式。诉讼当事人及其代理人是质询的主体。质询要在法官的主持下进行，但法官的主要任务是"聆听"，主要职责是保障质证的公正和有序。因此，法官是审查判断证据的主体，不是质询的主体。质询的对象是在审判中由一方提出并由对方进行质疑或质问的证据，主要是对证据的关联性、合法性、客观性及证明力提出质疑。审查与判断证据则要求诉讼主体质询证据后，对质询的过程和证据本身进行分析研究，鉴别其真伪，并判断其与案件有无联系，以确定其有无证明力以及证明力的大小。

3. 证明的终结阶段——证据的认定与证据间组建事实。证据的认定指法官在审判过程中对诉讼双方提供的证据或者法官自行收集的证据，进行审查评断，确认其证据能力和证明力的活动。证据间组建事实是指法官对已经确认了证据能力和证明力的证据进行分析建构，将各种证据组合成内心确信的事实的活动。这两个环节是诉讼过程的重要阶段，也是审判活动的中心内容。证据与事实的认定是法官行使审判权的一种职能活动，也是具有特定法律效力的司法行为，因此认定的主体只能是法官，其他诉讼参与人都不能成为认定的主体。认定的

第十九章

内容包括证据能力、证明力及证据的采纳与采信等。在这三个基本环节中，证据与事实的认定无疑是最关键的环节。整个证明活动即以最终的事实认定为归宿。

当然，以上三个阶段并非决然分开，而是一个连贯的整体，而且在实务中案件的情况千差万别，上述只是一般性的分析，因个案的差异，证明的环节因之而发生适应性变动也是常有的事情。

■ 第三节　证明的意义

证明在三大诉讼活动中占有举足轻重的地位，是整个诉讼活动的灵魂和基础。研究证明的意义对分析和理解证明活动具有重要的理论与实践价值，因为诉讼所要解决的无非是认定事实与适用法律两方面的内容，认定事实须依据证据加以证明自不必说，适用法律的前提也须根植于收集证据、审查判断证据和运用证据查明案件事实的基础之上。因此证明对诉讼任务的顺利完成有着不可估量的作用，具体表现在以下几个方面：

1. 证明是获得案件事实的法定途径。自然和人为的种种因素使案件事实经常处在确定与不确定的边缘，有待于诉讼主体基于理性与经验给予充分的考虑与审查。如果寄希望于获得真实的案件事实的原委，证明就是唯一合理亦合法的方法。司法证明既非科学证明，也非随意证明，而是经过立法上对证明的对象、方法、程度、标准及责任等方面加以明文规定，司法上按照法定程序加以限定的活动。司法证明一方面确实需要追求案件的真相，而另一方面也要在法定的范围内实现这一目标。只有按照法定的证明程序，收集与案件有关的各种证据，然后对所收集的证据进行审查判断，去伪存真，查证属实，综合分析，运用证据加以证明，才能形成既真实又合理的事实。

2. 证明是诉讼活动的核心环节。诉讼程序是分层次、分步骤的，每个阶段都有特定的诉讼目标，而完成这些诉讼目标就离不开证明活动。诉讼程序本身就是对证明诸方面因素给予全面评价、筛选、确定的过程。这使证明活动一直镶嵌于诉讼流程之中。具体而言，随着诉讼程序的进展需要逐一考察证明主体是否适当、证据是否确实充分、证明方法是否科学、证明顺序是否合理、证明对象是否真实及证明结论是否合法，等等。可以说，没有证明活动，便没有诉讼和诉讼活动的顺利进行。如果证明不当，致使证据失实或者虚假，便可能使诉讼活动无效和重新进行。

3. 证明是适用法律的前提和基础。以事实为根据，以法律为准绳，是我国办理各种刑事、民事和行政案件的基本原则。因而，诉讼活动包含两个基本内容：①查清案件事实；②正确适用法律。只有首先查清和证明案件的事实，才能正确适用法律，否则，适用法律便是一句空话。而要查清和证实案件的事实，只有通过证明活动才能实现，证明自然成为正确适用法律的前提和基础。

4. 证明是证据发挥作用的终极手段。证据是通过证明加以组合而成的一个完整的可证明的事实体系。证据与证据之间存在联系，这些联系甚至比单个证据本身更具价值，而寻求证据组合以确立符合逻辑规律和生活场景的事实过程恰恰需要通过证明这一流程来完成。诉讼主体发现、收集、提供、核实、判断证据的目的，是证明案件的事实，以便正确而客观地认定案件事实。如果离开了证明活动，收集、提供的证据将没有用处，无法发挥其应有的作用。只有在证明活动中，收集、提供、核实的各个单独的证据，如书证、物证、证人证言、鉴定意见、勘验检查笔录、被告人陈述、当事人陈述等若干个证据，才能形成一个证明体系，证据和证据之间、证据同案件事实之间，才能有机地联系在一起，证明案件事实。

5. 证明是体现诉讼价值的重要方式。诉讼价值包括公正、效率、人权、真实等许多方面。证明有利于保障诉讼的公正实现，现代诉讼发展的实践证明，要确保审判的公正性，必须：①依靠证据，以证据为基础；②严格证明程序，只有保障证明过程的合理公平才能达到查明案件客观事实、满足公正审判的现实要求。证明也有利于实现诉讼效率的价值追求，对证明的各方面法定规范既可以防止使用证据重叠、拖延诉讼，又可以限制对证据的自由取舍，避免证据使用的随意性和盲目性。同时，证明也是保障人权的需要。尊重人权是一项重要的国际准则，是社会向前发展的必然趋势，也是现代诉讼的重要特征之一。证明正是通过对非法证据和"不惜一切代价获得案件真实的行为"的否定来规范证据的收集、审查和采用，保障证据的真实性和可靠性。

6. 证明是对事实恣意的限制。由于时间的不可逆性，探究事实不可能达到绝对意义上的真实要求，但是这不应当成为对过去事实随意虚构、想象、猜测、臆断的借口，对事实的认知仍然有其合理的规律和方法，而这些规律和方法也只有通过立法的形式加以确立才能成为在司法上普遍适用的准则。证明恰恰是法律惟一认可的获得事实的渠道，证明的合理性与合法性使得任何对事实结论不满的当事人都无话可说、无理可辩，正是通过证明的权威才使诉讼事实得以准确再现，纠纷得以顺利解决。

7. 证明是确立司法权威的必然要求。法律只有通过完善的机制、无可辩驳的论证方法、成熟的程序设置方可得出令人信服的结论。证明通过其合理的建构事实的方式可以给参与诉讼的当事人及其他诉讼主体充分的"正义感"。由于证明制度的设置与法律所认可的证明过程并不存在漏洞，获得裁判不利结果的当事人也不得不信服法律的权威与证明的理性。同时，承载各种诉讼价值的证明过程本身也是一种向社会大众与媒体宣传法制、推崇法治至上的良好方式，即通过不断的运用与完善证明程序，使法治的权威得以充分确立和保障。

第十九章

第二十章

证明主体

■ 第一节 证明主体概述

一、证明主体与证明责任

所谓证明主体，就是在诉讼活动中，提出自己的诉讼主张并有义务承担证明责任的诉讼主体。这一概念表明，证明主体与诉讼主张及证明责任这三者之间存在着极为密切的联系。简言之，只有提出诉讼主张者才须承担证明责任，而只有承担证明责任者才是证明主体，可见，证明责任与证明主体是两个无法单独存在的概念，有人甚至提出，证明主体与证明责任是同一问题的两个方面，不能割裂开来，孤立地考察。因此正确理解证明责任的基本含义和有关理论应当作为我们研究证明主体问题的理论起点。

有关证明责任的理论可谓学说分立，流派纷呈，相关著作也是卷帙浩繁，我们不可能对所有学说和流派加以全面评论，在此仅作简要回顾与评析：

证明责任制度最早萌芽于古罗马时代，当时的立法者就已经强调双方当事人的对抗以及主张事实者的证明责任。学者们将这种证明责任制度及其分配原则概括为以下几个公式：①主张之人有证明之义务，否定之人则无之；②事物之性质上，否定之人无须证明；③原告不举证证明，被告即获胜诉；④原告对于其诉以及以其诉讼请求之权利，须举证证明之；⑤若提出抗辩，则就其抗辩有举证之必要。从这些公式可以看出，在古罗马时代，证明责任制度已经发展到比较完善的程度，包含了后来发展的一切可能性。

到了德国普通法时代，[1] 裁判宣誓制度作为法官解决疑案的配套和补充制

---

[1] 自德国继受罗马法时起，直至1900年《德国民法典》颁行。

度得以确立，从而为法官断定是非、解决疑案提供了明确可循的统一规则。[1]但是，当时的证明责任仅指诉讼法上的提供证据责任，即近代所谓的主观的证明责任，客观证明责任的含义尚未发掘出来。德国学者尤力乌斯·格拉色（Julius Glasser）于1883年率先提出了证明责任概念的分层理论，将证明责任的研究引向一个新的高度。该理论认为，可以把证明责任概念的内涵分解为两个层次：①形式的或主观的证明责任。该责任的目的在于要求当事人提供证据进行诉讼活动，而不是仅主张事实而不提出证据加以证明，或者用证据外的方法，如宣誓、决斗、神明裁判等方法对事实作出证明。由于这层意义上的证明责任强调的是当事人的举证行为，而不涉及诉讼后果的问题，因而又称之为行为意义上的证明责任，简称为行为责任。②实质的或客观的证明责任。该责任的目的在于供法官解决案件事实真伪不明之时的疑难案件。根据这层意义上的证明责任，在诉讼程序结束时，如果案件的要件事实处于真伪不明、存否不定的状态，法官既不得任意下判，也不得拒绝下判，而必须根据证明责任的负担确定案件的胜败结果。由于这层意义上的证明责任与诉讼的结果有关，所以又称之为结果责任。继格拉色提出客观证明责任的概念之后，罗森贝克和莱昂哈德两位德国学者相继著书立说，进一步发展和完善了客观证明责任的理论，并使之成为德国以及其他一些国家的通说。[2]

在英美法系，证明责任通常被称为证明负担（burden of proof）或证明责任（onus of proof）。这一概念虽然在数种意义上使用，但根据美国诉讼法学理的解释，它具有三重含义：①当事人向法庭提出诉讼主张的责任；②当事人向法官提供足够的证据，以使案件交付陪审团进行事实认定的行为责任；③当事人对交付陪审团进行事实认定的案件，在审判程序的最后阶段，因事实真伪不明而承担的诉讼不利益。美国学者赛叶（Thayer）率先提出区分"证明责任"双重含义的必要性，并将"证明责任"的前两种含义合称为"提供证据的责任（负担）"（the burden/duty of producing evidence），而将第三种含义称为"说服责

〔1〕 根据1847年汉诺威王国的《一般民事诉讼法》第170条的规定，当时盛行的裁判宣誓制度被称为"通常必要的宣誓"。其中又分为两种：①补充宣誓；②雪冤宣誓。前者适用于负担证明义务的当事人；后者适用于不负证明义务的当事人。如果负担证明义务的当事人所提供的证据虽不充分，但在证明程度上已经超过一半，该当事人便取得了补充宣誓权；经过补充宣誓后，法官即可认定该待证事实为真。反之，如果该当事人所提供的证据尚未达到证明程度的一半，对方当事人则取得了雪冤宣誓权；经过雪冤宣誓后，法官则应认定该待证事实为假。

〔2〕 例如，"客观证明责任"的概念经过日本学者雉本朗造博士所著博士论文"举证责任的分配"的介绍，很快传到了日本，成为日本学者奉行的通说。

任"（the burden of persuasion）。[1] 赛叶的主张得到了威格莫、摩根、马克库米克、马哥莱、克莱利、杰姆兹等证据法学者的极大肯定和推崇，从而成为现代美国证据法上的代表性学说。[2] 在立法方面，美国法学会曾在 1942 年起草的《美国模范证据法典》中，以"对事实的说服责任"和"对事实的提供证据责任"对"Burden of proof"的双重含义作了定义解释。前者是指"应就事实的'存在'或'不存在'在作出决定的法院被足够的断定事实'存在'的证据说服时，负担就此卸下"；后者是指"当足够的证据已经提出以支持作出该事实存在的断定时，负担就此卸下"。[3] 此外，《美国联邦证据规则》第 301 条分别以"提供证据的责任"（the burden of going forward with evidence）和"不说服的风险"（the risk of nonpersuasion）对"证明负担"（burden of proof）的双重含义作了概念上的区别。[4]

由此可见，不论是以德国为代表的大陆法系国家，还是以美国为首的英美法系国家，都已经认识到证明责任的内涵具有多重性的特征，尽管两大法系关于证明责任的理论研究各有侧重，但其对证明责任的理解无疑存在相通之处。我国学者在批判地吸收其他国家现有成果的基础上，在该问题的研究领域取得了一定进展，多数学者赞同"双重含义说"，即证明责任是行为责任与结果责任的统一。但由于对"提供证据责任"与"证明责任"之间关系的理解有异，又可分为"提供证据责任一元论的双重含义说"与"提供证据责任与证明责任相区别的双重含义说"两大派别。[5] 笔者基本上倾向于后一种观点，现对证明责任的含义提出如下几点分析：

1. 诉讼主张的提出是证明责任产生的前提。在任何性质的案件中，诉讼主张都是诉讼活动进行的起点和归宿，可以说全部诉讼活动都是围绕当事人双方的诉讼主张而展开的。当事人的主张不仅限定了法院的审理范围，而且是其举

---

[1] Thayer, "The Burden Of Proof", *Harvard Law Review*, 45（1890）; Thayer, *A Preliminary Treatise On Evidenceat the Common Law*, Nabu Press, 1898, pp. 355~364.

[2] Wigmore, "Evidence", vol. 9, § 2480 ~ 2485, Chadbomn rev, 1981; Morgan, *Basic Problems Of Evidence*, 1954; Charles Tilford McCormick, *Handbook of the Law of the Evidence*, West Pub. Co., 1972, pp. 336~430; Maguire, *Evidence: Common Senseand Common Law*, Foundation Press, 1947, p. 175; Cleary, "Presuming and Pleading: An Essayon Juristic Immaturity", *Stanford Law Review*, （12）1959, pp. 5~15; James, "Burden of Proof", *Virginia Law Review*. （51）1961.

[3] The Uniform Rules of Evidence, Rule （4）, （5）.

[4] 《美国联邦证据规则》第 301 条规定："一项推定赋予其针对的当事人举证反驳或满足该推定的责任，但未向该当事人转移未履行说服责任即需承担风险意义上的证明责任。该证明责任仍由在审判过程中原先承担的当事人承担。"引自卞建林译：《美国联邦刑事诉讼规则和证据规则》，中国政法大学出版社 1996 年版，第 104 页。

[5] 具体内容见陈刚：《证明责任法研究》，中国人民大学出版社 2000 年版，第 39~45 页。

证加以论证的对象，因此当事人诉讼主张的存在是证明责任产生的潜在前提。

2. 证明责任首先是指提供证据的行为责任。双方当事人在诉讼过程中，应当根据诉讼进行的状态，就其主张的事实或者反驳的事实提供证据加以证明。也有学者称这一责任为"利用证据推进的责任"或"形式上的举证责任"。

3. 证明责任还应包含说服责任，即负有证明责任的诉讼当事人应当承担运用证据对案件事实进行说明、论证，使法官形成对案件事实的确信的责任。这表明，证明主体仅仅提出证据还不算完全履行了证明责任，他还必须尽可能地说服裁判者相信其所主张的事实存在或不存在。

4. 证明责任最终表现为不利后果责任。如果承担证明责任的一方当事人不能提出足以说服法官确认自己诉讼主张的证据，则需承担败诉或者其他不利的后果。

根据以上分析，我国证明责任理论中所谓提供证据的责任，相当于国外证据理论中所谓主观的、形式的、行为意义上的证明责任，而说服责任以及不利后果责任则相当于所谓客观的、实质的、结果意义上的证明责任。行为责任与结果责任之间的关系可以概括为，结果责任的存在是敦促证明主体履行其行为责任的动因，而行为责任的实际承担也正是以避免承担结果责任为目的。但是需要指出的是，不利后果责任只是一种潜在的风险，只有在案件事实经过一系列证明活动，特别是当承担证明责任的主体实际履行了说服责任之后，案件事实仍处于真伪不明状态时，才会实际发生。

二、证明主体的概念与要件

根据上文对证明责任含义的剖析，我们可将证明主体定义为：在诉讼中提出自己的诉讼主张，并提供证据证明其诉讼主张，而且在诉讼程序结束之际，如果案件事实处于真伪不明的状态，由其承担败诉或不利诉讼后果的一方当事人。简言之，证明主体必须有自己的诉讼主张并且需要承担证明责任（包括行为责任与结果责任）。

随之产生的另一问题是诉讼中证明主体的范围应当如何界定？这属于证明主体的外延问题。从哲学上讲，任何一个概念的外延均由其内涵所决定，由证明主体的定义或构成要件可以看出，一个普通的诉讼主体要成为证明主体至少需要满足两个条件：①凡属证明主体者必须有自己的诉讼主张；②证明主体必须实际承担证明责任，也就是说证明主体不仅应是提供证据行为的承担者，更主要的还是未尽证明责任时诉讼不利后果的承担者。以此为衡量标准对各种诉讼主体进行分析，可以得出如下结论：

1. 证明主体只能是当事人。[1] 原因在于，诉讼中证明责任应如何分担是实体法和程序法所共同解决的问题，而实体法是用来规范当事人的权利义务关系的，它与依据它对案件作出实体判决的审判者没有关联，因而，实体法永远不可能责令外在于实体权利义务关系的审判者承担证明责任。也就是说，证明责任从来就是当事人的事，而与审判者无关。[2]

2. 证明主体必须有自己的诉讼主张。只有提出了明确的诉讼主张，证明才能有针对性地进行，审判者才能明确审判的事项范围。所谓诉讼主张的提出是成为证明主体的潜在前提，即无诉讼主张者无证明之义务，亦无证明之必要。而在众多的诉讼主体中，只有当事人才有自己的诉讼主张，其他诉讼参与人没有也不应当有自己的诉讼主张，因此只有当事人才有可能成为证明主体。

3. 证明主体必须实际承担提供证据证明自己所主张的事实成立的行为责任。这是任何一个证明主体在客观外在表现上的共性，具体体现为在刑事诉讼中发现、收集和保全证据的各种诉讼行为上。但值得注意的是，此要件是成为诉讼证明主体的必要而非充分条件，只满足这一构成要件者不一定都是证明主体。

4. 证明主体有可能承担案件事实真伪不明时的结果证明责任，即证明主体未能充分履行证明责任以说服事实裁判者相信其诉讼主张时，需承担败诉或其他不利的诉讼后果。在诉讼中，只有双方当事人与案件审理结果有着直接的利害关系，这是因为，从实体法的角度讲，败诉的风险只能在当事人之间分配，因此只有诉讼当事人才有可能承担举证不力时的败诉风险，从而具备证明主体的构成要件。

综上，我们可为证明主体归纳出四个构成要件：①证明主体不能超出诉讼当事人的范围；②证明主体必须有自己明确的诉讼主张；③证明主体必须是行为意义上的证明责任的承担者；④证明主体还必须是结果意义上的证明责任的承担者。以上四个条件是成为证明主体的必备要素，而且必须同时具备，缺一不可。

第二十章

---

[1]　这里的"当事人"并非程序意义上的当事人，而是指实质意义或实体意义上的当事人，即处于追诉地位的原告一方以及处于辩护地位的被告一方。

[2]　江伟主编：《证据法学》，法律出版社1999年版，第49页。

■ 第二节　证明主体的范围

一、证明主体的范围

依据证明主体的构成要件，我们认为，我国刑事诉讼中的证明主体应当限于控诉机关和负有证明责任的当事人。具体而言，在我国刑事诉讼中，证明主体首先是公诉案件中的公诉人和自诉案件中的自诉人，因为只有他们才应依照法定程序承担证明犯罪事实是否发生、犯罪嫌疑人或被告人有罪、无罪以及犯罪情节轻重的责任，这是证明责任理论中"谁主张、谁举证"的古老法则在刑事诉讼中的直接体现。此外，根据"否认者不负证明责任"的古老法则和现代无罪推定原则的要求，犯罪嫌疑人、被告人不负证明自己无罪的责任。因此，从整体上看，刑事诉讼中的证明责任是一个专属于控诉方的概念。但是遵循"有原则必有例外"的规律，在少数法律推定其有罪的特定案件（如巨额财产来源不明案件）中，犯罪嫌疑人和被告人也负有证明自己无罪的义务，这在各国刑法以及刑事诉讼法中大多都有所规定。刑事附带民事诉讼当事人对民事赔偿部分的事实按照"谁主张、谁举证"的原则分担证明责任，附带民事诉讼原告人和被告人都有可能成为证明主体。

实际上，在西方刑事诉讼法学界，已有许多学者明确指出了公诉机关和诉讼当事人的证明主体地位。例如，英国法学家克鲁斯（Cross）和威尔金斯（Wilkins）就曾经说过，"在几乎所有的案件中原告或公诉人都必须证明大量的事实"[1]，"所谓争议事实，就是所有为了赢得诉讼而由民事诉讼案件中的原告或是刑事诉讼案件中的公诉人必须加以证明的事实，以及所有的遭到控诉的被告人为了有效地进行辩护而必须进一步证明的事实"[2]。可见，将证明主体限定在公诉人和当事人的范围内并非我国之独创，而是世界范围内的共同做法。

在民事诉讼中，由于任何当事人都有可能提出自己的诉讼主张，并根据"谁主张、谁证明"的基本分配原则承担提供证据并说服法官相信自己主张事实的证明责任，因此所有当事人都有可能具备证明主体的资格。也就是说，民事诉讼中的原告、被告、第三人、共同诉讼人、诉讼代表人等，均可能成为证明主体。

在行政诉讼中，证明责任分配虽呈"倒置"状态，但是对于某些特殊的事

---

[1]　Cross & Wilkins, *Outline of the Law of Evidence*(*Fifth Edition*)，London：Butterworths, 1980, p. 1.

[2]　Cross & Wilkins, *Outline of the Law of Evidence*(*Fifth Edition*)，London：Butterworths, 1980, p. 1.

实仍需由原告承担一定程度的证明责任，因此与民事诉讼相同，行政诉讼的所有当事人也都可能成为证明主体。

二、刑事证明主体之辨析

如上所述，我国理论界对于民事诉讼和行政诉讼中的证明主体范围一般并无争议，但是关于刑事诉讼的证明主体则存在不同认识。在此仅对刑事证明主体的范围逐一加以辨析。[1]

我国传统证据理论对刑事诉讼中的证明主体有广义和狭义两种解释，狭义的证明主体不仅包括国家公诉人（检察院），而且包括侦查机关和法院；广义的证明主体则除了公安司法机关及其办案人员以外，还包括当事人和其他诉讼参与人。[2] 传统证据理论中之所以出现刑事证明主体泛化的现象，其主要原因在于，以往的研究者均将诉讼证明视为贯穿于诉讼全过程的一种认识活动，故此顺"理"成章地认为，所有在探求案件事实真相的活动中起主导作用的诉讼专门机关和当事人都是证明主体，从而得出公安机关、法院以及某些诉讼参与人也承担证明责任的错误结论。

这种观点不仅主宰着我们的理论研究，而且直接反映在相关立法上。例如，《刑事诉讼法》明确规定，审判人员应当收集能够证明犯罪嫌疑人、被告人有罪或者无罪、犯罪情节轻重的各种证据；在法庭审理过程中，法院在庭外拥有除通缉以外的几乎一切调查权力和手段。类似的这些规定，不仅模糊了控审职能的基本分工，而且违背了法官中立的基本要求。

近年来，司法实务部门推行的审判方式改革，与上述传统证据理论与立法发生了激烈的碰撞。一方面，审判方式改革的重要内容之一就是对法官角色重新定位，还控诉职能于原告一方，法官应当保持不偏不倚居中裁断的地位；另一方面，受传统的"法院承担证明责任"理论的束缚，法官仍保留有进行庭外调查的权力，仍承担着收集证据的责任。立法与司法实务运作上呈现的此类矛盾，反映出证据理论研究上的困惑。为了解决这些矛盾，曾有人煞费苦心地主张将证明责任与举证责任区分开来，提出：证明是国家专门机关的一种职权活动，主体只能是公安司法机关；举证是当事人的诉讼行为，主体甚至可以延伸

---

[1] 其中有关人民法院和其他诉讼参与人的论证也适用于民事诉讼和行政诉讼。

[2] "证明的主体包括公安司法机关及其办案人员、当事人以及诉讼参与人；狭义而言则仅指公安司法机关及其办案人员。证明客体为案件事实。证明过程包括侦查、起诉和审判的全部程序。"参见陈光中等："刑事证据制度与认识论——兼与误区论、法律真实论、相对真实论商榷"，载《中国法学》2001年第1期。

至证人、鉴定人。[1] "但是这一区分远未解决问题,反而使问题变得更为复杂。"[2] 因为证明责任与举证责任显然存在交叉,而且在"证明责任是行为责任与结果责任的统一"这一点上,法院始终是一个无法解释的障碍。

通过上文对证明主体的内涵及其构成要件的深入剖析,笔者认为,传统证据理论对证明主体范围的界定显然值得商榷。在此,笔者拟将刑事诉讼中的诉讼主体分为三大类,即当事人、当事人的延伸、法院及其他诉讼参与人,并以前文所述证明主体的构成要件为标准,对其逐一加以分析,以澄清我国传统证据理论在证明主体问题上的某些模糊认识。

(一) 实质性的当事人

1. 公诉人。虽然我国刑事诉讼理论出于种种考虑,认为公诉人不属于当事人。[3] 然而在公诉案件中,检察人员以公诉人身份出席法庭支持公诉,实际上处于原告一方的地位,可以视其为实质意义上的当事人。由于证明责任并非纯粹程序法意义上的概念,而是实体法与程序法所共同规范的范畴,因此在诉讼证明中,证明责任的承担者应当是指实质意义的当事人,而非程序法上规定的当事人。公诉人与被告人双方通过在法庭上举证、质证、认证等活动,进行平等的理性争斗,目的在于阐明诉讼中的争议事实,论证己方的诉讼主张,以说服作为裁判者的法官确认或接受己方的诉讼主张,从而发挥诉讼这种公力救济方式"确认法律权益、解决利益争端"的功能。一方面,公诉人作为争议的一方在诉讼中有自己明确的诉讼主张,即指控被告人的行为构成犯罪,并要求法院依法追究其刑事责任;另一方面,如果公诉人未能"排除合理怀疑"地证明

---

[1] 参见宋世杰:《举证责任论》,中南工业大学出版社1996年版,第188页。

[2] 学术界曾就证明责任与举证责任的相互关系问题分别提出了"同一说""并列说""包容说""大小说""前后说"等多种学说,使本就不甚明了的证明责任理论越发错综复杂,莫衷一是。参见樊崇义主编:《刑事诉讼法学研究综述与评价》,中国政法大学出版社1991年版,第263页。

[3] 我国不把公诉人作为刑事诉讼当事人的原因在于:①根据当事人的概念,当事人必须是在诉讼中处于追诉(原告)或被追诉(被告)地位,执行控诉(起诉)或辩护(答辩)职能,并同案件事实和案件处理结果具有切身利害关系的诉讼参与人。而公诉人作为国家追诉权的具体执行者,同案件事实之间并不存在直接具体的切身利害关系。②公诉人作为国家法律监督机关的代表,他参加刑事诉讼的目的和任务,不仅在于追究犯罪,支持公诉,还在于监督法院的审判活动是否合法,在于维护法律的统一、正确实施,维护所有诉讼参与人其中也包括被告人的合法权益。这一点是当事人双方都不具备的。③公诉人虽然在形式上是处于原告一方的地位,但其实际享有的诉讼权利同作为当事人的另一方的被告人是不平等或不对等的。④公诉人同审判人员之间,在参加诉讼的任务和目的,在诉讼中的地位和作用等方面所具有的共同点或相似之处,要多于公诉人同自诉人、被告人等当事人在这些方面的共同点或相似之处。所以,从实质上看,把公诉人同审判人员并列比把公诉人同自诉人、被告人等并列并称为当事人更为适宜。参见王国枢主编:《刑事诉讼法学》,北京大学出版社1999年版,第42页。

被告人犯有所指控的罪行，就要承担起诉失败的后果，这也是一种不利的诉讼后果。由此可以肯定，公诉人担负着证明"被告人有罪"这一核心诉讼主张的证明责任，从而成为刑事诉讼中最主要的证明主体。值得注意的是，在适用简易程序审判的案件中，如果公诉人出席法庭审判，他自然是证明主体，如果他不出庭，也不影响其证明主体地位，因为在此种情况下，只是证明的方式发生了变化，其控诉方的诉讼地位并未改变，仍是诉讼主张的提出者和诉讼不利后果的潜在承担者。

2. 自诉人。由于自诉案件在诉讼结构、审判方式、审判原则等方面更类似于民事诉讼，如诉讼主体主要是法院与双方当事人，自诉案件的审判可以适用调解，自诉人可以与被告人自行和解或者撤诉，自诉案件的被告人可以提出反诉等。因此自诉案件中证明责任的分配也与民事诉讼类似，都遵循"谁主张、谁举证"的基本原则。自诉人作为自诉案件的原告一方，是诉讼的发动者，自然负有不可推卸的证明责任。我国《刑事诉讼法》第 211 条第 1 款第 2 项规定："缺乏罪证的自诉案件，如果自诉人提不出补充证据，应当说服自诉人撤回自诉，或者裁定驳回。"说明自诉人未履行证明责任将导致被驳回起诉的不利诉讼后果。因此，对于"自诉人属于证明主体之一"这一论断，几乎没有人提出异议。

3. 被告人。无论是公诉案件还是自诉案件的被告人，基于现代诉讼无罪推定原则的特殊保护机制，都不负证明责任。但从世界各国在证明责任分配上的立法与实践来看，被告人不承担证明责任只是一项概括性的原则，在法律规定的例外情况下，被告人仍要对特定事项尤其是证明其无罪的事项承担局部的证明责任。这就是说，被告人不负证明自己有罪的责任这一点是绝对的、无条件的，而被告人不负证明自己无罪的责任这一点却是相对的、有条件的。事实上，在坚持控方对被告人有罪（而不是全部）的要件事实进行证明的基础上，要求被告方对一部分由其证明更为方便的无罪、罪轻的事实也承担证明责任，不仅不会损害对被告人权利保护的力度，而且有利于查清案件事实，提高诉讼效率。从两大法系国家辩护方负证明责任的有关立法和司法来看，被告人对于以下几类事实应当承担一定的证明责任：

（1）制定法明确规定应由被告人承担证明责任的情形或者其他可反驳的法律上的推定。所谓推定，是指依照法律规定或由法院按照经验法则，从已知的基础事实推断未知的推定事实存在。依据不同的分类标准，可将推定分为法律上的推定和事实上的推定，可反驳的推定和不可反驳的推定，有罪推定和无罪推定等，其中与证明责任密切相关的是可反驳的法律推定和事实推定。

（2）阻却违法性及有责性的事实。从各国的相关立法和司法判例来看，精神不正常、无意识、不可抗力、意外事件、正当防卫、紧急避险等事实一般应由被告方承担证明责任。这些事实在刑法理论上称之为阻却违法性事实和阻却有责性事实。

（3）被告方的某些积极抗辩主张。从性质而论，辩护是被告方的一项重要诉讼权利，被告人对于该权利，既可以行使也可以放弃。但是根据被告人提出抗辩内容的不同，又有所谓积极抗辩和消极抗辩之分。对于消极性的抗辩事由，被告人可以只提出主张即可，而对于积极性的抗辩事由，一般要求被告人提供相应的证据予以支持，否则不仅该辩护主张不被法官确认，在某些情况下被告人还会招致不利甚至有罪的判决，如不在犯罪现场的抗辩。

（4）被告方主张的程序性事实，如证据的可采性、法官及陪审员是否应当回避等事实，应当由被告人承担证明责任。

（5）被告方独知的事实。依据某种只有他自己知道的事实而提出主张的当事人必须证明他所依据的事实，否则将承受不利的法律后果。这主要是基于经验法则以及证据距离、举证难易的考虑。

根据上述被告方承担证明责任的事实范围，可以归纳出以下三个特点：①只有在控方对被告人构成犯罪的基本事实进行证明之后，辩方才需要对法定的应由其证明的部分辩护事实进行证明。②即使是对于法定应由被告方承担证明责任的辩护理由的部分，在辩方履行证明责任之后，最终反驳其存在的责任仍然是由控诉方承担。③只有那些控方无法证明或难以证明，且辩方有可能证明的事实才应由辩护方承担证明责任。

有人主张公诉案件被告人在例外情况下所承担的证明责任与公诉人、自诉人所承担的证明责任不同，其证明标准要低于后者，此种观点尚有待深入探讨，[1] 但被告人在某些特殊情况下可能成为证明主体这一点却基本达成了

第二十章

---

[1]　笔者认为，刑事诉讼中控辩双方履行证明责任需要达到的证明标准或证明程度不应强求一致，其理由如下：①控辩双方调查、收集证据的能力存在明显悬殊，如果要求辩方举证达到与控方相同的证明程度，未免破坏控辩双方地位的平等和攻防力量的平衡。②控方的证明属于"证实"，即控方应当提供能够证明每一个犯罪构成要件的基本证据，任何一个证明环节的缺失都将导致其诉讼主张的不成立，因此其证明责任要达到相当高的证明标准，而辩方的证明属于"证伪"，即辩方只要提供证据攻击控方证明锁链的某个环节，从而使裁判者对控方的证明形成"合理怀疑"即可。③刑事诉讼涉及公民个人的名誉、财产、自由乃至生命的剥夺，其关涉价值的重要性决定了：非达到高度之证明，不可轻易下结论，否则其错误无法弥补。我国古代"与其杀不辜，宁失不经"的慎刑思想从某个角度也体现了对控方履行证明责任的严格要求。而辩方受"无罪推定"原则的保护，本不需要承担证明自己无罪的义务，其在特殊案件中需要承担一定的证明责任，是因为在此情况下期待被告人作出说明具有一定的合理性，这时辩方履行证明责任属于法定的例外，无须达到与控方相同的证明程度。

共识。

4. 附带民事诉讼当事人。附带民事诉讼在本质上是一种特殊的民事诉讼，其诉讼程序和审判原则均适用民事诉讼法，因此在证明责任的分配上，刑事附带民事诉讼也受"谁主张、谁举证"原则的调整。附带民事诉讼原告人对其民事赔偿请求所依据的事实负有提出证据加以证实的责任，而附带民事诉讼被告人则对其提出的抗辩事实以及反诉主张负有证明责任。

（二）当事人的延伸（辅助机关或辅助人）

1. 侦查机关（在我国刑事诉讼中包括公安机关、国家安全机关、人民检察院、军队保卫部门和监狱）。在现代社会，犯罪的复杂性决定了国家提起公诉必须以侦查作为前提和基础，尽管侦查机关的职责不应局限于为提起公诉而挖掘犯罪，而应将重点放在犯罪事实的查明上，但在最终提起公诉的案件中，侦查机关发现、提取并保全证据的活动在客观上发挥了协助公诉机关行使控诉职能的作用，即为公诉机关在法庭审判阶段更为有效地履行举证责任作了必要的准备工作。据此，传统证据理论认为，侦查机关作为执行控诉职能的国家专门机关之一，也应属于证明主体。然而，若依据前述证明主体的构成要件加以分析，侦查机关显然不是证明主体。一方面，从侦查机关在诉讼证明活动中的地位来看，由于证明责任是与审判阶段相联系的特定概念，解决的是审判过程中由谁提出诉讼主张和诉讼证据以及由谁承担因无法证明或者证明不力而导致的不利后果的问题。侦查机关不是审判阶段的诉讼主体，除个别侦查人员以警察证人或鉴定人身份出庭作证外，一般不参与审判活动，也就是说侦查机关不是审判阶段证明责任的承担者，因此，侦查机关不是诉讼证明的主体。另一方面，从侦查活动的性质看，侦查机关收集证据的行为是一种依职权对案件事实的认识活动，其目的在于明确犯罪嫌疑的有无，进而才决定起诉与否，即在此阶段侦查机关尚未提出明确的诉讼主张，更不需承担不利的诉讼后果，因此不能将其列为证明主体。

实际上，对于审前阶段侦查机关收集、固定、保全以及审查判断证据的活动属于何种性质的问题，法学界最近有人提出：侦查人员、检察人员在审前阶段对证据的收集审查活动属于"查明"，而非"证明"。"'查明'与'证明'是两个既有联系又有区别的概念。'查明'是'证明'的前提或基础，'证明'是'查明'的延续或目的。但是，'查明'并不等于'证明'。用通俗的话讲，查明是让自己明白，而证明则不仅要让自己明白，更重要的是要通过证明让别人明白。自己明白的事情，并不一定就能让别人也明白。在很多案件中，让自己明白并不难，难的是让别人都明白。民事纠纷的当事人可能自己对案件事实一清二楚，刑事案件的调查人员在破案之后也可能对案件事实心中有数，但是他们还要用证据说服法官相信他们所说的就是事实，而这往往才是最难最难的啊!"〔1〕应当说，此解释通俗而易懂，形象又简明，一语道破了侦查起诉中运用证据活动与法庭审理中证明活动的联系与区别，有助于人们正确辨别或者理解查明与证明的区别。

因此，侦查机关可以被称为查明案件事实的主体，但绝非证明主体。

2. 辩护人和诉讼代理人。在刑事诉讼中，被告人的辩护人、自诉人等的诉讼代理人〔2〕参与诉讼的目的在于协助当事人行使辩护职能或者控诉职能，争取对被代理人有利的诉讼结果，而不是获取于己有利的裁判。就辩护人而言，由于被告人与辩护人之间是一种特殊的代理关系，辩护人具有不依赖被告人而提出辩护意见的独立性，但是辩护人行为的法律后果仍归属于被告人。换言之，辩护人虽然有权独立提出诉讼主张（主要是辩护主张），但不承担任何败诉的风险，不完全具备证明主体的构成要件。就诉讼代理人而言，由于刑事代理制度是民事代理制度在刑事诉讼中的移植，诉讼代理人几乎具备民事代理人的全部要素，即诉讼代理人必须以被代理人的名义在授权范围内进行代理活动，而且其代理行为的法律后果及于被代理人。这表明诉讼代理人在诉讼中既没有自己的诉讼主张，也不承担无法证明或证明不力时的败诉风险，因此不属于证明主体。

（三）法院和其他诉讼参与人〔3〕

法院在诉讼中的地位和职能决定了，其作为中立的裁判一方，在诉讼证明过程中只是收受证明的主体，而不是证明主体。把法院视为证明主体，会导致法院一身二任的情况，即法院既作为证明主体履行证明责任，又作为裁判者对待证事实进行评价。这种情况不仅与控审分离的诉讼原理相悖，而且实际上必然造成法官的角色混乱与心理冲突。此外，以证明主体的构成要件来衡量，法院本身既无自己的诉讼主张，对争议中的事实也无既定的看法，更不会因证明不力而承担任何败诉的风险，因而不可能成为证明主体。

在诉讼实践中，由于法院承担着审查判断证据的责任，必要时也需在法庭上讯问被告人，询问被害人、证人等。但是法院进行上述活动并不属于履行证明责任的行为，而是在履行法律赋予的审理职责；此外，法官的讯问、询问只是补充性的，是法官职权主义在证据调查中的表现，大陆法系的法官也享有类

第二十章

---

〔1〕 何家弘："'事实'断想"，载何家弘主编：《证据学论坛（第1卷）》，中国检察出版社2000年版，第6~7页。

〔2〕 民事、行政诉讼的代理人与刑事诉讼中的诉讼代理人在该问题上地位相同。

〔3〕 本段论述同样适用于民事诉讼和行政诉讼。

似的权利，不能将其作为法官承担证明责任的标志。我国《刑事诉讼法》第196条规定，"法庭审理过程中，合议庭对证据有疑问的，可以宣布休庭，对证据进行调查核实。人民法院调查核实证据，可以进行勘验、检查、查封、扣押、鉴定和查询、冻结"。有人把这一规定作为法院承担证明责任的主要依据，事实上，法官休庭调查核实证据，目的不是搜集、调取新的证据，而是对法庭上由控辩双方出示的证据，甚至是由控方提出来的证据，辩护人提出了疑问，法官认为有道理，又难以认定的，可以在庭外通过其他调查方法来判定庭上的证据哪个是真，哪个是假，应否采信。例如，两个证人在法庭上的证言互相矛盾，又难以排除其中一个，法官对此有疑问，就要调查一下他们的背景，他们的感知能力，他们耳闻目睹犯罪事实时的环境、条件等，以此来判定哪一个证人的证言可能是真实的。这样的调查核实对于法官判定证据，形成内心确信，很有帮助。此时回到法庭，法官就可以把调查了解的情况向法庭作一个客观的介绍，说明哪个能采信、哪个不能采信。由此可见，法官在法庭审理过程中的庭外调查与侦查阶段的调查证据有着本质的区别。从性质和目的上看，法官的庭外调查是复核性的，不是为了取得新证据，而是为了判断控辩双方出示的证据哪方真哪方假，往往是在证据之间出现矛盾的时候，作为一个判断的基础。此外，法官对证据进行复核之后，回到法庭上主要是介绍自己复核的情况，并对采信哪一方的证据加以说明，听取双方的意见，而不是出示新的证据。

　　至于其他诉讼参与人如证人、鉴定人和翻译人员是否属于证明主体的问题。一方面，由于这些诉讼参与人与诉讼结果没有直接的利害关系，他们参与刑事诉讼活动，要么是为了协助某一方当事人充分有效地履行诉讼职能，要么是为了给诉讼各方提供证据资料或为诉讼的顺利进行提供服务和帮助，发挥着协助诉讼的功能，他们

证明主体

在诉讼中都没有自己的诉讼主张，而且也不承担证明不力时的不利诉讼后果，因此这些诉讼参与人也都不属于证明主体。

第二十章

第二十一章

证明对象

■ 第一节 证明对象概述

一、证明对象的概念

证明对象是指对诉讼请求的成立或者裁判的作出具有法律意义，从而需要运用证据加以证明的法定事实，又称为证明客体、待证事实、要证事实等。这里所说的法律意义，主要是指有关的事实直接影响特定的诉讼请求是否成立或者有关的裁判是否合法、有效，从而具有诉讼过程中进行证明的必要性或者价值。按此，凡是与本案具有实质的相关性并且有证明必要性的事实，都可以成为证明对象。

证明对象是由抽象法律规定、不同诉讼种类、个案诉讼请求及其裁判、动态证明行为及其程序等不同因素相互交织、关联互动而形成的动态法律事实类型。近年来学界试图准确而又全面地描述这个法律事实类型的内部结构和外部关系。

（一）证明对象与其他证明制度各环节和要素的关系

从证据法的角度考察，证明对象的复杂性首先表现在它与其他证明制度要素之间的关联互动关系。具体而言：

1. 证明主体的范围。早期的主流观点秉持诉讼"流水线"作业的多中心主义立场，不明确区分诉讼主体与证明主体，将公安司法机关纳入证明主体的范畴，证明对象相应地包括公安司法机关应当依职权查明或探明的事实。[1] 目前证据学界的主流观点则秉承诉讼过程的审判中心主义立场，通过对证明责任与

---

〔1〕 中国社会科学院法学研究所《法律辞典》编委会编：《法律辞典》，法律出版社 2003 年版，第 1859 页、第 1860 页。

证明职责〔1〕、证明与查明、自向证明与他向证明〔2〕、质证主体和认证主体〔3〕等一系列概念的区分，将证明主体限定在具有当事人地位的诉讼主体上。所谓证明对象，是指当事人履行证明责任的客体和实施证明行为的具体指向。通过限定证明责任的主体范围，现在的通行观点能将证明主体、证明对象、证明责任、证明标准等证明制度要素在形式上协调统一起来。

进一步的考察表明，早期通行的观点并没有因受到批判而失去其意义。至少在"证明对象"方面，传统观点看到了不同诉讼主体对证明对象的发现、调整和确定的权利（力）及其相互作用。这一符合"法的主体间性"〔4〕的早期通行观点的真知灼见没有因现代通行观点限定证明主体范围的各种做法而失去其实践理性的光芒。恰恰相反，通过现代通行观点的批判，早期通行的观点的合理性得到进一步的彰显，亦即认识到了公安、司法机关和当事人在确定证明对象范围方面的主体性地位。在不同的诉讼类型和不同的诉讼阶段，公安、司法机关和当事人都掌握着确定证明对象的主动权。证明对象不是公安、司法机关单方面决定的，也不只是当事人一方或者双方确定的，而是公安、司法机关与当事人在法律规定的范围内、按照法定的程序和方式相互协调、达成共识的结果；证明对象在不同诉讼阶段之间具有逻辑和实证上的传递性，其范围随着诉讼的进行而不断调整，直至裁判作出才最终确定。

2. 证明责任的分配。作为证明对象的案件事实的分类是证明责任分配的基础。在根据相关法律规范初步确定了需要证明的要件事实之后，接下来的问题便是根据当事人的诉讼主张与要件事实之间的正向或反向关系，结合价值权衡、利益衡量等因素，公平地分配证明责任。所谓"谁主张、谁举证"原则、"倒置原则"等证明责任的分配原则，以及学界提出的各种证明责任分配学说，都以

---

〔1〕　刘金友主编：《证据法学》，中国政法大学出版社2001年版，第261页。

〔2〕　何家弘、刘品新：《证据法学》，法律出版社2004年版，第191、200~201页；卞建林主编：《刑事证明理论》，中国人民公安大学出版社2004年版，第8~13页。

〔3〕　江伟主编：《证据法学》，法律出版社1999年版，第212页、第236~237页；何家弘、南英主编：《刑事证据制度改革研究》，法律出版社2003年版，第393~398页。

〔4〕　"法的主体间性"（Rechts subjektivitaet）是德国法理学学者近年来提出的有关法的本质的一个理论。按照这种观点，法律规范是不同法律主体在相互承认、理解、尊重的基础上通过平等协商达成共识的结果。对证据法而言，法的主体间性原理的启发意义在于诉讼证明的可理解性、可协商性和可通约性。作为一种法律的发现和适用过程，诉讼主体可以就证明的手段（证据事实）、客体（要件事实）、程序（证明行为的时间、地点、规则）等，在不违反法律原则的前提下展开协商约定，从而增加诉讼证明过程的透明度、灵活性与可接受性。因此，证明对象范围的确定应当由各方诉讼主体在法定范围内展开协商、达成一致。哈贝马斯从民主法治国家商谈理论的角度对法的主体间性作了分散的论述。参见［德］哈贝马斯：《在事实与规范之间：关于法律和民主法治国的商谈理论》，童世俊译，生活·读书·新知三联书店2003年版，第310页。

作为证明对象的案件事实的分类为基础。

3. 证明标准的适用。作为证明对象的案件事实的分类也是证明标准的等级区分及其适用的基础。实体法事实通常采取严格的证明标准，而程序法事实则采取较低的证明标准。

4. 证明行为的实施。证明对象是证明行为具体指向的案件事实。不同性质的证明行为指向的案件事实不同。例如，严格证明与自由证明分别指向实体法事实和程序法事实，而取证、质证和认证等证明行为的直接指向是涉及证据材料的合法性、相关性和真实性的证据法事实。

在证明的各个环节中，哪一个是中心？这里存在证明责任中心主义和证明对象中心主义两种做法。英美法系证据法学以证明责任为中心，研究证明制度的其他构成环节，证明对象在学理上没有独立的地位，界定其范围的主要规则是相关性规则，只有那些对案件的处理具有法律意义的事实才能成为证明对象。我国学界早期的普遍做法是将证明制度的构成环节分离开来研究，还没有将其中的任何一个环节作为证明制度的中心对待。只有少数学者借鉴英美法系的做法，采取证明责任中心主义的立场，主张区分证明责任和证明对象。[1] 我们赞成证明对象中心主义的方法论，即以证明对象为中心视角，研究和构筑证明制度。这是因为，证明对象是证明责任的指向和证明过程的目标，只有首先明确证明对象的范围及其结构，才能随之确定证明责任的分配以及证明标准的适用。

（二）证明对象与诉讼客体之间的关系

证明对象不仅因实务界发现和适用法律过程本身的复杂性而难以一锤定音，而且因学界有关诉讼客体的争鸣而更显得扑朔迷离。[2]

公安、司法机关要适用法律，需要初步了解案件事实，根据所谓的"前理解"（Vorverstand）初步选择相关法律规范，然后借助法律解释认定案件事实的性质（所谓的定性、案由），结合当事人的诉讼请求和主张分解整理要件事实，最后根据裁判的合法性要求将法律规范和要件事实对应起来作出认定结论。诉讼法对诉讼程序的设计以基本的诉讼类型和阶段为基础，但办理具体案件的过程却是法律和事实混杂交融、循环往复，相互之间并没有明确的界限。到底是事实的认定决定了法律的选择和适用，还是法律的选择和适用决定了事实的认定，至少在证明对象这一点上，是难以作出非此即彼的回答的。这里存在一个

〔1〕　陈刚：《证明责任法研究》，中国人民大学出版社 2000 年版，第 65 页。

〔2〕　杨荣馨主编：《民事诉讼原理》，法律出版社 2003 年版，第 78～95 页；卞建林主编：《刑事证明理论》，中国人民公安大学出版社 2004 年版，第 163～166 页；应松年主编：《行政诉讼法学》，中国政法大学出版社 2002 年版，第 13 页。

诠释学上的循环论规律。一方面，执法人员需要根据已经掌握的案件事实寻找合适的法律规范；另一方面，哪些事实需要查明又来自法律规范规定的事实要件。公安司法人员凭借其职业经验和专业知识，在法律程序的开始就可以初步确定证明对象的范围，但在办理案件的过程中，证明对象的范围可能出现反复，直到作出裁决，范围才会最终明确。从这一点来看，诉讼客体是认识证明对象的一个有意义的角度。

诉讼客体是指诉讼主体进行诉讼行为的具体指向。学界一般认为，证明对象与诉讼客体之间互为表里，前者是后者的派生或者"投影"。[1] 具体而言，涉及如下问题：

1. 处分原则。证明对象与诉讼请求之间存在对应关系。当事人提出的实体诉讼请求必须有事实根据，该事实根据便是证明对象。如果当事人没有诉讼请求，或者一方当事人对另一方当事人的诉讼主张不提出异议，则没有证明的必要，因而不产生证明对象。当事人提出诉讼请求是确定证明对象范围的一个重要标准。

2. 辩论原则。证明对象与事实主张及其根据之间也存在对应一致的关系。根据辩论原则的一般要求，只有当事人提出的诉讼主张及其事实根据才能纳入裁判的范围，只有经过当事人质证的事实才能作为定案的根据。当事人提出的事实主张及其事实根据的内容和范围决定了证明对象的内容和范围。

3. 职权原则。根据职权原则，公安司法机关有义务查明一切对本案的处理有法律意义的事实，不受当事人主张的限制。在这里，处分原则、辩论原则与调查原则之间的紧张关系变成了公安司法机关和当事人之间在证明对象范围确定权方面的冲突。在当事人主义的诉讼模式中，证明对象的内容和范围主要由当事人确定，公安司法机关只享有补充修正的权利，而在职权主义的诉讼模式中，情况则正好相反。

刑事诉讼中的所谓诉因制度和公诉事实制度是这个冲突的一个表现。英美法系的诉讼制度实行诉因制度，法院只就控方指控的罪名和犯罪事实进行审判。在审理过程中，控方不得增加指控的罪名，不得作对被告人不利的改变。[2] 日本吸收了这个做法。[3] 大陆法系实行公诉事实制度，公诉人应当指明指控的罪名和犯罪事实，但法院不受其约束，公诉人也可以在审判过程中变更。[4] 我国

〔1〕 陈刚：《证明责任法研究》，中国人民大学出版社 2000 年版，第 66 页；卞建林主编：《刑事证明理论》，中国人民公安大学出版社 2004 年版，第 163 页。

〔2〕 《美国联邦刑事诉讼规则》第 7 条第 5 款。

〔3〕 《日本刑事诉讼法典》第 256 条第 3 项。

〔4〕 《德国刑事诉讼法》第 264 条、第 266 条第 1 款。

刑事诉讼法采取了一种独特的折中模式。人民法院在审判期间发现新的事实可能影响定罪的，可以建议人民检察院补充或者变更起诉。人民检察院不同意或者七日内未回复意见的，人民法院应当就起诉的犯罪事实作出裁判。[1]

4. 一事不再理原则和禁止双重追诉原则。这两个原则的共同基础是所谓的"既判力"原则。在这里，证明对象成为证据法和诉讼法密切联系的桥梁。

在民事诉讼中，问题的关键是"一事"的认定。从证据法的角度来看，民事诉讼法学界有关诉讼客体争论的焦点在于案件事实与诉讼请求之间的关系，也就是说，诉讼客体是根据案件事实的构成来认定，还是根据诉讼请求的构成来认定，或是将两者结合起来共同认定。同一实体请求权可能基于不同的案件事实（要件事实的复合），而同一案件事实也可能支持多个请求权（请求权竞合）。从证据法的角度来看，我们赞成后者，所谓的"一事"，应当是同一案件事实，由此产生的不同请求权应当按照实体法有关请求权竞合的处理规则，由同一个法院作为一个案件一并处理。

在刑事诉讼中，问题的关键是所谓的犯罪事实的单一性和同一性。所谓单一性，是指一个被告人实施的一个犯罪行为应当作为一个不可分割的犯罪事实对待，只产生国家的一个刑罚权，因而最终生效的裁判也只能有一个。刑法上数罪竞合应当按照所谓的数罪并罚规则处理，它们在诉讼法上都是同一个诉讼的客体。符合单一性标准的犯罪事实即属于同一案件事实，这是禁止双重追诉原则的一个关键点所在。

5. 审级关系模式。在法律适用方面，上诉审法院不受初审法院的限制，这是中外司法实务界的普遍做法。但在事实审理的范围方面，存在重审、复审、继续审理等不同模式。在重审模式中，上诉审法院不受初审法院审理范围及其结果的限制，可以重新调查和审理一切对本案有意义的事实，并且可以取代初审法院的事实认定，因此，上诉审的证明对象包括但不限于初审的证明对象。在继续审理模式中，上诉审法院只集中查明有争议的、初审法院遗漏的事实，对下级法院的事实认定结论采取修正而不是取而代之的态度，因此，初审的证明对象与上诉审的证明对象之间是衔接关系。在复审模式中，上诉审法院只审查法律问题，如果发现事实方面存在问题的，则裁定发回初审法院进行重新审判，上诉审的证明对象小于初审。从现行法来看，我国刑事诉讼采取的是重审

---

[1] 《最高人民法院关于适用〈中华人民共和国刑事诉讼法〉的解释》（法释［2012］21号）第243条。

模式，采取了继续审理模式，行政诉讼的相关规定不明确。[1]

（三）证明对象与案件事实之间的关系

"案件事实"已经成为证据法上使用频率最高的法律概念之一，但是其内涵和外延都不明确，至于它与证明对象之间的关系，还没有得到梳理。这集中表现在案件事实与历史事实、法律事实、案情事实、要件事实、背景事实、争议事实、证据事实等相关术语之间的关系方面。

历史事实是作为纯粹客观存在的、已经发生的既往事实，在进入法律程序之后即成为受法律调整的法律事实，无论它是否对案件的审理具有意义。历史事实的内容和情节丰富多彩，但它在进入法律程序之前，是自在自为的自然事实，没有法律意义。在进入法律程序受法律（尤其是证据法）调整的法律事实中，公安司法人员通过调查取证、当事人举证和质证等方法了解到的与本案发生过程有关的一切事实，是案情事实。案情事实虽然丰富多彩，但已经限定在本案范围之内，打上了证明主体的主观烙印。要件事实是在案情事实中蕴涵的为正确适用法律必须查明的事实，是案情事实中的精华。就法律的适用而言，要件事实是必须明确的。问题是，并非所有的要件事实都需要当事人举证证明，只有当事人提出合理争议的要件事实才有举证证明的必要，因而成为证明责任法意义上的证明对象。从自然事实到法律事实，从案情事实到要件事实，从要件事实到争议事实，是证明对象形成的基本逻辑。

本案案情事实总是发生在特定的社会背景中，有助于认识、理解案情事实发生的各种案外事实，尤其是社会、历史、文化、经济的背景事实和同类案件中可以作为本案案情事实参照的事实，即背景事实。在当事人提出异议的情况下，背景事实可能成为证明对象。

事实需要证据事实来证明。只有在有证据事实支持的情况下，作为证明对象的事实才能够得到具有法律效力的认定。就此而言，证据事实与证明对象事实（待证事实、要证事实）对称。

根据上述分析，对"案件事实"的概念界定，我们采取多义说的立场，认为案件事实具有历史事实、法律事实、案情事实、要件事实、争议事实、证据事实等多种含义，实际上是这些术语的一个集合概念。案件事实的含义及其内容到底是什么，只能具体情况具体认定。就此而言，我们应当将作为证明对象

---

[1]　2012年《刑事诉讼法》第222条规定，上诉审应当就第一审判决认定的事实和适用法律进行全面审查，不受上诉或者抗诉范围的限制；2000年《最高人民法院关于适用〈中华人民共和国行政诉讼法〉的解释》（法释［2000］8号）第67条有关对上诉审法院对一审法院的裁判和被诉具体行政行为的合法性进行"全面审查"的规定；2012年《民事诉讼法》第168条规定："第二审人民法院应当对上诉请求的有关的事实和适用法律进行审查。"

的事实与案件事实区分开来，前者只是后者的一个组成部分。

接下来的一个问题是，在"案件事实"这一概念涵盖的各种事实形态中，哪一个是证明对象的核心？在英美法系证据法上，争议事实是证明对象的核心；在大陆法系的证据法上，要件事实是核心。我国学界则吸收两大法系的经验，将"必要性"和"争议性"作为证明对象的界定标准。

二、证明对象的特征

证明对象具有如下特征：

（一）客观性

证明对象是一个客观范畴、客观存在。证明对象最初产生于主体的诉讼过程之外，它不因诉讼而发生，也不因诉讼而消灭，具有外在于诉讼程序的客观实在性，是诉讼之外的一种事实构成。证明对象之所以成为诉讼法上的概念，并由证据法来调整，是因为它在诉讼证明诸环节中，能够连接证明主体和各种证明手段，使全部证明活动有序进行。证明对象是最具稳定性、客观实在性的环节之一。当然，证明对象的客观性也不是绝对的，一旦进入诉讼过程，证明对象就难免受到证明主体、诉讼请求、诉讼模式等程序因素的影响，而带有一定的主观性色彩。

（二）法定性

法定性即为法律制约性、法律规制性。证明对象有法律规定性特征。这里所说的法律，既包括实体法，也包括程序法。实体法静态地分配实体性权利义务，而程序法则通过具体分配诉讼主体的诉讼权利和诉讼义务，对实体性权利义务予以动态的落实、校正和调整。证明对象本质上是由实体法规制的，实体法详细规定在什么条件下、需要具备哪些要件事实才能课以当事人法律责任。

但是程序法也不是无所作为的，程序法对于证明对象的规制不可小视。一般而言，实体法只对证明对象进行静态、抽象地规定，缺乏应有的弹性，而程序法则可弥补这一缺点。进入诉讼过程后，实体法所规定的证明对象因其抽象性而未必适合于具体的诉讼程序。为使证明对象与具体案件程序相适应，程序法就被用来对证明对象作细微的调整，如对证明对象进行一定的限制，或者设置一些程序法上的条件、前提，其结果，总是使实体法上的证明对象发生某种程度的变形。可见，证明对象带有实体法和程序法的双重规定性。

（三）必要性

证明并非认定案件事实的惟一方式，并非所有的法定要件事实都需要通过举证和质证的方式证明。只有那些具有证明的必要性的事实才属于证明对象的

第二十一章

范畴。证明对象的必要性取决于以下多种因素[1]：

1. 争议性。一方当事人提出事实主张，另一方当事人提出反驳，在双方都提供了表面证据证明自己的事实主张具有合理可能性的情况下，有关案件事实的争议就形成了。在这种情况下，承担证明责任的一方当事人必须进一步提供更为有力的证据，一直到说服法官形成符合法定证明标准的内心确信为止。事实争议是确定证明对象范围的重要因素。

除了提出证据支持其事实主张之外，当事人还必须慎重行使自己的举证权。如果公安司法机关有充分证据认定当事人提出系争事实旨在拖延诉讼，构成滥用证据调查申请权的，应当驳回申请；对于已经实施滥用行为的，可以处以诉讼罚。

2. 效率性。众所周知的事实，或者执法人员专业领域内专家普遍熟知的事实，已经被生效法律文书确认的事实等，不需要重复或者反复证明。不过，法律规定当事人无须证明，并不意味着当事人不需要提出主张，免证事实与本案有关的，当事人仍然需要提出事实主张，并且申请公安司法机关按照法定程序认定。这意味着，当事人举证义务的免除并不意味着公安司法机关就当然有依法认定该事实的职责。而且，无须证明是相对的，只要一方当事人提出确有理由的反证，形成系争事实的，仍然需要另一方当事人举证证明或者执法机关查明。[2]

（四）层次性

如上文所述，证明对象是受多种因素影响而形成的动态法律事实体系。不同的法律规定的证明对象不同，即使适用同一部法律，因诉的类型不同，证明对象亦存在着一定的差异。另一方面，证明对象的结构是普遍的，同类案件相同；但是，证明对象的具体内容因当事人的争议或者主张的不同而有所不同，具有特殊性。在具体案件中，证明对象从法律规定的抽象一般要件事实特征，逐步具体化为当事人主张或者争议的事实。争议事实按照与当事人诉讼请求的利害关系进行分类，当事人分别承担相应的证明责任。当事人提出各自的诉讼请求或者抗辩请求时，也必须提出足以支持其诉辩请求的证据事实，学理上称之为当事人的主张责任和证明责任。随着诉讼的进行，法定抽象的要件事实特征转变为当事人的事实主张（主张责任的客体），然后成为证明责任的客体，最终成为裁判认定的要件事实（裁判事实）。这个过程呈现出从抽象到具体的层次

---

[1] 参见何家弘主编：《外国证据法》，法律出版社 2003 年版，第 430~435 页。

[2] 《最高人民法院关于民事诉讼证据的若干规定》第 9 条第 2 款；《最高人民法院关于行政诉讼证据若干问题的规定》第 68 条第 2 款。

性。对证明对象的层次性，学界提出如下描述方法：

1. 抽象具体论。将证明对象分为抽象和具体两个层面，前者是指有关法律规范预设的一般要件事实特征，后者是指在个案审理过程中，当事人提出争议并且为合法作出裁判必须查明的要件事实。[1]

2. 证明链理论。根据论据（无须证明的初始对象）、论据（二级证明对象）、论据（一级证明对象）和论题（最终证明对象）的区分，证明对象的确定关键在于需要证明的事项在证明链中的位置。相对于前面的事项而言的证明对象，相对于后面的事项则是论据。[2]

3. 事实要素理论。将作为证明对象的事实分解为何事、何时、何地、何情、何故、何物、何人等七个要素，阐明作为证明对象的要件事实的内部结构。[3]

在证明对象具体化的过程中，公安司法机关对不确定的法律概念的解释和裁量，具有重要意义。在法律规定不明确时，执法机关可以裁量决定哪些事实需要证明，这是执法机关事实裁量权的一种。

（五）时效性

证明对象还具有历史性或时效性特点。证明对象的时效性，一方面是指待证事实大多发生于过去，用来证明待证事实的证据也存在于过去，诉讼证明就像追溯历史的考古活动。问题是考古工作无明确的时间限制，而诉讼则不能忍受拖延和迟滞，社会秩序也不允许法律关系长期处于不稳定状态，故诉讼证明中存在期间、追诉时效或诉讼时效的规定。这一点是证明对象时效性的另一方面含义。

（六）被动性

证明对象是证明的客体，是证明主体认识和论证的对象。证明对象的确定有赖于证明主体及其诉讼请求，证明对象的证明则需要证据这一手段。相对于证据所包含的具体事实，即能动的已知事实而言，证明对象是具有普遍属性的抽象事实，即被动的未知事实，在抽象事实被证明纳入人的主观意识之前，尚不具备现实的法律意义。只有通过逻辑思维，才能从已知事实中推导抽象事实。[4] 证明活动就是连接具体事实和抽象事实、已知事实和未知事实的桥梁。证明对象的被动性就体现在它依赖证明主体运用证据进行证明上；对于那些无须证明的事实，如自然规律和定理、推定的事实、自认的事实等，不能成为诉

〔1〕 何家弘主编：《新编证据法学》，法律出版社 2000 年版，第 277 页、第 287~288 页；吴宏耀、魏晓娜：《诉讼证明原理》，法律出版社 2002 年版，第 75~77 页。

〔2〕 张卫平：《民事诉讼证据制度研究》，清华大学出版社 2004 年版，第 113 页。

〔3〕 何家弘、刘品新：《证据法学》，法律出版社 2004 年版，第 211~216 页。

〔4〕 江伟主编：《证据法学》，法律出版社 1999 年版，第 175 页。

讼中的证明对象。

三、证明对象的范围

实体法事实属于证明对象，这是学界的共识。学界有关证明对象范围的争议集中在程序法事实和证据法事实方面，现分述之。

（一）程序法事实

程序法事实，是引起诉讼法律关系发生、变更和消灭的事实，也称诉讼法律事实。它包括诉讼行为和诉讼事件两类，前者是诉讼主体和其他诉讼参与人实施的具有相应诉讼法律后果的行为，如法官的诉讼指挥行为、裁判行为等；后者是不以人们意志为转移的、能够发生一定诉讼法律后果的客观情况，如不可抗力、当事人死亡或者丧失诉讼行为能力等。

程序法事实能否成为证明对象？对于这一问题，学理上有三种不同观点：

1. 肯定说。肯定说认为，程序法事实可成为证明对象，理由是：①诉讼过程，既是一个适用实体法的过程，又是一个适用程序法的过程。如果说实体法上的要件事实直接决定着对被告（人）的责任认定，那么程序法上的事实则对准确认定责任影响甚巨。②程序法是实体法的实施法，对有关程序法事实的查证活动，有利于司法机关依照法定程序办案。③程序法事实可能构成系争事实，即当事人可能对程序法事实产生争议。当程序法事实成为系争事实时，法院不应回避这个问题，而应当首先对此作出认定，并以决定或裁定的方式解决该争议问题。其中，有的决定或裁定依法可以申诉或申请复议，有的裁定可以上诉。因此，涉及需要作出决定、裁定的程序法事实应是证明对象。[1]

2. 否定说。否定说认为，程序法事实不能成为证明对象，理由是：①程序法的目的是保证实体法的正确实施，相对于实体法而言，程序法始终处于从属地位。虽然程序法对被告（人）的责任认定有一定影响，但不起决定作用。②证明对象是一种特殊的诉讼制度，它离不开证明制度的目的性、诉辩请求的基础性、实体规范的要件性等实质环节。正确确定证明对象，就是使整个收集、调查证据的活动过程具有明确的方向。因而，作为诉讼中的证明对象，自然是仅指那些具有实体法意义的事实，即只包括那些如不查明就不能对案件正确进行处理的事实。③将程序法事实排除于证明对象之外，有利于司法机关，特别是人民法院在诉讼过程中分清主次，将注意力集中于那些如不查明就不可能对

---

[1] 肖胜喜：《刑事诉讼证明论》，中国政法大学出版社 1994 年版，第 137 页；高家伟：《行政诉讼证据的理论与实践》，工商出版社 1998 年版，第 142 页；陈一云主编：《证据学》，中国人民大学出版社 1991 年版，第 137 页。

案件进行实体处理的事实。否则，会导致办案人员注意力分散，影响办案效率。④程序法事实，特别是一些据以作出决定、裁定的事实，固然也有查明的问题，但这与证明对象不能相提并论。因为程序法上的许多事实属于不查自明，或者司法机关即可认知的事实。同时，程序法上的事实并非每个案件都会遇到，如果没有发生某些程序问题，就不需要对有关的事实加以证明。故严格意义上的证明对象，应当是具有实体法意义的事实，而不包括程序法上的事实。⑤若把程序法事实作为证明对象，那么在刑事诉讼中，可能造成把举证责任转嫁给被告人承担的后果，因为有些程序法事实，只能由被告人才能举证。[1]

3. 折中说。折中说认为，证明对象包含着程序法事实，但举证责任并不涉及所有的证明对象，而仅仅是以实体法上的事实为对象，理由是：①其他事实尽管同样也存在举证责任问题，但应当由谁负举证责任的问题相当简单，根据"谁主张、谁证明"这一分担举证责任的一般原则即可轻而易举地解决，即便是种类繁多的程序法上的事实也不例外；②实体法方面的事实是由原告作为诉讼请求根据的事实提出的，或者是由被告作为反驳诉讼请求的根据提出的，这类事实直接关系到当事人之间民事法律关系的产生、变更和消灭。查明这类事实存在与否，是整个民事诉讼活动的中心环节。[2]

将程序法事实纳入证明对象，在一定意义上提高了程序法的地位，使程序法与实体法具有同等的重要性，客观上有利于司法人员遵守法定程序，也有助于摆正实体法与程序法的关系，加强对程序法独立价值的认识。[3] 这些理由固然成立，但尚不能充分地支持"肯定说"，因为诉讼过程中有相当多的程序法事实是无须当事人证明的，案卷中有记载，可供同级或上级法院审查。有些程序法事实，仅仅需要当事人提出足以使法官推测大体上确实程度的证据就可以了，而不必达到证明的程度，这就是释明（也即自由证明）。法律承认释明的目的是迅速处理问题，因而释明所使用的证据方法也只限于能够立即进行调查的证据方法。[4] 法律上往往只要求释明的情况是：在终局性地确定实体法律责任的判决之前，暂且作出的保全处分或者在诉讼程序进行中是否许可其他申请的决定。正如我国台湾地区的学者陈朴生所说："为释明对象之事实，仅属诉讼程序上之

---

〔1〕 陈一云主编：《证据学》，中国人民大学出版社 1991 年版，第 137 页；肖胜喜：《刑事诉讼证明论》，中国政法大学出版社 1994 年版，第 137 页；江伟主编：《证据法学》，法律出版社 1999 年版，第 63 页。

〔2〕 李浩：《民事举证责任研究》，中国政法大学出版社 1993 年版，第 136~137 页。

〔3〕 樊崇义主编：《刑事诉讼法学研究综述与评价》，中国政法大学出版社 1991 年版，第 256~257 页。

〔4〕 ［日］兼子一、竹下守夫：《民事诉讼法》，白绿铉译，法律出版社 1995 年版，第 101 页。

特定事实。"〔1〕 具体而言，诉讼过程中的释明主要适用于以下领域：

1. 申请回避的事实（《刑事诉讼法》第 29 条，《民事诉讼法》第 44、45 条，《行政诉讼法》第 55 条）。审判人员、检察人员、侦查人员、书记员、翻译人员、鉴定人、勘验人有下列情形之一的，应当自行回避，当事人及其法定代理人也有权要求他们回避：①是本案当事人或者当事人、诉讼代理人的近亲属；②与本案有利害关系；③担任过本案的证人、鉴定人、辩护人、诉讼代理人的；④与本案当事人有其他关系，可能影响对案件的公正审理的。如果当事人及其法定代理人申请回避，应当说明理由，即就上述人员有某种法定应回避的事实加以释明。

2. 影响采取某种刑事强制措施的事实。例如，符合逮捕条件但存在法律规定的某种特殊情况而不适用逮捕的事实。《刑事诉讼法》第 74 条规定："人民法院、人民检察院和公安机关对符合逮捕条件，有下列情形之一的犯罪嫌疑人、被告人，可以监视居住：①患有严重疾病、生活不能自理的；②怀孕或者正在哺乳自己婴儿的妇女；③系生活不能自理的人的唯一扶养人；……"

3. 申请恢复诉讼期间的事实（《刑事诉讼法》第 106 条、《民事诉讼法》第 83 条）。当事人因不可抗拒的事由或者其他正当理由耽误期限的，在障碍消除后的 5 日或 10 日内，可以申请顺延期限，是否准许，由法院决定。不可抗拒的事由，如地震、火灾等自然灾害，属于法院司法认知的范围，当事人无须释明；其他正当理由，如当事人患病等主观方面的事由，则由当事人释明。

4. 申请证据保全的事实（《民事诉讼法》第 81 条、《行政诉讼法》第 42 条）。在证据保全程序中，申请人应释明"证据可能灭失或者以后难以取得的情况"。

5. 申请财产保全和先予执行的事实（《民事诉讼法》第 100、107 条）。当事人申请财产保全时，申请人应当释明法院判决可能因对方当事人或者其他原因不能执行或者难以执行的情况。申请先予执行的，应当释明如下事实：①当事人之间权利义务关系明确，不先予执行将严重影响申请人的生活或者生产经营的；②被申请人有履行能力。

6. 有不到庭的正当理由（《民事诉讼法》第 146 条第 1 项）。必须到庭的当事人和其他诉讼参与人有正当理由没有到庭的，应释明其不到庭的正当理由。

7. 申请搜查被执行人的理由（《民事诉讼法》第 248 条）。被执行人不履行法律文书确定的义务，并隐匿财产的，人民法院有权发出搜查令，对被执行人及其住所或者财产隐匿地进行搜查。申请人应释明被执行人有隐匿财产行为的

〔1〕 陈朴生：《刑事证据法》，三民书局 1970 年版，第 156 页。

事实。

8. 案外人对执行标的的异议（《民事诉讼法》第 227 条）。执行过程中，案外人对执行标的提出异议时应释明其所根据的事实。

9. 原审违反法定程序的事实（《刑事诉讼法》第 236 条、《民事诉讼法》第 170 条第 1 款第 4 项、《行政诉讼法》第 91 条第 5 项）。上诉人应当释明一审法院违反诉讼法有关公开审判制度、回避制度，剥夺或限制了当事人的法定诉讼权利而可能影响公正审判，审判组织组成不合法定程序的事实之一。

综合上述，我们认为，对于程序法事实能否成为证明对象问题，应作具体分析，不能一概而论。我们主张"有限肯定说"，就是在肯定程序法事实属于证明对象的基础上对其范围再作一定的限制。这些限制主要包括：①能够成为证明对象的程序法事实必须是案件系争的主要事实；②必须是当事人能够以诉的方式加以主张的事实；③必须是法院非依职权调查的事实。换言之，"应依证据证明之事实，并不限于实体法上事实，即诉讼上事实亦属之"。[1]

（二）证据事实

证据是用来证明案件的要件事实的。证据之所以能够证明案件事实，是因为其本身记载和反映着一定的事实，这些事实就是所谓的证据事实。因此，证据事实也是一种事实，它是证明案件事实的手段。但是，证据事实本身是否需要其他事实来证明呢？换言之，证据事实是否也可成为证明对象呢？对这一问题，学理上主要有三种不同观点：

1. 肯定说。肯定说认为，证据事实是证明的对象，理由是：任何证据都需要其他证据证明其真实性、客观性和关联性，除非是无须证明的事实。某项证据相对于案件的要件事实而言，是证明手段；相对于证明它的其他证据事实而言，又是证明对象。因而，证明对象与证明手段都是相对的，证据事实处在由证明对象与证明手段组成的多个因果链条之中，需要其他证据事实来印证、强化或证明，是证明对象和证明手段的统一。[2]

2. 有限肯定说。有限肯定说主张在一定条件下证据事实可以成为证明对象。此说又分为两种观点：一种观点认为，证据事实包括直接证据事实和间接证据事实，直接证据事实能直接证明案件的主要事实，与要件事实重合，故它虽是证明对象，但不必单独列出；间接证据事实不能直接证明案件主要事实，必须与其他证据事实相联系，才能证明案件主要事实。[3] 另一种观点认为，只有当

---

〔1〕　陈朴生：《刑事证据法》，三民书局 1970 年版，第 156 页。

〔2〕　转引自陈一云主编：《证据学》，中国人民大学出版社 1991 年版，第 140 页。

〔3〕　转引自陈一云主编：《证据学》，中国人民大学出版社 1991 年版，第 140 页。

证据事实成为案件的系争点时，才可成为证明对象。[1]

3. 否定说。否定说认为，证据事实只是证明手段，不能列为证明对象。这是诉讼法学界的通说。

我们认为，在一般意义上，"否定说"比较恰当地说明了证明对象与证据事实之间的关系，即证据事实是有其特定内涵的，它是证明待证事实的手段。某一证据事实可能需要其他证据印证，但这种印证与被印证的关系，仍然是证明手段之间的关系。

（三）法院所不知的地方性法规、习惯、外国法律

法官应当知悉本国的法律，故本国法律一般无须作为诉讼中的证明对象，但是地方性法规和习惯以及外国法律，法官可能无法尽知，因而有时需要将其作为证明对象。就地方性法规而言，由于其数量多、变化快，本地的法官可能不完全了解外地制定的地方性法规。存在于某一地方的习惯一般只为本地人所知悉，审理案件的外地法官可能并不清楚。外国法律一般不属于法官职务上应当知悉的范围。所以，地方性法规、习惯和外国法律，有时需要作为证明对象予以证明。

■ 第二节 刑事诉讼中的证明对象

一、刑事诉讼证明对象概述

刑事诉讼是用来追究被告人的刑事责任的，被告人的行为是否构成犯罪，此罪还是彼罪，罪轻还是罪重，适用何种刑罚等问题的事实，就是刑事诉讼证明对象。《刑事诉讼法》第52条对此作了明文规定："审判人员、检察人员、侦查人员必须依照法定程序，收集能够证实犯罪嫌疑人、被告人有罪或者无罪、犯罪情节轻重的各种证据。……"除上述实体要件事实外，刑事诉讼证明对象还包括若干程序法事实（参见本章第一节）。

刑事诉讼证明对象受刑事追诉机制的制约。在纠问式刑事程序中，因裁判机构兼有追诉之权，故在程序上只承认裁判对象，并不承认有诉讼对象和证明对象，法院不受不告不理原则的限制。近现代刑事诉讼程序，多采国家追诉制，有时并采被害人追诉制，审检分立，法院受不告不理原则的支配，法官不得径行拟定裁判对象，于起诉事实之外寻求真实事实。因此，法院裁判范围，不得超过诉讼对象，即具体化的证明对象。

---

[1] 刘金友主编：《证据理论与实务》，法律出版社1992年版，第147页。

证明对象是刑事证明活动的首要问题，各国立法、司法和诉讼理论对此极为重视。根据苏联的刑事诉讼法纲要和刑事诉讼法的规定，证明对象的范围包括：①犯罪事件，即犯罪的时间、地点、方法和其他情况；②刑事被告人实施犯罪行为的罪责和犯罪动机；③影响刑事被告人责任程度和性质的情况以及表明刑事被告人身份的其他情况；④犯罪行为造成损害的性质和大小；⑤促成犯罪的情况。

德国刑事诉讼法学理认为对案件审理具有重要意义的一切事实都需要证明。证明对象包括三类事实：①直接重要事实，即能直接证明犯罪情况的事实，如证人亲眼目击犯罪过程；②间接事实，指有助于推断直接重要事实的情况，如犯罪嫌疑人于凶杀案发生前曾对被害人进行威胁，或者案发后在其衣服上提取到相应的血迹等；③证明辅助事实，指有助于推断证据本身是否正确的情况，如证人是否诚实，记忆是否健全等。[1]

《意大利刑事诉讼法典》第 187 条专门规定了证明对象，其范围是：①与可控告、可罚性、刑罚或保安处分的适用有关的事实；②与适用诉讼规范有关的事实；③如果设立了民事当事人，与因犯罪而产生的民事责任有关的事实。[2]

日本刑事诉讼法学理认为证明对象包括三方面的事实：①有关定罪的事实。对公诉的犯罪事实，不论是主观方面的事实、客观方面的事实还是排除危害性的事实，都需要严格证明；②有关量刑的事实，即影响量刑的各种情节；③有关诉讼程序的事实。对程序法事实只需要自由证明，因而不属于严格意义上的证明对象。[3]

美国的刑事诉讼学理认为，证明对象包括以下四个方面的内容：①指控的犯罪行为是否存在的事实；②以加重刑罚为目的指控被告人有前科的事实；③实施犯罪时被告人是否在现场的事实；④被告人独知的事实。例如，被告人是不满 8 岁的未成年人；被告人具有合法的营业执照；要求引渡者，有责任证明他不是逃犯；被告人主张行为时精神失常；行动出于自卫。对被告人独知的事实，被告人负有"用证据推进的责任"（burden of going forward with the evidence）。[4]

英国为判例法国家，立法上虽然很难找到关于证明对象的规定，但司法实践认为，诉讼一方可以证实所有与争议事实有关的情况而不能去证实别的东西。

〔1〕　［英］J. W. 塞西尔·特纳：《肯尼刑法原理》，王国庆等译，华夏出版社 1989 年版，第 340 页。
〔2〕　黄风译：《意大利刑事诉讼法典》，中国政法大学出版社 1994 年版，第 67 页。
〔3〕　肖胜喜：《刑事诉讼证明论》，中国政法大学出版社 1994 年版，第 128 页。
〔4〕　［英］J. W. 塞西尔·特纳：《肯尼刑法原理》，王国庆等译，华夏出版社 1989 年版，第 340 页。

所谓"与争议事实有关的情况",不仅包括主要争议事实（待证事实）本身的各个部分，而且也包括为辨明或解释主要争议事实所需要的辅助事实。如在一个刑事案件中，证明对象包括被告人客观上实施犯罪行为以及主观上的罪过，也包括被告人犯罪的机会、动机、随后的行为以及他在审判中提出的证人的可靠程度等。[1]

二、我国刑事诉讼证明对象的主要内容

根据法律规定和司法实践经验，我国刑事诉讼证明对象主要包括以下几个方面的内容：

（一）有关犯罪构成要件的事实

犯罪构成要件是确定犯罪是否成立的先决条件，是指依照刑法的规定，决定某一具体行为的社会危害性及其程度，而为该行为构成犯罪所必需的一切客观要件和主观要件的有机统一。按照我国犯罪构成的一般理论，各种犯罪的构成要件虽不尽相同，但是都必须具备以下四个方面的要件，犯罪才能成立，这四个方面的要件是：①犯罪客体，是指刑法所保护而为犯罪行为所侵犯的社会关系、政治关系、经济关系；②犯罪客观方面，是指犯罪活动在客观上的外在表现，说明犯罪客观方面的事实特征有：危害行为、危害结果和犯罪的方法（手段）、时间、地点等；③犯罪主体，主要是指实施犯罪行为，达到一定年龄并且具有刑事责任能力，依法对自己的罪行应当负刑事责任的人；④犯罪主观方面，是指犯罪主体对其所实施的社会危害行为及其危害结果所持的心理态度，即故意或过失，以及犯罪的动机和目的。某一社会危害行为是否构成犯罪，取决于上述四个方面的要件事实是否得到了证明。

有关犯罪构成要件的事实，是刑事诉讼的主要证明对象，是司法工作人员办理刑事案件首先需要查明的问题。按照无罪推定原则，对于该证明对象，需要采取最严格的证明方法，适用最严格的证据排除规则，并遵守最高的证明标准。[2] 为便于司法实践，诉讼理论将上述犯罪构成要件的事实，概括为"七何"要素：①何人——犯罪的主体要件；②何时——犯罪的时间，属于客观方面的要件；③何地——犯罪的地点；④何种动机和目的——犯罪的主观方面要件；⑤何种手段——犯罪方法，属于客观方面的要件；⑥何种行为——犯罪行为的表现形式，如杀人、抢劫等；⑦何种危害后果——犯罪行为造成的损害，

第二十一章

---

〔1〕 ［英］J. W. 塞西尔·特纳：《肯尼刑法原理》，王国庆等译，华夏出版社 1989 年版，第 516 页。

〔2〕 陈瑞华：《刑事证据法学》，北京大学出版社 2012 年版，第 220 页。

属于客观方面的要件。[1] 英美法系国家也有证据理论将此概括成几个"W"：Who（何人）；When（何时）；Where（何地）；Why（为什么）；How（如何实施犯罪）；Which（侵害何种对象）；What（产生何种危害后果）。

由于刑事案件千差万别，"七何"要素在各个具体案件中的作用并非完全等同，并不是认定每个犯罪时上述所有因素均不可或缺，只有犯罪构成的四个方面的要件事实才是确定证明对象的普遍性事实。

（二）有关罪行轻重量刑情节的事实

量刑是人民法院对犯罪分子依法裁量决定刑罚的一种审判活动。它以定罪为基础，解决对犯罪分子是否判刑、判处何种刑罚、多长刑期的问题。定罪是量刑的前提，定罪不准，必然出现错案，或枉或纵；定罪虽然准确，但量刑不当，畸轻畸重，同样会造成错判。量刑是一个技术性问题，其作用不仅是对犯罪行为本身的非难，还在于要求实施犯罪行为的人，对行为的反社会性进行反思，使之向社会认罪的同时，提高自己遵守规范的自觉性，重新回到社会。量刑就是为达到这一目的，对具体可罚性行为作出的有目的的综合性评价。量刑必须适当、科学，切实做到罚当其罪、罪刑相称。

量刑的科学化是现代刑事诉讼所面临的重要课题。在我国，随着量刑规范化改革的逐步推行，相对独立的量刑程序基本建立，定罪裁判与量刑裁判在刑事程序中得以分离。要科学地量刑，就必须明确界定影响量刑的情节，并将其作为证明对象，以收集确实充分的证据加以证明。正如日本学者上野正吉所言："在量刑的科学化上，重要的是为了判断量刑，如何大量收集必要的有高度可靠性的资料问题。"[2] 只有将影响量刑的情节纳入证明对象的范畴，使其经过司法证明程序，才可以保证量刑的准确性。目前，学界对于量刑情节成为证明对象已形成共识，有分歧的是：量刑情节究竟是严格证明的对象，抑或是自由证明的对象。本书认为，应当区分量刑情节的具体类型，视其是否有利于被告人而分别确定。其中，不利于被告人的法定量刑情节，采严格证明；对于有利于被告人的量刑情节，无论是法定情节还是酌定情节，只需自由证明。[3]

2017 年修订后的《刑法》第 61 条规定："对于犯罪分子决定刑罚的时候，应当根据犯罪的事实、犯罪的性质、情节和对于社会的危害程度，依照本法的有关规定判处。"刑法理论将法院量刑时据以决定处刑轻重或者免除处罚的各种

---

〔1〕 刘金友主编：《证明理论与实务》，法律出版社 1992 年版，第 149 页；陈一云主编：《证据学》，中国人民大学出版社 1991 年版，第 130 页。

〔2〕 ［日］上野正吉、兼头吉市、庭山英雄编著：《刑事鉴定的理论和实践——以情况鉴定的科学化为目标》，徐益初、肖贤富译，群众出版社 1986 年版，第 97 页。

〔3〕 陈瑞华：《刑事证据法学》，北京大学出版社 2012 年版，第 220 页。

情况称为量刑情节。量刑情节有法定情节和酌定情节两种。

1. 法定情节。

（1）从重处罚的事实。例如，教唆不满 18 岁的人犯罪（《刑法》第 29 条），累犯（《刑法》第 65 条），武装掩护走私（《刑法》第 157 条），出售、购买伪造的货币或者运输伪造的货币（《刑法》第 171 条），国家机关工作人员捏造事实诬告陷害他人以使他人受刑事追究（《刑法》第 243 条第 2 款），司法工作人员滥用职权非法搜查他人身体、住宅或者非法侵入他人住宅（《刑法》第 245 条第 2 款），冒充人民警察招摇撞骗（《刑法》第 279 条第 2 款），引诱未成年人参加聚众淫乱活动（《刑法》第 301 条第 2 款），等等。对于这些情节，法院可在法定刑的限度内判处较重的刑罚。

（2）从轻处罚的事实。例如，已满 14 周岁不满 18 周岁的人犯罪（《刑法》第 17 条第 3 款），尚未完全丧失辨认或者控制自己行为能力的精神病人犯罪（《刑法》第 18 条第 3 款），预备犯（《刑法》第 22 条），又聋又哑的人或者盲人犯罪（《刑法》第 19 条），未遂犯（《刑法》第 23 条），从犯（《刑法》第 27 条），自首（《刑法》第 67 条），等等。对于这些情节，法院可在法定刑的限度内判处较轻的刑罚。

（3）减轻处罚的事实。例如，预备犯（《刑法》第 22 条），又聋又哑的人或者盲人犯罪（《刑法》第 19 条），未遂犯（《刑法》第 23 条），从犯（《刑法》第 27 条），自首（《刑法》第 67 条），正当防卫明显超过必要限度造成不应有的损害（《刑法》第 20 条第 2 款），紧急避险超过必要限度造成不应有的损害（《刑法》第 21 条第 2 款），造成损害的中止犯（《刑法》第 24 条第 2 款），被胁迫参加犯罪（《刑法》第 28 条），被教唆的人没有犯被教唆的罪（《刑法》第 29 条），有重大立功表现（《刑法》第 68 条），等等。对于这些情节，法院可在法定刑以下判处刑罚。

（4）免除处罚的事实。例如，又聋又哑的人或者盲人犯罪（《刑法》第 19 条），正当防卫明显超过必要限度造成不应有的损害（《刑法》第 20 条第 2 款），紧急避险超过必要限度造成不应有的损害（《刑法》第 21 条第 2 款），没有造成损害的中止犯（《刑法》第 24 条第 2 款），预备犯（《刑法》第 22 条），自首且犯罪较轻（《刑法》第 67 条第 1 款），在收获前自动铲除非法种植的罂粟或者其他毒品原植物（《刑法》第 351 条第 3 款），个人贪污数额在 5000 元以上不满 1 万元的并且犯罪后有悔改表现、积极退赃（《刑法》第 383 条第 1 款第 3 项），行贿人在被追诉前主动交代行贿行为（《刑法》第 390 条第 2 款），介绍贿赂人在被追诉前主动交代贿赂行为（《刑法》第 392 条第 2 款），等等。对于这些情节，法院可对犯罪分子作出有罪宣告，同时免除其刑罚处罚。

2. 酌定情节。酌定情节不是法律上明文规定的，而是根据刑事立法精神和司法实践概括出来，在量刑时酌情考虑的情节。酌定情节是法定情节的补充。当法定的从轻、减轻或者免除处罚的情节重叠时，如何选用，往往取决于酌定情节。每个案件事实都有酌定情节，但不一定都有法定情节。

酌定情节多种多样，常见的酌定情节主要有：①犯罪动机；②犯罪的手段；③犯罪时的环境和条件，特别是当时的政治、经济形势和社会治安状况；④犯罪造成的损害后果；⑤犯罪侵害的对象情况；⑥犯罪分子的一贯表现；⑦犯罪后的态度。

（三）排除行为违法性、可罚性或行为人刑事责任的事实

刑事诉讼的任务是在准确、及时查明犯罪事实，惩罚犯罪的同时，注意保障无罪的人不受刑事追究。因此，在查明刑法规定的有关犯罪构成要件的事实时，要注意那些排除行为违法性、可罚性或行为人责任的事实。换言之，我们不仅要把被告人有罪的事实列为证明对象，也要把被告人无罪的事实列为证明对象。尽管诉讼结果表明，多数被告人是有罪的，但我们仍不能忽视对少数无辜者的保护。正是基于这一原因，刑事诉讼法要求公安、司法机关不仅应收集证明被告人有罪的证据，而且应收集证明被告人无罪的证据。但是在司法实践中，有些司法人员形成了一种思维定势，即只注意认定有罪事实，而轻视甚至忽视无罪事实的认定。故强调将无罪事实同有罪事实一样作为证明对象，对于克服这种错误观念，防止冤假错案有重要意义。

根据刑法规定，这类事实包括以下几个方面：

1. 排除行为违法性的事实。某些行为是依据民法、刑法等法律的规定实施的合法行为，如正当防卫、紧急避险以及行使职权行为等。由于这些行为是以合法形式出现的，从根本上排除了行为的非法性，故从根本上排除了行为人的刑事责任。

2. 排除行为可罚性的事实。某些行为本来应当受到法律的否定性评价，但由于一定事实的存在，而排除了这类行为受刑事处罚的可能。例如，法律规定的犯罪已超过国家追诉期限的；经特赦令免除刑罚的；依照刑法告诉才处理的犯罪，被害人没有告诉，或者告诉后又撤诉的；被告人已经死亡等。

3. 排除行为人刑事责任的事实。这主要是指行为人无刑事责任能力，或者正处在依法不负刑事责任的状态。前者指行为人没有达到法定的刑事责任年龄，后者指精神病人在不能辨认或不能控制自己行为时造成了危害结果。他们对因此所造成的损害结果，依法不负刑事责任。另外，排除刑事责任的事实还包括情节显著轻微，危害不大，不认为是犯罪的事实。

（四）排除或减轻刑事责任的事实

如果犯罪嫌疑人、被告人没有达到法定的刑事责任年龄，或者行为人在实施犯罪行为时，处于精神不正常的主观状态，则根据刑法的规定，行为人即属无刑事责任能力人。对于他们的行为所造成的危害结果，刑法规定不追究刑事责任。根据我国《刑法》的有关规定，行为人不满 14 周岁，不负刑事责任；已满 14 周岁但不满 16 周岁，只有在所犯罪行属于故意杀人、故意伤害致人重伤或死亡、强奸、抢劫、贩卖毒品、放火、爆炸、投放危险物质罪的，才应负刑事责任。可判处死刑处罚的刑事责任年龄，必须在实施犯罪的时候已年满 18 周岁。

（五）刑事诉讼程序事实

刑事诉讼程序事实是指有关刑事诉讼程序是否合法进行的事实，具体包括：[1]

1. 对犯罪嫌疑人、被告人采取强制措施的事实。公安司法机关可以根据案件的具体情况，依法对犯罪嫌疑人、被告人采取拘传、取保候审、监视居住、拘留、逮捕五种强制措施，以保障刑事诉讼的顺利进行。

2. 有关回避的事实。公安司法机关办案人员与案件具有利害关系的，应当回避。

3. 关于诉讼程序的进行是否超越法定期限的事实。

4. 公安司法机关是否存在侵犯犯罪嫌疑人、被告人诉讼权利的事实。

5. 其他与程序合法性有关的事实，如管辖的事实。

6. 与执行的合法性有关的事实，如关于犯人"是否怀孕"的事实。

■ 第三节　民事诉讼中的证明对象

一、民事诉讼证明对象的意义

民事诉讼中的证明对象主要是实体法事实。实体法事实是民事诉讼证明对象的主要部分。民事诉讼是以解决民事实体权益纠纷、保护当事人民事权利为己任的，当事人欲提供证据证明自己的主张，须以民事实体法的规定为依据。实体法律规范中已经包含了证明对象的主要方面，不同的实体法形成了内容各异的证明对象体系。例如，《合同法》对违约责任构成要件的规定成为合同诉讼

---

[1] 参见崔敏、张文清主编：《刑事证据的理论与实践》，中国人民公安大学出版社 1992 年版，第 77 页。

中的证明对象,《侵权责任法》对侵权责任构成要件的规定成为侵权诉讼中的证明对象,《婚姻法》对离婚条件的规定成为离婚诉讼的证明对象,等等。《民法总则》《物权法》《继承法》《专利法》《商标法》《著作权法》《海商法》等也规定了各自的证明对象体系。这些实体法上的事实,有事件和行为两类,它们能够使一定的实体法律关系发生、变更或消灭。

作为证明对象的实体法事实,可以分为三个层次:

1. 主要事实(法律要件事实)。主要事实是指由民事实体法规范规定的作为形成特定民事权利义务关系基本要素的事实。主要事实大致可以分为以下几种情况:①构成请求原因的法律要件的事实,例如,在依据买卖合同请求支付货款的诉讼中,关于付款的约定、标的物所有权已转移等事实。②请求所不可缺少的附随要件的事实,例如,条件的成就、期限的到来等事实。③导致该请求不发生、变更或者消灭的抗辩事实,例如,清偿、时效等事实。原则上,请求原因事实与原告利益有关,应由原告主张并证明;抗辩事实与被告利益有关,应由被告负责主张并证明。在诉讼中,法院是通过确定主要事实存在与否来确定民事权利义务关系是否存在的。

2. 间接事实。间接事实是指用来推断主要事实是否存在的事实。在一些情况下,主要事实本身难以用直接方式证明,需要通过先证明与主要事实有关的另一些事实,来间接地推断主要事实存在与否。

3. 辅助事实。辅助事实是指与证据能力和证明力有关的事实。证据能力与证明力常常会成为质证和法庭辩论的主要问题,而证据能力的有无、证明力的大小又与一些事实紧密相关。例如,能证明证人是否一贯撒谎或者证明证人是当事人的朋友、配偶的事实等。

实体法上的事实,能否现实地成为民事诉讼证明对象,取决于当事人的诉辩主张及请求的理由。经由当事人主张和请求,抽象的实体法事实转化为具体的证明对象,即诉讼对象。对于当事人未主张的事实,法院不得作为裁判的根据,当然更不能将其作为民事诉讼的证明对象。可见,特定案件中的证明对象除了由实体法律规范调整外,还受民事诉讼机制的制约。作为诉讼证明活动的目标,证明对象是连接实体法律规范和诉讼程序的媒介物。因此,研究民事诉讼证明对象,意义之一便是使民事实体法与民事诉讼法的关系实在化,充分发挥民事诉讼法保障实体法实施的机能。

实际上,民事诉讼中关于诉的类型的划分就有确定证明对象的意义。民事诉讼理论以当事人诉讼请求的目的和内容为标准,将诉分为确认之诉、给付之诉、变更之诉三种。确认之诉是当事人请求确认民事法律关系存在或不存在的诉讼,其证明对象应当是当事人之间发生某种法律关系的事实;给付之诉是原告要求被告履行一定的民事义务（如付款、交货等）的诉讼，其证明对象是原告对被告享有某种实体法上请求权的事实；变更之诉是当事人要求变动或消灭一定的民事法律关系的诉讼，其证明对象是使原有法律关系发生根本变化的新的法律事实，如离婚诉讼中夫妻感情确已破裂之事实。从诉的类型来考察证明对象，可以增强诉讼的目的指向性，从而更有针对性地进行证据收集、调查和诉讼证明活动。

二、民事诉讼证明对象的内容

关于民事诉讼证明对象，历来有两种不同的研究思路：①对民事诉讼证明对象作抽象的、概括的研究，并力图找到一种科学地说明证明对象的统一原则；②认为证明对象无法作统一原则性说明，只能是具体情况具体分析，具体案件具体处理，由法官就个别具体事件进行适当的裁量，决定何人应就何事进行证明。这两种立场分别采用了逻辑推演法和经验归纳法。

这两种立场和方法之间，无法作孰优孰劣的评价。不过，立场和方法的不同，的确能使研究者产生不同的价值观，并进而影响到证明对象的确定。我们认为，证明对象是实体法和诉讼法共同作用的"场"，是实体法价值和诉讼法价值的交汇，在立法和学理上坚持统一的证明对象，势必造成以实体法规范代替诉讼法规范，或者以诉讼法规范架空实体法规范的局面，其结果是造成证明对象的僵化，失去全面保护当事人利益的功能。因此，较为合理的思路是兼采这两种立场和方法：一方面力图对证明对象作抽象、统一的说明；另一方面也不回避对各种类型民事诉讼中的证明对象作具体细致的分析。

理论拓展：民事诉讼证明对象的抽象构成

三、各类民事诉讼中的证明对象

类型化是民事诉讼发展的一个重要方面，不同类型的民事诉讼，证明对象的内容和特点有所不同。因篇幅的限制，这里简要介绍常见民事案件类型的证明对象。

（一）侵权诉讼中的证明对象

侵权诉讼是指原告依据《民法通则》《侵权责任法》等法律规范请求法院判决被告承担侵权民事责任的诉讼。侵权民事责任的构成，必须具备法律规定的一定条件。侵权民事责任有过错侵权责任与无过错侵权责任之分，两者的构成要件不完全相同，证明对象也有所差异。

构成过错侵权民事责任，必须同时具备以下四个条件：①损害事实客观存在；②侵权行为与损害事实存在因果关系；③行为具有违法性；④行为人有过错。上述四个要件事实都是一般侵权诉讼中的证明对象。

我国《民法通则》中的特殊侵权民事责任，大多数是无过错责任。无过错责任不以过错作为侵权责任的构成要件，因此，特殊侵权诉讼中的证明对象有三项，包括损害事实、因果关系事实以及行为违法性的事实，不包括行为人的过错。

（二）合同诉讼中的证明对象

合同诉讼中的证明对象相对复杂一些。不仅因为《合同法》规定了 15 种有名合同，而且每一种合同都有可能涉及合同的订立、合同的效力、合同的履行、合同的变更、合同的转让、合同的终止、违约责任等许多问题。因此，只有按照合同的不同类别，具体分析相关的法律条文，才能准确说明合同诉讼中的证明对象。

1. 因合同订立与否发生争议时的证明对象。合同是双方法律行为，双方就合同最基本条款协商一致，达成协议，合同即告成立。因合同订立与否发生争执时，诉讼的证明对象有：要约不得撤销的事实（《合同法》第 19 条）；要约失效的事实（《合同法》第 20 条）；承诺在要约确定的期限内到达要约人的事实（《合同法》第 23 条）；要约是否附保留条件的事实；要约、承诺是否撤回的事实（《合同法》第 17、27 条）；双方当事人是否就合同主要条款达成一致的事实；等等。

2. 因合同的效力发生争执时的证明对象。合同有效与否，取决于法律的效力评价。依据有关法律规定，因合同有效与否发生争执时的证明对象包括：合同附条件或附期限的事实（《合同法》第 45 条第 1 款、第 46 条）；不正当地阻止条件成就或促成条件成就的事实（《合同法》第 45 条第 2 款）；限制民事行为能力人、无权处分人订立合同的事实（《合同法》第 47、51 条）；行为人没有代理权、超越代理权或者代理权终止后以被代理人名义订立合同的事实（《合同法》第 48、49 条）；一方以欺诈、胁迫手段订立合同，损害国家利益的事实（《合同法》第 52 条第 1 项）；恶意串通的事实（《合同法》第 52 条第 2 项）；以合法形式掩盖非法目的的事实（《合同法》第 52 条第 3 项）；合同损害社会公共利益的事实（《合同法》第 52 条第 4 项）；合同内容违反法律、行政法规的强制性规定的事实（《合同法》第 52 条第 5 项）；因重大误解订立合同的事实（《合同法》第 54 条第 1 款第 1 项）；在订立合同时显失公平的事实（《合同法》第 54 条第 1 款第 2 项）；一方乘人之危的事实（《合同法》第 54 条第 2 款）；等等。

3. 因合同履行发生争执时的证明对象。在诉讼中，该证明对象有：行使同时履行抗辩权的事实（《合同法》第 66 条）；行使先履行抗辩权的事实（《合同法》第 67 条）；行使不安抗辩权的事实（《合同法》第 68 条）；行使债权人代位权的事实（《合同法》第 73 条）；行使债权人撤销权的事实（《合同法》第 74 条）等。

4. 因合同的变更和转让发生争执时的证明对象。包括：合同权利不得转让的事实（《合同法》第 79 条）；债务转让经债权人同意的事实（《合同法》第 84 条）；等等。

5. 因合同的终止发生争执时的证明对象。包括：合同已按约定履行的事实（《合同法》第 91 条第 1 项）；因不可抗力致使不能实现合同目的的事实（《合同法》第 94 条第 1 项）；预期违约的事实（《合同法》第 94 条第 2 项）；一方迟延履行主要债务，经催告后在合理期限内仍未履行的事实（《合同法》第 94 条第 3 项）；一方有违约行为致使不能实现合同目的的事实（《合同法》第 94 条第 4 项）；法定抵销的事实（《合同法》第 99 条）；约定抵销的事实（《合同法》第 100 条）；提存的事实（《合同法》第 101 条）；债务免除的事实（《合同法》第 105 条）；混同的事实（《合同法》第 106 条）；等等。

6. 违约责任纠纷诉讼的证明对象。这主要有：合同成立并生效的事实；被告不履行或迟延履行的事实；法定或约定违约金存在的事实；等等。

（三）继承诉讼中的证明对象

因继承权发生争执时，证明对象是：有法定继承权的事实（《继承法》第 10 条）；与被继承人存在收养关系、扶养关系的事实（《继承法》第 10 条）；丧失继承权的事实（《继承法》第 7 条）；放弃继承权的事实（《继承法》第 25 条）；丧偶儿媳对公、婆，丧偶女婿对岳父、岳母尽了主要赡养义务的事实；等等。

因遗嘱发生争执时，证明对象是：遗嘱合法存在的事实，自书遗嘱是否伪造的事实，录音遗嘱、代书遗嘱、口头遗嘱有 2 个以上见证人的事实（《继承法》第 17 条）；不能作为遗嘱见证人的事实（《继承法》第 18 条）；等等。

因遗产分割发生争执时，证明对象是：遗产中的有关部分按照法定继承办理的事实（《继承法》第 27 条）；胎儿出生时是否为死体的事实（《继承法》第 28 条）；在遗产份额上应受照顾或者可以多分的事实；等等。

（四）离婚诉讼中的证明对象

离婚诉讼属形成之诉。在离婚诉讼中，原告提出的诉讼请求通常会涉及三种法律关系，即夫妻关系、子女抚养关系、财产共有关系。因不同法律关系发生的争执，其证明对象也不一样。

我国《婚姻法》将"夫妻感情确已破裂"作为人民法院判决离婚的法定条件，故因感情破裂与否发生争执时，证明对象是感情确已破裂的事实。感情破裂是法律对离婚理由的高度抽象，在现实生活中，感情破裂总是由某些具体原因引起的。例如，婚姻基础差，双方出于某种目的草率结婚，婚后又未能建立起夫妻感情；对方道德败坏，与第三者非法同居或通奸；对方有严重的生理缺陷，不能过夫妻生活；家庭暴力；等等。为解决感情破裂过于抽象的问题，《最高人民法院关于人民法院审理离婚案件如何认定夫妻感情确已破裂的若干具体意见》中列举了可视为感情确已破裂的 13 种具体情况。这些情形基本包括了审判实践中原告作为离婚理由的各种事实，从而使原告对感情破裂的证明转化为对上述司法解释中的具体事实的证明，换言之，上述事实成为证明对象。

因子女抚养发生争执时，证明对象是：哺乳期内的子女，不宜由母亲抚养的事实（《婚姻法》第 36 条）；子女归自己抚养更有利于子女的事实（《婚姻法》第 36 条）；等。

因财产分割发生争执时，证明对象是：某项财产属于婚前个人财产的事实（《婚姻法》第 18 条）；一方生活确有困难，对方应给予适当经济帮助的事实（《婚姻法》第 42 条）；夫妻关系存续期间的债务系单独债务的事实（《婚姻法》第 42 条）；等等。

（五）其他民事诉讼中的证明对象

1. 财产所有权诉讼中的证明对象。在返还原物诉讼中，原告诉请被告返还其占有的动产或不动产，须首先证明作为诉讼请求所根据的事实，即证明对所争执的物品享有合法权利的事实，如对该物品享有所有权、占有权的事实等。在共有财产究竟为按份共有还是共同共有发生争执时，证明对象是该财产为按份共有的事实。

2. 不当得利、无因管理诉讼中的证明对象。不当得利是债的发生根据之一，是指没有合法根据地造成他人损失而自己取得不当利益。其构成要件是：①一方获得利益的事实；②他方受有损失的事实；③利益和损失之间有因果关系；④获得利益没有合法根据。受害人请求受益人返还不当得利时，应以上述要件事实为证明对象（《民法通则》第 92 条、《民法总则》第 122 条）。

无因管理也是一种债的发生根据，指没有法定或约定的义务，为避免他人利益受损失，自愿进行管理或服务的行为。无因管理的构成要件是：①管理他人事务的事实；②管理人有为他人管理的意思；③没有法定或约定的义务（《民法通则》第 93 条、《民法总则》第 121 条）。管理人请求受益人偿付其支出的必要费用时，应证明上述要件事实。

■ 第四节　行政诉讼中的证明对象

一、有关行政诉讼证明对象的立法规定

规范行政诉讼证明对象的立法包括实体法和程序法。由于行政管理的广泛性和多样性，行政诉讼证明对象的实体法依据比较复杂，涉及公安、工商、税务、规划、财政、卫生等多个行业，行政法律、法规也相应地存在着行政处罚、行政许可、行政收费、行政合同等多种形态。具体行政行为的复杂性、多样性决定了各个行政诉讼中的证明对象的差异性。

行政诉讼证明对象的特点集中体现在《行政诉讼法》第 6 条和第 34 条第 1 款的规定上。《行政诉讼法》第 6 条规定："人民法院审理行政案件，对具体行政行为是否合法进行审查。"第 34 条第 1 款规定："被告对作出的具体行政行为负有举证责任，应当提供作出该具体行政行为的证据和所依据的规范性文件。"由此可见，具体行政行为的合法性审查与判断，是行政诉讼的中心任务，与之相应，凡是与具体行政行为的合法性相关的事实与规范性文件，均属于行政诉讼证明对象的范围。

根据《行政复议法》第 6 条和第 7 条的有关规定，行政复议申请人对行政复议决定不服的，可以向人民法院起诉，而行政复议机关依申请人的申请，可以附带审查抽象行政行为，这就意味着抽象行政行为也可成为行政诉讼的证明对象。[1] 同时，依据《国家赔偿法》的规定，行政赔偿诉讼是一种特殊的行政案件，其证明对象与一般行政诉讼的不同之处在于有关行政侵权责任是否成立和大小的要件事实和情节事实。

此外，《行政诉讼法》《国家赔偿法》《行政复议法》中都有关于行政诉讼程序法事实的规定，这些也属于行政诉讼证明对象的内容。

二、行政诉讼证明对象的内容

行政诉讼证明对象总体上可以分为以下四类：

（一）与被诉行政行为合法性和合理性有关的事实

行政行为是指行政机关行使行政职权，依法作出的具有法律效力的行为，包括具体行政行为和抽象行政行为。

1. 与被诉具体行政行为合法性和合理性有关的事实。具体行政行为是指行

---

〔1〕　何家弘主编：《新编证据法学》，法律出版社 2000 年版，第 297 页。

政机关行使职权，对特定的公民、法人或者其他组织和特定的事件单方面作出的直接产生法律效力的行为。由于被诉具体行政行为的合法性和合理性是一般行政诉讼的主要对象，故与此有关的事实就成为一般行政诉讼的证明对象。具体包括以下四个方面的事实：

（1）行政机关具有法定职权的事实。即被告行政机关是否有权对外以自己的名义代表国家进行行政管理活动，如果答案是肯定的，接下来的问题是该行政机关是否有权作出被诉具体行政行为，也就是说，是否承担相应的行政职责。根据依法行政原则，这两种事实取决于法律、行政法规的规定。

（2）原告是否实施了被处理行为或者是否符合法定条件的事实。在行政执法程序中，原告是行政相对人，行政机关要作出正确的行政行为，必须准确认定相对人。例如，在行政处罚案件中，行政机关必须准确认定原告是否是应当遭受处罚的人。在查明相对人是待处理行为的责任主体之后，行政机关应当进一步查明待处理行为本身的情况，如原告实施了违反治安管理秩序行为的事实。在行政许可和不作为的具体行政行为案件中，行政机关还应当进一步查明相对人是否符合法定的颁发许可证或者享受给付和保护的条件。这些事实都可能成为行政诉讼的证明对象。

（3）被告作出被诉具体行政行为时目的是否正当的事实。目的是被诉行政行为合法性的主观标准，人民法院要查明这个事实，可以从被告的记录和当事人陈述作出客观的认定。

（4）被诉具体行政行为的处理与案件的事实、情节和性质是否相适应。根据《行政诉讼法》第 77 条第 1 款的规定，行政处罚显失公正的，人民法院可以判决变更，这是有关审查行政处罚合理性的规定。

以上事实，不仅适用于作为的具体行政行为案件，而且适用于不作为的具体行政行为案件；不仅适用于有利的具体行政行为案件，而且适用于不利的具体行政行为案件。[1]

2. 有关抽象行政行为合法性与有效性的事实。抽象行政行为是指行政机关依法对不特定的人和事件制定具有普遍约束力的行为规则的行为。依《行政诉讼法》和《行政复议法》的有关规定，行政法规和规章以外的抽象行政行为可以成为行政诉讼的审查对象，与其合法性和有效性有关的事实也就相应地成为一般行政诉讼的证明对象，具体包括以下方面的事实：

（1）作为抽象行政行为主体的行政机关是否享有实施该抽象行政行为的行政职权。例如，《行政处罚法》规定，规章以下的规范性文件不得设定任何行政

---

〔1〕 何家弘主编：《新编证据法学》，法律出版社 2000 年版，第 299 页。

处罚,若某工商局的"红头"文件自行设定罚款的处罚,这种抽象行政行为就是违法的。

(2)制定抽象行政行为的程序是否合法。这一点可以从有关的记录中查明。

(3)抽象行政行为的适用范围和效力情况。

(二)与行政赔偿责任有关的事实

行政赔偿是指行政机关及其工作人员在行使行政职权过程中违法侵害公民、法人或者其他组织合法权益造成损害的,由国家承担的赔偿责任。在行政侵权赔偿诉讼中,行政赔偿构成要件的事实是主要的证明对象,也是行政赔偿诉讼证明对象区别于一般行政诉讼证明对象之所在。具体包括以下五个方面的事实:

1. 侵权行为是否由作为被告的行政机关及其工作人员实施。对工作人员应当作广义上的理解,不仅包括具有公务员身份的工作人员,而且包括接受行政机关指派或唆使从事实施侵权行为的公民。

2. 侵权行为是否是行政机关及其工作人员在行使行政职权的过程中实施的。这一点应当从是否存在相应的法定职权、行为的目的、时间和场合等方面认定。

3. 侵权行为是否违法。这里的法律包括程序法和实体法、行政法和民法等。

4. 侵权行为是否给作为原告的受害人造成人身权或者财产权的损害;如果造成了损害,损害的大小如何。

5. 侵权行为与损害之间是否具有直接的因果关系。关于因果关系,应当从侵权行为实施的条件、作用等方面认定。

另外,原告单独提出赔偿请求的,人民法院还应当查明赔偿义务机关作出处理的情况。这一点也属于行政赔偿诉讼的证明对象。

(三)被诉行政行为符合行政程序的事实

为了保证行政机关正确、合法地行使行政权力,保障相对人利益不受行政机关的非法侵害,法律、行政法规确定了行政机关依法行政的一般程序。行政法中所规定的行政程序是一个内涵丰富的概念,违反行政程序的情形主要指的是行政机关在采取具体行政行为时,并没有按照行政法所规定的程序、步骤或形式办事。例如,我国《治安管理处罚法》第四章对治安管理处罚的程序作了具体的规定,其程序性环节包括调查(受理、登记、调查、取证、传唤、回避、询问查证)、决定以及执行。违反法定程序,将导致具体行政行为无效或被撤销。

(四)与行政协议的合法性与有效性有关的事实

根据《行政诉讼法》第12条第1款第11项的规定,"认为行政机关不依法履行、未按照约定履行或者违法变更、解除政府特许经营协议、土地房屋征收补偿协议等协议的",人民法院应当受理关系人据此而提起的诉讼,学理上称之为行政协议案件。与因其他行政行为而引起的行政案件相比，行政协议案件的证明对象具有以下特殊之处：

1. 应当注意区分合法性、合约性与有效性的事实。合法性事实主要是指现行法律法规和规章规定有关行政协议是否合法成立的事实，合约性事实主要是指行政协议依法签订并且生效之后，当事人的履行行为是否符合行政协议约定的内容，有效性事实是指依法成立的行政协议是否存在效力阻却、延期、变更、消灭的事实。合约的未必合法，合法的未必有效，这是行政协议的一个复杂之处。

2. 应当注意区分行政协议文本事实、行政协议内容事实与行政协议行为事实。行政协议文本是否合法有效，取决于签约主体的资格、行政协议目的的正当性、签订过程的规范性、协议文本的完整性和正式性等因素。行政协议内容是否合法有效，取决于行政协议是否符合相关的行政行为法和合同法规定。对依法成立并且生效的行政协议而言，履行行为的合法性与有效性，主要取决于合约性。

3. 应当注意区分不同类型的行政协议在证明对象方面的特殊性。行政协议的类型多种多样，常见的有征收补偿类、特许经营类、合作开发类、伙伴关系建构类等，每一类行政协议都具有特殊规则和特殊的问题，在证明对象方面也是如此。只有抓住每一类行政协议的特殊性，才能准确地限定其证明对象的范围。

■ 第五节　非诉讼法律活动中的证明对象

非诉讼法律活动中的证明对象，是指各种非诉讼机构，如仲裁机构、行政机构、公证机构等，在处理非诉讼法律事务时，由证明主体用证据加以证明的各种争执事实。它主要包括仲裁中的证明对象、公证中的证明对象、国家监察中的证明对象等类型。

一、仲裁的证明对象

仲裁又称公断，是指争议双方在争议发生前或发生后达成协议，自愿将争议提交第三方裁决，并有义务执行裁决结果的一种争议解决方式。仲裁是一种三方结构的非诉讼活动，仲裁中的证明对象，是仲裁当事人之间发生争议的合同或者其他财产权益纠纷所涉及的事实。由于现代社会中的纠纷日渐增多，专业性也越来越强，不同专业类型的仲裁程序作为多元化纠纷解决的一种途径，逐渐显示其重要性。从证据法的角度来看，仲裁中的证明适用诉讼证明的基本

第二十一章

法理，因此，仲裁中的证明对象与民事诉讼中的证明对象大体上是一致的。

仲裁证明对象的具体内容因纠纷的性质和类型而异。劳动争议仲裁的证明对象以与劳动合同法律关系有关的案件事实为中心，经济合同仲裁以与争议合同的合法性与有效性有关的案件事实为中心，人事争议仲裁以与人事代理或者管理法律关系有关的案件事实为中心，行政协议仲裁以与行政协议的合法性和有效性有关的案件事实为中心。有关诉讼证明对象的一般原理适用于仲裁证明对象的认定，但不同性质和类型的仲裁案件在证明对象上具有自己的特殊性。在诉讼证明对象普遍原理的基础上把握仲裁证明对象的特殊性是关键所在。

二、公证的证明对象

公证的证明对象，是指办理公证事务中需要运用证据加以证明的公证事项，主要包括法律行为、法律事实和具有法律意义的文书。公证证明对象的范围，是由公证的业务范围决定的。

根据《公证法》第 11 条、第 12 条的规定，公证业务概括起来可以分为以下七类：①证明法律行为，包括合同、遗嘱、继承、委托、声明、赠与、财产分割、招标投标、拍卖、提存、开奖等；②证明有法律意义的文书，包括证明文件上的签名、印鉴属实和证明文件的副本、节本、译本、影印本与原本相符；③证明法律事实，包括出生、生存、死亡、身份、经历、学历、学位、职务、职称、有无违法犯罪记录、婚姻状况、亲属关系、收养关系、公司章程等；④证明非争议性事实，包括亲属关系、身份、学历、经历等；⑤对于无争议的债权文书认为无疑义的，在该文书上证明有强制执行的效力；⑥办理与公证有关的辅助业务，如保全证据、保管遗嘱、遗产或者其他与公证事项有关的财产、物品、文书等；⑦办理其他公证事项，如代写与公证事项有关的法律事务文书、提供公证法律咨询等。

办理公证业务时，每一个待证的公证事项都须得到相关证据的证明，并且证明对象必须达到真实、合法的要求，公证人员才能出证。所谓证明对象真实，是指证明对象应该是客观存在的事实。它要求公证证明的法律行为、法律事实或者有法律意义的文书都是客观存在或确曾发生过的事实，而不是假的、伪造的或虚构的事实。所谓证明对象合法，是指证明对象的内容和形式必须符合国家法律的规定，并不得违反社会公共利益。

三、国家监察的证明对象

根据《监察法》第 11 条有关国家监察机关监督、调查和处置职责的规定，国家监察中的证明活动的内容，可以分为职务操守、职务违法和职务犯罪三类。

从证据法的角度来看，对职务操守监督检查以与廉政、勤政和仁政的工作作风有关的案件事实为重心，对职务违法监督检查以与政纪违法行为有关的案件事实为重心；对职务犯罪调查以与贪污受贿、滥用职权、玩忽职守、权力寻租、利益输送、徇私舞弊、浪费公产等职务犯罪行为有关的案件事实为重心。三类调查在范围、内容、方式和方法等方面存在较大的差别。

（一）职务操守案件的证明对象

根据《监察法》第11条第1项的规定，国家监察机关依法对行使公权力的公职人员开展廉政教育，对其依法履职、秉公用权、廉洁从政从业以及道德操守情况进行监督检查。从《监察法》的整体制度设计来看，公职人员的职务操守是国家监察机关的首要监督检查内容，此类案件的证明对象主要涉及廉政、勤政、仁政三类事实。所谓廉政，是指公职人员不追求与自己的岗位、能力和努力不相称的金钱、福利、名位、机会、资源等分外的好处，"一分耕耘，一分收获"，劳动与价值相对应。所谓勤政，是指公职人员应当以积极进取的姿态和切实有效的措施，力求国家利益、社会利益和个人合法权益的最大化。所谓仁政，是指公职人员应当以以民为本、以人为本的态度，确保履职行为既有利于特定公民合法权益保护，又有利于整体民生的幸福。从定义来看，这三类事实的最大特点是同时具备社会道德规范事实、党纪作风规范事实与国家法律规范事实的属性，既涉及社会公共道德文化建设，又涉及国家法治规范体系建设，更涉及执政党自身的执政能力建设，是三个方面的有机统一。如何从证据法的角度，用证据法的思维和语言，分门别类地明确廉政案件、勤政案件和仁政案件的事实调查范围，将国家监察机关的职务操守调查行为纳入现代民主法治的轨道上，防止其扭曲、异化和变质，是一个值得深入探讨的法律问题。

（二）职务违法案件的证明对象

职务违法案件主要针对公职人员的职务违法行为。《监察法》对"职务违法"一词采取了比较宽泛的定义。从性质来看，可以分为贪赃枉法、徇私舞弊、玩忽职守、权力寻租、利益输送、浪费公产等具体类型；从依据来看，可以分为违纪、违规和违法等三类。违纪是指公职人员履行职务的行为违反了岗位纪律或者身份纪律的要求，违规是指公职人员履行职务的行为违反了内部业务规程，而违法是指违反了国家的有关法律规定。三类案件事实的主要不同之处在于依据不同。违纪事实认定的依据包括党的纪律、单位的纪律和岗位的纪律，道德规范的因素在其中的比重较大；违规事实认定的依据主要是岗位或者单位的业务操作规程，技术规范的因素在其中的比重较大；违法事实认定的依据主要是国家机关依法制定的法律、法规和规章。

从内容来看，三类案件主要包括以下两个方面的内容：

第二十一章

1. 职务违法行为人的事实。包括职务违法行为人的基本情况，一般履历、一贯表现，是否有前科或受过处分以及责任能力情况，这是影响对职务违法行为人行为定性的重要因素。

2. 职务违法行为的事实。包括：职务违法行为是否发生；职务违法违纪行为的时间、地点、手段、方法、目的、动机、危害后果；行为与结果之间是否存在因果关系；有无从重、从轻、减轻或免除处分的情节；等等，例如，有无主动交代违法事实、主动挽回违法造成的损失、积极退赃的情节，有无毁灭、隐匿证据、转移赃款赃物、订立攻守同盟等情节，这些情节直接影响职务违法责任轻重的认定。

（三）职务犯罪案件的证明对象

根据《监察法》第 11 条第 2 项的规定，国家监察机关依法对涉嫌贪污受贿、玩忽职守、权力寻租、利益输送、徇私舞弊以及浪费国家资财等职务违法和职务犯罪进行调查。其中，贪污受贿、玩忽职守、徇私舞弊是《刑法》规定的犯罪行为类型，在证明对象方面适用一般刑事诉讼证明对象的原理。与此不同，浪费公产、权力寻租和利益输送是《监察法》针对廉政建设的实际情况，以新的术语特别规定的职务犯罪行为类型，在证明对象的界定方面有待进一步明确。一般而言，因违规或者违法的使用行为或者管理行为给国家、集体或者单位的公共财产造成难以挽回的巨大损失，是浪费公产犯罪行为的事实要件；违反法定的目的、范围和方式使用公权力，为范围指向明确的个人或者关系人谋取非法的或者不正当的利益，是权力寻租犯罪行为的事实要件；以合法的方式、范围使用公权力，为范围指向不特定的个人或者关系人提供没有明确法律依据的利益，从而变相损害国家或者社会的公共利益，是利益输送行为的事实要件。

■ 第六节　免证事实与司法认知

一、免证事实

（一）免证事实的概念与特征

免证事实，即免除当事人举证而由法院直接认定的事实。在诉讼中，有些事实的真实性是一目了然的，有些事实的真实性已由法院在其他诉讼中查明，有些事实被法律假定为真实，也有些事实因当事人之间无争议而被视为真实。对这些事实，对方当事人若未提出反证或反证不能成立，法院在裁判中可以直接确认，不再纳入证明对象的范围。

第二十一章

免证事实的特征主要表现在：

1. 法定性。免证事实的范围、条件和程序由法律规定。《美国联邦证据规则》从"司法认知"的角度规定免证事实，而《印度证据法》则从"无须证明事实"的角度规定，我国台湾地区的"刑事诉讼法"和"民事诉讼法则"从"证明责任例外"的角度规定。[1] 从法律技术的角度而言，这三种方法具有典范意义。

我国有关民事和行政诉讼证据的司法解释规定了"法院直接认定事实"的范围，[2] 现有法律对刑事证据领域中的免证事实还没有明确规定。有的观点认为，刑事诉讼中应当设立免证事实制度。[3] 主张制定统一证据法典的学者主张设立统一的免证事实规则，全面而系统地规定免证事实的范围、程序和效力。[4] 三大诉讼法分散规定免证事实规则的优点是突出各自的特殊性，但往往忽略遗漏了统一的规则，尤其是司法认知的程序规则。就此而言，无论是在内容的系统性方面，还是在法律技术的成熟性方面，统一证据法典都具有较多的优越性。

法律设立免证事实规则主要考虑是效率。司法认知免除了公安司法机关的证据调查，也免除了当事人不必要的举证负担，而且可以有效防止当事人滥用举证权和质证权，避免诉讼的拖延。在诉讼过程中，尽管多数具体事实需要当事人举证和质证才能查明，但有的事实却是如此明显或确定，以至于当事人不会或不能提出合理的争议。对于此类事实，如果允许当事人提出没有根据的反驳，或者要求当事人提出证据加以证明，不仅会造成诉讼的拖延，而且容易混淆真正的分歧，模糊纠纷的焦点。

2. 相对性。法定免证事实的范围受诉讼种类和一系列条件的限制。在民事诉讼、行政诉讼中可以免证的事实，在刑事诉讼中则不能免除公安司法机关的查明职责。这方面的一个典型是"有罪供认"。即使犯罪嫌疑人、被告人自愿、

〔1〕《美国联邦证据规则》第201条；1872年《印度证据法》第3章"无须证明的事实"；我国台湾地区"刑事诉讼法"第157条和第158条，我国台湾地区"民事诉讼法"第278条。

〔2〕2001年最高法《民诉证据规定》第9条规定，下列事实，当事人无须举证证明：①众所周知的事实；②自然规律及定理；③根据法律规定或者已知事实和日常生活经验法则，能推定出的另一事实；④已为人民法院发生法律效力的裁判所确认的事实；⑤已为仲裁机构的生效裁决所确认的事实；⑥已为有效公证文书所证明的事实。前款①、③、④~⑥项，当事人有相反证据足以推翻的除外。2002年最高法《行诉证据规定》第68条作了基本相同的规定。

〔3〕陈光中主编：《中华人民共和国刑事证据法专家拟制稿：条文、释义与论证》，中国法制出版社2004年版，第143页。

〔4〕江伟主编：《中国证据法草案（建议稿）及立法理由书》，中国人民大学出版社2004年版，第560~561页。

理智地承认自己的犯罪事实，仍然不免除公安司法机关的调查义务。

　　法定范围之内的免证事实也并非在任何条件下都可以得到"免证"的资格。国外实定法区分应当认知和可以认知，[1] 我国司法解释则在规定免证事实范围的同时确立当事人提出反证的例外等，都是免证事实相对性的表现。从中外实定法的规定来看，当事人能够提出合理反驳，是"免证"的主要资格要件；在此基础上，中外实定法都规定了必须予以认知的情形，其中主要是自然科学定律和国内成文法。

　　法律真实的相对性和证明的相对性决定了免证事实效力的相对性。实定法规定的必须予以认知的事项，客观上都具有相当大的不确定性。当事人不能提出合理的质疑，并不意味着免证事实是绝对的真实，即使是自然规律和科学定律，也具有历史的局限性。我国学界有人主张区分免证事实和推定事实，区分标准为是否准许当事人能够反证予以推翻。[2] 其实，从免证效力的相对性来看，这种区分不仅没有多大的实际意义，反而使有关的程序规则变得无谓的复杂。这里的关键是：除了司法认知之外，推定事实通过什么程序成为裁判的要件事实？在司法认知效力具有相对性的情况下，还有什么必要单独设立适用推定的程序规则？

巩固练习：
免证事实

　　（二）免证事实的分类

　　我国法律虽未规定免证事实，但在司法实践中却承认这些事实的存在。根据最高法2008年《民诉证据规定》第9条第1款第1项的规定，当事人无须举证证明下列事实：①众所周知的事实；②自然规律及定理；③根据法律规定或者已知事实和日常生活经验法则，能推定出的另一事实；④已为人民法院发生法律效力的裁判所确认的事实；⑤已为仲裁机构的生效裁决所确认的事实；⑥已为有效公证文书所证明的事实。

　　由于推定的事实具有多种形态，与举证责任的关系也相当复杂，本书将在第二十四章"证明方法"中进行分析。

　　1. 当事人承认的事实。当事人的承认有两层意思：①自认，即对事实的承认；②认诺，即对诉讼请求的承认。前者通常不会导致败诉的后果，后者则往往导致法院依据认诺作出满足对方当事人诉讼请求的判决。

　　诉讼上的自认是指在诉讼过程中，一方当事人对另一方当事人所主张的案

---

〔1〕《美国加州证据法典》第450条；1982年《印度证据法》第57条。

〔2〕陈光中主编：《中华人民共和国刑事证据法专家拟制稿：条文、释义与论证》，中国法制出版社2004年版，第143~147页；张卫平主编：《民事证据制度研究》，清华大学出版社2004年版，第119~127页。

件事实，承认其为真实。自认包括完全的自认与附加限制的自认、明示的自认与默示的自认、当事人自认与诉讼代理人自认等类型。对于诉讼上的自认，最高法 2008 年《民诉证据规定》第 8 条规定了自认的要件、效力、撤回等内容。具体内容，请参阅本书第十二章第四节。

2. 预决的事实。所谓预决的事实，是指已为发生法律效力的判决所确定的事实。预决的事实之所以不必证明，一方面是因为该事实在其他诉讼中已为人民法院所查明，另一方面是为了防止法院在裁判中对同一事实作出互相矛盾的认定。

预决事实的存在有以下三种情况：

（1）为生效民事判决所认定的事实。这主要是指人民法院依普通程序作出的判决中认定的事实。依特别程序作出的判决中认定的事实是否也具有预决效力，需具体分析。这类判决中认定的事实是法院作出判决时的事实状态。判决作出后，事实状态可能发生变化，因此，法律允许法院依据新的事实状态作出新判决，撤销原判决。所以，不能笼统地说依特别程序所作的判决中认定的事实也具有预决效力。例如，法院依特别程序宣告某人为限制民事行为能力人、无民事行为能力人或者宣告失踪、宣告死亡的判决，是不足以使这一事实成为预决事实的，特别是在有证据表明被宣告者已经成年，或者精神病已经康复，或者有被宣告失踪、死亡人的消息的情况下，更不能认为法院的宣告判决中的事实有预决效力。

（2）为生效刑事判决书所认定的事实。人民法院在刑事判决中认定的事实无疑应对民事诉讼产生预决效力，但这种预决效力只应局限在一定的范围内。

刑事判决可分为有罪判决和无罪判决，有罪判决的预决效力毋庸置疑，而无罪判决则需要作进一步的分析。无罪判决有两种情形：①指控的犯罪事实已被否定，法院在诉讼中已查明犯罪行为并非被告人所为；②由于案件事实不清、证据不足，不能认定被告人有罪，而作出证据不足、指控犯罪不能成立的无罪判决。前者，无罪判决对民事诉讼应具有预决效力；后者，由于无罪判决建立在证据不足而不能认定被告人有罪的基础上，考虑到民事诉讼的证明标准低于刑事诉讼，在证据相同的情况下，被告人在刑事诉讼中因证据不足被认定为无罪，不等于在民事诉讼中也一定被认定为侵权行为不能成立而无责，因此，这种无罪判决对民事诉讼不应具有预决效力。

由于大多数犯罪行为同时也是民事侵权行为，所以，刑事判决书的预决效力通常表现在民事侵权诉讼中。当然，其他诉讼中亦会出现预决问题，例如，法院在刑事判决中认定被告以签订合同为名诈骗的事实，对确认该合同无效的诉讼具有预决效力；法院在刑事判决中认定被告实施严重伤害夫妻感情犯罪行为的事实，对受伤害一方以此为理由提起的离婚诉讼具有预决效力；等等。

（3）为生效行政判决所认定的事实。国家行政机关在具体行政行为中认定的事实对法院审理民事案件并无预决效力。但是，如果法院在行政诉讼中判决维持该行政行为，这一事实便具有了司法认定的性质，对以后的民事诉讼产生了预决效力。如维持人民政府所作的土地确权决定的行政判决，对今后发生的有关该土地的侵权诉讼具有预决效力。

在实际诉讼中，如果审理案件的审判人员不知道具有预决效力的判决存在，主张存在这种判决的当事人应提出判决书或其副本予以证明。判决书或副本提出后，法院就不必再对该事实进行调查，主张该事实存在的当事人便免去了举证责任。

3. 众所周知的事实。众所周知的事实，是指一定区域内大多数人都知道的事实。众所周知的事实不必证明，是各国诉讼法的通例。一般认为，众所周知的事实必须具备两个条件：①诉讼发生时为大多数人所知晓；②审理案件的审判人员也知道。

事实为人们知晓的范围具有相对性：有的事实全国大多数人都知道，有的事实全省、全地区或全市的多数人知道，有的事实只为某特定的狭小区域所知晓。确定众所周知的事实的范围不宜过宽，那些仅为某单位、某村所共知的事实不宜作为众所周知的事实。

事实是否为众所周知，还可能因时而异。随着时间的推移，一些原属共知的事实在人们的记忆中淡化了，不再为众所周知的事实。在此情况下，主张此事实的当事人仍须负举证责任。

当众所周知的事实成为诉讼中的重要事实时，是否必须经当事人主张后，法院才能把它作为裁判的基础，德、日两国的学术界对此有不同认识。日本的多数学者从辩论主义出发，主张"积极说"，认为凡属法律要件的主要事实，仍须经当事人主张；德国的一些学者从保证判决中认定的事实真实出发，主张"消极说"，认为法院可依职权径行认定。我国台湾地区的"民事诉讼法"采用"消极说"，但同时赋予当事人反驳的机会。[1]

为保证人民法院在裁判中认定的事实与事实的真实情况相一致，并且防止法院滥用权力认定事实和误认事实，可以借鉴我国台湾地区的做法，由法院直接认定众所周知的事实，同时允许因该事实被认定而处于不利地位的一方当事人在法庭辩论时有提出不同意见、提出相反证据的机会，允许该方当事人提出

---

〔1〕　我国台湾地区"民事诉讼法"对此问题作出了颇有特色的规定，即"前项事实，虽非当事人提出者，亦得斟酌之，但裁判前应令当事人，就其事实有辩论之机会"。

第二十一章

相反主张，并允许当事人以反证证明。

4. 自然规律及定理。在诉讼中，当事人向法庭陈述的事实中有时会涉及自然规律或科学定理，如潮汐的涨落、生物有机体的新陈代谢、能量守恒与转换定律、作用与反作用定律等。这些自然规律与定理，有的广为人知，成为众所周知的事实的一部分，因而不必举证证明；有的虽然不具有共知性，但已经过实践的反复检验，其客观存在性及真实性不致有误，所以同样不必证明。但是，科学定理有很多，审判人员未必尽知。此时，主张的一方当事人就应当进行解释。

5. 经公证证明的事实。公证行为属国家的证明行为，公证机关对事实的确认，是依照法定程序，经过严格的审查后作出的，一般都具有真实性。因此，当事人提出公证文书证明其所主张的事实后，人民法院就不必再对该文书进行审查，也不必再要求该当事人提供其他证据，只要对方当事人未提出足以推翻公证证明的相反证据，人民法院就可以直接将它作为认定事实的根据。[1]

值得注意的是，在免除举证责任这一问题上，经公证证明的事实与预决的事实和法律上推定的事实是有区别的。预决事实的免除是绝对的免除，除非认定预决事实的判决被撤销（这种情况极少发生），当事人不会再负担举证责任。经公证证明的事实一旦被相反证据推翻，主张该事实的当事人就不得不重新负担起举证责任。对于主张法律上推定事实的当事人来说，举证责任的免除是彻底的免除，由于举证责任因推定的作用已被转移于对方，所以，该当事人在任何情况下都不会对此负举证责任。经公证证明的事实的举证责任免除是举证责任未发生转移情况下的免除，因而不具有彻底性。[2]

二、司法认知

（一）司法认知的概念

司法认知，也称审判上的认知或审判上的知悉，是指对于应当适用的法律或某一待认定的事实，法官依申请或依职权初步认定其为真实的一种诉讼证明方式。

司法认知是英美证据法上的重要概念，是用于替代司法证明的一种认定事实的方法。司法认知在性质上为法官的认证行为，即法官根据证明对象事实的性质，或基于一定理由，在法院显然可以认定而无证明的必要时，而加以认定的事实。司法认知与诉讼证明中的诸多概念有相似之处，下面就司法认知与免

〔1〕 2017年《民事诉讼法》第69条、2017年《公证法》第36条。
〔2〕 李浩：《民事举证责任研究》，中国政法大学出版社1993年版，第181～182页。

证事实、推定、自认之间的关系作一辨析。

1. 司法认知与免证事实。免证事实，系当事人无须举证的事实；司法认知，则是法院可以直接认定的事实。司法认知与免证事实存在如下差异：

（1）就某一无须举证的事实而言，司法认知与免证事实存在认识角度的不同。免证事实以当事人为视角，将某一特定事实排除出证明对象，同时免除了当事人就该事实提出证据的责任。司法认知则以法院为视角，强调的是法院的行为，即法院对于某一特定事实应当如何认证。

（2）二者的范围并非完全一致。某些事实（如当事人自认的事实），即使免除当事人举证，也不意味着法院就可以直接认定，法院在某些情况下还可以调查取证。

（3）免证事实仅仅静态地描述了与证明对象有关的事实，它通常不涉及法院的行为以及对方当事人的行为，而司法认知动态地体现了法院与双方当事人之间的关系。

2. 司法认知与推定。司法认知与推定也有所不同。司法认知是一个综合性的概念，是法院在诉讼上就众所周知的事实以及职务上显著的事实，无须当事人举证或法庭调查而直接加以确认的审判职务行为。司法认知所涉及的范围与当事人就待证事实的举证范围成反比，因而成为平衡当事人的举证豁免与举证责任关系的一种重要机制。[1] 司法认知并非以当事人的举证与质证为基本前提，但仍属于法官职务上的认定和判断所产生的确信效果。作为一种特殊的认证方式，司法认知对事实的认定，包括直接认定和间接认定两种形式。推定属于间接认证的一种方法。推定必须在没有反证或反证不能成立时，才能成为认定的对象。

3. 司法认知与自认。在诉讼活动中，主张一定事实者应就其主张的事实提出证据证明。尤其在刑事诉讼中，由于奉行实质真实主义原则，在诉讼上应证明的事实，不仅包括当事人有争执的事实，即便当事人无争执的事实，基于发现真实的考虑，仍有证明的必要。自认的事实表面上消除了当事人之间的争执，但不能免除公诉人的证明责任。我国《刑事诉讼法》第55条规定："……只有被告人供述，没有其他证据的，不能认定被告人有罪和处以刑罚……"因此，当事人的自认未必能产生免除当事人举证的后果，更未必能成为法院司法认知的对象。

（二）司法认知的特征

与举证、推定等诉讼活动相比，司法认知具有以下特征：

───────

[1] 何家弘主编：《新编证据法学》，法律出版社2000年版，第424页。

1. 司法认知的主体限于法院。司法认知是法院的一种事实认定行为，是法院行使审判权的一种形式。作为审判机关，法院有权就公认公知事实或职务上知悉的事实直接予以认定，正如当事人有权以举证和质证的方式进行诉讼证明一样。司法认知专属于人民法院，当事人可以申请法院对特定的案件事实采取司法认知，但没有自行采取司法认知的权利和资格。

有的学者认为司法认知是一种诉讼证明方式，[1] 我们不同意这种观点。司法认知在性质上应属法院的认证行为，而非证明行为。

2. 司法认知的客体是特定的事实。司法认知的事实范围，各国立法上一般有明确的限制。其中，英美法对司法认知采取的是更为宽容的态度，立法上或学理上设定的对象较为宽泛。《英国证据法》将司法认知分为四类：①众所周知的事实（但排除法官基于私人身份知悉的事实）；②经过调查后在司法上所知悉的事实；③英国法、欧洲共同体立法和英国国会的立法程序；④成文法的有关规定。《美国联邦证据规则》第 201 条规定，适用司法认知的事实必须不属于合理争执的事实。司法认知包括两方面的内容：①在审判法院管辖范围内众所周知的事实；②能够准确地确认和随时可借助某种手段加以确认，该手段的准确性不容受到合理的质疑。

与英美法系相比，大陆法系各国在立法和学理上对司法认知的解释较为概括、审慎。如《德国民事诉讼法典》第 291 条、《日本民事诉讼法》第 257 条均规定，显著的事实无须证明。所谓"显著的事实"，包括众所周知的事实和对法院已经显著的事实两种。其中众所周知的事实是指社会上具有普遍知识经验的人都不加怀疑地公认的事实；而只对法院显著的事实，仅是从法院的职务经验上讲已经明了的事实。[2]

3. 司法认知同时包括事实认定的过程和认定结果。司法认知既指法院认定某一事实的结果，也指法院认定事实的过程。并且，从过程的意义上探讨司法认知更有利于揭示司法认知的性质。因为司法认知是在诉讼过程中进行的，法院的认知行为不是一蹴而就的，对某一事实认知后，对方当事人有可能提出反证或反驳的意见，法院对此必须进行审查，然后作出认定。只要诉讼法允许当事人在法庭辩论终结前提出新的证据，就应当允许对方当事人提出举证加以反驳，这样，法院的司法认知行为也许会出现反复。

---

〔1〕 江伟主编：《证据法学》，法律出版社 1999 年版，第 155 页。
〔2〕 ［日］兼子一、竹下守夫：《民事诉讼法》，白绿铉译，法律出版社 1995 年版，第 105～106 页。

（三）司法认知的意义

司法认知是从公权角度对当事人举证责任的一种功能性救济，[1] 这种救济大多针对应列为证明对象的那些事实，因其事实本身具有客观性、公知、公认性，使其不必经过举证的环节便具有业经证明的效力。一旦法院采取司法认知，直接认定某一个事实的真实性，承担举证责任的一方当事人便无需举证。因此，司法认知能够影响举证责任的分配，这是司法认知的意义之一。

司法认知的另一层意义是它的制度价值。司法认知的目的是提高诉讼效率。在诉讼过程中，有的事实需要当事人举证和质证，需要法院调查和审查判断；有的事实是明显的，若当事人不能提出合理的争议，人民法院就不需要作进一步的调查。如果允许当事人对明显的事实提出没有根据的反驳，就会拖延诉讼。通过司法认知，法院可以及时排除无谓的争议，从而集中人力、物力、时间等司法资源用于解决案件的争点。英国证据法学者泰勒指出，司法认知在缩短和简化程序方面有巨大的作用，不使用司法认知会造成审判因技术性漫长而窒息。[2]

（四）司法认知的分类

根据不同标准，可以对司法认知作如下分类：

1. 必须认知与可予认知。这是以司法认知的事项是否为法律所强行规定，分为必须认知和可予认知。前者是指法律规定的事项，如本国宪法、法律等，法院应当知悉；后者是指对于某种事项，法院可以依其自由裁量权，酌定是否予以认知。必须认知具有强制性，法院对必须认知的事项，不能以种种借口（如该事实并非其所知或不能记忆）而推卸认知的义务。可予认知不具有强制性，是否认知，由法院酌情决定。

2. 对案件事实的司法认知与对证据事实的司法认知。这是以司法认知的客体为标准所作的分类。对案件事实的司法认知是指法院对法定的事实要件所采取的司法认知，而对证据事实的司法认知是指法院对周围证据的事实采取的司法认知。经过司法认知的证据事实可以直接作为定案证据，而经过司法认知的案件事实可以直接作为当事人主张成立的事实予以认定。

3. 对事实的司法认知与对法律的司法认知。这是英美法中依司法认知的内容所作的分类。对事实的司法认知是指对证据事实或者案件事实的司法认知，而对法律的司法认知是指对法律规范的存在和效力所采取的司法认知。

---

[1]　毕玉谦：《民事证据法判例实务研究》，法律出版社 1999 年版，第 397 页。

[2]　Thayer, *A Preliminary Treatise on Evidence at the Common Law*, Boston: Little Brown, and Co., 1898, note 203. 转引自江伟主编：《证据法学》，法律出版社 1999 年版，第 159 页。

4. 刑事诉讼中的司法认知、民事诉讼中的司法认知与行政诉讼中的司法认知。这是以司法认知应用的诉讼程序为标准所作的分类。刑事诉讼中的司法认知是指法院在审理刑事案件过程中，对特定的事实采取的司法认知。民事诉讼的司法认知是指法院在审理民事纠纷过程中采取的司法认知。而行政诉讼中的司法认知是指法院在审查行政行为合法性和合理性过程中采取的司法认知。

5. 依职权的司法认知与依申请的司法认知。这是以法院采取司法认知的原因为标准所作的分类。依职权的司法认知是指法院主动采取的司法认知，而依申请的司法认知是指法院根据当事人的申请采取的司法认知。这种分类的意义在于说明当事人享有申请法院采取司法认知的权利，但是当事人的申请对法院没有约束力。当事人提出申请之后，法院有权决定是否采取司法认知。

6. 口头司法认知与书面司法认知。这是以司法认知的外在形式为标准所作的分类。法院在审理过程中以口头裁定方式直接认定事实的，是口头司法认知；以书面裁定方式直接认定某一个事实的，是书面司法认知。从司法认知的简便性来看，司法认知以口头认知为原则，以书面认知为例外。法院以口头裁定采取司法认知的，应当载明于笔录。

（五）司法认知的程序

如前所述，司法认知不仅代表了事实认定的一种结果状态，而且反映了事实认定的过程。根据《美国联邦证据规则》第 201 条的规定，司法认知大致遵循以下程序：[1]

1. 自动认知或接受申请。法院对于法律、众所周知的事实及审判上应当知悉的事实，如国家权力机关的议案、政府机关的行政法规或规章以及其他无可争辩的众所周知的事实，无需当事人申请，法院可以依职权主动予以认知。当事人如就法院可以认知的事项，想免除其举证责任，应当向法院提出认知的申请，并提供充分的资料。若法院已经给予对方当事人以反驳、辩论的机会，则法院必须认知；如果法官确信该事项不属于认知的范围，则可以拒绝认知。

2. 告知当事人。法官要认知某一事实，尤其是自动认知时，应立即告知当事人及其诉讼代理人，提供并使其获得有关知识的机会。例如，有关认知事项的适当性及所认知的内容。法官可以咨询并利用一切有关的资料，至于这些资料是否应当为当事人所提供，或者由对方当事人所提供在所不问。提供资料，除可以正当地主张拒绝权之外，不适用排除规则。如果依据资料不能确信属于认知的范围时，则不予以认知。

3. 告诉或指示。在有陪审团审理的案件中，法官应当指示陪审团将已经认

---

〔1〕 卞建林译：《美国联邦刑事诉讼规则和证据规则》，中国政法大学出版社 1996 年版，第 103 页。

知的事实作为结论性事实加以采纳。在无陪审团审理的案件中，法官应在记录中载明该事实是援用司法认知原则确定的。法官之所以必须这样做，是因为该事项在审判时已经属于认知的范围，但上诉法院审判时不一定予以认可。实践中，关于法院认知的事项，经常出现记录中没有明确记载，以致引起不必要的争议的情况。

4. 上级法院的认知。法院未予认知或拒绝认知的事项，在以后的诉讼程序中或者上诉程序中，如认为该事项无可争辩，仍然可以认知。在认知之前，仍应告诉当事人，给予其提供有关知识的机会。如果由于下级法院对于认知的裁定有误而发生争执，当事人可以在上诉中适当地提出有关请求。所有在下级法院中提出的有关资料，均可在上诉时运用。下级法院的认知或者拒绝认知，均应记载明确，以供上级法院审查。上级法院不但可以重新考虑有关资料，还可以考虑新增加的资料。[1]

5. 认知范围的限定。法院依职权或者应申请认知的事实必须与本案裁判具有实质的关联性，并且当事人或者关系人没有提出确有理由的异议。

6. 裁判前的反驳。一般来说，法院作出可予认知的行为，必须在审判前将该事实告知有关当事人，给予其反驳该事实的机会。否则，应当认为该裁判存在法律上的瑕疵，当事人对之可以提起上诉。

7. 采用司法认知的时间。根据《美国联邦证据规则》，法院在任何诉讼阶段都可以采用司法认知。

（六）司法认知的效力

从法院认定事实的结果意义上而言，司法认知的效力，是指司法认知所产生的法律后果。司法认知能够产生以下两方面的法律效力：

1. 对当事人的效力。主要是免除当事人的举证责任。司法认知的事实，当事人无须举证。不论是待证的主要事实，还是用以证明主要事实的证据事实，均可因认知而免于举证。

2. 对法院的效力。司法认知是法院采取的一种具有法律约束力的诉讼行为，为保证其严肃性，法院应以裁定的方式作出。法院对司法认知的事实必须向当事人指明，并且在司法认知前为当事人提供反驳的机会，秘密使用司法认知往往会引起当事人的不信任。

---

[1] 叶自强：《民事证据研究》，法律出版社 1999 年版，第 43 页。

■ 第一节 证明责任概述

一、证明责任的概念与内涵

证明责任，是证明主体为了使自己的诉讼主张得到法院裁判的确认，所承担的提供和运用证据支持自己的主张以避免对于己方不利的诉讼后果的责任。

证明责任一词，英文是"burden of proof"或者"onus of proof"。其中，"burden"和"onus"是"负担"的意思，"proof"则是"证明"的意思。除证明责任外，我国还有译成"举证责任"或"立证责任"的。在我国诉讼理论和实践中，"证明责任"与"举证责任"经常作为同义词使用。

证明责任制度起源于古罗马法，到近代德国发展到繁荣阶段。在德国普通法时代，证明责任仅指诉讼法上的提供证据责任，即近代所谓的主观的证明责任，客观证明责任的含义尚未发掘出来。德国学者尤里乌斯·格拉色（Julius Glasser）于1883年率先提出了证明责任概念的分层理论。该理论认为，可以把证明责任概念的内涵分解为两个层次：①形式的或主观的证明责任，又称为行为意义上的证明责任，简称为行为责任。②实质的或客观的证明责任，又称为结果责任。继格拉色提出客观证明责任的概念之后，从莱昂哈德的提出证明说，其间经过罗森贝克的规范说，直到普维庭教授的修正规范说为止，关于客观证明责任的论争在德国法学界持续了一个世纪之久。尽管普维庭教授的学说被称作证明责任理论研究的休止符，自其专著问世以来，德国法学界对于证明责任的研究也就告一段落，但毋庸置疑的是，关于证明责任理论的研究远未穷尽，还有许多问题值得进一步探讨。

中国古代的诉讼制度中没有证明责任制度。在我国古代的诉讼中，法官的职权非常强，对证据的收集调查、审查和判断的权力很大，不具备产生当事人举证责任制度的条件。我国从立法上引入举证责任的概念及其做法，是从清朝末年开始的，主要体现在 1910 年起草的《大清民事诉讼律草案》中，这个草案的很多内容直接来源于日本的民事诉讼法。但是我国在证明责任领域的理论研究还相当落后。长期以来，研究者们或者拘泥于某些用语的辨析，或者在证明责任的内涵、性质等纯理论性的问题上争论不休，几乎无人去关注并深入挖掘证明责任的功能及其具体运作，而这两者才应是证明责任理论研究的重心和归宿。近年来，随着学术交流活动的增多以及一些法学译著的问世，国外的研究成果对我国证明责任理论的研究起到了启蒙和推动的作用。

证明责任包含三个方面的内涵：

1. 证明责任总是与一定的诉讼主张相联系。诉讼主张既是审判程序的原动力，又是诉讼活动的终结与归宿。无论在何种性质的案件中，诉讼活动都是围绕着当事人双方的诉讼主张而展开、进行的。当事人的主张不仅是其举证加以论证的对象，而且限定了法院的审理范围。在刑事诉讼中，检察机关指控被告人构成犯罪，请求法院给予刑事处罚，即是向法院提出的诉讼主张，该起诉主张具有对法院审判构成拘束的法律效力。在采取诉因制度的国家，法院不得抛开起诉范围而审理指控以外的人和事，甚至不得将甲罪名变更为乙罪名。此外，从权利义务一致的角度分析，如果说提出诉讼主张是当事人的一项诉讼权利，那么当事人要实现该权利，以期法院作出有利于自己的判决，就必须承担相应的义务，而证明责任从本质上讲就是一种证明义务。如果当事人不履行或没有很好地履行这一义务，其诉讼权利就难以实现，这正体现了权利义务相统一的原理。[1] 因此，当事人诉讼主张的存在是证明责任产生的潜在前提。

2. 证明责任是提供证据责任与说服责任的统一。所谓提供证据的责任，即双方当事人在诉讼过程中，应当根据诉讼进行的状态，就其主张的事实或者反驳的事实提供证据加以证明，也有学者称这一责任为"利用证据推进的责任"或"形式上的举证责任"。需要注意的是，这里的"责任"是有着特定含义的，它指的是一种风险负担，并不是所有提出证据的行为都必然是履行提出证据"责任"的行为。例如，被告人提出证明自己无罪或者罪轻的证据，一般属于行使辩护权的表现，是一种"权利"而不是"责任"；又如，在职权主义诉讼模式之下，法官承担着较多的主动依职权收集证据的责任，这也不属于履行"提供证据责任"的行为，而属于履行审判的职权和职责的活动。所谓说服责任，即负有证明责任的诉讼当事人应当承担运用证据对案件事实进行说明、论证，使法官形成对案件事实的确信的责任。在英美法系国家，说服责任被称作"令人

---

〔1〕　纪敏主编：《证据全书》，中国民主法制出版社 1999 年版，第 61 页。

信服的责任"。在诉讼案件中，当事人仅仅提供一堆"死"证据是不够的，他必须让证据"活"起来，说服法官，使法官形成确信的心证。说服责任是证明责任的重要组成部分，不利后果负担的发生与否，必须以说服责任的实际承担为前提条件。离开说服责任，案件事实都是真伪不明的，此时谈论不利后果的负担是没有意义的。

3. 证明责任总是和一定的不利诉讼后果相联系。证明责任最终表现为：如果承担证明责任的一方当事人不能提出足以说服法官确认自己诉讼主张的证据，则需承担败诉或者其他不利后果的责任。这种不利后果的负担是一种潜在的风险，只有在经过一系列的诉讼证明活动之后，诉讼结束之时才有可能发生。在民事诉讼中，不利后果存在于当事人的主张、提供证据和说服当中，如果当事人应该主张而没有主张，或者提出了证据却不能达到说服法院确认自己的诉讼主张的程度，则存在产生不利后果的可能性或者必然性。在刑事诉讼中，如果控诉方不能提供确实充分的证据或诉讼结束时案件仍处于事实真伪不明的状态，指控的罪名便不能成立，被告人将被宣告无罪，这实质上是指控的失败，从诉讼意义上讲，这一结果就是刑事控告方的"不利后果"。行政诉讼中，行政机关不能证明具体行政行为的合法性，亦将遭受类似的不利裁判。这种把证明责任同诉讼结果相联系，以证明责任的方式调动当事人诉讼积极性的方法，实在是诉讼发展史上的里程碑，它既找到了双方当事人可以接受的法官判断案件的标准，又便于诉讼的顺利进行。[1]

从以上分析可以看出，我国证明责任理论中所谓的提供证据的责任，相当于国外理论中的主观的、形式的、行为意义上的证明责任，而说服责任以及不利后果责任则相当于所谓的客观的、实质的、结果意义上的证明责任。关于行为责任与结果责任之间的关系，有学者曾经论述道："承担结果意义上的举证责任的可能性的存在，是当事人必须履行行为意义上的举证责任的原因。"其理由是："正是事实的真伪在诉讼中尚未确定，而这将会给主张事实的当事人带来灾难性的后果，才使得提供证据证明成为必要。如果该事实已被先前的裁判所确定，或者该事实已为对方当事人在法庭上承认，承担不利益诉讼结果的可能性已不复存在，当事人提供证据的必要性也就随之消失。另一方面，当事人可以通过诉讼中积极的举证活动避免承担不利益的诉讼后果，当事人积极履行行为意义上的举证责任，也正是为了避免承担结果意义上的举证责任。"[2] 由此可见，结果责任的存在是敦促证明主体履行其行为责任的动因，而行为责任的实

〔1〕 纪敏主编：《证据全书》，中国民主法制出版社 1999 年版，第 61 页。

〔2〕 李浩：《民事举证责任研究》，中国政法大学出版社 1993 年版，第 16 页。

际承担也正是以避免承担结果责任为目的。但是需要指出的是，不利后果责任只是一种潜在的风险，只有在案件事实经过一系列证明活动，特别是当承担证明责任的主体实际履行了说服责任之后，案件事实仍处于真伪不明状态时才会实际发生。这表明行为责任和结果责任在证明责任的外化过程中是相继呈现出来的，先是结果责任在实体法中的预先设定，后是行为责任的实际履行。行为责任实际履行后，结果责任有可能出现，也可能不出现。倘若结果责任出现，证明责任便发挥了它解决疑案的功能，证明责任的内涵意义达到了最大化。

为了进一步理解证明责任的内涵，有必要对其性质进行剖析。一般认为，作为一个内涵丰富的概念，证明责任的性质很难用权利、义务来加以概括。

从当事人追求胜诉的角度来看，提出证明主张和提供证据以及进行诉讼辩论，都可以看作当事人的诉讼权利。然而，我们设想一下，如果法官可以不依证据而依别的标准对当事人的实体请求作出判决，那么，当事人就不会愿意去"享受"这些诉讼"权利"。因此，在实质意义上，它并不具有"权利"完整含义。从义务角度看，在诉讼中，当事人证明义务是与诉讼权利相对应的，在民事诉讼和行政诉讼中，任何当事人都有权请求法院保护自己的合法权益，在刑事诉讼中，公诉机关或自诉人有权请求法院追究被告人的犯罪行为。当事人或控诉方的诉讼权利的抽象概括就表现为诉讼权利，与此相对应，他们也相应地承担诉讼义务。但作为义务，应当以不履行义务将获致处罚为保障履行的条件，但在证明责任中，并没有法律规定的"处罚"作为强制履行的内容，而是依靠"不利后果"的负担来促使当事人或公诉方去进行证明，法官根据证明责任规则，将诉讼的不利后果判给应当证明而未证明的当事人，实际上是一种"间接强制"，而不是一种法律处罚。

诉讼证明责任中的不利后果负担责任是一种"责任"或者"负担"。根据法理学的界定，"责任"是指负有法律义务的当事人没有或不能履行该义务的情况下所应承担的不利法律后果。在诉讼中，当事人或控诉方负有证明义务，如果实际履行了这一义务，使案件事实得到证明，则免除了不利后果的承担责任。如果案件事实真伪不明，法官必须将其拟定为"伪"或"真"。造成这种结局，不管是出于当事人自身主观原因，还是外在客观因素，都必须将由此导致的不利实体后果判决给负有证明义务的当事人承担。因此，证明责任这一诉讼制度的作用机制是：对诉讼当事人（包括控诉一方）课以行为意义上的证明负担，以求案件事实得到证明。在案件事实得不到证明的情形下，拟定为应当证明的一方当事人没有履行法律责任，判决该当事人承担由此引起的法律后果（即诉讼中的不利后果）。可见，证明责任意味着一种"风险负担"。

关于证明责任的性质，还涉及它的法域属性，即证明责任属于诉讼法规范还是实体法规范。国外有关证明责任属性的代表性学说主要有：诉讼法说、实体法说、实体司法法说、适用法律所属法域说。[1] 笔者认为四种学说中，实体司法法说的解释是可行的。理由如下：证明责任这一制度实际上涉及三个不同层次的问题。第一个层次的问题是：在诉讼中必须由当事人一方提出主张，提供证据并说服论证案件事实。这是由证据裁判主义的诉讼原理和弹劾式诉讼模式共同决定的。第二层次的问题是：当案件事实无法得到证明时，法官将其拟定为存在或不存在，并将不利后果分配给负有证明义务的当事人。这一规则的依据是法治国家原则和诉讼学说中的司法行为请求说，认为法官裁判所依据的事实处于真伪不明时，无权拒绝对本案作出裁判。第三层次的问题是：在各种各样的具体诉讼案件中，对于形态各异的诉讼请求，谁应该负有证明义务，并承担事实真伪不明的不利后果。为解决第一、第二层次问题所形成的规则是两条裁判规则，是诉讼司法过程中的普遍规律和原理的反映，适用于司法领域。因此，作为裁判规则，它只能是司法法、诉讼法性质的，体现着司法最终解决和证据裁判主义等司法原则。第三个层次的问题实质上是证明责任的分配标准问题，只能由实体法来规定和体现。在民事方面，只有民事实体法才能规定法律行为和事实的法律构成要件及相关的证明义务。刑事证明责任的分配依据"无罪推定""疑罪从无"等由刑法原理确定，行政诉讼的证明责任分配由行政法律关系的特殊性而决定。因此，作为证明责任第三层次的分配标准，就具有实体法的性质，当属于实体法领域。

二、法院的审理职责

在诉讼中，法院承担审查判断证据的责任，有时也要在法庭中宣读、出示证据，甚至主动依职权收集证据，法院进行上述活动并不属于履行证明活动的行为，而属于履行法律赋予的审理职责的行为。法院的上述职责是基于审判权产生的，目的在于准确认定案情，作出正确的裁判。

法院不承担证明责任的原因在于：证明责任是为了解决在审判过程中，当事实出现争议或者真伪不明时由谁承担提出证据的责任，以及当不能提出证据或者不能提出足够的证据时由谁承担败诉等不利后果而产生的制度。由此确定的原则为"谁主张、谁证明"。在诉讼中，法院没有自己的诉讼主张，它只对诉讼两造的诉讼主张进行裁判，人民法院不能自己提出证明主张（一般表现为有罪控告），然后对自己的证明主张进行证明判决，否则就是"自己做了自己的裁

---

〔1〕 陈刚："论证明责任法"，载陈光中、江伟主编：《诉讼法论丛（第3卷）》，法律出版社1999年版。

判者"，因此，法院不具备承担证明责任的前提条件。法院在诉讼中也不承担败诉等风险，否则是与法院作为中立裁判者的诉讼角色相冲突的。总之，无论在公诉还是自诉案件中，人民法院都不应承担证明责任，否则将与法院居中裁判的地位和职责相矛盾，所以，不能把法院依职权调查取证、审查判断证据、在法庭上宣读出示证据与履行证明责任混为一谈。

三、证明责任的分配

（一）证明责任分配的代表性学说

证明责任的本质功能在于：当诉讼结束，事实仍处于真伪不明的状态时，为法官提供将不利益的诉讼后果判决给某一当事人承担的法律依据。因此，证明责任理论研究的核心课题即证明责任的分配——由何方当事人承担证明责任。在这个意义上，实体法上的请求权以及实体法的价值之实现都依存于证明责任的分配。但是，在既定的法律秩序下，立法者除特别情形外，通常并不在制定法中为每条法律的适用都明确证明责任分配，因为这样做不仅会使整个制定法体系变得更为庞杂，而且也不符合制定法的传统表现形式。因此，确定一条证明责任分配的基本原则就具有了极高的理论和实践价值。

证明责任分配法则的起源，在大陆法系中可追溯至罗马法上的两条法则："主张者承担证明，否定者不承担证明"（ei incumbit probatio, qui dicit, non qui negat）和"事物的性质上不要求否定者承担证明"（cum per rerum naturam negantis nulla probation sit）。将这两条法则予以合并，就成了著名的证明责任分配法谚，即"肯定者承担证明，否定者不承担证明"（affirmanti incumbit probatio non neganti）。[1] 而英美法系的旧判例和若干立法则规定：对争点持肯定主张的当事人承担证明责任；或某一事实对自己的主张是必须（essential）的，提出该主张的当事人应当承担证明责任。[2] 由此可见，两大法系传统的证明责任分配原则[3]实质上强调的是同一个规则，即在诉讼中主张积极性（肯定）事实的当事人承担证明责任，而将消极性（否定）事实引入诉讼的当事人无须对此承担

---

[1]　[日] 村上博己：《证明责任的研究》，有斐阁 1986 年版，第 70 页；[意] 桑德罗·斯奇巴尼选编：《民法大全选译——司法管辖权·审判·诉讼》，黄风译，中国政法大学出版社 1992 年版，第 57~58 页。

[2]　判例可参见 *Walker v. Carpenter*，144N. C. 674，676，57S. R. 461（1907）等。立法例有佐治亚州、俄亥俄州、加利福尼亚州等。

[3]　需要说明的是，传统证明责任分配理论除包括本文介绍的"消极事实说"（该说为当时理论界的通说）之外，还有其他若干学说，如主体分类说，内界事实说以及法规分类说等。详细内容可参见刘金友主编：《证据法学》，中国政法大学出版社 2001 年版，第 275~278 页。

证明责任。两大法系的学者能够不约而同地发现并确认这一规则，说明它本身具有一定的合理因素，并为近现代证明责任分配理论奠定了重要基础。但是，"积极性事实"（肯定性事实）与"消极性事实"（否定性事实）属于相对概念，一些肯定性事实可以用否定性用语来表达，反之，一些否定性事实也可以用肯定性用语来表达。因此，仅从肯定、否定用语来界定对该主张事实有无证明责任，难以确保证明责任分配的确定性。即使抛开形式上的拘束而以实质上为肯定主张还是否定主张来决定证明责任的分配，[1] 也会因法官判断上的任意性而最终导致证明责任分配的不确定。况且，尽管从事物的性质上看，积极性事实通常容易得到证明，[2] 但当事人并不是对所有的消极性事实都存在难以举证的情形。在某些情形下，当事人对消极性事实进行举证还易于对积极性事实进行的举证。例如，"不在场"虽属于消极性事实，但主张该事实的当事人在提供证人证明其当时"不在场"方面，比相对方来证明其"在场"方面，虽说不容易但至少也可谓难易相当。而且，消极性事实有时还是法律关系发生、变更或消灭的要件，如果主张消极性事实者无须提供证明，那么这方面的证明将得不到充分论证，甚至落空。由于上述不足，传统证明责任分配原则受到了许多学者的批判。作为传统证明责任分配理论的反对者，大陆法系的格尔查、莱昂哈德和罗森贝克等，以及英美法系的赛叶和威格曼等学者逐渐建立了现代证明责任分配理论。

　　大陆法系的现代证明责任分配理论以德国为代表，其中，罗森贝克的著名学说——"规范说"具有划时代的意义，它使深奥复杂的证明责任分配理论趋于平易，便于人们理解和操作，因而在长达半个多世纪的时间里成为德国学术界占绝对支配地位的学说，并为德国判例所接受。该说因罗森贝克主张以法规要件分类为出发点，并主要以法律条文的表意和构造为标准分析法律规定的原则和例外，以及基本规定与反对规定之间的关系，并以此来分配证明责任而得名。罗森贝克认为：证明责任分配原则只有一条原理——对不适用某一条法律规定就不能获得诉讼请求效果的当事人而言，其应当对该项法律规定的构成要件在事实上存在与否承担证明的责任。据此，罗森贝克将实体法规范划分为权

---

〔1〕 我国台湾地区学者骆永家曾提出："不应受形式上的拘束，应以实质上为肯定的主张还是否定的主张来决定举证责任的分配。"参见骆永家：《民事举证责任论》，中国台湾地区商务印书馆股份有限公司 1981 年版，第 72 页。

〔2〕 罗马法规定，当原告承认无法证明自己的主张时，不得要求被告作与其立场相反的证明。因为按照事物的本性来说，否认某一事实的人所给予的证明是无效的。引自〔意〕桑德罗·斯奇巴尼选编：《民法大全选译——司法管辖权·审判·诉讼》，黄风译，中国政法大学出版社 1992 年版，第 57～58 页。

利发生规范、权利妨碍规范、权利消灭规范、权利限制规范四类，并在此基础上确定了如下证明责任分配原则：请求权人承担权利形成要件的客观证明责任，请求权人的对方当事人承担权利妨碍要件、权利消灭要件和权利阻碍要件的客观证明责任。尽管规范说的证明责任分配原则具有一定的合理性、说服性和实践性，而且符合法的安定性和可预测性要求，但是它仍然存在某些难以克服的缺陷。自20世纪60年代开始，德国学者便针对规范说展开了激烈的批评，批评的焦点在于，根据罗森贝克的规范说，并不能引导出证明责任分配的具体标准。而且证明责任分配标准不应单一化，而应依多样化标准进行分配。此外，从证明责任分配的性质上看，证明责任对象必须限定为一个要件事实并由一方当事人承担，而不能限定于一个相对性事实并由双方当事人承担。而罗森贝克关于权利根据规定与权利障碍规定的划分只具有概念设置上的意义，在实践中并无截然分明的界限，因此，这些概念并不能作为证明责任分配的标准。

继罗森贝克提出规范说之后，当代德国又出现了"修正规范说"与"实质分配标准说"两大学派。其中"修正规范说"的代表性学说"危险领域说"，将特定诉讼中的证明责任分配给实际控制危险领域的一方当事人。该说在根据证据距离远近区别立证难易以及预防损害发生方面，充分体现了实质性分配的考量，但其只适用于责任法领域而缺乏普遍的适用性。"实质分配标准说"的代表性学说——"盖然性说"，则在批判规范说的基础上，强调以实质分配（"盖然性考量"）作为证明责任分配标准，力图构筑新的证明责任分配体系。该学说在综合当事人利益考量以及强调被害者救济或社会保护方面具有一定的合理性，但其认可"法官创造证明责任规范"的做法必然导致证明责任分配因案而异的结果，从而丧失证明责任分配标准的统一性。此外，"盖然性说"将证明尺度纳入证明责任分配标准领域，使其进一步复杂化，也是招致批判的一个原因。以上各学说虽均有其合理因素，但由于证明责任问题的复杂性，任何一种学说都无法独立解决证明责任的分配问题。

英美法系现代证明责任分配标准的通说则认为，证明责任分配不存在一般性标准，只能在综合若干分配要素的基础上作个别性决定。换言之，就是综合各种利益的衡量，具体问题具体对待。英美法系的学者通过总结，认为在对具体案件进行证明责任分配时所考虑的要素包括：①政策（policy）；②公平（fairness）；③证据所持（possession of proof）或称证据距离；④方便（convenience）；⑤盖然性（possibility）；⑥经验规则（ordinary human experience）；⑦请求变更现状的当事人理应承担证明责任；等等。由于英美法系实际上是综合各种诉讼利益，以实证方式分配证明责任的，所以，可以将这种分配证明责任的学说称为"利益衡量说"。在具体进行证明责任分配时，应当重视哪些要素？对此，尽管英美学者们在分析上述七大要素对证明责任的决定性影响方面有一定的差异，但他们就证明责任分配应当综合政策、公平（包括证据距离）和盖然性（包括经验规则）这三个要素进行衡量已形成共识。

综上所述，英美法系的证明责任分配原则表现为多元要素的集合（利益衡量说），具有灵活性、司法对策性强的特点，但也存在着任意性、不统一性的缺点。而大陆法系"法律要件分类说"[1] 的证明责任分配原则具有分配标准明确、便于司法操作和实体法调和的优点，但在灵活性、司法对策性方面则暴露出明显的不足。为此，两大法系在证明责任分配标准上已逐渐互相沟通和借鉴，实现了优势互补。以判例法为传统的英美法系国家虽然在原则上采用利益衡量说，但随着制定法的不断完善和发展，法院也将分析法律条文的文义作为证明责任分配的一个要素，这说明英美法系证明责任分配的标准和制定法之间也有一定的联系。而普遍采取法律要件分类说的大陆法系国家出于对传统的、被斥之为"机械法学""概念法学"的实证主义法学观的反省，尤其是面对"现代型诉讼"日益发展，在重新认识裁判与法官的互动关系之后，不再将法官作为被动地适用制定法的装置，而开始强调法官在诉讼中发现法的作用。德国"规范修正说"及"实质分配标准说"的出现标志着其已注意到实质性考量在证明责任分配中的重要性。

（二）证明责任的分配原则

如上所述，鉴于证明责任问题的复杂性，其分配标准也不应单一化、绝对化，而应依多样化标准进行分配。证明责任分配标准体系不仅应包括某些规范性的标准，还应包括许多其他法理上的实质的分配标准，即形式标准与实质标准的结合。按照前述思路构筑的证明责任分配体系，不仅能够得益于规范性标准所保障的法的安定性、可预测性，而且能够充分发挥法官在分配证明责任中的能动性。

在刑事诉讼中，证明责任的分配是指证明被告人有罪、无罪或其他与犯罪有关的特定事项的责任如何在有关机关和个人之间进行配置的问题。科学合理地分配证明责任不仅有利于保障被告人的权利，而且有利于诉讼证明任务的完成以及司法公正和刑事政策的实现。一般认为，刑事证明责任的分配远非民事证明责任那么复杂，其证明责任分配理论也相对简单。无论大陆法系还是英美法系，在刑事诉讼的证明责任分配中均遵循一条基本原则，即证明被告人有罪的责任始终由控诉方承担，刑事被告人不承担证明自己有罪和无罪的责任。可

---

[1] 罗森贝克的"规范说"传入日本后，日本学者将以此为基础建立的学说统称为"法律要件分类说"。这主要是因为规范说及其后来的学说均以《德国民法典》规定的要件事实为证明责任对象。

见，无罪推定原则是刑事证明责任分配的主要标准。但无罪推定并非刑事证明责任分配的唯一标准，世界各国刑事法律中关于被告人承担证明责任的例外规定，说明我们在刑事诉讼中分配证明责任时除无罪推定这一基本准则外，还需考虑其他分配要素。正如有学者所指出的："在当事人之间分配一定的利益或不利益时必须提供某种正当化的理由。"[1] 这些正当化的理由即刑事证明责任分配的理念，或曰证明责任分配的实质标准。英美法系"利益衡量说"在分配证明责任时考虑的要素包括政策、公平、证据距离、盖然性、经验规则、方便等六个要素。日本学者石田穰教授提出，法官依判例形成证明责任分配规范时应考虑的要素包括："证据的距离""依事实性质立证的难易""关于事实的存在或不存在的盖然性""诚实信用原则""禁反言"等。可见，证明责任最终在当事人之间如何分配并不取决于某一单个的因素，而是各种因素综合考虑的结果。由于证明责任分配既涉及实体法上的败诉风险在当事人之间的分担是否合理，又关系到诉讼活动是否能够顺利进行，因此，我们把刑事证明责任的分配理念界定为无罪推定原则、利益衡量原则和诉讼便利原则。现分述如下：

1. 无罪推定原则。意大利著名刑法学家贝卡里亚在其名著《论犯罪与刑罚》中精辟地指出："在法官判决之前，一个人是不能被称为罪犯的。只要还不能断定他已经侵犯了给予他公共保护的契约，社会就不能取消对他的公共保护。"[2] 尽管也有人提出，在英国司法判例的不成文规则中，在古罗马"一切主张在未被证明前推定其不成立"的法律公式中，甚至在封建社会关于以证据定罪的某些规定中，都包含无罪推定的实际内容或朦胧思想。[3] 但贝卡里亚的上述论述一直被公认为关于无罪推定原则最早同时也是最经典的表述。自 1789 年法国《人权宣言》首次将无罪推定原则写入成文法以来，世界各国纷纷将其纳入本国刑事诉讼法典，甚至上升为宪法原则。特别自 20 世纪中叶以来，随着《世界人权宣言》《公民权利和政治权利国际公约》等重要国际法律文件的先后确认，无罪推定原则已成为一条世界各国普遍适用的刑事司法准则。

无罪推定原则不仅直接确立了"被告人不等于犯罪人"的观念，明确了被告人在刑事诉讼中的诉讼主体地位，还引申出两条基本要求：①由控诉被告人犯罪的机关或人员提供确实充分的证据来证明被告人被控犯罪的事实；②由审判机关依照正当法律程序对被告人是否犯有被控罪行作最后认定。可见，无罪

---

[1] ［日］谷口安平：《程序的正义与诉讼》，王亚新、刘荣军译，中国政法大学出版社 1996 年版，第 249 页。

[2] ［意］贝卡里亚：《论犯罪与刑罚》，黄风译，中国大百科全书出版社 1993 年版，第 40 页。

[3] 宁汉林："论无罪推定"，载《中国社会科学》1982 年第 4 期。

推定原则发展至今，已经包含了相当丰富的内涵。但其核心在于，通过假定每个公民（包括被告人）均处于无罪的原始状态，赋予控诉机关推翻这种原始状态时必须提供充分证据证明的义务。正如英国的罗纳德·沃克所言，无罪推定无须证明基础事实，因而仅仅是确定首先由谁负担证明责任的问题。[1] 从这个意义上看，无罪推定的本质乃在于明确控诉机关在刑事诉讼中的证明责任。具体而言，无罪推定原则要求：①提供证据证明被告人有罪的责任由控诉一方承担，不得采用酷刑和其他非法方法收集证据；②控诉一方履行证明责任必须达到案件事实清楚、证据确实充分或者不存在合理怀疑的程度，若不能证明被告人有罪或者证明达不到法律的要求，则应判定被告人无罪，即"疑罪从无"，疑案作有利于被告人的处理；③被告人有辩护的权利，却没有证明自己无罪的义务，不能因为被告人不能或没有证明自己无罪而认定被告人有罪。

作为刑事诉讼的特有原则，无罪推定系针对刑事诉讼的特殊性专门为被告人设计的保障机制。与民事诉讼解决平等当事人之间争议的性质不完全相同，刑事诉讼是国家专门机关追究犯罪、惩罚犯罪的活动，诉讼的一方是作为国家机器拥有庞大权力的检察和警察机关，另一方则是处于被侦查、被指控地位的犯罪嫌疑人、刑事被告人个人。对抗双方实际上处于不平等的地位，这是由刑事诉讼的性质决定的。为了保障犯罪嫌疑人、被告人的合法权益，防止国家侦查检察机关滥用权力，避免冤枉无辜、错伤好人，刑事诉讼中实行无罪推定，即诉讼的起点由被告人无罪开始，证明的天平首先向有利于被告人的一侧倾斜，公诉人的责任是逐一搬出证明被告人有罪的砝码堆放在对被告人不利的一侧，直至天平完全向被告人有罪一侧倾斜达到法律要求的定罪标准。这样，由无罪推定的前提出发，再对被告人辅之以辩护律师的帮助，以使被告人有力量、有可能在诉讼中与控诉一方对抗，使国家侦查检察机关权力的行使受到限制和制约，使诉讼更具公平性、抗争性，以保证程序正当，实现司法正义。

无罪推定既是适应保护被告人、实现诉讼武器对等的要求而产生的一项原则，而且符合自然法则的基本要求。罗马法中著名的损害赔偿原则——"攻击者原理"（"Casum sentit dominus"）即指任何人对于自己受到的损害，只要其损害赔偿请求权没有在法律上或事实上得到承认，就必须由自己承担证明义务。为此，向他人提出损害赔偿请求的人必须就自己请求权的成立进行主张和立证。"攻击者原理"旨在强调维护法的和平、占有状态和既存状态。按照"攻击者原理"分配证明责任，实质上就是在原则上要求主张与既存事实状态不同的一方当事人（即攻击者）承担证明责任，它与从诉讼武器对等原则、平等分配败诉

---

〔1〕　转引自徐静村主编：《刑事诉讼法学（上）》，法律出版社 1997 年版，第 177~178 页。

风险或机会均等等方面以盖然性考量为标准得出的证明责任分配结果具有一致性。在刑事诉讼中，控诉机关代表国家对被告人提出指控，并请求法院对被告人判处刑罚的行为，实质上也属于一种行使请求权的行为。按照"攻击者原理"，控诉机关必须对其指控所依据的犯罪事实进行证明。综上，刑事诉讼中的证明责任基本规则概括反映在"遇疑义时有利于被告人"这条基本原则之中。由此可知，在事实真伪不明时，总是有利于被告人，证明责任在检察机关一方。这里证明责任的一边倒也可以理解为证明责任的分配，这是由刑事诉讼中当事人诉讼地位不平等的性质所决定的。

此外，将无罪推定原则作为刑事诉讼证明责任分配的基本原则具有哲学上的公正性。人们在对事物进行判断时应当遵循一条重要的原理：相信存在的合理性和理智性。这就是说，谁对现实存在的合理性和理智性提出对立性主张，谁就应当对现实的反面提供证明。从哲学上考虑，对现实的合理性和理智性的反面提供证明应当属于一种负担，因为现实如果能够被轻而易举地否定，则意味着提供证明不再是一种负担，而证明责任也就失去了持久的生命力。正因为证明责任很难摆脱，所以，证明责任所产生的持久影响才符合每一个理性的人的期望。

我国 1979 年《刑事诉讼法》中并没有确立无罪推定原则，1996 年修正后的《刑事诉讼法》第 12 条明确规定："未经人民法院依法判决，对任何人都不得确定有罪。"这被认为是我国确立了无罪推定原则或吸收了无罪推定原则的基本内容的标志。无罪推定原则与证明责任的关系在我国刑事诉讼法中具体体现为两点：①进一步明确了控诉方的举证责任（提出证据责任）。《刑事诉讼法》第 175 条规定："人民检察院审查案件，可以要求公安机关提供法庭审判所必需的证据材料……"第 176 条规定："人民检察院认为犯罪嫌疑人的犯罪事实已经查清，证据确实、充分，依法应当追究刑事责任的，应当作出起诉决定，按照审判管辖的规定，向人民法院提起公诉……"同时，对于起诉书有明确的指控犯罪事实并且附有证据目录、证人名单和主要证据复印件或者照片的，人民法院应当决定开庭审判。在法庭审判过程中，由公诉人提出控方证据，展示说明控方证据内容，为其公诉主张服务。②明确了控诉方的说服责任，确立了"疑罪从无"原则。根据《刑事诉讼法》第 200 条第 3 项之规定："证据不足，不能认定被告人有罪的，应当作出证据不足、指控的犯罪不能成立的无罪判决。"该条规定实质上是一条证明责任规范，即在案件事实或要件事实真伪不明，即既不能肯定有罪也不能否定有罪的情况下，法官既不能任意裁判也不得拒绝裁判而必须作出有利于被告人的解释——无罪判决。按照认识论原理，在没有完成对事实真相认识的情况下，诉讼证明不可能无限期地拖延下去，因此，必须根据证明责任规则作出裁决。实践中有大量的无罪判决都是法官援引该条规则作出的。正是这条规则的预设，促使控诉方积极提出证据证明其主张，而且，其所举证据必须达到确实充分的程度以说服法官形成内心确信，否则责任未解除，负担未卸下，则需承担证明不力的法律后果。该项规定具有化解疑案的功能，是法院解决疑难案件的裁判规范，也是我国证明责任制度逐步走向成熟的标志之一。

2. 利益衡量原则。所谓利益衡量原则，是指在某些特殊的刑事案件中，基于其他各种综合因素的考虑而将部分或局部的证明责任分配给被告人一方，从而使刑事案件"一边倒"的证明责任分配模式得到适当平衡。具体而言，美国在分配证明责任时考虑的要素主要包括政策、公平、证据距离、盖然性、经验规则、方便等。在实务中，通常是以相当近似的意义使用公平和证据距离，或盖然性和经验规则的概念。此外还认为，可以将方便包括在盖然性的概念中，将请求变更现状的当事人理应承担证明责任包括在政策的概念里。在进行证明责任分配时，究竟哪些要素值得特别关注？对此，美国学者虽各有不同的解释，但他们就证明责任分配应当综合政策、公平（包括证据距离）、盖然性（包括经验规则）这三个要素（policy, possession of proof, possibility）进行衡量达成共识。英国学者认为，在刑事案件中，影响证明责任分配的主要因素有法律上的逻辑、证明获得的难易程度、证据来源的可行性及公众对特定结果的倾向程度。日本学者石田穰教授则提出，法官依判例形成证明责任分配规范时应考虑的要素包括："证据的距离""依事实性质立证的难易""关于事实的存在或不存在的盖然性""诚实信用原则""禁反言"，等等。可见，英美及日本学界在分配证明责任时所考虑的因素不外乎政策、公平（证据距离）和方便等。据此，笔者认为，在刑事诉讼中，将部分证明责任分配给被告人主要是基于以下考虑：

（1）刑事政策。为了体现立法者严厉打击某种犯罪的意图，往往可以通过改变证明规则来加大对该类犯罪的打击力度，因此，基于刑事政策的考虑而将证明责任分配给被告人一般是由实体法作出特别规定。从世界范围来看，随着贪污、受贿、贩毒和有组织犯罪的猖獗，这些犯罪对社会的危害越来越严重，各国政府均采取各种措施预防和控制上述犯罪，其中行之有效的措施之一就是在成文法中将证明责任分配给被告人承担。例如，英国为了惩治恐怖犯罪，1994年通过的《刑事审判和公共秩序法》对沉默权作了限制，法庭和陪审团可以从被告人的沉默中作出不利于被告人的推论。此外，第八届联合国预防犯罪和罪犯待遇大会通过的《反腐败的实际措施》文件中对刑事诉讼证明责任的倒置规则也作了明确规定。

（2）证明的难易。刑事诉讼具有控制犯罪与保障人权的双重目的，因此，公诉机关在进行证明时负有客观中立的义务，既要证明犯罪构成要件的各项事实，又要证明对被告人有利的事实。但是，在很多情况下，完全由公诉人证明对被告人有利的情况不仅非常困难，而且会使诉讼无法有效进行。事实上，被告人证明对自己有利的情况时所遇到的困难一般都远远小于公诉人。因此，有学者提出，在证明责任制度中，在无损公正审判的前提下应尽可能地由更易于举证的一方当事人承担举证责任，即当被告人证明自己无罪显然易于控方证明被告人有罪时，被告人并不能绝对地免除举证责任。[1] 在英国，立法者以接触证据来源和提供证据的便利性为理由将证明责任置于被告人一方。因为在司法实践中，有些情况只有被告人本人了解，只有被告人易于接触证据来源，而检察官和侦查官是不可能办到或难以证明的，所以，将这些问题的证明责任置于被告人一方是合理的。如对于占有毒品罪的指控，法律只要求起诉方证明被告人占有吗啡粉末，其指控即可成立，而不要求起诉方提供被告人不具有他可以占有毒品的有效处方的证明。其理由是：检察官要到每个诊所去了解每位医生出具的全部处方，工作量过大，难以办到；而被告人提供他拥有或者占有吗啡的有效处方的证明，却是轻而易举的事情。又如，在殴打罪中，被告人在辩护时提出，由于对方恐吓他，出于自卫才还击。那么被告人的心灵中对生命安全有无恐惧感，只有被告人本人知道，检察官和侦查官均无从知道，在这种情况下，证明责任应由被告方承担。[2] 显然，在被告人易于取得证据和证据在其控制和掌握之下时，仍要求控方承担证明责任，不免强人所难，有失诉讼公平之理念。

（3）诉讼效率。刑事证明活动不仅要追求实体正义和程序正义，还要讲究诉讼效率。在刑事诉讼活动中，对某些案件中的某些事实和情节，公诉人投入较大的人力、物力、财力，消耗较多的时间后，也能够取得证据加以证明，但是，如果被告人对这些证据享有证据信息优势，由其提供证明，则不仅可以节省司法资源、降低诉讼成本，同时也有利于迅速及时地查明案情，使被告人早日摆脱诉累。正如贝勒斯所言，当"一方当事人被认为具有一种获取信息的特别条件，让较少有条件获取信息的当事人提供信息，既不经济，又不公平"。[3] 此外，虽然刑事诉讼中还未确立举证时效制度，但由于诉讼证明不可能无限期地进行下去，效率无疑是分配证明责任时必须考虑的一个因素。

〔1〕 王利民："论刑事举证责任"，载《中外法学》1992年第2期。
〔2〕 王以真："英美刑事证据法中的证明责任问题"，载《中国法学》1991年第4期。
〔3〕 ［美］迈克尔·D.贝勒斯：《法律的原则——一个规范的分析》，张文显等译，中国大百科全书出版社1996年版，第67页。

值得注意的是，对利益衡量相关要素的取舍不是一成不变的。在具体的个案中，根据上述几个要素所得出的证明责任分配并不总是一致的，这时就需要立法者与司法者从中作出选择，其选择往往体现出他们对其中某个和某几个要素的特别重视。事实上，大多数情况下，根据上述几个要素所得出的证明责任分配是一致的，因为这几个要素本身就互相重叠，不能也不可能仅依其中一个要素。例如，根据证据距离所确定的证明难易而作出的证明责任的分配，一定有利于证明效率的提高，而刑事政策也往往是兼顾证明难易的。

3. 诉讼便利原则。如果把美国"利益衡量说"中包含的七要素进行归类，政策上的特别考虑可以单独成为一种考虑要素，证据距离（或曰证明难易）与公平可以归为一类，并且可以概括为公平。当然，此处的公平主要是从实体法的角度，即根据要证事实的性质判断由哪一方当事人证明更为容易。盖然性与经验规则似乎均可纳入方便的范畴，因为由何方举证更为便利往往是基于经验和盖然性的推测。至于让请求变更现状的一方当事人承担证明责任这一因素则属于自然法则，而且，如前所述，它与刑事诉讼中无罪推定的原则互为表里，属于刑事案件证明责任的原则性的分配标准。笔者之所以将刑事诉讼证明责任的分配理念概括为无罪推定、利益衡量和诉讼便利，乃是从主要原则、需要综合考虑的实体性要素以及需要考虑的程序性要素这几个角度进行划分的。

所谓诉讼便利原则，即根据经验法则判断在某种刑事案件中一般由何方当事人举证更为便利，或者根据对盖然性的预测，让主张不符合通常情形的当事人承担证明责任。因为，一般认为，已经确立的状态在持续方面的盖然性高，所以，应当让对确立的状态进行变更并从中获益的当事人承担证明责任。当然，有时根据证据距离所进行的证明责任分配也可以理解为在程序上基于诉讼便利的考虑。综上所述，诉讼便利也是诉讼公平的应有之义，它与利益衡量原则中根据证明难易而进行的证明责任分配共同构成公平的内涵。

四、证明责任的倒置与转移

从广义上讲，证明责任的转移是指在特殊案件中或者特别情况下，原本由控方承担的证明责任转移给辩方承担，或者相反。实际上，该意义上的证明责任转移包括两种类型：证明责任的倒置和证明责任的转移（狭义）。前者又可称为证明责任的法定转移，是实体法根据当事人举证的难易以及是否有利于实体法的立法宗旨，将原本属于一方当事人的证明责任，规定由对方当事人承担。后者则是指，当肯定某项事实的一方所提供的证据具有表面上的证明效力，即可假定该事实成立，这时相对一方若要推翻该事实就必须提供相反的证据，证明责任在这时发生转移，这种随当事人之间诉辩主张而转移的证明责任可以称为证明责任的自然转移。

严格来说，证明责任的转移与倒置具有本质上的区别：①二者所属法域不同。证明责任倒置属于实体法调整的范畴；证明责任的转移则属于程序法领域，与实体法无涉。②二者的价值取向不同。证明责任倒置旨在实现立法者的立法宗旨，往往出于刑事政策的考虑，为加大对某类犯罪的打击力度而加重被告方的证明责任；证明责任转移则出于推动诉讼进行的需要，控辩双方基于追求胜诉的心理而依次承担提供证据推进诉讼向纵深方向发展的责任。③是否具有强制力不同。证明责任倒置是立法者基于多种考虑而作出的选择，体现了立法者的意志，具有法律效力，不允许司法人员任意改变，否则构成违法；证明责任的转移是一种来自自身的责任，是一种在诉讼中求胜的本能使然，并非法律的强加，不具有强制力。④二者的法律后果不同。在证明责任倒置的情况下，若不履行证明责任必然导致不利的后果；在证明责任转移的情况下，若不履行证明责任，只是其提出的主张不能成立，并不必然导致最终被定罪的结局。⑤来源不同。证明责任倒置与法律推定相联系，往往存在一个法律上可反驳的推定；证明责任转移则与被告方的积极抗辩相联系。单纯的肯定或否定控方主张均不会导致证明责任的转移，只有在肯定或否定的基础上又提出一个新的积极的主张，证明责任才发生转移。⑥在刑事诉讼中，证明责任的倒置专指证明责任由控诉方转移给辩护方承担，而证明责任的转移则是双向的，既可以由控方向辩方转移，也可以由辩方转移回控方。⑦证明责任的倒置以证明责任分配的一般原则为基准，属于证明责任的一种非常态分配，只发生一次转移，而且一经转移后，就成为一种静态的规则；证明责任的转移则可以在控辩双方之间来回移转，是一种动态的转移。

（一）证明责任的倒置

证明责任倒置属于德国法上的概念，它是为修正法律要件分类说而提出的，是指法律出于维护法律政策或法秩序的需要，没有遵循证明责任分配的基本规则而特别设置一些让相对方承担证明责任的例外规定。这种意义上的"举证责任倒置"相对于证明责任分配一般原则或法律要件分类说而言，虽属倒置，但由于它表现的是法律适用的原则性与例外性的关系，并不随具体诉讼的进行情况发生变动，因而从证明责任分配的实质意义上分析，证明责任并没有发生倒置。由于"倒置"不过是对法律之例外规定的形象描写，因而，只有把证明责任倒置定义为依据法定的基本的证明责任分配的例外才有意义。一般而言，当主张者提出某些非寻常的或者不太可能的情势时，必须由其负责证明。反之，如果例外的情形得不到证实，法官只能被经验知识说服。前文所列举的被告方负证明责任的例外情形中大部分属于证明责任的倒置。

第二十二章

虽然证明责任的倒置也属于广义上的证明责任转移，但由于其属于实体法调整范畴，不属于本文讨论重点，下文如无特别说明，均指狭义的证明责任转移。

(二) 证明责任的转移

按照大陆法系学者的观点，证明责任的转移是指在诉讼的审理进行中，承担证明责任的当事人提出本证对要件事实予以证明后，相对方基于使该项证明发生动摇的必要性所承担的提供证据责任。需要指出，"证明责任转移"的德语"Umkehrung, Verschiebung, shifting"，原意是指"反方向行使"，在这个意义上不是说"本来由此方当事人承担的证明责任转换给彼方当事人承担"，而是指"应由此方当事人承担的证明责任被免除，由彼方当事人对本来的证明责任对象从相反方向承担证明责任"。对此，已故的诺克斯教授也曾精辟地指出："证明责任转移是指：甲卸去负担，而乙又承担起另一种负担。但甲绝不是将其负担推给乙，乙也不将其负担推还给甲。转移的虽然是义务，然而却是证明不同事实的义务。"[1] 可见，证明责任转移是指在具体的诉讼中，当事人提供证据与法官形成心证之间的关系问题，而不是证明责任由一方当事人向另一方当事人的转换。

英美法系国家的大多数学者也认为证明责任具有转移的效力，即所谓证明责任转移 (shifting of the burden of proof)，是指"在审判过程中，证明责任因当事人一方履行完毕从而移向他方当事人的情形"[2]。

如前所述，证明责任是一个包括主张责任、提供证据责任和说服责任在内的总概念，在证明责任转移的情况下，转移的是部分责任还是全部责任，这是我们研究证明责任转移时首先必须回答的问题。

在大陆法系中，证明责任的转移以客观证明责任与主观证明责任 (又称提出证据责任) 的划分为逻辑前提。客观证明责任是一种抽象而一般的实体法上的风险分配，它不但体现在诉前准备、诉讼进行中和诉讼结果当中，而且在诉讼之外也有一般而抽象的前置作用，对人们的日常生活和经济生活产生深远的影响。提出证据责任是指当事人提出足够证据或与对方主张之相反事实，使其主张形成争点 (issue) 之责任。其中，抽象的证明责任与证明责任分配规范有关，而具体的提供证明责任则是与证明评价分不开的。当法官对负担 (抽象) 证明责任的一方当事人的事实主张获得临时心证时，具体的证明提供责任随时

---

〔1〕　转引自胡锡庆主编：《诉讼证明学》，中国法制出版社 2002 年版，第 492 页。

〔2〕　科森：《证据法》，第 58 页。转引自胡锡庆主编：《诉讼证明学》，中国法制出版社 2002 年版，第 491 页。

可以作不同的分配（转移）。由此可见，证明责任的转移并非客观证明责任的全部转移，而是主观证明责任基于法官证明评价而发生的转移。

英美法系的学者认为，在刑事诉讼中，原告方自始至终都负有说服责任，必须用证据证明每个实体性的争议事实。但是，当原告方将案件证明到"表面充分"（prima facie case）时，[1] 他暂时解除了证明责任。此时，被告方进入危险区，即如果被告方不提出证据反对原告方，他就有可能承担败诉的风险——被定罪科刑。需要指出的是，根据法律，被告方完全有权不提出任何证据，由于原告方负有完全的证明责任，法官仍有义务按照法律规定的标准从总体上考虑整个案件。特别是在刑事诉讼中，控方证明案件必须达到"排除合理怀疑"这样一个很高的要求，这对被告是非常有利的。但是，当控方证明达到"表面充分"的程度之后，潜在的败诉风险使被告人产生必须利用证据使案件处于真伪不明或使裁判者内心达不到确信状态的动力，这一义务又被称为"利用证据推进的责任"。正是进入"危险区"后，控辩双方利用证据推进，试图将败诉的风险转移给对方，才使得证明责任在当事人之间相互转移。

由此，笔者认为，在证明责任转移的情况下，只是提出证据责任的转移，而不包括说服责任的转移，或者说，转移的只是主观的或者行为意义上的证明责任，客观证明责任或者结果意义上的证明责任始终固定于控诉方。我国台湾地区著名学者陈朴生指出："立证责任，本有举证责任与提出，证据责任之分。前者，包括举证负担与说服负担，具有效果性；后者，仅系举证负担，具有必要性，利益性。如举证责任，始终属于控方，不生转移问题；而提出证据责任，则按公平便利等原则作技术性之分配，且每因诉讼之进展而转移。"[2] 此外，苏联法学界也曾围绕被告人的证明责任和提出证据责任问题展开过激烈的争论。维辛斯基认为，证明责任变换的原则，只能简明规定如下：证明确认控诉罪行的情况是控诉人的义务；证明反驳控诉罪行的情况是被告人的义务。维辛斯基提出的让被告人承担证明反驳控诉罪行的情况的义务，主要指的是提出证据的义务。他举例说：当检察长证明了某甲实施了抢夺行为，而被告人也承认了他从被害人那里夺去了物品这一事实，但他辩解说：这是为了"开玩笑"。这时，"问题首先归结为是谁——控诉人或被告人有义务提出的"。他还认为，不能因为被告人在特定情况下负有提出证据的义务，而让被告人承担证明自己无罪的义务。维辛斯基针对在刑事诉讼中被告人不负有任何提出证据责任的消极做法，

---

〔1〕　所谓"表面上充分"的证据要求，是指如果没有相反的证据提出，仲裁者将作出有利于原告的裁判。

〔2〕　陈朴生：《刑事证据法》，三民书局1979年版，第315页。

主张在刑事诉讼中不仅要有法院和控诉人的积极性，而且也要有被告人的积极性。[1] 应当说，维辛斯基提出的证明责任可以转移，在诉讼进行中由被告人承担提出证据责任的观点具有积极的合理因素，对我们研究证明责任转移理论具有借鉴价值。也就是说，当被告方提出了一个不为控诉方所掌握也不可能掌握的新主张时，提出证据的责任便转移给被告方，此时被告人不能消极无为，而必须积极有为。否则，控方的指控将可能成立，被告人便要遭受被定罪的危险。

■ 第二节 刑事诉讼中的证明责任

与民事证明责任相比，刑事证明责任的特殊性表现在：

1. 在刑事诉讼中，尤其在审判阶段，案件事实真伪不明现象的出现概率低于民事诉讼。这不仅是因为刑事证明标准远高于民事证明标准，从而在一定程度上减少了案件事实真伪不明现象的出现，而且还因为刑事诉讼对"真实"价值的追求也严于民事诉讼。

2. 对于案件事实"真伪不明"的刑事公诉案件，应当首先进行补充侦查。

3. 对事实真伪不明的案件作出最终判决所依据的是"无罪推定"和"疑罪从无"原则。

4. 在刑事诉讼中，"不利后果"是诉讼意义上的，不存在实体上的不利后果。

在我国刑事诉讼中，证明责任的承担主体首先是控诉机关和负有证明责任的当事人，即公诉案件中的公诉人和自诉案件中的自诉人，只有他们才应依照法定程序承担证明犯罪事实是否发生、犯罪嫌疑人或被告人有罪、无罪以及犯罪情节轻重的责任，这是证明责任理论中"谁主张、谁举证"的古老法则在刑事诉讼中的直接体现。此外，根据"否认者不负证明责任"的古老法则和现代无罪推定原则的要求，犯罪嫌疑人、被告人不负证明自己无罪的责任。这表明，从整体上看，刑事诉讼中的证明责任是一个专属于控诉方的概念。但遵循"有原则必有例外"的规律，在少数法律推定其有罪的特定案件（如巨额财产来源不明案件及非法持有国家绝密、机密文件、资料、物品罪）中，犯罪嫌疑人和被告人也负有证明自己无罪的责任，这在各国刑法以及刑事诉讼法中大多都有所规定。此外，以狭义的证明责任观之，侦查机关和人民法院均非证明责任的承担主体。兹分述如下：

---

[1] ［苏］安·扬·维辛斯基：《苏维埃法律上的诉讼证据理论》，王之相译，法律出版社 1957 年版，第 287 页。

一、公诉案件证明责任的承担

《刑事诉讼法》第 51 条规定："公诉案件中被告人有罪的举证责任由人民检察院承担，自诉案件中被告人有罪的举证责任由自诉人承担。"由此可见，公诉机关是刑事公诉案件证明责任的主要承担者，其证明责任主要表现在以下四个方面：①提出诉讼证明的主张。《刑事诉讼法》第 176 条第 1 款规定："人民检察院认为犯罪嫌疑人的犯罪事实已经查清，证据确实、充分，依法应当追究刑事责任的，应当作出起诉决定，按照审判管辖的规定，向人民法院提起公诉，并将案卷材料、证据移送人民法院。"提起公诉的方式是向人民法院移送起诉书，载明被告人所触犯的罪名和犯罪事实、犯罪情节，提请法院依法惩处。《刑事诉讼法》第 189 条规定："人民法院审判公诉案件，人民检察院应当派员出席法庭支持公诉。"公诉人不仅要在法庭上宣读起诉书，提出其诉讼主张，而且还要发表公诉词，以进一步阐述论证或补充其诉讼主张。②提供证据的责任。根据《刑事诉讼法》第 176 条的规定，人民检察院向人民法院提起公诉时要将案卷材料、证据移送人民法院；根据《刑事诉讼法》第 195 条的规定，在开庭审理阶段，公诉人还应当向法庭出示物证，让当事人辨认，对未到庭的证人的证言笔录、鉴定人的鉴定意见、勘验笔录和其他作为证据的文书，应当当庭宣读。③说服责任。说服法官或者合议庭形成内心确信，支持自己的起诉主张，是开庭审理中控诉方的主要目的。公诉方的一切活动都是围绕这一目的而展开的，因此，其不仅要出示、宣读所提供证据，而且还要对证据的证据能力和证明力、证据与案件事实的关系等问题进行严密的逻辑推理和论证，使证据之间相互印证，形成证据链条，使自己的诉讼主张得到充分的证明。④不利后果负担的责任。刑事诉讼中的控告方与被告方的立场和目标是针锋相对的。控诉方的目标就是证明其对被告人的指控罪名成立，使被告人受到刑事处罚。为达到此目标，控诉方必须竭尽全力地提供证据并进行说服论证。如果控诉方不能提供证据或提供的证据不能证明犯罪事实，则被告人的罪名不能成立，控诉方的目标就没有达到。从诉讼的意义上讲，这一结果就是刑事控告一方的"不利后果"。同时，这也意味着指控的失败，是对公诉人甚至检察机关工作业绩的否定，这也可以理解为一种"不利后果"。在刑事公诉案件中，被告人基于无罪推定原则，在一般情况下不负证明责任，仅在法律有特殊规定的例外情况下承担一定的证明责任。因此，公诉案件证明责任的承担明显地表现出"一边倒"的特征，这是由刑事诉讼当事人先天不平等的诉讼结构以及刑事诉讼惩罚犯罪与保障人权并重的特殊任务所决定的。

二、自诉案件证明责任的承担

根据《刑事诉讼法》第 51 条的规定，自诉人在自诉案件中须承担证明被告人有罪的举证责任，不仅要向法院提交自诉状，还必须提供相应的证据，否则，根据《刑事诉讼法》第 211 条第 1 款第 2 项的规定："缺乏罪证的自诉案件，如果自诉人提不出补充证据，应当说服自诉人撤回自诉，或者裁定驳回。"由此可见：①自诉人有自己具体的诉讼主张，该主张既限定了法院审理的范围，也是自诉人履行证明责任的对象。②自诉人对其起诉主张必须承担提供证据加以证明的责任，该责任履行与否是人民法院决定是否受理自诉人起诉的重要条件。③自诉人提出证据后，其证明责任并未卸下，他还必须在整个诉讼过程中积极履行其说服责任，即运用已经提出的证据尽量去影响法官，使法官最终作出被告人有罪的认定。如果自诉人未能完成其证明责任或者其证明行为未能使法官形成对其有利的心证，自诉人必须承担败诉的不利后果。因此，自诉人是自诉案件证明责任的承担者。在自诉案件中被告人同样不负证明责任，仅在例外情形下或者当被告人提出反诉时，被告人才会成为证明责任的承担者。

三、侦查机关和人民法院不负证明责任

由于大陆法系国家的刑事诉讼具有浓厚的职权主义色彩，警察、检察官和法官（包括预审法官）为发现案件的事实真相，均积极主动地去调查收集证据。因此，大陆法系的传统证明责任理论认为，刑事诉讼中的所有国家机关都应承担证明责任。我国传统证据理论也认为"公诉案件的证明责任由司法机关承担"，[1] 并把 1979 年《刑事诉讼法》第 32 条（1996 年《刑事诉讼法》第 43 条、现行《刑事诉讼法》第 52 条）"审判人员、检察人员、侦查人员必须依照法定程序，收集能够证实被告人有罪或者无罪、犯罪情节轻重的各种证据"以及 1979 年《刑事诉讼法》第 34 条第 1 款（1996 年《刑事诉讼法》第 45 条第 1 款、现行《刑事诉讼法》第 54 条第 1 款）"人民法院、人民检察院和公安机关有权向有关单位和个人收集调取证据"作为公检法三机关承担证明责任的法律依据。不仅如此，传统证据理论还认为，"在公诉案件中，收集证据的责任主要由公安机关和检察机关承担"，"公安机关、检察机关对各自所管辖的案件侦查终结后，认为应当起诉或者免予起诉，均必须做到案件事实清楚、证据确实充分。否则检察机关对于公安机关移送审查起诉或者免予起诉的案件，可以退回公安机关补充侦查；人民法院对于检察机关提起公诉的案件，可以退回检察机

---

〔1〕 陈一云主编：《证据学》，中国人民大学出版社 1991 年版，第 154 页。

关补充侦查。人民法院对被告人定罪量刑，也必须以确实充分的证据作为认定案件事实的根据。第一审人民法院的未生效判决如果证据不足，将由第二审人民法院改判或者撤销原判，发回原审法院重新审判。死刑复核案件如果证据不足，将由最高人民法院或者被授权的高级人民法院撤销原判，发回原审人民法院重新审判。生效判决如果证据不足，也将由法定的机关依法提起审判监督程序，对案件进行再审"。[1] "在自诉案件中人民法院也负有证明责任，人民法院受理案件后，不应受自诉人或反诉人所提证据的限制，而应在庭审前和庭审中主动调查，收集能够证实被告人有罪或无罪、罪重或罪轻的证据。"[2] 可见，传统证据理论系将实际参与收集证据，进行一定诉讼行为时的证据要求，以及未达证明要求所导致的退回补充侦查、发回重审、引起再审等作为判断公检法三机关承担证明责任的理由。且不说现行《刑事诉讼法》的规定与 1979 年、1996 年《刑事诉讼法》的有关规定已有所不同，明确规定公诉案件中由人民检察院承担被告人有罪的举证责任，法庭审理方式也有较大改变，仅从证明责任的几个基本要件来衡量，侦查机关和人民法院也不是证明责任的承担主体。①对侦查机关来说，收集证据、查明案件事实，以明确犯罪嫌疑的有无，是其重要的法律职责。在此阶段侦查机关进行的活动主要是认识活动，需要查明谁是犯罪嫌疑人，具体实施了哪些犯罪活动，犯罪的情节、危害后果以及涉嫌的罪名等，只有这些基本情况查清了，才能在此基础上提出明确的控诉主张。②有人根据《刑事诉讼法》第 162 条的规定（"公安机关侦查终结的案件，应当做到犯罪事实清楚，证据确实、充分，并且写出起诉意见书，连同案卷材料、证据一并移送同级人民检察院审查决定；……"），认为公安机关应当向人民检察院进行证明。实际上，侦查机关与检察机关在诉讼证明中是一种辅助与被辅助的关系。虽然侦查机关是证据的主要收集者，但其只是为公诉机关在法庭上进行诉讼证明奠定基础，创造条件。《刑事诉讼法》第 175 条 "人民检察院审查案件，可以要求公安机关提供法庭审判所必需的证据材料" 正说明了侦诉机关之间的这种关系。③人民检察院对于侦查机关侦查终结，移送审查起诉或不起诉的案件认为证据不足的，可以退回侦查机关补充侦查，此种后果并不属于证明责任意义上的不利诉讼后果，而是侦查机关承担法定职责的表现。④由于证明责任是与审判阶段相联系的特定概念，解决的是审判过程中由谁提出诉讼主张和诉讼证据以及由谁承担因无法证明或者证明不力而导致的不利后果的问题。侦查机关不是审判阶段的诉讼主体，除个别侦查人员以警察证人或鉴定人身份

---

〔1〕 陈一云主编：《证据学》，中国人民大学出版社 1991 年版，第 154~155 页。
〔2〕 陈一云主编：《证据学》，中国人民大学出版社 1991 年版，第 158 页。

出庭作证外，一般不参与审判活动，因此侦查机关不承担证明责任。

就人民法院而言：

1. 《刑事诉讼法》第52条规定的基本精神是对公检法三机关依法取证的职责要求，并非证明责任承担的法律规定。此外，《刑事诉讼法》第54条的规定只是说明了法律赋予人民法院取证权，至于第196条的规定，不应孤立地看待，而应将其同第52条、第54条结合起来理解，即该条虽然规定了法院的庭外调查权，但将法院的取证权限制在庭审中，而且限制在对控辩双方当庭所举证据有疑问的基础上，并非抛开控辩双方的举证任意取证。

2. 从证明责任的内涵看，人民法院不承担证明责任。①人民法院在刑事诉讼中既无自己独立的诉讼请求，也无自己的诉讼主张，只是对当事人双方的诉讼主张居中裁判。②提出证据责任是证明责任所包含的重要内容。在我国刑事诉讼中，人民法院虽享有某种程度上的调查、取证权，但该取证权是人民法院作为裁判者为认定案件事实所进行的审查判断证据的活动，并非承担提出证据的责任，而且由于它本身就是收受证明的主体，它也不可能承担提出证据的责任。③证明责任总与一定的不利诉讼后果相联系，而不利诉讼后果只能在与案件有利害关系的两造当事人之间分配，不可能由作为中立裁判者的法院承担，法院即使没有取证或者取证不力，也不会遭受败诉的不利后果。至于上级法院通过二审、死刑复核以及审判监督程序对一审法院的裁判进行改判或发回重审，属于上级法院对下级法院的审判监督，并非证明责任制度中所谓的不利诉讼后果。

3. 从控审分离的角度看，人民法院也不应负证明责任。控审职能分离的一项基本要求就是保持法院的中立地位，法院不得从事任何带有追诉倾向的活动。在刑事诉讼中，证明责任原则上专属于控诉方，检察机关行使公诉职能的活动与其履行证明责任的活动基本重合，都是通过收集调取证据用以证明被告人有罪的控诉主张，从而实现其求刑权。而法院则是对证明责任的履行情况进行审查判断，行使定罪权与量刑权，它本身并不是证明责任的承担者，否则就会越俎代庖，混淆控审职能，丧失中立无偏的地位。

四、被告人原则上不负证明责任，但在某些例外情况下也承担一定的证明责任

虽然按照无罪推定原则的基本要求，控方负证明责任一直是指导各国刑事立法及司法的一条黄金定律，但从世界各国在证明责任分配上的立法与实践来看，被告人不承担证明责任只是一项概括性的原则，在法律规定的例外情况下，被告人仍要对特定事项尤其是证明其无罪的事项承担局部的证明责任。从两大法系国家的有关立法和司法来看，被告人对于以下几类事实应当承担一定的证明责任：

1. 制定法明确规定应由被告人承担证明责任的情形或者其他可反驳的法律上的推定。所谓推定，是指依照法律规定或由法院按照经验法则，从已知的基础事实推断未知的推定事实存在。依据不同的分类标准，可将推定分为法律上的推定和事实上的推定，可反驳的推定和不可反驳的推定，有罪推定和无罪推定，等等，其中与证明责任密切相关的是可反驳的法律推定和事实推定。推定实际上是经验法则在诉讼证明中的运用。例如，某人被指责为小偷，而且从他的口袋里找出了他人的钱包，这时如果他什么都不说的话，那就可以认为他是小偷无疑了。可是，如果他此时立即反驳说自己并没有从别人口袋里拿这钱包，而是刚才经过自己身边的另一个人把手放进了自己的口袋，还指示出那个人现在正往哪逃跑。这样的话，就可能产生另外的推测。也就是说，遭到怀疑时不提出反驳或什么都不说的话就会被推测为小偷，如果不是小偷就应该说点什么才是，这就是一种经验法则。通过这样的经验法则而推出的就是反证提起责任的概念。[1]

由推定引起的举证责任倒置在诉讼制度和证据法比较发达的国家已成为普遍认可的实践。如在美国，如果"已证明的事实和最终推定的事实之间存在合理的联系"，即符合"极有可能"的标准，可作出推定。根据 1973 年美国最高法院对巴恩斯诉合众国一案的判决意见，法律上确立了一个举证责任倒置和事实上有罪推定的原则：根据某人最近明知且排他地拥有某犯罪赃物——无法解释或解释很无力——的事实可以对其作有罪的推断。判例法确认，占有最近失窃的赃物者对犯罪知情。美国最高法院还通过一个判例确认了纽约州的一项法律推断——在一辆汽车中发现一支枪可以推定当时在该汽车内所有人员共同非法持有该枪，除非该枪实际上属于车内某特定人所有。英国证据法同样规定特别情况下由嫌疑人负担举证责任，否则应推定其有罪。《牛津法律大辞典》称："在某些情况下，法律规定某些特定行为可由一定事实（如占有毒品）推定有罪，并对被告人课以申辩无罪的义务。"可见，制定法上明文规定由被告人承担证明责任的情形均属于可反驳的法律推定，凡是对被告人不利的可反驳的法律上的推定，特别是那些法律明确将证明责任分配给被告人的案件，应由被告人负证明责任。

我国《刑法》第 395 条第 1 款对巨额财产来源不明罪作了规定，国家工作人员的财产或者支出明显超过合法收入，差额巨大的，可以责令说明来源。本

---

[1]　[日]谷口安平：《程序的正义与诉讼》，王亚新、刘荣军译，中国政法大学出版社 1996 年版，第 248~249 页。

人不能说明其来源是合法的，差额部分以非法所得论。该条规定被学者们公认为举证责任倒置的代表。《刑法》第282条第2款规定，非法持有属于国家绝密、机密的文件、资料或者其他物品，拒不说明来源与用途的，处3年以下有期徒刑、拘役或者管制。多数学者认为该条规定也属于法律明确将举证责任分配给被告人的案件。有的刑法学者甚至提出，对于持有型犯罪，"除了持有、使用假币罪外，司法机关只需发现行为人持有、私藏、携带、拥有特定物品或超过合法收入的巨额财产的客观现状，便可认定行为人构成上述犯罪（排列式罪名中的其他行为自当别论），而无须证明行为人在主观上具有故意或过失的心态"[1]。

2. 阻却违法性及有责性的事实。从世界各国的有关立法和司法判例来看，精神不正常、无意识、不可抗力、意外事件、正当防卫、紧急避险等事实一般应由被告方承担证明责任。这些事实在刑法理论上称为阻却违法性事实和阻却有责性事实。该类事实由被告方承担证明责任的理论依据在于，在构成要件事实已证明其存在之情况，一般认为得对违法性及有责性予以事实上推定，被告为证明阻却违法性事由之存在，遂不得不提出反证。[2] 可见，证明阻却违法性事实与阻却有责性事实的责任在控辩双方之间的分配也是受推定影响的产物。

例如，精神不正常的证明，对该事实的证明责任分配系基于正常精神状态的推定，也就是说，对于人们的行为，一般都推定为在神智正常的状态下进行的，行为人是理解其行为的意义和后果的，因而对行为人的精神状态是没有必要加以证明的。同理，控诉方在指控某人犯有某种罪行时，对被告人犯罪时的精神状态的正常性也不需承担证明责任。如果被告方提出行为时精神不正常或者处于无意识状态，实际上是对正常精神状态推定的否定，因而，证明其精神不正常的责任必然落在被告方的身上。而且，一般认为，被告人对自己所控制和掌握的有关情况特别是自己在犯罪行为发生时的精神状态比控诉方更易于提供证明。

不可抗力是指行为在客观上虽然造成了损害结果，但不是出于故意或过失，而是由于不能抗拒的原因所引起的情形。在这种情况下，行为人虽然已经认识到了危害结果的发生，但意志上受到外力的作用，丧失了意志自由，因而主观上缺乏罪过，不认为是犯罪。例如，驾驶人员驾车行驶在马路上，由于机械突然出现故障使汽车失去控制撞死撞伤行人。对刹车失灵这一不可抗拒的外力，

---

[1]　陈兴良：《刑法哲学》，中国政法大学出版社1992年版，第49页。

[2]　我国台湾地区学者陈朴生认为，犯罪构成要件事实之存在，即可推定阻却违法性事由及阻却责任性事由之不存在。参见陈朴生：《刑事证据法》，三民书局1979年版，第311页。

被告人有责任提出证据予以证明，对此免责事由，被告人是独知的，否则很可能被判有罪。意外事件是指行为在客观上虽然造成了损害结果，但不是出于故意或者过失，而是由于不能预见的原因所引起的情形。在这种情况下，行为人缺乏认识并且缺乏认识能力，既没有预见也无法预见，因而主观上缺乏罪过，不认为是犯罪。[1] 对于此免责事由，被告人也应承担提供证据进行证明的责任。同样地，作为阻却违法性和有责性事由之一的正当防卫，被告人也必须提出证明。

3. 被告方的某些积极抗辩主张。根据被告人提出抗辩内容的不同，有所谓的积极抗辩和消极抗辩之分。对于消极性的抗辩事由，被告人可以只提出主张，而对于积极性的抗辩事由，一般要求被告人提供相应的证据予以支持，否则不仅该辩护主张不被法官确认，在某些情况下被告人还会招致不利甚至有罪的判决。被告方提出积极抗辩主张的目的在于动摇法官内心逐渐形成的被告人有罪的心证，为了使这种对被告人不利的心证减弱，被告人只是提出抗辩事由还远远不够，他必须同时提供一定的证据加以证明，从而使法官内心的天平向对被告人有利的方向倾斜。

在被告人须提供证明的积极控辩事由中，不在犯罪现场是一个典型的代表，各国立法和司法实践无一例外地将证明责任分配给提出该主张的被告人。这不仅因为不在犯罪现场属于积极性的抗辩，如果该主张成立，控方的有罪证明就会被完全推翻，而且还因为，在犯罪发生的时间段内，被告人是否在犯罪现场被告人本人最清楚，由他提供证明显然比由控诉方提出证明更为便利。此外，被告方主张被告人的行为系合法授权的行为或者引用法律条文中的但书、例外或豁免进行抗辩时，都要负证明责任。

4. 被告方主张的程序性事实。被告方主张的程序性事实，如证据的可采性、法官及陪审员是否应当回避等事实，应当由被告人承担证明责任。因为被告方的程序性活动通常是在案件发生以后在律师的协助或主持下实施的，举证难度不大，且程序性活动通常不会直接影响到被告方的实体性权益，对程序性事实举证不能也不必然导致有罪判决，而且，对于程序性事实的证明要求也不如实体法事实的证明要求那么严格，因此可以由被告方承担。

5. 被告方独知的事实。依据某种只有他自己知道的事实而提出主张的当事人必须证明他所依据的事实，否则将承受不利的法律后果。因为一般来说，被告人独知的事实，由控诉方证明往往难度较大，而且该事实对于案件的查明属于关键问题，所以，根据经验

证明责任

---

[1] 陈兴良：《刑法疏议》，中国人民公安大学出版社 1997 年版，第 92 页。

法则以及证据距离、举证难易的考虑，理应由被告方对其独知的事实承担证明责任。

■ 第三节　民事诉讼中的证明责任

一、"谁主张、谁证明"的原则

我国《民事诉讼法》第 64 条第 1 款规定："当事人对自己提出的主张，有责任提供证据。"最高法《民诉证据规定》第 1 条规定："原告向人民法院起诉或者被告提出反诉，应当附有符合起诉条件的相应的证据材料。"第 2 条规定："当事人对自己提出的诉讼请求所依据的事实或者反驳对方诉讼请求所依据的事实有责任提供证据加以证明。没有证据或者证据不足以证明当事人的事实主张的，由负有举证责任的当事人承担不利后果。"这些规定可以看作"谁主张、谁证明"这一罗马法上的分配原则的现代表述。即在民事诉讼中，双方当事人对于自己主张的事实，均负主观证明责任，而客观证明责任则由一方当事人负担。

具体而言：①任何当事人对自己提出的主张，无论原告、被告或第三人，无论是积极主张还是消极主张，均应负主观证明责任。需要注意，此处的"主张"是一个特定的概念，是指具有实体或程序意义的法律事实，不能理解为一种主观的态度或意见。就同一种主张，一方当事人可以提出、赞成、主张，另一方当事人可以反对，但反对者并没有形成一种新的"主张"。②原则上，作为诉讼请求的事实主张一方，积极主张一方负客观证明责任，而主张反驳诉讼请求事实一方，消极主张一方不负客观证明责任。例如，原告与被告各自主张有无借贷关系，双方各自对其主张事实负担主观证明责任，但积极主张有借贷关系的原告负客观证明责任。若争论焦点为双方分别主张是否已偿还债务，双方各自承担主观证明责任，而客观证明责任则由积极主张偿还了债务的被告承担。

当然，"谁主张、谁证明"是一个总的原则，而在某些特定情况下，我国法律作出了举证责任倒置的特殊规定。

二、举证责任倒置

举证责任的倒置是指提出积极诉讼主张的一方当事人不承担举证责任，而作消极否定性主张的另一方当事人承担举证责任。举证责任的倒置是民事诉讼举证责任承担的特殊情况，必须由法律或者司法解释作出例外的规定。最高法《民诉证据规定》第 4 条对举证责任"倒置"的情况作了明确规定："下列侵权诉讼，按照以下规定承担举证责任：①因新产品制造方法发明专利引起的专利侵权诉讼，由制造同样产品的单位或者个人对其产品制造方法不同于专利方法承担举证责任；②高度危险作业致人损害的侵权诉讼，由加害人就受害人故意造成损害的事实承担举证责任；③因环境污染引起的损害赔偿诉讼，由加害人就法律规定的免责事由及其行为与损害结果之间不存在因果关系承担举证责任；④建筑物或者其他设施以及建筑物上的搁置物、悬挂物发生倒塌、脱落、坠落致人损害的侵权诉讼，由所有人或者管理人对其无过错承担举证责任；⑤饲养动物致人损害的侵权诉讼，由动物饲养人或者管理人就受害人有过错或者第三人有过错承担举证责任；⑥因缺陷产品致人损害的侵权诉讼，由产品的生产者就法律规定的免责事由承担举证责任；⑦因共同危险行为致人损害的侵权诉讼，由实施危险行为的人就其行为与损害结果之间不存在因果关系承担举证责任；⑧因医疗行为引起的侵权诉讼，由医疗机构就医疗行为与损害结果之间不存在因果关系及不存在医疗过错承担举证责任。有关法律对侵权诉讼的举证责任有特殊规定的，从其规定。"此外，最高法《民诉证据规定》第6条还规定："在劳动争议纠纷案件中，因用人单位作出开除、除名、辞退、解除劳动合同、减少劳动报酬、计算劳动者工作年限等决定而发生劳动争议的，由用人单位负举证责任。"

应当指出的是，举证责任倒置的规定是举证责任分配的特殊规定，是对通常积极主张者举证责任的例外规定。在这种规定下，负举证责任者须负主观、客观证明责任，而不负举证责任者，随后也应负相应主观证明责任。

三、特定案件证明责任的法律规定

鉴于在合同纠纷案件中确立举证责任的重要性，最高法《民诉证据规定》第5条对此特作明确规定："在合同纠纷案件中，主张合同关系成立并生效的一方当事人对合同订立和生效的事实承担举证责任；主张合同关系变更、解除、终止、撤销的一方当事人对引起合同关系变动的事实承担举证责任。对合同是否履行发生争议的，由负有履行义务的当事人承担举证责任。对代理权发生争议的，由主张有代理权的一方当事人承担举证责任。"

四、根据举证责任分配原则确定举证责任

在各种各样的民事案件中，应当由谁对案件的法律要件事实进行主张证明并在事实真伪不明时承担证明责任呢？这就是实质上的证明责任分配标准问题。应当认识到，"谁主张、谁证明"只是一个笼统的原则，并未具体解决这一分配标准问题。

民事证明责任的分配标准是一个复杂的问题，很难找到一个一劳永逸的标

准。详细的分配标准一般都是对司法实务的理论概括，大部分内容体现于民事实体法中。笔者认为，我国应当采用法律要件分类说作为证明责任分配的基础标准，结合危险领域说、盖然性说和损害归属说，作为基础标准的补充，再用公平正义、利益衡平等法律价值和原则指导证明责任的分配。这样，就基本上能够在民事审判实践中公平合理地分配民事诉讼证明责任。最高法《民诉证据规定》第7条规定了在法律没有具体规定的情况下确定当事人举证责任的原则："在法律没有具体规定，依本规定及其他司法解释无法确定举证责任承担时，人民法院可以根据公平原则和诚实信用原则，综合当事人举证能力等因素确定举证责任的承担。"

五、举证时限制度

民事诉讼中的举证责任具有较强的时限性。最高法《民诉证据规定》规定了民事诉讼的举证时限制度。举证时限根据具体案件可以由人民法院指定，也可以由当事人商定，并经人民法院认可。当事人在举证期限内不提交证据的，视为放弃举证权利。当事人逾期提交的证据材料，除非经申请延期并经人民法院准许，或对方当事人同意质证外，人民法院均不组织质证。

■ 第四节　行政诉讼中的证明责任

一、概述

行政诉讼中的证明责任主要是指被告行政机关在诉讼中承担的对其作出的具体行政行为的合法性提供证据加以证明并在不能证明其合法性时承受败诉后果的责任。与民事、刑事证明责任相比，它的特殊性在于：

1. 在行政诉讼中，案件事实真伪不明的现象较之民事诉讼不易发生。①行政诉讼的诉讼标的是行政机关的具体行政行为。依据行政合法性和合理性原则，行政机关作出任何具体行政行为，都必须有充分的事实根据和法律依据。有充分的事实依据的具体行政行为被原告起诉，进入行政诉讼程序，其案件事实表现为"真"。②如果行政机关的具体行政行为缺乏充分的事实根据，受到当事人的起诉，那么案件事实就表现为"伪"。一般来说，行政机关不会以"真伪不明"的事实作为具体行政行为的依据。因此，行政案件的事实一般是真伪分明的。

2. 人民法院只能判决撤销或判决被告重新作出具体行政行为。在行政诉讼中，法律规定由作为被告的行政机关负证明责任。经过行政机关的证明，案件事实的证据确凿，适用法律、法规正确，符合法定程序的，判决维持。对于证据不足及其他要件缺失的，人民法院不能对行政机关的具体行政行为直接改判，而只能判决撤销或判决被告重新作出具体行政行为，这与民事诉讼中依证明责任规范直接判决一方当事人承担不利后果是完全不同的。也就是说，人民法院对大多数具体行政行为不能作出最终的判决。

3. 行政诉讼中被告行政机关承担的"不利后果"具有特殊性。与刑事诉讼类似，行政机关在执行公务时作出的具体行政行为，是一种职权行为，并不是维护自身的利益。因此，无论是具体行政行为被撤销、被判重新作出，还是被判履行法定职责和被判变更，行政机关遭受的"不利后果"，都是诉讼法意义上的或行政职权意义上的。当然，在理论和实务界也有行政机关"败诉"的说法，但此处的"败诉"与民事诉讼中的"不利后果"不可同日而语。

在行政诉讼中，同样存在证明责任的分担问题，对于被诉的具体行政行为由被告负证明责任，对于被诉具体行政行为以外的其他证明对象则应根据具体情况分别由原告或被告承担证明责任。前者可称之为行政诉讼中的特别证明责任，而后者则可称之为一般证明责任。

二、行政诉讼被告的证明责任

我国《行政诉讼法》第 34 条规定："被告对作出的行政行为负有举证责任，应当提供作出该行政行为的证据和所依据的规范性文件。被告不提供或者无正当理由逾期提供证据，视为没有相应证据。但是，被诉行政行为涉及第三人合法权益，第三人提供证据的除外。"据此，被告对被诉具体行政行为的合法性和合理性承担证明责任。该证明责任分配原则实际上是对"提出主张的人有证明责任，否定的人没有证明责任"这一原则的倒置和例外。在行政诉讼中，被告承担证明责任的原因有：

1. 表面上看，行政诉讼的诉讼标的是被诉具体行政行为的合法性，但实质上，行政诉讼审理的真正对象是原告所主张的事实的合法性，因为具体行政行为的合法性与原告所主张的事实或行为的合法性是相关的。但是，通常情况下，两者成负相关的关系，即原告所主张的事实或行为是合法的，具体行政行为则为非法，反之亦然，至少原、被告双方在主观上是如此主张的，否则就不会引起行政诉讼。因此，在行政诉讼中，原告肯定自己所主张的事实或行为的合法性，而被告行政机关则要否定原告所主张的事实或行为的合法性。本来，按"肯定者应证明，否定者不应证明"的分配规则，应当由原告就自己主张的事实或行为的合法性作肯定证明。可是，由于原、被告之间在行政法律关系中的地位极不均衡，要求原告就自己主张的事实的合法性进行证明显得有失公平。于是，根据公平正义的价值和利益均衡的原则以及行政法律的目的，对原、被告之间的证明责任进行倒置，要求被告对原告主张的事实的合法性作否定的证明，即否定者应证明。而这种对原告事实合法性的否定证明，也就是对被告的具体行政行为合法性的肯定证明。因此，对具体行政行为的合法性来说，被告便处于主张者的地位。根据"谁主张、谁证明"的原理，被告应当对该具体行政行为的合法性负证明责任。经过这样的转化，实质上已经倒置了的责任分配原则，在形式上又回到了"肯定者应证明，否定者不应证明"的普遍规则上。

2. 在行政诉讼中，被告相对于原告而言，有更优越、更充分的证明手段和条件，让被告负证明责任不会与公正、公平原则相冲突。在行政法律关系中，原被告处在被管理和管理的不平等地位，如果在行政诉讼中，平均分配证明责任，则会造成原、被告实际诉讼地位的不平等。因此，只有对被告行政机关分配较多的证明责任，才是公平合理的。行政诉讼中作为被告的国家行政机关在执法活动中，对原告所主张的事实和行为的合法性有非常清楚的了解和把握，对其具体行政行为所赖以作出的法律依据和事实根据，都应当收集足够的材料和证据，否则就不应该作出具体行政行为。所以，在行政诉讼中让被告证明是顺理成章的要求。相反，要求原告对行政行为的非法性进行证明是非常困难的。①原告面临取证难的问题。原告要证明，必然遇到行政机关管理制度上的障碍，难以全面地收集证据，原告也不一定了解行政机关作出具体行政行为的依据和原因。②原告不具备进行鉴定、勘验等收集证明、保全证据的能力和条件，所以，从证明难易方面来说，由被告负证明责任是比较公平的。

3. 由被告负证明责任，还有立法政策上的理由和行政指导方面的意义。由行政机关负证明责任，意味着只有在法院认为具体行政行为正确无疑的情况下，被告才能胜诉。如果该具体行政行为是否正确难以判断，那么便由行政机关承担败诉后果。这样就对行政机关依法行政提出了更高的要求。行政机关在作出行政行为之前，一定要收集充分、确实的证据，才能避免败诉的风险。所以，要求行政机关承担证明责任，能够有效地监督和保障行政机关依法行政。

行政诉讼被告在履行其举证责任时应当遵循以下规则：

1. 被告提交证明其具体行政行为合法性的证据不但包括具体行政行为的证据，而且包括作出具体行政行为的规范性文件。

2. 被告提交的证据必须做到证据确凿。《行政诉讼法》第 69 条规定："行政行为证据确凿，适用法律、法规正确，符合法定程序的，或者原告申请被告履行法定职责或者给付义务理由不成立的，人民法院判决驳回原告的诉讼请求。"根据本条规定，被告作出具体行政行为，必须在事实方面做到"证据确凿"，否则就构成违法行政。

3. 被告提交的证据必须是在具体行政行为作出以前收集到的合法证据。根据"先取证后裁决"和"依法行政"的原则，行政机关在作出具体行政行为以前必须收集到足够的合法证据。在具体行政行为作出以后，不需要也不能够收集任何证据，对此，《行政诉讼法》第 35 条规定："在诉讼过程中，被告及其诉讼代理人不得自行向原告、第三人和证人收集证据。"否则不能作为定案的根据。最高法《行诉证据规定》第 60 条规定的"不能作为被诉具体行政行为合法的依据"中就包括"被告及其诉讼代理人在作出具体行政行为后或者在诉讼程序中自行收集的证据"。

4. 被告必须在举证期限内提供全部证据。根据《行政诉讼法》第 67 条第 1款的规定："人民法院应当在立案之日起 5 日内，将起诉状副本发送被告。被告应当在收到起诉状副本之日起 15 日内向人民法院提交作出行政行为的证据和所依据的规范性文件，并提出答辩状……"而被告在作出行政行为时已经收集了证据，但是因为不可抗力等正当事由不能提供的，根据《行政诉讼法》第 36 条第 1 款，经法院准许，可以延期提供。根据最高法《行诉法解释》第 34 条的规定："……法院准许延期提供的，被告应当在正当事由消除后 15 日内提供证据。逾期提供的，视为行政行为没有相应的证据。"

5. 在证据补充方面，在一审程序中，原则上禁止被告补充证据，但也有例外情况。《行政诉讼法》第 36 条第 2 款规定："原告或者第三人提出了其在行政处理程序中没有提出的理由或者证据的，经人民法院准许，被告可以补充证据。"并且，对于被告而言，只要超过了一审举证期限，一般应视为被诉行政行为没有相应的证据。

三、行政诉讼原告的举证责任

尽管行政诉讼中证明责任的基本分配原则是由被告承担举证责任，但是，特殊情况下原告也承担一定的举证责任。《行政诉讼法》、最高法《行诉法解释》以及《行诉证据规定》对此作了具体规定。

1. 最高法《行诉证据规定》第 4 条规定："公民、法人或者其他组织向人民法院起诉时，应当提供其符合起诉条件的相应的证据材料。在起诉被告不作为的案件中，原告应当提供其在行政程序中曾经提出申请的证据材料。……"但根据《行政诉讼法》第 38 条第 1 款，下列情形除外：①被告应当依职权主动履行法定职责的；②原告因正当理由不能提供证据的。被告认为原告起诉超过法定期限的，由被告承担举证责任。

2.《行政诉讼法》第 38 条第 2 款规定："在行政赔偿、补偿的案件中，原告应当对行政行为造成的损害提供证据。因被告的原因导致原告无法举证的，由被告承担举证责任。"此外,最高法《行诉法解释》第 47 条第 2、3 款规定:"对于各方主张损失的价值无法认定的,应当由负有举证责任的一方当事人申请鉴定,但法律、法规、规章规定行政机关在作出行政行为时依法应当评估或者鉴定的除外;负有举证责任的当事人拒绝申请鉴定的,由其承担不利的法律后果。当事人的损失因客观原因无法鉴定的,人民法院应当结合当事人的主张和在案证据,遵循法官职业道德,运用逻辑推理和生活经验、生活常识等,酌情确定赔偿数额。"

3.《行政诉讼法》第 37 条规定:"原告可以提供证明行政行为违法的证据。原告提供的证据不成立的,不免除被告的举证责任。"

4. 最高法《行诉法解释》第 35 条第 1 款规定:"原告或者第三人应当在开庭审理前或者人民法院指定的交换证据清单之日提供证据。因正当事由申请延期提供证据的,经人民法院准许,可以在法庭调查中提供。逾期提供证据的,人民法院应当责令其说明理由;拒不说明理由或者理由不成立的,视为放弃举证权利。"

5. 在补充证据方面,原则上,原告和第三人可以在一审诉讼程序中提出其在行政程序中没有提出的反驳理由和证据,但是也有限制。最高法《行诉法解释》第 45 条规定:"被告有证据证明其在行政程序中依照法定程序要求原告或者第三人提供证据,原告或者第三人依法应当提供而没有提供,在诉讼程序中提供的证据,人民法院一般不予采纳。"而对于二审补充来说,最高法《行诉法解释》第 35 条第 2 款规定:"原告或者第三人在第一审程序中无正当事由未提供而在第二审程序中提供的证据,人民法院不予接纳。"

此外,《行政诉讼法》第 39 条还规定:"人民法院有权要求当事人提供或者补充证据。"

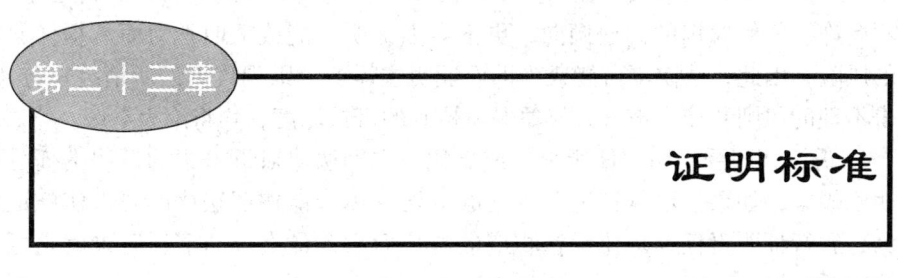

证明标准

■ 第一节 证明标准概述

一、证明标准的概念

对证明标准的探讨首先离不开对证明概念的正确认识。在诉讼领域，证明是指国家公诉机关和诉讼当事人在法庭审理中依照法律规定的程序和要求向审判机关提出证据，运用证据阐明系争事实，论证诉讼主张的活动。为有助于对此概念的理解，现简要分析如下：

1. 诉讼证明是与法庭审判紧密联系的概念，解决的是在审判程序中由谁提出诉讼主张并加以证明的问题。因此，严格意义上的诉讼证明只存在于审判阶段，庭审前的收集、提取证据只是为法庭上的证明活动奠定基础，创造条件。这是由审判程序在诉讼中的地位以及唯有法院有权对诉讼证明活动作出最终评价所决定的。

2. 诉讼证明的目的是阐明诉讼中的争议事实，论证己方的诉讼主张，以便说服作为裁判者的法官或陪审团确认或接受己方所主张的事实和权益，最终获得于己方有利的判决。诉讼证明的目标指向是审判人员，即证明给裁判者看或者向裁判者证明。正如我国台湾地区学者所言："提出证据，而使法官获得完全之确信者，即为证明。"[1]

3. 诉讼证明的主体是国家公诉机关和诉讼当事人，或者为简单起见，可统一理解为诉讼当事人。在刑事诉讼中，虽然公安机关承担主要的侦查任务，协助检察机关行使控诉职能，但是，其侦查行为只是为公诉机关在法庭上进行诉讼证明做准备，公安机关本身并不成为诉讼证明的主体。法院的职责是居中裁

---

〔1〕 林山田：《刑事程序法》，五南图书出版有限公司 1998 年版，第 207 页。

断，即对诉讼双方当事人的证明活动作出评价。法院本身既无自己的诉讼主张，也不允许有任何偏袒的诉讼倾向，更不会因证明不能或证明不力而承担任何败诉的风险，因此，法院不可能成为诉讼证明主体。否则现代诉讼所谓控审分离、不告不理的原则和作为被告人权益保障核心的辩护制度，均将沦为空谈。

4. 诉讼证明受证明责任所影响或支配。亦即法律对诉讼中的证明责任分配有明确规定，如果依法承担证明责任的诉讼主体未能按照法律的要求实施证明行为，履行证明责任，将要承担相应的法律后果，最直接的不利后果就是可能面临败诉的风险。

5. 诉讼证明是一种具体的诉讼行为，直接受各类诉讼法律规范和调整。它是一项旨在使法官相信系争事实存在与否的过程，包括经由对证据的审查而采信，对全案证据作综合评价而获得心证，以作为判决依据之整个过程。

诉讼证明的概念一旦界定，证明标准的问题便迎刃而解。就定义而言，证明标准，即法律关于负有证明责任的诉讼主体运用证据证明争议事实、论证诉讼主张所须达到的程度方面的要求。在英美证据法理论中，证明标准也被理解为负有证明责任的一方当事人，就其主张的事实予以证明应达到的水平、程度或量。也就是说，证明标准是指为了避免遭到于己不利的裁判，负有举证责任的当事人履行其责任必须达到的法律所要求的程度。[1] 例如，艾里欧特认为，证明标准是"承担举证责任的当事人举证的分量相对于对方当事人举证分量来说，应当超过多少"？[2] 摩非则认为，证明标准"是指履行举证责任必须达到的范围或程度。……是证据必须在事实裁判者头脑中造成的确定性或者盖然性的程度，是承担举证责任的当事人在有权赢得诉讼之前使事实裁判者形成确信的标准。从证明责任的履行来看，证明标准是证据质量和证明力的测试仪"。[3]

法律对证明标准的设定，对诉讼各方均有拘束力，即证明标准既作用于当事人的举证行为，也作用于审判者的裁判行为。具体而言，法官以证明标准为依据对当事人的证明活动进行法律评价，如果当事人履行证明责任达到了法定的证明标准，法官就认定该当事人的诉讼主张成立。反之，法官则应判定其诉讼主张不成立。对当事人来说，负担证明责任者依循证明标准确定和组织用于证明的证据，并努力按照证明标准来履行自己的举证行为；不负担证明责任的当事人则依循证明标准来抨击或质疑对方的举证行为，并选择己方是否有必要提供用来反驳的证据。控辩审三方诉讼主体均可借助于证明标准预测相互之间

---

〔1〕 Peter Murphy, *A Practical Approach to Evidence*, 4th ed., Blackstone Press Limited, 1992, p. 104.

〔2〕 Phipson and Elliot, *Manual of The Law of Evidence*, 11th ed., Sweet & Maxwell, 1980, p. 70.

〔3〕 Peter Murphy, *A Practical Approach to Evidence*, 4th ed., Blackstone Press Limited, 1992, p. 104.

的行为动向和即将采取的程序步骤，同时决定自己将采取的诉讼措施。

法律设定证明标准，需要考虑以下几个因素：①证明标准应当是一种明确的、具体的、可操作的法律标准，因为诉讼中确立证明标准的目的就是为诉讼当事人和事实裁判者进行相应的诉讼行为提供基准和参照，因此，将证明标准理解为一种应然模式或理想状态是不符合诉讼实践需要的。②证明标准应当是大多数诉讼在时空限制和资源许可的情况下所能达到的标准。诉讼证明总是在特定的时空范围内进行的，受到有限资源的制约，必须考虑成本、效益、效率等因素。若对履行举证责任的诉讼一方要求过高，则不利于保护当事人的合法权益。若要求司法机关为寻求某案件的绝对真实而不惜一切代价，不计任何成本，同样也是脱离司法实际的。③诉讼证明的标准还应根据诉讼性质的不同而加以区别。刑事诉讼由于涉及对被告人定罪量刑的问题，其法律后果最为严重，因此，各国无一例外地将被告人定罪判决的证明标准定为最高。即使在同一诉讼中，根据证明对象系实体事实还是程序事实，是主要事实还是次要事实，也要有所区别。例如，在一些国家的证据理论上，有按照是否要求使法官获得完全之确信的不同，将证明分为狭义证明和释明。对于实体法事实，必须进行狭义证明，对于诉讼程序上之特定事实，则可以适用释明。[1]

二、证明标准与认识论

现代西方国家，英美证据法将证明标准分为不同的等级，其中，在刑事诉讼中作出有罪判决必须达到"排除一切合理怀疑"的证明标准。18世纪早期，许多学者认为排除合理怀疑证明标准的演进应当与变化中的哲学背景联系起来考虑。许多人认为，需要在认识论思想的背景下考虑法律上的证据问题，这样就能将证明标准问题与认识论紧密连接起来。

几个主要的英美证据法学者试图将诉讼中的证明与英美占统治地位的实证主义的英国哲学融合在一起。杰弗里·吉尔伯特爵士和约翰·摩根在著述中均以洛克的理论作为基础。[2] 吉尔伯特在他的证据学论文中指出："存在着几种不同的程度——从完美的确定性和证实性证明，到较大程度的可能性和较小程度的可能性……对证据证明力的认识，人的内心相应地出现几种情况：……从完全确信和信任，到猜测、怀疑、不信任和不相信。在所有涉及权利的审判中，要对所有事物划定可能性的刻度，从而着重考虑占有优势的因素，以便在处理与权利相关的问题时，作出最准确的识别。"1795年，由卡伯·洛弗特出版的吉

---

[1] 林山田：《刑事程序法》，五南图书出版有限公司1998年版，第351页。
[2] 李玉华：《刑事证明标准研究》，中国人民公安大学出版社2008年版，第49页。

尔伯特的著作不仅谈到了洛克，而且谈到了约翰·威尔金斯，谈到道德上的确定性概念在自然主义宗教和自然科学中的发展。对法律证据史有重要研究的威廉·敦林认为，吉尔伯特在英美证据方面的学术成就根植于英国的实证主义，即洛克、边沁、约翰·斯图亚特·米尔、西德格威克和现代分析派哲学家（如艾耶斯所持）的哲学。

摩根 1789 年出版的《论证据法》也以洛克的知识概念为基础。像吉尔伯特一样，他指出，有几种认识的程度，从完美的确定性和证明，到不太可能和不可能，相应地在内心形成对证明程度的判断，他们从"完全的确信和信任，到猜测、怀疑和不相信"，尽管法律程序"必须依靠可能性进行判断……"，但法庭要求"最高程度的可能性"。"内心不再有任何怀疑，接近于完美的令人满意，似乎我们自己知道了案件事实。"摩根的"令人满意"与对陪审团作司法指令时提出的"令人满意"或"令人满意的良知"的要求是同义词，即摩根认为，陪审团裁断必须建立在人类认识事实的最高知识的基础之上。在此，摩根乃是希望能够为证据法奠定正确的认识论基础。

到 18 世纪末期，道德上的确定性和排除合理怀疑的概念与当时的哲学文献、法律著述紧密地联系在一起，并为受过教育者所了解。托马斯·斯达克曾经区分了绝对的确定性和事实问题上可获得的道德上的确定性。"使陪审团在内心对争议事实满意的证据，排除了任何合理怀疑，构成了对事实的完全证明……甚至最直接的证据能产生高度的可能性，达到道德上的确定性。通过渐变，达到最高程度，产生出对特定事实的认同上的优势。"道德上的确定性和排除合理怀疑的表述及其所根植的关于人类知识本质的哲学基础，在 19 世纪有关证据问题的著述中已成为一种共识。

总之，从上述西方国家排除合理怀疑的形成与发展，我们可以看出，认识论与证明标准紧密相连。证明标准说到底就是主体对案件事实的认识所达到的程度的问题，所以，必然要以认识论为指导，无论是西方国家还是我国，证据制度都离不开认识论的指导，不同的只是具体以什么样的认识论为指导。在西方国家就是以经验主义的认识论为指导，而我国的证据制度理论则是建立在辩证唯物主义认识论的基础之上的。

三、证明标准的意义

证明标准在诉讼理论和证明理论中处于十分重要的地位：

1. 在证据量及其证明力不变的情况下，证明标准设置和实际掌握的宽严在一定情况下决定案件的实体处理，影响结果的公正。对于裁判者而言，证明标准也是其认定案件事实、作出判决时，在证据方面必须达到的程度的要求。为了作出裁判，裁判者必须根据当事人或控辩双方提供的证据，在其内心形成对该案件的认识。而这种认识必须符合法律规定的证明标准，方可作出对案件的判断。所以，恰当地设置证明标准，有利于保证案件的正确处理，实现诉讼结果的公正。另外，由于证明活动也是一种认识活动，裁判者对当事人或控辩双方提供的证据是否达到证明标准要求的程度，以及在其内心形成的对该案件的认识，都不免渗入人的主观意志。因此，裁判者在诉讼过程中对证明标准实际掌握的宽严在一定情况下也会对诉讼结果的公正产生一定的影响。

2. 证明标准的设置会影响当事人或控辩双方以及法院的资源投入，从而影响诉讼效益。证明标准是与证明责任紧密联系在一起的，是证明完成从而使证明责任得以卸除的客观标志。不同的证明标准对证明程度的高低要求不同，对同一案件采用的证明标准不同，当事人或控辩双方的举证责任也就不同。证明标准要求的程度高，承担举证责任的一方提供的证据就越多，投入的成本就越高，审判机关也会相应地投入更多的司法资源。如采用程度要求较低的证明标准，投入的成本和资源就会相对减少。在实体处理的公正性（产出或收益）不变的情况下，前者的效益就低于后者。因此，证明标准设置的不同与诉讼效益的高低是紧密相关的。

3. 恰当地设置证明标准，有助于实现诉讼结构的平衡，从而有利于保证诉讼程序的公平与公正。证明标准是衡量负举证责任的一方是否切实履行举证责任的具体尺度。在诉讼中，负举证责任的当事人或控辩双方必须履行举证责任，直到达到证明标准的要求，其主张才能被法院所认可。如果证明责任主体的举证没有达到法定的证明标准，其诉讼主张就不能成立。法律通过对不同诉讼主体的举证程度规定不同的证明标准，可以增大或减轻有关主体举证的责任，从而对需要提供必要保障的诉讼主体予以保障，保持诉讼构造的平衡与合理性，这样有利于实现诉讼程序的公平与公正。

4. 证明标准与举证责任、证明对象、无罪推定、诉讼目的等重大诉讼理论问题紧密相关，亦与具体诉讼制度有密切关联。因此，关于证明标准问题的研究，有利于推动诉讼法学理论的完善与发展。

■ 第二节 刑事诉讼中的证明标准

一、外国刑事诉讼中的证明标准

在西方国家，存在两种较具代表性的对刑事证明标准的表述，即"排除合理怀疑"和"内心确信"。虽然措辞上不尽相同，但一般认为，"排除合理怀疑"与"内心确信"其实是同一证明标准互为表里的两种表述。

据美国学者威格摩尔（Wigmore）考证，英国最早在判例法上确立"排除合理怀疑"的证明标准是在 18 世纪初期，那时这一标准仅适用于死刑案件，而对其他案件并未作此要求。在其他刑事案件中，最初适用的证明标准是对被告人的定罪量刑必须具有"明白"的根据。嗣后，又交替使用过各种不同的用语，旨在表示"信念"的不同程度。直到最后才将信念程度落在"疑（doubt）"字上，形成一直沿用至今的刑事证明标准。那么，什么是"合理怀疑"呢？按照 19 世纪美国一位法官的看法，"是在一切证据经过全部比较和考虑以后，审理事实的人本于道义和良知，对于所诉的事实，不能信以为真"。[1] 另一位爱尔兰法官的说法则是"本于一颗赤诚的心，对于全部证据为冷静的观察，发生了理智的了解，不受任何一方的影响，没有偏见，没有恐惧……所谓怀疑，当然只是一种可以说出理由的怀疑，而不是无故质疑。否则对于任何纷纭的人事，都可以发生想象的或幻想的怀疑。因此，所谓合理之怀疑，必非以下各种的怀疑：非任意妄想的怀疑；非过于敏感机巧的怀疑；非仅凭臆测的怀疑；非吹毛求疵、强词夺理的怀疑；非于证言无证的怀疑；非故为被告解脱以逃避刑责的怀疑。如果属于以上各种的怀疑，即非通常有理性的人，所为合理的、公正诚实的怀疑"。[2]

"排除合理怀疑的证明"标准在证据的方法论中占据主导地位。然而，虽然它表面上简单，实际上却是一个复杂、微妙的概念，这一概念对于那些必须向陪审团解释其含义的法官来说尤其困难。美国对陪审团的提示中，对排除合理怀疑的含义有各种各样的解释。其中一种解释为："'合理怀疑'是指'基于原因和常识的怀疑——那种将使一个理智正常的人犹豫不决的怀疑'，所以排除合理怀疑的证明必须是如此令人信服以至于'一个理智正常的人在处理他自己的十分重要的事务时将毫不犹豫地依靠它并据此来行事。'"[3] 美国联邦最高法院在 *Cage v. Louisiana* 案中裁决一项对陪审团的指示过分强调了允许作无罪裁决的怀疑程度，该指示只允许在"严重地不确定"或"现实的实质性怀疑"的情况下作出无罪裁决，而且把排除合理怀疑等同于"道德上能够确定"。在 *United States v. Merlos* 案中，美国联邦最高法院又裁决，只要求陪审团对被告有罪存在"强烈的相信"，这是对排除合理怀疑证明标准的过低解释。[4]

---

〔1〕 李学灯：《证据法比较研究》，五南图书出版有限公司 1992 年版，第 666 页。
〔2〕 李学灯：《证据法比较研究》，五南图书出版有限公司 1992 年版，第 666~667 页。
〔3〕 Deritt & Blackman, *Federal Jury Practice and Instructions*, West, 3rd ed., 1977, pp. 11~14.
〔4〕 转引自刘善春、毕玉谦、郑旭：《诉讼证据规则研究》，中国法制出版社 2000 年版，第 303 页。

加拿大法院长期以来一直在努力设计一种能够清楚地向陪审团解释什么是"排除合理怀疑的证明"以及该证明标准如何适用于刑事案件的方法。加拿大最高法院最近以对该证明标准的来源、功能、范围和缺陷的理解为基础，作出了一份向陪审团解释这一问题的示范模式：

1. 该标准不可避免地与无罪推定交织在一起，无罪推定是作为所有刑事审判根基的基本前提，在整个审判过程中，证明责任始终由控诉方承担而不得转移给被告人。（被告人进入诉讼程序时被推定为无罪，这种无罪的推定贯穿审判始终，直到控诉方所提交的证据排除合理怀疑地使你相信被告人是有罪的。）

2. 合理怀疑不是指想象的或者轻率的怀疑，也不是指基于同情或偏见的怀疑；它基于推理和常识，这些推理和常识必须合乎逻辑地由证据的存在或不存在而得出。

3. "排除合理怀疑的证明"不只是要求证明被告人可能有罪。

4. 合理怀疑不是指绝对确定的证明，后者是一种过高的不可能达到的证明要求。同理，也不应将"排除合理怀疑的证明"单纯地描述为"道德上的确定性"。

5. 虽然"合理怀疑"的表述由日常谈话中经常使用的词语组成，但是，它在法律的背景下有着特殊的含义；将法律要求达到的证明标准描述为与陪审员在日常生活中作出某种决定（即使是最重要的决定）时所采用的标准相同的证明标准是错误的。

6. "怀疑"一词不应当以除形容词"合理的"以外的任何方式加以限制；使用像"萦绕于脑际的"怀疑、"重大"怀疑或者"严重"怀疑这样的修饰是容易引起误导的。

7. 只有在陪审团就"排除合理怀疑"这一表述的含义被给予恰当的、谨慎的指示之后，法官才能告诉他们，如果他们"确定"或者"确信"被告人有罪，他们可以作出有罪裁决。[1]

加拿大最高法院还指出：如果在证明被告人有罪的过程中沉默可以用来反对他，那么部分证明责任实际上已经转移到被告人身上。当被告人在审判中行使其沉默权时，控方只需要证明到比排除合理怀疑略低的程度即可，被告人未提供任何证词本身就帮助控方的证明达到了证明标准。但是，无罪推定表明被告人没有义务提供任何证据，相反，应当由控诉方来证明其有罪。因此，为了使证明责任始终由控诉方承担，大宪章要求，被告人的沉默不应在证明被告人有罪时被用来反对他。排除合理怀疑的确信必须建立在法庭审判阶段所采纳的

[1] *R. v. Lifchus*，supra，note. 4.

证词和任何其他实物证据或展示性证据的基础上。[1] 但是存在一定数量的例外情况。例如，如果被告人提出"不在犯罪现场"的辩护，主张其在犯罪发生的相应时间在其他地方，法官或陪审团就可以考虑被告人不作证的情况。这是基于以下认识：不在犯罪现场的抗辩可能是编造的，可能很容易引导陪审团或法官偏离核心调查。因此，如果被告人提出不在犯罪现场的辩护但是又不准备站在证人席上作证，使交叉询问无法进行，那么就允许法官或陪审团从其沉默中得出对其不利的推论。这不是帮助公诉人指控犯罪，而是使被告人要求法庭认定其不在犯罪现场更困难。

另一种例外情况通常被称为"最近占有主义"。如果某人被指控占有被盗物品，并且控诉方能够证明被告人在盗窃发生后不久占有该物品，那么如果被告人不对其占有的事实提供任何解释，法官或陪审团就可以推论该被告人知道该物品是偷来的，而无须任何其他证据证明其"明知"。例如，一个游客在博物馆外面照相机被盗，在离博物馆不远的地方发现了被告人和被盗的照相机，可能没有支持盗窃指控的证据，但是被告人可以被指控持有被盗的照相机。如果对该占有事实没有提供任何解释，[2] 法官推论被告人知道它是偷来的就是合法的。即使没有"明知"的证据，也可以满足排除合理怀疑的证明标准。但是，这只是被告人在盗窃发生后很短时间内持有被盗物品的事实要求被告人作出回答的一种情形。如果被告人没有作出任何回答，那么是控方的证据而不是被告人的沉默支持了有罪裁决。但是，"最近占有主义"并不意味着在其他存在怀疑的案件中，法官也可以利用沉默而直接作出有罪裁决。即使怀疑对被告人的参与或可罚性提出了非常重要的问题，它也远非排除合理怀疑的证明。

解释该标准的困难，也表明了它所要求的作出有罪裁决的严格证明程度。这是国家在合法地剥夺或者限制某个在加拿大境内的人的自由所必须达到的要求。

在适用"排除合理怀疑的证明"标准时，审判法庭必须考虑所有的证据。它必须使其发现的事实建立在对证人可信性如何评价的基础上，必须综合权衡所有可信的证据以判断控方是否排除合理怀疑地证明了其指控。被告人不被要求证明任何事项，而只是对于控方指控的任何构成要件提出怀疑。当然，陪审团被告知应当排除情感和同情，不论是对被害人还是对被告人。陪审团成员是否总是努力这样去做是可以质疑的，但是，他们的工作不是臆测而是评价和权衡证据。他们必须既考虑证据的数量又考虑证据的质量，既考虑证据的分量又

---

[1] *R. v. Noble* (1997), 6 C. R. (5th) 1 (scc) per Sopinka, J. at 41.
[2] 可以充当证据的一个例子是被告人从一个经过这里的陌生人那里买来的。

考虑证据的证明力强弱，但是没有数学上的公式。最终的问题是他们是否内心确信。内心确信不是指达到绝对的确定而是满足"排除合理怀疑的证明"标准。说起来容易，但解释起来却很难。

如果重视"排除合理怀疑的证明"，那么它能够很好地为刑事司法制度服务。但是，每个国家都有错误定罪的教训。通常，错误的定罪可归责于目击证人的错误识别，与诉讼有利害关系的告发者虚假陈述的使用，或者实际上不确切但表面上很有说服力的科技证据的使用。但是，更常见的是，导致错误有罪判决的真正原因是，在适用"排除合理怀疑的证明"标准过程中的偏见或者过度热情以致从有问题的证据或者夸大了的证据中得出没有根据的结论。无论对于个人还是社会，刑事判决的后果都非常严重，不能以低于很高的确信有罪的标准作出判决。

综上可见，作为英美法系诉讼证明的指导性标准，排除合理怀疑是与证明责任的分配密切相关的。"证明责任是从诉讼主体角度观察的证明标准，实质上是证明标准的主体化；证明标准是从诉讼客体角度观察的证明责任，实质上是证明责任的客体化，二者互相配合，形影相随。"[1]

而大陆法系国家及地区由于实行较完全的自由心证主义，尽管在认定案件事实过程中有相对的证明标准，但是，证明标准问题的重要意义在这些国家及地区显得不那么突出。例如，《德国刑事诉讼法典》第261条"自由心证"规定，对证据调查的结果，由法庭根据它在审理的全过程中建立起来的内心确信而决定。《日本刑事诉讼法》第318条规定，证据的证明力，由法官自由判断。《法国刑事诉讼法典》第353条规定，在重罪法庭休庭前，审判长应责令宣读下列训示，并将内容大字书写成布告，张贴在评议室最显眼处：法律并不考虑法官通过何种途径达成内心确信；法律并不要求他们必须追求充分和足够的证据；法律只要求他们心平气和，精神集中，凭自己的诚实和良心，依靠自己的理智，根据有罪证据和辩护理由，形成印象，作出判断。法律只向他们提出一个问题：你们是否已形成内心确信？这是他们的全部职责所在。《俄罗斯联邦刑事诉讼法典》第71条规定，法院、检察长、侦查员和调查人员，应遵循法律和社会主义法律意识，依靠以全面、充分和客观地审核案件全部情况为根据所形成的内心确信来评定证据。任何证据对于法院、检察长、侦查员和调查人员，都没有预定的效力。《澳门刑事诉讼法典》第114条规定，评价证据系按经验法则及有权限实体之自由心证为之，但法律另有规定者除外。

根据上述国家及地区刑事诉讼法的立法精神，该原则所确定的自由心证主

[1] 汤维建、陈开欣："试论英美证据法上的刑事证明标准"，载《政法论坛》1993年第4期。

义是法官对作为裁判基础的事实认定时适用的。而且，法官为了形成心证而采用的有关资料并不局限于经过有目的的调查所取得的证据资料，还包括在审理过程中当事人所表现出来的各种态度和状况在内的全部意旨。因此，证明标准几乎完全受自由心证的制衡。"在自由心证的范围内，无论法官达到何种认定，均不产生违反法律的问题。"[1] 从上述大陆法系国家及地区的有关立法规定来看，大陆法系的证明标准与法官的自由心证联系密切，即法官通过对证据的审查判断所形成的那种内心信念为"心证"，当这种"心证"达至深信不疑或者排除合理怀疑的程度，便形成确信。大陆法系的自由心证制度的实质内容，就是对于各种证据的真伪、证明力的强弱以及认定案件事实方式，法律概不作详尽的规定，它没有英美法系证据法中那么多的排除规则和例外规则，而是全数凭悉法官依据"良心"和"理性"来判断证据，不设定任何限制和框架。

二、我国刑事诉讼中的证明标准

（一）关于证明标准理论的探讨

关于证明标准，我国传统证据法学一直坚持如下观点："我国诉讼中的证明任务是查明案件的客观真实或案件的真实情况。……查明案件的客观真实，归根结底，就是要求司法人员的主观认识必须符合客观实际。"[2] 进而认为，"法院判决中所认定的案件事实与实际发生的事实完全一致"[3]，即要求诉讼证明达到"客观真实"的程度。根据"客观真实"理论，法官在确定被告人有罪时，必须查明案件的"客观真实，而非其他形式、其他程度的真实。也就是说，司法机关在刑事诉讼中所认定的有关犯罪嫌疑人、被告人刑事责任的事实，……必须与客观上实际存在过的事实一致"[4]。可见，客观真实观强调认识客体（经验层面的案件事实）在诉讼认识中的决定性地位和判断标准作用。持该观点的学者认为，由于诉讼证明的目的是查明案件事实真相，司法机关在作出有罪认定时，必须以符合客观案件事实的认识为根据。"司法机关在刑事诉讼中所认定的有关被告人刑事责任的事实……必须与客观上实际存在过的事实一致。"[5] 在坚持客观真实观的学者看来，司法人员在确认被告人有罪时，必须以符合客观事实的认识作为裁判的依据；司法人员对案件事实的认识必须符合事实的实

---

[1] ［日］兼子一、竹下守夫：《民事诉讼法》，白绿铉译，法律出版社 1995 年版，第 107 页。

[2] 陈一云主编：《证据学》，中国人民大学出版社 1991 年版，第 114 页。该书 2000 年版继续坚持了这一观点。

[3] 巫宇甦主编：《证据学》，群众出版社 1983 年版，第 80 页。

[4] 陈一云主编：《证据学》，中国人民大学出版社 1991 年版，第 114 页；2000 年版，第 115 页。

[5] 陈一云主编：《证据学》，中国人民大学出版社 1991 年版，第 114 页；2000 年版，第 115 页。

际情况，并根据这种符合客观案件事实的认识适用法律。"刑事诉讼证明所要追求的是客观真实，只有当人们运用证据对案件事实的认识达到了与客观的实际情况相符合时证据才是真实的，否则是虚假的，这就是刑事诉讼证明的任务与要求；判断其是否真实的标准是看证据是否与案件的客观实际相符合。"[1]

　　与传统客观真实观相比，现在坚持客观真实观的学者已经对其部分观点进行了修正。例如，放弃了传统理论对所有刑事案件都坚持客观真实观的要求，主张对已经作出有罪供述的简易案件和自诉案件可以适当放宽证明标准，甚至主张在某些案件中实行"法律真实"；再如，放弃了传统理论对法律所规定的案件事实（证明对象）都应当达到"客观真实"的要求，主张根据事实和情节的重要性不同实行宽严不等的证明标准。尽管如此，就其基本观点而言，坚持客观真实观的学者仍然要求，在诉讼证明中，作为一项原则性要求，司法人员在认定被告人有罪时，对案件事实的认识必须达到与客观存在的社会经验事实相一致的程度；对犯罪事实的证明达到客观真实的程度是司法人员认定被告人有罪的唯一标准。"虽然人们对案件事实的认识要受到主客观条件的限制，人们的认识难以达到与客观事实绝对一致，但不能因此而否定客观事实对人们认识的判定作用。因为不是客观事实不能与人的认识完全符合，而是人的认识不能与客观事实完全符合。难道因为人的认识不能与客观案件事实完全符合，而另外有人重新制定一个标准就能使人的认识与案件事实相符么？……证据事实对案件事实的反映虽然只是相对的符合，但是，这种相对的符合只能是相对地符合于客观的案件事实本身，而不是符合于法律规定或其他由人规定的任何东西。"[2]

　　随着证据理论研究的深入，有学者注意到客观真实理论具有以下不足并对是否应当坚持该证明标准提出了质疑：①以客观性为认识支点，强调证据的客观性，强调案件事实的客观方面，要求司法人员在使用证据认定事实时不应反求于内心而应当始终盯住客观事实状况。②以乐观主义的可知论为基础，认为每一案件的定案根据都应达到确实充分的标准，而由这种证据所证明的案件真实应当是一种完全排除盖然性因素的绝对确定的客观事实。③技术性不足，"证据确实充分"的标准既大且空，难以掌握而且不便操作。[3] 对此，有学者通过引入认识的主观因素，进一步分析了传统"客观真实"证明标准的缺陷。"现行

〔1〕 张继成："对'法律真实'和'排他性证明'的逻辑反思——与樊崇义教授商榷"，载何家弘主编：《证据学论坛（第2卷）》，中国检察出版社2001年版，第417页。

〔2〕 张继成："对'法律真实'和'排他性证明'的逻辑反思——与樊崇义教授商榷"，载何家弘主编：《证据学论坛（第2卷）》，中国检察出版社2001年版，第418~419页。

〔3〕 龙宗智："我国刑事诉讼的证明标准"，载《法学研究》1996年第6期。

刑事证据理论的研究几乎只从客体方面去理解，甚至片面地把'客观真实'作为证明标准，而主观方面的研究则很少涉及。刑事诉讼既然是主体、客体两方面的矛盾运动，认识的主体、客体就是对立统一的辩证关系，只有对两者都加以重视，才能把刑事证明标准建立在科学的基础之上。""理论研究和实践证明，我们再也不能用一个深不可测的所谓'客观真实'的抽象口号，作为衡量刑事诉讼证明的标准了，而是要寻找一个既符合实际又易于操作的标准来指导证明活动。"[1] 基于此种考虑，一种不同于传统证明标准的"法律真实观"逐渐受到了学界的注意并引起了激烈的争论。

法律真实观强调法律规范在诉讼认识中的地位和作用。主张法律真实观的学者一般认为，在法律视野中，作为裁断依据的事实不是社会经验层面上的客观事实，而是经过法律程序重塑的事实；该事实因符合法定的标准而作为定罪量刑的依据。"所谓法律真实，是指在发现和认定案件事实过程中，必须尊重体现一定价值的刑事程序的要求，在对案件事实的认识达到法律要求的标准时，即可定罪量刑，否则，应当宣布被追诉人无罪。所谓法律要求的标准，是指法律认为对事实的认识达到据此可以对被告人定罪的标准，这种标准可以表述为'排除合理怀疑的标准'，但不要求是绝对的客观上的真实。"[2]

坚持法律真实观的学者并不否认客观真实的存在，而是认为，"案件的客观真实与法律真实之间有着密切的关系。实际上，在诉讼过程中，存在着三种事实样态，即客观事实、主观事实和法律上的事实。……这三种事实之间存在着密切的内在联系。主观事实和法律上的事实，都从客观事实衍生而来"。[3] "法律上的事实是以客观事实为基础的，就本质而言，它是客观事实的模拟，是客观事实在法律上的反映。"[4] 但是，主张法律真实观的学者反对将客观真实直接作为刑事证明的标准。在主张法律真实观的学者看来，在刑事诉讼视野中，纯粹的客观真实是不存在的，而在诉讼中再现的只是法律意义上的事实，而非原始状态的实际事实，后者如果不通过一定的法律形式，就不产生法律上的后果，而前者则是事实因素与法律机理共同结合的产物。"刑事证据事实就是一种经验事实，即办案人员对客观事实已经作出的一种判断。经验事实同客观事实，二者既有联系又有区别。客观事实是经验事实的原始模型，是经验事实生存的

---

〔1〕 樊崇义："客观真实管见——兼论刑事诉讼证明标准"，载《中国法学》2000年第1期。

〔2〕 樊崇义等："刑事证据前沿问题研究"，载何家弘主编：《证据学论坛（第1卷）》，中国检察出版社2000年版，第208～209页。

〔3〕 樊崇义等："刑事证据前沿问题研究"，载何家弘主编：《证据学论坛（第1卷）》，中国检察出版社2000年版，第210～211页。

〔4〕 李玉萍："论司法裁判的事实根据"，载《法学论坛》2000年第3期。

根据和土壤，经验事实是以诉讼方法对客观事实形成的认识结论。二者的区别在于：客观事实是纯客观的东西，而经验事实则包括主观认识和客观存在两个方面。"[1] 因此，主张法律真实观的学者非常强调在理论上区分两种事实：客观事实和法律事实。"在研究刑事诉讼的证明标准时，迫在眉睫的问题，是要把案件发生后的客观事实与法律事实的联系和区别划分开来，把证据材料和定案的根据——证据区分开来。只有这样才能科学地确定刑事诉讼的证明标准。"[2]

在主张法律真实观的学者看来，在诉讼视野中，并不存在纯粹客观的案件事实，所有案件事实都是经过法规范整理后的对该事实的认识。司法人员在作出裁判时，作为其裁判基础的事实只能是在法规范约束下形成的法律事实；要求此种法律事实必须达到符合客观真实的程度方得出裁判是不现实的。"'客观真实'只能成为刑事案件证明的一个客观要求，它告诫办案人员要奋力地接近它，它绝不会成为个案的一个具体的证明要求。"[3] 由于法律真实观明确了作为裁判依据的事实只能是经过法规范整理过的事实，因此，在法律上，此种认识达到何种程度方得作出裁判的问题得以突显。"那么，如何使法律事实具有合理的可接受性呢？不言而喻，这种关于事实的结论，其精确度要达到很高的程度，我们才可以接受。最高的标准当然是客观真实，但这种标准不仅实现不了，而且还会带来消极后果。可能性的标准显然又低了，我们不能说某人可能实施了某一犯罪行为就宣称他是罪犯。所以，案件事实的结论必须具有一定的确定性。但问题是，这种确定性并不好把握。不过，对于不能从正面来把握的问题，我们可以从反面来把握。可以这样说，一个结论如果能够排除对它的合理疑问，它就具有确定性。这种确定性对于一个具有正常理智的人来说，显然具有合理的可接受性。"[4] 可见，主张法律真实观的学者，在区分客观事实与法律事实的基础上，从法律事实作为裁判根据的正当性入手，致力于探讨一种更符合诉讼自身规律的证明标准，并尝试性地提出了"排他性""排除合理怀疑"等具体建议。

从以上对客观真实观与法律真实观基本观点的归纳来看，其分歧主要体现为对以下两个问题的回答上：①作为裁判基础的事实能否达到客观真实的程度？②以客观真实作为刑事证明的标准是否可行？对于第一个问题，坚持客观真实观的学者认为，司法人员对案件事实的认识完全能够达到客观真实的程度，即

---

[1]　樊崇义："客观真实管见"，载《中国法学》2000 年第 1 期。

[2]　樊崇义："客观真实管见"，载《中国法学》2000 年第 1 期。

[3]　樊崇义："客观真实管见"，载《中国法学》2000 年第 1 期。

[4]　樊崇义等："刑事证据前沿问题研究"，载何家弘主编：《证据学论坛（第 1 卷）》，中国检察出版社 2000 年版，第 214~215 页。

主观认识正确地反映了客观事实的真相，包含了"绝对正确的内容，或者说，在一定范围内不能被推翻的正确认识"〔1〕。而且他们认为，"不承认客观真实，必然不同程度地走向不可知论"〔2〕。而主张法律真实观的学者则认为，必须区分两种不同的事实：证据事实和客观事实。"在刑事诉讼中，不存在超越法律之外的客观事实，所有的事实必须在进入刑事程序之中的证据的基础上，并且依照法定的程序推论出来，即在法律规定的机制和标准上得出关于事实的结论，这也就是法律事实。"〔3〕此种法律事实不可能完全等同于社会经验层面存在的客观事实，只能是尽可能接近真相的事实。对于第二个问题，坚持客观真实观的学者主张司法人员对案件的裁判必须以客观事实为标准，司法人员据以认定有罪的事实根据必须正确地反映客观事实。"从这个意义上说，有罪认定必须是绝对真实的，必须经得起实践和历史的检验，所谓'铁证'，'铁案'就是这个意思。"〔4〕而在主张法律真实的学者看来，要求达到客观真实的标准太高，而且无法操作，退而主张在法律上确立一种能够最大限度保证事实认定之正当性的标准，并以此作为裁判的依据。〔5〕

（二）法律规定不同诉讼阶段的证明标准

我国刑事诉讼中的证明标准在不同的诉讼阶段有不同的要求，立法上的具体规定为：

1. 刑事立案的证明标准。《刑事诉讼法》第 112 条规定："人民法院、人民检察院或者公安机关对于报案、控告、举报和自首的材料，应当按照管辖范围，迅速进行审查，认为有犯罪事实需要追究刑事责任的时候，应当立案……"

2. 审查批捕的证明标准。《刑事诉讼法》第 81 条规定，批捕的证据标准是"有证据证明有犯罪事实"。对此，最高检《刑诉法规则》第 139 条第 2、3 款作了如下解释："有证据证明有犯罪事实"是指同时具备下列情形：①有证据证明发生了犯罪事实；②有证据证明该犯罪事实是犯罪嫌疑人实施的；③证明犯罪嫌疑人实施犯罪行为的证据已经查证属实的。"犯罪事实"既可以是单一犯罪行

〔1〕 陈光中、陈海光、魏晓娜："刑事证据制度与认识论——兼与误区论、法律真实论、相对真实论商榷"，载《中国法学》2001 年第 1 期。

〔2〕 陈光中、陈海光、魏晓娜："刑事证据制度与认识论——兼与误区论、法律真实论、相对真实论商榷"，载《中国法学》2001 年第 1 期。

〔3〕 樊崇义等："刑事证据前沿问题研究"，载何家弘主编：《证据学论坛（第 1 卷）》，中国检察出版社 2000 年版，第 214 页。

〔4〕 陈光中、陈海光、魏晓娜："刑事证据制度与认识论——兼与误区论、法律真实论、相对真实论商榷"，载《中国法学》2001 年第 1 期。

〔5〕 本文对于"客观真实"与"法律真实"之间学术争论的概括借鉴了吴宏耀教授发表于《诉讼法学研究（第 1 卷）》中的"刑事证明标准研究评述"一文的相关归纳，在此表示感谢。

为的事实，也可以是数个犯罪行为中任何一个犯罪行为的事实。

3. 提起公诉的证明标准。《刑事诉讼法》第 176 条第 1 款规定："人民检察院认为犯罪嫌疑人的犯罪事实已经查清，证据确实、充分，依法应当追究刑事责任的，应当作出起诉决定，按照审判管辖的规定，向人民法院提起公诉，并将案卷材料、证据移送人民法院。"对此，依最高检《刑诉法规则》第 63 条的精神，起诉证据充分程度的最低要求应理解为：①定罪量刑的事实都有证据证明；②据以定案的证据均经法定程序查证属实；③综合全案证据，对所认定事实已排除合理怀疑。

4. 判决有罪的证明标准。《刑事诉讼法》第 200 条第 1 项规定："案件事实清楚，证据确实、充分，依据法律认定被告人有罪的，应当作出有罪判决。"

何谓"证据确实充分"？在司法实务中应当如何把握？《刑事诉讼法》第 55 条第 2 款予以了明确，规定"证据确实、充分"应当符合以下条件：①定罪量刑的事实都有证据证明；②据以定案的证据均经法定程序查证属实；③综合全案证据，对所认定事实已排除合理怀疑。据此，刑事诉讼中凡涉及"证据确实、充分"的要求均应适用该款规定加以认定：①"定罪量刑的事实都有证据证明"是证据裁判原则的体现，也是认定"证据确实、充分"的基础，即有关犯罪嫌疑人、被告人是否犯罪、犯何种罪、应否处以刑罚以及处以何种刑罚的事实都要有相应证据加以证明，无证据即无事实认定。该项条件以证明对象为参照标准，确定了证据量的规定性。只有与定罪量刑有关的全部证明对象都有证据加以证明才能达到"证据确实、充分"的标准。按照此规定，对犯罪构成要件等相关事实和影响量刑的各种情节都要有相应的证据证明，即为证明被告人犯罪，检察机关需要提出证据证明犯罪事实已经发生、被告人实施了犯罪行为以及犯罪行为的具体情节、被告人的身份与刑事责任能力、被告人的罪过以及共同犯罪中被告人的地位和作用等。如果未能提出相应证据，就是未能达到"有证据证明"的要求，即未达到证明标准。②"据以定案的证据均经法定程序查证属实"是对作为证明依据而提出的证据转化为定案根据的要求，强调的是证据的真实性与合法性。"经法定程序"是对证据能力的要求，要求凡作为认定案件事实依据的证据本身应当经过公安司法机关依法律规定的程序（包括修改后《刑事诉讼法》增加规定的非法证据排除程序）进行查证。"查证属实"指证据要满足客观性的要求。该项条件确定了证据质的规定性，对证据"确实"提出了具体要求，即对证据应从其来源、表现形式、收集程序等方面审查其是否具有合法性，排除非法证据；还要审查其是否具有真实性，鉴别虚假证据，既强调了用以定案的证据是查证属实的结果，又强调了对各种证据查证属实的过程。只有经法定程序查证属实的，才能作为定案的证据。③"综合全案证据，对所认定事实已排除合理怀疑"要求办案人员在对每一个证据进行查证属实的基础上对全案证据进行综合审查，运用逻辑、经验和常识进行判断和推理，对所认定的案件事实达到不存在合理怀疑的程度。

我国《刑事诉讼法》规定"案件事实清楚，证据确实、充分"作为认定案件事实、审查判断证据总体所要达到的要求，属于客观证明标准。我国刑事证明标准的客观化规定固然持有摒弃司法人员主观随意性的美好初衷，但对于是否达到证明标准，实践中，最终要归诸司法人员的主观判断；又因为该标准过于笼统，导致实际上的任意解读、混乱适用。刑事诉讼法修改在总结实务经验并借鉴域外做法的基础上，将"排除合理怀疑"写入刑事诉讼法作为对"证据确实、充分"标准的解释和限定，是十分必要和有意义的。正确认识中国语境下的"排除合理怀疑"，首先，应当明确，立法增加"排除合理怀疑"的规定并非对我国刑事诉讼证明标准的修改，而是从主观方面进一步明确了"证据确实、充分"的含义，以便于办案人员把握。对案件事实的认定必然包含着裁判者的主观判断，故不能仅从客观的角度界定证明标准，而"排除合理怀疑"作为"证据确实、充分"在事实裁判者主观方面要求达到的标准，不仅符合人的认识规律，而且更具可操作性。因此，"排除合理怀疑"是对"证据确实、充分"的解释，是判断全案证据是否符合"证据确实、充分"标准的依据。其次，关于"排除合理怀疑"的具体含义，应当理解为"对于事实的认定，已没有符合常理的、有根据的怀疑，实际上达到确信的程度"。[1] 法律规定的"排除合理怀疑"作为对办案人员主观方面的要求，就是要求其对案件事实的认定在主观上已经达到确信无疑的程度。尽管我国传统证据理论一般从逻辑学的角度将"事实清楚，证据确实、充分"的标准解释为"唯一性""排他性"，而"排除合理怀疑"的实质是要求法官确信指控的犯罪事实存在和为被告人所实施，因此，在这一点上与"唯一性"或"排他性"是相通的。事实裁判者对案件事实的认识如果达到了"排除合理怀疑"，同时表明依据了全部证据材料，对案件事实就不可能得出其他结论，换言之，此时对案件事实的认识已经达到"唯一性""排他性"的程度。

---

〔1〕　全国人大常委会法制工作委员会刑法室编：《关于修改中华人民共和国刑事诉讼法的决定：条文说明、立法理由及相关规定》，北京大学出版社 2012 年版，第 53 页。

■ 第三节 民事诉讼中的证明标准

一、外国民事诉讼中的证明标准

(一) 英美法系民事诉讼证明标准

英美法系大多都以盖然性占优势作为民事诉讼证明标准，只是表达方式有着一些差别。在英国，丹宁勋爵在 1947 年米勒诉财政大臣案 (*Miller v. Minister of Pensions*) 中曾经说："如果证据已经达到如此的程度，以至于法官可以说：'存在的可能性比不存在的可能性大'，那么这种证明责任已经完成了。但是如果这种事实存在的可能性与不存在的可能性是相同的话，证明责任就没有完成。"[1] 在英国，通常将其简略地表述为"盖然性占优势" (preponderance of probability)。在美国，一般将民事诉讼证明标准表述为"优势证据" (preponderance of evidence)，指一方提供的证据在质上比对方更为优越，而且这种优越的程度必须达到使陪审团也能确信的状态。1995 年《澳大利亚联邦证据法》第 140 条规定了民事诉讼证明标准是盖然性占优势。[2]

英美法系各国均认为盖然性占优势不应该作为所有民事案件的证明标准。不同的案件的证明标准应当有所不同：

英国有关证明标准变动的理论与实践相对较为激进。丹宁勋爵认为，盖然性占优势并非所有的民事诉讼案件的唯一的证明标准，民事诉讼证明标准可以随案件性质的严重程度而有所改变。1950 年，在巴特诉巴特案 (*Bater v. Bater*) 中，丹宁勋爵认为民事诉讼的证明标准和刑事诉讼的证明标准都不是绝对的。一个民事诉讼案件的证明标准可以是盖然性占优势，但是大于 0.5 的盖然性可以分很多层次；这种层次取决于案件涉及的主要事实的性质；一个民事案件的法官在对有关欺诈行为作出认定的时候，很自然地，他会要求一个比对过失性行为作出认定更高的证明标准。换句话说，民事诉讼证明标准应该随着案件情况的改变而变动。[3] 1956 年，丹宁勋爵在荷内诉纽伯格产品有限责任公司 (*Hornal v Neuberger Products Ltd*) 案中再次指出："所主张的事实的性质越是严重，证明所要求达到的盖然性程度越高。"[4] 这样，在那些性质严重的案件当

---

[1] Mike Redmayne, "Standards of Proof in Civil Litigation", *The Modern Law Review*, 62 (1999), p. 168.

[2] Mike Redmayne, "Standards of Proof in Civil Litigation", *The Modern Law Review*, 62 (1999), p. 180.

[3] Mike Redmayne, "Standards of Proof in Civil Litigation", *The Modern Law Review*, 62 (1999), p. 175.

[4] Mike Redmayne, "Standards of Proof in Civil Litigation", *The Modern Law Review*, 62 (1999), p. 176.

中，证明标准可以随案件中所涉及事实的严重程度以及案件判决结果对当事人影响的严重程度而发生变化。对于何种事实以及何种结果应当被认为是严重的，判例法中已经进行了暗示。在普莱斯顿（*Preston Jones v. Preston Jones*）案中，法院认为，如果对于事实的认定会在某种程度上使被告或者所涉及的人的名誉遭受玷污，那么这种事实便被认为是严重的。何种事实会导致这样的后果，也都是由一些判例加以确定。比如，在荷内（*Hornal*）案中，法官认为，如果原告的诉讼请求是基于被告对于保证合同义务的违反，那么应当适用通常的证明标准；如果原告的诉讼请求是基于被告的欺诈行为，那么应当适用相对较高的证明标准。因为欺诈多少带有一点刑事犯罪行为的意味，但是对于保证合同义务的违反却不是。[1]

在美国，虽然肯定对于不同的民事诉讼案件应当采用不同的证明标准，但是，在理论与实践中相对地更加强调证明标准的稳定性。除了盖然性占优势这一证明标准之外，美国承认对某些特定范围的指控和诉讼请求的证明也需达到较高的程度，但是，它们并没有授权法官可以根据不同的案件变更证明标准，而是设定了一个统一的提高了的证明标准，他们将之表述为"清楚且具有说服力"（clear and convincing evidence）。这种较高的证明标准主要适用于涉及个人自由的一些案件，比如说移交精神病院、终止监护权、解除中立、剥夺国籍和驱逐出境的案件，后来渐渐地在另一些民事案件中也开始适用这种较高的证明标准。总的来说，可适用该标准的案件有以下几类：①欺诈和不当影响之诉；②确定遗嘱的口头合同之诉和确定已遗失遗嘱的条款之诉；③口头合同的特殊履行之诉；④撤销、变更、修改书面交易合同的程序或基于欺诈、错误和不完整之正式行为之诉；⑤可能涉及欺诈危险的各类索赔和辩护之诉以及基于政策考虑不应被支持的特殊索赔之诉。[2]

（二）大陆法系民事诉讼证明标准

大陆法系一般以较高程度的盖然性作为民事诉讼证明标准的原则。在德国，著名学者普维庭将50%以上的盖然性值粗略地分为三大类：①按照这种分类，一项事实主张可以是相对可能很大（亦即赞成比反对多）；②一项事实主张也可以具备非常可能的盖然性（一个理性的人不再怀疑或者看起来其他的可能性都被排除了）；③一项事实主张也可能具备显然的可能性（主张事实是如此明显，按照人们的一般常识是不会有疑问的）。他将这三者依次称为：相对占优的盖然

---

[1] Mike Redmayne, "Standards of Proof in Civil Litigation", The Modern Law Review, 62 (1999), p. 179.

[2] 牟军："民事证明标准论纲——以刑事证明标准为对应的一种解析"，载《法商研究》2002年第4期。

性（盖然性占优势）、非常可能的盖然性（较高程度的盖然性）、"明显"的盖然性。[1] 普维庭认为较高程度的盖然性是民事诉讼证明标准的原则。日本学者中岛弘道也把法官的心证强度分为四级：第一级为微弱的心证；第二级为盖然心证；第三级为盖然的确实心证；第四级为必然的确实心证。他认为，微弱的心证是不完全的心证，基于该心证，不能作出肯定待证事实的判断；盖然的心证为大概的心证，在没有反证的限度内，可以作出事实好像如此的判断；基于盖然性确实心证，可以推断事实存在；基于必然的确实心证，则可作出事实必然如此的判断。他还认为，当裁判官的心证为微弱心证时，应当否定待证事实，这在刑事裁判与民事裁判中是共同的，但当心证为盖然心证时，刑事裁判与民事裁判的结果不同，刑事裁判应否定待证事实，民事裁判则应肯定待证事实。[2] 这种观点其实也是将较高程度的盖然性作为民事诉讼的证明标准的原则性规定。

大陆法系国家民事诉讼中的证明标准除了上述一般规则之外，亦存在着以下几种主要的例外规定：

1. 为证明标准设定层次。在德国民事诉讼中，对于可得利益等的损害状况以及损害额的证明不要求达到较高程度的盖然性。另外，在现行法中对需要降低或者提高证明标准的情况已经作出了规定：①是用"令人相信"作为表述方式的，这种证明标准比较高程度的盖然性证明标准要低，相当于英美法系盖然性占优势；②除了降低证明标准之外还存在提高证明标准的法律规范，经常用"显而易见"这类词来表述。

瑞典属于大陆法系，该国的民事诉讼制度上并不事先规定普遍地存在着作为法定统一证明基准的证明标准。一方面，体现在实体法规范中的特定证明责任分配规范包含着指示所要求的具体证明标准等内容，且不同的规范所要求的证明标准在程度上也可能是有区别的。法官在适用具体的实体法规范时，必须以其中包含的证明标准为基准来衡量当事人的证明是否成功，再据此考虑证明责任的分配。如果实体法规范没有包含指示具体证明标准的内容，则法官应当根据证据是否容易取得、当事人之间的结构性社会关系以及万一事实认定有误时哪一方的风险更大等因素来设定对于本案来说是妥当的证明标准。该国的民事诉讼法给法官所设定的证明标准可以分为四个层次：①"明白、确实性"；②"高度的盖然性"；③"较高的盖然性"；④"大致的盖然性"。瑞典的这种

---

[1]　[德] 汉斯·普维庭：《现代证明责任问题》，吴越译，法律出版社 2000 年版，第 iii 页。

[2]　牟军："民事证明标准论纲——以刑事证明标准为对应的一种解析"，载《法商研究》2002 年第 4 期。

证明标准的设置表明法律已经在一定程度上制度化地授权给法官根据案件及要证事实的种类和具体案情等因素来随机应变地提高或降低衡量是否达到证明状态的基准，对证明标准进行个别的调整。[1]

2. 推定制度。大陆法系广泛地采用推定制度来实质上降低对一些民事案件的证明标准。在大陆法系中，推定作为一种法律术语意在表示一事实或若干事实与另一事实或若干事实的关系，是指根据某一事实（基础事实）的存在而作出的另一事实（推定事实）存在的假定。推定有法律推定与事实推定之分。所谓事实上的推定，是指根据生活经验和常识，甲事实和乙事实通常会同时存在，从而甲事实一经确立，即可推断乙事实的存在。法律推定是指根据法律的明确规定，当甲事实被证实后，在不存在其他相关和相反证据时，司法机关必须据此认定乙事实的存在。事实推定和法律推定的区别在于事实推定在实质上只是逻辑上之推论或者推理，它属于证明评价的范畴，而法律推定则是对法官的直接命令，亦即指示法官从方法上如何解决问题。法律推定十分明确地命令法官，把某个既定的要件事实视为已经被证明，尽管实际上法官可能尚未获得对该要件事实的心证。推定作为一项重要的证据法则，它可以缓解证明上的困难，避免关于推定之事实因证据缺乏给当事人带来的不公平。在诉讼实践中，某些案件事实属于争论焦点，对案件审理结果有重大影响，但对其调查证明却十分困难，如要调查失踪人是否确已死亡。调查这类案件事实需要花费大量时间和费用，而且往往也无法查清。在此情况下，通过运用推定来认定案件事实，可避免诉讼陷入僵局，排除当事人证明的困难。

3. 释明制度。大陆法系的释明所要求达到的证明标准也较低。日本民事诉讼制度中，法定的证明标准有两种，一种称为"证明"，另一种称为"释明"。所谓释明，是指当法律上就一定的特殊事项，为了诉讼的迅速进行等目的而允许法官比较容易地暂且认定要证事实为真，只要使法官产生薄弱的心证即可，而无须达到通常的较高程度的盖然性的标准。能够作为释明对象的事项只能是程序性的或者诉讼中附带性的事实，例如，要求阅览法庭记录的第三者与案件有利害关系的要件（《日本民事诉讼法》第91条第2款）、证人拒绝作证的理由（《日本民事诉讼法》第198条）等，且释明这一较低基准证明标准的适用只限于法律法规有明文规定的场合。凡是作为判决基础的有关案件实体的事实都不能适用释明，而要达到上文所述的较高程度的盖然性。

---

[1] 王亚新：《对抗与判定：日本民事诉讼的基本结构》，清华大学出版社2002年版，第216~217页。

二、我国民事诉讼中的证明标准

在我国理论界，关于民事诉讼证明标准的理论，主要存在两种学说，一种是"客观真实说"，一种是"法律真实说"。

"客观真实说"又称"实质真实说"，是指在诉讼中裁判人员运用证据所认定的案件事实符合案件发生时的客观真实情况，就是通常所说的查明的案件事实真相，是主观符合客观的真实。"客观真实说"要求：①据以定案的每一证据均经过查证，的确是客观存在的事实。②据以定案的证据与案件事实之间存在着客观联系。这种联系是客观的，而不是人为的、牵强附会的联系。③证据之间、证据与案件事实之间的矛盾得到合理排除。④案件事实都有相应的证据予以证明，并且排除了其他可能性。以上四条必须同时具备，才算证据"确实、充分"。[1]

"法律真实说"是指裁判人员运用证据认定的案件事实达到了法律所规定的视为真实的标准。它所要求的案件事实是证据所证明的事实，或者说从证据角度分析是真实的事实。将"法律真实说"作为民事诉讼证明标准的主要理由为：①民事诉讼中需要查明的是以前发生的事实，要使这些事实再现，只有通过诉讼中的证明活动，而哪些材料可以作为证据材料，证据应如何收集、提供、审查、判断，都是由法律规定的，证明活动也是依照法律规定的程序进行的，有时法律甚至直接告诉裁判人员如何评价案件事实。因此，作为裁判依据的事实是依照法律规定在民事诉讼程序中形成的，在这种情况下，再现于法庭上的案件事实，只是那些具有特定法律意义的冲突过程中的部分事实，而不是冲突过程中的所有客观事实。这部分再现于法庭上的事实，也只是裁判人员依据法律规定的事实证明标准及规则而得出法律上认为是真实的事实。②在民事案件事实证明过程中，裁判人员的主观判断具有重要作用。"在诉讼过程中所呈现的冲突事实，实际上只不过是法官凭借相关证据材料所形成的主观性认识。再现案件事实的真实程度，取决于法官这种主观性认识与证据本身的感触和理解上的准确性、合理性"。因为，在民事实体法上，"作为一般条款的诚实信用、权利滥用、正当事由或重大事由等概念，本身并不具有明确的内容，只是在每个个别的案件处理中由法官赋予其具体含义"。因此，民事案件事实的最终确定是法官通过证据材料的分析、判断、认定来完成的。它的真实是一种法律真实。③在民事诉讼中，当事人有义务为自己的利益收集、提供能够证明案件事实的证据材料，以使法官用于定案的事实尽可能与客观事实相一致。法院的职责是

---

[1] 巫宇甦主编：《证据学》，群众出版社 1983 年版，第 80 页。

对当事人提供的证据依照程序、实体法律规定进行审查、判断，以确定可以作为民事定案依据的法律上认为真实的事实。④二审或再审法官衡量原审判决证明的事实是否正确，主要看是否有相应的证据证明，而不是看被认定的事实与诉讼前实际发生的事实是否一致（实际上离开证据材料也无法直接作这种比较）。

我国传统的民事诉讼证明标准理论认为，我国民事诉讼立法中实行的是客观真实的证明标准，法院须在查明待证事实是否客观真实后才能对案件作出处理和裁决。依据这种理论，我国诉讼中的证明任务是查明案件的客观真实或案件的真实情况。该理论主要成型于《民事诉讼法》颁布前，是制定和实施《民事诉讼法（试行）》时有关案件事实问题的主导思想。由于《民事诉讼法》对《民事诉讼法（试行）》中有关案件事实认定和证明的规定没有做原则上的修改，因此，这一理论没有因民事诉讼法的修订而受到动摇。《民事诉讼法》颁布后，曾直接参与民事诉讼法修订的最高审判机关、司法实务权威在其编撰的、供各级法院审判人员学习和理解，并在司法实务中正确应用修订后的《民事诉讼法》的书籍中重述了这一传统理论："查明事实，分清是非，是正确解决民事纠纷的前提。人民法院审理民事案件，首先要依据诉讼法规定的各项程序和制度来查明案件事实。……民事诉讼法规定的各项程序、制度，为人民法院查明案件事实提供了科学的手段和依据，保证人民法院能够查明事实真相。"

我国《民事诉讼法》的许多规定确实都体现了民事诉讼的证明标准是客观真实，即"案件事实清楚，证据确实、充分"。例如，《民事诉讼法》第 7 条规定："人民法院审理民事案件，必须以事实为根据，以法律为准绳。"第 64 条第 2 款规定："当事人及其诉讼代理人因客观原因不能自行收集的证据，或者人民法院认为审理案件需要的证据，人民法院应当调查收集。"第 170 条第 1 款第 3 项规定："原判决认定基本事实不清的，裁定撤销原判决，发回原审人民法院重审，或者查清事实后改判。"这些都表明了我国民事诉讼的证明标准是客观真实。但是，在实践中证明某一事实的证据常常无法达到确凿的程度。因此，在证据间相互矛盾的情况下如何作出判断，经常使审判人员感到困惑，甚至出现回避裁判、拒绝裁判的情况。为了解决这一问题，最高法《民诉证据规定》第 73 条规定："双方当事人对同一事实分别举出相反的证据，但都没有足够的依据否定对方证据的，人民法院应当结合案件情况，判断一方提供证据的证明力是否明显大于另一方提供证据的证明力，并对证明力较大的证据予以确认。因证据的证明力无法判断导致争议事实难以认定的，人民法院应当依据举证责任分配的规则作出裁判。"这一规定第一次明确地将较高程度的盖然性作为我国民事诉讼的证明标准。此外，最高法《民诉证据规定》第 63 条规定："人民法院应当以证据能够证明的案件事实为依据依法作出裁判。"最高法《民诉证据规定》还较为系统地规定了法院应当调查、收集的证据的范围，当事人的证明时限，等等。这些无疑都是以法律真实为标准的。

由此可见，从立法层面而言，我国的法律体现出民事诉讼的证明标准正在经历着一个由客观真实向法律真实转变的过程。

■ 第四节　行政诉讼中的证明标准

一、外国行政诉讼中的证明标准

（一）英美法系行政诉讼证明标准

如前所述，英美法系的证明标准呈现出典型的多元化特征，现以美国为例讨论英美法系行政诉讼证明标准。

美国司法审查中区分事实问题和法律问题，分别适用不同的审查标准。因为对于法律问题，法官是专家，法院对法律问题审查的范围和决定的权力比较大，可以用法院对法律问题的结论代替行政机关的法律结论。对于事实问题，行政机关是专家，法院对事实问题一般尊重行政机关的决定，不能用法院的意见代替行政机关的意见。对于事实问题，美国又区分三种不同情形分别适用三个不同标准：即实质性的证据标准；专横、任性、滥用自由裁量权标准；法院重新审理标准。这三个标准都由《联邦行政程序法》规定。

1. 实质性的证据标准。实质性证据标准源于普通诉讼，是普通诉讼中上级法院对下级法院判决关于事实问题审查时适用的标准之一。在普通诉讼中，上级法院对于下级法院关于事实问题的审查，采用两种标准：明显的错误标准和实质性证据标准。前一标准比较严格，适用于一审没有陪审员参加而完全由法官认定事实的案件，如果下级法院的判决出现明显错误，上级法院将会撤销下级法院的判决，用自己的判断代替下级法院的判断。后一标准适用于有陪审员参加的案件，比较宽松，不要求下级法院对事实问题的处理完全正确，只要求下级法院支持事实裁定的证据合理，即认为已经有实质性证据支持，上级法院不再进一步审查。这是因为在英美法律传统中，一般认为，事实问题由陪审员决定，法律问题由法官决定，法官对于陪审员关于事实的认定一般给予尊重。而司法审查中，由于行政决定的作出本身就是一个认定事实、适用法律的过程，行政机关的地位等同于陪审员，法院在司法审查中尊重行政机关对事实问题的判断，只审查行政机关对证据的审查判断是否合理，即是否有实质性证据支持。实质性证据标准是一个证明要求较低的标准，只要行政机关的证明合理，就具备了实质性证据的支持。因此，实质性证据标准的适用范围很窄，只适用于对根据正式裁决程序所作的决定的事实问题的审查。这是因为，在正式裁决程序中，行政机关的决定必须根据听证记录作出，法院很容易通过对听证记录的审查，判断行政机关的决定是否有合理的证据支持。法院在审查时，应当审查全部记录或记录中为一方当事人所引用的部分，法院不能仅就一个证据孤立得出结论，必须综合全部记录作出判断。

2. 专横、任性、滥用自由裁量权标准。专横、任性、滥用自由裁量权标准是《联邦行政程序法》所规定的第二个标准，适用于行政机关依非正式程序作出的决定。由于行政机关绝大多数决定是根据非正式程序作出的，因此，该标准是适用范围最广的标准，此外，该标准也适用于对行政机关行使自由裁量权时的选择是否合理的审查。

专横、任性、滥用自由裁量权这三个用语的含义是一致的。该标准仍然是对行政机关决定是否有合理证据支持的判断，它与实质性证据标准并无本质区别，不同的只不过是不合理的程度。专横、任性、滥用自由裁量权是达到了非常不合理的程度，以致行政机关的决定没有任何合理的基础，任何合理的人都不会作出这样的判断，它超过了一个合理的人对事实看法的不同。学术界认为：滥用自由裁量权的表现主要有不正当的目的、忽视相关因素、不遵守自己的先例和诺言、显失公平的严厉制裁、不合理的迟延。

3. 法院重新审理标准。重新审理标准是要求最为严格的标准，是指在对事实问题的司法审查中，法院以自己对事实问题的裁定代替行政机关的裁定。由于法院一般来说都尊重行政机关对事实问题的裁定，因此，重新审理标准的范围非常窄，只限于以下三种情况：行政机关的行为属于司法性质的裁判，而行政机关对事实裁定的程序不适当；在非司法性行为的执行程序中，出现行政程序中没有遇到的问题；法律规定的重新审理。

（二）大陆法系行政诉讼证明标准

大陆法系国家在传统上实行典型的自由心证制度，并不存在专门意义上的证据法典，其证明标准的重要性也不如英美法系国家那样突出。一般认为，大陆法系的证明标准可以概括为"内心确信"的表述。按照这一标准，裁判者在听取并审查了案件的全部证据之后，必须在内心形成一种确信的程度，并根据其内心确信判决案件。其实，大陆法系的证明标准并非如此简单，它往往也是一种多元化的标准，这种多元化通常并不是按诉讼性质区分的，而是因证明对象不同而有所区别。现以德国为例讨论大陆法系行政诉讼证明标准。

德国行政诉讼的一般证明标准是排除合理怀疑的标准，但在特定情形下，通过法律的特别规定或行政法院的解释，该证明标准被修正，主要是被降低。

1. 一般标准：排除合理怀疑的标准。德国民事诉讼法规定法官在作出判决时应该确信案件事实真实，对于真实的含义，德国在民事诉讼法之后制定的行政诉讼制度方面的《行政法院法》《社会法院法》《财务法院法》中，解释上是相同的，都认为诉讼上的真实是相对意义上的真实，并非自然界绝对意义上的真实。对法官真实的确信的要求，并不是不可推翻的确实。诉讼法并不将法官的裁判连接实体构成要件事实的存在，而是连接法官对实体构成要件事实是否存在的确信，因此有不充分事实存在的可能性。法官所确信的真实，应达到排除合理怀疑的程度，但并非没有疑点。

2. 证明标准被降低的特别情形。一般情况下，证明标准基于两种情形被降低，以满足实体法上所追求的目的：一种是法律（包括诉讼法和实体法）明文规定降低；另一种是法院通过解释予以降低。

法定降低证明标准的情形，如德国《财务法院法》规定"稽征机关无法调查或者计算课税基础时，应估计之。估计课税基础时，应斟酌一切对估计具有重要性之情形"，财务法院在符合此条规定的条件下有自己的估计权，这里的估计就是一种对一般证明标准的减轻。当法院通过调查也无法获得精确的课税基础时，不能认定为零，法院可以估计，作出判决。此外，德国的《行政法院法》《联邦照顾法》《联邦病疫防治法》《社会法典法总则》等法律都规定了降低证明标准的情形。

行政法院通过解释降低证明标准的情形主要是在存在证明困境的案件中。所谓证明困境，是指待证事实本身的特性，使得证明该事实的存在与否存在极大困难。如果存在证明困境，法官能否降低证明度以作出判决在德国是一个有争议的问题，典型的案件有：根据《联邦赔偿法》，受纳粹迫害的受害人提出的赔偿请求；根据难民庇护向德国寻求庇护的事由；根据《联邦难民救助法》关于是否为德国属民的认定；等等。有的学者提出在非因当事人的过错不能提供证据，而且法院本身也无法调查获得证据时，证明标准应该降低。德国法院的判决对于存在证明困境时是否降低证明标准，见解不一致，但大多数判决都降低了证明标准。例如，联邦社会法院对于受纳粹迫害的人或战争损害的人提出的赔偿要求，关于损害发生的事实，降低了证明标准。

二、我国行政诉讼中的证明标准

我国现行行政诉讼法中没有关于证明标准的明确条款，只能从相关法律条文中推导出相应的立法本意，《行政诉讼法》第 69 条规定："行政行为证据确凿，适用法律、法规正确，符合法定程序的，或者原告申请被告履行法定职责或者给付义务理由不成立的，人民法院判决驳回原告的诉讼请求。"第 89 条规定："人民法院审理上诉案件，按照下列情形，分别处理：①原判决、裁定认定事实清楚，适用法律、法规正确的，判决或者裁定驳回上诉，维持原判决、裁定；②原判决、裁定认定事实错误或者适用法律、法规错误的，依法改判、撤销或者变更；③原判决认定基本事实不清、证据不足的，发回原审人民法院重审，或者查清事实后改判；④原判决遗漏当事人或者违法缺席判决等严重违反法定程序的，裁定撤销原判决，发回原审人民法院重审……"由此可见，《行政诉讼法》的立法本意是案件需要证实到"案件事实清楚，证据确实充分"的程度，即证明标准是"案件事实清楚，证据确实充分"。这与我国关于刑事诉讼证明标准和民事诉讼证明标准的立法规定并无不同。但是，如果依法理进行分析，与民事诉讼证明标准、刑事诉讼证明标准相比，行政诉讼证明标准是具有自身特点的：

1. 行政诉讼证明标准具有灵活性。行政诉讼证明标准与行政案件的具体性质和严重程度成比例关系，因说服责任和推进责任而异。案件越重大复杂，证明标准应当越高；说服责任的证明标准要高于推进责任的证明标准。行政诉讼证明标准的灵活性表明，证明标准应当因行政案件的实体、程序和举证责任的不同而不同，问题越严重和复杂，就越要细心审查，在对案件真实情况形成确信之前所需要的有证明力的证据就越多。我国法律将行政案件的证明标准一律确定为"案件事实清楚，证据确实充分"，既不符合行政执法的实际需要，也不符合法规，应当进行调整。

2. 行政诉讼证明标准具有中间性。在民事诉讼中，当事人的权利义务是对等的，一般采用优势证明标准；而刑事诉讼当事人之间的权利义务的不对等程度最高，一般采用排除合理怀疑的证明标准；行政诉讼当事人的权利义务不对等程度介于两者之间，行政诉讼证明标准居于中间地带，这就是行政诉讼证明标准的中间性。

3. 行政诉讼证明标准具有审查性。有关被诉具体行政行为的证明标准，既是被告履行说服责任的证明标准，也是人民法院审查被诉具体行政行为合法性或合理性的证明标准。同一证明标准，对被告来说是证明标准，对人民法院来说主要是审查的标准，这是行政诉讼证明标准区别于刑事诉讼和民事诉讼的一个特点，是由行政诉讼本身的司法审查性决定的。

基于上述行政诉讼证明标准的特点及其与刑事、民事诉讼证明标准的不同，有学者提出在我国行政诉讼证明标准的重构中亦应当根据案件类型和具体情况的不同而确立多元化的证明标准，例如，最高人民法院《关于审理证券行政处罚案件证据若干问题的座谈会纪要》第5条规定："会议认为，监管机构提供的证据能够证明以下情形之一，且被处罚人不能作出合理说明或者提供证据排除其存在利用内幕信息从事相关证券交易活动的，人民法院可以确认被诉处罚决定认定的内幕交易行为成立：……"从其要旨来看，该条实际上在证券行政处罚案件中确立了优势证据的标准。如果证券执法机关调查收集到的证据材料能够证明被处罚人存在从事内幕交易行为的可能性大于其他可能性，而被处罚人不能提供充分反证的，证券执法机关即可认定内幕交易行为成立。

第二十三章

第二十四章

证明方法

■ 第一节　证明方法发展的历史轨迹

一、证明方法概述

证明方法是一个内涵丰富的证据法概念，学界在如下含义上使用这个术语：

1. 证据。根据证据裁判原则，证明的主要手段是证据，学界普遍将证明手段等同于证据。在这个意义上，证据、证明手段等和证明方法相通。

2. 技巧。即证明的艺术、策略、窍门等。它们本质上属于个体经验，因人而异，主要作用是效率。尽管证据法学界从取证、质证和认证的角度进行了多方面的研究，但究其本质，它们属于证据学、侦查学、司法心理学等学科的研究对象。

3. 法则。法律职业共同体在长期实践和研究中逐步形成的具有一般证据法意义的事实认定方法，如逻辑、认知、推定、经验、实验、科技等，它们本质上属于证据法学的研究对象。为了与调整证据资格和证明力的证据规则区分，学理上通常将这类证明的方法规则简称为"法则"。

本教材所指证明方法采用第三种含义上的证明方法。关于证明方法的历史轨迹，根据现有资料，学界大致分为"神证""人证""物证"三个阶段。当然，人证和物证这种划分是相对性的而非绝对性的，人证阶段并不排除物证证明方法的使用，进入以物证证明方法为主的阶段时，言词证据也不可能销声匿迹，甚至在查明案件事实方面仍起着重要作用。神证、人证和物证的划分所表明的是证明方法的演进趋势。

二、以神证为主的证明方法

所谓神证，是指将以特定文化仪式表达出来的神灵意志作为定案根据。将神证作为处理疑案的方法，是古代神明裁判制度的标志性特征，总体上可以分为神誓和神判两类。

（一）神誓

这是指以向神起誓的方式保证自己陈述的真实性。如果陈述人拒绝或者不敢起誓，不遵循特定的宣誓仪式，或者在起誓过程中表现出慌乱、口吃等神意显灵的迹象，其陈述则被认为不真实。从现有的文献资料来看，神誓规则的要点有：

1. 神灵。宗教神灵观是神誓规则的观念基础。基督教的上帝耶和华、婆罗门教的苏陀摩国王和诸神、佛教的如来佛祖、伊斯兰教的真主安拉，都是人们起誓的对象。劝恶向善和因果报应是不同宗教宣扬的共同思想（目的论），它们的差异主要表现在所供奉的神灵及其采取的神秘仪式（方法论）。借助不同神秘仪式产生的对永生或者来世的敬畏心理，神誓成为确保陈述真实性的一种有效规则。

神灵由人创造并且信奉。如果没有民众信奉和敬畏的神灵，神誓就不可能产生；只要还存在这种神灵，神誓规则就有存在的价值。神誓之所以在古代中国不发达，除了五声听讼、神羊断案等替代证明方法之外，一个重要原因是作为中国哲学始祖的《周易》奉行无神的天道自然观。

2. 条件。现有的证据不足或者相互冲突，案件事实真相处于真伪不明的状态，是适用神誓的一般条件。[1] 这意味着，即使在神明裁判制度下，人们也以客观真实为追求的目标；只有在自己的认识能力之外，人们才会求助于神灵。神灵意志表达的事实是古代证据法意义的法律真实。

3. 主体。任何在诉讼中作陈述的当事人或者证人都可以被要求对神起誓。

4. 程式。宣誓仪式不过是一般宗教仪式在法庭上的翻版。例如，《摩奴法典》规定的宣誓程式有：[2]

（1）净身。在宣誓之前，无论法官和宣誓者都必须如此。

（2）面对神像。

（3）法官告知如实陈述的要求和不如实陈述的后果。

（4）宣读誓词。

5. 誓词。誓词法定，其核心内容都是保证陈述客观真实，没有欺骗、隐瞒。

---

[1] 例如，《摩奴法典》第109条："在没有证人的案件中，法官不能彻底了解真理在诉讼两造中的哪一造时，可以利用宣誓取得认识。"

[2] 例如，《摩奴法典》第80条、第82条、第87条、第88条、第90条、第93条、第98条、第101条。

具体内容则因起誓者信奉的神灵、起誓者的身份[1]、案件性质[2]、起誓的后果[3]等不同而异。

6. 助誓。在涉及严重罪行时，如果双方当事人都信誓旦旦，案件事实难以认定，神的意志不能在当事人陈述上显灵，那么，法官可能要求当事人提供旁证人（Compurgator）或者助誓人（Oath-helper）的辅助宣誓。助誓人通过神誓规则检验的一方当事人胜诉。[4]

7. 伪誓。即明知陈述虚假而宣誓保证其真实。其后果是：

（1）惩罚伪誓人。除了承受巨大的心理压力之外，被法官确认伪誓者还必须承担法律责任。例如，《摩奴法典》第119~123条规定了罚金、流放的伪证责任。

（2）重新审理案件。根据伪证作出的裁判无效，案件需要重新审理。[5]

8. 效力。神誓的效力受多种因素的影响，并非一定能够保证陈述的真实性。法官可以根据具体情况认定。即使在神明裁判制度下，神誓也不是确保陈述真实性的唯一方法，法官也并非完全受神誓的约束。在认定神誓效力时，法官考虑的因素有：

（1）宣誓主体的身份。社会地位高、声望好的人的宣誓效力高于社会地位低、声望差的人的宣誓。宣誓人与助誓人之间的利害关系也是重要的考虑因素。

（2）宣誓者在起誓过程中的神态举止。神态自若地宣誓证明陈述真实，反

第二十四章

---

[1] 例如，《摩奴法典》第113条："法官可以使婆罗门以其真诚起誓，刹地利以其马、象和武士；吠舍以其牛的、谷物与金钱；首陀罗以各种罪恶宣誓。"

[2] 例如，公元9世纪英国"盎格鲁—撒克逊法律"规定：①索赔被窃财物的原告人誓词："我在上帝面前宣誓指控他就是盗窃我财物的人。这既不是出于仇恨、嫉妒或其他非法目的；也不是基于不实传言或信念。"②被告人的誓词："我在上帝面前宣誓，对于他对我的指控，我在行为和意图上都是无罪的。"③"助誓人"的誓词："我在上帝面前宣誓，他的誓词是清白的和真实的。"参见何家弘主编：《司法鉴定导论》，法律出版社2000年版，第3页。

[3] 例如，《苏美尔法典》第7条："引诱自由民之女离家外出，而女之父母知之者，则引诱此女之人应对神发誓云：'彼（该女父母）实知情，过应在彼。'"《埃什嫩那国王俾拉拉马法典》第22条："倘自由民并无他人所负任何之债，而拘留他人之婢为质，则婢之主人应对神宣誓云：'我不负你任何债务'，该自由民则应付出与一婢身价相等之银。"《汉穆拉比法典》第126条："倘自由民本未失物，而云'我失物'，并诬告其邻人，则其邻人应对神发誓，检举其并未失物，而此自由民应按其所要求之物，加倍交给邻人。"参见陈一云主编：《证据学》，中国人民大学出版社2000年版，第22页。

[4] 例如，公元7世纪的《萨克利法典》第58条："如果某人杀了人，而交出其所有的财产，但还不够偿付依法应交纳的罚金，那么，他必须提出12个共同宣誓人，（他们将宣誓）说，'在地上，在地下，除已经交出的东西外，再没有其他任何财产了'。"

[5] 例如，《摩奴法典》第117条："凡提供伪证的诉讼，应被法官重新审理，而其判决的案件应视为无效。"

之不然。

（3）宣誓者是否能够经受住专门的考验。例如，《摩奴法典》第 114 条规定，如果法官对宣誓者的真诚性表示怀疑，则可以根据情况的严重性，要求宣誓者以手持火，或者叫他潜入水中，或者叫他用手接触其每一个儿子和妻子的头部。

（4）宣誓针对的陈述是否可能导致宣誓者自己或者他人死亡。[1] 古老的神明裁判制度中蕴涵了现代证据法上的不得自证其罪和利益衡量原则的思想。

现代证据法上的宣誓规则源自古老神明裁判制度中的神誓规则。只要宗教还是人们生活的组成部分，宣誓就有法律意义。

（二）神判

这是指根据当事人或者证人接受肉体折磨的结果所显示的神灵意志认定案件事实真相的证明方法。神判规则的要点有：

1. 观念。宗教神灵观是神判的观念基础。全能全知的神灵能够洞悉世间万事万物的真伪，保护诚实无欺的人，惩罚恶语欺诈的人。[2] 神灵的保护或者惩罚将以特定的结果表现出来，这个结果即成为有关案件事实的定论。

2. 条件。在神誓不能应验时，案件事实仍然难以认定，法官可能要求声望不好、被指控犯有重罪的当事人接受肉体折磨的考验。由于很少有人能够承受住考验，法官要求一方当事人接受神判考验，实际上意味着作出不利判决。

3. 方法。神判方法的共同之处是让遭受怀疑的人接受某种肉体考验，具体方法不胜枚举，例如：[3]

（1）冷水审。即以当事人是否沉入水中认定案件事实，其结果因特定宗教对水的认识而异。[4]

---

[1] 例如，《摩奴法典》第 104 条："当罪犯由于一时昏迷而非预谋如盗窃破坏等，凡据实陈述会导致首陀罗、吠舍、刹帝利或婆罗门于死地时，应该说假话；在这种情况下，假话胜于真话。"

[2] 例如，《摩奴法典》第 85 条："坏人自谓'没有任何人看见我们'，但诸神则在注视它们，寓在他们身上的神我亦然。"第 86 条："保卫天、地、海洋、人心、月球、地球、地狱之火、风、夜、黎明和薄暮以及司法的守护神都知道众生的行动。"

[3] 陈一云主编：《证据学》，中国人民大学出版社 2000 年版，第 22~25 页；何家弘主编：《司法鉴定导论》，法律出版社 2000 年版，第 4~5 页。

[4] 《汉穆拉比法典》第 2 条："倘自由民控自由民犯巫蛊之罪而不能证实，被控犯巫蛊之罪者应行至于河而投入之。倘彼为河所占有，则控告者可以占领其房屋；倘河为之洗白而彼仍无恙，则控彼巫蛊者应处死，投河者取得控告者之房屋。"第 132 条："尚自由民之妻因其他男人而受指控，而她并未被破获有与其他男人同寝之事，则她因其夫故，应投于河。"《摩奴法典》第 114 条。古代日耳曼人相反的检验标准。将当事人的膝盖处绑起来，用一根绳子系在腰部，慢慢放入水中。根据她的头发长度在绳子上打一个结，如果她的身体沉入水中的深度足以使绳结没入水中，证明她清白，否则，证明有罪。理由是洗礼教派的"圣洁之水"不能容纳提供虚假证言的恶人。

（2）沸水审。即让当事人用手在开水中捞取物品，根据手部伤势及其痊愈的情况认定案件事实的方法。

（3）热铁审。在中世纪欧洲一些国家实行，由牧师给烧红的烙铁上洒上圣水，在说完"上帝保佑，圣父、圣子和圣灵，请降临这块铁上，显示上帝的正确裁判吧"后，让被告人手持热铁走过 9 英尺的距离，再将被告人的手密封包扎起来，3 天之后查验。如果有溃烂的脓血，则其将被判有罪；如果被告人伤口愈合，则证明被告人清白无辜。

（4）火审。利用火给人身造成的伤害结果及其痊愈情况认定案件事实。[1]

（5）决斗。决斗结果即事实认定结论。

（6）神羊断案。在用独角兽顶撞来认定事实或者过错。这是我国历史上出现的疑案处理方法。[2]

（7）占卜。即借助巫师的占卜结果认定案件事实。占卜曾在各个国家实行。在我国古代，八卦占卜主要被用来预测吉凶，而不是认定事实。

4. 效力。与法官在神誓中仍然履行事实认定的职能不同，在神判中，神灵成为认定案件事实的最高法官，显示神灵意志的结果具有绝对效力。本案法官只能根据神灵意志认定的案件事实适用法律。

在 13 世纪文艺复兴时期，盛行欧洲的神明裁判方法被逐步废除。

三、以人证为主的证明方法

以言词证据为主的证明方法取代神证而成为主要证明方法的原因是：

1. 人性和神性的冲突。人是物质和意识的统一体，也是人性和神性的统一体。不管不同宗教信奉的神灵如何不同，他们都是人们为了满足自己精神依托的需要而构想的先知先觉、全知全能、至善至美的圣人模型。神灵的身上只有神性，而没有人性。人类的认识能力越是低级，所构想的神灵就越简单朴实，人性和神性之间的冲突就越少，人就越信赖神灵；人类的认识能力越是高级，所构想的神灵就越复杂高远，越可望而不可即，人性和神性之间的冲突就越发紧张，人就越来越难以依赖神灵。随着人类知识的增长，人类认识和改造世界的能力越来越强，越来越自信，越来越看重自身的能力、价值和主体地位，因而在人性与神性的矛盾运动中就越来越偏向人性的一方。言词证据取代神示证

---

〔1〕　例如，《摩奴法典》第 114 条。

〔2〕　（汉）许慎：《说文解字》，中华书局 1963 年版，第 202 页，灋："刑也。平之如水，从水。廌所以触不直者去之，从去"；廌（Zhi）："兽也。似山牛，一角。古者决讼，令触不直。"《后汉书·舆服志》：廌即獬豸，"獬豸，神羊，能别曲直，楚王尝获之，故以为冠"。王充《论衡·是应》："皋陶治狱，其罪疑者，令羊触之，有罪则触，无罪则不触。"

据成为主要证明方法，是人性战胜神性的矛盾运动在法律中的一个表现。

2. 国家干预的增强。利用经济发展创造的物质条件，国家力量不断壮大，因而在社会生活中扮演越来越重要的角色，不断向公民自主领域和宗教控制领域扩张。私力救济的范围越来越小，而公力救济的范围越来越大。追究犯罪的职能逐步被国家垄断。国家统治原来依靠的神灵，反而成为国家在司法领域扩张其权力的累赘和绊脚石。在无限理性的神灵和有限理性的法官之间，国家选择法官，因为后者是国家可以依靠的实实在在的力量，而前者却不是。法官作为有限理性的人，当然也就看重有限理性的人。言词证据之所以取代神示证据成为主要证明方法，是国家借助法官在司法领域中扩张权力的伴生结果。

人证法则的发达是以人证为主的证明方法的核心特征，例如：

1. 口供与刑讯。在刑事案件中，口供被视为"证据之王"，所谓"无供不定案"，"定罪必取输服供词"。口供的调取和审查成为刑事诉讼的核心。原先用来验证神灵意志的肉体折磨方法在这里变成了刑讯的方法，而神判规则成为刑讯规则的历史合法性依据。随着知识和科技的增长，人们发明了种类越来越多、功能越来越全的刑具；刑讯规则也日臻完善，法律有关刑讯的条件、范围、程序、效力的规定越来越细致。[1]

2. 证人证言规则。有关证人证言的证据资格、证明力等级和审查方法的言词证据规则逐步发展。

（1）证据资格规则。证人证言应当来自自己的耳闻目睹。英美法系的传闻证据规则是这方面的典型。

（2）证明力规则。证人证言的证明力因证人的数量、性别、地位、身份等因素而异。[2]

（3）证人证言的审查方法。中国古代的"五听"是这方面的典型，[3] 英美法系的交叉询问规则是典型。

---

[1] 例如，1532年《加洛林纳法典》第31条："假如某人被怀疑对他人有损害行为，而嫌疑犯被发觉在被害人面前躲躲闪闪，那么，这就是足以适用刑讯的证据。"法国1670年的《刑事裁判王令》规定刑讯适用于下列案件：①可能判处死刑的案件；②犯罪行为确实发生；③存在达到半完全的证据。

[2] 例如，1853年《奥地利刑事诉讼法》规定，两个以上的证人证言才构成对案件事实的充分证明；1857年的《俄罗斯帝国法规全书》规定，男子、学者、显贵者、僧侣的证言具有优先的证明力。参见陈一云主编：《证据学》，中国人民大学出版社2000年版，第30页。

[3] 《周礼·秋官·小司寇》：以五声听狱讼，求民情：一曰辞听（不直则烦）；二曰色听（观其颜色，不直则赧然）；三曰气听（观其气息，不直则喘）；四曰耳听（观其听聆，不直则惑）；五曰目听（观其眸子视，不直则眊然）。

四、以物证为主的证明方法

以实物证据为主的证明方法在近现代证据法中逐步发展起来的原因如下：

1. 言词证据本身的缺陷。当事人和证人的感知、理解、表达能力和诚实度等主观因素，以及害怕报复、与本案的利害关系等因素限制了其陈述的客观真实性。工业社会带来的人口流动和人际关系匿名化，使犯罪具有很大的隐蔽性，往往没有言词证据；即使有，也很难调取。在这种情况下，调取和审查言词证据的直接成本、裁判错误成本和相关的社会投入成本等都非常高昂。表面上看起来"便宜"的言词证据，实际上却很"昂贵"。

2. 人权保障的兴起。近现代刑事诉讼法发展的一个重点是废除刑讯逼供，保障刑事被告人的人权。无罪推定原则，以反对自证其罪权和自愿供述权为核心内容的沉默权，以及律师帮助权等，先后在不同国家和地区的宪法和刑事诉讼法中确立，调取刑事被告人口供的难度越来越大。但是，日益增长的犯罪类型给公安司法机关造成了越来越大的压力。在这种情况下，现代证据法将关注的焦点从言词证据转向了实物证据。

3. 科技的发展。借助近现代高速发展的科技手段，发现、认识和改造物质世界的能力增强，人们将关注的目光转向了沉默而不会撒谎的实物证据。18世纪以后，与物证有关的科学技术逐渐形成了体系和规模，19世纪则是科学证明方法得到长足发展的时期。

以实物证据为主的证明方法的特征如下：

1. 证据科学。主要是证据法与其他相关自然学科交叉形成的证据学科，如法医学、司法精神病学、物证技术学等。

2. 物证技术。主要用于同一鉴定和人身认识识别，如笔迹鉴定、人体测量、指纹鉴定、足迹鉴定、牙痕鉴定、声纹鉴定、唇纹鉴定、DNA遗传基因鉴定技术等。

证明方法从以言词证据为主转向以实物证据为主，是我国当代证据法的发展方向。

■ 第二节　证明方法的主要类型

一、逻辑

逻辑是以推理形式作为主要研究对象的科学，而推理是以一个或者若干个命题为根据得出一个命题的思维过程。推理可以分为演绎推理和归纳推理，而逻辑推理也就相应地分为演绎逻辑和归纳逻辑。通常所说的形式逻辑，是以演绎逻辑及其规律为研究对象的科学。遵循逻辑法则的主要意义是确保证明推理的规范性、可预测性、有效性和正确性。[1]

诉讼证明一方面是外在的取证、质证和认证行为，另一方面是公安司法人员的内在思辨过程。精神世界比物质世界丰富多彩，证明思维比证明行为复杂。经验、逻辑、情感、意识、知识等精神因素在公安司法人员的思辨过程中相互交织发生作用，如何确保这些主观因素发挥积极作用，使事实认定做到客观性和公正性的统一，是证据法学中的一个重要课题。

在法学领域中，逻辑是法律解释的方法之一，概念法学派则以逻辑的应用为主要特征。法学与逻辑学交融的结果是法律逻辑学，以法律推理为主要研究对象。诉讼证明逻辑是法律逻辑学的一个实例。在证据法上，逻辑推理是公安司法人员认证的法定证明方法之一。[2]

公安司法人员在审查证据时正确应用逻辑，应首先确立如下条件：

1. 明确概念的内涵和外延。概念是人类反映客观现象特有属性的基本思维形式。不同事物都具有各自的特有属性，人们据此区分不同的事物，概念正是客观事物特殊属性的集中表述。明确概念可以从内涵和外延两个角度进行。内涵是指概念所反映的特定种类事物的共同属性，是衡量某个事物是不是概念所指对象的标准。外延是概念的适用范围，是概念所指的事物的具体的种类和表现形式。明确的概念使人们知道事物的主要特征和具体种类，从而为归纳和演绎、反证和排除提供必要的前提。

2. 遵守逻辑的基本规律。逻辑的基本规律包括同一律、矛盾律和排中律。同一律是指在同一思维过程中，概念和判断必须具有确定性和前后一致性，不能模棱两可、前后矛盾或偷换概念。矛盾律是指在同一思维过程中，人们的思想不能自相矛盾，也就是说，两个相互矛盾的判断不能同真，必有一假；两个相互对立的判断，不能同真，至少一假。排中律是指在同一思维过程中，不能同时否定两个相互矛盾的判断。也就是说，两个相互矛盾的判断不能同时虚假，其中必有一真。排中律和矛盾律的主要区别在于，矛盾律认定两个矛盾的判断不能同时真实，其中必有一假；排中律则反其道而行之，认定两个矛盾判断不能同假，必有一真。

3. 充分了解有关案件事实。正确应用逻辑，必须充分了解有关的案件事实，

[1] 《中国大百科全书》，"逻辑""形式逻辑"等词条。形式逻辑经历了传统逻辑和现代数理逻辑等发展阶段。另请参见王洪主编：《法律逻辑学案例教程》，知识产权出版社2003年版，第1页。
[2] 最高法2001年《民诉证据规定》第64条；最高法2002年《行诉证据规定》第54条。

否则逻辑思维就是无米之炊。逻辑不能代替深入的调查取证，公安司法人员不能根据表面现象或者一星半点材料进行简单的推断，否则就会陷入机械主义或者形式主义的泥潭。只有把逻辑推理和调查取证结合起来，在充分调查收集证据的基础上进行推理，才能得出既合乎逻辑又合乎实际情况的判断。应用形式逻辑得出的结论不可能一蹴而就，必须接受事实的检验。遵守逻辑规律仅仅是作出正确认定结论的必要条件之一。

应用逻辑审查证据的方法如下：

1. 归纳和演绎。归纳是从个别事实推出一般结论的思维方法。归纳的前提是关于个别事物或现象的判断，而结论都是关于该类事物或现象的普遍性判断。按照归纳法所概括的对象是否完全，把归纳分为完全归纳法和不完全归纳法两种。完全归纳法是根据某类对象中的每一个对象具有或不具有某种属性，进而推出这类对象的一般结论的方法。不完全归纳法是对某类事物中的部分对象作了考察研究之后，发现它们具有某种性质，从而概括出一般性结论的方法。具体体现在：公安司法人员经过现场勘查和调查访问，收集大量案情信息，然后对其进行分析研究，从中概括出一般性的结论。

演绎是从一般原理、原则引出个别结论的思维方法。演绎法的主要形式是三段论法。三段论法就是从两个判断（其中的一个一定是全称判断）中得出第三个判断的一种推理方法。演绎法在调查思维中有重要作用，它是逻辑证明的重要工具，是由已知到未知、探索新知识的重要方法，是发展和核实调查假说的必要环节。在审查判断证据过程中，演绎法的具体体现是：公安司法人员应用归纳法所得到的调查案件的一般规律，再去分析同类案件中的某一具体案件，从而得出关于这一具体案件的个别结论。

归纳法和演绎法两者互为条件、相互渗透。一方面，作为演绎出发点的一般性知识往往是由归纳得到的，归纳为演绎准备了前提；另一方面，归纳离不开演绎的指导，如果没有演绎的一般性原理作指导，归纳就缺乏明确的目的。同时，演绎也为归纳提供了应当遵循的逻辑原则。另外，归纳和演绎在一定条件下互相转化，相互过渡。由归纳得出的结论，成为演绎的前提和出发点，归纳由此转化为演绎；以一般性原理为指导，对大量事实材料进行归纳，从而得出一般性的结论，演绎又由此转化为归纳。公安司法人员正是在归纳与演绎的交替转化中，思维不断地得到深化和发展，不断获得对案件本质的认识。

2. 分析和综合。分析是指把对象的整体分解为各个部分、要素、环节、阶段，分别加以考察的思维方法。从表面上看，分析是把一个整体分解为各个部分，把一个复杂的事物分解为各个要素。分析的目的是要对事物的各部分、各要素进行比较和研究，据此分析它们在事物整体中处于何种地位、彼此间的关系，以便从各要素中找出主要要素，从偶然中发现必然，从现象中找出本质。

综合是指在思维中把对象的各个方面、要素、环节和阶段有机地结合成整体的思维方法。从形式上看，综合是把部分组合成整体，把局部组合为全局，把阶段联结成过程，但综合并不是把案件的各个部分、方面机械地凑合在一起，把分析的材料简单地相加，而是按照案件本身各部分之间固有的、内在的、必然的联系，将其综合为一个统一的整体，从而形成对这个案件的总体性认识。

分析与综合是一对相辅相成的思维方法。两者相互依存、相互渗透。一方面，分析是综合的基础，分析的结果是综合的出发点。综合是分析的发展，分析如不向综合发展，认识就不能统观全局，同时综合也是分析的指导，人们总是通过综合来检验分析得到的结论是否正确。公安司法人员审查判断证据的过程，都是分析过程中有综合，综合过程中有分析，不存在纯粹的分析和综合。另一方面，分析和综合可以相互转化。在审查判断证据的过程中，公安司法人员对各种案情信息和事实材料分析到一定的程度，初步把握了案件各个方面的本质及其内在联系后，思维运动必然由分析转化为综合。通过综合从本质上把握了多样性统一的整体之后，又需要进行新的分析，这时思维运动就由综合转化成了分析。公安司法人员对案件事实的认识正是在这种"分析——综合——再分析——再综合"的循环往复中不断深化。

3. 反证和排除。反证法是指用否定反证事实来肯定与之相反的待证事实的证明方法。需要注意：作为判断根据的反证事实必须经过查证属实，反证事实必须与待证事实构成矛盾，非此即彼，否则不能通过反证事实确认待证事实的真实性或者虚假性。另外，反证法的适用范围有限，只能用来认定个别证据和案件事实。例如，在刑事诉讼中不能单独通过反证确认被告人有罪或罪重。

排除法是指把待证事实同其他可能的事实放在一起，通过证明其他可能事实的错误来确认待证事实成立的方法。在遇到案件事实存在多种可能性时，可以采取排除法，通过排除其他可能性使真相得到确认。需要注意：用以证明其他可能事实的证据必须真实，必须穷尽所有可能提出的判断，否则，排除法没有说服力。排除法的适用范围有限，在刑事诉讼中一般用于缩小侦查范围，而不能用于证明被告人有罪。

二、经验

经验（Experience）的一般含义是"由实践得来的知识或者技能"[1]。经验有动词和名词两重意义，前者指接触和认识客观事物的过程，后者指人们总结

---

[1] 周宏主编：《辞海（下）》，光明日报出版社 2003 年版，第 619 页。

感性经验获得的认识。哲学上的经验指后者，是指感性经验，即人们在同客观事物接触过程中通过感觉器官获得关于客观事物的现象和外部联系的认识。哲学上的经验论（Empiricism）是一种认识论学说，分为唯物主义和唯心主义两个派别，唯物主义经验论的代表者 J. 洛克将经验分为反映客观事物的外部经验（感觉）和反映心灵自身活动的内部经验（反省）。辩证唯物主义的经验论认为，经验是实践过程中获得的有关客观事物的初级认识，具有社会性、历史性和局限性，应当上升到系统的、反映规律的理论。经验主义的缺陷在于片面夸大经验的作用，认为经验是认识和观念的唯一来源，片面强调感性认识的重要性，贬低理性认识的作用，因而往往陷入主观主义。[1]

诉讼证明中的经验分为生活经验和职业经验。生活经验是公安司法人员作为自然人和公民通过生活实践获得的知识和技能，而职业经验是公安司法人员通过职业实践获得的知识和技能。其特点如下：

1. 个别性。经验的获得和积累受公安司法人员个人感知能力、专业训练、生活和职业阅历、个性特征、客观环境等多种不确定因素的影响，具有很强的个别性。

2. 案外性。一方面，相对于本案的证明而言，经验都是在他案中形成的，同类案件的对比是经验应用的一般方法；另一方面，经验的应用很难用语言表达，往往在公安司法人员的大脑中神秘地进行，不能在案卷中全面、准确地反映出来。如何监督经验的应用成为证据法的一个难题。

3. 相对性。真理的相对性、认识水平的阶段性和局限性决定了经验的相对性。公安司法人员在审查证据时既要依赖经验，又不能墨守成规。相对证据法确立的规则而言，经验只具有辅助的作用。换句话说，除非具有明显的反证，公安司法人员应当按照法定的证明力规则认定证据。

4. 指引性。经验在诉讼证明和法律推理中都可以应用。在法律推理中，经验是公安司法人员形成对案件性质和法律适用的直觉或者前理解（Vorstaendnis）的基础；在诉讼证明过程中，经验是公安司法人员形成对初步事实认定的基础。诉讼证明和法律推理方向的形成首先依靠经验指引。

鉴于经验的重要性，经验法则在证据法中产生，主要内容如下：

1. 经验的证据法地位。公安司法人员可以应用其职业经验和生活经验作为认证的根据。[2] 经验本身不是证据，而是审核、认定证据的方法。

2. 特殊经验事实的严格证明。凡依靠专门知识或者特殊经验获得的事实，

---

[1]　参见《中国大百科全书》，"经验""经验论""经验主义""主观主义"等词条。

[2]　最高法《民诉证据规定》第 64 条；最高法《行诉证据规定》第 54 条。

适用严格证明。根据这种规则，公安司法人员应用自己的特殊经验认定证据的，应当在法庭上说明，接受当事人的质证。这是当事人知情权保护和心证公开原则的要求。

3. 一般经验事实的自由证明。用于判断证据证明力的具有普遍性的经验规则，仅经过自由证明，即可成为认证的根据。[1] 根据该规则，仅证据法确认的具有普遍意义的事实，无须质证，可以直接成为认证的根据，除非出现明显的反证。

4. 不得仅以经验为认证的根据。按照证据裁判原则，在没有证据支持的情况下，公安司法人员不得仅以经验作为认定事实的根据。

5. 经验服从证据。在公安司法人员依据经验的认定与证据本身能够形成的事实认定冲突时，经验认定应当服从证据认定。[2]

三、实验

这是指公安司法机关通过模拟演示的方法验证特定事实发生的可能性、条件或者过程。

1. 依据。《刑事诉讼法》第135条[3]和有关司法解释[4]是实验作为一种法定证明方法的现行实在法依据。尽管实在法的规定限于刑事侦查，但学界普遍认为"实验"是具有一般证据法意义的证明方法。实验不仅在侦查阶段可以应用，在起诉和审判阶段也可以应用。[5] 有学者甚至以"调查实验"[6] 或者"实验证明"[7] 等术语，表明实验作为一种证明方法的普遍性。我们赞成学界的上述努力，认为问题的关键是实验的合法性和有效性保障规则。

2. 特征。对此，可以从实验与鉴定区别的角度认识。实验与鉴定可能借助

---

〔1〕 沈德咏主编：《刑事证据制度与理论》，法律出版社2002年版，第695页。

〔2〕 叶自强：《民事证据研究》，法律出版社1999年版，第40~41页。

〔3〕 《刑事诉讼法》第135条："为了查明案情，在必要的时候，经公安机关负责人批准，可以进行侦查实验。侦查实验的情况应当写成笔录，由参加实验的人签名或者盖章。侦查实验，禁止一切足以造成危险、侮辱人格或者有伤风化的行为。"

〔4〕 最高检《刑诉法规则》第216条："为了查明案情，在必要的时候，经检察长批准，可以进行侦查实验。侦查实验，禁止一切足以造成危险、侮辱人格或者有伤风化的行为。"第217条："侦查实验，在必要的时候可以聘请有关专业人员参加，也可以要求犯罪嫌疑人、被害人、证人参加。"第218条："侦查实验，应当制作笔录，记明侦查实验的条件、经过和结果，由参加侦查实验的人员签名。必要时可以对侦查实验录音、录像。"

〔5〕 王传道主编：《刑事侦查学》，中国政法大学出版社1996年版，第115页；杨殿升等编著：《刑事侦查学》，北京大学出版社2001年版，第161页。

〔6〕 何家弘、刘品新：《证据法学》，法律出版社2004年版，第227~228页。

〔7〕 卞建林主编：《刑事证明理论》，中国人民公安大学出版社2004年版，第409页。

相同的技术手段，但存在如下区别：

（1）方法。前者采取模拟演示的方法，后者采取实物解剖或者分解的方法。

（2）内容。前者是验证对象的外在特征，而鉴定是鉴定对象的内在特征。

（3）效力。目前证据法还没有确认实验结果的证据效力，只是将实验作为一种证明方法对待。

（4）程序。实验都是由公安司法机关依职权进行，鉴定的启动程序因当事人委托和公安司法机关依职权而异。

3. 种类。学界提出的分类有：

（1）人体实验、动物实验和物品实验。

（2）感知能力实验、行为能力实验、物质属性实验等。

（3）单一实验和对照实验。后者指同时进行两个以上的实验，以进行比较。[1]

（4）自然过程实验和人为过程实验。前者针对特定事实在人力不干预的情况下发生的可能性和过程，后者针对人的感知或者行为的能力和过程。[2]

4. 程序。具有典范意义的侦查实验程序由以下阶段组成：

（1）准备。包括明确实验的任务，确定实验的内容和方法、时间和地点以及参加人员，准备实验的材料和工具。

（2）实施。除了报批之外，根据验证对象的种类、内容、目的确定实验方法，制作记录。

（3）审查。对侦查实验的结果，应当从实验环境和条件的同一性、实验方法的科学性、实验人的专业水平和利害关系、在场人员的表现等方面进行。

（4）应用。应用侦查实验的结果应当按照结果的单一性和复合性、肯定性与否定性等情形，与其他证据综合起来，认定案件事实。

5. 规则。现行法规定和学理提出的规则有：

（1）报批。批准权由公安司法机关的正职领导行使。

（2）风化。禁止进行有伤社会善良风俗或者侮辱公民人格的实验。

（3）安全。禁止进行足以造成人身危险的实验。

（4）同一。实验的环境、条件尽可能模拟验证对象。

（5）反复。实验可以反复进行。

（6）在场。必要时，可以要求犯罪嫌疑人、被害人、证人、鉴定人在场。

（7）保密。侦查实验不公开进行，其过程和结果作为职务秘密对待。

---

[1]　关于以上三种分类，参见何家弘、刘品新：《证据法学》，法律出版社 2004 年版，第 227~228 页。

[2]　杨殿升等编著：《刑事侦查学》，北京大学出版社 2001 年版，第 161~162 页。

（8）记录。按照前言、叙事和结尾三部分，将实验的过程及其结果记载于实验笔录。

6. 效力。实在法没有确认侦查实验结果及其笔录的证据资格。我们认为，侦查实验结果是否能够称为证据的关键在于其科学性和合法性。在科学性能够得到有效证明并且合法性得到切实保障的情况下，侦查实验的结果可以作为定案的根据。

四、科技

这是指应用现代（高）科技手段查明案件事实的方法。实物证据地位的提升与科技的高速发展相互推动，催生了所谓的"科学证据"。有学者认为，"今日刑事审判不应再只重视自白，而应重视物证，尤其藉法科学进行采证而取得之物证，亦即科学证据。从而所谓证据裁判主义，于今日科学应用之时代，应改为科学证据裁判主义"。[1] 有学者进一步认为，科技进步推动了证明方法从以"人证"为主转向以"物证"为主，现代司法证明越来越依赖科技手段，已经进入了"科技证据"的时代。[2]

1. 科技。在证据法上广泛应用的技术被称为物证技术，[3] 例如：

（1）形貌显示与放大技术。该技术应用生物显微镜、实体显微镜、偏振光显微镜、金相显微镜、比较显微镜、荧光显微镜等光学显微镜和透射式、扫描式电子显微镜，对撬压痕、指纹、牙齿痕、色痕、微量物证和生物物证的形貌进行显示和放大，以便提取、识别和辨认。

（2）组成与结构分析技术。包括色谱分析、光谱分析、电化学分析、X 射线分析、热分析、质谱分析、核磁共振波谱分析、俄歇电子能谱分析、中子活化分析、电子探针分析、离子探针分析等。

（3）法医生物学技术。包括免疫分析、电泳分析、DNA 指纹图分析[4]和 PCR 扩生 DNA 指纹图分析[5]等，用于确定血型、同一性认定和亲缘关系的鉴定。

---

[1] 蔡墩铭：《刑事证据法论》，五南图书出版有限公司 1997 年版，第 4 页。

[2] 卞建林主编：《刑事证明理论》，中国人民公安大学出版社 2004 年版，第 413 页。

[3] 陈景丰、申金主编：《物证技术》，中国人民公安大学出版社 2002 年版，第 2~3 页（物证技术又被称为刑事技术、检察技术、司法技术等）。

[4] 1984 年美国学者阿尼克·杰弗瑞（Alec Jeffreys）为探究疾病的标识，借助于限制酶片段长度多形图谱技术（restriction fragement length polymorphisma，RELP），发明了通过血液进行个人识别的方法，称为 DNA 指纹。

[5] 1986 年美国学者卡里·马尼斯（Kary Multis）发明了聚合酶连锁反应技术（polymerse chain reaction，PCR），将 DNA 部分段落予以复制。

（4）激光技术。用于对检材进行摄影或分析。根据产生激光的工作性质不同，激光器主要有氦上氖激光器、氪离子激光器、氮离子激光器、染料激光器和红宝石激光器，它们产生的激光波长不同，适用范围也不同。

（5）计算机技术。主要用于信息处理，如应用计算机进行指纹识别、图像识别等。

（6）测谎技术。通过测谎仪记录的血压、脉搏、呼吸等变化来判断一个人是否说谎。

2. 法科学。现代社会是由越来越多功能不断分化而又相互依赖的要素组成的系统。任何一个社会要素都可能与其他社会要素组合，生成新的社会事物。法和科技的不同领域相结合，不断产生新的学科。就证据法而言，法科学可分为两类：①与医学有关的法科学，如法医学、法精神病学、法齿学、法毒物学、法人类学及法血清学；②与医学无关的法科学，在我国台湾地区称为刑事鉴识学，大陆学者一般称为刑事科学技术鉴定学，如法照相学、法气象学、法工学、法化学、法物理学、法昆虫学及指纹学等。

3. 科学证据。这是科技在证据法领域中广泛应用所产生的一种新的证据种类。问题是：什么是科学证据？我们这里采取广义的立场，将科学证据作为一个上位的集合概念，指一切借助专业知识或者科技手段形成，因而具有较高的知识含量，公安司法机关需要借助专家才能调取和审查的证据的总称，包括鉴定意见（专家证言）、技术性物证、电子证据、视听资料等。

科学证据的应用面临如下冲突的困扰：①证据法的客观真实目的与科学知识本身不确定性之间的冲突。证据法以确保发现客观真实的方式力求不同法律价值和社会利益之间的关系和谐稳定，而科学知识的有限性和科技的不确定性却可能起完全相反的作用。正是出于这个原因，证据法学界和司法实务界对科学证据普遍持谨慎的态度。不少看起来确凿无疑的鉴定意见造成了难以补救的错案，强化了人们的担心。测谎仪结果的证据资格至今还没有得到法律的确认，就是一个典型的例证。②法官与专家之间的事实判断权冲突。法官不是自然科学家，在科学证据的调取和审查方面依赖专家，专家的意见往往决定了案件事实的认定。这就提出了一个问题：案件事实的判断权在法官还是专家？对此，学理一方面用所谓的"科学的法官"一词来形容专家行使着事实认定权，另一方面却用"法官的助手"[1]来维护法官的事实认定权。③科技的快速发展与法律的相对稳定性之间的冲突。科技的快速发展使事实及其认识方法不断变化，而法律必须保持相对的稳定性。科技与法律的脱节，使事实的认定在服从法律

---

[1] 何家弘主编：《外国证据法》，法律出版社 2003 年版，第 415 页。

和科技方面出现两难境地，法院裁判面临信息不足或者信息过剩造成的误导。如何处理这些矛盾，成为科学证据规则的核心。

美国1975年修订《美国联邦证据规则》时，修订了有关专家证言的第702条，[1] 成为学界研究科学证据的主要法律依据。从美国学界的研究成果来看，[2] 科学证据规则的要点如下：

（1）相关性。只有有关证据材料所包含的知识有助于查明案件事实，才需要应用科学证据。

（2）裁量权。法官裁量决定是否采用科学证据时，应当考虑科学证据的证明价值是否因专业知识的局限性或者科技的不确定性而小于可能带来的偏见。如果科学证据造成的偏见、混淆、争议、恶意拖延诉讼等负面成本大于其证明价值，则说明理由，予以排除。平衡双方当事人举证能力也是是否采纳科学证据的重要考虑因素。

（3）普遍接受。作为科学证据依据的基础理论或者技术方法必须得到其同行的普遍认可。为此，需要从可证伪性、专家复核、是否公开发表、已知或者潜在的错误率、同行的认可度等方面考察。所谓同行，可能是特定技术开发者和使用者，也可能是范围更广的科学共同体。

（4）谨慎。科学证据所依据的理论基础所使用的仪器、统计数据、测量结果、图表等可能夸大其科学性，造成了所谓的"貌似科学性"。实际上，越是"科学"的证据，主观性就越强；有关主要案件事实的争议越大，采纳科学证据的危险性就越大。对科学证据的审查，对其"貌似科学性"的外观应当保持警惕。

（5）间接原则。专家不能替代，但专家更不能取代法官对案件事实的认定。专家应当以多媒体"演示和解说"（show and tell）的形式，向法官说明据以作出意见的理论或者原理，由法官自己对事实作出判断。这里的问题是：基础理论和原理本身的可靠性和有效性必须得到证明。

（6）补强证据。科学证据应当与案件的其他证据相互印证。如果科学证据与其他已经得到证实的证据之间存在矛盾，则应当慎重考察其可采性。

4. 依据。科学证据还没有成为法律概念。我国证据法从鉴定意见、专家辅助人、视听资料、电子数据资料等多个角度对科学证据作了分散规定，还没有

---

[1] 该条规定："如果科学、技术或者其他专业知识有助于事实审理者理解证据或者裁决争议事实，则凭借知识、技能、经验、训练或教育而够格成为专家的人，可以以意见或者其他形式就此作证。"

[2] 刘静坤译："新科学证据带来的挑战——法庭上的新科学证据：历史、传统与功能"，载何家弘主编：《证据学论坛（第8卷）》，中国检察出版社2004年版，第415~433页。

形成统一、系统的规则。我们主张建立相对独立的科学证据法则，在统一证据法典中设立专门的章节规定。

■ 第三节　推定

一、推定的概念、分类和意义

（一）推定的概念

推定，顾名思义，就是推理、推论、假定、推断的意思。法律上的"推定"，从不同的角度，可以作不同的表述。有关推定的含义，学术界主要有以下认识：[1]

1. 从描述事实间的关系看，认为推定通常系指一种法则或一种推论，它意在描述某一事实或若干事实与另一事实或若干事实之间的关系。其中，某一事实为基础事实，另一事实为推定事实，基础事实于诉讼中一经确立，除非另有特殊的条件构成，必须假定推定事实的存在。

2. 从推定效果上看，认为推定是指从审判知识或已经证明的事实，或者当它是真的事实，来推断出另一问题的事实结论。

3. 从推定与证明责任的关系看，认为推定是法理学上证明法则之一，用以推测未知事实的真相。法官可利用这一法则，来决定诉讼中证明责任之归属。

4. 从事实认定角度看，认为推定是指法律对某种事实或责任所作的，允许当事人举证否认的一种认定。

5. 从动态过程上看，认为推定就是由基础事实的存在，推演出推定事实存在的诉讼活动。

上述认识分别从不同侧面、不同角度揭示了推定的内涵，体现了推定含义的多重性。综合以上认识，可以将推定的要素归纳如下：

1. 推定涉及两种事实，即已知事实和未知事实、基础事实和推定事实。推定反映的是两种事实之间的关系。

2. 推定的发生依据包括法律规定和经验法则。依法律规定进行的推定，称为法律推定，依经验法则进行的推定，称为事实推定。

3. 推定的救济方法是反证。当事人可以提出反证，推翻推定事实，从而使推定规则失去效用。

由上可知，所谓推定，是指依照法律规定或者由法院按照经验法则，从已

---

[1]　转引自江伟主编：《证据法学》，法律出版社 1999 年版，第 123 页。

知的基础事实推断未知的推定事实存在，并允许当事人提出反证推翻的一种证据法则。推定与假定、法律拟制、举证责任倒置等概念有相似之处，但又有根本的不同：

1. 推定与假定。在现代汉语中，假定有姑且认定、假设之意。它是对过去没有、现在也不存在的某种事实进行猜测的一种思维形式。假定是主观任意的产物，是不需要任何前提条件的假设，属于思维的范畴，不具有任何法律效力。[1] 推定是法律允许的认定案件事实的一种特殊规则，只要在法律规定的条件和范围内，就能产生一定的法律后果。推定必须由反证证明其伪，假定必须以证据证明其真。可见，推定与假定之间有质的区别。

2. 推定与法律拟制。法律拟制，是指根据实际需要，把某种事实甲看作另一种事实乙，使其与乙事实发生同一的法律效果，不能用反证来否定，因而不涉及举证责任由谁负担的问题。立法者往往用"视为"一语，来表达法律拟制。例如，16 周岁以上的未成年人，以自己的劳动收入为主要生活来源的，视为完全民事行为能力人（《民法总则》第 18 条）；自然人以户籍登记或者其他有效身份登记记载的居所为住所；经常居所与住所不一致的，经常居所视为住所（《民法总则》第 25 条）；相对人可以催告被代理人自收到通知之日起 1 个月内予以追认。被代理人未作表示的，视为拒绝追认（《民法总则》第 171 条第 2 款）；商业广告的内容符合要约规定的，视为要约（《合同法》第 15 条）；当事人为自己的利益不正当地阻止条件成就的，视为条件已成就；不正当地促成条件成就的，视为条件不成就（《合同法》第 45 条第 2 款）；第二审法院审理上诉案件，经调解达成协议的，调解书送达后，原审人民法院的判决视为撤销（《民事诉讼法》第 172 条）；等等。

法律拟制与推定在形式上极为相似，都涉及甲、乙两个事实，并且只要甲事实的存在得到证明，法律就使它产生与乙事实相同的法律效果。但推定与法律拟制实质上是两个不同的概念。二者的区别如下：

（1）性质不同。法律拟制纯粹是一种立法技巧，是立法者为了避免法律条文用语重复、冗长而采用的一种文字表述方式，它并非由一事实的存在推论出与之相关的另一事实的存在。推定则不同，它通常包含着推论，是从基础事实推论出推定事实。

（2）是否用反证推翻不同。法律拟制的目的是使甲事实产生与乙事实相同的法律效果，甲事实的存在得到证明后，自然不允许对方当事人再提出证据来推翻乙事实。推定则不同，法律允许当事人提出反证来推翻推定事实，只有在

---

〔1〕 参见江伟主编：《证据法学》，法律出版社 1999 年版，第 124 页。

缺乏相反证据的情况下，推定事实才会被认定。

（3）举证责任的影响不同。在法律拟制中，尽管一方当事人主张的是后一事实的法律后果，但双方发生争议且需要证明的始终是前一项事实，而不允许对后一项事实进行争议，所以不发生将后一事实的举证责任转移于对方当事人的问题。因此，法律拟制不影响举证责任的分担。在推定中，需要证明的主要是后一项事实，即推定事实。由于推定的作用，主张推定事实存在的一方当事人证明基础事实后，法律便假定推定事实存在，这样，就把证明推定事实不存在的举证责任转移于对方当事人。可见，推定与法律拟制的区别之一，在于它有转移推定事实的举证责任的作用。[1]

3. 推定与举证责任倒置。法律推定可以表现为诉讼上的举证责任倒置，但推定与举证责任倒置不同：从形式上看，前者为证明责任的实体分配，为实体法所规范；后者是证明责任的程序分配，为程序法所规范，并且在出现时间上后者在先。从实质上看，推定不同于举证责任倒置之处主要在于：实体法上的推定往往是可以推翻的，只要当事人提出相反的证据就可加以驳倒；举证责任倒置系一种程序法上的技巧，它大大改变了实体法上的举证责任分配，并且使诉讼程序的价值取向发生逆转。正如塞西尔·特纳所指出的，"推定虽然在形式上与证据法相联系，但实际上却是用程序法语言表示出来的实体法规则"。[2]

（二）推定的分类

1. 法律推定。我国法学界一般把推定区分为法律推定和事实推定两类。法律推定是由法律明文规定的推定，具体是指：当某法律规定（A）的要件事实（甲）有待证明时，立法者为避免举证困难或举证不能的现象发生，乃明文规定只需就较易证明的其他事实（乙）获得证明时，如无相反的证明（即甲事实不存在），则认为甲事实因其他法律规范（B）的规定而获得证明。[3] 法律推定的本质在于，通过证明前提事实的存在，来使某法律效果的要件事实之一（推定事实）也获得证明。

法律推定还可以作出进一步的分类：

（1）以是否需要前提事实为标准，法律推定可分为推论推定和直接推定：

第一，推论推定。推论推定是法律推定中最典型、最标准的推定，是依据法律（立法者的意志）从已知事实推论未知事实、从前提事实推论推定事实的

---

〔1〕 江伟主编：《民事诉讼法》，中国人民大学出版社 2013 年版，第 220 页。

〔2〕 ［英］J. W. 塞西尔·特纳：《肯尼刑法原理》，王国庆、李启家等译，华夏出版社 1989 年版，第 486~487 页。

〔3〕 江伟主编：《证据法学》，法律出版社 1999 年版，第 131 页。

结果。大陆法系学者称之为"真正的法律上推定"。这种推定广泛存在于世界各国的民事法律中，如失踪达一定期限的人被推定为死亡，夫妻关系存续期间出生的子女推定为婚生子女等。适用这种推定，可以减轻主张推定事实的一方当事人的举证责任，并且可以将举证责任从一方转移给另一方。

第二，直接推定。当法律不依赖于任何前提事实就假定某一事实存在时，这种推定即为直接推定。其典型例证是刑事法律中的"无罪推定"和民事法律中的"过错推定"。直接推定不依赖于任何基础事实，法院在适用该推定时不要求因推定而处于有利地位的一方当事人证明任何事实，它的作用仅在于确定推定事实不存在的举证责任由何方当事人承担。因此，直接推定在本质上并非根据某一事实与另一事实之间的逻辑关系作出的结论，而是以推定形式表现出来的确定举证责任由谁负担的实体法规范。

（2）以推定的对象为事实或权利为标准，法律推定可分为法律上的事实推定和法律上的权利推定。法律上的权利推定又称为权利状态推定，是指法律就某权利或法律关系是否存在直接加以推定。[1] 例如，《物权法》第16条和第17条关于不动产物权的归属之规定，即属于权利推定。按此，不动产物权归属于不动产登记簿所载的物权人；不动产登记簿所记载的物权人与不动产权属证书中所记载的物权人不一致的，推定物权归属于不动产登记簿所记载的物权人，除非有证据证明不动产登记簿确有错误。与法律上的事实推定不同，权利推定的对象不是事实，尤其不是权利（法律关系）产生或消灭的要件事实，而是直接推定权利存在或者不存在。法院在判断该权利或法律关系存在与否时，也不必去认定该权利或法律关系发生或消灭的要件事实，而是直接适用推定规定，去认定权利或法律关系存在与否。当然，权利推定也可以运用相反的证据加以推翻（例如举证证明不动产登记簿确有错误以推翻权利推定）。

2. 事实推定。事实推定是法律推定的对称，是指司法过程中法官依据某一已知事实，根据日常生活经验法则，推论与之相关的诉讼中需要证明的另一事实是否存在。例如，根据某人在事故发生后的瞬间正驾驶着某辆汽车这一事实，可以推断他在事故发生时正驾驶着这辆汽车；根据被告在诉讼中销毁或隐匿证据这一事实，推断出该证据必定于其不利。

事实推定区别于法律推定的明显标志，在于有无法律明文规定。若事实推定上升为法律规定的推定时，就成为法律推定。事实推定能否上升为法律推定，取决于立法者对某一类推定的预见程度，以及对司法者的信任程度。在性质上，凡法律推定，法院必须适用；而事实推定，由法院酌情决定是否适用。

---

〔1〕　江伟、肖建国主编：《民事诉讼法》，中国人民大学出版社2015年版，第200页。

（三）推定的意义

推定总是以事物之间客观存在的逻辑关系为基础，推定法则是事实关系的规范化。以推定为中介，可以把两种不同的事实联系起来，由此及彼、由已知趋向未知。只要没有反证加以推翻，就应当认为推定事实成立。可见，推定扩大了人们对事物的认识能力和范围，拓展了认识手段，意义重大。

1. 推定是接近案件事实的便捷手段。推定虽然不及用证据证明准确，但仍然可以达到大体准确的程度。因为推定的设立、出现就是根据事物之间的规律性联系。依照日常生活经验，某一事实存在时，只要不存在例外情况，就会合乎逻辑地引起另一事实的发生。事物之间的这种密切联系使立法者和司法者有理由相信，通过推定来认定案件事实几乎同运用证据证明一样可靠，而且省去了复杂的证明过程，使诉讼变得更为快捷。

2. 推定可以缓解某些事实证明上的困难。在诉讼过程中，司法者运用证据证明案件事实对于某些案件恐怕有些困难，但为了确定当事人之间的权利义务关系又必须确定该事实，否则法律的适用就会陷入困境。这时借助推定可以转换举证的主题，使当事人的举证由一事实转变为另一较容易举证的事实，从而帮助司法者摆脱困境，使当事人极难证明的事实变得较为容易而增加胜诉的概率。

3. 法律推定可以公正合理地分配举证责任。当争议事实的有关证据材料完全处于一方当事人的支配与控制之下，由掌握这些证据材料的当事人，而不是由无法取得或接触证据材料的对方当事人负举证责任，显然是公平合理的。出于公正合理地分配举证责任的考虑，立法者可以通过法律推定将举证责任倒置，由掌握证据材料、有条件证明的一方负举证责任。例如，在有关新产品的制造方法发明专利的侵权纠纷中，我国专利法推定制造同样产品的单位或个人使用了原告的专利方法，由被告就自己的产品制造方法负举证责任，便是其典型例证。

4. 推定有助于实现诉讼经济的目的。在缺乏相反证据的情况下，法院可以根据已查明的事实或显著的事实直接对权利或另一事实作出认定，而不必再耗费时间进行证明，免去了当事人的举证活动和法院对证据的审查活动。推定大大简化了诉讼证明过程。因此，推定可以使法院、当事人以较少的诉讼投入，获得较高的诉讼收益。

5. 推定有利于贯彻立法者所希冀的一定的社会政策。推定常常被用来表达立法者所倡导的某种价值取向，实施立法者所提出的某种社会政策。例如，最高法《继承法意见》第2条关于"相互有继承关系的几个人在同一事件中死亡，例如，不能确定死亡先后时间的，推定没有继承人的人先死亡。死亡人各自都有继承人的，如几个死亡人辈分不同，推定长辈先死亡；几个死亡人辈分相同，推定同时死亡，彼此不发生继承，由他们各自的继承人分别继承"的规定，表明了立法者的社会政策是：尽量使死者的财产由他的合法继承人继承，而不是作为无主财产收归国有或集体所有。

二、推定的适用规则

（一）法律推定的适用规则

1. 除直接推定外，适用法律推定必须首先确认基础事实。法律推定中的推论推定是根据基础事实作出的推断，不需要作为证明对象予以证明。但是，作为推断根据的基础事实，除众所周知的事实和法院审判中知悉的事实可由法院径行认定外，都应由主张存在该事实的当事人举证证明。如果负举证责任的当事人没有提供证据或提供的证据不足以证明基础事实，推定法则就无法适用。基础事实一旦得到证明，法院就会依照法律规定作出存在推定事实的假定。所以，推定法则仅免除了于其有利的一方当事人对推定事实的举证责任，而没有免除他对基础事实的举证责任。对于未履行举证责任的当事人，法院可责令其提供证据，否则不能认定基础事实，也就不能确认推定事实存在。

可见，法律推定中的推论推定实际上是通过变更证明的主题，用对基础事实的证明替代对推定事实的证明，使当事人可以通过对基础事实的证明较容易地完成对本来相当困难的推定事实的证明，从而大大减轻了主张推定事实存在一方当事人的举证责任。

2. 适用法律推定须以无反证推翻为条件。法律推定的事实，必须是能够以相反证据推翻的事实。不能以反证推翻的推定，非为法律推定。当推定事实因基础事实的确认而被假定存在后，否认推定事实的一方要推翻该推定事实，就必须对不存在推定事实负举证责任。例如，依有关法律规定，夫妻关系存续期间所生的子女，视为婚生子女。一方当事人要否定这一推定事实，必须提出充分的证据证明夫妻于该子女出生前，已分居两年，且无往来，从而使推定事实是否存在陷入真伪不明的状态。在此情况下，就不能再适用推定法则认定该子女为婚生。

反证可以推翻推定事实，但反证必须充分、足够，其具体标准是能够使推定事实存在与否陷入真伪不明状态。当相反证据不足以否定推定事实时，法院应依法认定推定事实；当反证足以推翻推定事实时，就不能适用推定。

当然，对法律推定的反驳并不限于针对推定事实提出反证，为阻碍法院适用有利于对方的推定，当事人一方还可就基础事实提出争议，并提供证据证明基础事实不存在。只要当事人提出反证使基础事实的存否处于真伪不明状态，就能有效地排除适用法律推定的可能。

（二）事实推定的适用规则

事实推定的适用，必须同时具备下列条件：

1. 必须无法直接证明待证事实的存在与否，因此只能借助间接事实推断待证事实。这是事实推定的必要条件。反之，若能够凭借直接证据加以证明，则无适用事实推定的必要。因此，事实推定与间接事实密切关联。

2. 前提事实必须已经得到法律上的确认，这是事实推定的前提条件。所谓前提事实得到确认，是指有下列情形之一：①众所周知的事实；②法院于职务上所知悉的事实；③判决所预决的事实；④经公证证明的事实；⑤诉讼上承认的事实；⑥已由证据认定的事实。

3. 前提事实与推定事实之间须有必然的联系。这种联系或互为因果，或互为主从，或互相排斥，或互相包容。除此之外，都不能成为必然联系。[1] 这是事实推定的逻辑条件，也是最为关键的条件。

4. 许可对方当事人提出反证，并以反证的成立与否确认推定的成立与否。这是事实推定的生效条件。如果说法律推定尚有不得推翻之说，则任何事实推定都是可反驳的推定。对方当事人既可以就前提事实提出反证，亦可就推定事实提出反证，其反证程度仅需使反证对象处于真伪不明状态为已足，而不因反证对象的不同有所区别。

三、无罪推定

（一）无罪推定的含义

无罪推定，是 17、18 世纪资产阶级启蒙运动中作为一项思想原则提出来的。1764 年 7 月，意大利刑法学家贝卡里亚在其名著《论犯罪与刑罚》中，抨击了残酷的刑讯逼供和有罪推定，提出了无罪推定的理论构想："在法官判决之前，一个人是不能被称为罪犯的。只要还不能断定他已经侵犯了给予他公共保护的契约，社会就不能取消对他的公共保护。"[2] 资产阶级取得政权以后，这个思想理论原则先后被载入许多西方国家的宪法或宪法性文件，乃至许多国际性文件中。无罪推定由此从理论原则进入法律实践。

根据各国法律和国际性文件的规定，无罪推定的表述方式有一个基本的样式："在……之前，被告人（或任何人）……"前半部分讲无罪推定的前提，后半部分讲对待被告人（或任何人）的方式。例如，"被告人在最终定罪之前，不

---

〔1〕 江伟主编：《证据法学》，法律出版社 1999 年版，第 141 页。

〔2〕 ［意］贝卡里亚：《论犯罪与刑罚》，黄风译，中国大百科全书出版社 1993 年版，第 31 页。

得被认定为有罪"(《意大利共和国宪法》第 9 条);"凡受刑事罪的控告者在未经依法证明有罪之前,应被推定为无罪"(《欧洲人权公约》第 6 条);"在独立的、不偏袒的法庭举行公平的公开审判中,根据法律证明有罪之前,应推定为无罪"(《加拿大宪法》第 11 条);等等。尽管无罪推定有不同的表述方式,但是无罪推定的基本含义是相对确定的。概括起来,无罪推定包括以下几层含义或内容:

1. 被告人的罪行须经依法证明。无罪推定是一种典型的直接推定,它无须基础事实即可证明无罪这一推定事实存在。要推翻推定事实,追诉方必须提出相反的证据,且反证必须达到足以推翻该推定事实的程度。具体要求是:由作为控诉方的检察官负担证明被告人有罪的责任,而被告人不承担证明自己有罪或无罪的责任;当裁判者对被告人有罪的判断尚存怀疑时,应作出对被告人有利的解释。

2. 有罪判决须由法院通过法定程序作出。一方面,有罪判决须由行使国家审判权的法院作出,未经法院宣告有罪,任何其他国家机关都不能从法律上确认被告人有罪。另一方面,法院的有罪判决必须经过合法、正当的法律程序才能作出。未经法定程序,即便法院也不能认定被告人有罪。

3. 被告人拥有对抗国家追诉权的程序保障。在对被告人定罪之前,他在实体法上居于无罪的地位,在诉讼程序上居于受国家追诉的地位,与诉讼外的无罪公民不可能完全一样。无罪推定的含义之一就是保证被告人获得一系列对抗国家追诉权的诉讼特权和程序保障,纠正国家与个人之间的力量不平衡状态。[1] 这类特权和保障有获知被控罪名和理由、获得律师协助、不受强迫自证其罪等。

(二) 无罪推定在我国刑事诉讼法中的确立

1996 年 3 月,第八届全国人大第四次会议通过了《关于修改〈中华人民共和国刑事诉讼法〉的决定》,在确立我国的无罪推定原则上迈出了一大步。2012年、2018 年《刑事诉讼法》的两次修改延续了这一原则,《刑事诉讼法》第 12条规定:"未经人民法院依法判决,对任何人都不得确定有罪。"尽管修改后的规定中没有出现"推定"或"假定"无罪的表述,但实际已包含了"在法院依法判决前,任何人都不得处于有罪公民之地位"这样一种含义,体现了无罪推定原则的精神。无罪推定在刑事诉讼法的一系列规则和制度中都有所体现,具体表现在以下几方面:

1. 以是否起诉为准,将受刑事追诉者分为犯罪嫌疑人和被告人。被追诉者

---

[1] 陈瑞华:《刑事审判原理论》,北京大学出版社 1997 年版,第 149~150 页。

在起诉前处于犯罪嫌疑人的地位，起诉后则处于被告人地位。犯罪嫌疑人和被告人的区分，标志着被追诉者拥有诉讼主体的资格，从而避免将其视为"有罪者""人犯""罪犯"，这有利于贯彻无罪推定原则。

2. 明确了控诉方的证明责任。在法庭审判过程中，公诉人负有提出证据、证明被告人有罪的责任；承审法官不再承担提出控方证据、展示控诉证据内容的义务；被告人不承担证明自己有罪或无罪的责任。《刑事诉讼法》第 51 条规定："公诉案件中被告人有罪的举证责任由人民检察院承担，自诉案件中被告人有罪的举证责任由自诉人承担。"《刑事诉讼法》第 52 条规定："……不得强迫任何人证实自己有罪。……"

3. 规定了疑罪从无原则。《刑事诉讼法》第 200 条第 3 项规定："证据不足，不能认定被告人有罪的，应当作出证据不足、指控的犯罪不能成立的无罪判决。"可见，刑事诉讼法确立了对"疑罪"作有利于被告人的解释的规则。既然公诉人不能提出确实充分的证据证实被告人的罪行，法庭经过听审和补充性调查也不能查明被告人有罪的事实，那么就只能判定被告人无罪。

（三）我国刑事诉讼法确立无罪推定原则的意义

1. 有利于维护犯罪嫌疑人、被告人的合法权益。无罪推定确保被告人在审判过程中受到公平的对待，保证被告人充分和富有意义地参与法庭裁判过程，确保被告人拥有足以与控诉方相抗衡的权利保障。使无罪的人不受刑事追究，有罪的人也将被依照法定程序进行依法追究，更好地实现刑事诉讼的任务。

2. 有利于增强公安司法机关的办案责任心和使命感。因为承担举证责任的公安机关、人民检察院要完成揭露犯罪、证实犯罪的任务，必须提出确定充分的证据，否则其指控难以成立，控诉犯罪的任务难以完成。

3. 有利于实现刑事司法公正。无罪推定原则要求法院在审判过程中确保被告人受到公正和人道的对待，保障刑事审判程序的公正性和合理性。它设定了刑事审判中的诉讼证明机制，要求被告人有罪这一判定应有充分的证据加以证明，并由承担追诉职责的国家追诉机关承担证明责任。它还要求法官必须从法庭上进行的理性论争和争辩中形成对事实真相的认识，不得预断或有偏袒倾向。无罪推定原则还有助于实现刑事实体公正，它能够防止法院对任何人作出无根据的、错误的定罪，从而最大限度地避免冤枉无辜。实际上，无罪推定原则的基本价值取向就是实现刑事司法公正。

4. 有助于实现程序的经济效益目标。这主要表现在：它要求法院在对被告人有罪尚存合理的疑问时，直接作出对被告人有利的解释，即判决被告人无罪。这有助于法院及时终结已经开启的刑事审判程序，防止审判活动无休止地延续和拖延下去。这对于防止国家司法资源和程序参与者各方财力的浪费，提高审判活动的经济效益都具有一定的积极意义。

5. 有利于推动其他诉讼制度的完善和发展。无罪推定所包含的内容形成的规则，必将推动诉讼制度的完善和发展。例如，法院的定罪权会促使法院改进审判方式以便更准确、更适当地运用审判权；控方承担举证责任，会推动举证规则、举证能力的规范与提高；疑罪从无规则必将推动辩护制度的发展，也会推动控诉职能的加强。

第二十五章

证据在审判中的运用

■ 第一节　举　　证

一、举证的概念和特点

举证，又称提出证据，是指证明主体将自己收集并已经过审查判断的证据提交法院或法庭，以论证其诉讼主张或阐明案件事实的活动。它具有以下几个显著特点：

1. 举证是证明活动的重要环节。证明主体收集和审查判断证据，其目的是向法院或法庭提出证据，以论证自己的诉讼主张或阐明案件事实。因此，收集和审查判断证据，这只是证明主体为提出证据而进行的两项准备工作，证明主体只有在此基础上提出证据并使法院或法庭获得确信，才能完成证明任务，达到证明目的。如果证明主体不向法院或法庭提出证据，那么所收集和审查判断的证据就会变成一堆毫无意义的东西，其诉讼请求也就不可能得到实现。

2. 举证是法院受理案件的必备条件。我国《刑事诉讼法》规定，人民检察院向人民法院提起公诉，应当将案卷材料、证据移送人民法院；人民法院进行审查后，对于起诉书中有明确的指控犯罪事实的，应当决定开庭审判；人民法院对于自诉案件进行审查后，如果认为犯罪事实清楚，有足够证据的，应当开庭审判；对于缺乏罪证的自诉案件，如果自诉人提不出补充证据的，应当说服自诉人撤回自诉，或者裁定驳回。我国《民事诉讼法》规定，民事起诉状除应当记明当事人的基本情况以及诉讼请求和所根据的事实与理由外，还应记明证据和证据来源、证人姓名和住所，否则人民法院裁定不予受理。由此可见，不管是刑事案件还是民事案件，起诉人提起诉讼都必须依法提出相应的证据，否则人民法院不予受理。当然，行政诉讼实行由被告负举证责任的原则，起诉人在起诉时一般可不提出证明其诉讼主张的证据。[1]

3. 举证是人民法院审判案件的前提和基础。只有证明主体提出证据阐明案件事实或论证自己的诉讼主张，人民法院才能顺利地进行审判活动，并据以查明案件事实，作出裁判。如果缺乏证据，审判活动就可能被迫推迟或中断，或者根本就无法查明案件事实并作出相应的裁判。

4. 举证必须符合法律规定。证明主体必须在法律规定的时间、地点，以法律规定的方式，向法定的机关或人员提出证据，否则其所提出的证据不会被法院或法庭采纳。

二、举证的程序

我国三大诉讼法对举证的程序作了具体的规定。主要包括：

（一）举证的主体

举证的主体分为两类：①举证的义务主体。在诉讼中，负有举证责任的一方应当提出证据以证明自己的诉讼主张，若提不出证据，就应承担败诉的风险和后果。这类主体具体包括刑事公诉案件的起诉机关以及刑事自诉案件的自诉人、民事案件的原告、提起反诉的被告和行政案件的被告及其委托的诉讼代理人等。②举证的权利主体。在诉讼中不负有举证责任的一方则有权利提出证据，换言之，他们举证不是履行义务，而是行使权利，因此他们可以提出证据，也可以不提出证据，若不提出证据，也不会因此承担败诉的风险和后果。这类主体具体包括刑事案件中的犯罪嫌疑人、被告人（法定情况下除外）、民事案件中不提出诉讼主张的被告、行政诉讼原告及其委托的辩护人或诉讼代理人等。

（二）举证的对象

举证的主体应当向人民法院或其审判组织提出证据。具体而言，就是应当向人民法院的立案庭、合议庭、独任庭或审判监督庭及其工作人员（包括审判员、书记员）提出证据。

（三）举证的时间

举证的主体一般应在以下时间向人民法院或其审判组织提出证据：①在提起诉讼时或提交答辩状时一并提出证据；②按照人民法院的要求在开庭前提出补充证据；③在法庭审理过程中提出证据；④在提出上诉时或者二审过程中提

第二十五章

---

[1] 我国《行政诉讼法》第38条规定，在起诉被告不履行法定职责的案件中，原告应当提供其向被告提出申请的证据。但有下列情形之一的除外：①被告应当依职权主动履行法定职责的；②原告因正当理由不能提供证据的。在行政赔偿、补偿的案件中，原告应当对行政行为造成的损害提供证据。因被告的原因导致原告无法举证的，由被告承担举证责任。

出证据；⑤在提出再审申请、申诉或再审过程中提出证据。如果法律规定了举证期限或者法院指定了举证期限，则举证应当受到举证期限的限制。

（四）举证的方式

举证的方式，通常有以下几种：

1. 随案移送。这种方式主要是在人民检察院提起公诉时使用。按照《刑事诉讼法》第176条的规定，人民检察院向人民法院提起公诉，应当将案卷材料、证据移送人民法院。

2. 随案提交。刑事自诉案件的自诉人、民事案件的原告向人民法院提起诉讼时，应在提出起诉状的同时提交有关证据。人民法院在审查立案时要求其提出补充证据的，还应当补交。

3. 讯问、发问或询问。根据《刑事诉讼法》的规定，公诉人在宣读起诉书和被告人、被害人就起诉书指控的犯罪进行陈述后，可以讯问被告人；被害人、附带民事诉讼的原告和辩护人、诉讼代理人，经审判长许可，可以向被告人发问；公诉人、当事人和辩护人、诉讼代理人经审判长许可，可以对证人、鉴定人发问。根据《民事诉讼法》的规定，当事人经法庭许可，可以向证人、鉴定人、勘验人发问。公诉人、当事人及其委托的辩护人、诉讼代理人通过讯问、发问或询问活动，即可向法庭提出被告人供述和辩解、证人证言、鉴定意见、勘验笔录等证据。

4. 当庭出示、播放或宣读。无论是刑事案件，还是民事、行政案件，当事人及其委托的辩护人、诉讼代理人均有权向法庭出示物证、书证，播放视听资料，宣读未到庭的证人的证言笔录、鉴定人的鉴定意见和勘验、检查、辨认、侦查实验等笔录或者现场笔录。

5. 申请调取。按照《刑事诉讼法》的规定，法庭审理过程中，当事人和辩护人、诉讼代理人有权申请通知新的证人到庭，调取新的物证，申请重新鉴定或者勘验。按照《民事诉讼法》的规定，当事人有权要求重新进行调查、鉴定或者勘验。

■ 第二节 质 证

根据三大诉讼法和最高法《民诉证据规定》，质证的主要内容包括：

1. 质证的范围。证据应在法庭上出示，由当事人质证，未经质证的证据，不能作为认定案件事实的依据；当事人在证据交换过程中认可并记录在卷的证据，经审判人员在庭审中说明后，可以作为认定案件事实的依据。但涉及国家秘密、商业秘密和个人隐私或者法律规定的其他应当保密的证据，不得在开庭时公开质证。

2. 质证的程序。质证应当按下列顺序进行：①公诉人、自诉人或原告出示证据，被告或第三人与公诉人、自诉人或原告进行质证；②被告出示证据，公诉人、自诉人、原告或第三人与被告进行质证；③第三人出示证据，原告、被告与第三人进行质证。案件有两个以上独立的诉讼请求的，当事人可以逐个出示证据进行质证。人民法院依照当事人申请调查收集的证据，由提出申请的一方当事人出示；人民法院依照职权调查收集的证据，由审判人员在庭审时出示，听取当事人意见，并可就调查收集该证据的情况予以说明。

3. 质证的要求。对书证、物证、视听资料进行质证时，当事人有权要求出示证据的原件或者原物，但有下列情况之一的除外：①出示原件或者原物确有困难并经人民法院准许出示复制件或者复制品的；②原件或者原物已不存在，但有证据证明复制件、复制品与原件或原物一致的。质证时当事人应当围绕证据的真实性、关联性、合法性，针对证据证明力有无以及证明力大小进行质疑、说明与辩驳。证人应当出庭作证，接受当事人的质询。证人确有困难不能出庭的，可以通过书面证言、视听传输技术或视听资料等方式作证。[1]

■ 第三节　认　　证

一、认证的概念和特点

所谓认证，即证据的审核认定，是指审判人员在证明主体举证、质证的基础上，行使审判权力，依据法律规定和知识经验，对证据是否具有证据能力、有无证明力及其大小予以审核和确定的活动。最高法《民诉证据规定》第 64 条规定，审判人员应当依照法定程序，全面、客观地审核证据，依照法律的规定，遵循法官职业道德，运用逻辑推理和日常生活经验，对证据有无证明力和证明力大小独立进行判断，并公开判断的理由和结果。

认证具有以下几个特点：

1. 认证的主体是对特定案件负有审理责任的审判人员，即由于审判案件需要而组成合议庭或独任庭的人员，包括组成合议庭的审判长、审判员或陪审员

---

[1] 我国《民事诉讼法》第 73 条规定，经人民法院通知，证人应当出庭作证。有下列情形之一的，经人民法院许可，可以通过书面证言、视听传输技术或者视听资料等方式作证：①因健康原因不能出庭的；②因路途遥远，交通不便不能出庭的；③因自然灾害等不可抗力不能出庭的；④其他有正当理由不能出庭的。第 139 条第 2 款规定，经法庭许可，当事人可以向证人、鉴定人、勘验人发问。

和组成独任庭的审判员。除此之外，其他任何人员（包括法院未参与案件审理工作的其他审判人员）都无权对证据进行认定。

2. 认证的前提是举证和质证。即审判人员只有在举证和质证的基础上，才能对证据进行分析判断，进而对其是否具备证据资格、有无证明力及其大小予以认定。如果没有证明主体的举证和法庭组织的质证，审判人员的认证活动便无法进行。

3. 认证的内容是审核确定证据是否具有证据能力，判明其证明力的有无和大小。具体地说，就是审判人员通过庭审活动，对控诉方或当事人所提出的证据进行审查、核实及分析、判断，看其是否具有真实性、关联性和合法性，进而对其能否作为诉讼证据采纳，对系争事实能否起到证明作用以及证明作用的大小作出确认。

4. 认证的依据是法律规定、法官职业道德和知识经验。审判人员对证据是否具有证据能力和证明力的有无及大小作出认定，其依据是法律规定、法官职业道德和自己所具有的知识经验。因此，审判人员必须按照法律规定和法官职业道德进行认证，违反法律规定和法官职业道德进行的认证自然无效。同时，审判人员必须具备丰富的法律专业知识、自然科学知识和日常生活经验，才能对证据证明力的有无和大小作出正确的认定。

5. 认证的效力及于判决和裁定。审判人员对证据是否具有证据能力，对认定诉讼系争事实有无证明力及其大小进行审核并确定后，对判决和裁定产生拘束力，即判决和裁定的根据受到认证限制，只能在认证范围内作出。未经认定的证据，审判人员不得作为定案的依据。

二、认证前的准备工作

按照三大诉讼法的有关规定，合议庭或独任庭的审判人员在对证据作出认定之前，需要进行以下各项准备工作，以保证认证的正确性和有效性：

1. 讯问被告人。根据《刑事诉讼法》的规定，在公诉人讯问被告人，以及被害人、附带民事诉讼的原告人和辩护人、诉讼代理人向被告人发问后，审判人员认为需要审查核实有关证据或查明某些事实的，可以讯问被告人。

2. 询问证人、鉴定人。根据《刑事诉讼法》的规定，在公诉人、当事人和辩护人、诉讼代理人对证人、鉴定人发问后，审判人员认为需要审查核实有关证据或查明某些事实的，可以询问证人、鉴定人。在民事、行政审判中，审判人员也可以询问证人、鉴定人。

3. 听取当事人、辩护人等对证据的意见。根据《刑事诉讼法》的规定，在公诉人、辩护人向法庭出示物证或当庭宣读未到庭的证人的证言笔录、鉴定人的鉴定意见、勘验笔录和其他作为证据的文书后，审判人员应当听取公诉人、当事人和辩护人、诉讼代理人的意见。根据《民事诉讼法》的规定，法庭辩论终结，审判长应按照原告、被告、第三人的先后顺序征询各方最后意见（包括对证据的意见）。此外，在公诉人、被害人及其诉讼代理人和被告人及其辩护人之间以及民事当事人或行政诉讼当事人之间对证据进行互相辩论时，审判人员亦应认真听取。

4. 调查核实证据。根据《刑事诉讼法》的规定，法庭审理过程中，合议庭对证据有疑问的，可以宣布休庭，对证据进行调查核实；人民法院调查核实证据，可以进行勘验、检查、查封、扣押、鉴定和查询、冻结。根据《民事诉讼法》的规定，当事人及其诉讼代理人因客观原因不能自行收集的证据，或者人民法院认为审理案件需要的证据，人民法院应当调查收集；人民法院应当按照法定程序，全面地、客观地审查核实证据；人民法院有权向有关单位和个人调查取证。同时，在法庭审理过程中，经当事人要求，人民法院有权决定重新进行调查、鉴定或者勘验。

三、认证的具体要求

根据三大诉讼法和最高法《民诉证据规定》，审判人员对证据的审核认定应当遵循以下具体要求：

1. 审判人员对单一证据可以从以下几个方面进行审核认定：①证据是否为原件、原物，复印件、复制品与原件、原物是否相符；②证据与本案事实是否相关；③证据的形式、来源是否符合法律规定；④证据的内容是否真实；⑤证人或者提供证据的人，与当事人有无利害关系。

2. 审判人员对案件的全部证据，应当从各证据与案件事实的关联程度、各证据之间的联系等方面进行综合审查判断。人民法院认定证人证言，可以通过对证人的智力状况、品德、知识、经验、法律意识和专业技能等进行综合分析作出判断。在民事审判中，双方当事人对同一事实分别举出相反的证据，但都没有足够的依据否定对方证据的，人民法院应当结合案件情况，判断一方提供证据的证明力是否明显大于另一方提供证据的证明力，并对证明力较大的证据予以确认；因证据的证明力无法判断，导致争议事实难以认定的，人民法院应当依据举证责任分配的规则作出裁判。

3. 当事人一方提出的下列证据，对方当事人提出异议但没有足以反驳的相反证据的，人民法院应当确认其证明力：①书证原件或者与书证原件核对无误的复印件、照片、副本、节录本；②物证原物或者与物证原物核对无误的复制件、照片、录像资料等；③有其他证据佐证并以合法手段取得的、无疑点的视听资料或者与视听资料核对无误的复制件;④一方当事人申请人民法院依照法定程序制作的对物证或现场的勘验笔录。此外,在诉讼过程中,当事人在起诉状、答辩状、陈述及其委托代理人的代理词中承认的对已方不利的事实和认可的证据,人民法院应当予以确认,但当事人反悔并有相反证据足以推翻的除外。

4. 下列证据,审判人员可以确认其证明力:①人民法院委托鉴定部门作出的鉴定意见,当事人没有足以反驳的相反证据和理由的;②一方当事人提出的证据,另一方当事人认可或者提出的相反证据不足以反驳的;③一方当事人提出证据后,另一方当事人提出异议并提出反驳证据,对方当事人予以认可该反驳证据的。

5. 下列证据不能单独作为认定案件事实的依据:①未成年人所作的与其年龄和智力状况不相当的证言;②与一方当事人或者其代理人有利害关系的证人出具的证言;③存有疑点的视听资料;④无法与原件、原物核对的复印件、复制品;⑤无正当理由未出庭作证的证人证言。此外,以侵害他人合法权益或者违反法律禁止性规定的方法取得的证据,不能作为认定案件事实的根据;在诉讼中,当事人为达成调解协议或者和解的目的作出妥协所涉及的对案件事实的认可,不得在其后的诉讼中作为对其不利的证据。

6. 人民法院就数个证据对同一事实的证明力,可以依照下列原则认定:①国家机关、社会团体依职权制作的公文书证的证明力一般大于其他书证;②物证、档案、鉴定意见、勘验笔录或者经过公证、登记的书证,其证明力一般大于其他书证、视听资料和证人证言;③原始证据的证明力一般大于传来证据;④直接证据的证明力一般大于间接证据;⑤证人提供的对与其有亲属或者其他密切关系的当事人有利的证言,其证明力一般小于其他证人证言。

7. 人民法院应当在裁判文书中阐明证据是否采纳的理由,但对当事人无争议的证据,是否采纳的理由可以不在裁判文书中表述。

四、认证的方式

根据审判实践经验,认证的方式主要有以下几种:[1]

1. 一证一认。所谓一证一认,顾名思义,就是每一个证据经当事人双方举证和质证后,由审判人员对该证据作出认定,并说明理由。这种认证方式简捷、明晰,脉络清楚,让人一目了然。但由于是以每一个证据为一个单元,割断了证据之间的相互联系,因而难以纵览全局,融会贯通,匆忙之下作出认定,极有可能导致认证错误。同时,这种认证方式对审判人员的应变能力要求较高,

---

[1] 景汉朝、卢子娟:"经济审判方式改革若干问题研究",载《法学研究》1997年第5期。

一般较难掌握。因此，一般只对案情简单、证据特征明显、真假易辨的案件采用这种认定方式。

2. 一组一认。所谓一组一认，就是一组证据一认定，具体是指将证明某一事实的有一定关联的几个证据归纳为一组，在其提出和质证完毕之后，由审判人员对该组中的各个证据同时进行认定，并说明理由。这种认证方式需要审判人员按其证明的事实进行分类、归纳，然后一并作出认定，虽然有一定的难度，但由于审判人员对一组中各个证据及其相互之间的关系有比较全面的了解，因而不易出现认定错误或认定后的各个证据相互之间仍有矛盾。因此，对案情不太复杂、法律关系比较明确、证据对待证事实的证明作用比较明显的案件，一般采用这种认证方式。

3. 综合认证。所谓综合认证，是指待全案所有的证据全部提出并质证完毕之后，审判人员再对其进行分析判断，一并加以确认，并说明理由。由于综合认证是在全部证据均已提出并质证完毕之后进行的，审判人员对全部证据及其相互之间的关系有了全面、系统的认识，因而能够避免一证一认、一组一认可能发生的错误。因此，对于案情比较复杂、证据比较多、证据对待证事实的证明作用不太明显的案件，原则上应当采用这种认证方式。

五、认证的时间

审判人员对于证据的认定，根据审理的具体情况和认证方式的不同，可以分别在以下时间进行：

1. 在举证和质证后立即认证。这种认证要求审判人员有很强的分析、判断能力和反应能力，且仓促之中容易发生错误，因而一般适用于对少数的单个证据或一组证据的认定。

2. 在法庭调查结束时进行认证。由于法庭调查已经结束，全部证据均已提出并质证完毕，审判人员对全案证据有了比较清楚的认识，此时对证据作出认定一般不容易发生错误，因此，对部分的单个证据或一组证据可以在此时进行认定。

3. 在法庭辩论结束时进行认证。经过控辩双方或双方当事人及其诉讼代理人的辩论反驳，证据的真假已经清楚，疑点已经消除，此时对证据作出认定不容易发生错误。因此，多数的单个证据或一组证据可以在此时进行认定。

4. 在合议庭评议时进行认证。合议庭进行评议时，应当对案内所有证据作出认定，然后在当庭或定期宣告判决时，由审判长或审判员对证据进行公开认定，并说明理由。

■ 第四节 运用证据认定案情

一、运用证据认定案情的概念和意义

（一）运用证据认定案情的概念和特点

运用证据认定案情，是指审判人员依据业已审查核实的证据认识并确定案件事实的活动。其特点是：

1. 运用证据认定案情的主体是审判人员。在刑事、民事、行政诉讼中，有权运用证据认定案情的人员只能是审判人员。除此之外，其他任何机关、组织和个人都无权运用证据认定案情。

2. 运用证据认定案情的基础是审判人员对证据的认定。运用证据认定案情与认证密切相关，而且往往与认证同时进行，但二者并不是一回事。认证是审查证据的客观性和判断证据的关联性，也就是审查证据的真伪和判断证据对案件事实的证明力；而运用证据认定案情则是在认证的基础上，依据已经审查核实的证据对案件事实作出的判断和确定。

3. 运用证据认定的案情依案件性质的不同而有所差异。所谓案情，是指证明对象中的实体法事实。在刑事案件中，它主要是指犯罪事实是否发生，犯罪人是谁，以及犯罪的时间、地点、目的、动机、手段、过程、结果等事实和从重、从轻、减轻或者免除处罚的情节等。在民事案件中，它主要是指民事法律关系发生、变更和消灭的事实以及民事争议发生的时间、地点、原因、结果等事实；在行政案件中，它主要是指行政机关的具体行政行为是否合法的事实，具体包括行为的主体、时间、地点、内容和程序等事实。另外，同是刑事、民事或行政案件，但每个案件的案情也是不相同的。

4. 运用证据认定案情的责任主要由审判人员承担。我国人民法院审判各类案件由合议庭或独任庭进行，其中重大、疑难或复杂的案件还应提交审判委员会讨论决定。但司法实践中，审判委员会一般只对案件的法律适用问题进行讨论并作出决定，而案件事实的认定则由办案人员负责。为此，审判人员必须严格依照法定程序调查核实证据并用以认定案件事实，如果事实的认定发生错误，则一般由审判人员承担相应的责任（如错案责任）。

（二）运用证据认定案情的意义

运用证据认定案情具有十分重要的意义。主要表现在以下两个方面：

1. 运用证据认定案情是查明案件事实的唯一方法和审查核实证据的根本目的。对证据进行审查核实，其直接目的是运用查证属实的证据对案件事实作出

认定。离开了认定案情这一环节，则举证和认证便没有任何实际意义。由此，运用证据认定案情既是查明案件事实的唯一方法，也是审查核实证据的根本目的。

2. 运用证据认定案情是适用法律对案件作出正确处理的前提和基础。人民法院对案件的处理是否正确主要表现在认定事实是否清楚，适用法律是否正确，诉讼程序是否合法。其中认定事实是基础，适用法律是关键，程序合法是保障。只有认定事实清楚，证据确实充分，才能在此基础上正确地适用法律，进而对案件作出公正的处理。如果运用证据认定的案情发生错误，则在此基础上适用法律必然发生错误，从而也就不可能对案件作出公正的处理。

二、运用证据认定案情的基本原则

运用证据认定案情是查明案件事实的唯一方法，也是审查核实证据的根本目的，对于公正处理案件、实现诉讼法规定的任务具有至关重要的作用。为此，必须确定一些基本原则供审判人员遵守和执行，以保证审判人员正确地运用证据认定案情。

（一）证据确实和达到一定量的原则

我国三大诉讼法均规定，证据必须经过查证属实，才能作为定案的根据。因此，用以认定案情的所有证据都必须经过查证属实，即达到确实的要求。所谓查证属实，应包括两个方面：①案件中所有证据已经依照法定程序予以审查核实。例如，在审判阶段，证人应当出庭作证，证人证言必须在法庭上经过当事人双方询问、质证和查实；物证应当当庭出示，让当事人辨认；对未到庭证人的证言笔录、鉴定人的鉴定意见、勘验笔录、现场笔录和其他作为证据的文书，应当当庭宣读并听取双方当事人及其辩护人或诉讼代理人的意见。②证据中的所有矛盾已经排除。如果证据自身、证据与证据之间、证据与案件事实之间还存在矛盾，则说明证据尚未查证属实，应当收集新的证据予以排除，否则不能用作定案的根据。

我国《刑事诉讼法》规定，只有被告人供述，没有其他证据的，不能认定被告人有罪和处以刑罚；没有被告人供述，证据确实、充分的，可以认定被告人有罪和处以刑罚。这表明，在刑事诉讼中运用证据认定案情必须符合证据充分的原则。实际上，无论是刑事诉讼，还是民事诉讼和行政诉讼，用以定案的证据都必须达到一定的量。如果只有一个证据，则无法判断该证据是否真实，因为该证据不能自己说明自己是真实的，而且一个证据也无法对案件的全部事实一一加以证明。例如，在合同纠纷案件中，虽然当事人提交的由双方当事人签订的书面合同是一个非常重要的证据，但仅有该合同尚无法定案，还必须有当事人陈述、物证、书证等其他证据证明一方当事人违反了合同约定，由此使另一方的合法权益受到了损害。因此，证据要达到一定的量，这是运用证据认定案情所必须遵循的原则。

（二）事实清楚和完整的原则

案件事实作为过去发生的情况，由审判人员运用证据予以认定，以重现案件发生时的实际情况。要保证案件的公正处理，审判人员运用证据所认定的事实必须是清楚和完整的。所谓事实清楚，是指运用证据认定的事实是清晰和确定的，而不是含糊不清、抽象笼统的，也就是事实发生的前因后果、来龙去脉是清楚的，事实本身的"是与否"是确定的。所谓事实完整，是指实体法规定的与定罪量刑或权利义务有关的一切事实均已查清。具体地说，刑事案件的事实，是指刑法规定的与定罪量刑有关的一切事实，包括犯罪人是谁，犯罪的时间、地点，犯罪的目的、动机，犯罪的手段、方法，犯罪造成的危害后果，犯罪人是否达到刑事责任年龄、有无刑事责任能力，应否追究刑事责任以及是否具有从重、从轻、减轻或者免除处罚情节，等等；民事案件的事实，是指民法、商法、经济法规定的与民事权利义务有关的一切事实，包括当事人是否具有民事权利能力和行为能力，民事法律关系发生、变更和消灭的情况（包括时间、地点、方式等），民事争议发生的原因，民事违法行为造成的后果，等等；行政案件的事实，是指行政法规定的与行政行为是否合法与合理有关的一切事实，包括被诉的行政机关有无行政权，其实施行政行为的时间、地点、方式、条件、程序和结果，行政争议发生的原因以及违法行政行为造成的后果，等等。对于上述各类诉讼案件的事实，审判人员必须全部查清。如有遗漏，则不能定案。只有这样，才能做到事实清楚和完整，才能在此基础上适用法律对案件作出公正处理，有效地防止冤假错案的发生。

（三）认定公开和合法的原则

审判人员运用证据认定案情是诉讼活动的重要组成部分，必须贯彻公开和合法的原则。首先，所有用作定案根据的证据必须向当事人公开，听取当事人的意见，或由当事人互相质证。例如，《刑事诉讼法》规定，证人证言必须在法庭上经过公诉人、被害人和被告人、辩护人双方质证并且查实以后，才能作为定案的根据；公诉人、辩护人应当向法庭出示物证，让当事人辨认；对未到庭的证人的证言笔录、鉴定人的鉴定意见、勘验笔录和其他作为证据的文书，应当当庭宣读，审判人员应当听取公诉人、当事人和辩护人、诉讼代理人的意见。《民事诉讼法》规定，证据应当在法庭上出示并由当事人互相质证；在法庭调查中，应当出示书证、物证和视听资料，宣读鉴定意见和勘验笔录。其次，运用证据认定案情必须说明理由并在裁判文书上表述出来。《刑事诉讼法》规定，人民法院的判决书，必须忠于事实真相。而案件的事实真相由审判人员通过运用证据进行认定的方式予以重现。那么在某个特定的案件中，用作定案根据的证据有哪些？这些证据是否都具有证据能力和证明力？对当事人双方或一方对证据提出的意见是否采纳，其理由是什么？现有证据是否已经达到确实、充分的程度，能否构成完整的证明体系，对案件事实能否一一加以证明，能否据以作出结论？等等。对此，审判人员必须进行全面的分析研究，如果运用证据对案情作出认定，则必须公开说明理由，使当事人能够了解其运用证据认定案情的过程、内容和方法，并接受社会监督。同时，审判人员运用证据认定案情的理由还必须在裁判文书上表述出来，以使其对案件事实的认定建立在确实的证据和充分的说理之上，进而有利于获得当事人和社会的认同，树立审判的权威。

（四）结论唯一和排他的原则

审判人员运用证据认定案情必须作出结论性意见，例如，犯罪事实是否发生，若已发生，是否由被告人所实施？民事侵权行为是否发生，如已发生，是否由民事被告所实施？行政行为是否合法或者行政处罚是否显失公正，该行政行为是否由被诉行政机关所实施？只有明确地作出上述肯定或否定的结论，才能据以确定案件被告应否承担相应的法律责任，进而保证案件或纠纷的公正处理。特别是在刑事案件中，被告人有罪无罪、罪轻罪重的结论必须是唯一的和排他的，两者必居其一，否则就可能放纵犯罪或侵犯人权。但是对于经过努力（如继续收集证据或深入分析研究），在有罪与无罪、罪重与罪轻仍然不明的情况下，按照疑罪从无的原则，就应当分别作出无罪或者罪轻的结论。同样，在行政案件中，审判人员运用证据认定案情也必须作出唯一和排他的结论，以保证案件的公正处理，因为行政行为是否合法、行政处罚是否显失公正，是截然不同的两个结论，不可能同时成立。在民事案件中，尽管情况要更为复杂一些，例如，在侵权赔偿案件中就经常存在混合过错或无过错的情况，但审判人员在运用证据认定案件事实时仍然必须对民事违法行为是否发生以及由哪一方实施或由双方共同实施作出唯一的和排他的结论，而不允许有两个或两个以上的结论，也不允许在未排除其他可能性的情况下仓促地作出认定，从而导致错案发生。

（五）符合逻辑规则的原则

审判人员运用证据认定案情的过程实际上就是一个分析、判断和推理的过程，由此必须遵守思维的一般规则，包括概念要明确，判断要恰当，推理要正确。这就要求审判人员在运用证据认定案情时必须做到概念的内涵和外延明确，不发生歧义；遵守直言判断、模态判断或联言判断、选言判断、假言判断的条件和要求；正确运用演绎推理、归纳推理和类比推理。同时还必须遵守形式逻辑的基本规律，即同一律、矛盾律和排中律。只有这样，才能做到概念明确，判断恰当，推理有逻辑性和认定有说服力。

三、运用证据认定案情的步骤和方法

运用证据认定案情，一般分为以下几个步骤：①运用某个证据或若干个证据证明案件的某个事实；②运用若干个证据证明案件的部分事实；③运用所有证据证明案件的全部事实。当然，在审判过程中，审判人员不经过第一和第二个步骤而直接进行第三个步骤也是可以的。

运用证据认定案情除了必须遵守有关的基本原则外，还必须采用正确的方法。由于审判人员在各类审判活动中的任务不同，因此，他们运用证据认定案情的角度也就不同。例如，在刑事案件中，审判人员是从被告人的行为是否构成犯罪和犯罪情节轻重的角度来运用证据；在民事案件中，审判人员是从民事法律关系发生、变更、消灭和民事责任的有无、大小的角度来运用证据；在行政诉讼中，审判人员是从行政机关的具体行政行为是否合法的角度来运用证据。尽管角度不同，但他们运用证据的方法基本一致，这是由运用证据认定案情的一般规律所决定的，而且也是由人类认识活动的一般规律所决定的。

运用证据认定案情的方法可以有多种，例如，根据认定方法的简繁不同，可以分为简单认定法和复杂认定法；根据认定的过程形态不同，可以分为要素认定法和系统认定法；根据认定要求和侧重点的不同，可以分为科学认定法和艺术认定法。

（一）简单认定法和复杂认定法

简单认定法，是指可以运用证据对案件事实直观地作出认定的方法。其特点是证据事实与案件事实部分或全部重合，无须进行推理、分析，即可对案件事实作出认定。例如，在刑事案件中，被告人的供述必然含有自己实施犯罪以及犯罪的时间、地点、目的、动机、手段、过程和结果的内容，一旦查证属实，即可认定全案事实；被害人和目击证人关于被告人犯罪的时间、地点、手段、过程和结果的陈述，一经查证属实，亦可以认定案件的部分或全部事实；根据尸体、被烧毁的房屋等物证即可认定犯罪的地点、手段、结果等部分事实。在民事案件中，当事人陈述往往也有关于民事法律关系发生、变更或消灭的内容，一经查证属实，即可对民事案件事实（包括纠纷发生的原因、经过、结果等）作出认定；根据双方当事人签订的合同这一书证即可对双方的权利义务关系作出认定；根据播放的视听资料亦可对双方争议发生的原因、经过、结果等予以直接认定。

复杂认定法，是指运用证据只有经过推理、分析等逻辑思维活动，才能对

案件事实作出认定的方法。其特点是证据事实与案件事实在内容上有所不同或者两者之间有一定距离，需要进行推理、分析等复杂的思维活动才能对案件事实作出认定。它和简单认定法的根本区别在于：运用简单认定法，只要审查核实了证据，也就知道了案件事实，两者具有同一性；运用复杂认定法，除审查核实证据外，还必须进行推理、分析才能查明案件事实，即证据和案件事实不具有同一性。

在案件中，由于证据与案件事实既具有同一性又具有差异性，因此，审判人员在运用证据认定案情时往往既需要使用简单认定法，又需要使用复杂认定法，二者缺一不可。

（二）要素认定法和系统认定法

要素认定法，是指通过运用证据证明构成案件事实的每一项要素进而达到认定全案事实目的的方法。由于其认定过程是从单项到综合，从部分到整体，所以又可称之为"自下而上"的认定方法。

系统认定法，是指先从整体上证明案件事实的基本结构，然后再认定具体的构成要素的方法。由于其认定过程是先综合后单项，从整体到部分，所以又可称之为"自上而下"的认定方法。

虽然这两种认定方法的区别表现为认定的过程形态的不同，但它们实质上反映了认定重心的不同。在有些情况下，认定了每一个要素就等于认定了整体事实；但是，在另外一些情况下，认定每一个要素与认定整体事实并不能简单地等同起来。有时候，某个要素的认定几乎是不可能的，但包括该要素的整体事实的认定却具有最大的可能性，或者说在认定了除该要素以外的其他全部事实以后，原本不可能认定的该要素也就不认自定或迎刃而解了。

在审判实践中运用要素认定法和系统认定法，应注意以下几点：

1. 要掌握这两种认定方法的适用标准。一般地说，要查明的问题可以用简单的"是"或"否"来回答或者可以用再现法验证的，应使用要素认定法；否则应使用系统认定法。这是因为，只有案件的个别事实或问题才能用"是"或"否"来回答或用再现法进行验证；而对于案件的全部事实和复杂问题是不可能用"是"或"否"来回答或者用再现法进行验证的。

2. 要区分这两种认定方法的适用范围。例如，在产品责任案和医疗事故案中，要素证明法可能比较适合，因为案件中的问题可以用"是"或"否"来回答，而且在必要时也可以用再现法验证；但是，在诈骗案、杀人案等大多数涉及行为人主观心理状态的案件中，系统认定法往往更为合适，因为回答这些案件中的问题既需要系统的框架结构，也需要认定者的推理分析。

3. 要重视系统认定法的运用。从实践的角度来看，系统认定法有着更为广泛的用途。因为案件的事实都不是孤立的和缺乏联系的，这就需要审判人员善于从案件事实的客观联系中去发现问题，判断某些不是很明显的事实。而系统认定法正可以为审判人员达到这一目的提供保障。同时，系统认定法也比较符合人们在日常生活中形成的思维习惯，因为人们会自然而然地对生活中的认识活动进行条理化和简单化的处理。例如，一个人会记住自己昨天去了一趟商店，而不一定能记住出门、锁门、下楼、骑车、存车、购物等一系列具体动作；当人们看到一辆汽车从身边驶过时，会毫不犹豫地推定那辆汽车具有车身、轮胎、发电机、方向盘、车灯等一系列组成部件，而不必一一核查这些部件之后才断定这是一辆汽车。[1] 诚然，认定案件事实，绝不像上述事例那么简单，但其中有些道理却是相通的，有助于我们重视和推广系统认定法的运用。

（三）科学认定法和艺术认定法

审判人员在运用证据认定案件事实的时候，既应坚持科学性，又应讲究艺术性；既要注意运用科学认定法，又要注意运用艺术认定法。

所谓科学认定法，是指审判人员应根据每一个证据的证明对象和证明力来合理地安排和使用证据，既不要使用一个证据去认定它本不能认定的事项，也不要使用一个证据去单独认定它不足以认定的事项。据此，运用科学认定法，应注意以下几点：①要客观准确地了解每一个证据，知道它能认定什么以及能在多大程度上认定，从而减少运用证据中的盲目性；②要尊重认定活动中的客观规律，严格按照认定规则使用证据，以减少运用证据的随意性；③在认定中要注意做到思维清晰，逻辑严密，表达准确，合乎法理。

所谓艺术认定法，是指审判人员应根据每一个证据的特点和证明优势巧妙地安排和使用证据，而且应尽量提高证据组合的证明效力。据此，运用艺术证明法，应注意以下几点：①要了解案件事实证明中的难点和要点，以便准确地选择认定案情的切入点和途径；②要了解每一个证据的长处和短处，从而在使用证据时做到扬长避短；③要仔细研究认定的顺序和证据的组合方式，充分发挥证据的综合功能，并尽量使两个或多个证据的组合证明力大于这些证据证明力的简单相加，从而取得最佳的认定效果；④在认定中要注意运用语言艺术、心理艺术和权威艺术，做到口头表达通俗易懂，抓住要害，紧扣主题，主次分明，语言流畅；对待当事人动之以情，晓之以理，判之以法；自己则要廉洁奉公，刚直不阿，从而使证据运用富有说服力和感染力。

科学认定法和艺术认定法是相辅相成的，二者的完美结合标志着运用证据的最高境界。不过，案件情况是复杂多变的，证据的情况也是多种多样的，各

---

[1] 何家弘主编：《证据调查》，法律出版社 1997 年版，第 177~178 页。

种案件的认定任务和要求不尽相同，审判人员的经验和能力也不一样。因此，在审判实践中，要想达到运用证据的科学性和艺术性的完美结合并非易事。而且，长期以来，审判人员运用证据认定案件事实往往偏重于它的科学性而忽视它的艺术性。为此，应当注意打破这种思维定势和认定习惯，在坚持运用证据的科学性的同时，更加重视运用证据的艺术性，以达事半功倍之效。

第二十五章